中国旅行指南系列

青海

本书作者

胡敏　范佳奥

楼学　袁亮　詹依洁

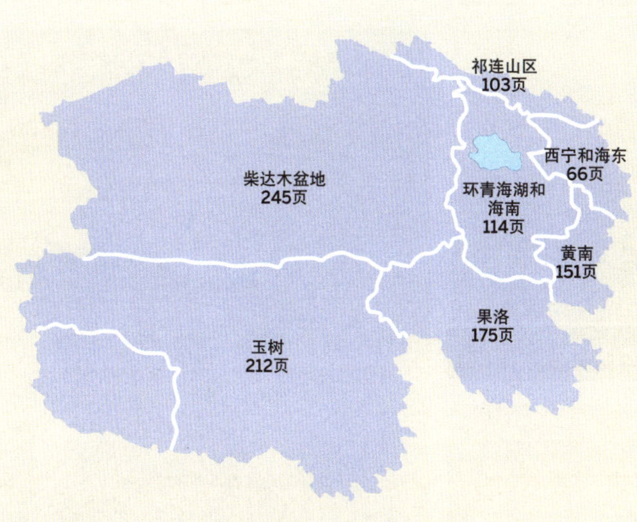

中国地图出版社

计划你的行程

在路上

©视觉中国

户外（见44页）

©视觉中国

行摄青海（见48页）

©视觉中国

自驾游（见56页）

目录

了解青海

生存指南

特别呈现

欢迎来青海

青海就是"远方"。这片遥远的地平线由雪山、草原、河湖和荒漠勾勒，它是华夏神话中的昆仑仙境，也是地理意义上的江河之源。大江大河谱写的文明故事，正是在这里写就了序篇。

江河的来路

在三江源起伏无尽的群山中，保存着中国文明的起源密码。遥望唐古拉和巴颜喀拉的静默雪峰，冰川融水点滴汇聚，长江、黄河、澜沧江皆滥觞于斯，江河文明从此汪洋恣肆，雕琢出东亚世界的基本版图。扎陵湖和鄂陵湖联袂献出黄河源区的无边湿地，星宿海如同一场繁星坠入河谷的幻梦。在玉树的无边高原中，人们以"通天"描述长江源头的遥不可及，"万里长江第一寺"贡萨寺镇守壮阔的河谷，标记出人类文明理解江河的刻度。

灵魂的归途

从古老的苯教传入，到新兴的佛教登场，青海人追寻的灵魂归途随着宗教的演变流转而指向不同的方向。山水幻化为神明，它们时而身披铠甲、时而慈悲为怀。青海是一处天然的宗教博物馆：尽管这里远离卫藏的"法域"，却在佛苯之争后成为藏区的再传法源；金光熠熠的塔尔寺内，宗喀巴以格鲁教义重塑藏传佛教的信仰空间；千百年来，虔诚的信众不断开辟通向拉萨的征途，把故乡的尕朵觉悟和阿尼玛卿带入了藏区信仰的舞台中央。

神话与史诗

你也许以为，这片未曾被历史焦点瞩目过的远方，是一片缺少文字关怀的边地。但如果穿越过王母居住的昆仑、遥望过大禹治水的积石，你便会明白，中原文明一直试图在这里寻找世界秩序的奥秘，努力在此构建世界的轴心。而同样仰望群山的藏族人民把雪山、草原改造为英雄的家园，伟大的史诗《格萨尔王传》已在风中摇曳千年。中原的目光与高原的歌声缠绕，不同的感官维度交织而成的巍巍青海，成为华夏民族共同礼拜的图腾。

边界与天路

在无尽的荒原与险峰中，天路拓宽了人类存在的边界。河湟谷地的柳湾先民早以彩陶形塑出一部史前艺术史，而在热水墓葬的"九层妖塔"中，你还能窥见吐谷浑人勉力维持的丝绸之路。唐蕃古道上曾经行进着文成公主的使团，关于她的记忆如恒河沙数。如今，青藏公路、青藏铁路向远方绵延，现代人类的工程奇迹与神山圣湖比邻而居。就连迁徙中的藏羚羊也已经逐渐习惯了可可西里的连绵桥洞，重新理解着这片变迁中的山河。

我为什么喜欢青海

本书作者 楼学

长达一个月的青海之行，从阿尼玛卿的雪峰、玛可河谷的密林到柴达木盆地中火热的雅丹、哈拉湖畔漫天的飞雪，身上的羽绒服穿了又脱、脱了又穿。“大美青海”的广告语是一句直白的“魔咒”，在极具视觉冲击力的美景面前，我总是无暇顾及其他。而更绵长的回味往往在离开青海之后才悠悠袭来——那些金顶飞檐下飘扬的风马、雪山尽头的牧场草原乃至德令哈街头悄无声息的落叶，都为我指示了生活的不同可能。

关于作者的更多信息，见350页。

上图：贵南鲁仓寺

青海亮点

俄博梁
游走在雅丹峰林的迷宫中(279页)
哈拉湖
远眺祁连山脉的连绵雪峰(256页)
可可西里
在青藏公路上与藏羚羊相逢(272页)
楚玛尔七渡口
登高眺望大江东去，天地茫茫(241页)
昂赛大峡谷
冬季的清晨和黄昏，在此追踪雪豹的足迹(238页)
肃北
当金山口
冷湖
苏干湖
俄博梁
茫崖
尕斯库勒湖
黄瓜梁
柴达木盆地
宗马海湖
魔鬼城
大柴达木湖
大柴旦
小柴达木湖
西台吉乃尔湖
东台吉乃尔湖
东台吉乃尔河
西达布逊湖
东达布逊湖
北霍鲁逊湖
南霍鲁逊湖
察尔汗盐湖
乌图美仁
格尔木
格尔木机场
新疆维吾尔自治区
阿牙克库木湖
喀沙克力克河
鲸鱼湖
祁曼塔格山
那陵格勒
阿尔金山
土尔根达坂山
昆仑山
布喀达坂峰 6860m
勒斜武担湖
可可西里湖
西金乌兰湖
卓乃湖
库赛湖
错仁德加
昆仑河
格尔木河
布尔汗布达山
可可西里
昆仑山口
楚玛尔河
雅拉达泽峰 5214m
特拉什湖
北麓河
风火山口
乌兰乌拉湖
青藏高原
沱沱河
通天河
楚玛尔七渡口
烟瘴挂大峡谷
祖尔肯乌拉山
莫曲
曲麻莱
治多
赤布张错
各拉丹冬峰 6621m
唐古拉山 6205m
尕尔曲
当曲
布曲
唐古拉山口
唐古拉山
杂多
扎曲
吉曲
昂赛大峡谷
安多
西藏自治区
索县
丁青
G315
G215
G3011
G6
G109
G317
海拔高度
7000m
6000m
5000m
4000m
3000m
2000m
1500m
1000m
500m
200m
图例
高铁
铁路
高速
国道
省道

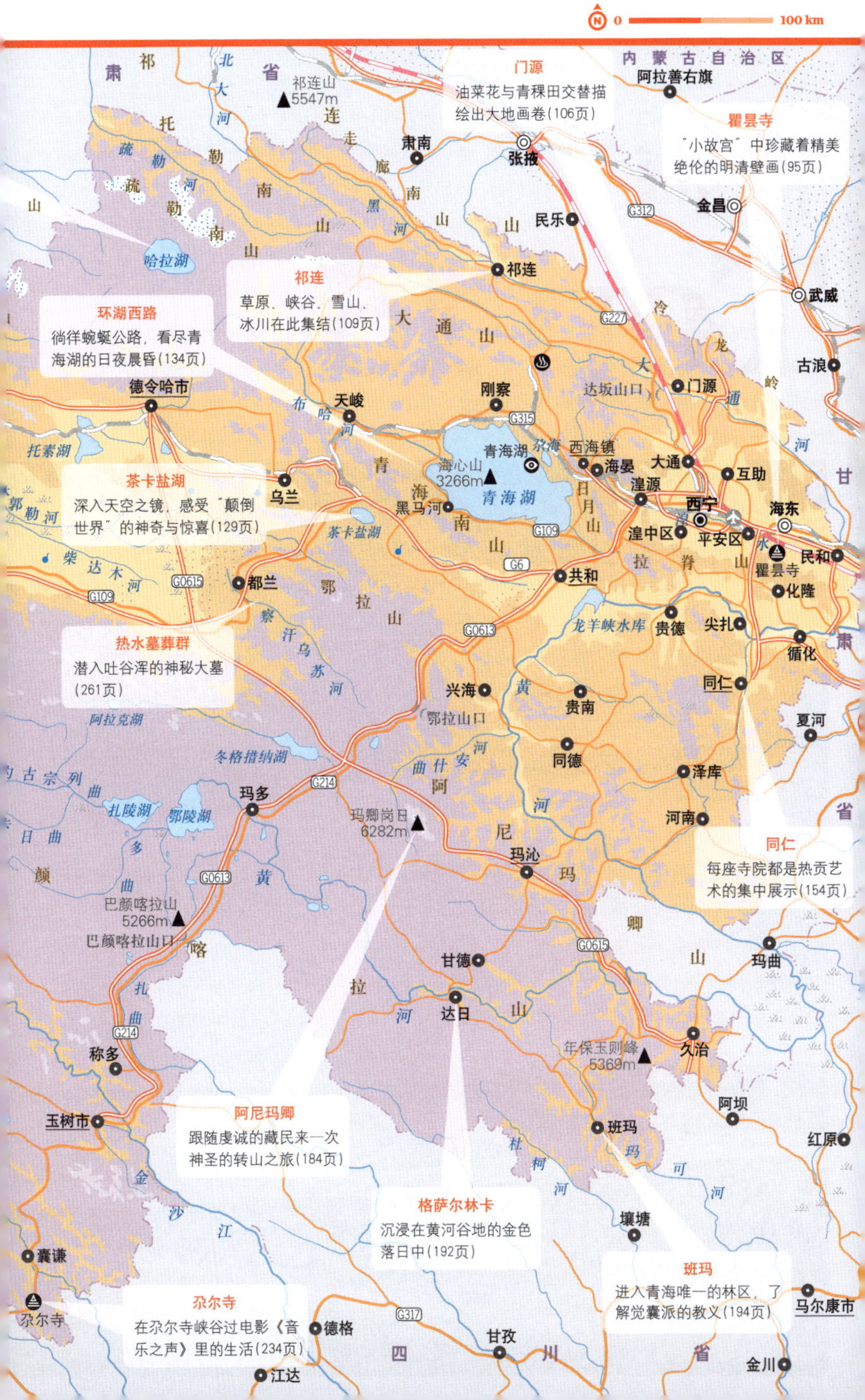
N 0 100 km
门源
油菜花与青稞田交替描绘出大地画卷(106页)
瞿昙寺
"小故宫"中珍藏着精美绝伦的明清壁画(95页)
祁连
草原、峡谷、雪山、冰川在此集结(109页)
环湖西路
徜徉蜿蜒公路，看尽青海湖的日夜晨昏(134页)
茶卡盐湖
深入天空之镜，感受"颠倒世界"的神奇与惊喜(129页)
热水墓葬群
潜入吐谷浑的神秘大墓(261页)
同仁
每座寺院都是热贡艺术的集中展示(154页)
阿尼玛卿
跟随虔诚的藏民来一次神圣的转山之旅(184页)
格萨尔林卡
沉浸在黄河谷地的金色落日中(192页)
班玛
进入青海唯一的林区，了解觉囊派的教义(194页)
尕尔寺
在尕尔寺峡谷过电影《音乐之声》里的生活(234页)
甘肃省
内蒙古自治区
四川省
祁连山 5547m
阿拉善右旗
肃南
张掖
金昌
民乐
武威
古浪
德令哈市
天峻
刚察
门源
达坂山口
青海湖
海心山 3266m
西海镇
海晏
大通
互助
湟源
西宁
海东
乌兰
黑马河
湟中区
平安区
民和
瞿昙寺
化隆
都兰
共和
贵德
尖扎
循化
同仁
夏河
兴海
贵南
鄂拉山口
同德
泽库
河南
玛多
玛卿岗日 6282m
玛沁
巴颜喀拉山 5266m
巴颜喀拉山口
玛曲
甘德
达日
年保玉则峰 5369m
久治
称多
玉树市
阿坝
班玛
红原
壤塘
囊谦
尕尔寺
德格
甘孜
马尔康市
金川
江达
托素湖
茶卡盐湖
哈拉湖
龙羊峡水库
扎陵湖
鄂陵湖
冬格措纳湖
阿拉克湖
G312
G227
G315
G109
G6
G0615
G0613
G214
G317

青海 Top 15

1

寻访三江源

1 在青藏高原、昆仑山与唐古拉山腹地，涓涓细流由此出发，最终汇聚成磅礴江河。黄河、长江、澜沧江——三条文明之河滋养着中国和东南亚十几亿人口。溯源也许是人类的本能之一，对三江源具体位置的争论也从未停止，好在旅行者不必为此操心，真正吸引他们的是那片苍凉天地间散发出的宁静与虔诚。随着国家公园的道路建设，寻访三江源的路程早已不再是“探险”，在合适的季节，一辆硬派越野车和足够的户外经验便能让你得偿所愿。驾驶难度从黄河源、澜沧江源（扎西气娃）到长江源（当曲）逐步递增。你也可以选择在玉树或杂多参加带有探险性质的寻源旅行团。

穿越柴达木雅丹

2 柴达木曾是一个古老的巨大湖盆，这一远古构造为今日遍布盆地内的各色雅丹地貌奠定了地质基础。千百年来，这里从不止息的呼啸狂风如同上帝隐形的双手，塑造出一片片人类力所不逮的鬼魅仙林。中国在此设立了首个火星模拟基地——这片荒漠里的幢幢山影，也许真的会带你“离开”地球表面。你可以在渺无人烟的俄博梁潜入绝壁耸立的雅丹峰林，听到五色斑斓与鲸背垄脊的灿烂交响。你也可以用一日时间轻松越过魔鬼城的无数山丘，在黄昏时分抵达盐湖环抱中的乌素特水上雅丹，人类与自然合力，意外地创造出这片独一无二的奇观。

李峥 摄

蒙兴霖 摄

自驾

3 开车来青海，或者说，来青海开车吧！畅快的高速、蜿蜒的乡道、激情的越野土路，你能想象的路况这里几乎都有，没有噪声、（淡季）没有拥堵，每天陪伴你的只有一路上广阔的天地、苍翠的植被和恢宏的庙宇。除了青海湖、柴达木等经典路线，一些小众之选尤其值得推荐，比如激情穿越玛多到黄河源头、囊谦周边高山峡谷间百转千回的进藏通道，以及两岸青山相对的玛可河谷。在青海，道路更新远远快于地图更新，因此除了行前多做功课外，逢人问路、随机应变也极为重要。

阿尼玛卿转山

4 在果洛的不少地方，你抬头就能望见这座雄伟且慷慨的雪山——晴空下闪耀的巨大冰川滋养了黄河，从此东去哺育神州半壁。在藏民族的史诗中，这里被视为纪念格萨尔王的圣地，而在更古老的苯教信仰里，阿尼玛卿是一位战无不胜的神祇。如今，新开通的德马高速花久段将这片遥远的秘境带到旅行者的眼前，而沿着一旁颠簸坎坷的土路，围绕阿尼玛卿转山并未失去它独有的魅力。冰川、草原与白塔、佛寺相伴，摇曳在山口的风马仍为朝圣者标记出信仰的高地。

3

4

环游青海湖

5 没人会否认，青海湖是青海旅游的金字招牌之一，辽阔似海的高原湖泊早早地就和诗与远方画上了等号。盛夏，无边的金黄油菜花海与如茵绿草将湖岸装点得一片灿烂，夜晚碧空如洗，银河闪烁；秋季，大片草原苍茫萧索，皑皑白雪渐次覆上远山；冬季湖面千里冰封，天地雪白，宁静而祥和；到了春天，成群归来的候鸟则见证了湖泊的生生不息。环湖是对它最好的致敬，无论是坐在车中悠闲地看窗外如画的美景，还是骑自行车上路，抑或是和本地的藏族人一起用双脚丈量它的浩瀚，青海湖都已准备好许你一场蓝色而多变的梦。

走进油菜花海

6 北部祁连山与南边达坂山合围而成的门源盆地，在每年7月中下旬到8月初就迎来一场“大地艺术节”，金黄色的油菜花与青绿色的青稞编织出巨大花毯，肆意铺满整个盆地。旅行者接踵而来，投身这场以晶莹雪峰和蓝天白云为背景的视觉盛宴。你可以登上观景台俯瞰无边花海，也可以走进花田中与油菜花亲密接触，或者干脆奢侈一回，乘坐直升机飞上高空，以上帝视角将雪山与花海尽收眼底。图为门源油菜花。

5

寻访海东宗教建筑

7 海东地区生活着回族、藏族、土族、撒拉族等少数民族，他们有着不同的信仰，也因此留下了各式宗教建筑。在丹霞绝壁上，白马寺、丹斗寺等古老寺庙曾为藏传佛教后弘期的传播保留了珍贵的教义，在河湟两岸间，撒拉族人的清真古寺有着风格独特的木构殿堂与唤醒楼；你可以在夏琼寺借宿一晚，清晨在诵经声中等待九曲黄河上的日出，也可以在傍晚赶到佑宁寺，看夕阳照亮山坡上的金瓦大经堂。若有幸融入当地礼拜、祈祷、诵经、朝觐的人潮，你将收获一次触动心灵的旅程。图为夏琼寺。

探秘冷湖遗址

8 茫茫戈壁中的冷湖拥有辉煌的石油开发史，从20世纪50年代以来，这里出产的石油成为新中国的血液，“地中四井”的故事曾是一代人的共同记忆。如今，开发者带来的喧嚣已经散去，仅仅20余年，昔日繁忙的石油城已被黄沙和时间吞噬。穿行在昔日的石油基地遗址中，你仍能辨认出剧院、银行、礼堂与无数家庭的悲欢。在另一侧更冷寂的冷湖四号公墓里，长眠着五湖四海的建设者，墓碑上的丛丛地名，是冷湖梦里的山河。

热贡艺术

9 热贡是藏族艺术处处开花的地方，唐卡、壁画、堆绣、泥塑等十多种艺术门类在这里蓬勃发展。在热贡地区，无论你走进哪一座寺庙，都能欣赏到技艺不俗的作品，年都乎寺有明清时期留下的壁画珍品，古日寺的唐卡则是当地老画师不计报酬的诚心之作，只要礼貌询问，寺院僧人很愿意向你介绍院内的艺术精品，并且告诉你它们背后的创作故事。热贡艺术并不仅限于宗教领域，对美的追求已经深入当地生活中，各个村落几乎家家户户室内都悬挂着自家制作的唐卡、堆绣作品。

狂欢六月会

10 声势浩大的请神队伍、纵情欢舞的热闹场面、紧张刺激的血祭环节……黄南同仁地区的六月会是最值得奔赴的青海民间盛会之一。六月会的历史由来已久，当地人称农历六月秋收月为“神月”，他们相信在神月请神共赴一场狂欢，便能让神将欢愉赐福于人。六月会前数月，同仁周边二十多个村落便已开始热闹起来，此时去村子里探访，很容易在空地或谷场里看到村民们排练舞蹈。盛会当天，所有人都会穿着艳丽的民族服饰，佩戴炫目的珠宝，你将欣赏到一场别开生面的藏族时装秀。

亲近野生动物

11 或许野生动物才是青海真正的主人，特别是在西部的三江源地区。你有机会在快意驰骋的同时和怯生生的藏原羚邂逅，与草原上的野驴赛跑，远眺鹰击长空，夕阳西下的湿地上则是黑颈鹤优雅的剪影。摄影爱好者在青藏线上守候藏羚羊的迁徙，烟瘴挂大峡谷中与世隔绝的地带则是熊和狼的猛兽乐园。迷彩服、望远镜、长焦镜头都是亲近野生动物的必备之选，不过如果能成为一名短期的自然志愿者则是更有意义的选择。

12

13

詹依洁 摄

流连天空之镜

12 想看天地倒映如一？你无须远赴南美洲的乌尤尼盐沼。随着网络美照的传播与“一生中必去的XX个地方”名号加持，茶卡盐湖的美早已为世人所知。尽管汹涌的人潮让浏览体验大打折扣，也曾对当地造成一定程度的生态破坏，但这里的美景仍值得你造访。挑个晴朗无风的日子，深入纯净的盐池，静看雪山与蓝天同时于头顶与脚下绵延铺展，你或许就会懂得为何人潮络绎不绝。如果不想人挤人，2019年新开放的天空壹号景区或许是个不错的选择。图为天空壹号。

青海湖观鸟

13 带上望远镜与“长枪短炮”，到青海湖赏鸟吧。4月，成群回迁的候鸟敲开冰冻的青海湖，捎来春的消息。5月至6月，仙女湾化身鸟的天堂，斑头雁、棕头鸥、鱼鸥在此繁衍生息，群鸟翱翔时遮天蔽日，三块石上的鸬鹚星星点点。10月之前，国家一级保护动物黑颈鹤是小泊湖最珍稀的娇客。而当青海湖再度冰封，则换为大天鹅独领风骚，它们先在鸟岛与仙女湾短暂停留，接着便迁往泉湾度过漫漫寒冬。薄雾弥漫的清晨，大天鹅雪白的身影悠游湖面，是不少摄影发烧友心中的梦幻画面。

翻越昆仑山

14 流传在汉民族神话中的昆仑山为华夏文明的“龙脉之祖”。如今，你可以沿着充满英雄主义色彩的青藏公路，轻而易举地进入这片遥居天际的庞大山系。玉珠峰和玉虚峰耸峙东西，冰川装点着晨昏里的金峰，亦切割出雄奇险峻的山谷。千百年来，人类以不同的方式在这里书写神话，这片曾经只有女娲、王母才能涉足的传奇秘境，亦已成为不少现代工程奇迹的摇篮——跟着青藏铁路登上极富仪式感的昆仑山口，你将在尽头望见伟大的荒野可可西里。图为玉虚峰。

14

吃在西宁

15 西宁最能吸引旅行者目光的，可能就是扁街的美食了。青藏高原的肥美羊肉，经过简单烹制就能成为手抓白条这样的名菜，而黄焖、烧烤、炕锅等做法也别有风味。品种繁多的面食同样让人欲罢不能，牛肉面、羊肠面、炮仗面、尕面片、干拌面、干拉面、酿皮，听听这些名字就足以让你食指大动，更何况还有酸奶和甜醅这些解腻又价廉的街头美食。起个大早，像当地人一样去小店寻觅一碗热气腾腾的粉汤和杂碎汤吧，这是体验西宁的最佳方式之一。

©视觉中国

15

行前参考

更多信息，请参考“生存指南”章节（见327页）。

简称

青

少数民族

藏族、回族、土族、撒拉族、蒙古族等

现金

县城内容易找到带有银联标志的24小时ATM机，乡镇地区以农业银行和邮政储蓄为主。

微信支付普及到乡镇一带，但若去偏远的村落，需要在大城市取足现金。果洛汽车站只接受现金。

语言

在较大城镇和旅游区都可使用普通话。

西宁和海东地区主要使用青海方言，果洛、黄南、海南、海北藏族自治州以安多藏语为主，玉树地区为康巴藏语，海西则主要使用德都蒙古语。

通信

电信、联通、移动三大运营商的基站覆盖全省，凡是乡、村都有信号，但若在高海拔地带盘山而行或深入乡间小路，手机会时常丢失信号。

上网

绝大部分城镇的住处都已能提供Wi-Fi。

何时去

旺季（7月至8月）

➡ 青海湖畔、门源盆地和祁连山脚的油菜花怒放。

➡ 正是青海草原最美的时候，野花遍地、天高云阔。

➡ 六月会、赛马节、花儿会、那达慕等节日庆典陆续登台。

➡ 前往玉树、果洛等高海拔藏区的最佳时机，气候凉爽舒适。

平季（5月至6月，9月至10月）

➡ 5月、6月，河湟谷地春意正浓，谷中杜鹃盛开；玉树迎来了最繁忙的虫草季；此时冻土未消，是去探访黄河源的好时候。

➡ 9月、10月，青海东部地区、黄河谷地的山林换上彩装，泛黄的桦树、松柏在秋光下灿烂夺目。青南高原的草场虽然已经没了绿色，但此时湿地边的红草滩正美。

淡季（11月至次年4月）

➡ 11月，迁飞而来的数千只天鹅在青海湖短暂停留；银装素裹的林海值得冒着寒冷前往。

➡ 藏历新年前后，寺庙法会以及各地村庄的民俗活动热闹登场。

➡ 住宿价格触底，部分高寒地区会出现断水断电的情况，不少景区和住宿点歇业。

网络资源

- **大美青海**（www.qh.gov.cn/dmqh/）青海省旅游局门户网站。
- **青海湖网**（www.amdotibet.com）了解青海湖旅游和藏民族文化的窗口。
- **青藏高原生态保护网**（www.qtpep.com）聚焦以青海、西藏为主的西部地区生态保护。
- **青海行**（微信公众号：qhxing_com）容易找到结伴同行者或俱乐部活动的论坛。
- **8264户外资料网青海版块**（qh.8264.com）全面的当地户外活动信息，容易在此找到经验丰富的户外团队。
- **美团网**（hotel.meituan.com）青海房源更多发布在美团网上，有时可能会有更多优惠。

重要号码

在拨打报警电话时，记得加上区号，能帮助警方更快定位。

报警求助	☎110
医疗救助	☎120
国家旅游服务热线	☎12301
青海旅游投诉电话	☎0971-615 9841

高原地区海拔

西宁	2269米
青海湖	3195米
西海镇	3180米
门源	2853米
德令哈	2981米
格尔木	2836米
果洛	3719米
玉树	3700米
可可西里	4750~5863米

每日预算

经济 200元以下

- 青旅床位35~100元；
- 面条7~15元；
- 使用公共交通或搭车；
- 避开旺季。

中档 200~500元

- 旅馆标间120~300元；
- 去餐馆吃点小菜；
- 公交车和拼车相结合。

高档 500元以上

- 豪华酒店标间300元起；
- 自驾租车200元起；
- 包车走偏远路线，需控制好预算。

营业时间

餐馆 7:00~21:00（旺季夜间时间延长）。

银行和邮局 工作日9:00~17:00，部分邮局有午休，周末和节假日营业时间缩短。

景点 9:00~17:00，多数博物馆周一不开放，部分景点在11月至次年4月无人管理或歇业。

夜店和酒吧 20:00至次日2:00

商铺 10:00~20:00

抵达青海后

飞机

- **西宁曹家堡国际机场**（XNN；见82页）机场巴士至市区21元，出租车至市区100元。
- **玉树巴塘机场**（YUS；见222页）机场巴士至市区20元，出租车至县城60~80元。
- **格尔木机场**（GOQ；见269页）机场巴士至市区20元，出租车至市区80元。
- **德令哈机场**（HXD；见254页）机场巴士至市区20元，出租车至市区80元。

火车

- **西宁火车站**（见83页）青藏高原最大的铁路枢纽，站前有大型公交枢纽通达市区各地。
- **格尔木火车站**（见269页）有多条公交线路前往市区，投币1元。

长途汽车

- **西宁汽车客运中心**（见82页）有频繁的省际班车来往于青海和甘肃，青海和陕西。也有班车从四川和西藏开往果洛和玉树。

当地交通

- 在青海境内，可从西宁乘飞机往返于玉树、格尔木、德令哈、花土沟和祁连。
- 德令哈、格尔木、花土沟3座机场之间开通了对飞航线，比汽车快捷，甚至比汽车更便宜。
- 兰新高速铁路在青海境内穿过海东市、西宁市、大通回族土族自治县、门源回族自治县4地，共设6站，青藏线经停西宁、德令哈和格尔木3站。
- 长途汽车是城镇往来最主要的交通工具，当地大多景点在镇区之外，需抵达镇区后再包车前往。
- 自驾是最方便的出行方式，但青海实时路况的不确定性大，大多数路段并不适合新手。

更多交通信息，见**交通指南**（336页）。

新线报

景点升级，交通跃进，旅游配套设施改善，青海的旅游环境正在越变越好。以下是我们的作者收集到的当地最新旅游资讯：

两条新铁路

敦格铁路已于2019年底开通，客运开通后从格尔木前往敦煌、新疆将变得更加便捷，沿途还能欣赏沙漠、雪山、戈壁等自然风光。有"戈壁天路"之称的格库铁路青海段已开通，开通后从格尔木抵达南疆的库尔勒只需12小时。

玉树景点免门票

据说是为了感恩全国人民对玉树地震后救灾和重建的支援，政府决定玉树全境景点不收门票。该政策在本书出版时仍然有效。

德令哈有轨电车即将投入使用

德令哈正在建设世界上海拔最高的有轨电车，电车轨道已经全部贯通，预计2020年投入使用，T1线及支线途经火车站、天文科普馆、中心广场、民族文化活动中心、海子诗歌陈列馆等主要景点。

三江源地区周边配套改善

随着三江源国家公园加速建设，这一地区的路网、生态及旅游设施都得到很大改善。对旅行者来说，这里不再是艰难的畏途。核心地区的探险活动最好事先咨询和报备，国家公园最新信息可关注sjy.qinghai.gov.cn。

青海湖更紧张的旺季住宿

2016年起，黑马河至环湖西路一带的住宿面临系列整治，大量临近湖岸的帐篷宾馆、营地与彩钢房被拆除或搬迁。此举虽然有益于改善青海湖的生态环境，但对本就紧张的旺季住宿而言却也无异于雪上加霜，旺季前往请提前预订。

茶卡盐湖景区再升级

历经多次升级改造，茶卡盐湖于2018年4月迎来新貌。除了更完善的基础设施、购物餐饮选项，以及观景塔、工业航道船游等新活动，如今你还能通过"阳光青海"微信公众号预购电子门票并租用环保鞋套，一起为减少垃圾尽一份心。

北山国家森林公园索道开通

北山浪士当景区圣母天池索道开通，据称是青海省内第一条高山观光索道，全长2564米，最大落差750米，最快只要7分钟就能到达海拔3712米的圣母天池湖畔，沿途可将北山秀丽风光尽收眼底。

洮河源国家湿地公园迎客

这是青海第一个国家级高寒湿地公园，虽然2018年验收完毕后就开门迎客，但对外宣传不多，公园四望皆是山谷牧场的醉人风光，秋季更是变身为绚丽的红草滩。

玉树帐篷、房车营地初具规模

玉树巴塘草原上的房车营地已颇具规模，此外在囊谦、杂多气候宜人的峡谷地带，6~9月也会有开放给旅行者的帐篷和房车营地。

畅游"天空之镜"新选择

想避开成堆旅客畅游"天空之镜"？如今你有了新选择。2019年7月，漠河盐场改建的"天空壹号"景区正式于茶卡开园。何不试试让蜿蜒入湖的沉水栈道和通向湖心的运盐火车成为你风景大片中的新亮点？

如果你喜欢

大片摄影点

青海地貌复杂，拥有黄河谷地、柴达木盆地和青藏高原高寒地带，这意味着你的镜头能捕捉到多样的自然风光。

乌素特水上雅丹 黄昏时分，湖水、夕阳和雅丹能组合出不少摄影大片。（见275页）

门源照壁山景区 登临最高处的观景台，不仅能拍摄全景式的城乡花海，还是拍摄日出和日落的绝佳机位。（见106页）

格萨尔林卡 落日时分的黄河谷地令人心醉，观景台近处的白塔群是摄影取景时理想的近景。（见192页）

可鲁克湖 拍摄星空的理想场所，你还可以将湖面或山体作为拍摄前景。（见255页）

卓尔山观景台 观赏阿咪东索雪山的最佳位置，山顶平台的天镜之眼、五彩经幡都十分适合作为前景拍摄雪山。（见110页）

茶卡盐湖 无须多言，你大概早已在网上看过"天空之镜"的梦幻美景。唯一需要注意的是，记得选择天气晴好的日子去。（见129页）

白札寺 红墙金顶的佛殿、古老斑驳的塔林、绿色的草地，随手按下快门即可获得令人欢喜的大片。（见195页）

贵德 春季满城雪白梨花，秋季黄河湿地的橙黄和赭红都是摄影的好题材，独特的清清黄河则是加分项。（见145页）

俄博梁 在这里放飞无人机，鸟瞰最为绚丽的沙漠雅丹。（见279页）

民俗活动

藏族、回族、土族、撒拉族、蒙古族……如此多能歌善舞的民族聚集在此，使得青海的民俗活动也愈加精彩纷呈。

同仁六月会 青海最值得探秘的民间盛会，身着华服的少女、纵情欢舞的青年、如有神灵附体的法师，都会令你过目难忘。（见158页）

玉树赛马会 康巴藏区重要的民间活动之一，除了刺激的赛马和精湛的马术表演之外，还有"卓舞"等宗教歌舞表演。（见219页）

青海湖祭海 祭祀青海湖活动历史悠久，神圣而热闹，但每年只有一两次，时间还不一定，可遇不可求。（见135页）

土族於菟舞 每年寒冬腊月，名为"於菟"的舞者裸露上身扮演老虎挨家挨户驱鬼降魔，好不热闹。（见164页）

河湟地区花儿会 大通老爷山花儿会最为热闹，除了歌舞欢庆，还伴有集会和民俗表演。（见86页）

雪山乡赛马节 阿尼玛卿神山周边最盛大的赛马节，不仅有格萨尔史诗中所涉及的各项体育竞技，晚上还会有锅庄和赛歌。（见187页）

马背藏戏 每年藏历正月初三开始，山谷里的寺院周边，僧人骑马奔驰，在马背上表演独一无二的藏戏。（见190页）

如果你喜欢观星

德令哈拥有一片完美的暗夜区，是亚洲最佳天文观测地之一，德令哈附近的**可鲁克湖**（见255页）和**柏树山**（见255页），都是理想的观星地。

宗教寺庙

青海的众多寺庙不仅本身的氛围和魅力令人心驰神

往，而且它们往往坐落在风景极好的地方，在探访的途中亦能遇见美妙风光。

瞿昙寺 保存完整的明代汉式宫廷建筑群和近800平方米的明清壁画是瞿昙寺的最大亮点。（见95页）

年都乎寺 保存有同仁地区现存最大的明清时期壁画。（见164页）

夏琼寺 夜宿夏琼寺，清晨在诵经声中等待九曲黄河的日出。（见97页）

丹斗寺 前往丹斗寺本身就是一个曲折而美妙的过程，散落山间又嵌于崖壁的间间佛殿让人惊叹。（见96页）

尕尔寺 在溪流边取水、在森林里采集，在草甸上野餐……尕尔寺峡谷能让你过上电影《音乐之声》里的生活。（见234页）

宗国寺 寺庙藏身于鹰击长空、岩羊信步的山谷草甸，拥有尽览高山两侧河谷的视野。（见233页）

隆务寺 这里不光有技艺精湛的唐卡、塑像，还有宗教融入生活的样子。（见156页）

夏日乎寺 保存着珍贵的壁画及雕刻，还可以了解到寺院为当地的环境保护做出的巨大贡献。（见191页）

拉加寺 坐落在奔腾的黄河边，背景中的阿尼群贡山犹如大鹏展翅。（见180页）

麻达寺 护法殿内有创作于16世纪的壁画，是研究当地早期艺术的珍贵作品。（见224页）

野生动物观赏点

在偏居一隅的高原湖泊、人迹罕至的荒芜之境，野生动物是最令人心动的风景。

（上图）乌素特水上雅丹
（下图）瞿昙寺

曲麻莱、治多向西至青藏线一带 这一地带物种丰富，鹰、隼、藏野驴、狐狸、鼠兔、旱獭、狼都可能出现在视野中。(见242页)

都兰野生动物保护区 夏天容易见到岩羊、藏狐，冬季则能遇见野驴等较大型的动物。(见263页)

泉湾天鹅 冬季青海湖冰天雪地，大天鹅将终年不冻的泉湾打造成“天鹅湖”。(见132页)

扎陵湖和冬格措纳湖 湖边湿地不仅有美丽的红草滩，也是黑颈鹤和各种水禽的乐园。(见209页)

小泊湖 每年夏季，珍稀的黑颈鹤成为湿地的主角，若能提前联系上保护站，还有机会一睹普氏原羚灵动的身影。(见124页)

昂赛大峡谷 被誉为雪豹之乡，众多摄影发烧友甘愿冒着极寒在此守候雪豹的身影。(见238页)

隆宝湖国家级自然保护区 每年3月至4月，黑颈鹤从云贵高原飞回隆宝滩，直到10月天气寒冷时离开。(见224页)

祁连鹿场 在这个亚洲最大的半野生鹿驯养基地，看到萌萌的小鹿的把握很大。(见111页)

博物馆

从珍贵的彩陶到热贡艺术，从高原野生动物介绍到当地地貌考察史，从寺院法器到民间古董，你可以借丰富的博物馆展品了解青海的宝藏。

青海柳湾彩陶博物馆 这里收藏了柳湾氏族社会公共墓群中出土的近2万件彩陶器皿。(见95页)

青藏高原自然博物馆 专设三江源展厅，你可以了解到长江、黄河与澜沧江三江源头的考察历史。(见75页)

热贡艺术博物馆 集中展示着唐卡、壁画、泥塑、堆绣、沙画等所有热贡艺术门类。(见156页)

海西民族博物馆 了解柴达木历史的好去处，真正的明星无疑是热水墓葬的文物，有专属的展厅陈列这一吐谷浑墓葬里出土的部分织锦与金饰件。(见247页)

都兰县博物馆 博物馆规模虽然不大，但提供了详细的历史及文物信息，不要错过精彩的丝路文物展。(见260页)

赛巴寺 寺院内有一座民间博物馆，宗教文物展厅陈列着诸多充满艺术感的佛像、法器、古老唐卡和珍贵经文。(见225页)

民间手艺

青海各地传承已久的手工技艺也是了解青海文明的重要窗口之一。

同仁周边村落 同仁周边村落几乎家家户户都设有热贡艺术工作室，可以在吾屯和年都乎寻到价格合适又精美的唐卡、堆绣作品。(见160页)

海西民族文化活动中心 在非遗传承基地可以见到传统的羊毛毡、木雕等手工艺品，另有当地独创的盐雕灯具。(见252页)

囊谦黑陶工艺加工厂 黑陶是囊谦特有的民间工艺，展示厅里有手艺传承人白玛群加和他老师、学生的众多作品。(见230页)

班玛县金色产业园 内有银器、木雕、石刻、唐卡等工作室，其中班玛黑陶工作室设有一座小型博物馆，展现历代黑陶的演变过程。(见197页)

文化遗迹

青海拥有众多保存尚好的古遗址和题材丰富的岩画，且大都少人光顾和破坏，依然是深度人文爱好者的秘境。

热水墓葬群 吐谷浑人的地下王国，是丝绸之路青海道上重要的考古发现之一。(见261页)

勒巴沟 文成公主进藏时留下的唐代岩画。(见223页)

贡萨寺旧址 这片历史可追溯至宋朝的建筑区，从保存完好的形态上能分辨出殿堂、佛塔、暗道、僧舍等。(见240页)

藏娘古塔 通天河沿岸最负盛名的古老遗迹，兼具了印度和藏式古塔两种风格。(见226页)

卢森岩画 中国北方面积最大、图像最多的单幅岩画，其时代从3000年前的青铜时代延续至汉代。(见257页)

野牛沟岩画 以通体雕凿的手法制成，描绘昆仑山先民的原始生活。(见272页)

当地人推荐

杨欣

公益组织“绿色江河”创始人。

作为旅行目的地，三江源地区有什么不可替代性？

在包括尼罗河、亚马孙河、密西西比河在内的世界四大长河中，长江是唯一发源于冰川的河流。唐古拉山各拉丹冬雪峰周边孕育着104条冰川，冰川融水形成了长江的源头沱沱河；澜沧江发源于唐古拉山脉东侧，由于地势平坦、降水丰富，形成青藏高原上面积最大的连片沼泽；而被我们称为“母亲河”的黄河因为孕育了中华文明，成为整个民族的精神图腾。除“溯源”之外，别忘了三江源地区还并行着世界海拔最高的铁路和公路，其中有450公里穿行在长江源区。经行青藏线，你将从可可西里自然保护区东缘掠过，这里是中国大型兽类种群数量丰富又集中的区域。另外，昆仑山脉绵延2000公里，是亚洲最长的山脉。在青藏公路与楚玛尔河交会的地方，是观赏昆仑山的最佳视点。视线所及处，从可可西里荒野上凸起的昆仑山，从东至西长度超过100公里。

三江源国家公园的建成，对旅行者提出了哪些新的要求？

三江源国家公园是中国第一个国家公园试点，于2020年正式挂牌。国家公园原则上会在特定的区域接受访客，并强调绿色、循环、低碳的理念。其中核心保育区是不设生态体验点的，但是生态保育修复区会在严格论证和科学设计的基础上，适度开展生态体验和环境教育活动，除配备必要的进入设施和安全设施外，不得修建人工设施。更外围的传统利用区会依托社区、居民点和监测设施提供必要的牧家乐等文化餐饮服务。总体上，国家公园会严格控制访客数量，对旅行者的活动路线也有一定要求，也会严格控制商业性质的旅游活动。所以，出发前在三江源国家公园官网（sjy.qinghai.gov.cn）了解最新政策是非常有必要的。

如果旅行者想在青海一边旅行一边做公益，您有什么推荐吗？

“绿色江河”在三江源地区从事生态环境保护工作已有20多年，目前它和长江源生态环境保护中心在青藏公路和长江源运营着长江源水生态环境保护站、班德湖野生动物观测站、长江一号主题邮局和6个青藏绿色驿站。如果你有足够时间前往西藏和青海，可以预留1个月的时间，申请绿色江河的长江源保护站、青藏绿色驿站的志愿者，参与当地的生态环境保护项目，绿色江河会承担志愿者的吃住和保险费用。当然，你需要提前2个月申请，并经初选、面试通过后才能获准加入。

此外，“北京山水”在澜沧江源头的昂赛峡谷建有野生动物观测站，定时招募志愿者和研修生；“原上草自然保护中心”在黄河源从事生态环境保护项目，有临时志愿者招募的需求，可以关注他们的公众号和招募信息。

南加

小泊湖保护站成立者，致力于青海湖环境与野生动物保护30余年。

近年青海湖有什么显著变化吗？

近年来变化还是挺大的。刚开始发展观光时，民众的环保意识单薄，湖畔垃圾与污染问题严重，鸟类与其他动物数量都有所减少。近年从政府到民间，环境保护意识都提高不少，政策也更加完善了，青海生态得到许多媒体的关注与宣传，也有很多牧民和来自全国的高等院校学生投入志愿活动。目前湖畔垃圾的问题大有改善，普氏原羚、黑颈鹤和大天鹅等动物亦有显著的增加。

旅行者能做些什么贡献来保护当地的生态环境?

最简单的可以从学习当地传统风俗，多和当地人交流开始，用生态旅游、文化旅游取代一般意义上的游览。也可以从事志愿活动，像小泊湖保护站就有短期志愿服务，旅行者可以和我们一起种树，听取生态讲解，并在志愿者的带领下去湿地认识花草和鸟类。保护站也会安排一些生态行程，在认识环境、探访私房景点之余，你的旅费相当于直接回馈给了志愿工作，这也是不错的方式。另外看到垃圾随手带走，看到有人盗捕、贩售湟鱼时，在保障自己人身安全的前提下帮忙举报也都能帮到我们。

能为想错峰旅游的读者推荐一些淡季精彩看点或私房景点吗?

其实避开旅游旺季，青海湖的游玩体验还是比较好的。你可以走入牧民家体验帐房生活，比如去学习挤奶、做酥油茶，尝尝本地的牛羊肉，看看真正的牧场风光。春天可以去周边的高山上看野花、采野蘑菇；冬天可以看雪景，野生大天鹅和普氏原羚在其他地区都非常难得一见。

旦增尼玛

从同仁走出的藏族歌手，黄南旅游形象大使。

如果有朋友去黄南旅行，最推荐他们去哪里?

我选麦秀林场，它在整个青海虽然并不出名，但黄南人都特别喜欢这里，河畔丰茂的草地是非常好的露营地，整个夏季会有源源不断的当地人带着帐篷钻进山林来场休闲游。林场里有不少村落，每个村子都安逸静谧，值得逛逛，其中扎毛乡的和日村里有一处和日庄园，收藏有世界最长的唐卡，完全展开有近千米，十分壮观，由10多位技艺精湛的画师共同创作完成。

同仁有哪些当地年轻人常去的地方值得推荐?

同仁的音乐氛围很浓厚，有不少出色的本地乐队，泽库路的威斯汀西餐厅设有一座小舞台，常有当地乐队表演，餐厅老板本身就是一位乐队主唱。喜欢小众音乐的朋友，如果在同仁碰到多杰加的Live演出，可以去听一下，他是一位十分有才华的当地歌手。

可以介绍一下同仁当地的民俗活动吗?

对我来说，最有趣的民俗活动就是每年各村的春节文艺晚会。同仁的各个村落大都有本村的联欢晚会，每年春节从初一到十五，每晚都有精彩节目，每个节目都是村里人自己编排完成的，所有人会提前1个多月就为此做准备。节目除了当地民俗舞种之外，还有新疆舞、印度舞、时装表演、相声等多种类型，每晚节目演完之后，全村人都要围着篝火跳起欢乐的锅庄。如果新年期间去同仁旅行，一定要去村子里“看热闹”。

天歌

青藏铁路职工，瀚海传奇户外俱乐部创始人，资深户外达人。

柴达木盆地有哪些不为人知的秘境?

柴达木盆地是青藏高原上一个独特的高原型盆地。在这一盆地中形成的雅丹地貌是重要的看点，以锡铁山为界，可以将柴达木雅丹分为东西两部分：西面是大家较为熟知的魔鬼城、乌素特和俄博梁；而在东面的都兰县境内，有一处更罕为人知的“地下雅丹”，坐落在盆地更为低洼的地势中，面积非常广阔，集中了峡谷、湿地、盐湖和雅丹地貌等多种景观，目前仍需要有本地向导才能入内。

另外，柴达木也是中国盐湖最密集的区域之一。除了茶卡盐湖和翡翠湖，还可以尝试去游人罕至的尕斯库勒湖，在其西南面有一处同样因为矿物丰富形成的艾肯泉，被称为“恶魔之眼”，是硫黄矿常年沉淀形成的。这些景观都很适合航拍。

柴达木盆地的冬季有什么特色?

冬季不是传统意义上的旅行旺季，却是户外探险爱好者最值得前往的“越野季”。因为柴达木分布有广阔的盐碱地、沙漠、戈壁和湿地，在其他季节非常容易发生陷车，而冬季地表冻结以后，反倒更适合越野车穿越，可以更安全地前往哈拉湖、东部雅丹、大柴旦红崖地貌等区域。而且柴达木盆地的冬季并没有想象中那么寒冷，是一处理想的过冬地点。

对自驾越野旅行者有什么建议？

随着近年可可西里、羌塘等大型无人区相继禁止穿越，使得仍然允许穿越的哈拉湖、阿拉克湖等无人区成为稀缺的户外探险资源。这里的路况类型非常丰富，包括沙地、盐碱地、冰壳、湿地等，对车况、驾驶技术的考验是综合性的。由于路况整体上较为安全，不存在险峻的地势，整体风险还是可控的。

深入探险的旅行者要保证自己对目的地的基本认知，准备卫星图、设定旅行线路、行前检查车况及后勤保障，夏季要准备钢丝绳以防陷车，冬季要准备护目镜、御寒衣物、防滑链等。不建议单车进入，要对自己的人身安全负责。

果洛谢格太

藏族黑陶省级非物质文化遗产传承人。

藏族黑陶与其他陶瓷相比有什么特色？

在工艺上，其他地区的陶瓷工艺大部分采用拉坯成型或模具成型的方式，但藏族黑陶至今仍然保留着纯手工的制作流程，采用古老的泥条盘筑法捏制，这一技艺在距今4500年前的卡若文化中就有发现，我们仍然可以在一些古老的陶器文物上看到先民的指痕。在色彩上，藏族黑陶是高温烧制定型后再以柏木、松木低温烧制进行上色，在陶器表面产生天然的熏黑，这也和汉族陶瓷器中釉的概念有明显区别。

即便是藏区内部，黑陶也可以作为识别不同文化区的一个媒介：班玛的黑陶可以上溯至古老的象雄文化，如今是安多藏区的代表；而囊谦的黑陶则与文成公主进藏的历史相关，如今的艺术风格有更明显的康巴特色。

藏区民俗技艺在近些年有什么机遇与挑战？旅行者有什么途径可以了解或参与？

在藏区，黑陶已经不再是家家户户所必需的生活用品，而被玻璃、金属等现代材质的用具所取代。藏族黑陶一度面临失传的绝境，但近年来随着旅游业发展，这一工艺因为旅行者的青睐而幸存。如今，汉族人普遍将其作为喝茶的实用器，而藏族人反倒将其作为艺术摆件，这是一个有趣的反转。旅游市场的发展也使一些传统文化元素得以融合到日常生活中来，比如壶盖上的八瓣莲花图案象征着班玛起源的八个部落，提子上的如意宝是藏民用来寓意吉祥、安康的经典图案。

如果感兴趣的话，旅行者可以前往班玛的金色产业园，购买支持包括黑陶、木雕、唐卡在内的非遗产品，园区内的非遗产业是当地民众脱贫致富的通道。如果你在西宁，聪宏诺桑藏文化体验空间会展示出售门类齐全的民族手工艺品，还可以吃到不错的藏餐。

省钱妙计

住宿

➡ 大多数城市与景区的房价七八月会大幅上涨甚至翻倍，最好错峰出行，或者提早预订并支付房款。

➡ 西宁、祁连、青海湖等地有不少青旅，住铺位可以节省一大笔开支，有些青旅还会招募义工，可关注相关网络信息发布渠道。若有国际青年旅舍（YHA）的会员卡请随身携带。

➡ 不少地区的中小型旅馆和农家乐都有普间和标间的选择，区别在于有无窗户、卫生间等，普间至少可以节约20%的花销。

➡ 比较偏远或规模较大的寺院多设有信徒接待室，也可借宿僧房，但条件相对简陋。

➡ 在携程网、去哪儿网和美团网等订房网站上，可能会有价格低廉的房间。多下载几个连锁酒店App，有时也能拿到针对手机客户端预订的折扣。

交通

➡ 青海交通不便，多留意青旅布告栏上的拼车消息。前往难以到达的目的地可参加当地户外俱乐部的活动，节省部分费用。

➡ 在汽车站附近或高速出入口通常都能找到小车拼车，或去玉树、果洛等地驻西宁办事处附近打听一下，运气好还能搭到顺风车。

➡ 果洛、玉树地区的一些寺院会在人流比较密集的城镇上设进香处。去这些"分理点"省钱搭便车的概率很高。

➡ 省内航班提前预订特别便宜。海西的3个机场之间的航班均没有机建燃油费，常年的价格在60~200元不等，比长途汽车节省时间，且性价比高。

餐饮

➡ 结伴同吃、分摊饭费是最可取的。既能吃得好，钱又花得少。

➡ 去物资紧缺的地区多备食品和饮用水。在热门景区也最好带足食物和饮用水。

➡ 部分青旅、农家乐和民宿提供厨房设施，可以自己动手。

门票

➡ 青旅、客栈的前台有时能拿到折扣门票，包车司机也可能有打折或者免票门路，但一定要确认那不是为了揽客而设的陷阱。

➡ 携程网、去哪儿网、淘宝网等网站经常可以买到折扣门票。

➡ 不妨向当地人打听，不少景区或寺院在上午开门前可免门票入内，部分景区如北山林场、阿咪东索等，在"十一"过后至次年4月间可以免费游览。

➡ 青海有多个对口援建省市，例如北京援建玉树、上海援建果洛、天津援建黄南、江苏援建海南、山东援建海北、浙江援建海西等，来自援建省市的旅行者凭身份证可在相应州市部分景区获得免票优惠。

购物

➡ 购买唐卡、珠宝等贵重物品，最好在确认对方可信的情况下请本地人陪同。

➡ 从公益组织或村民处购买纪念品和枸杞、黄蘑、牛羊肉干等特产，不仅价钱相对厚道，还能给他们实际的帮助。

旅行淡季

➡ 淡季出行是不变的真理。除了常规淡季，黄金周后的价格一般也会暴跌，适合"抄底"。

➡ 不追求"招牌景观"。例如在门源油菜花节前后几天前往，景色并未"打折"，但价格会低不少。

每月热门

最佳节庆

六月会，农历六月十六至六月二十五

塔尔寺酥油花节，农历正月十五

囊谦世界和平祈愿法会，藏历九月二十二至二十六

土族於菟舞，农历十一月二十

曲热法会，农历腊月十五

1月至2月

丰富多彩的民俗活动、各大寺院隆重的法会，给这个天寒地冻的季节增添了不少热闹的氛围。冬天也是野生动物最活跃的季节，在湖泊地带以及广袤的草原都比较容易见到它们的身影。

藏历新年

藏历正月初一，和汉族的农历新年时间大致相近，是藏区的全民节日。在持续近15天的庆祝活动里，能看到祭祀、敬神的仪式，也是欣赏藏族歌舞的最好机会。

塔尔寺燃灯节

每年农历正月十五，塔尔寺的僧侣点燃精心制作的酥油花灯，彻夜不灭。节日一般持续1周，期间会表演跳羌姆，也会展出寺庙珍藏的许多酥油花、唐卡、堆绣作品。盛装出席燃灯节的藏族同胞身上的服饰也是一道风景。

龙恩寺藏戏

每年藏历正月十五、三月二十九至四月初十的法会期间，会上演隆重的藏戏，由被果洛官方认可的当地最优秀的藏戏团表演。

隆务寺毛兰姆法会

每年农历正月十四晒佛、十五转佛、十六表演跳羌姆，十分热闹，隆务寺羌姆因为节奏快、动作幅度大，极具戏剧感。

观察野生动物

这个时节前往天峻县丰茂的大草原，很容易见到藏原羚、岩羊的身影。一些狂热的摄影发烧友还会专门去玉树杂多的昂赛大峡谷蹲守，看是否有机会一睹雪豹的风采。

曲热法会

玉树改加寺最为特别的法会，每年农历腊月十五，寺院僧尼裸体披上一块两尺见方、事先被冷水打湿的白布，绕寺院缓步转圈，依靠身体力量燃起体内"火焰"，焚尽一切烦恼不净。法会全程允许信众在一定距离以外观看。

3月至4月

东部河湟地区已经是一派初春的景象，山谷草地蒙上一层新绿，山坡上野生的桃花、杏花竞相开放。

贵德梨花节

"香风百里梨花雨，莫道高原不江南"，每年4月上旬，漫山梨花于黄河边上绽放，飞花盛景将贵德染得一片雪白。

德合隆寺庙会

每年藏历二月初一开始举行为期11天的庙会，有诵经、藏戏等内容丰富的法事。

白玉寺法会

每年藏历三月初一开始举行为期10天的法会，天天好"戏"连台，还有晒佛、法舞等活动，而久负盛名的藏戏更是不能错过的重头戏。

拉加寺彩粉坛场

藏历二月初一开始，在其

（**上图**）塔尔寺燃灯节上的酥油花灯
（**下图**）玛沁拉加寺

后2周内，寺内僧人以各色石子碾成的齑粉作画及雕塑来宣扬密宗教义。

5月至6月

春天将高原地区彻底唤醒，青海草原野花初绽，候鸟纷纷飞至青海湖孕育新生命，到处都是生机勃勃的景象。

郁金香花展

西宁市每年5月都会在人民公园举行郁金香花展，各种品种的郁金香盛开在林间山坡，起伏如绚丽花海。

高山杜鹃盛开

互助北山林场和门源仙米峡谷中的杜鹃相继盛开，两处同属祁连山脉，由景观大道相连，特别适合自驾穿越。

观鸟季

候鸟纷纷飞至青海湖产蛋孵卵。带上望远镜，到小泊湖、三块石等处欣赏新生命孕育带来的盎然生机吧。

玉树虫草季

最重要的虫草季就在这两个月，此时前往玉树地区要对可能翻一番的食宿价格做好充分的心理准备。

仙女湾祭海

每年6月至7月，仙女湾将举行祭海活动，祭祀祈福的喇嘛和信众，纵马下湖狂奔的小伙子将湖畔点缀得无比热闹。

塔尔寺晒佛会

每年农历四月十五和六月初六举行，届时会请出塔尔寺中“狮子吼”“释迦牟尼”“宗喀巴”“金刚萨埵”4幅巨大的堆绣佛像中的一幅，观者如潮，盛况空前。

湟鱼洄游

每年6月至8月，湟鱼洄游，“半河清水半河鱼”的壮观奇景在刚察沙柳河与仙女湾景区等处真实上演。

7月至8月

一年中最好的季节来临，山林葱翠，野花盛开，几乎天天可见蓝天白云。七八月也是青海的旅游旺季，需要面对汹涌的人潮和飙升的房价。

环青海湖国际公路自行车赛

世界海拔最高的公路自行车赛在每年7月中下旬举办，比赛线路已由环湖地区拓展至甘肃、宁夏路段，想跟骑的自行车爱好者可关注官方网站的每年路线更新。

赏油菜花

青海湖、门源百里花海都是赏花的好去处。想要另辟蹊径？可以去祁连山山脚下的村庄，花田面积不大但足够静谧。

六月会

农历六月十六至六月二十五，同仁周边的近20个村庄都会举行六月会，这可能是西部最神秘的节日，也是一场民俗的狂欢。

花儿会

每年农历六月，热闹的花儿会在河湟地区轮番上演，除了歌舞欢庆，还常伴有集会和民俗表演。

（上图）湟鱼洄游的场景
（下图）玉树赛马会上的舞蹈

东关清真大寺开斋节

每年8月中下旬（伊斯兰历十月一日）举行的伊斯兰传统开斋节上，经历了30天斋月、头戴白帽的穆斯林，会在这一天来到西宁东关清真大寺参加开斋节聚礼。可能有30万之众的穆斯林将齐聚大寺。

那达慕大会

每年8月1日至3日在鲜花盛开的河南草原上举行，有射箭、赛马、摔跤比赛和热情洋溢的民俗表演。

赛马会

七八月间，牧区的草原上会有无数场赛马会等你参与。在赛马节上能看到各种有趣的竞技项目，晚上还会有锅庄和赛歌。期间少数民族同胞都会着锦衣华服，自成一出赏心悦目的时装秀。

王洛宾音乐艺术节

7月中旬至8月初举办，通常为两年一届。金银滩上的歌舞演出是亮点。

9月至10月

高山草原已现枯黄，不过峡谷的金黄树影和湖畔的红草滩正美。玉树、果洛的高海拔地区已步入冬季，9月份往往会迎来第一场雪。

林场秋色

北山林场和麦秀林场在秋天最漂亮，自国庆开始展露的金秋气息，到10月中旬将绚烂无比。此时也是探访祁连山一带的好时机，黑河大峡谷沿线的色彩变化如同仙境。

高原秋色

果洛南部的玛可河谷迎来最美的季节，吉德寺下的山坡层林尽染，河谷田园中也是一片金黄。

冬格措纳湖畔美景

国庆前后的冬格措纳湖姹紫嫣红，火焰般艳美的红草滩让天地失色。

尖扎射箭节

每年9月初，射箭之乡尖扎将举办盛大的射箭节，全国各地射箭好手聚集五彩神健体育场一较高下。

11月至12月

青海的冬季是漫长的，此时银装素裹的林海、苍茫壮阔的草原也别有一番风情。少数民族节庆开始慢慢多起来了，新年的气息临近了。

青海湖天鹅

11月，来自俄罗斯的大天鹅先在鸟岛短暂停留，之后迁往终年不冻的泉湾湿地度过漫漫长冬。

土族於菟舞

每年农历十一月二十，同仁年都乎村都会有7位村民扮成於菟（老虎），在热闹的锣鼓喧天声中驱鬼降魔。

囊谦世界和平祈愿法会

上千僧众齐念《普贤心愿和文殊菩萨赞》的场面十分隆重浩大。藏历九月二十二是传说中的“降凡日”，又称“天降日”。大法会自此共延续5天，届时还有活佛高僧在场为信徒们做灌顶加持。

旺加寺法会

农历九月间，黄南最大的本教寺院旺加寺会举办盛大的秋季佛事活动，有极具原始宗教色彩的本教羌姆表演。

隆务寺大型辩经

12月底隆务寺最大型的辩经会，到时不光隆务寺僧人，周边寺院的僧人都会前往参与辩论，不要错过这场火爆热烈的“神仙吵架”。

计划你的行程

旅行线路

4天 浅识青海

如果时间有限，环青海湖是初到青海的常规线路。湖岸四季各有风情，但油菜花盛开、草场丰茂的7~8月仍是最好的季节（如织游人和高涨房价则是代价）。当地公共交通有限，包车或拼车会更轻松。

传统环湖线路一般要2天。从西宁出发后先去**塔尔寺**（见84页），再翻过**日月山**（见125页）到达**倒淌河**（见125页）。沿109国道前行，青海湖南岸景色一览无余。在**二郎剑景区**（见125页）或湖畔游玩后，可直达**茶卡盐湖**（见129页），当晚返回**黑马河**（见128页）住宿。第二天观赏日出后沿环湖东路、315国道经过**金银滩草原**（见122页）回西宁。

若有3~4天时间，从西宁出发后可以先花一天绕道**贵德**（见145页），观赏难得清澈的黄河水与丹霞地貌，再进入青海湖景区。或者你也可以在看过黑马河日出后，沿环湖东路到**刚察**后往北，翻越**大冬树山垭口**到达**祁连**，游玩**卓尔山**（见110页），之后经**阿柔大寺**（见111页）、**岗什卡雪峰**（见109页）去**门源**，在一望无际的油菜花田过把瘾后返回西宁——当然，若是在7~8月以外到访，就把时间留给西宁的清真大寺和市区的小吃吧。

（**上图**）门源的油菜花田

（**下图**）贵德清澈的黄河

詹依洁摄

青海湖
大通
老爷山
互助
丹麻
海东
乐都区
海都
瞿昙寺
七里寺
循化
清真寺
郭麻日
年都乎
热贡艺术博物馆
吾屯
同仁
隆务寺
夏河
拉卜楞寺
甘
肃
省

楼学 摄

©视觉中国

（上图）瞿昙寺

（下图）同仁吾屯热贡画院的僧人正在绘制唐卡

5天 东北部的人文之旅

青海民俗有西北风情和藏族文化相融、共生的特点。青海湖至西宁一带在地貌上属于黄土高原，这里的民俗活动极具西北特色。青南高原则是另一番天地，佛国坛城梵音袅袅不绝。民俗活动丰富的农历六月和藏历新年前后是人文之旅的最佳时节。

狂欢从六月六的"花儿会"开始。每年农历六月初三到初八，"花儿"从大通**老爷山**（见87页）唱响，不管是专业的花儿歌手，还是民间的花儿爱好者都聚集于此，整个城镇热闹非凡。有时间还可以去**海东乐都区**和**互助**，海东民和的**七里寺**、乐都**瞿昙寺**（见95页）、互助**丹麻**都有比较大型的花儿会举办，时间从六月初六至六月十六不等。

接着南下**循化**，这里的撒拉族从中亚迁徙而来，循化境内沿黄河矗立着十几座**清真寺**（见100页方框），集中展现着撒拉族的建筑文化艺术，有兴趣不妨花半天时间逐一寻访。

循化往南可以抵达历史文化名城**同仁**。每年农历六月十六至六月二十五，同仁周边二十多个村落会上演声势浩大的祭祀娱神活动"六月会"，不仅有民族风情十足的舞蹈，还有原始的血祭。热贡艺术是同仁的招牌，你可以先去**热贡艺术博物馆**（见156页）稍作了解，再去**隆务寺**细看精美的当代唐卡、壁画装饰。留一天时间探访县郊各具特色的村落，**年都乎**（见163页）擅堆绣，**吾屯**（见161页）家家户户设有唐卡画室，**郭麻日**（见162页）保留着明朝时建置的古城寨。之后你可以从同仁乘坐长途汽车直达甘肃**夏河**，将**拉卜楞寺**作为这趟人文之旅的终点，班车会经过丹霞地貌和广袤草原，沿途风光很美。

7天 深入柴达木盆地

柴达木日新月异的交通变化给背包客带来了极大的福利，如今你已经可以通过飞机（价格甚至比长途汽车便宜）在格尔木、德令哈、花土沟之间自在往来，新开通的敦格铁路在客运通车后，还能将旅行线路自然延伸至敦煌。准备好拥抱柴达木丰富的自然景观吧。

从西宁乘坐飞机或火车抵达**德令哈市**，**海西民族博物馆**（见247页）是了解柴达木的好去处，**海子诗歌陈列馆**（见247页）也在附近。你可以在德令哈住上一晚，这座城市是亚洲的最佳观星地之一。

次日乘坐德令哈至**都兰**的班车前往**金子海**（见259页），这片隐藏在沙漠中的蓝色湖泊是不可多得的奇观。不过要留意德令哈至都兰末班车的始发时间（16:00）以便及时在景区门口搭过路车继续前往都兰。都兰郊外宏伟的**热水墓葬群**（见261页）值得包车前往。

继续西行前往**格尔木**，以它为大本营探索周边的自然景观，在青旅内很容易找到去南线**昆仑山**（见272页）、**可可西里**（见272页）和北线**魔鬼城**（见274页）、**乌素特水上雅丹**（见275页）的一日游拼车。

新开通的敦格铁路可将你带到**大柴旦**，这座小城十分意外地如同一座花园城市，包车在黄昏前抵达**大柴旦湖**（见274页），欣赏湖泊、盐滩在落日下呈现出的绚烂色彩。之后继续前往**敦煌**（见278页），最后沿着旅游业成熟的河西走廊前往兰州。

楼学 摄

（左图）热水墓葬群

（右图）在柴达木盆地观星

©视觉中国

新疆维吾尔自治区

甘 肃 省

敦煌

魔鬼城

大柴旦湖

大柴旦

乌素特水上雅丹

海子诗歌陈列馆

海西民族博物馆

德令哈市

金子海

格尔木

都兰

热水墓葬群

昆仑山

可可西里

9天 火车之旅

如果你是火车旅行爱好者，"兰新高速铁路+青藏铁路"的组合足以让你游遍青海多个主流与非主流的景点，把史前遗址、古刹名寺、自然风光都收入囊中。

第一站：乐都区。从兰州乘动车前往乐都。乐都高铁站有公交车可抵达**青海柳湾彩陶博物馆**（见95页），如果你对黄河上游史前文明和彩陶艺术有兴趣，这里是最好的课堂。另外可去存有明清壁画和明朝汉室宫廷建筑群的**瞿昙寺**（见95页），在乐都客运站前有公交车直达。

第二站：平安区。抵达平安驿后可以在火车站包车，将平安北线悬挂在丹霞岩壁中的**白马寺**（见90页）和有"湟水北岸诸寺之母"称号的**佑宁寺**（见90页）连在一起探访。

第三站：西宁市。你可以在西宁多待几天。第一天在市区游玩，先去**青海省博物馆**（见74页）了解青海历史，再到**青海藏文化博物院**（见74页）欣赏长达618米的巨幅唐卡，晚上可以去中西合璧建筑风格的**东关清真大寺**（见71页）观摩一场穆斯林宵礼，也不要错过周边美味的清真小吃。第二天可以留给**塔尔寺**和**青海湖**（见115页），当地青旅大多提供"塔尔寺—青海湖一日游"的拼车、包车服务。若正逢7月油菜花季，可乘动车前往**门源**（见106页）观百里油菜花海，再返回西宁。

第四站：德令哈市。在西宁搭乘青藏线前往德令哈，尽量选择白天的车次，火车从西宁开出1小时后，你将在列车左侧（南方）看到青海湖。德令哈市内的博物馆和海子纪念馆值得流连，市北的**哈拉湖**（见256页）是青海第二大湖泊，十分壮阔秀美，可在此遥望祁连主峰团结峰。

第五站：格尔木。乘坐列车前往格尔木，可在火车上看到**可鲁克湖**和**托素湖**（见255页）以及邻近格尔木的**察尔汗盐湖**（见270页），与茶卡盐湖相比，这里不管是面积还是风光都毫不逊色。而后包车游览南线的昆仑山国家地质公园和可可西里，你需要一大早从市区出发，全程往返约需10小时。

楼学 摄

袁亮 摄

（上图）行驶在哈拉湖无人区

（下图）佑宁寺

甘 肃 省
内蒙古自治区
内蒙古自治区
哈拉湖
可鲁克湖和托素湖
德令哈市
察尔汗盐湖
格尔木
青海湖
青海湖
门源
东关清真大寺
佑宁寺
白马寺
青海藏文化博物院
青海省博物馆
西宁
塔尔寺
平安区
海东乐都区
瞿昙寺
青海柳湾彩陶博物馆
甘肃省

花石峡
鄂陵湖
玛多
扎陵湖
阿尼玛卿
甘肃省
格萨尔林卡
狮龙宫殿
达日
查朗寺
尕朵觉悟
久治
白扎寺
阿什羌寺
结古寺
玉树市
新寨嘉那嘛呢石堆
班玛
莲宝叶则
阿坝
江日堂天葬台
吉德寺
班前村
勒巴沟
文成公主庙
囊谦
宗国寺
多普玛
尕尔寺
四川省
西藏自治区
类乌齐
昌都

（**上图**）玉树结古寺
（**下图**）文成公主庙的岩壁造像

15天 藏区腹地

果洛和玉树一直都属于喜欢深度探索当地的旅行者，这片安多藏区的腹地有史诗《格萨尔王传》构建的神山圣湖，有浓郁的藏传佛教氛围，更有三江源核心区令人心醉的风光。

如果利用公共交通深入果洛和玉树，自四川阿坝进入反而更便利。从成都出发前往阿坝，阿坝和久治之间来往频繁，十分容易拼车。久治的明星景点年保玉则目前仍处于关闭状态，你可以包车游览阿坝的**莲宝叶则**，这是同一保护区位于四川境内的部分。

久治和**班玛**之间每天有一班接驳车往来，自然人文景观丰富的班玛是果洛藏区的根脉所在，已有千年历史的**江日堂天葬台**（见195页）在县城近郊，散发着宁静神秘的气息。你可以包车将建筑最令人心动的**白札寺**（见195页）、佛塔林立的**阿什羌寺**（见195页）和拥有俯瞰藏寨古村**班前村**（见195页）最佳视野的**吉德寺**（见195页）连成一线探访。

班玛至西宁的班车途经**达日**和**花石峡**，方便你前往达日和**玛多**。班车行经路段本身就是一段难忘的旅程，沿途有两大流域截然不同的地貌风光。抵达达日后，可包车往返**查朗寺**（见193页）、**狮龙宫殿**（见193页），在回程途中可以要求司机将你送到**格萨尔林卡**（见192页），看过黄河落日后再步行回城。

达日至花石峡途中沿205省道可以看见神山**阿尼玛卿**（见184页）。从花石峡到玛多拼车十分方便，抵达玛多后稍作休整，可包车游览澄净透亮的**扎陵湖**和**鄂陵湖**（见209页）。

玛多至**玉树市**没有直达班车，你可以在214国道的三岔路口拼车。灵秀的玉树值得多停留几日。你可以先去**结古寺**（见218页）听诵经，再去**新寨嘉那嘛呢石堆**（见218页）晒太阳。玉树周边可以包车沿东线探访岩画遍布的**勒巴沟**（见223页）和历史悠久的**文成公主庙**（见223页）。若有神山情结，也可前往**尕朵觉悟**（见227页）。

玉树至**囊谦**（见229页）有频繁的班车往来，不管是囊谦西线隐藏在山谷秘境里的**宗国寺**（见233页），还是南线置身世外桃源的**尕尔寺**（见235页），都值得你花上几天的时间。如果要继续前往西藏，可由**多普玛**（省界）进入西藏的**类乌齐**，由类乌齐前往**昌都**。

计划你的行程

负责任的旅行

自Lonely Planet诞生以来，“负责任和可持续的旅行”（Responsible & Sustainable Travel）一直是我们秉持的旅行理念。如果在旅行途中能对当地文化、环境及居民有所裨益，你走的每一步都会更有意义。你尤其需要借助以下小贴士，来帮助你保护和支持青海的环境与当地人，维护青海的壮美山水和民族多样性。

参考网站

- **绿色江河**（www.green-river.org）专注于长江上游自然生态环境保护的民间环保组织。可关注其环保项目动态及志愿者招募情况。
- **青藏高原生态保护网**（www.qtpep.com）聚焦青海生态环境，包括气候变化、环境污染、动植物保护、能源开发、公益活动等专题的新闻报道网站。
- **野性中国**（www.wildchina.cn）可以了解野生动物拍摄计划与培训营项目等公益内容。
- **穆斯林在线**（www.muslimwww.com）了解伊斯兰教信仰、习俗的窗口。
- **青海小泊湖保护站**（微信公众号）牧民南加在青海湖畔成立了小泊湖保护站，可通过“一起行动”栏目了解并加入保护湿地、保护候鸟、植树种草等志愿行动。

对文化负责

- **了解本土文化** 青海少数民族和宗教信仰甚多，事先阅读和学习相关知识，能使你更加了解这片土地的历史、民族、宗教和文化差异。
- **尊重文化传统和宗教禁忌** 尊重各民族的风俗习惯和宗教礼仪，在言辞行为与着装上避免触犯宗教（尤其是伊斯兰教）禁忌。此外，女性旅行者通常不被允许进入清真寺的礼拜大殿和佛教寺院的僧舍厨房等地。

对环境负责

- **带走你的垃圾** 尽可能使用可降解的日用品，同时减少一次性产品的使用，不要把垃圾遗留在大自然中。在果洛、玉树等地区，很多景区缺乏户外垃圾回收装置，建议随身携带垃圾袋，将垃圾打包带走。
- **尽量节约能源** 虽然贵为江河之源，但在青海使用能源时仍需注意节约。尤其在山区和牧区，纯净水、电和燃料是非常紧缺的资源。
- **保护野生动植物** 青海是众多珍稀动植物的栖息地。在青海湖、三江源地区观鸟、拍鸟时不要人为干扰鸟类生活，最好选牧民铺设好的小路进入观鸟点，不要直接践踏草场、破坏牧

在阿尼玛卿和当地人转山

场；在餐馆就餐时，拒绝吃湟鱼、黄河野生鱼类和野鸭等受保护的野生动物；切勿购买麝香等违禁药材、藏羚羊绒毛制品或动物皮毛。“没有买卖就没有杀害”，避免让自己沦为偷猎和走私者的帮凶。

对当地人负责

➡ **尽量购买当地产品** 购买牧区的牛羊肉以及奶制品，住当地人开的旅店或家庭旅馆，从当地手艺人那里直接购买工艺品，并且无须过分压价。

➡ **拍照前先询问** 除非获得允许，否则不要拍摄私人或者宗教活动。在果洛等藏区旅行时，如参观天葬台请严格遵循相关要求，不要拍摄。

避免“过度旅游”

过度旅游（Overtourism）指的是在某些热门目的地和景区，游客蜂拥而至，物价离谱上涨，过度消费破坏当地居民生活常态的现象。在青海，茶卡盐湖曾因过度旅游而关闭，经过整治之后才重新开放，年保玉则也闭门谢客至今。我们提醒旅行者，下面这些地方也正在遭受过度旅游的威胁。

➡ **门源油菜花田** 每年7月中旬至8月初，门源油菜花海惨变“人海”，其实你可以错峰出行，提前几天去仙米河谷看油菜花，或者再晚几天，往祁连山脚下去，那里还有较晚开花的油菜田。

➡ **茶卡盐湖** “天空之镜”曾因为人潮的涌入，湖面遭到过度践踏，垃圾遍地，你也可以移步茶卡天空壹号，虽然是新近开发的，但也有沉水栈道与丰富的活动可以体验。

➡ **青海湖** 夏天的油菜花与清清湖水，在大批旅行者到来之后难免逊色不少。不妨远离游人打卡地，拜访洱海边的甲乙寺或去西海郡故城遗址走走，看看青海湖周边的苍茫沙洲与满天星光，更多免费的风景其实在路上。

➡ **黑河大峡谷** 夏季和国庆期间，黑河大峡谷经常堵得像停车场，可以走远一点，欣赏204省道沿线东沟等尚未完全开发的山谷秋色。

北山森林公园

计划你的行程

户外

祁连山脉纵贯东北，昆仑山横亘西南，三江发源于此，雪峰、高山、湖泊、河流……青海拥有众多理想的天然户外活动场地，也孕育出了门类丰富的户外活动。成熟的户外组织主要集中在西宁，无论是徒步、骑行、登山或水上运动，你都能在这里找到资源。

楼学摄

户外亮点

➡ **北山林场单日徒步** 春赏杜鹃秋赏林(见68页地图)

➡ **门源油菜花海单日徒步** 在无边花海间穿行(见104页地图)

➡ **尕朵觉悟转山** 与虔诚的信众同行，看山花烂漫，赏雪峰姿态(见214页地图)

➡ **仙米国家森林公园多日徒步** 穿越山林、溪流共建的奇妙世界(见104页地图)

➡ **岗什卡登山** 依偎着草原与花海的雪峰(见104页地图)

➡ **野牛山登山** 俯瞰青海湖及周边山色(见116页地图)

➡ **松巴村露营** 立在清清黄河边的古老藏寨(见116页地图)

➡ **天峻县观赏野生动物** 丰茂草原孕育的野性世界(见248页地图)

➡ **昂赛峡谷观赏野生动物** 小心，此处有雪豹出没(见214页地图)

➡ **阳光岩场攀岩** 青海的第一座自然岩场(见68页地图)

➡ **隆务峡古浪堤攀冰** 挑战55米高大冰瀑(见153页地图)

徒步

藏区人民的徒步早已是生活的一部分，转山、转湖是他们日常的功德。对旅行者而言，徒步活动主要集中在西宁及周边，互助、大通、门源都有不少风光好的短途和长途徒步线路，春季去山里看杏花，夏季走过野花盛开的草原，秋季穿越绚烂的林场，冬季在冰瀑上攀行，每一季都有精彩。而海拔更高、条件更为艰苦的玉树和果洛，是户外俱乐部资深“驴友”的徒步天堂。

单日徒步：深入北山林场观瀑布、赏杜鹃

北山林场被称为“西宁后花园”，拥有林海、石峰、溪流、峡谷等丰富的自然景观。林场有两条相对成熟的悠闲徒步线路，一条在风光最好的**浪士当**，以胡勒瀑布为起点，沿山路至山顶，可以欣赏秀丽的圣母天池，远眺北山主峰俄座岭；另一条在有“青海小九寨”之称的**扎龙沟**，沿山间步道穿行林间，会经过一系列瀑布群和澄澈碧绿的水潭。

门源油菜花海、互助**大沟口**均有经典的单日徒步路线。

多日徒步：加入当地信众，去尕朵觉悟转山

藏传佛教四大神山有两座在青海，它们是阿尼玛卿和尕朵觉悟。曾经蜂拥而来的转山游客让阿尼玛卿的生态环境有些不堪重负，而且新修建的高速公路也让阿尼玛卿转山之路的入口变得难以寻找，如不跟随当地户外团体和信众前往，迷路风险很大。低调的尕朵觉悟一直以来都只有虔诚的僧侣和信众前往，对诚意转山的旅行者来说，加入户外团体，或参与赛康寺僧人和藏族的转山队伍是相对安全的选择。全程约45公里的“中转”是传统信众的转山路线，比较适合一般的徒步旅行者。中转通常分为2天完成，中途在赛康寺过夜，沿途可观赏尕朵觉悟多座形状奇特的山峰，7月至8月山花烂漫、气候温暖，是最理想的转山季节。

大通**寺沟峡**、门源**仙米国家森林公园**也有景观极好的多日徒步路线。**年保玉则**曾是青海最经典的多日徒步目的地，为了恢复生态环境，目前仍旧处在关闭状态。

登山：攀登岗什卡雪峰

岗什卡（5252.5米）是距西宁最近的高海拔雪峰，坡缓雪厚的优势使它成为滑雪登山、雪峰攀登训练的最佳场所，电影《攀登者》中的诸多登山场景就取景于岗什卡。在天气好的状况下，攀登岗什卡主峰，登顶一般需要3天时间，沿途可以在C1和C2营地露营。6月至7月和9月至10月是最佳登山季，尤其是6月至7月，山顶光彩熠熠，雪线以下是门源广阔的草原和油菜花海。除主峰外，岗什卡有多座攀登难度不大的卫峰，即便是零基础登山者，经过一定训练也能登顶。但登山都需报青海登山协会审批通过后才能进

行，最便利的方式是参与当地正规户外机构举办的岗什卡登山活动，可由他们集体递交申报资料。

西宁境内的最高山峰**野牛山**和攀爬难度不高的神山**阿尼年钦夏格日**也都是理想的登山地，登顶两处山峰都可以俯瞰青海湖及周边山色。

露营：露营松巴村，枕着黄河入眠

如果说山清水秀的贵德是青海的"小江南"，那么松巴村就是贵德的小江南，碧绿的黄河水从村前流过，滋养着这片河谷绿洲，村子周边一片葱翠。松巴村有一片天然林场，是十分理想的露营地，夜宿在此能听见黄河涓涓流过的声音。松巴村本身是座历史悠久的藏寨，村子古朴静谧，有多座土木结构的百年藏宅，还有几棵树龄数百年的老杨树。自驾旅行者可以将车直接开到村口。徒步爱好者则以阿什贡为起点，沿河谷步行穿越至松巴村，沿途可观赏造型奇特的丹霞地貌。3月至4月峡谷杏花怒放，7月至8月田间麦浪翻滚，10月古杨树一片金黄，都是露营松巴村的好时节。

玉树**巴塘草原**、黄南**麦秀林场**、立于山谷秘境的**宗国寺**，以及俄博梁的**火星营地**，都是很好的露营地。

观野生动物

青海有高原野生动物王国的称号，独特的地理环境和气候条件让这里成为野生动物的最佳栖息地，在青海湖区、草原、祁连山谷、昆仑山至可可西里一带都很容易与野生动物相遇。具体的观赏地点有：

➡ **天峻县** 宁静的布哈河自西向东横穿县域，在两岸哺育了丰茂的草原，藏原羚、岩羊、藏狐等大型动物并不少见。从天峻或德令哈出发前往哈拉湖，自驾旅行者可能会在沿途观察到藏原羚、白唇鹿和野狼。

➡ **扎陵湖** 从鄂陵湖去往扎陵湖的路上，就像进入了野生动物园，各种鸟类、藏野驴、藏原羚等国家级保护动物不时穿梭在眼前。

➡ **都兰野生动物保护区** 夏天有不少岩羊、藏狐在这里出没，冬天则更容易看到野驴等个头比较大的野生动物。如果想要遇到野牦牛、藏羚羊、马麝、兔狲等保护动物，多少还需要一些运气。

蒙兴霖摄

在柴达木盆地露营

➡ **昂赛峡谷** 这里是最有可能遇见雪豹的地方，不过要邂逅这种机警、灵动、昼伏夜出的动物，经验和运气都很重要，一般来说，冬季的清晨与黄昏比较容易看到。

➡ **昆仑山口至可可西里** 藏原羚、旱獭、狐狸等野生动物随时会在公路两旁出现，在索南达杰保护站附近相对容易见到藏野驴和藏羚羊。

攀岩攀冰

如"刀劈斧砍"是青海山峰的特点之一，这里有许多条件非常好的岩壁。攀岩、抱石等户外运动在西宁已形成一定规模，当地有一群发烧级攀岩爱好者经常组织野攀活动，他们甚至自筹资金建设了青海第一座自然岩场——大通祁汉沟村**阳光岩场**，并邀请中国登山协会攀岩向导、广西资深攀岩玩家山巨专程前来做了开线。阳光岩场目前有5条5.10和3条5.11线路，另有一条结组线。野攀发烧友中的大多数人也是攀冰爱好者，湟源县**大黑沟**、**华石山**是他们常去的攀冰地，分别拥有高60米左右和30米左右的冰瀑。更远一

青海户外活动贴士

露营前需询问

青海的草场就像农田一样都有划分和归属，如需露营，请先征得草场牧民的同意，以免发生不必要的争执，部分牧民会收取一些合理的营地费（通常不会漫天要价）。

雇登山向导

青海的山势大多险峻，高原地区气候多变，探索任何没有明确路径的山峰，都一定要在登山向导的带领下进行。

户外组织

徒步与登山 高海拔户外由一群经验丰富的徒步爱好者组建，十分熟悉当地徒步线路，可在8246户外资料网搜索到他们发布的徒步活动帖。如想登岗什卡雪峰，青海极致美户外探险（☎186 9719 8848；西宁生物园区创业孵化基地）经常组织岗什卡的登山培训活动。

攀岩与攀冰 资深发烧友可尝试联络加入“青海野攀Just Climbing”微信群，获取相关信息。

皮划艇 西宁博安户外（☎0971-813 4134）组织皮划艇活动经验丰富，有专业的教练团和硬件设备。

负责任的户外旅行

带走垃圾 在青海的峡谷山地行走时，你可能会在道路两旁看到不少塑料和盒罐垃圾，徒步旅行途中，如果能在负重能力范围内携带一些垃圾下山，不失为对当地美景的最好回馈。

留意当地警示和建议 如果当地人告诉你，你要前往的地方已经因生态保护禁止入内，即便目的地周边无人看守，也请不要进入，或许目的地的生态环境已经相当脆弱，必要时请改变旅行计划。

点的攀冰地是**隆务峡古浪堤**，拥有一片高55米的冰瀑。三九四九冰上走的日子是最适合攀冰的季节。

皮划艇

青海河流、湖泊资源丰富，常年承办国际、国内大型极限漂流赛事，普通人能参与的皮划艇运动在当地也发展出一定规模。贵德的**千姿湖**是目前青海相对成熟的静水漂流场地，千姿湖是黄河大坝渗水形成的天然湖泊，湖水澄清，河道宽阔悠长，绵延10公里左右，穿行在湖中，两岸青山依依，草木葱翠，秋冬季节，周边山顶常有白雪覆盖，坐在湖中远眺，十分惬意。千姿湖内设有皮划艇培训基地，接待从青海各地前来体验皮划艇项目的团队。

阿尼玛卿雪山

计划你的行程

行摄青海

青海是摄影爱好者梦寐以求的目的地。这里风光卓绝，地貌复杂多变，一个转身便是令人眼前一亮的大气风景。而丰沛的自然资源也滋养出无限生机，种类丰富的候鸟和野生动物是需要耐心守候才能记录的精彩。想拍人文题材，众多的少数民族风俗和庆典亦不会令你失望。只要出发前略作了解，不必使用太过专业的器材，也能在青海拍出精彩的照片。

©视觉中国

最佳风光摄影点

- **阿尼玛卿知亥代垭口**（见184页）
- **青海湖西岸**（见132页）
- **茶卡盐湖**（见129页）
- **魔鬼城**（见274页）
- **乌素特水上雅丹**（见275页）
- **夏琼寺**（见97页）
- **卓尔山**（见110页）
- **门源油菜花海**（见106页）
- **北山国家森林公园**（见91页）

何时去

无论何时来青海，你都不会空手而归。3月至4月，冰封大地开始复苏，大片冰块堆叠在青海湖边的奇景只对不畏春寒的有缘人展现；5月，青海湖成群的候鸟率先让这片土地鲜活起来；6月，藏区的草原开始变得翠绿柔软；7月至8月，各地山花烂漫，金黄色的油菜花于青海湖畔和门源盆地竞相开放，神山圣湖和柴达木盆地特有的盐湖景观也会迎来最佳观赏季。此时也是民俗摄影的好季节，各地节庆接连不断，同仁传统的六月会不容错过；9月至10月，德令哈的柏树山与贵德黄河湿地自高向低渲染成金黄。11月至次年3月，结冰的湖泊、成片的雪景、藏区丰富的节会，以及土族於菟舞能满足你对“大片”的热望。

负责任的摄影

- 未经允许时，不要拍摄私人或宗教活动，对“禁止拍摄”的告示应严格遵守。如果答应要寄送相片给被摄者，请务必履行诺言。
- 嗑长头、转经等是相当庄重的宗教仪式，应使用长焦镜头在较远的地方拍摄，不要干扰被摄者。即便获得当地人的许可，也不要拍摄天葬等庄严的仪式，并请保持适当距离。
- 拍摄野生动物时不应惊扰它们，切勿为制造飞奔的场景而驱赶飞鸟。
- 保护拍摄地现有的状态，不要人为制造景观，不要移动他人的风马旗或嘛呢石堆，最好也不要付钱要求僧侣或当地人配合摆拍。
- 请为自己的安全负责，不要为拍摄踏足危险地点，也不要在车流中将头、手伸出车外拍照。

建议摄影器材

- 广角镜头：拍摄壮美风景的利器，能增加戈壁、湖泊、寺庙等景观的视觉冲击力。
- 长焦镜头：拉近距离，压缩空间。适合远距离抓拍山花、候鸟，或刻画人物与建筑的细节，有时也可用于宏大场景的局部特写。
- 滤镜：UV镜可以保护镜头，同时滤去高原的紫外线；偏振镜（CPL）能让色彩变得更饱满，消除水面或玻璃的反光；中灰渐变镜（GND）可以缩小天空与地面的光比，降低光线强烈时出现过曝的程度。
- 三脚架和快门线（或遥控器）：拍摄星空与夜景不可或缺的好帮手。
- 相机清洁工具：做好相机被风沙和尘土污染的准备，随时清理。

摄影贴士

- 高原的阳光非比寻常，一般而言，朝阳初升的清晨和夕阳西下的黄昏较容易拍出质感柔和、层次丰富的照片。不想让正午烈日破坏影调和白平衡？偏振镜和中灰渐变镜能适当让光线变得柔和，但都不及早起和晚归的效果。

➡ 想避免千篇一律的风景，可多关注热门景区外的内容，放慢节奏观察当地人的生活细节，会让你的照片有更多的人文关怀色彩。

➡ 青海的看点以自然风光为主，亮色系服饰、披巾或飘逸长裙都能令你在"打卡照"中更

青海热门摄影点列表

题材	摄影主题/目的地	最佳季节	拍摄内容
山峰	阿尼玛卿（见184页）	夏、秋	冰川、雪山远景
	卓尔山（见110页）	夏、秋	多变云彩投射在山体不断变换的光影、阿咪东索全景
	北山国家森林公园（见91页）	秋季	色彩纷呈的900多种树木、穿梭其间的溪流
湖泊	青海湖	全年	油菜花、草原、青海湖
	哈拉湖（见256页）	夏、秋	雪山环绕的哈拉湖、雪山、戈壁
	茶卡盐湖（见129页）	夏、秋	天空之镜、星空
	察尔汗盐湖（见270页）	全年	盐湖和盐花
雅丹地貌	魔鬼城（见274页）	全年	密集的风化石柱、城堡雅丹、船型雅丹等
	乌素特水上雅丹	全年	雅丹地貌与野鸭点缀其中的各式湖泊
丹霞地貌	坎布拉南宗峰（见168页）	全年	坎布拉丹霞地貌全景
	小柴旦湖五彩山（见274页）	全年	五彩山丹霞
河流	夏琼寺（见97页）	全年	九曲黄河
	贵德（见145页）	全年	清澈黄河水
油菜花	门源（见106页）	7月15日至31日	百里油菜花海
生态	海西和玉树、果洛	夏、秋	岩羊、白唇鹿等
	青海湖地区	夏、秋	黑颈鹤、斑头雁、鸬鹚等

亮眼。

➡ 无人机可以用独特的视角捕捉青海的辽阔景致，但请务必留心相关航拍守则，作为中国众多濒危动植物的栖息地，在青海，随意起降无人机非常容易干扰野生动物的生活，破坏生态环境。目前青海湖已规定禁止在野生鸟兽栖息地使用无人机，你可以在www.dji.com/cn/flysafe查询限飞区，并在中国民用航空局（www.caac.gov.cn）确认最新的航拍法规。

观景点	备注
知亥代垭口	需避开雨季，傍晚侧面有光时山峰更立体
环山顶修建的木栈道	夏季大雨后，次日清晨在油菜花和晨曦烘托下的阿咪东索特别美
浪士当景区的白桦林、红桦林，元圃达坂景区山顶	
湖泊沿岸，特别是环湖东路（见123页）和环湖西路（见134页）沿线	7月环湖东路的油菜花最鲜艳，环湖西路适合拍摄湖水与日出，冬季冰封湖面亦别有特色
环湖路上	
盐湖深处、小火车旁	最好在晴天拍摄。拍"天空之镜"的理想时间是日落前两小时，夜幕降临后在小火车处拍摄星空最佳，拍人像最好深入湖心
中心码头湖边	
大柴旦南八仙一带、冷湖俄博梁、土城丘一带	日落与星空特别美；使用航拍或由高处拍摄更能呈现壮阔效果
鸭湖周围岩石顶部	6月野鸭最为密集
南宗峰最高处	
小柴旦湖	晴天傍晚拍摄效果最佳
山上观景平台	日出和日落会形成丰富的明暗层次，长焦镜头和中灰渐变镜会让拍摄更得心应手
黄河清大桥、黄河湿地	同上
照壁山和达坂山观景平台可拍摄门源盆地全景；花海中的圆山观花台和花海芬芳浴适合拍摄人像和花海近景	门源回族自治县花期比仙米林区略晚一周，比祁连地区早一周左右，前往之前最好留意天气预报
都兰野生动物自然保护区（见263页）山坡、可可西里与三江源（见272页）	使用长焦镜头效果更佳，注意不要惊扰动物
青海湖小泊湖（见124页）、仙女湾（见135页）、泉湾（见132页）等处，隆宝滩黑颈鹤保护区（见224页）	同上

题材	摄影主题/目的地	最佳季节	拍摄内容
寺庙	丹斗寺（见96页）	全年	悬崖峭壁间的寺庙
	瞿昙寺（见95页）	全年	明代汉室宫廷建筑群
	吾屯下寺（见162页）	全年	壁画、木刻和泥塑
	东关清真大寺（见71页）	全年	中西合璧的建筑风格
民俗节日	六月会（见158页）	农历六月十六至二十五	龙舞/“开红山”血祭活动
	土族於菟舞（见164页方框）	农历十一月二十	於菟舞服饰妆容/整个庆典活动
	藏历新年	藏历正月初一，和汉族农历新年时间大致相近	祭祀、敬神仪式、藏族歌舞、跳神舞、服饰等
	酥油花节	酥油花节，与汉族元宵节同日	酥油花群像、唐卡和堆绣
	赛马会	7月、8月	赛马、摔跤、射箭等民俗活动，以及华丽的藏族服饰
	那达慕大会（见173页）	8月初，每两年一次	赛马场面、蒙古族传统服饰

观景点	备注
寺庙前的土路	
寺庙外围地势较高的山坡和寺庙内部钟楼二楼	
寺庙内	拍摄壁画需取得许可，请勿使用闪光灯
寺院前广场、中庭	使用广角镜头更能拍出气势，大殿禁止进入与摄影
浪加村	需提前了解各村落舞蹈祭祀时间
年都乎村	清晨尽早前往，提前了解於菟进村的路线，占据高地势。“於菟”化妆过程在二郎神庙内进行，可以花钱进去观看拍摄
吾屯寺（见162页）、玛沁（见177页）	
塔尔寺（见84页）	
玉树结古寺（见218页）、玛沁（见177页）	建议配备长焦镜头
河南草原	建议配备长焦镜头

1

2

©视觉中国

3

©视觉中国

塔尔寺的僧侣

2. 龙羊峡的黄河风光

3. 茶卡盐湖的日落

自驾前往黄河源碑

计划你的行程

自驾游

自驾无疑是探索青海的最佳方式，野生动物出没的保护区，隐身于峡谷胜景的寺庙、村落，偏居一隅的湖泊，这些至美之境都无法通过公共交通抵达。而且青海山岭众多、地貌复杂，有些地点在地图上看相隔不远，实则需要翻山越岭，自驾会让你更方便灵活地安排行程。

李峥摄

最佳自驾体验

- 穿行于囊谦山谷寻访世外胜境中的寺庙
- 沿祁连山脉驰骋看连绵起伏的油菜花海
- 穿越俄博梁见证最丰富的雅丹地貌

最美景观路段

- 青海湖—祁连—卓尔山—黑河大峡谷
- 玛多—鄂陵湖—扎陵湖—星宿海
- 花土沟—老茫崖—冷湖—大柴旦

为何自驾

青海留给旅行者的印象常是“标签化”的，许多人眼里的青海都只是个别景点（如青海湖、塔尔寺、茶卡盐湖）的模样，或笼统地用“高原风光”来形容它。当你驱车向更广阔辽远的地方探寻，会发现青海有着多样的面貌，它是中国唯一集东部季风区、西北干旱区、青藏高原三个自然区于一身的省份，自东向西横穿青海，你会在河湟谷地欣赏到季风区葱翠的山林、峡谷，在柴达木盆地领略胡杨、红柳、雅丹、戈壁、沙漠等西部风情。从北往南，则是从黄土高原过渡到青南的雪域高原，所经之地自然风貌和风土人情全然相异，你所能领略的途中风景，是其他交通方式难以企及的。

何时去

3月至5月 适合探索春花怒放的坎布拉、贵德以及杜鹃初开的北山。这段时间冻土未消，不易陷车，也是去可可西里或寻访三江源的好时候。

6月至8月 最佳自驾季节，常有天高云阔的风景。7月青海湖、门源和祁连一带油菜花海灿烂；8月正是青海草原水草丰茂的时候。

9月至10月 驱车穿行于林场或峡谷地区，满眼都是绚烂的秋色。此时的高山湿地红草滩正美。行走在玉树、海西、果洛，需留意天气变化，这里9月往往已经开始落雪。

11月至次年2月 藏历新年前后是走访村落的最佳时节，寺院法会、当地民俗活动络绎不绝。冬季在保护区更易看到大型野生动物，不过需要格外留意路况和天气。

自驾路线

沿唐蕃古道纵贯青海

共玉高速的通车和214国道的完善，让一些精明的旅行者重新将目光投向“唐蕃古道”，由此穿越青海，进入西藏。这是一条相当聪明的线路，不仅能避开青藏线的拥挤，还能沿途欣赏这条萧条古道上常年不被打扰的古迹与风光。建议驾驶SUV出行。

从西宁出发，访过**塔尔寺**和**青海湖**后直接前往千湖之县**玛多**。南下玛多的路上可经共玉高速，向西汇入德马高速，造访神山阿尼玛卿孕育的**冬格措纳湖**。

从玛多至玉树可以走共玉高速，内秀的玉树会给自驾旅行者很大的惊喜，你可以把市区东南的**巴塘草原**、尚存9尊唐代佛像的**文成公主庙**以及岩画遍布的**勒巴沟**连成一条线探访。玉树至囊谦之间的214国道风光无限，经无边草甸，过葱茏峡谷。囊谦周边看点很多，县城以西，穿越遍布岩画的**香龙沟峡谷**，可探访世外胜境般的**达那寺**、**宗国寺**、**改加寺**。

出囊谦后继续向南，214国道会将你带

自驾青海贴士

租车

青海自驾一般以西宁为起点。神州租车(☎400 616 6666; www.zuche.com)目前在西宁有18家门店可供选择。一嗨租车(☎400 888 6608; www.1hai.cn) 在西宁有7个门店，另外在格尔木和德令哈各设有一处"自助借还点"，可在官网下单，预约时间取车。

加油

中石油和中石化在青海有广泛分布的加油站，90号、93号汽油和柴油都不是问题，但是97号汽油比较少见。需留意的是果洛大武至下大武的高速沿线没有服务区和加油站。

导航

玉树、海西、果洛等地区，电子地图包含较多的地点标识错误，最好购买人民交通出版社出版的青海省纸质地图作为参考。请务必提前下载离线地图、导航及卫星图数据，高原地区的偏远地带容易丢失手机信号。

路况

青海的地形和气候多变，公路维修和交通管制的现象频发。在青海省交通运输厅网站(http://jtyst.qinghai.gov.cn/map/)的"出行服务-路况信息"中会有比较及时和详细的国省干线路况信息可供查询。

入西藏的**类乌齐**，再沿人烟稀少的317国道经过丁青、巴青，便可在那曲汇入109国道前往**拉萨**。

柴达木大环线

柴达木拥有丰富的自然景观，你可以按照西宁—都兰—格尔木—花土沟—大柴旦—德令哈—西宁这个顺时针路线，围柴达木盆地画一个圈，可以领略湖泊、雪山、草原、沙漠、戈壁、盐滩、雅丹等各式风光。这是一条比较成熟的自驾线路，沿途配套完善，不过有些风光好的景点需沿砂石路行驶，建议驾驶SUV出行。

从西宁出发，去都兰的途中会经过**青海湖**和**茶卡盐湖**，可预留时间游玩。都兰至格尔木这一段如果不赶时间，选国道风光会更美，也不易让你产生驾驶的疲劳感。都兰县城以南往热水乡，可寻访青海最重要的考古发现之一**热水墓葬群**。到格尔木后，不妨在这里多停留几天，探索周边，市区向南可进入**昆仑山世界地质公园**，翻过昆仑山口便是**可可西里**，索南达杰保护站附近最容易看到藏羚羊的身影。

从格尔木前往花土沟，途经**察尔汗盐湖**和**小柴旦湖**后，沿315国道一路向西，能欣赏**乌素特水上雅丹**及**翡翠湖**。折回向东的行程可以取道305省道前往**冷湖**，你会长时间在沙漠、雅丹地貌间穿行，并沿着火星一号公路穿越雅丹地貌最为鬼魅绚烂的**俄博梁**。经马海、鱼卡回到柳格高速，**大柴旦**的雪山温泉可大大消解旅行疲乏。继续向东往**德令哈**行驶，这座拥有完美暗夜区的城市是亚洲最好的观星地之一。次日从德令哈经乌兰、穿越天峻无边的草原，自青海湖北岸返回西宁结束行程。

穿越黄河源

这条线路让你在人迹罕至的高原风光里穿行。过去因为道路不完善，只有专业车队才敢前往，如今沿途道路全程已有清晰的路基，正常情况下，经验丰富的自驾旅行者驾驶四驱越野车可以完成穿越。尽管如此，这依然是一次极尽荒凉的旅程，请务必在出发前确认车况、天气、路况。单车穿越虽问题不大，为安全起见仍建议多车结伴。

以玛多为起点，向西前往**鄂陵湖**和**扎陵湖**，黄河源泉流经星宿海，汇入两湖，你可以径直将车开到两湖之间的**牛头山**山顶，这里是纵览两湖最好的位置。

继续往西寻访“星宿海”，这是黄河源头在数十公里范围的草原上形成的数以百计、大小不一的湖泊。从扎陵湖出发西行80公里左右，你会在公路边看到**多聪寺**和**格萨尔王台**，登上多聪寺附近的山头向西望去，如孔雀开屏般展开的大小湖泊便是星宿海，登高远望也是亲近它的唯一方式。

越过星宿海继续西行约40公里可达**麻多乡**，从时间上考虑，在此住一晚是最优的选择。次日早晨从麻多乡沿公路向西，在带有路基的土路上行驶40公里后，在一座度假木屋式的建筑（实际是保护区管理站）前离开公路转向南边，走过一段约5公里长的烂泥塘似的地面，便可以遥遥望见山坡下的白塔和山上的经幡，它们的左侧便是**约古列宗曲河**源头了，涓涓细流从积雪下汩汩而出，蹲下来喝一捧“黄河水”吧。

看过黄河源后不必走回头路，经由麻多乡向南，小半天时间可至玉树的**曲麻莱**县。而当地牧民甚至有一条从黄河源向西北穿越荒原、直取格尔木的“秘径”。

青海甘南环线

这是青海自驾热度最高的线路之一，可以串起青海、甘肃最具特色的景点，自驾难度也低，使用普通轿车出行就好。在车马拥挤的旅游旺季，巧妙调整沿线目的地可帮你避开人群。

油菜花开的7月最适合走青海甘南环线，抵达西宁后可直接前往**青海湖**赏花海湖景，当天入住**刚察**县。刚察县至**祁连**需4小时，抵达后可在当地酒店稍作休息，再前往生态环境极好的**卓尔山**远眺雪峰，俯瞰油菜花海。

次日可分两条线路探索祁连，向西行1小时可以到达**黑河大峡谷**，欣赏由雪山、树林、溪流和村落组成的斑斓世界。向东的302省道沿祁连山脉穿行，会将你带至广阔的祁连大草原，还可顺道拜访历史悠久的**阿柔大寺**，以及曾经的青海北大门——**峨堡古城遗址**。

沿302省道向北进入227国道可到达甘肃**张掖**，傍晚时进入**张掖丹霞山景区**，此时见到的丹霞风光最美。旅游旺季避开敦煌，转而南下**山丹军马场**，会给这趟旅程带来惊喜，山丹军马场常年没有旅行团，只有牛羊、马群和白雪皑皑下的草原，日照金山、漫夜星空的景致值得你在此停留一晚。之后你可以一路向东，又一处景美人少的目的地**黄河石林国家地质公园**在等你。出黄河石林向南行驶2小时可抵达**兰州**，结束行程。

危险和麻烦

➡ **道路的不确定性** 青海大多柏油路段看似平坦，但有时会突然出现坑洼、石块，高原地区冻土沉降路段也多，需额外注意行车安全。另外，玉树、果洛的一些偏远地区有不少无铺装路面的路段，请一定沿砂石路或前车车辙行驶，不要随意离开主道。

➡ **天气多变** 高原地区往往10月便开始降雪，即便夏秋季前往也请带上御寒冬衣。雪天驾车需佩戴墨镜或专门的护目镜，避免雪盲症。

➡ **汽车防冻** 冬季格外需要留意汽车防冻，最好使用质量更好的汽油、机油、防冻液，使用适用于零下30℃的防冻玻璃水。最好带上防滑链或使用冬胎，以安全通过冰雪路段。

➡ **与大货车同行** 青藏线上重装卡车多，注意不要跟车太近。

➡ **牦牛挡路** 进入牧区偶尔会遇到大群牦牛过马路的状况，请不要鸣笛催促，耐心等待。经过无人区时，需留意过路的野生动物。

➡ **预防车辆高反** 在高原缺氧环境，可能出现汽油燃烧不充分、动力不足的情况，只能减速、降挡行驶。你也可以买一个轮胎气压表，海拔每升高500米检测一下，并根据适当情况充放气。另外，更换高沸点的刹车油，以免频繁踩刹车时导致刹车短暂失灵。

骑行青海湖

计划你的行程

骑行青海湖

环青海湖一周约360公里，全为沥青马路，路况极佳，沿途风景秀丽，景色多变，骑行其中仿佛穿梭于风景大片，是深入领略青海湖风情的好方式。骑行新手也请安心，除哈尔盖至西海镇需翻越海拔3450米的垭口外，其余地区起伏不大，对体力、技术和装备要求不高，就算途中遇到状况，各租车行提供的救援车服务，也能将你从任意处连人带车运回租车点。

詹依洁 摄

最佳骑行体验

- **环湖西路**：离湖最近，山光水色让人忘却疲劳
- **环湖东路**：景色多变，可沿专用自行车道赏油菜花海
- **哈尔盖到西海镇**：最后26公里下坡刺激又轻松

最佳景观

- **黑马河日出**：火红太阳跃出湖面，天地一片金黄
- **二郎剑油菜花海**：蓝天碧水和耀眼金黄相互辉映
- **青藏铁路**：看火车经过草原的诗意
- **金银滩草原**：牛羊、牧民与帐房谱写的田园牧歌

小众看点

- **沙陀寺**：俯瞰布哈河奔流而去
- **伏俟城**：遥想吐谷浑王国当年辉煌
- **泉湾**：夏天野花遍地，冬季天鹅驻留

何时去

除了11月至次年4月天气严寒外，其余时间都可骑行青海湖。5月至6月，环湖地区气温较低，但已有骑行者陆续上路，备足御寒衣物是关键。7月至8月温度适宜，雨水不多，正值油菜花花期，是青海湖旅游旺季，也是骑行的最好季节，缺点是住宿吃紧，价格较淡季翻倍。9月消费整体回落，但适逢雨季，下雪和冰雹也不足为奇，顽劣的天气很考验人的意志。9月下旬至10月，天朗气清，吃住便宜，路边可见反季节小范围种植的油菜花，不过清晨与日落后非常寒冷。

骑行装备

想顺利骑行青海湖，你需要准备：

- **一辆结实的自行车**：山地车或公路车，可以自备或在西海镇租车（见122页）。
- **基础骑行配件**：驮包、雨衣、头盔、修车工具等，西海镇车行大多能免费提供。
- **衣物**：最好准备速干衣裤，即便是夏季，保暖衣物也不可少；备一条骑行裤能减少很多皮肉之苦；防风防水手套与防水的鞋子也很必要。
- **防晒护肤用品**：防晒霜、润唇膏、保湿护肤品，也别忘了魔术头巾与防风眼镜或墨镜。
- **食物**：带够一天的水和干粮足矣，一路都有补给。
- **药物**：防高反药物、感冒药、止泻药、创可贴、云南白药等。带一些葡萄糖泡水喝，可以补充能量。
- **其他**：想骑得更舒适，还可以带上保暖水壶、湿纸巾、手电筒、随身小音响，记得为摄影装备加一层防水套。

以上装备大多能在西海镇的超市、药局与自行车行内购得，但若对品牌或衣物花色有所讲究，最好还是提早准备。

租车

作为环青海湖骑行的大本营，西海镇上有大大小小20多家租车行，租金按车型30~120元/天或150~380元/圈，押金500~1000元，费用包含基本骑车配备、环湖奖牌与证书。当地车行在环湖沿线大多有配套的住宿，旺季时选择租车+住宿的套餐有时会更划算。另外，一些青旅、单车俱乐部等组织会建立微信或QQ群，提供即时咨询，还可以与骑友讨论、结伴。当地规模大、较正规的租车行有：

骑兵营（见118页地图；www.qhhzxc.cn；☎138 9710 9209；门源路2号）老牌租车行，拥有上千辆单车，车况很不错，车型以捷安特ATX660和770、美利达560和660、勇士600、领航者300为主，租金50~120元/天或200~400元/圈。提供8~12岁儿童自行车和

摩托车(160~200元/天)出租。车行内另售骑行服(260元起)和骑行裤(150元起)。

517骑行驿站(见118页地图;微信:517骑行驿站;☎188 0970 0517;刚察路64号)全国连锁骑行驿站,2018年开业,车很新,美利达600、捷安特ATX系列是主要车款,另有美利达斯特拉和崔克公路车。费用220~400元/圈(6天内),学生与老客户享优惠。提供黑马河异地还车服务(80元)。

裸鲤单车俱乐部(见118页地图;www.qhzxc.com;☎136 3970 9250;西海大街5号2楼)规模颇大的俱乐部,拥有350余辆单车,车型以捷安特ATX750、770、3300为主,租金30~120元/天或90~360元/圈,另有折叠车、儿童与婴儿拖车租赁。旺季时经常组织带后勤车与领队的团队骑行活动。不提供救援服务。

明静单车俱乐部(见118页地图;☎186 0970 1239;刚察路香格里拉宾馆对面)家庭式经营的单车行,车不多但口碑很好,以捷安特ATX770、777、美利达公爵600、美利达挑战者300等车型为主,租金40~80元/天或150~300元/圈(不限天数)。7~8月旺季可在151基地、黑马河、刚察等地异地还车(50元)。另有电动助力车(100元/天,360元/圈)出租。

青海湖骑行者的背影

行程安排

环青海湖大多由西海镇出发,按顺时针方向骑行,时间安排因人而异,4天是最常

租车时,请记得……

西海镇大部分租车行可免费提供驮包、雨衣、头盔、坐垫、打气筒、车锁、修车工具、备胎(若使用需收取费用)和物品寄存,救援服务(2元/公里/人)和后勤保障车(400~600元/天)则需收费。租车时务必确认合同上已列明的物品明细,并仔细核对,以免还车时发生纠纷。

若旺季租车行工作人员没时间为你亲自选车,你可以根据以下几点判断车况:

- 观察整车的新旧程度,特别是观察链条和齿轮的锈迹,越少代表转动越顺畅,骑起来越轻松。轮胎胎纹越深,代表磨损越小,爆胎的可能性越低。
- 分别让前后轮空转,听听有无异响,检查车轮是否圆整,没有或较少偏摆,检查有无刹车皮蹭车轮的现象。然后,同时捏住两个刹车,原地前后推动,测试刹车力量的同时,感觉整车有无松旷。
- 骑一小圈,过程中不断变速、刹车,确认零件正常工作,感觉脚踏是否牢固,座椅有无下滑现象。
- 根据身高调整座椅高度,以坐直身体,脚尖刚刚能够到地面为宜。如果需要,请车主为车补气,并给链条上油。

青海湖畔风光

见的。此外你也可以依照兴趣和体能分段骑行，环湖各乡镇很容易雇到皮卡车，将你连人带车运往下一个目的地，骑行至刚察后直接乘长途汽车返回西海镇也是很受欢迎的选项。以下为不同天数的建议行程，各路段亮点与路况详情见60页“骑行青海湖”章节。

3天线路

适合经常骑行、赶时间的旅行者，沿途风景匆匆而过。

第一天：西海镇—金沙湾—湖东种羊场—青海湖渔场—二郎剑—江西沟，全长102公里；

第二天：江西沟—黑马河—石乃亥—鸟岛镇—泉吉，全长141公里；

第三天：泉吉—刚察—哈尔盖—甘子河—西海镇，全长117公里。

4天线路

环青海湖常规安排，可选几处重要景点短暂停留。

第一天：西海镇—金沙湾—湖东种羊场—青海湖渔场—二郎剑—江西沟，全长102公里；

第二天：江西沟—黑马河—石乃亥—鸟岛镇，全长103公里；

第三天：鸟岛镇—泉吉—刚察，全长67公里；

第四天：刚察—哈尔盖—甘子河—西海镇，全长89公里。

5天线路

适合体力不好或边走边玩的旅行者，行程轻松惬意。

第一天：西海镇—金沙湾—湖东种羊场—青海湖渔场—二郎剑，全长80公里；

第二天：二郎剑—江西沟—黑马河，全长70公里；

第三天：黑马河—石乃亥—鸟岛镇，全长54公里；

第四天：鸟岛镇—泉吉—刚察，全长67公里；

第五天：刚察—哈尔盖—甘子河—西海镇，全长89公里。

骑行青海湖锦囊

预算

除租车外，旺季住宿的一个铺位60~120元，餐费平均30~80元/天。如果不游览景点，食宿费用可控制在100~200元/天。若是对食宿要求较高，环湖一圈则需上千元。

骑行保险

骑行保险非常必要，一旦发生意外，才能“肉疼钱不疼”。如今多数自行车行都能直接替你安排骑行保险，若想要亲力亲为，**中国人寿保险公司**（见118页地图；☎864 3691；刚察路171号）可买到10天的短期骑行险（10元），或者你也可以通过**美骑保险**（bx.biketo.com）线上投保。更多旅游保险相关内容见330页。

修车

爆胎是环湖时最常见的故障，租车行配备的工具足以应付。就算不会修理也不用怕，旺季时很容易在路边等到有经验的骑友帮忙，也可联系租车行申请救援车或是搭车到附近乡镇修车。西海镇的租车行在各乡镇设立的接待站可解决自行车的大小故障。

危险和麻烦

骑行青海湖难度不大，但出发前仍请务必留下租车行的联络方式，若车辆出现异状或发生状况时可及时求援。

➡ 青海湖平均海拔3200米，多数人不用担心高原反应。不过若能在西海镇停留半天至1天，适应高原环境后再上路会更保险。

➡ 青海湖沿线没有灯光、路况难辨，请避免夜骑。夏季一般晚8点后日落。

➡ 高原昼夜温差大，日落后要及时增添衣物，避免感冒。

➡ 结队骑行者最好按个人体力配速，并请避免并排骑行，以免发生危险。

➡ 骑行沿途沙尘不少，戴上防风眼镜可避免眼睛受伤。

➡ 国道车辆多，速度快，无论骑行还是休息，尽量靠边，勿并肩骑行。遇到下坡时注意控制车速，刹车时避免死刹，并以后轮刹车为主。骑行换挡时，最好轻踩脚蹬，以免链条遭受较大外力发生断裂。注意保持匀速，不要忽快忽慢。

➡ 青海湖区有狼和狐狸出没，露营时尽量选择草原上的帐篷宾馆附近，可能需支付少量费用，每顶帐篷10~15元。

➡ 青海湖地区白天紫外线十分强烈，防晒、补水的准备必不可少。即使在夏天，湖区夜晚平均气温也可能低于10℃，任何季节都要注意防寒。

在路上

祁连山区
103页
西宁和海东
66页
柴达木盆地
245页
环青海湖和
海南
114页
黄南
151页
果洛
175页
玉树
212页

西宁和海东

包括➡

最佳餐饮

- 益鑫羊肉手抓馆（见78页）
- 伊然轩（见78页）
- 穆中源蒸饺（见79页）
- 泉儿头杂碎（见79页）
- 沙里海生烤羊排（见87页）

最佳寺庙

- 塔尔寺（见84页）
- 瞿昙寺（见95页）
- 夏琼寺（见97页）
- 夏宗寺（见93页）
- 洪水泉清真寺（见93页）

为何去

黄河与它的支流湟水在青海东部群山之间冲刷出一片富饶的谷地，也由此孕育了青海最早的文明，彩陶盆上舞蹈的身影记录下先民在这片土地上的耕耘。这里有青藏高原最大的城市西宁，丝绸之路南道与唐蕃古道穿境而过，在高原游牧民族与中原农耕地区的争夺与融合中，西宁寄托着“西陲安宁”的美好愿望，也接纳了来自东西方的宗教与文化。青唐城遗址讲述着当年的商贸繁华，东关清真大寺召唤着虔诚的信徒；丹霞绝壁上，古老寺庙保存了藏传佛教后弘期的火种，湟水两岸间，河湟花儿吟唱出一场民间的狂欢；自称“彩虹部落”的土族，用活泼热烈的安昭舞和清香醇厚的青稞酒诠释热情，从中亚迁徙而来的撒拉族，最终被这里的山水打动，在这里扎根发祥生息。

今天的旅行者来到这里，不再需要长途跋涉，兰新动车朝发夕至。匆匆掠过西宁城和城郊的塔尔寺后，不妨再去海东湟水谷地感受那里的旖旎风光和民族风情，若有幸融入当地礼拜、祈祷、诵经、朝觐的人潮，则会是一次更加触动心灵的旅程。

何时去

4月至6月 西宁郁金香和互助北山杜鹃花相继盛开，预示着高原春天的到来。

7月至8月 凉爽的“夏都”迎来旅游热浪，六月六花儿会在大通、互助、乐都等地开唱，不过你得直面翻倍上涨的房价。不如避开人潮，去海东山野间、黄河边探访佛教寺院和清真古寺。

9月至10月 北山国家森林公园和孟达天池换上彩装。

11月至次年3月 西宁的冬天虽然漫长，但日照充足，为美食走一趟也是不错的选择。白雪覆盖下的塔尔寺别有一番风情，别忘了正月间还有盛大的燃灯节。

多彩的史前历史遗迹

青海东部是青藏高原最早出现文明的地区之一，在整个河湟谷地，分布着极为广泛的新石器时期文化遗址，包括马家窑文化、齐家文化、马厂文化和卡约土著文化等不同的类型，发展的脉络十分清晰，以公元前3800年到公元前2000年间的马家窑文化遗址最多，发达的制陶业和丰富的彩陶制品是显著的标志。你可以在青海省博物馆看到1973年在大通回族土族自治县出土的舞蹈纹彩陶盆，也可以在青海柳湾彩陶博物馆一睹1974年在海东乐都区出土的彩陶贴塑人纹双系壶。此外，民和喇家遗址公园博物馆藏有石磬、玉刀等齐家文化的代表文物，卡约文化遗址出土的青铜鸠首牛犬杖首则在湟源县博物馆等待着你。

西宁与海东的交通

西宁与海东之间的交通非常便捷。兰新高铁已经把两地纳入高铁快速交通圈中，高铁进入青海的第一站就在海东乐都区。曹家堡国际机场设在海东平安区，从平安前往机场只需20分钟左右。由于相距太近，西宁强大的交通枢纽功能几乎覆盖了整个海东地区，从西宁出发，每天有密集发往平安、互助、乐都等地的专线公交车、快客班车以及化隆和循化的高客班车。需要注意的是，海东市内的几个县区之间少有直达班车对开，例如从平安、乐都等地去往海东南部的化隆与循化，当地客运站均没有直达班车，需要在西宁中转，请提前查询车次或在线购票并留足出行时间。

初来乍到，请注意

西宁和海东以面食和牛羊肉为主，味道偏辛辣。加上气候干燥，补充水分很重要。除了多吃水果蔬菜，还需备上润唇膏、润喉片和清热解毒的药品。

这里是多民族聚居区，旅行一定要注意民族禁忌。在宗教场所切勿随意拍照、喧哗，着装也不宜过于暴露。不要带非清真食品进入清真餐厅，也不要在穆斯林的餐厅或宾馆喝酒。部分餐厅不售卖饮料，可询问能否自带饮料进入。

这里已是青海海拔最低的地区，如果你有继续去高原旅行的计划，正好可以在这里适应一下。如果此时你已经出现头痛、失眠等高原反应的症状，请咨询医生并慎重考虑是否继续后面的旅程。

快速参考

西宁市

- 人口：238.7万（2019年）
- 电话区号：0971
- 海拔：2275米

海东

- 人口：148万
- 电话区号：0972

如果你有

1天

早起去**塔尔寺**（见84页）寻找宗喀巴大师的渊源，下午返回西宁，去**青海省博物馆**（见74页）了解青海的历史，晚上到**东关清真大寺**观摩一场穆斯林的宵礼，也不要错过周边的清真饭馆。

2天

第1天同上；第2天前往**乐都**（见94页），游览**瞿昙寺**和**青海柳湾彩陶博物馆**，晚上回到西宁，去莫家街吃吃买买。

3天

前两天同上；第3天早上去**平安**（见93页），包车游览**佑宁寺**和**白马寺**。在西宁的最后一个夜晚，可到**力盟商业巷**（见81页）找间酒吧坐坐，体验西宁时尚的一面。

阅读西宁

- **《老西宁》**，靳育德编写的丛书，用西宁城的街巷、寺院、遗迹和历史名人，记录这座古城的历史发展和文化形成。
- **《南凉悲歌》《河湟巨擘》《瞿昙疑云》**，这套历史小说艺术地再现了河湟地区历史长河中的几个重要节点。

西宁和海东

西宁和海东亮点

❶ 从清晨到深夜，在大街小巷与当地人一起享受**西宁美食**（见78页）。

❷ 借宿**夏琼寺**（见97页），清晨在诵经声中等待九曲黄河上的日出。

❸ 去**塔尔寺**（见84页）感受信仰的力量与“三绝”的艺术魅力。

❹ 初秋时节，赶赴**北山国家森林公园**（见91页）的色彩盛宴。

❺ 在**青海柳湾彩陶博物馆**（见95页）欣赏先民用土与火创造的艺术品。

❻ 在黄河岸边寻访风格独特的**循化撒拉族清真古寺**（见100页）。

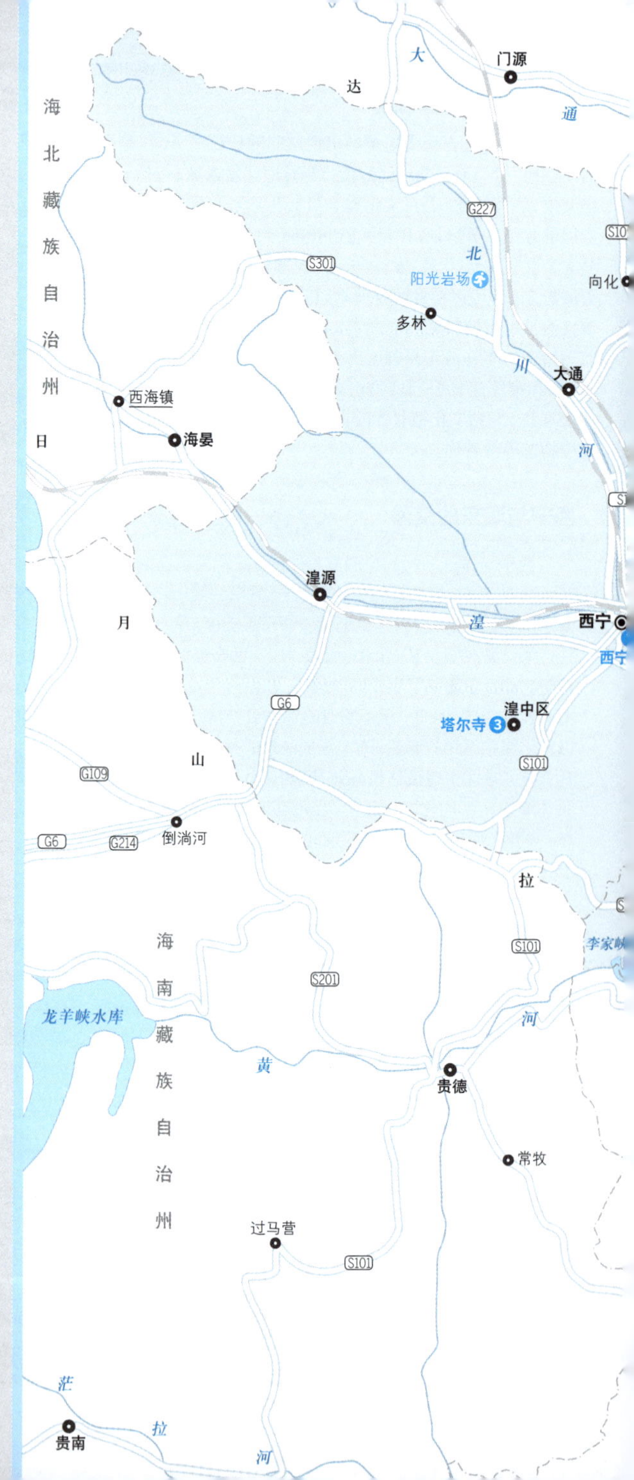

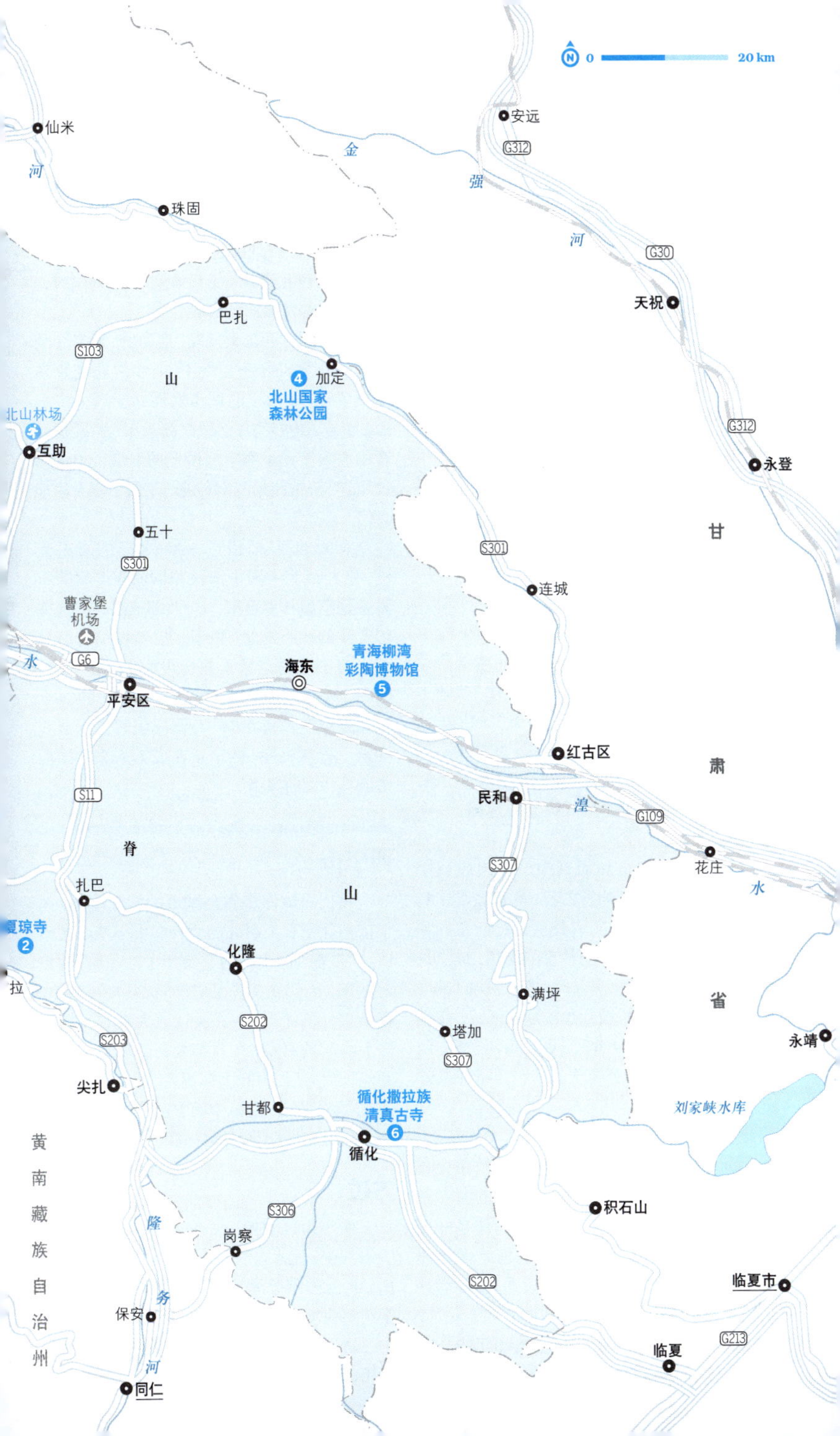

0
20 km
安远
G312
金
强
河
仙米
河
珠固
G30
天祝
巴扎
S103
加定
4
北山国家
森林公园
山
北山林场
互助
G312
永登
五十
S301
S301
甘
连城
曹家堡
机场
G6
水
海东
青海柳湾
彩陶博物馆
5
平安区
红古区
肃
民和
湟
G109
S11
脊
花庄
水
扎巴
山
夏琼寺
2
S307
化隆
拉
满坪
省
S202
塔加
S203
S307
永靖
尖扎
循化撒拉族
清真古寺
6
甘都
刘家峡水库
循化
黄
南
藏
族
自
治
州
积石山
S306
隆
岗察
S202
临夏市
务
保安
G213
临夏
河
同仁

西宁及周边

西宁东连秦陇，西接西域，历来被称为海藏咽喉之地，也是“丝绸之路”南道和“唐蕃古道”的必经重镇。佛教东传，在这里留下诸多印迹，吐蕃兴起，此地更成为藏传佛教后弘期发祥地，穆斯林先民从唐朝开始也沿着丝绸之路南道来到西宁。厚重的历史、浓郁的民族风情和凉爽的天气使它成为多数旅行者西行的首站。青藏铁路和兰新高铁的开通，也使得你从这里中转去新疆、西藏旅行更加便捷。

历史

从西平到青唐，再到西宁，这座位于青藏高原与河西走廊、关中平原和巴蜀盆地交界处的城市，几千年来一直经历着来自各方势力的撕扯，城市的名字，寄托着统治者渴望“西陲安宁”的美好愿景。

早在汉武帝元鼎六年（公元前111年），汉武帝派霍去病出兵10万横扫河西走廊驱逐羌人，于现在西宁所在地筑西平亭，有“西陲平定”之意，西平亭也成了西宁历史上最早的建筑。到东汉，这里发展为西平郡。东晋十六国时期，西平先后落入前凉、前秦手中，后来鲜卑族的秃发氏在河湟地区建立南凉国，一度以西平为都城。

西平在隋朝重新回到中原汉族政权手中，于唐朝恢复“鄯州”之名。鄯州经常受到邻国侵扰，也见证了文成公主远赴吐蕃的和亲之路。安史之乱后，吐蕃攻陷鄯州，统治长达三个半世纪之久。南宋时，西宁被唃（gū）啰藏族政权据为都城，更名为青唐城，直到72年后，北宋才收复青唐，更名为西宁州，西宁的名称一直沿用到今天。然而西陲并未就此安宁，北宋灭亡后，西宁又先后被金、西夏等政权占领。

元明时期，藏传佛教和伊斯兰教在青海迅速发展，西宁的塔尔寺与东关清真大寺先后建成。清朝雍正初年，在罗布藏丹津事件平息后，设立青海办事大臣管理青海蒙藏各部和广大牧区，正式在西宁府城设衙置署，为日后青海建省奠定了基础。

1914年，青海开始了长达近40年的马氏家族（马麒、马麟、马步芳）的军阀统治。在此期间，南京政府在1929年设立了青海省，以西宁为省会。1939年，王洛宾受马步芳委派，在青海湖畔协助拍摄纪录片时，创作并改编了《在那遥远的地方》《半个月亮爬上来》等民歌，传唱至今。

1949年9月5日，西宁解放。20世纪50年代，随着兰青铁路的通车，大批内地移民来到西宁支援西北建设。工厂建立起来的同时，古城门和古城墙遭到拆毁。

2000年“西部大开发”启动后，国家级经济技术开发区的建立吸引了不少内地企业来此投资建厂，西宁的城市发展终于进入快车道。随着2006年7月青藏铁路通车，大量旅行者的涌入推动了西宁旅游业的发展。2014年12月，兰新铁路第二双线通车，西宁步入动车时代。

今天的西宁，借“一带一路”的发展契机，已经成为中国东部铁路网向西汇聚的重要铁路枢纽和整合东、中、西部地区共同通往印度洋的核心枢纽。位于多巴新城的青海丝绸之路国际物流城正在建设中，与“一带一路”沿线有贸易往来的国家，从最初的54个增加并稳定保持在64个，国际民间艺术节首次踏上青藏高原，西宁正在成为未来中国西部最具活力的城市。

西宁市

相比内地许多省会城市的忙乱喧嚣，西宁依然保留着大西北的质朴和中小城市的闲适。“夏都”的美誉为它带来了7月、8月的旅游热潮，人们在街头品尝辛辣爽口的酿皮和鲜嫩多汁的烤肉，在东关清真大寺聆听宣礼塔上响起的召唤，在夏都大街的咖啡馆里消磨悠长的午后，再登上凤凰台，把整座城市的风光尽收眼底，夜幕中的力盟商业巷霓虹闪烁，是西宁动感时尚的另一面。

方位

西宁市区就像一片柳叶，落在东西狭长的山谷中。湟水自西向东穿城而过，西山、南山、北山公园等绿地将城区围绕。湟水支流南川河将城区分为东西两大片，西宁站、客运中心站、八一路客运站汇集在城东，从这三处发出的列车与长途客车涵盖了青海绝大部分的热门景点。大十字、莫家街、中心广场一带是西宁的传统商业区，有东关清真大寺和马步芳公馆等历史古迹。被青海省博物馆、图书馆、美术馆围绕的新宁广场则是城西的文化商贸中心，力盟商业巷充满时尚活力，植物园和野生动物园是孩子们的天堂。城市向西发展，以唐道637为中心的商业圈已经成为西宁时尚新高地。

景点

东关清真大寺 清真寺

（东关大街31号；周五12:00~14:00为礼拜时间，非穆斯林不得入内）免费 高达45米的宣礼塔指引着人们来到这座东关清真大寺，宏大的建筑规模和600多年的历史让它与西安化觉巷清真大寺、兰州桥门寺和新疆喀什艾提尕尔清真寺并称中国西北四大清真寺。东关清真大寺始建于明洪武年间，几经毁建，方有今天的规模和中西合璧的建筑风格。正门为阿拉伯风格的大穹顶三层主楼及两座高耸的圆拱顶式宣礼塔，向内又是欧式风格的重五门和唤醒阁，走过铺着青石板的广场，就能看到如凤凰展翅般的礼拜大殿。

礼拜大殿是中式的砖木结构，采用“两脊一卷”的形式，殿顶为卷棚与歇山顶的组合，殿堂则分为前卷棚（后峰）、中大殿（中峰）和后小殿（头峰）三进，这种古老的宫殿建筑形式是中国穆斯林独有的“骆驼”式寺院建筑风格，东关清真大寺大殿则是保存最为完整的一座。注意看殿脊中心带有浓郁藏式风格的3个镏金宝瓶，它们由甘南拉卜楞寺僧众赠送，异常珍贵。此外，虽然穆斯林不喜繁复装饰，但大殿南北山墙上的砖雕也值得细细欣赏，图案以花卉为主，刀工细腻，体现了回族工匠的高超手艺。

礼拜大殿殿内可容纳1000多人礼拜。除了前来礼拜的穆斯林，其他人不允许入内。可以透过玻璃门向室内观看，拍照没有绝对禁止，注意不要张扬就好。

每隔10分钟左右（夏8:30~12:00，14:30~18:00；冬9:30~12:00，14:30~17:00），清真寺的讲解员会在院子里向参观者讲解伊斯兰教基础知识和教义，内容通俗易懂。你也可以抽点时间参观南厢楼的西宁回族民俗文化馆，加深对伊斯兰教和东关清真大寺的了解。不妨问问当天做礼拜的时间，平日里每天5次的礼拜（殿内和广场坐满约3000人）是允许旅行者观看的，但必须保持礼貌和安静。若是恰好赶上周五（主麻日），跪满信徒的清真大寺内外以及他们色彩斑斓的拜毯，又是一幅令人叹为观止的画面。

清真大寺外的下南关街上有很多传统回族小饭馆和民族用品商店，有时间不妨逛一逛。

距离东关清真大寺最近的公交车站是东稍门站，1、2、5等多路公共汽车经过这里。

马步芳公馆 故居

（☎813 1080；城东区为民巷13号；门票30元，讲解费 30元；⏲夏季 8:00~19:00，冬季9:00~17:30）民国时期统治西北40年，人称“西北王”马步芳的府邸建于1942年，当时堪称青海的政治军事中心。幸亏马步芳在1949年离开大陆时没有下令炸毁，这座府邸由此完好地保留了下来。公馆有近300个房间、7个独立且相连的院落。院子开阔，厅房宽敞，摆设雅致豪气，地下有暗道相通。

前院作接待宾客之用，院子中间摆放着1942年蒋介石赠予马步芳的一辆美式悍马小吉普，有震慑来人之感。院子正中的**玉石厅**是公馆中最引人注目的厅房，因内外墙体均用产于青海的“羊脑石”砌成得名，尽显奢华，专门接待重要显赫人物。靠北面的**贵宾厅**里，地毯、矮桌以及玉质波斯风格壁炉，专为接待少数民族宾客而装潢。厅中还挂有蒋介石和纪晓岚的两幅真迹。

正院是马步芳一家生活起居的处所。时任“中华民国”国民政府主席的林森题写“馨庐”二字的石碑立于院中，显示了当时马步芳的政治地位。进入西侧的**马步芳居室**，不妨稍微等等，听听导游的解说，马氏三代族谱图是讲解的重点，马氏家族的轶事和马步芳生平也在这里介绍。居室二层蒋介石和李鸿章的真迹罕见珍贵。对面的**夫人楼**梳妆用品、女红、绣床和靠椅，富于生活气息。

女眷楼也叫南楼小院，2层由马步芳的7位夫人和女宾居住，如今充作**青海省民俗博物馆**，介绍青海各民族的民俗风情，也售卖纪念品。

距离马步芳公馆最近的公交车站是省医

西宁城区

至青海藏文化博物院(5km)
至大通老爷山(39km);门源(130km)
至塔尔寺(26km)
海湖大道
祈连渠
小桥大街
北川河
门源路
朝阳公园
朝阳西路
朝阳东路
宁大高速
柴达木路
海湖路
文化公园
28
海晏路
人民公园
8
祁连路
湟
五四西路
冷湖路
盐湖路
新宁路
胜利路
西交通巷
23
东交通巷
交通巷
46
五四大街
32
24
七一西路
4
新宁广场
西关大街
昆仑西路
40
6
10
解放渠
31
商业巷
黄河路
南
青藏高原野生动物园
西宁植物园
中心广场
凤凰山路
5
20
儿童公园
长江路
水井巷步行街
南川西路
昆仑中路
南川东路
砖厂路
南山路
44
南川河
2
南山公园
宁贵高速
西和高速
南川公园

0
600 m
建设公园
北山绿化区
祁连路
滨河南路
长江路
京藏高速
上滨河路
劳动公园
七一路
五一路
北大街
北园巷
西大街
东大街
花园北街
共和路
南大街
莫家街
人民街
南关街
东关大街
下南关街
为民巷
建国大街
互助路
花园南街
乐都路
大众街
勤奋巷
七一东路
至曹家堡机场(26km);
平安区(36km)
夏都大街
昆仑中路
南山路
德令哈路
八一路
湟中路
南山东路
昆仑东路
南山绿化育林坡
凤凰山路
中庄渠
水
解放渠
南滩渠
渠

西宁城区

景点

1 东关清真大寺……F5
2 凤凰台……D6
3 马步芳公馆……G5
4 南凉虎台遗址公园……B3
5 浦宁之珠……B4
6 青海省博物馆……C3
7 青唐城遗址公园……E5
8 人民公园……C2
9 土楼观……E2
10 西宁高原野生动物园……A3
西宁市博物馆……（见4）

住宿

11 高原印象时尚酒店……F5
12 卡萨布兰卡公寓……G5
13 理体……E6
14 梦里柒捌青年旅舍……F4
15 青海白云翔羚酒店……H5
16 青海行青年旅舍……E5
17 青海恒裕国际青年旅舍……G5
18 尚俭太空舱莫家街店……E5
19 十三舍青年旅舍……G5
20 珠穆朗玛宾馆……D4

就餐

21 阿娘酿皮……F5
22 成贵羊脖子手抓专卖店……G5
23 富滨炕羊排……C3
24 古城木桥牛肉面……D3
25 马忠食府……E5
26 穆中源蒸饺……F5
27 青海土火锅……E4
28 清真老东关包子馆……C2
29 泉儿头杂碎……G5
30 舌尖上的牛肉面……G5
31 四季渔歌概念餐厅……C4
32 小桥尕晋娃羊肠面……B3
33 伊然轩……G6
34 益鑫羊肉手抓馆……F5

饮品

35 诺尔布……E5
啤酒大叔……（见31）
36 唐璜……E4
37 天堂时光……E4

购物

38 读行天下……E5
力盟商业巷……（见31）
39 日月人言明信片旅游概念店……E5
40 书林叙语……B3

实用信息

41 大十字邮政支局……E5
42 青海省人民医院……G4
西宁市旅游集散中心……（见15）

交通

43 八一路客运站……H7
44 南川西路客运站……C6
西宁汽车客运中心……（见15）
45 西宁站……H4
46 新宁路客运站……B3

院站，乘3路、7路、17路公交下车后进入为民巷约300米即到。

青海省博物馆 博物馆

（☎611 1164；www.qhsbwg.orgcc.com；西关大街58号；凭身份证免费；⊙4月15日~10月15日9:00~17:00，10月16日至次年4月14日9:30~16:30，周一闭馆）位于新宁广场东南侧的青海省博物馆是一座恢宏的仿古建筑，目前有馆藏文物14932件/套，尤以新石器时代彩陶、金玉器和青铜器以及民族宗教文物最具特色。其中，出土于同德宗日遗址的马家窑文化时期舞蹈纹彩陶盆、出土于海北祁连县的战国匈奴狼噬羊金饰牌、出土于海东民和的唐代羽人瓦当、敦煌莫高窟遗物唐人手书《羯摩经》经卷、明成祖朱棣赐给乐都瞿昙寺的铜鎏金观音菩萨造像等都是镇馆之宝。遗憾的是，从2019年4月起，博物馆闭馆重新布展，至本书出版时尚未公布重新开馆的确切时间。你暂时只能在博物馆官网和微信公众号上“云欣赏”到部分馆藏文物。

市区多趟公交车可到新宁广场，省美术馆和图书馆也在这里。

青海藏文化博物院 博物馆

（☎531 6480；www.tbtmm.com；生物科技产业园区经二路36号；医药馆凭有效证件免费参观，文化馆门票 60元，20人内讲解费 100元；⊙5月至9月 9:00~18:00，10月至次年4月 9:00~17:00，春节闭馆）想了解青藏高原丰富多彩的历史文化，青海藏文化博物院不可错过。

博物院分为北馆与南馆两部分。北馆是藏医药文化馆，基础展厅是一楼的**藏医史厅**，你会惊讶地发现4000年前的藏地医生已经能做复杂的穿颅手术。**曼唐器械厅**中展出的是藏医学理论系统的特殊教具，也就是用唐卡绘制的医用教学挂图，内容包括人体解剖、生理病理分析、诊断和治疗、养生等。藏医使用的一整箱几十样金属器械也会令你惊叹。**古籍文献厅**中不少珍贵的藏医学典籍手抄本也值得一看。负一楼是藏药标本厅，陈列着各种难得一见的青藏高原动植物和矿物标本。

北馆南侧是藏文化馆（南馆），二楼**藏族服饰厅**令人恋恋不舍，展出的近百件藏区各地服饰以及僧侣着装，每一件都流光溢彩。卡垫厅、书法厅和建筑艺术厅则分别展示了藏地人民生活艺术的方方面面。三楼的**丝绸之路与青藏高原文明厅**对青藏高原的历史做了比较清晰的梳理，众多文物结合文字阐述清晰展示了青藏高原与中原文明数千年来的交流与融合。唯一遗憾的是部分文物没有标明具体时间与出土地，观展体验不算完美。原在医学馆二楼展出的巨幅《中国藏族文化艺术彩绘大观》现在已经移到四楼，这幅长达618米的彩绘唐卡堪称一部藏地历史、文化、宗教、医学的百科全书，从中可以了解到藏族文化中的宇宙观、世界观、宗教源流以及若干重大历史事件，也能欣赏到现实世界中的青藏高原历史文化遗址、自然风光和民俗风情。

市区乘坐46路公交车在青海藏文化博物馆站下，路西就是青海藏文化博物院和新开的南馆，路东就是青藏高原自然博物馆。三个博物馆一起看完，至少也需要大半天时间。

青藏高原自然博物馆 博物馆

（☎522 6789；生物科技产业园区经二路21号；门票 60元，1.2米以下儿童免票，讲解 80元/小时；⏲9:00~17:00，⏲全年开放）从博物馆进门后面对的就是山宗水源展厅，雪峰、江河与生机勃勃的动植物向我们展示了青藏高原的地质地貌和生态环境。最值得看的是二楼的三江源展厅，你可以了解到长江、黄河与澜沧江三江源头的考察历史。三楼是高原植物与动物展厅，各种动植物标本按不同的生态系统组成的情景展示生动而直观，高原菌类箱、种子墙、蝴蝶走廊等布展形式也比较新颖。

青海藏文化博物院与高原自然博物馆都是团队游的必到之点，大部队往往在一楼展厅“虚晃一枪”之后，就去负一楼出售昆仑玉、天珠、藏药等特产的购物展厅。如果感兴趣也可以去看看。

土楼观 道观

（祁连路西38号；免费；⏲7:00~19:00）当你站在山门前仰望土楼观时，就会明白它为何有“中国第二大悬空寺”之称：雕梁画栋的楼阁借势凌空，在巨大的丹霞岩体上由西向东一字排开，上倚危岩，下有悬空栈道相连，煞是壮观。楼阁内有依天然洞穴开凿的**九窟十八洞**，内有壁画、佛像等，据考证尚有唐宋遗存。遗憾的是由于山体不稳，泥石流频发，目前登山步道已经全部封闭，九窟十八洞也

西宁的制高点

在西宁城区，你很难不注意到城南山顶那座白色风帆建筑和西山顶上那座形似上海东方明珠的电视塔。它们称得上是西宁的地标建筑，也是欣赏城区全景的好去处。

凤凰台（☎824 7315；免费；南山公园路口）远看像一组白色的风帆，置身其上，可以看到与之相对的北山和西山之间狭长的西宁市区。市区乘坐16、18、24路等公交车到南山公园路口，步行30分钟即到山顶。南山公园还有元代伊斯兰贤哲陵墓凤凰山拱北、青海省最大的汉传佛教比丘尼寺**法幢寺**和一墙之隔的汉传佛教净土宗派**南禅寺**，可顺道一游。

西宁最高的建筑**浦宁之珠**（☎624 6458；西山一巷7号；登塔 20元；⏲11:00~23:00）是上海浦东援建的“东方明珠”高原版，位于西山东部。塔身103米至128米段的塔楼球体设有观光楼层，可俯瞰西宁全景，也可在**旋转餐厅**（☎616 1888；⏲11:00~23:00；79元/人）一边就餐，一边360°欣赏夜景。距离浦宁之珠最近的公交车站是西山一巷，2、29、30路等公交车经过那里，沿西山一巷上行大约30分钟可到。

暂停开放。

土楼观又称北山寺或北禅寺，在北魏郦道元的《水经注》中已有记载。此地最早为纪念汉朝护羌校尉邓训的“圣贤之祠”，后因佛教、道教的先后到来演变为寺庙，一度佛道共存。直到1983年改名为土楼观，才名正言顺地成为道教活动场所，现在是青海省道教协会的所在地。受地势所限，观内的建筑没有依照传统的南北中轴线修建，而是依山势挤在了一起。从山脚的灵宫殿拾阶而上，可到2008年重修的土楼观主殿王母宝殿。继续往西还有几处小殿，其间夹杂着花园庭院，山桃、绣球和牡丹花开不断，信步而去，更像是在园林间闲逛。

沿山前公路往东而上，盘山坡道上可找寻闪佛的踪影。因借山势而凿而有“闪现”之意。有说大佛为唐代所修，有说是风雨剥蚀岩体天然形成，远远看去，佛像五官依稀可辨。路的尽头可达一座始建于明代的六角实心砖塔宁寿塔。

乘80路或109路公共汽车到北山市场，穿过铁路，上台阶向西绕过尘土飞扬的建材市场，沿北禅路一路向北，经过西宁天主堂（北禅路24号）后约300米就是土楼观山门。

青藏高原野生动物园　　动物园

（☎814 9850；行知路9号；成人 30元，1.2~1.5米儿童 15元，熊猫馆 25元，联票 50元；⏲4月15日至10月15日 8:30~18:30，10月16日至次年4月14日 9:00~17:30，周末延长30分钟）于2019年6月16日隆重开启的西宁熊猫馆已经成为青海高原野生动物园最受欢迎的场馆，4只来自成都大熊猫繁育研究基地的大熊猫圈粉无数。不过，也不要忘了来这里参观的一个重要目的，就是看看那些珍稀的高原动物。

动物园由一条山地环形步道串联起灵长馆、珍禽馆、草食区、小型猫科动物馆、百鸟苑、雪豹馆、猛兽区等区域，沿途皆有明确的指示路牌，在各个场馆外还配备有动物栖息地、生活习性等说明文字和风趣可爱的卡通插图。小型猫科动物馆中的三只兔狲是这里的明星动物，雪豹馆也是粉丝最多的地方，从野外被救助回来的雪豹性格活泼，喜欢隔着玻璃与游客互动。在草食区，你可以认识藏野驴、野牦牛、普氏原羚等几种高原野生动物。位于动物园最高处的猛兽散养区最具刺激性，从离地面十余米高的玻璃观赏栈道俯瞰，狼群在脚下嚎叫追逐，黑熊在水池边打闹，狮子与老虎穿梭于丛林之中，而远处就是西宁市区林立的高楼大厦。

熊猫馆位于大门右侧，是目前国内最大的单体熊猫馆，也是西北地区拥有熊猫数量最多的场馆。4只大熊猫入住时间不长，已经成为最受欢迎的园宠，4个室外活动场绿植葱郁，人们能在这里与大熊猫近距离亲近。

野生动物园位于坡地上，上下坡较多，只能全程步行，仔细游览约需3小时。馆内有幸福食堂提供各式快餐及饮品。

14路公交车终点站就是野生动物园，或乘旅游专线、8路、47路等公交车在殷家庄站下，然后步行前往动物园。

开遍西宁的郁金香

如果你在5月来到西宁，记得去**人民公园**（☎614 6668；城西区胜利路72号）欣赏郁金香。自1989年从荷兰引进并培植以来，这种原生于地中海沿岸的花卉就在青藏高原扎下根来。从1996年开始，西宁市每年5月起在人民公园举行郁金香花展。2019年郁金香花展期间，人民公园共展出了29个品种的郁金香花，它们盛开在林间山坡，起伏如绚丽花海。此外，在新宁广场、中心广场等地，也能欣赏到盛开的郁金香。

南凉虎台遗址公园　　遗址

（西关大街；免费；⏲6:00~21:00）南凉虎台遗址是西宁城区中你能触摸到的最古老的遗迹，这座高约30米的土台在1600多年前是东晋十六国南凉王朝建都西宁时人工垒成的阅兵台。想象一下402年时，南凉王朝第三代君王秃发傉檀威风凛凛地站在这座黄土夯成的九层高台上，台下陈兵十万，号角雷动的壮观场景吧。然而短短数年，南凉即于414年被西秦所灭，唯有这座已看不出棱角的阅兵台和台前三位南凉王的雕像诉说着往日辉煌。

公园西侧是西宁市博物馆（免费；⏲周二至周日 10:00~16:00），基本陈列“湟水古韵”介绍了古羌、鲜卑、吐蕃人在西宁的生活

青唐城与青海道

在西宁市区昆仑中路东侧，有一座**青唐城遗址公园**免费。园中一段长不过300多米的黄土墙垣毫不起眼，却封存着900多年前西宁城与丝绸之路的一段辉煌过往。

自从西汉张骞凿空西域，以河西走廊为主线的丝绸之路就成为连接东西方的商贸通道，但在南北朝时期，河西走廊一带的少数民族地方割据政权层出不穷，连年战乱，丝绸之路屡被阻隔，此时青海境内的吐谷浑政权对商业采取鼓励和保护措施，因而东西方贸易和交往都暂时改走青海道（亦称羌中道），也被称作“丝绸南路”。地处此路要冲的西宁城，在当时先后被吐蕃和唃厮啰政权占据。辽重熙三年（1034年），唃厮啰政权在此地建都，名为青唐城。据史载，青唐城方圆20里，有城门八座，城中分为东西二城，西城是王城，东城是商业区，店铺林立，各国商旅云集，是丝绸之路南道上的中西交通枢纽和贸易集散地。如此重地，中原王朝岂能坐视不理。北宋崇宁三年（1104年），宋军收复青唐城，并改名为西宁州，有西陲安宁之意，西宁一名从那时起就一直沿用至今。

作为丝绸之路繁华的见证者，青唐城遗址上建起了占地三万平方米的青唐城遗址公园，园内有古迹掠影、边城风物、青唐遗韵等景点，供人怀想那段曾经繁华的历史。

情况和这些少数民族建立的政权，能加深你对唃厮啰政权和南凉国的了解。“丝路记忆”古道西宁遗珍文物展则讲述了西宁在丝绸之路青海道上的枢纽作用和文化交融。

市区乘坐旅游专线、2路、22路、35路等公交车在虎台中学站下即到。

住宿

作为青海各地景区以及进入西藏的重要中转站，旅行者多数会在西宁稍作停留，因此城区的酒店业非常发达，高档商务酒店、快捷连锁酒店、青年旅舍和太空舱公寓遍地开花。然而每逢7月、8月的暑期旅游旺季，所有酒店价格都会毫不留情地翻上2~3倍，而且房源依然紧张，请务必提前预订甚至预付房款。一进入9月，价格就会回落，你不妨考虑错峰出行。好在西宁的青年旅舍发展迅速，铺位的价格全年变化不大，且提供旅行咨询和拼车包车服务，是背包旅行者的首选。西宁站附近和大十字商业区一带的住宿比较适合旅行者选择。以下所列的房间价格均为旺季时的执行价格。若你在春、秋季前来，房价可以降三四成，11月至次年3月打个四五折也可以成交。

西宁站附近

如果你到西宁仅为中转，住在市区东边最方便。这里集中了火车站、客运中心站、长途汽车站、八一路汽车站，离马步芳公馆和东关清真大寺也很近。

卡萨布兰卡公寓 青年旅舍 ¥

（☎617 2833；城东区建国路15号星源大厦901室；铺 50元起；📶）距火车站很近的一家青旅，从车站出来步行约10分钟可到。公共区域宽敞明亮，提供饮品、自助付费洗衣和厨房服务。房间采光好，床铺有帘子，私密性不错，卫生间也比较大。守着西宁客运中心和公交汽车站，出行极为方便，适合时间紧张需要中转的旅行者。

青海恒裕国际青年旅舍 青年旅舍 ¥

（☎522 3399；城东区为民巷13号马步芳公馆1号院；铺 50元起，标双 218元起；📶）与西宁其他多数青旅设在楼房中不同，这家青旅奢侈地占据着马步芳公馆旁一个偌大的四合院，院内绿树成荫，树下摆放着桌椅，公共空间极为舒适。灰色的砖墙和木质的高低床有点民国军营的味道，可惜公共卫生间在旺季洗漱、上厕所都略显拥挤。距西宁站只有一站路，且小街内当地小饭馆美食众多。

梦里柒捌国际青年旅舍 青年旅舍 ¥

（☎152 9701 6136；城东区五一路17-1号商层二层1号；铺 50元起，大床房 168元起；📶）这家青旅的好处是所有床位房都有独立卫生间，但多数房间没有窗户。大床房是复式Loft风格，二楼有舒适的休闲空间。公共区域布置得很有文艺范儿，配有旅行书店、音乐书吧和台球桌等，还出售各类青海风光明信片。提供拼车、包车服务，距西宁站也就两站路。

青海白云翔羚酒店 酒店 ¥¥¥

（☎633 3105；城东区西宁站广场东侧；标双 368元起；📶🅿）就在西宁客运中心大楼，对需要早起乘火车或长途客车的旅行者来说尤为方便，酒店电梯可直通负一层通道到火车站出口及公交汽车站。房间配套设施齐全，配有休闲沙发和书桌，不过房费不含早餐（另购48元/人）。

十三舍青年旅舍 青年旅舍 ¥

（☎138 9744 4026；城东区周家泉现代城5号楼2单元13楼；铺 50元起；📶🅿）青旅位于高楼之中，房间有木制飘窗，阳光好时可以坐一坐。公共区域布置温馨，还有宽大的化妆台。老板会不定期举行西宁美食体验等活动，旅舍提供的西北环线拼车服务在旅行者中口碑不错，喜欢结伴的旅行者可以选择这里。

大十字附近

地处西宁城区中心的大十字商圈，吃饭、购物、交通都极为便利，多家老牌青年旅舍和各品牌快捷酒店都集中在此，如果你要在西宁多待两天，这里是不错的选择。

青海行青年旅舍 青年旅舍 ¥

（☎826 6944；www.qhxing.com；城中区民主街4号；铺 35元起，普双/标双 120/200元；📶🅿）这家青旅拥有150个床位和宽敞的停车场，在青旅中也算少见。除床位房外还有标间、大床房等房型，部分房型带独立卫浴。涂鸦墙、书吧、交流区、酒吧都是青旅特色。老板同时经营一家正规的户外旅行社，因此在这里捡伴儿和参团都比较方便。

尚俭太空舱公寓（莫家街店） 青年旅舍 ¥

（☎823 2260；生产巷金座碧城9单元16楼9162室；普通舱/豪华舱 96/106元；📶）所谓普通舱和豪华舱的区别就在于舱门的位置，豪华舱舱门在侧边，进舱更方便，当然空间也更大。每个舱内均配有电源、电灯、风扇、镜子，舱口的小竹帘拉下后私密感十足。但只有2个卫生间和1个淋浴会让你在使用高峰期有些尴尬。出门就是莫家街，美食众多，逛街购物也方便。

高原印象时尚酒店 宾馆 ¥¥

（☎439 1333；城东区南小街4号；标双 298元起；📶🅿）酒店位置极佳，就在东关清真大寺旁边，南小街上各种清真饭馆很多，适合喜欢美食与热闹的旅行者。房间设施倒是一般，卫生间干湿分区还不错。

珠穆朗玛宾馆 宾馆 ¥¥¥

（☎820 2788；城中区西大街教场街5号；标双 300元起，藏式标双 380元；📶🅿）这座显眼的藏式建筑也是扎什伦布寺驻西宁办事处，位置很好，就在西大街上，距莫家街和中心广场都很近。藏式标间和普通标间的区别仅在于天花板的装饰。房间较大，整体色调以咖啡色为主，比较清爽。

理体 青年旅舍 ¥

（☎820 2080；www.letehostel.com；建材巷国际村公寓5号楼15层；铺 55元起，标单/双 140/200元；📶）西宁较早的青旅，房间布置比较简单，落地玻璃窗为其加分不少。公共区域有青旅氛围，提供饮品和简餐。顶层有阳光玻璃房露台，适合发呆或聊天。

就餐

西宁最能吸引旅行者目光的，可能就是遍街的美食了。青藏高原养育的肥美羊肉，经过简单烹制就能成为手抓白条这样的名菜，而黄焖、烧烤、炕锅等做法更是令人停不了口，品种繁多的面食和小吃同样让人欲罢不能，拉面、面片、酿皮、酸奶和甜醅都是价廉物美的街头美食。莫家街、水井巷、南小街是当地人也爱去的清真美食街，而国际村、力盟商业巷等地则聚集了四面八方的美食餐厅。

★伊然轩 清真菜 ¥¥

（☎531 9775；大众街杨家一巷内；人均80元；⏲10:30~15:00，16:00~21:30；禁带烟酒外食）主打青海特色美食，吃高原牛羊肉的好去处，牛大骨（88元）、手抓肉（88元）、坑锅羊排（118元）等都是肉质鲜嫩、量大味美，再配上一碗特色盖碗茶或者自制酸奶，清爽解腻。餐厅环境清雅，都是卡座小隔间，没有一般饭馆的喧闹声，服务员态度也很好。

★益鑫羊肉手抓馆（花园北街店） 清真菜 ¥¥

（☎817 9336；花园北街白玉巷5号；人均70

元；⏲10:30~21:00；禁带酒水）这家深巷小店门前总是有人等位，特点就是先点菜先选肉，交了钱才能进去找座。招牌菜黄焖手抓羊肉（88元/斤）口碑最好，肉质嫩而不膻，蘸上店家自配调料，味道更佳。点菜率最高的还有凝着厚厚一层油皮的酸奶和炸得金黄的土豆。专心对付羊肉就好，没有必要再点其他炒菜了。

富滨炕羊排

清真菜 ¥

（☎189 9726 2767；城西区交通巷220号，近胜利路；人均45元；⏲17:00至次日1:30；可自带酒水）炕锅羊排是青海当地菜，做法类似干锅，羊排一斤起点（75元/斤），配上炸过的土豆和洋葱、宽粉等，一锅小份端上来，也足够2~3人下肚。这家的烧烤也毫不逊色，烤羊蹄（7元/个）、烤羊腰（10元/个）和烤羊肚可以尝尝。若不事先说明，辣椒粉会撒得特别多，还好这里可以自带饮料进来。交通巷上还有好几家炕羊排店可供选择，口碑和味道相差无几。

马忠食府

清真菜 ¥

（莫家街路口；人均10元起；⏲6:30~23:30）西宁美食打卡地，各式面食、小吃和特色肉食应有尽有，店内人头攒动，堪比集市。马家酿皮、青稞甜醅、烤羊排、椒麻鸡等最受欢迎，更适合时间有限又想一站搞定当地美食的旅行者。

穆中源蒸饺

清真菜 ¥

（东关大街24号1号楼；人均30元起；⏲10:30~21:30）就在东关清真大寺旁边，这里的蒸饺与内地不同，其实是蒸汽压力锅煮出来的水饺，有牛肉芹菜、羊肉萝卜、羊肉韭菜三种馅（12元/半斤），隔着玻璃窗能看到阿娘们正在麻利地包饺子，现包现煮，皮薄有嚼劲。招牌菜还有手撕椒麻鸡（35元半只），麻辣鲜香，配上自制红枣茶最好。来这家店吃饭的多是当地穆斯林，请勿带酒入内，也不要高声喧哗。

成贵羊脖子手抓专卖店

清真菜 ¥¥

（☎522 9088；共和中路33号；人均60元；⏲10:00~23:30；可自带酒水）虽然手抓也是招牌，但这里的招牌羊脖子名气更大（88元/斤）。肉是从做好的羊脖子上现成剔下来的，切成薄片后配特制蘸料吃，相比手抓瘦而不柴。还可试试青海风味的酸菜炒粉丝，酸辣爽脆的口感可解肉腻。蘑菇丁和牛肉丁做的干拌面（10元）也不错。

青海土火锅

火锅 ¥¥

（☎491 0881；饮马街31号，近十四中；人均60元；⏲10:30~22:30）青海土火锅（微/小/中/

西宁街头吃早餐

来了西宁，别惦记酒店提供的自助早餐了，起个大早，像当地人一样在街头小店吃吧。西宁人喜欢的早餐除了离不开的牛肉面，还有粉汤配包子、杂碎汤配白面馍、羊肠面配羊肉汤等组合，香甜又有营养的牛奶鸡蛋醪糟也是当地特色。虽然有些小店环境堪忧，但味道正宗、价格实惠，最好早去，以免扑空。

小桥尕晋娃羊肠面（虎台二巷虎台小区19栋；⏲6:00~13:00）店面很小，但生意火爆，是当地人公认最好吃的羊肠面之一。面是干面，放有炸过的羊肠、羊肝及芹菜等，调料放得很足，味道偏辣，一般配碗热气腾腾的香菜羊肉汤。

泉儿头杂碎（大众街74号；⏲5:00~14:00）是家老字号的连锁店。羊杂碎15元/碗，牛杂碎20元/碗，配送一个白面馍，杂碎汤胡椒味道很浓，喝下非常暖胃，馍要掰碎泡在汤里吃，有嚼头。羊杂碎一般11点前就卖完了，想吃羊脑（3元）还得早去。

清真老东关包子馆（小桥柴达木巷4号；⏲7:00~14:30）有西宁特色的手工包子，光馅就有地皮菜、胡萝卜、韭菜、洋芋等各种口味，再要上一碗加有绿菜、黑木耳、平菇的牛肉粉汤，正应当地人那句“包子粉汤，吃上稳当”。这家店也有牛奶鸡蛋醪糟，滑嫩爽口。

古城木桥牛肉面（兴海路城西区检察院旁；⏲6:00~16:00）这里的干拉比牛肉面更出名，口味较重，不能吃辣的话要提前告知。建议加肉，牛肉铺满整碗，吃着更带劲。

大锅98/118/138/158元）的吃法是用铜锅将食物煮熟后整锅端上直接吃菜喝汤，不需要现烫。锅面上整整齐齐地摆放着一圈牛肉、羊肉、丸子、炸带鱼、猪肉片等荤菜，下层则是粉丝、酸菜、菌类、海带等素菜，通常配有至少15种以上菜品，分量十足，一个小锅就能满足3人食用。味道清淡，吃得不过瘾还可以叫个香辣蘸碟或麻酱碟。

阿娘酿皮 小吃 ¥

（下关南街中段；人均7元；⏲7:30至下午）阿娘就是回族人对阿姨的称呼，这家阿娘酿皮原是在当地人中颇有名气的水站阿娘酿皮，店面很小，只卖黄白两种酿皮，都是自家蒸出来的，口感柔和，味道酸辣，当天制作，卖完就关门。

舌尖上的牛肉面 小吃 ¥

（建国路1号；人均12元起；⏲24小时）这家店位于西宁站正南的建国路上，店面干净整洁，对深夜到来的旅行者非常友好。牛肉面可以选择不同粗细，还有爽口小菜。

四季渔歌概念餐厅 川菜 ¥¥

（☎806 1222；力盟步行街21号；人均70元；⏲11:00~15:00，16:30~21:30）就在力盟商业巷里面，主打川菜风味的沸腾鱼和烤鱼，也有一些创新菜品和小吃、甜品。如果吃腻了面食，可以来这里换换口味。

饮品

西宁号称夏都，凉爽夏夜里谁不希望找个好地方喝一杯呢？西宁的酒吧街有好几处，夏都大道的酒吧清静优雅；力盟商业巷的酒吧一条街活力四射；麒麟湾酒吧街依水而建，喝酒之余还可沐风赏景；文庙街的酒吧则是当地人常光顾的地方，五花八门什么风格都有；城西海湖新区唐道637一带则涌现出不少时尚人气酒吧。

这里的咖啡馆以满足商务需求为主，大多集中在国际村附近的夏都大道上，近年出现了几家文艺范儿咖啡馆，走的是阅读、旅行文创类主题，大概想要满足每一颗"小资"的心。

天堂时光 咖啡馆 ¥

（☎516 8024；文化街222号；人均35元；⏲10:30~23:00）一家以旅行与阅读为主题的咖啡馆，提供咖啡、点心与简餐。摆满整个书架的Lonely Planet旅行指南很容易引起你的注意，一楼木制书架上除了图书还有文创产品出售，二楼是休息区，在看书喝咖啡的同时，还可以用可爱的旅行纪念印章和文具做做旅行手帐，写写明信片。

雪域咖啡 咖啡馆 ¥

（海湖新区唐道637人文商业街巴士道区B-107号；人均30元起；⏲9:30~23:00）位于独立书店几何书店内，青稞拿铁（35元）、酥油黑咖（30元）、安多熬迦（68元）等特调饮品看名字就带着雪域风情，口味也融入了藏地特色，是否讨喜就见仁见智了。装饰以暖色调原木为主，有书香陪伴，适合安静地坐坐。

诺尔布 藏式酒吧 ¥¥

（☎829 8008；夏都家园东区，花园南路延伸段；人均50元；⏲14:00至次日2:00）这家装修精致、藏式风情浓郁的酒吧以藏式饮品为主打，现熬的康巴奶茶（48元/壶）和康巴酥油茶（88元/壶）最受欢迎，也售卖一些自酿甜酒和大众品牌的啤酒，佐以糌粑坨坨、酸奶干、牦牛肉等藏式小吃。店里一直播放着轻快悠扬的藏族音乐，也会出售一些藏族手工艺品。

香格里拉精酿啤酒馆 精酿啤酒 ¥

（文景街新华联福街东口负一层；人均40元起；⏲14:00至次日2:00）西宁少有的自营精酿啤酒的酒吧，品种很多，比较受欢迎的有藏式艾尔、黑牦牛、佛手等口味的精酿啤酒，也提供鸡尾酒和红酒等。晚上有乐队和歌手驻唱。

唐璜 酒吧 ¥¥

（☎822 2549；北大街华侨大厦2楼；人均60元；⏲10:00至次日2:00）与不起眼的门面相比，酒吧内部面积很大，清一色古典宫廷范儿的大沙发坐起来很舒服。白天这里是个安静的咖啡厅，晚上逐渐热闹起来，在驻唱时间22:00~23:00气氛达到高潮。啤酒经常做活动，也有预调酒和洋酒。

啤酒大叔 精酿啤酒 ¥

（城西区力盟步行街6号楼3层；⏲14:00至

次日1:00）号称搜罗了20多个国家的上千种啤酒，既有比利时格林堡艾尔啤酒、德国百帝王啤酒等经典品牌，也有适合女生的宝华丽果味零度啤酒等小众精酿。喜欢啤酒文化的你不妨来这里体验更多味道。

购物

在西宁购物肯定首选青藏高原特产，莫家街上众多店铺都出售牦牛肉、虫草、雪莲、人参果等高原特产，在当地大型生活超市里也能买到不少本地特色食品。若想购买新鲜牛羊肉，东关清真大寺旁边的下南关街不少清真肉档都提供真空包装服务。如果你有去青海湖骑行或进藏旅行的计划，也可以去国际村南小街上逛逛，这里聚集着几家户外用品店，国内外几大自行车品牌也在这里设有门店。如果只想体验逛街的乐趣，可以去城西的力盟商业巷和海湖新区的唐道637商业广场，各种大牌和时尚小店入驻，时髦程度不输其他内地城市。

力盟商业巷　步行街

（城西区五四大街和西关大街之间）西宁打造的文化商业街区，汇聚了酒吧一条街、本地著名餐饮和时尚品牌，是品尝美食、享受夜生活的最佳去处。

读行天下　户外

（☎808 4151；南小街55~45号；⏲10:00~20:00）户外活动所需的服装与装备这里基本都有，也提供各种型号的自行车租赁服务。

几何书店　书店

（同盛路唐道637巴士道区B-107号；⏲10:30~23:00）号称全国最大的独立书店，巨大的空间内按功能划分为7个区域，有亲子空间、手工DIY空间、咖啡馆、文创区等，在青海非遗展示厅会看到工匠正在制作擦擦、银饰，绘制唐卡。图书区采用欧式穹顶装饰，有一种在无尽的地下宫殿探索的感觉；书架之间散落着充足而舒适的阅读位，随时可以拿起一本书坐下来看。

书林叙语　书店

（新宁路24号，青海图书馆侧；⏲9:30~21:00）开在图书馆里的一家生活创意书店，是西宁少有的网红书店，书籍以文化艺术为主，同时出售琳琅满目的文创产品和手帐周边，可在安静的阅读区里看书。也有宽敞舒适的餐饮区，提供饮品与简餐。

日月人言明信片旅游概念店　文创咖啡馆

（莫家街8号；⏲9:30~21:30）出售自创的青海旅行主题手绘明信片和羊毛毡手工制品，如小包、卡通杯垫等。店里气氛温馨，可以坐下来用青海风光纪念印章写写明信片。二楼是咖啡馆，有宽大的临窗沙发，在拥挤的莫家街上，这里有一份难得的安宁。

实用信息

危险和麻烦

不要过于信任西宁人行道上的交通灯。即使绿灯亮起，右转和对面左转的车辆依然畅通无阻，且毫无减速避让之意，所以请眼观六路，适时而动。

民族禁忌是在青海全省都需注意的，在宗教场所切勿不按规定随意拍照、喧哗，着装也不宜过于暴露。在任何清真餐厅就餐，都不要带入非清真食品，大部分清真餐厅不允许饮酒喧哗，也不出售酒水，可事先征询能否自带酒水进入。一些穆斯林经营的宾馆也会严格禁止带酒进入。

西宁是青海海拔最低的地区，初到高原，这里不失为一个很好的缓冲地带。但如果此时你已经出现头痛、失眠等高原反应的症状，请咨询医生并慎重考虑是否继续后面的旅程。

在每年7~8月的旅游旺季，开往各旅游景区的班车不仅车票紧俏，车程也难免要延长。特别是青海湖周边和祁连方向，道路拥挤、事故频发，堵车是家常便饭，遇上周末情况可能更糟。所以制订计划时预留一些机动时间，以免耽误了后面的行程。

医疗服务

如果以西宁为出发点前往高原藏区，可预先购置抗高原反应的药物，城区药店很多，就诊可去**青海省人民医院**（☎817 7911；城东区共和路2号），这是西宁市较大的综合类三甲医院。

银行

各大银行网点和24小时ATM机遍布市区，银行工作时间一般是周一至周五9:00~17:30，双休日、节假日9:30~17:00。

车次时刻表

西宁汽车客运中心部分班车时刻表

目的地	发车时间/班次	票价(元)	行程(小时)	备注
西海镇	7:30~17:00，约20分钟1班	25	2	
茶卡	9:45~15:30，共6班	65.5	5	
坎布拉	10:40，12:25，13:55，15:25，16:55	22.5	2.5	
同仁	7:40~17:00，约40分钟1班	40	3.5	
祁连	8:15，9:15，11:15，12:30，14:30	66	6	
玉树	11:00，12:30，14:30，17:00，18:00，18:30	191/229	18	卧铺
德令哈	9:15，12:30，17:00	98	6.5	
格尔木	14:00，17:00，18:00	167	10	卧铺
玛多	8:30，11:00，12:30，14:30，17:00，18:00，18:30	110/137	8	
循化	7:00~17:30，20分钟1班	41	3	
化隆	7:15~17:15，约30分钟1班	23	1.5	
兰州(高速)	7:20~18:30，30分钟1班	65	3	
临夏	7:15，8:00，9:15，10:15，12:30，14:00	61	5	
银川	9:00	150	8	

南川西路客运站车次时刻表

站点	发车时间/班次	票价(元)	行程(小时)	备注
贵德	7:45~17:40，约20分钟1班	24.5	2	
玛沁(大武)	8:00~18:00，共10班	104/127	8	
玛多	8:00	111	8	
花石峡	8:00	91.5	6.5	
久治	8:00	239	14	

邮局

大十字邮政支局(城中区西大街1号；⊙8:30~18:00)规模较大，一楼是邮政快递柜台，二楼是邮局邮政业务柜台，附设有火车票、飞机票代售点。

旅行社

西宁各大旅行社都提供西宁周边短线游、甘(肃)青(海)环线以及西北大环线等旅游咨询组团服务，时间从1天到7天不等，但行程大致相似。多数青年旅舍也提供相应的拼车组团服务，只是路线更为自由，形式更为松散，但事先一定要跟领队和司机确认好所有服务内容。

西宁市旅游集散中心(☎633 3006；同名微信号可在线预约；西宁汽车客运中心内)提供旅游咨询参团、包车游服务，青海湖(100元；8:00)、茶卡盐湖(160元；8:30)等热门景点每天都有景区直通车往返，对时间紧张的旅行者来说不失为一种较好的选择。

到达和离开

飞机

西宁曹家堡国际机场(☎813 3333；www.qhaport.com；互助土族自治县曹家堡)距市区28公里，2018年升级为国际机场，目前已开通50余条航线，包括北京、上海、广州、西安、乌鲁木齐、拉萨、成都、台北、香港等30多个城市航线，格尔木、玉树、德令哈、花土沟、祁连等省内航线，以及曼谷、首尔、东京、吉隆坡等国际航线。

长途汽车

西宁目前有四个长途汽车站，分别是西宁汽车客运中心、八一路客运站、新宁路客运站和南川西路客运站。每年7~8月旅游旺季，热门目的地车票往往供不应求，最好提前1~2天购买。网上购票的乘客则建议提前1小时以上到达车站，留出足够的取票时间。在此期间，车站也会增发加班车，延后末班车时间，不妨提前致电车站咨询，但加班车票不可退票改签。

西宁汽车客运中心（☎633 3006；西宁站东侧；售票时间 6:30~18:30）车次最多，有开往兰州、临夏、银川、西安、重庆等地的省际班车以及青海各州州府所在地的班车，发往海东地区各县市、青海主要旅游目的地如祁连、门源、坎布拉、青海湖地区以及海西、玉树主要县市的班车都在此乘坐。旅行者可通过出行365（微信号chuxing365-ASST）查询和在线预订西宁汽车客运中心班车车票。

八一路客运站（☎881 7472；八一中路90号；售票时间 6:20~18:30）主要有发往海东地区互助、平安、乐都和各乡镇的城际公交车和快客，以及黄南地区（除同仁、坎布拉）的班车。此外，机场大巴早班车也从这里始发（5:30，7:10，8:10）。

新宁路客运站（☎615 5795；城西区新宁路19号；售票时间 6:40~19:00）主要有发往西宁周边如湟中、湟源、大通、乐都、互助的城际公交车和快客。车次频繁，几乎随到随走，无须提前购票。

南川西路客运站（☎624 2241；城西区南川西路48号；售票时间 6:10~18:30）班车主要发往海南的贵德、贵南、同德；果洛的大武、久治、班玛、达日、玛多等地。

火车

西宁站（城东区互助中路128号）是青藏高原最大的铁路枢纽，兰新高速铁路、兰青铁路、青藏铁路经过此站，每天有超过70趟普通列车和动车经停。对旅行者来说，从西宁进藏以及去甘肃、新疆和四川、陕西等地，都可乘坐动车轻松到达。

作为青藏铁路的起点，每年7月1日至8月31日的旅游旺季，西宁站每天会增开两趟至拉萨的列车，但票源仍然非常紧张，请尽早提前购票。

ℹ 当地交通

抵离机场

西宁曹家堡国际机场距市区约28公里，打车单程一口价100元。八一路客运站门口有出租车拼车前往机场，30元/人，满4人出发。

机场大巴目前已开通5条路线，分别往返城东区、城中区、海湖新区、平安和乐都-民和。

公交车

西宁市区公交车线路四通八达，覆盖城区多数景点，实行无人售票，上车投币1元，也可刷手机支付宝的乘车码。

位于西宁火车站广场西侧的**西宁公交汽车站**有数十路公交车从这里发出，同时还有发往互助、平安、大通的城际公交车和塔尔寺的专线公交车。对旅行者比较实用的有旅游专线公交车

机场大巴路线时刻表

车次	路线	时刻	票价（元）	时间（分钟）	备注
1号线	西宁汽车客运中心—八一路客运站—机场	首班5:30，末班20:00，8:00起每小时1班	21	50	首班从八一路客运站发车
2号线	以勒酒店—银龙酒店—机场	8:00~18:00，1小时1班	21	50	机场出发随航班降落动态发车
3号线	索菲特大酒店—师范大学(锦江之星)—机场	8:00~18:00，2小时1班	21	60	机场出发9:00至进港航班结束
4号线	平安高铁站—晨云酒店（平安广场）—机场	10:00~18:00，2小时1班	10	40	
5号线	民和（海鸿澳斯特精选饭店）—乐都（康泰大酒店）—机场	民和12:00，14:00；乐都12:50，14:50	民和60，乐都25	民和120，乐都50	机场同时对开

（以上信息仅供参考，可致电曹家堡机场大巴咨询电话13997030201）

（通票8元，当日有效；10:00~17:00），途经东关清真大寺、青唐城遗址、南山公园、西山、南凉虎台遗址、高原野生动物园、新宁广场（青海省博物馆）、北禅寺等景点。

出租车

西宁出租车起步价为3公里8元，超过3公里后白天1.6元/公里，夜间（23:00至次日6:00）1.9元/公里。滴滴叫车软件使用比较普遍，但只能预约出租车和快车，没有专车服务。

租车

神州租车目前在西宁有14家分店。在机场、西宁站、城中区等地都可以自助取还车。

塔尔寺

（见68页地图；☎223 1977；湟中县鲁沙尔镇西南；4月1日至10月31日门票70元，其余时间门票40元，讲解160元起；⏲旺季 8:00~18:00，淡季 8:30~17:30）作为藏传佛教格鲁派创始人宗喀巴（1357~1419年）的诞生地，塔尔寺一直是西宁乃至青海旅游的金字招牌，金碧辉煌的大殿前永远是人潮涌动，其丰厚的历史、宗教和艺术积淀，吸引着文史爱好者前来瞻仰，而那些每天围绕着大金瓦殿“五体投地”磕长头的信众更将此视为朝圣之地。

塔尔寺又名塔儿寺，这座名列藏传佛教格鲁派六大寺院之一的寺庙始建于明洪武十二年（1379年），除了感受浓厚的历史底蕴和宗教氛围，你也可以欣赏到融合汉藏风格的建筑艺术以及酥油花、壁画和堆绣等塔尔寺“艺术三绝”。

方位

塔尔寺共有殿宇、经堂、佛塔、僧舍等30余座建筑，从山门开始由东南向西北排列在宗喀莲花山下。在如来八塔前拍完纪念照后，参观路线一般从小金瓦殿开始，向西依次参观祈寿殿、大经堂、大金瓦殿、时轮经院、酥油花馆、藏经楼等，沿途都有明晰的游览指示牌。需要注意的是，几处重点殿堂会二次检票，参观时请遵循左进右出、顺时针走动的规则；不要擅自进入标有“游客禁入”的院落；进入殿内不能拍照（这一点塔尔寺管理特别严格），在院子里也不要将镜头直接对准僧侣和正在磕长头的信众；同时禁止穿超短裙和热裤进入。旅游团队在讲解员带领下看完开放的殿堂之后一般按原路返回，你可以从大经堂后面的小道向东登上吉祥行宫看一看寺院全貌，也可在出寺之后沿石阶登上观光车站对面的小山坡，在山顶经幡堆前欣赏塔尔寺的全景，视野更佳。

景点

如来八塔 塔

矗立在山门右侧的8座如来宝塔，为赞颂释迦牟尼一生的八大功德而建，是塔尔寺的标志性建筑，也是多数旅行者拍到此一游照的第一个景点。第一批全国重点文物保护单位碑就立在塔前。

小金瓦殿 建筑

又名护法神殿，始建于清圣祖康熙三十一年（1692年），汉式歇山顶上覆盖着鎏金铜瓦。进入院内，别让二层回廊上的野牛、石羊、猴子等动物标本把你吓到，这些都是用自然死亡的动物尸体制成，有“以魔降魔”之意。回廊墙上的壁画是塔尔寺三绝之壁画的代表，描绘的是护法神降服妖魔护佑众生的场景。殿内供奉着五勇猛明王护法神像，两侧有虎、熊等猛兽标本，象征着驱逐邪恶，保护正法的威严。大殿右侧的白马标本相传是九世班禅从日喀则到塔尔寺所骑的坐骑。

祈寿殿 建筑

又名长寿佛殿，是寺中最为小巧玲珑的院落，在清圣祖康熙五十六年（1717年）为祈祝七世达赖喇嘛长寿而建，同时种下的旃檀树（菩提树）现在已枝繁叶茂，树荫遮盖了整个院落。门楼、院墙上装饰的砖雕和建筑上的木雕构件都极为精美。殿中供奉释迦牟尼及其弟子佛像，是信众祈求健康长寿之地。

大经堂 建筑

这是塔尔寺建筑中规模最大的平顶藏式建筑，屋顶装饰着硕大的鎏金宝瓶、宝轮、金鹿和胜利幢等。殿内有168根大柱，其中60根埋于四壁墙内，而其余108根柱子都围裹着蟠龙图案的藏毯，柱子之间悬挂着精美的唐卡，其中有十八幅罗汉堆绣是寺中珍藏古董，与其他堆绣唐卡相比明显精致许多。四壁神龛中供有千尊鎏金宗喀巴大师的佛像。这里是寺院喇嘛集中诵经和举行重要佛事的地方，可供三千僧人集体打坐诵经。

依祜殿
建筑

始建于明万历二十二年（1594年），殿内供奉着寺内最大的铜质鎏金宗喀巴像，此处最值得一看的是佛像背光，采用悬塑手法，装饰着大鹏鸟、神兽与吉祥花卉，繁复而华丽。

大金瓦殿
建筑

大金瓦殿是塔尔寺的主殿，也是塔尔寺最早修建的一处殿堂。重檐歇山式屋顶和琉璃瓦墙融入了汉藏建筑特点。最上层的镏金铜瓦顶，经过多次重镀，含金量难以估量。殿堂正门上方悬有乾隆亲题的"梵教法幢"牌匾。殿内正中供奉的一座高11米的金塔是镇寺之宝，以银作底，表面镀以黄金，并镶嵌各种珍宝，外面裹着数十层白色哈达。塔顶有一佛龛，龛内供有宗喀巴大师镀金药泥像，塔前佛龛里则供奉着从西康迎请来的九世班禅塑像。不过金塔前有玻璃屏门相隔，你只能贴近小窗瞻仰一眼它的真容。

相传宗喀巴大师就在这里出生，后来胎衣埋藏处长出一棵旃檀树。宗喀巴圆寂后，人们在此立塔建寺以资纪念，塔芯就是那棵旃檀树。而大金瓦殿门前的那棵被围栏包围的旃檀树，据说是从大殿塔中的那棵旃檀树的根部长出的，有佛缘的人会在旃檀树的叶片上看到狮子吼的佛像。

时轮经院
学院

这是塔尔寺四大学院之一，是修僧研习天文、历算、占卜知识及研究"工巧明"（工艺历算之学）的学府。经院设有"泽仁巴"（历算博士）学位，授予在历算方面有特殊成就的僧人。进入平顶三层藏式大殿，通过侧边的木梯可上到二楼的财神殿，殿内供有财神佛。

酥油花馆
展览馆

酥油花是塔尔寺三绝之首，馆内保存着每年塔尔寺僧众制作的酥油花精品，虽然只能隔着玻璃在展柜外观看，但绝妙的手艺依然会让你瞠目结舌，从数米高的佛像到指尖大小的花朵，全部由僧侣用酥油手工雕刻完成。在制作时为了避免酥油花受热融化走样，他们要不时将手浸入冰水方可完成。

节日和活动

燃灯节
节日

每年农历正月十五举行，僧侣点燃精心制作的酥油花灯，彻夜不灭。节日一般持续一周，还有跳神、踩高跷等表演活动。这个时候有机会看到白雪覆盖金顶红墙的塔尔寺另一面，盛装出席灯节的藏族同胞服饰也是一道风景。

塔尔寺旅游环线

湟中政府围绕塔尔寺打造的旅游环线已经成熟，起点宗喀驿是新建的藏式风情旅游小镇，美食、特产、客栈、文创商店和主题邮局等一应俱全，旺季在广场上还有藏族锅庄和湟中花儿表演。绝大多数旅游团在这里换乘观光车（往返20元；塔尔寺返回末班车19:00），沿途停靠莲花湖、青海藏文化馆、河湟文化博物馆、八瓣莲花非遗传承体验中心等景点，终点站即是塔尔寺游客服务中心。

藏文化馆（门票60元；⏲8:00~18:00）跟西宁的藏文化博物馆相比，不管是规模还是展品都显得逊色不少。更值得一看的是一街之隔的**河湟文化博物馆**（⏲9:30~16:30，周一闭馆）免费，展出内容以湟中历史文化为主线，二楼历史文物展厅中出自汉代的错金银铜盆和北魏僧人骑马铁像算是镇馆之宝。**八瓣莲花非遗传承体验中心**（门票40元；☎400 070 4288；⏲8:00~18:00）以展示藏族非物质文化遗产制作技艺为主题，包括唐卡、藏医药、堆绣、湟中铜银器制作、藏文书法等精彩内容，在参观非遗制作技艺传承人工作室时还有机会参与现场制作体验。

乘坐909路专线的背包客可以在莲花湖站下车，过马路即是宗喀驿小镇。你也可以在逛完塔尔寺后沿观光车道步行游览上述景点，距离并不算长，最后沿莲花湖畔走到宗喀驿，在这里乘坐909路专线返回西宁。

晒佛会 民俗活动

又称展佛节，每年农历四月十五和六月初六举行，届时会请出塔尔寺中“狮子吼”“释迦牟尼”“宗喀巴”“金刚萨埵”四幅巨大的堆绣佛像中的一幅，送到巨大的晒佛台上，当阳光照射到台上，佛像徐徐展开，观者如潮，盛况空前。

食宿

往返西宁的交通十分便捷，你没有必要在湟中住宿。塔尔寺门前的商业街上，有不少饭馆，提供藏餐和酿皮、酸奶等小吃。金塔路上则全是出售唐卡、银饰、土特产和旅游纪念品的商店。

到达和离开

从西宁站公交汽车总站发车的**909路塔尔寺专线**（4元；6:40~19:30；约1小时）是往返塔尔寺最方便的交通工具，终点站下来沿金塔路步行约5分钟即到塔尔寺游客服务中心。回程的公交车在旺季下午非常拥挤，建议规划好时间，早去早回。也可以到新宁路客运站乘坐西宁到湟中客运站的**高客**（5.5元；7:00~18:30，20分钟1班；50分钟），下车后沿指示牌方向步行10分钟即到。

丹噶尔古城

[湟源县东大街；通票旺季（4月16日至10月15日）60元，淡季（10月16日至次年4月15日）40元；⏲收费景点 9:00~18:00]“丹噶尔”是湟源县的旧称。这里地处汉、藏交界地区，自唐朝起就担负着茶马互市的商贸功能，并逐渐发展成为西部地区的贸易重镇和畜产品集散地。古城始建于雍正五年（1727年），在道光九年（1829年）设立厅署。到了清末民初，更有英、美、土耳其等国商人及京、津、晋商贾前来开洋行做生意，给湟源带来“小北京”的别称。1913年，丹噶尔才正式改名为湟源县。

游览古城一般从东大街上的火祖阁开始，这座两层歇山顶楼阁为纪念炎帝而建，已经在丹噶尔古城的官宣大片中多次出现。从东侧迎春门进去，就正式进入古城。在长约800米的主街上，多数是新修的仿古建筑，在五花八门的古玩、特产店铺间夹杂着几处收费景点。**丹噶尔厅署**（15元）和**演艺厅**（15元）在旅游旺季每天分别有多场县太爷升堂和青海花儿等民族歌舞表演。**仁记洋行**（10元）里可以看到当年外商在此经商和生活的用品和图片。建于民国时期的**文庙**（15元）曾是湟源城关第一小学所在地。**城隍庙**（10元）是古城中唯一的国家级重点文保单位，虽然是清代建筑，但结构完整紧凑，小巧玲珑的钟鼓楼与品字形戏台最为漂亮。**湟源县博物馆**免费紧邻城隍庙，位于高台之上的历史文物展厅可以一看，卡约文化遗址出土的青铜器和彩陶较为珍贵，其中铜鸠首犬吠牛杖首和铜人面杖首都是国家一级文物。城西拱海内侧集中展示了湟源特色的排灯。

位于主街上的丹噶尔印象主题邮局里有青海旅行明信片和纪念印章出售，丹噶尔传统小吃店提供狗浇尿、韭菜合、酿皮、洋芋津津等特色小吃，城西拱海门外的美食街上可以品尝到牛肉面、坑锅羊肉和清真麻辣烫等当地美食。东西城门外都有游客服务中心，出售古城景点通票。

在西宁新宁路客运站乘坐发往湟源的

花儿与少年

“花儿本是心上的话，不唱是由不得个家（自己）。”河湟花儿就像是从生活在这里的人们心中自然流淌出来的旋律，在田间地头唱响。每年农历六月，热闹的花儿会在这片大地轮番上演，规模较大的有大通老爷山花儿会（六月初三至初八）、民和七里寺花儿会（六月初六）、互助五峰寺花儿会（六月初六）、互助丹麻乡花儿会（六月十一至十五）和乐都瞿昙寺花儿会（六月十四至十六）。在花儿会上，人们除了歌舞欢庆，还伴有集会和民俗表演。特别是互助土族的花儿会，俨然一个展示土族文化和民俗风情的秀场。

错过了六月大型的花儿会也不要紧，在西宁麒麟湾北边的小湘园公园中，常年都有“花儿”爱好者在公园中演唱。

青海明代长城遗址

自秦至明，从山海关到嘉峪关，长城逶迤万里，一直庇佑着华夏大好河山，其中有部分明代长城穿越青海境内，主要分布在海东地区的互助、大通、乐都和西宁湟中。相关部门调查探知，青海省境内明长城约为363公里，始建于明代中叶，从明世宗嘉靖二十五年（1546年）始，到明神宗万历二十四年（1596年）止，历时51年。目前青海有数十处明代长城遗址已被列入全国重点文物保护单位名录。位于大通娘娘山麓的明代长城遗址是世界海拔最高的明长城遗址，还完整地保留着烽火台、敌楼、关城和卫所等军事防御建筑，夯土和石块交相垒砌的城墙巧妙地与险峻山势共同构成一道天堑。近年大通在此建成了明长城遗址公园，但因为近期修建高速公路，工地正好横穿娘娘山腰，前往遗址公园的路比较难走，需要沿盘山公路徒步方能到达。如果你登上大通老爷山，在观景台可以眺望到娘娘山间盘旋向西的明代长城。在互助、乐都和湟中等地旅行，稍加留意，说不定就能在路边山上看到明代长城的峰燧和城墙遗址。

高速客车（12元；7:00~19:00，30分钟1班；约50分钟），从湟源汽车站出来往东大街方向步行约10分钟可到古城。从湟源汽车站返回西宁的末班车为18：30。701路公交车（6元；6:00~18:30；10分钟1班；1.5小时）从西宁共和路南口到湟源县城，多花几乎一半时间，但价格便宜，可以直达古城火祖阁前。

老爷山

（大通回族土族自治县建国东路；门票30元；⊙8:00~18:00，花儿节期间 7:00~19:00）平时的老爷山更像是一座全民登山公园，陡峭的山体和茂密的植被为当地市民提供了一处休闲运动场所。登山步道分为老年路和青年路两条，长近13公里，从入口处的**关公殿**到山顶的**观景台**，完成跨越三个山头的登顶往返约需要5小时。沿途可以参观多个道教宫殿，在不同季节能分别欣赏到山花烂漫和红叶秋色。站在观景台往西南方向眺望，可以远远望见对面娘娘山间一点明代长城的轮廓。

不过，每逢农历六月初六前后举行朝山会和花儿会期间，老爷山就会人山人海，无数旅行者慕名前来体验这场被列为国家级非物质文化遗产的民间音乐盛会。花儿会一般持续数日，主会场设在老爷山景区半山平台上，经过层层选拔出来的歌手才能在这里一展歌喉。你也可以在县城文化广场和桥头公园欣赏到民间花儿艺人的表演。

从西宁往返老爷山非常方便，一般不用在大通停留一晚。生烤羊排是这里的特色菜，不同于西宁城里的坑锅羊排。在解放南路南段集中了不少生烤羊排店，**沙里海生烤羊排**（解放南路87号）在当地口碑不错，生烤羊排75元/斤，可半斤起点。

从西宁可乘坐动车到大通西站，再转乘4路公交车到达老爷山景区。西宁站至大通有专线公交车往返（6元；6:30~19:30；约1小时），新宁路客运站也有发往大通的高客（11元；7:00~19:00，15分钟1班；40分钟）。综合汽车站在大通西站西侧，除了发往西宁的高客（11元；6:45~19:00，约1小时），这里也有发往互助的专线公交车（8.5元；8:50~16:30，共10班，约1小时）。从西宁客运中心站发往祁连的班车会途经大通（58元；9:00；约4小时）。

海东

海东因在青海湖以东得名。青藏高原在这里结束，转变成广袤的黄土高原，湟水与黄河流经这里，山水相遇共同塑造出土地肥沃的河谷地带和峡谷山地。史前先民在这里创造出灿烂的彩陶文化，回族、藏族、土族、撒拉族在这里挥洒出多彩的民族风情。兰新动车方便快捷，使海东正在成为旅行者进入青海的第一站。清清黄河水穿流而过，火红的丹霞逶迤其间，不妨去那些隐于群山之中的古老藏传佛教寺院朝圣，聆听至今依然古朴醇厚的心灵梵音，沿途收获田园牧歌和缤纷风景。

历史

黄河与湟水一南一北从青藏高原向东流淌，围合而成的河湟谷地，就是今天所说的海东地区。这里是青海农业文明的发祥地，石器时代的马家窑文化、齐家文化和卡约土著文化都表明，海东先民爱美食也爱艺术，他们懂得制作面条，也会在陶罐上塑出立体的裸人。大禹的传说很可能是真实发生过的事情，他曾来到河湟谷地东南角的积石峡一带治理黄河，而另一个传说是周穆王西巡时也曾在公元前989年来过乐都。有史载为准的是汉武帝元鼎六年（公元前111年），汉朝军队就进入了湟水地区，乐都一带从此纳入中原版图。

魏晋南北朝时，河湟地区被前凉、前秦、后凉等多个地方割据政权相继统治，直到鲜卑族一支秃发部发展壮大起来，逐步占据了河西和湟水流域，建立起南凉王国，定都乐都。

隋唐时期，隋炀帝御驾亲征吐谷浑，文成公主远嫁吐蕃松赞干布，都在海东留下足迹。唐初，乐都是河湟地区的政治中心。从文成公主嫁到吐蕃后的一百多年中，唐与吐蕃既有茶马互市的安定时期，也有兵戎相见的征战年代。直到安史之乱后，吐蕃成功占领海东地区达百年之久，把这里称为“安多”，海东地区的藏化就是从那时开始的。

自元朝成吉思汗西侵，大量穆斯林被征服并迁徙到东方。土族、回族、撒拉族的形成都是元明时期的事情，伊斯兰教在海东东部传播，街子清真大寺建立。同时，格鲁派在蒙古势力扶持下逐渐壮大，一大批藏传佛教寺庙在此兴建，夏宗寺、佑宁寺是其中代表。

明末清初，罗卜藏丹津反清事件搅乱了这一地区，佑宁寺一度被清军摧毁。乾隆四十六年（1781年），循化伊斯兰“新教”（哲赫忍耶）与老教派争执械斗，进而反清，最终遭到平定。但伊斯兰地区在同治、光绪年间一再反清，“河湟事变”极为血腥。

在民国元年至1949年之间的马步芳独裁统治时代，循化、化隆、乐都、民和、互助相继建县，青海建省。在此期间，十世班禅等在海东地区出生。

除了隐于深山的丹斗寺，海东地区的众多藏传佛教寺院在1958年后遭到灭顶之灾，街子清真大寺也一样未能逃脱厄运，这些寺庙在1980年后逐渐重建，成为海东地区最吸引旅行者的景点。

2000年，“西部大开发”带动海东地区的发展，化隆人和循化人把“兰州拉面”开到了全国各地。传说中大禹治水的积石峡修起了发电站，负荷沉重的古老黄河还在继续为海东人的生存贡献能量。2013年年初，海东市成立，成为中国最年轻的地级市之一。2014年年底，民和南、乐都南、海东西三座新火车站落成启用，动车开进了海东，也把更多旅行者带到了这里。

2018年，海东河湟新区成立，它将成为西宁和海东的桥梁纽带和推动海东在兰西城市群中部崛起的重要引擎。2019年7月，第十八届环青海湖国际公路自行车赛开幕式在海东举行。9月，沿黄河马拉松大赛在化隆黄河岸边鸣枪开跑，海东正以更加多面化的形象成为青藏高原和青海省东部的典范新区。

民族

据2018年底海东政府相关统计，海东少数民族人口约占人口总数的51%，回族、藏族、土族和撒拉族是主要的民族构成。

回族在海东的少数民族中人口最多，主要分布在化隆和民和回族土族自治县，化隆是当地回族人口最多的县份，其他各县也都有回族乡。元代后，大批回族以传教经商定居、“西域亲军”驻守屯垦等多种形式进入河湟流域，并在此发展起来。海东回族通用汉语，宗教人士兼用阿拉伯语和波斯语。回族人民擅长经商，是当地从商人口比重最大、经营门类最多的民族。

海东的藏族是安多分支，生活在海拔较高的地带，几乎每个县都有藏族乡。与青海其他地区的藏民不同，海东地区的藏民主要从事农业生产，藏族有保护林木草场、山体水源的传统美德，所以居住区有良好的生态环境。海东地区是藏传佛教后弘期的重要地区，藏族普遍信仰藏传佛教格鲁派等，有丹斗寺、佑宁寺、白马寺、夏宗寺等著名寺院。

土族分布在互助、民和、乐都、平安等地，其中互助是唯一的土族自治县。土族自称“蒙古尔”，又说先民是留居此地的吐谷浑

海东周边

人，经过世代与藏、汉、蒙等民族融合成为现在的土族，语言和蒙古语相近。土族人普遍信仰藏传佛教。“轮子秋”“安昭舞”是土族独特的民俗活动。

撒拉族主要居住在海东地区循化、化隆两县，循化是中国唯一的撒拉族自治县。撒拉族自称“撒拉尔”，来自中亚的撒马尔罕，向东迁徙至循化，驻足生息。撒拉族人至今仍保留家乡的语言和伊斯兰教信仰。他们的建筑技艺独具特色，女性则擅长刺绣。

互助

距西宁一小时车程的互助，位于祁连山东段南麓，境内的北山国家森林公园是山林景致和地质风貌的最佳结合，就像是西宁的后花园。这里也是藏传佛教后弘期的重要地区，留下了佑宁寺、却藏寺、白马寺等名刹古寺。互助还是中国唯一的土族自治县，这个自称"彩虹部落"的民族创造了灿烂的文化艺术，土族盘绣团花装点在城区建筑上，彩虹色成为这座城市的主色调。不过，真正传统的土族风情已经越来越少，要看他们的生活日常，也许只能去土族故土园看看那些经过包装的风情表演了。

景点

佑宁寺 寺庙

(见89页地图；互助土族自治县五十乡寺滩村) 免费 佑宁寺的历史十分辉煌，始建于明朝万历年间(1604年)，规模在康熙年间达到鼎盛。由于活佛众多，且声望传播到新疆甚至蒙古和印度，它的影响曾一度超过湟水以南的塔尔寺，被称为"湟水北岸诸寺之母"。

更为重要的是，佑宁寺大小20多位活佛中，章嘉等5位活佛在清朝被封为"呼图克图"(蒙、藏地区喇嘛教上层大活佛的封号)，其中章嘉活佛是青海驻京呼图克图首领，自第二世起被封为大国师，与达赖、班禅和哲布尊丹巴(蒙古国黄教领袖)并称为"黄教四圣"。

然而，寺院在清朝雍正、同治年间曾两次被毁、两次修复。在"文革"期间再次遭受重创，被焚为灰烬，文物几乎荡然无存。我们现在看到的寺庙是1980年后建造的，规模虽已远不如前，但其底蕴和风景仍值得细细探访。

寺院占据达坂山南麓的一面山坡，殿堂层层叠叠依山而上。山脚下是新建的大经堂，也是僧人学习念经所在。山间点缀着数个小殿，**弥勒殿**和后面的**释迦殿**是佑宁寺的主殿，其中释迦殿的建设历时5年，殿内供奉着八大菩萨的佛像，八幅丝线绣成的大幅唐卡特别显眼。继续沿小路往山上走，左右都有殿堂，山头是**白度母菩萨殿**，站在殿前除了可以俯瞰寺中建筑，也可以欣赏对面山谷中的藏族村庄与田野风光。不要错过寺后半山坡上的**章嘉国师寝宫**，小院内供奉着一世章嘉活佛圆寂后的舍利灵骨塔，还有七世嘉色活佛的佛像。院中三株古柏如伞而立，十分肃穆。需要注意的是山间小路陡峭且窄，上下时请小心。

佑宁寺对面小山上松林森森，阳光晴好时寺内僧众会在林中学习辩经。在半山坡上可一览寺院全貌，最好是在下午前往，此时阳光正好落在对面建筑群上，尤其漂亮。

前往佑宁寺可乘坐去平安的专线公交车(6.7元；7:00~18:00；半小时一班；约1小时)在佑宁寺路口下车，此处到佑宁寺还有约6公里路程，需自行找车进入。西宁八一路客运站每天有一班车直达佑宁寺(11.5元；10:30；2.5小时)。其实佑宁寺距平安城区更近，可在平安县城包车同白马寺一起游览，大半天时间150~200元。

白马寺 寺庙

(见89页地图；互助土族自治县红崖子沟乡白马寺村) 免费 这座悬挂在丹霞崖壁上的"悬空寺"，远观更为漂亮。小巧玲珑的白色寺院镶嵌在红色的山体之中，十分显眼。它的地位曾经十分显赫，是藏传佛教后弘期下路弘法的祖庭，但现在已经相当凋敝。穿过茂密的果园，沿着紧贴崖壁的小道上山，首先看到的是一尊凿在洞窟中的佛像，造型拙朴可爱。再往上走，最高处的3层经堂是白马寺的主殿，殿堂异常狭窄，内部的木楼梯非常陡峭，小心上下。在2层可以看到十一面观音菩萨像。站在顶层的殿外，对面就是穿过平安城的兰新高铁线和湟水河。

白马寺虽然位于互助土族自治县境内，但与平安城区仅一河之隔。从平安前往白马寺只有3公里左右，打车往返20元起。这里不容易等到返回的出租车，最好请司机在山下等你。

却藏寺 寺庙

(见89页地图；互助土族自治县南门峡镇却藏滩) 免费 同为国家级重点文物保护单位，与佑宁寺一南一北遥遥相望的却藏寺，名气与规模就小了许多。却藏寺位于县城以北20公里的南门峡镇却藏滩，始建于清顺治四年(1647年)，属黄教寺院，300余年间历经毁建，规模与建筑都不复原貌。现在看到的千

土族风情

土族自称“彩虹部落”，世代居住在互助这片土地上，近年兴建的**互助土族故土园**（见89页地图；☎831 8818；威远镇西南；门票120元；⏲8:30~18:00）集中展示了土族的建筑文化、歌舞艺术和青稞文化，景区包括土彩虹部落土族园、西部土族民俗文化村、天佑德中国青稞酒之源、小庄村和纳顿庄园，可以欣赏到土族建筑、婚嫁风俗、土族“安召舞”“轮子秋”表演、盘绣和青稞酒酿造技艺等。土族故土园游客服务中心位于威远镇南大街，可在这里购票并乘坐景区观光车前往各个景点。

佛殿大经堂在多次重建后于1980年重新开放。歇山式屋顶上覆盖着鎏金铜瓦，正脊与垂脊上装饰着六条金龙，在阳光下金光耀眼，殿内供奉着铜质镀金释迦牟尼佛像和宗喀巴塑像。从千佛殿出来，后面是新建的两座小殿堂，院子就像一座花园，处处鲜花盛开。寺后山坡上有座晒佛台，每年农历正月初四至十七却藏寺举行祈愿法会，期间会在晒佛台举行晒佛仪式，也有酥油花展示活动。

却藏寺在青海地区的地位非常崇高，清乾隆三十年（1765年），朝廷曾追赐“广教寺”匾牌并赐建九龙壁一座。可惜调研时九龙壁正在修复中，被脚手架包得严严实实。此外，寺院西侧有座小四合院，院内经堂融合了汉藏建筑风格，是仅存的清代建筑，可以看看。

在互助汽车站门口坐到南门峡的乡镇公交车（5元；7:00~18:00；约40分钟），在南门峡镇十字路口下，往北走约1公里就能看到却藏寺千佛殿的大金顶了。

食宿

互助城区不大，以鼓楼为中心，有东西南北四条大街，东大街饭店较多，北大街与汽车站附近分布着不少商务宾馆。汽车站旁边的**锦皓天酒店**（☎831 7777；威远镇台子路5号；标双 138元起；📶🅿）房间设施、卫生都很好，出行也方便。**天佑德大酒店**（☎832 3379；威远镇天佑德大道；标双 180元起；❄📶🅿）就在土族故土园游客服务中心旁边，条件稍好一点。

到达和离开

互助汽车站（威远镇新安西路3-1号）发往西宁的车次最为频繁，门前有发往西宁八一路汽车站的东路公交车（8元；6:20~18:40，10分钟1班；1.5小时），站内有发往西宁客运中心的高客（12元；6:40~19:30，10分钟1班；1小时）和新宁路客运站的高客（14元；7:00~18:30；25分钟1班；约1小时）。

互助到平安的专线公交车（11.5元；7:00~18:00；半小时1班；约1.5小时）途经佑宁寺路口（6.7元）和白马寺（11元）。互助到大通的专线公交车（8.5元；7:00~18:00；半小时1班；约50分钟）终点是大通西站综合汽车站。

互助去往周边乡镇的公交车也从汽车站发车，到北山国家森林公园和却藏寺都可在车站门口乘坐公交车。

北山国家森林公园

位于互助境内的北山国家森林公园距西宁约2小时车程，称得上是西宁的“后花园”。这里地处黄土高原向青藏高原的过渡地带，海拔在2100米以上，拥有林海、石峰、溪流、峡谷等丰富的地质景观和动植物资源。1127平方公里的森林公园现分为元甫达坂、浪士当、卡索峡、扎龙沟、下河五个景区，风景最美也最容易到达的是浪士当景区，扎龙沟景区需要自驾进入，元甫达坂景区（互助土族自治县柏木峡；门票42元，人多可优惠）尚未开发完善，只能自驾到达元甫山顶欣赏无边的森林景观。卡索峡和下河景区则尚未开放。

北山最美的是夏季与秋季。每年6月前后，浪士当景区23万亩杜鹃花竞相开放；秋季的北山，多种树木色彩纷呈，是摄影发烧友恋恋不舍的天然场景。每年11月15日至次年4月28日之间，北山所有景区都处于无人管理状态，旅行者可自驾进入（免费）。此时的北山虽然银装素裹，但由于雪天路滑，山中天气多变，一定要注意安全。

景点

浪士当中心景区

自然景观

（☎181 9727 1388；互助土族自治县加定镇桥头村；门票 50元，观光车 30元；⏰7:00~19:00）以自然景观为主的浪士当景区，是北山国家森林公园五大景区中开发最为完善的，景观公路串联起瀑布、溪流和森林。景区不允许自驾进入，需在入口处乘坐观光车游览（⏰8:30~17:30），往返约50公里的路程，先后停靠白桦梦、胡勒瀑布、神龙潭瀑布、门岗瀑布等景点（杜鹃花节期间增加千亩杜鹃林景点），每个景点只逗留5~10分钟，让大家拍拍照就继续赶路，全程约50公里，走马观花一圈约需2小时，好在沿途都是茂密的森林风光，空气清新，也不算枯燥。如果需要乘坐班车当天往返，只能全程乘坐观光车游览。如果不赶时间，建议从胡勒瀑布下车后，沿长约1.5公里的木栈道穿梭林间，步行约30分钟到达神龙潭瀑布，再乘观光车返回，但要留意返回西宁的末班车时间。

2019年8月，北山圣母天池索道正式开通（试运营价格往返230元），据称是青海省内第一条高山观光索道，全长2564米，最大落差750米，最快只要7分钟就能到达海拔3712米的圣母天池湖畔，沿途可将北山秀丽风光尽收眼底。

如果在景区留宿一夜，可以选择两条徒步登山路线深入北山。一条是在胡勒瀑布下车，沿步道往上走大约5小时可到达山顶，欣赏圣母天池风光，上方是海拔4308米的北山主峰俄座岭。另一条则是在神龙潭瀑布下车后继续往上，路过门岗瀑布、千亩杜鹃林至终点森林睡佛，也需近4小时的徒步时间。

扎龙沟景区

自然景观

（互助土族自治县扎龙口村；门票50元；⏰8:00~19:00）与浪士当景区相比，扎龙沟景区以地质地貌景观取胜，岩溶、丹霞、瀑布是主要看点。景区没有公共交通，自驾是最方便的游览方式。从扎龙口村路口进入，经景区售票处到停车场约16公里，一路溪流相随，两侧山体在丹霞与森林之间转换。停车场就是上山的起点，这里有两条上山步道，分别通向药水泉瀑布和一线天，前者比较受欢迎。

沿停车场前的小路而上，总长2.2公里的山间步道穿行林间，经银练瀑、灯盏石等一连串瀑布群，约2.5小时到达神女峰下海拔2700米左右的药水泉瀑布。这里的水潭有钙化现象，澄澈碧绿的颜色会让人明白为什么扎龙沟有“青海小九寨”之称。泉水中含有丰富的游离二氧化碳，还有多种微量元素，据说饮用它对胃肠道疾病有疗效，洗浴则对各类关节炎、皮肤病等有预防和治疗作用。

从停车场往回100米，另一条长2公里的游览步道经过溶洞、骆驼峰，到一线天为止。

值得一游

从北山到仙米的免费风景

位于互助境内的北山国家森林公园与门源仙米国家森林公园其实同属祁连山脉，两地相距约100公里，由岗青公路这条景观大道相连，特别适合来一次自驾之旅。从互助出发，沿威（远）北（山）公路向东北方向行驶，进入盘山路段后沿途建有多处观景台，还会经过达坂山著名的十二盘坡（又称生肖十二湾），坡顶海拔3448米，经幡飘扬，站在观景台便可把坡下这段连续12个回形针似的盘山公路尽收眼底。十二盘坡也是环青海湖国际公路自行车赛的标志性路段，由于弯急、坡陡，对选手考验极大，也最具观赏性。

到达北山浪士当景区，游玩之后出来沿岗青公路向东约3公里，过桥就是甘肃境内的**天堂寺**（天祝县天堂乡；门票30元；⏰8:30~19:00），可去一睹世界最大的木雕鎏金宗喀巴像的风采。回到河对岸，可继续往东南方向去游览扎龙沟景区，也可掉头沿岗青公路向北前往门源，在甘禅口分岔路口往门源方向进入仙米国家森林公园，沿途游玩朝阳沟、仙米寺、鱼儿山等景点。这条景观大道最美是在秋天，沿途秋色斑斓，大通河一路相随。从仙米到门源回族自治县县城的路上，青稞田正是丰收季节，田间劳作又是另一番美景。全程路况良好，只是注意观景时一定要将车驶入观景台停车场内。

食宿

如果要在景区停留一晚，通常都住在浪士当景区，景区门口有三星级酒店，景区内有才伦多住宿区和浪士当部落区，两地相距不远，依山傍水，以农家乐和小木屋为主。景区观光车会经停两地。我们调研期间，景区正在大兴土木，入口处新的酒店即将拔地而起。

才伦多森林农庄　　农家乐 ¥¥

（☎138 9738 3969；才伦多；多人间 80元/人，旺季标双 380元；📶；🅿）以藏式民居为主，通常都附设餐厅，提供当地特色饭菜。

互助营院　　酒店 ¥¥

（☎839 5288；北山林场场部办公区内；旺季标双 312元，含双早；📶；🅿）景区周边唯一一家酒店，也是标准的三星级酒店，干净舒适，早餐也很丰盛。

到达和离开

前往浪士当景区，可在西宁汽车客运中心乘直达北山林场（28.5元；9:45；2.5小时）的班车。也可在八一路客运站乘坐去互助的城际公交车（8元；约1小时）或高客，在互助汽车站换乘威远到加定（15.5元；10:30、13:20）或扎龙沟（21元；11:40、14:10、14:50）的中巴车，车程约2小时，在浪士当路口下车即是景区售票处。返程只能在路边搭乘过路班车，返回西宁的班车通常在16:00左右经停景区路口。

前往扎龙沟景区，可乘坐威远到扎龙口村的班车，下车后乘路边小车或摩托，到达步行起点的停车场单程需要20~30元，最好约定时间让司机来接，否则只能靠运气搭便车出去。

平安

平安区是平安驿所在地，平安驿曾是唐蕃古道上的重要驿站，见证了汉藏文化的交流与融合。今天的平安仍然是海东地区的交通枢纽，G6高速和202省道在这里交会，兰新高铁穿境而过，旅行者沿着当年的唐蕃古道来到这里，可以看看深山悬崖上的藏传佛教古寺。

景点

夏宗寺　　寺庙

（见89页地图；平安区三合镇瓦窑台村；门票20元；⏲7:30~19:30）夏宗寺虽然隐身于**峡群寺森林公园**（门票20元）内，是典型的深山藏古寺，但因为格鲁派创始人宗喀巴3岁时曾在这里受近事戒，它的名声远播藏区，吸引不少朝圣者。

在森林公园入口购买门票后沿公路往里走，沿途能看到丹霞石崖、鲜花草地和葱郁的森林，步行约1公里后看到夏宗寺的文保碑，沿碑后阶梯向上走约5分钟就到了。寺院建筑都修建在高高的山崖上，还得继续往上爬。最大看点是一座仿佛攀在山岩上的7层庙宇，也叫**噶玛噶举**。循着廊道和台阶向上攀登，可探访一层又一层空间极小的殿堂。顶层则是噶玛噶举黑帽派第四世活佛若比多杰的静修禅洞，殿内保存有若比多杰用过的法座及法器、佛像、经卷等。据说活佛当年应元惠宗召去北京时，途经青海，曾留居夏宗寺，为宗喀巴受近事戒。若比多杰圆寂后，在此建有灵塔和一座殿堂。

沿噶玛噶举侧面的路走向山头，这里曾是清初五世达赖喇嘛的静修禅洞，推窗可见对面远山森林。再往上是清乾隆年间始建的八卦亭，亭内供有十一面观音菩萨。八卦亭三面临崖，极目四望，夏宗寺和森林公园美景尽收眼底。

遗憾的是夏宗寺多数建筑毁于“文革”期间，现在看到的殿堂多数经历修复，比较粗糙，但依山傍崖的结构还是保持了原有的格局。

在平安汽车站乘坐发往寺台村的公交车（5元；7:00~18:00，40分钟一班；约50分钟），终点站就在峡群寺森林公园门口。如果是自驾前往，从寺台村到庄廓村之间的路边有设在溪水边的森林木屋茶园，可以在这里休息吃饭。再往前约2公里就进入景区，可沿盘山公路直达夏宗寺门口。如果是独自旅行者就最好带点干粮和矿泉水吧，寺里没有小卖部。

洪水泉清真寺　　清真寺

（见89页地图；平安区洪水泉回族乡洪水泉村）免费 当你走了20多公里盘山公路，终于远远地看到那些屋檐飞翘的建筑，你很难相信，这竟然是一座有数百年历史的清真寺，它与你印象中的清真寺完全不同。

洪水泉清真寺始建于明代，在清乾隆年

间进行过扩建，在建筑风格上融合了伊斯兰教、佛教和道教的建筑风格，三层重檐六角攒尖盔顶式唤醒楼更像一座典型的中原汉式楼阁。照壁、山门、唤醒楼、礼拜殿等砖木建筑布满精致的砖雕与木雕，工艺精湛，在制作时更接纳了汉族吉祥装饰图案，比较罕见地出现了龙凤、麒麟、玉兔等动物形象。从院落门外的照壁开始，就能欣赏到令人眼花缭乱的花卉图案，牡丹、月季、芍药、梅花，几乎每朵花的花蕊都不尽相同，有些花蕊还组成了蝙蝠、寿字等吉祥图案。

礼拜殿也是雕梁画栋，从外部门窗到内部墙壁都使用了繁复的木雕构件来装饰。大殿内部殿顶采用了汉式的传统八角藻井，其形状犹如一把张开的木头巨伞，极其漂亮。不过，礼拜殿不能随意进入，可先向寺内工作人员征询。

洪水泉村距平安城区约30公里，位于海拔2700米左右的高地之上。从平安去洪水泉村没有公共交通，只能自驾或包车前往，出租车120元左右。其中20多公里是盘山公路，据说一共有109个弯，但路况很棒，两边风景也美。

食宿

平安驿火车站广场正对着的平安路有不少吃饭住宿的选择，离汽车站也很近。若想住得高档舒适些，就去城区主干道平安大道。**好来家平安店**（☎868 9444；平安区平安路海怡家园14号；标双 160元起；Ⓦ；Ⓟ）离平安火车站和汽车站只有5分钟的步行距离，性价比较高，周围有不少小吃。**晨云酒店**（☎868 9444；平安区平安路海怡家园14号；标双 360元起；❄Ⓦ；Ⓟ）正对平安驿站，是当地条件最好的酒店，也是曹家堡国际机场大巴4号线的经停站。

到达和离开

长途汽车

平安汽车站（古驿大道196号）每天有去往西宁的城际公交车（5元；5:40~17:54，5分钟1班；50分钟）和高客（7元；7:00~18:00，滚动发车；40分钟）；去往乐都的城际公交车（5元；6:50~18:30，20分钟1班；50分钟）在新乐大街沿线公交车站都可乘坐；平安与互助之间每天也有公交车往返（11.5元；8:00~16:20，约1小时1班；2小时）。若想从平安前往化隆、循化等地，可在平安大道与化隆路路口等西宁发来的过路车（车次信息见82页），但旺季如果始发站已经满员，则班车不会在路口拉客。搭乘私家车化隆20元/人，循化40元/人。

火车

平安驿站（古驿大道202号）是兰青铁路和兰新高铁经停站点，每天有4趟动车经过，前往西宁和兰州都非常方便。西侧是平安汽车站，站前公交车站可乘坐前往袁家村的公交车和去往曹家堡国际机场的机场大巴4号线（具体信息见82页）。

当地交通

整个海东地区出租车起步价为3公里6元，超过3公里后白天1.6元/公里，夜间（23:00至次日6:00）1.9元/公里。

乐都

乐都区位于湟水谷地中部，早在4000多年前先民就在河谷地带繁衍生息并创造出灿烂的史前文化。作为海东市的行政中心，兰新高铁进入青海的第一站就在这里，便捷的交通吸引着更多旅行者来到这里，造访山野中的“小故宫”瞿昙寺和修建在史前遗址上的青海柳湾彩陶博物馆。

袁家村美食

毫无疑问，平安驿袁家村·河湟印象是咸阳袁家村成功之后的复制品，虽然是人造景点，但集合了海东地区的特色小吃与本土菜，对想要品尝美食的旅行者来说，也值得花上半天时间来个一站式体验，搅团、狗浇尿饼、洋芋津津、熬饭、平安月饼、土火锅等几十家特色小店基本不重样，还可顺道逛逛仿古街区，在村口舞台前欣赏一下民族歌舞表演。从海东西站发出的1路公交车（2元；7:00~19:00）经过平安驿站可到袁家村，从城区打车前往一般10元。

景点

瞿昙寺 寺庙

（见89页地图；乐都区瞿昙镇；门票50元；⏲8:00~17:30）在整个河湟地区的藏传佛教寺院中，瞿昙寺既没有出过名僧宗师，也没有金碧辉煌的金顶大殿，然而它的地位无可撼动，皆因它是中国西北地区保存最为完整、规模最为宏大的明代早期宫殿式建筑群，其木构建筑和明代壁画拥有极高的文物价值和艺术价值。

初见瞿昙寺，残存的夯土城墙围绕着寺院，你很难想象在这样荒凉的地方还有如此宏大的宫殿式建筑群。从山门开始，中轴线上依次是金刚殿、瞿昙殿、宝光殿、隆国殿等，两侧有对称的碑亭、钟鼓楼等，这是典型的汉地寺庙的布局；三重大殿都是重檐顶，隆国殿更是位于高台之上，重檐庑殿顶庄严大气，两翼建有呈向上朝拱之势的连缀抄手斜廊，明显仿自明代北京紫禁城奉天殿（即故宫太和殿）的布局设计。规格如此之高的寺庙，在汉地也属少见，这份荣耀据说来自明太祖朱元璋。瞿昙寺建于明洪武二十五年（1392年），当时的寺院主持三罗喇嘛带领当地藏族部众归顺明朝，朱元璋龙颜大悦，御赐"瞿昙寺"金匾，至今挂在瞿昙殿的殿门上。三罗喇嘛家族的威望和宗教权力逐步扩大，瞿昙寺也一直受到朝廷扶持，规模一再扩大，建筑规制也越来越高，以至有"青海小故宫"之称。

瞿昙寺各殿中皆绘有壁画，但保留下来的不多，唯有隆国殿两侧的七十二间走水厅内的巨幅壁画保存完好，内容为佛祖本生故事，用天然矿物颜料绘成，构图恢宏，色泽艳丽，即使你不太了解这些复杂的佛本生故事，单单把它们当作工笔重彩人物画、青绿山水画和建筑界画作来欣赏，也会赞叹不已。

整个瞿昙寺参观下来约需2小时，如果你喜欢古建筑和壁画，待上大半天也没有问题。隆国殿两侧的大钟鼓楼上可以俯瞰全寺错落有致的屋顶，但需要请僧人开门放你上去的运气。我们调研时，宝光殿内正在进行壁画修复工程，工期预计至少2年。

瞿昙寺位于乐都区南22公里处，在乐都客运站乘坐开往瞿昙寺的公交车（7元；6:40~18:20，30分钟1班；40分钟），车停靠在寺庙对面的河岸。返回也在此处等车。从乐都包车去瞿昙寺单程一般60元。

青海柳湾彩陶博物馆 博物馆

（见89页地图；高庙镇柳湾村；专家讲解80元；⏲周二至周日 9:00~17:00，7月1日至8月31日周一至周日 9:00~17:00）**免费** 如果你对黄河上游史前文明和彩陶艺术有兴趣，青海柳湾彩陶博物馆是最好的课堂。这座外形酷似舞蹈纹彩陶盆的博物馆，收藏了柳湾氏族社会公共墓群中出土的近2万件彩陶器皿。

柳湾是湟水北岸一个平静的小山村，1974年至1980年，在柳湾原始社会墓地遗址共发掘出1730座墓葬，出土4万余件文物，其中彩陶有近2万件。据考证，柳湾墓地属于新石器时代墓葬群，包括马家窑文化的半山、马厂类型，以及齐家文化、辛店文化等，从距今4600年至3600年不间断地延续了1000余年。

在博物馆一层的第一展厅，可以看到按遗址原貌复原的四种不同文化类型最典型的墓葬。留意墓中的陪葬品，从陶器数量的增加到被青铜器取代，再到人类陪葬出现，体现了从原始社会到奴隶社会的转变。展厅中央用各种彩陶罐堆起的"金字塔"令人震撼。第二展厅展出了生活遗址和出土的生活用具。那时人们已会使用彩陶蒸煮食物，用陶埙吹奏礼乐，还会制作陶珠项链用于装饰和打扮。

二层彩陶集萃厅以彩陶为主题，四个文化时期的彩陶用色、花纹、造型风格不尽相同，丰富的涡纹、蛙纹、波浪纹、折线纹、网纹、菱格纹、十字纹等组成了无穷无尽的变化，原始人用泥土与火焰创造出来的艺术品令人惊叹。仔细阅读墙上详尽的图文说明，再对照实物，能让你对史前文明的发展有一个清晰的认识。在柳湾墓地出土的彩陶器皿中有不少精品，如人头像彩陶壶、鱼纹彩陶盆、鸮面罐等，其中马家窑文化彩陶贴塑人纹双系壶是镇馆之宝，陶壶上用泥条捏塑出一个亦男亦女的裸体人形，男女性器官共生，凸显了原始社会的性崇拜。原件在中国国家博物馆古代历史厅，你可以在这里看到它的复制品。

柳湾在乐都区以东15公里处，可在乐都新乐大街公交站乘坐从民生小区开往老鸦的公交车（4元；6:40~18:20，10分钟1班；30分钟)，在柳湾村口下车后往北走300米，穿过一个铁路涵洞后向右拐就能看到博物馆。这趟公交车也经过乐都高铁站。从市区打车前往单边约需40元。

食宿

乐都与西宁之间交通便捷，游玩瞿昙寺与青海柳湾彩陶博物馆后可当日返回西宁。如果要在乐都停留一晚，桥北路与新乐大街交会一带是乐都最热闹的地区，这里集中了不少酒店和饭馆，晚上西门路十字路口一带的烧烤面食店非常热闹，华西宾馆(☎869 9999；西门路1号；标双238元起；📶P)性价比较高，出门往南几步路即可在公交车站乘坐去往柳湾、瞿昙寺和平安的公交车。

到达和离开

长途汽车

乐都汽车站(西大桥南)每天有发往西宁汽车客运中心和新宁路客运站的高客(18元；7:00~18:40，约25分钟1班；1小时)。发往各乡镇的公交车也在这里乘坐。

火车

乐都站(碾伯镇东门巷42号)从西宁往返上海、成都、西安、北京等方向的普通列车和兰新高铁均停靠此站，每天有9趟动车往返西宁与乐都，用时40多分钟。1路公交车可到乐都站(1元；6:23~18:20；50分钟)，从乐都站打车到城区一般10元。

化隆

人们对化隆的初印象，可能来自遍布全国的化隆牛肉拉面。早在20世纪90年代，化隆拉面就走出了青海，当地政府也出台了一系列鼓励农民外出务工的优惠政策。如今，化隆拉面已经开到了全国200多个大中城市，墙上都贴着“化隆，我们美丽的家乡”的宣传画。事实上，化隆的山水人文风光也吸引着越来越多的旅行者来到这里，寻访隐藏在深山之中的丹斗寺和夏琼寺。

景点

丹斗寺(旦斗寺) 寺庙

(见89页地图；化隆回族自治县金源乡下科巴村) 免费 探访这座深藏在小积石山脉中的藏传佛教寺庙，付出的辛苦可能超出想象，班车只能到达下科巴村，接下来需要你在荒芜的群山中沿崖壁小路徒步八九公里，翻越两道山梁。不过，正因为丹斗寺难以到达，它才得以在吐蕃灭佛时期成为保留藏传佛教薪火的“后弘”发祥地，也逃过了1958年和“文革”的劫难。

游览丹斗寺同样不容易，全寺200余间经堂、佛殿、僧舍或嵌于峭壁之中，或建于悬崖之下的山谷内，8座主要的殿堂分散地坐落于峡谷两侧的山体上，从一座殿堂到另一座殿堂，需要你走过在岩壁上开辟出来的不足1米宽的“转经路”。由于山间小道岔路较多，又布满砂石，我们的作者经过实地调研，强烈建议旅行者按以下指引沿大路游览，不要为抄近路而使自己陷入危险之中。

沿停车场旁边的砂石路上行，会先到达左侧的龙王殿。在大殿左后方的石壁上，依稀可见一片绘于9世纪的佛像壁画。龙王被供在正殿背后的小窟内，每年农历四月十一敬奉龙王的日子才会开启，接受信众朝拜。原路返回，路口深处的太子殿因释迦牟尼前世(太子须达那)曾在此修行12年而成为丹斗寺最神圣的殿堂，殿内还安放有才旦夏茸活佛的灵塔。殿前一棵系满哈达的菩提树，是朝拜者的精神圣像。殿后山体的岩洞有烟熏痕迹，据说一千多年前，来自拉萨的三位贤僧就在这里居住、修行。洞穴中还留下当年修行者用手指在洞穴上摩挲出来的指洞及三世达赖喇嘛闭关开悟的石座。

沿着石壁下的转经路前行，绕过几个弯后就到达有两层飞檐的比丘阿吉达修行殿，再往前的大成就殿是明万历年间三世达赖喇嘛索南嘉措闭关之处。留意三世达赖塑像的对面，那一片白色的岩石据说是天然形成的白财神像。佛像下面是息净塔。

此时沿山路往下，到达山谷中已有130多年历史的大经堂，殿中供奉着宗喀巴大师及两位徒弟的佛像，四周有不少精美的壁画。在山谷中的这一片建筑中有下部府邸、慈心学校等，是丹斗寺僧人和寺庙访客的住处，同时也免费接待朝圣者和旅行者，但住宿条件比较简陋。爬上另一座山，藏于深处的大修行殿是佛教后弘期的发源地，接着就是最后一个殿**弥勒殿**。注意在每年农历六月十五至八月初一的结夏安居法会期间，寺中不接待女性访客。

往返巴燕镇与徒步上山的起点下科巴村的小面包车每天只有1班（20元），14:00从巴燕镇汽车站发车，次日早上6:30从下科巴村返回。到下科巴村后，可以选择徒步进寺（3小时；8公里），也可搭顺路的摩托车进去，但必须当天再走8公里山路回到村内村民家留宿一晚，才能保证次日一早乘车回镇上。如果不想停留一晚，只能从巴燕镇包车往返丹斗寺（约350元）或自驾前往。

从丹斗山南面循化一侧也有山路可通丹斗寺，但只可徒步。路的入口在位于黄河北岸的循化县高级中学门口，15公里的盘山羊肠小道难度更大，不建议贸然进入。

夏琼寺 寺庙

（见89页地图；化隆回族自治县查甫乡南）

免费 夏琼寺在藏区享有盛名，在于它和宗喀巴千丝万缕的联系。元至正九年（1349年），曲结·顿珠仁钦（1309~1385年）创建夏琼寺，他正是宗喀巴的启蒙老师。元至正二十三年（1363年），7岁的宗巴喀在夏琼寺正式出家，学经9年，后来在拉萨成名，创立格鲁派，所以，夏琼寺也被尊称为格鲁派之源。

从查甫乡到夏琼寺的公路在山间盘旋，两侧是树林和大片油菜花田，在10公里后攀上了山脊，两侧临崖，路的尽头就是盘踞于崖壁之上的夏琼寺，远远就能看见那座金光闪闪的宗喀巴像。原先的夏琼寺在20世纪70年代被毁，于1980年开始重新修复。这座宗喀巴像也是近年新建的，据说是早先圆寂的夏日东活佛的遗愿。而我们调研时，工程浩大的修复工作仍在持续，东侧山崖正在进行山体加固，一座新的大殿也在施工之中。

夏琼寺由经堂和医算院两部分组成。宗喀巴身后就是**大经堂**（显宗学院），若在9点前来到，可以看到僧人在此上早课。宗喀巴当年出家的地方**文殊殿**在两层佛殿之上，顺着转经筒绕道到大殿背面，留心小道上一枚脚印，据说是当年大师留下的真迹。**灵塔殿**（金瓦寺）内供有宗喀巴上师曲结·顿珠仁钦的舍利子灵塔，僧人与藏民通常都会在这里绕塔转经磕长头。沿殿后小路往上走，有座很小的马头金刚殿，这里最适合拍照，能把近处灵塔殿金光闪闪的金顶和远处的九曲黄河美景以及夏琼寺全景一起框进镜头里。

医算院位于寺院的南端，从矮小的院门进去，是一座开阔的院落。这里供有一千尊药师佛，至今也为僧人开具藏药。这些殿堂的正门多用布毡遮住，可以请喇嘛师傅帮忙开门，脱鞋进入。

很多旅行者来夏琼寺是为了欣赏黄河风光。从经算院穿过去，走到尽头是一个小平台，这里是观赏黄河的最佳位置。不同于草原上的九曲黄河，蜿蜒在丹霞群山间的黄河碧水清清，两岸植物葱郁，像一座巨大的花园呈现在眼前。注意正前方河上的大坝，从这里可以到达黄河南岸的坎布拉（见168页方框

另辟蹊径

从夏琼寺到坎布拉

在夏琼寺观景台欣赏过黄河美景之后，是不是心有所动，想走得更近？你所看到的那片美丽的地方是黄南的直岗拉卡乡，距坎布拉国家森林公园（见167页）仅有6公里。如果你是自驾旅行，那么驶出夏琼寺约1公里后往夏琼寺宾馆方向走，这条X269公路通往22公里外的位于黄河北岸的牙什尕镇，过了黄河大桥往西，15分钟就能到达坎布拉。如果你想徒步下山过河，可得事先请寺内僧人为你指明路线。如果时间合适，僧人也会同意带你下山。

夏琼寺下方是一片沟壑纵横的缓坡，从观景台前的小路继续往东，转入夏琼寺的转经路。约走10分钟，当你看到夏琼寺在你的头顶，就可以下山了。这一段直到平台的路是最危险的，一路碎石且坡度较陡，而且要严格按照僧人事先指定的方向行走。此后的路程十分平坦，到达最下方的达唐沙三村后，向人打听直岗拉卡水电站（跨河大坝）的位置即可。那里每天有水电站的班车往返于黄河两岸，可在值班室询问并等车。过大坝后可在路边拦车继续前往尖扎坎布拉。

“从夏琼寺到坎布拉”）。

距寺院大概1公里的**夏琼寺宾馆**（☎879 7006；铺40元，标双160元）提供简单食宿。亦可请示寺中僧人，借宿僧院，更能感受寺院简朴的生活。西宁汽车客运中心每天有班车（18元；12:00、14:00、14:40）到查甫乡，这里距夏琼寺还有约16公里山路，只能包车或搭顺风车进去。合理的安排是乘坐最后一班车（23元；14:40；3小时），司机会在夏琼寺家庭旅馆过夜，车就停在院子里，这里向香客提供食宿（铺30~50元），环境干净，饭菜可口（炒肉28~38元，素菜18元），也不算强行拉客。这趟车一般下午5点多到达夏琼寺，次日8点发车，所以不仅有时间欣赏黄河的日落与日出，也不影响你参观夏琼寺。如果还想多待上半天，错过班车就只能搭香客的顺风车到阿岱路口，再转乘去往西宁（23元）或化隆（10元）的班车。如果你从化隆过来，乘坐去往西宁的班车，也只能在阿岱路口下车，再包车前往夏琼寺。

食宿

化隆回族自治县县府在巴燕镇，西大街是全镇最热闹的街道，宾馆饭店众多。饭馆供应的大多是清真菜，川菜等汉餐集中在建设路靠南大街一侧。如果要在化隆停留一晚，**化隆宾馆**（☎771 2111；西大街邮局对面；标双120元起；📶🅿）有电梯，是县城条件最好的酒店之一。汽车站周边也有几家条件尚可的商务宾馆。

到达和离开

化隆汽车站（☎871 4897；巴燕镇西大街73号）每天有往返西宁汽车客运中心的班车（23元；7:30~17:05，30分钟1班；2.5小时），要去往循化方向，可到建设路与S202的路口等西宁到循化的过路车（约25分钟1班）。此外还有发往贵德的班车（40元；9:00，14:00；3.5小时）。

循化

祁连山支脉拉脊山东段落在循化境内，典型的第三纪红层分布造就了陡崖式的丹霞地貌。黄河穿城而过，河谷土地肥沃，植被葱郁，难怪八百年前从中亚迁徙而来的撒拉族最终选择在这里落脚繁衍，他们在这片土地上创造出来的民族文化，可以在街子古镇中慢慢找寻。循化南边的几个藏族乡俨然又是另一番风情，十世班禅大师故居前，从来不乏虔诚的朝拜者，青海最早的藏传佛教寺庙也隐于山中。跟着黄河一路向东，在欣赏清澈河水与丹霞地貌交织的风景的同时，也别错过沿途村落中那些古老的撒拉族清真寺。

景点

骆驼泉 古迹

（循化撒拉族自治县街子乡三兰巴海村；⏲8:00~19:00）在撒拉族的历史里，骆驼泉是他们远离故土、定居循化的发祥地，骆驼泉公园在2019年经过整修之后，成为当地撒拉族怀念先祖的圣地。园中，三尊骆驼塑像守护着清澈的泉水，泉边的文化墙以连环画的形式讲述了撒拉族迁徙定居循化的故事：元代，一支自称为“撒拉尔”的部族带着故乡的水与土，牵着一峰白骆驼和一部手抄本《古兰经》从撒马尔罕东迁。辗转行至循化时，随行的骆

清水黄河第一湾

上游的贵德与尖扎都打出“黄河天下清”的旅游招牌，下游“邻居”循化当然也想做好黄河的文章。青海国际抢渡黄河极限挑战赛在循化黄河岸边举行了15届，已经成为青海体育旅游的一张名片。循化城区从积石吊桥到积石黄河大桥之间的黄河岸边修建了黄河风情园，当地人都喜欢在傍晚来到这里休闲观景，在河边清澈的浅水滩中捡拾漂亮的石头。黄河流经城区以东的清水乡，绕出一个大弯，岸边如今已建起了观景台，登顶眺望，两岸红色丹霞山体倒映在绿色的黄河水中，清水第一湾美景尽收眼底。

清水第一湾位于城区以东约5公里的清水乡，从汽车站到大河家镇的7路公交车途经清水乡，观景台就在清水乡政府旁边。周边有几家农家乐，可以赏景吃饭。

循化城区

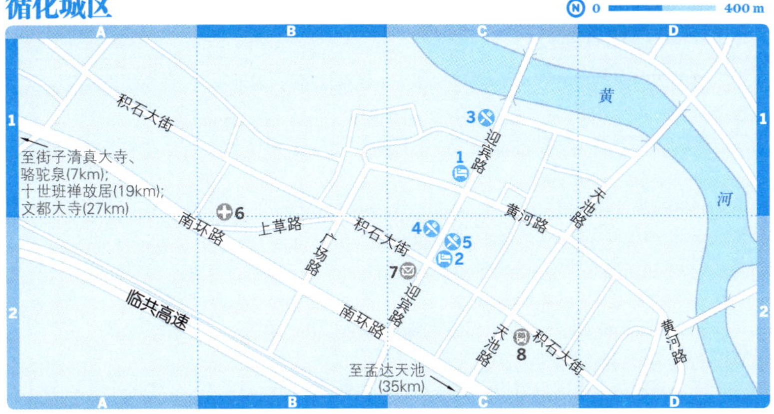

驼神秘失踪。第二天，人们发现走失的骆驼卧于一眼清泉中，已化为白石。这似乎是一种指引，族人惊喜地发现，这里的水土环境与他们从中亚带来的故乡水土如此相似，便在这里繁衍生息，直至今日。

园中建筑是传统的撒拉族民居篱笆楼，这种平顶二层楼房通常进深两间，底层为石砌篱笆混做，二楼为木板和篱笆混做，木头门窗特别讲究，雕刻有各种花卉图案。房间里"保留"着传统的家具摆设、生活用品可供参观。其中一座为**撒拉族民俗风情展览馆**，展出撒拉族民族历史、风俗风情、起居劳作和服装饰品等内容，图文资料和实物详尽完整。

骆驼泉和街子清真大寺都在街子镇三兰巴海村里，从城区乘坐1路公交车（1元；6:30~19:30）在街子镇三岔路口下，向南步行约15分钟即到村口。村里如今也开了不少撒拉人家农家乐，庭院收拾得干净漂亮，花团锦簇，可品茶吃饭。

街子清真大寺 清真寺

（街子乡三兰巴海村）**免费** 贵为撒拉族祖寺的街子清真大寺始建于明洪武二年（1369年），屡经毁建后，目前这座阿拉伯风格的清真寺是1982年重建的。四座宣礼塔有23米高，礼拜大殿能容纳1200人同时做礼拜，规模在青海仅次于西宁东关清真大寺。门口挂着每天宣礼与礼拜的时间，接近时间点时，就会看到头戴小白帽的村民从各条小巷中快步来到这里，进入礼拜殿。不过，非穆斯林不允许进入，只能隔着玻璃向里张望。

循化城区

住宿
1 布哈拉饭店 C1
2 金河湾宾馆 C2

就餐
3 阿德里茶餐厅 C1
4 撒拉人家特色美食 C2
5 循化宾馆四合生态园 C2

实用信息
6 循化县人民医院 B1
7 邮局 C2

交通
8 循化汽车站 C2

礼拜大殿对面是**手抄本《古兰经》珍藏馆**，那部相传撒拉族祖先从撒马尔罕东迁时用白骆驼驮来的《古兰经》就珍藏在馆内4楼。它是世界上仅存的3本《古兰经》手抄本之一，距今已有约800年历史，非常珍贵。手抄本收藏在有防盗、恒温、恒湿功能的特殊展柜中，犀牛皮函封及丝绸装裱极其考究。珍藏馆通常大门紧闭，也不常对非穆斯林开放，若想一睹真容，可以尝试拨打挂在楼外的寺管会通讯录大牌子上的电话。

撒拉族先民首领**尕勒莽、阿合莽陵墓**也在清真大寺旁，围墙是新修的，陵墓和古树互相映衬，颇有沧桑感。

被列入全国重点文物保护单位名录的**街子拱北**位于清真大寺以东约800米处，可步行

值得一游

撒拉族清真寺古建筑群

撒拉族的建筑文化艺术以清真寺为代表，在循化境内，黄河岸边，至今还矗立着十几座清真寺建筑，其中的清水河东清真寺（清水乡）、孟达大庄清真寺、塔沙坡村清真寺、张尕村清真寺以及科哇村清真寺已被列入全国重点文物保护单位，有兴趣不妨花半天时间逐一寻访。

这些清真寺都隐身村庄之中，走进村里，最醒目的建筑一般都是那高高耸立的唤礼楼。初见很难想到这是撒拉族在明清时期修建的清真寺，它们倒更像中原山野间的古老寺庙。牌坊式山门上装饰着层层叠叠的斗拱，进去之后首先看到的是一座六角攒尖盔顶楼阁式唤礼楼，檐角高翘，线条优美，楼柱、栏板和阑额上都雕刻有精美的图案纹饰。主体建筑礼拜殿通常由卷棚顶前殿和歇山顶后殿组成，同样也是飞檐翼角，雕梁画栋，殿内天井的木构藻井精美程度丝毫不亚于汉地寺庙的小木作技艺。

撒拉族清真寺古建筑群中比较方便到达的是清水河东清真寺、孟达大庄清真寺和塔沙坡村清真寺，它们都在清大公路沿线的村庄里，去往大河家镇的7路公交车会路过这些村庄。如果想把5座国保级清真寺都看了，建议自驾或包车前往，出租车大半天需200~300元。

前往。拱北藏在一座小小的院落之中，六角重檐盔顶式楼阁建筑造型优美，塔身装饰的砖雕尤其精美，较为特别的是在花卉图案中融入了阿拉伯文字。四周绿树成荫，还有多座撒拉族先人墓葬。要近距离观看或拍照，最好事先征询看守人意见。

十世班禅故居 故居

（见89页地图；文都藏族乡麻日村）免费

与达赖喇嘛并称格鲁派两大教主的班禅被奉为无量光佛（香巴拉世界第25代国王）的化身。十世班禅额尔德尼·确吉坚赞出生在1938年，1943年被确认为九世班禅的转世灵童。1989年，他在班禅的传统驻锡地西藏扎什伦布寺圆寂。而他出生的地方，就在循化文都藏族乡麻日村一座小小的院子里。

声名显赫的十世班禅故居其实非常朴素，一块“十世班禅故居”的金属名牌挂在木门旁。故居分为里外两个院落，靠里的老院子已经有140多年的历史了。不要忽略了角落上那间破旧的屋子，这间居室的里间曾是班禅父亲的卧室，外间是羊圈（后改成灶房）和班禅母亲的一张床铺。两室之间有一根顶梁木柱，柱子下便是十世班禅额尔德尼·确吉坚赞出生的地方。班禅曾回故里给柱子开光，并称之为自己的生命柱。众多朝拜者穿梭流连在佛堂、居室、廊道和班禅肖像前，顶礼膜拜、敬献哈达，生命柱上更是系满了层层叠叠的哈达。

新院是1981年起用两年时间修复的二层藏式小楼。从两院之间窄小的楼梯上到2楼，这里曾是班禅的卧室、会客厅、餐厅和佛堂，佛堂中供有释迦牟尼的佛像和班禅父亲的灵塔。班禅在1983年和1987年两次回乡都在此生活和工作。如今一楼用作故居内僧人的起居和会客室，墙上挂着十世班禅大师的生平介绍和相关图片。

从故居后门出来，走过一座小桥，河对岸的世界吉祥万佛塔富贵华丽，是大世界吉尼斯纪录认可的最大的藏式传统佛塔建筑，塔内供奉有11,990尊金刚橛和大黑天护法神王。登塔回望，更能感觉到十世班禅故居的朴素低调。

去往十世班禅故居可在循化汽车站乘坐发往同仁的班车（10元；9:00，11:00，13:00，14:30；30分钟），但返程只能靠运气拦顺风车。更保险的方法是从循化包车，加上文都大寺一起游览，半天价格在150元左右。

文都大寺 寺庙

（见89页地图；文都藏族乡拉代村）免费

与十世班禅故居相距不远的文都大寺，始创于元至元九年（1272年），是青海最早的藏传佛教寺院，也因是十世班禅幼年学经的母寺和在青海弘扬佛法的重要场所，逐渐被旅行者熟知。十世班禅圆寂后，藏有其舍利的灵塔也回归于此。

文都大寺依山势而建，白塔与佛殿错落排开，除了欣赏精致和考究的建筑外观，最值得一看的是位于山下的**大经堂**、**十世班禅大师灵塔殿**和**十世班禅大师纪念馆**。

大经堂内供奉着释迦牟尼佛像，其左右两侧分别是宗喀巴大师及两个徒弟和十世班禅的佛像。这座班禅佛像的形貌与班禅本人极为相似，是十世班禅大师1987年回到文都大寺亲自开光的。在班禅佛像边上的橱窗里，摆放着一只镶裱在相框里的金色脚印纸模，是宗喀巴大师4岁时的脚印，形状异于常人。寺内僧侣在每天5:30、10:30或17:30进入经堂念经。

大经堂右侧是十世班禅大师灵塔殿，于1991年耗费1400斤白银、26公斤黄金建成。一层大殿正中就是纯银包金、镶嵌着玛瑙、珊瑚、宝石的灵塔，内有十世班禅大师的舍利、袈裟、经书、法器等。在灵塔四周陈列了不少班禅与家人的老照片。

旁边院中挂着金色布幔的三层大殿是2005年修建的十世班禅大师纪念馆，内有九世班禅所制的历世班禅唐卡。出于文物保护的原因，如今看到的只是唐卡的图片。殿堂两侧存有自六世班禅大师以来所用的《丹珠尔》佛经340卷。大殿顶层，一座8米高的木雕十世班禅大师大像立于正中。

从纪念馆外右侧的小门往上走，是文都大寺最悠久和最重要的**大黑天护法神王殿**，这里是文都大寺创建者亦怜真大师建立的第一个佛殿，大黑天护法神王被奉为文都大寺的主尊，只是通常不开放给旅行者参观。沿着山路往上，还可参观到观音殿、弥勒殿、小经堂、班禅行宫等。

请尽量避免在12:00~14:00和18:00后造访，这是寺院僧侣们的休息时间，不少殿堂都闭门谢客。

没有公共交通直达文都大寺，最好自驾前往或从循化包车与十世班禅故居一同游览。去往大寺的山路盘旋往复，在最高处可以停车下来欣赏一下风景，还能远远地望见十世班禅出生地麻日村和那座耀眼的吉祥万佛塔。

孟达天池　　自然景观

[见89页地图；☎881 9200；循化撒拉族自治县孟达乡；门票45元（售票时间8:00~17:30），往返天池大巴20元（8:20~19:20，20分钟一班）；⏲4月1日至10月31日开放]虽然在名气和规模上都无法与长白山天池、天山天池媲美，但能在高原上欣赏到清澈的高山湖泊和国家级自然保护区的森林风光，孟达天池还是值得前往。景区经过改建之后为旅行者提供了更加便捷的游玩方式，乘坐观光大巴可直达天

不要错过

“东方庞贝”喇家遗址

在地震和洪水袭来的瞬间，母亲把孩子紧紧护在胸前……发生在黄河之畔喇家史前聚落的这一刻被时光定格了4600余年，直到1999年才陆续被考古人员发掘出来，母亲保护孩子的骨骼造型和遗留在母亲颌面骨上极度恐惧的表情清晰可辨，同时现世的还有齐家文化时期的建筑、生产工具和彩陶器皿等。值得一提的是，考古人员在一只倒扣的红陶碗里发现了面条状的食物，虽然在重见天日时面条迅速被风干，只剩下轻如蝉翼的表皮。但经分析，仍然可以确认它的主要成分为小米，这大概是迄今最早的面条遗存。

如今，在被称为“东方庞贝”的喇家遗址原址上建成了**喇家遗址考古公园**（见89页地图），园内有喇家遗址博物馆，展出了出土的众多文物。相距约1公里的发掘现场建起了一号遗址保护区，门前有根据现场骨骼复原的母子雕塑，旁边的考古大棚里还能看到新一轮的发掘正在进行中。

喇家遗址考古公园位于民和县官亭镇，距离循化只有30公里。乘坐到大河家镇的7路公交车（5元；8:00~18:10），到终点站后就地换乘去往官亭镇的201路公交车（2元；7:30~18:00）即可到达。如果你计划自驾或包车去看撒拉族清真寺古建筑，可以一起游览。但在本书调研时，博物馆因Covid-19疫情尚未正常开放，最好在出发前向当地人确认。

池，当然你也可以花点时间沿木栈道步行约1小时到达。穿过一小片森林，深绿色的天池显现眼前。沿着3公里长的临湖栈道环湖一周，经幡随栈道延伸，请给在“转湖”的藏民让出去路。也可以登上湖边的鹰峰（20分钟）俯瞰天池全景。天池最美是在6月杜鹃花季和9月下旬到10月，深秋彩林是摄影者最喜欢捕捉的画面。

从循化汽车站门口的公交车站乘坐7路公交车（5元；8:00~18:10，半小时一班）在天池路口下车，步行约200米就是景区售票处。如果坐公交车返回，最好在18:00之前就出景区到路口等车。

住宿

循化距西宁较远，且景点较多，建议在此停留一晚。循化城区的住宿大多集中在积石大街两侧和汽车站附近，以商务宾馆为主。虽然不是热门旅游区，但在每年暑假价格也会上调约30%。

金河湾宾馆 宾馆 ¥¥

（☎881 9188；积石镇积石大街118号；标双160元起；❄📶🅿）房间设施在县城同级宾馆中相对较好，性价比高。因为前身是政府办公大楼，所以从走廊到房间都比较宽敞明亮。对面是汽车站，出行方便。

布哈拉饭店 宾馆 ¥¥

（☎881 7666；积石镇黄河路6号伊佳商务大厦；标双260元起；❄📶🅿）目前城区条件最好的酒店，一楼附设餐厅，房间宽敞，有书桌、沙发等，卫生间干湿分区。就在积石黄河南桥头，去黄河边散步很方便。

就餐

当地美食以清真饭菜为主，文化广场西侧多是清真麻辣烫与面食店，东侧天池北路则是烧烤一条街，一到晚上热闹非凡，除了烤羊肉，也提供白斩鸡、手抓羊肉、炕锅羊排等，手工面片也是循化特色。早餐可以尝尝当地的水晶大包，有羊肉、牛肉、土豆和胡萝卜等口味。

循化宾馆四合生态园 清真菜 ¥¥

（☎881 6000；迎宾路循化宾馆一层；人均60元；⏲9:30~21:00）循化宾馆一楼里营造出来的“农家乐”，流水潺潺，花草茂盛，菜品丰富且精致，可品尝各种撒拉族特色小吃。

阿德里茶餐厅 清真菜 ¥

（积石镇黄河大桥桥头；人均50元；⏲10:00~22:00）2019年夏天新开的一家茶餐厅，就餐环境安静，菜品很多，除了当地传统的手抓羊肉、炕锅羊排和搅团、青稞面片等，也提供川味炒菜等。

撒拉人家特色美食 清真菜 ¥

（☎138 9772 6919；迎宾路，循化宾馆对面；人均40元；⏲8:30~22:30）店面装修普通，但人气很旺，菜品量大实惠，推荐羊肉炕锅，也有白斩鸡、面食和盖浇饭等快餐。

实用信息

循化县人民医院（☎881 2313；积石镇上草路与南环路交会处）城区规模最大的医院。

邮局（见99页地图；积石大街201号；⏲周一至周五 9:00~17:30，周六和周日 10:00~17:00）也代售机票。

中国农业银行（积石大街131号；⏲9:00~17:00）有24小时ATM机。

到达和离开

循化汽车站（☎881 5958；循化撒拉族自治县积石镇积石大街）每天有班车去往西宁（32元；6:40~17:40，30分钟1班；3小时），也有去往黄南同仁（17元；9:00、11:00、13:00、14:30；2小时）的班车以及甘肃临夏（30元；8:10、9:20、10:30、12:00、13:20、15:00；3小时）的班车。

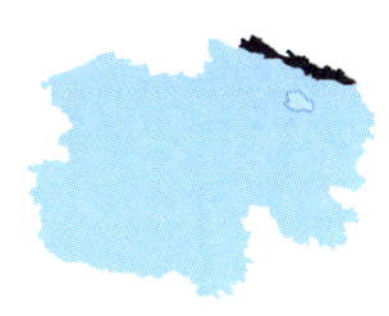

祁连山区

包括➡

最佳观景点

- 圆山观花台（见106页）
- 照壁山景区（见106页）
- 卓尔山（见110页）

最佳住宿

- 观花台农家宾馆（见108页）
- 卓尔山国际青年旅舍（见112页）
- 沁香园农家客栈（见112页）

快速参考

门源/祁连

- 电话区号：0970
- 县城海拔：2867米/2732米
- 人口：16.2万/5.3万

为何去

在匈奴语中，祁连意为“天”，祁连山脉在青海境内绵延近千公里，的确浩然如天。而“天境祁连金门源”，则是它为人类奉献的一处胜景。雪山群峰和亘古冰川提供了丰沛的水源，滋养着广阔的祁连大草原和柴达木盆地北缘的城镇绿洲。黑河的激流冲击祁连山脉，形成黑河大峡谷，在悬崖峭壁间咆哮向北；大通河一路向东，穿越门源盆地和祁连山东部茂密的森林地带。每年7~8月，旅行者接踵而来，看雪浩浩、天苍苍，祁连山下好牧场，看数十万亩油菜花和青稞田共同描绘出盛夏高原的画卷。如此震撼的色彩盛宴将一直持续到金秋十月，只是主角换成了黑河大峡谷和仙米国家森林公园的斑斓世界。

祁连北邻丝绸之路甘肃河西走廊，南接河湟地区唐蕃古道，自古便是青海的“北大门”。如果你有西部丝路大环线的计划，祁连必定在你的旅行清单之中。或从甘肃穿越祁连山脉，沿途拜访有800余年历史的峨堡古城和雪山脚下的阿柔大寺，或向西转入海西苏里乡，干脆穿越无人区到达哈拉湖，完成一段“天境”探险之旅吧。

何时去

5~6月 祁连山的春天来得比较晚，油菜刚刚冒出嫩芽，草原一片新绿，仙米峡谷中杜鹃初开。

7~8月 大批旅行者涌向门源和祁连追逐“大地的艺术”，也不得不面对人山人海的景区、交通和住宿。高海拔山区夏季凉爽，早晚仍需外套御寒。

9~10月 丰收的青稞田接过油菜花的“画笔”，继续描绘雪山下的秋色，黑河大峡谷和仙米国家森林公园也换上了绚烂秋装。

11月至次年4月 多数景区因大雪封山闭门谢客，多数农家乐和家庭宾馆也停止营业，银装素裹的林海倒别有一番风情。

祁连山区亮点

❶ 登临门源**圆山观花台**（见106页），360°欣赏油菜花铺陈出的大地艺术。

❷ **卓尔山**（见110页）捧出天然观景台，让你近距离窥见祁连山大气磅礴之美。

❸ 行驶在S204景观大道上，一路邂逅**黑河大峡谷**（见110页）和祁连大草原，看河流奔腾、雪山连绵。

❹ 深秋造访**仙米国家森林公园**（见107页），用眼睛与相机定格万千斑斓的色彩空间。

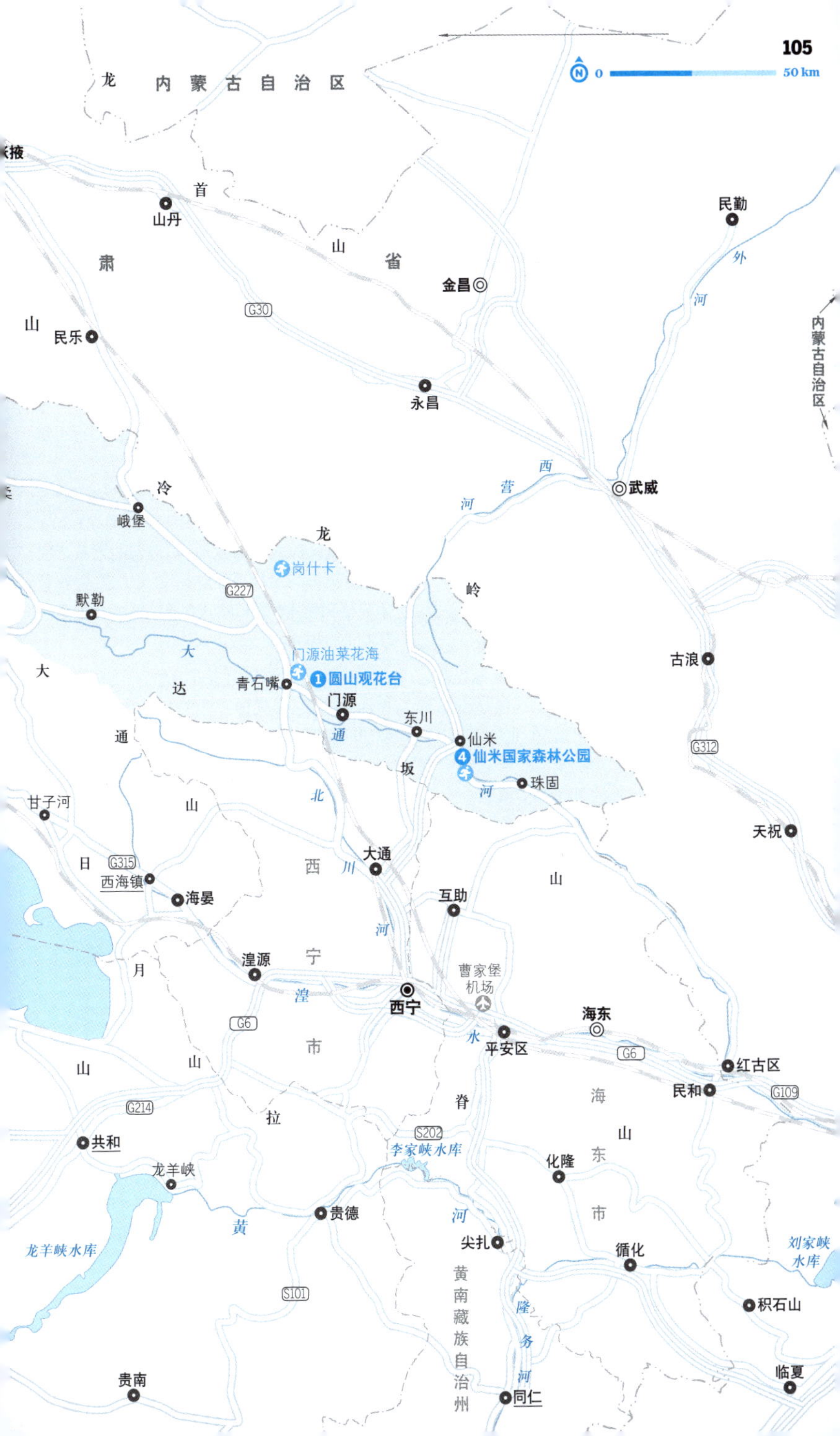

0
50 km
内蒙古自治区
张掖
山丹
民乐
金昌
永昌
民勤
武威
峨堡
岗什卡
默勒
门源油菜花海
1 圆山观花台
青石嘴
门源
东川
仙米
4 仙米国家森林公园
珠固
古浪
天祝
甘子河
西海镇
海晏
大通
互助
湟源
西宁
曹家堡机场
海东
平安区
红古区
民和
共和
龙羊峡
贵德
化隆
尖扎
循化
积石山
临夏
贵南
同仁
李家峡水库
龙羊峡水库
刘家峡水库
黄南藏族自治州
G30
G227
G312
G315
G6
G109
G214
S202
S101

门源

门源是祁连山脉东部的一座小城，早在秦汉时期就被纳入中央政权辖地。900多年前，宋代建立的大通城如今只剩下几段残垣断壁。北部祁连山群峰延绵，南边达坂山高耸险峻，围合出一块地势平坦的门源盆地，大通河穿境而过，河谷地带森林茂密。从20世纪70年代起，耐低温、抗风沙的油菜在这里得到广泛种植，却意外地给这座高原小城带来了旅游商机。每年7月中下旬到8月初的50万亩土地上，金黄色的油菜花与青绿色的青稞编织出巨大花毯，肆意铺满整个门源盆地。高速列车在花海中飞驰而过，直升机在上空盘旋，汽车穿梭其间，无数旅行者从四面八方奔赴这场以晶莹雪峰和蓝天白云为背景的盛宴。

景点

百里油菜花海 自然景观

百里油菜花海泛指门源境内由祁连山和达坂山合围而成、东西走向的田园风光带，油菜花自然是绝对的主角。景区包括城东部的照壁山景区和城西青石嘴镇周边的几个景点，由于海拔、位置和地形的差异，所见“花海”各有千秋。如果时间充裕，值得一一造访。每年7月15日到31日是欣赏门源百里油菜花海的最佳时期，行前留意天气预报，壮美景观往往终结于花季末期忽然来临的一场大雨或冰雹。门源油菜花海节期间，门源站有环线赏花观光车可到各个景区，其他时间只能包车或自驾前往。

圆山观花台（青石嘴镇东1公里处；门票 60元；⏲6月20日至8月31日 5:00~21:00）其实只是油菜花田中凸起的一个小山包，但因此拥有了360度欣赏油菜花海的绝佳视野。沿着之字形木栈道穿行在油菜花海中，一路向上登临坡顶的两层环形观景走廊，黄绿交错的油菜花海和青稞田所组成的“大地艺术”会尽收眼前。景区新增高空滑索（30元/人），可以从最高处观景台凌空滑下，体验飞越花海的快感。

门源站和浩门镇均有公交车前往青石嘴镇（见109页），在景区游客中心下车后，可乘坐环保电瓶车到观花台（往返15元），也可步行到达。

花海芬芳浴（☎139 9740 8433；苏吉滩乡苏吉湾村；门票40元；⏲6月底至8月初7:30~21:00）景区深入花海腹地，可以与油菜花亲密接触。长长的木栈道伸向花田，中间点缀着观景凉亭、休闲木屋和欧式风车，很适合拍张徜徉花海的美图。

从青石嘴镇圆山观花台景区前的小路沿指示牌往东，行驶10公里左右即到。截至本书调研时,这里并没有公共交通。

照壁山景区（浩门镇；门票30元；⏲24小时）海拔3400米，公路直通山顶景区门口，再沿上山石阶登临最高处的观景台，油菜花、青稞田和城镇村庄尽收眼底，此时你便能领会山顶石碑上“金门源”三个大字的含义。对于摄影爱好者来说，这里不仅能拍摄全景式的城乡花海，还是拍摄日出和日落的绝佳机位。

值得一游

门源访古

如果你在油菜花季之外来到门源，又对历史遗迹感兴趣，不妨去看看门源境内的两座古城。

门源古城 建城时间应该是北宋元符二年（1099年）宋军收复河湟地区至西夏元德七年（1125年）西夏攻占门源期间，当时称大通城，后因连年战乱废弃。古城遗址在浩门镇东关街南侧，从城区大十字向东步行约20分钟可到。2013年，门源古城被列入全国第七批重点文物保护单位。目前古城只剩下一圈四方城墙，站在荒废的城墙上，可以望见大通河对面的照壁山景区。每年的门源油菜花节开幕式，都在古城内的空地上举行。

永安古城 在浩门镇西南50公里处，是清雍正年间抚远大将军年羹尧在雍正三年（1725年）所建，保存程度比门源古城好很多，至今还有城门楼、烽火台等。城外无垠的坡地草滩是当地人放牧大通良马的天然草场，这种马据说就是古代驰骋中原战场的名驹“青海骢”。

门源

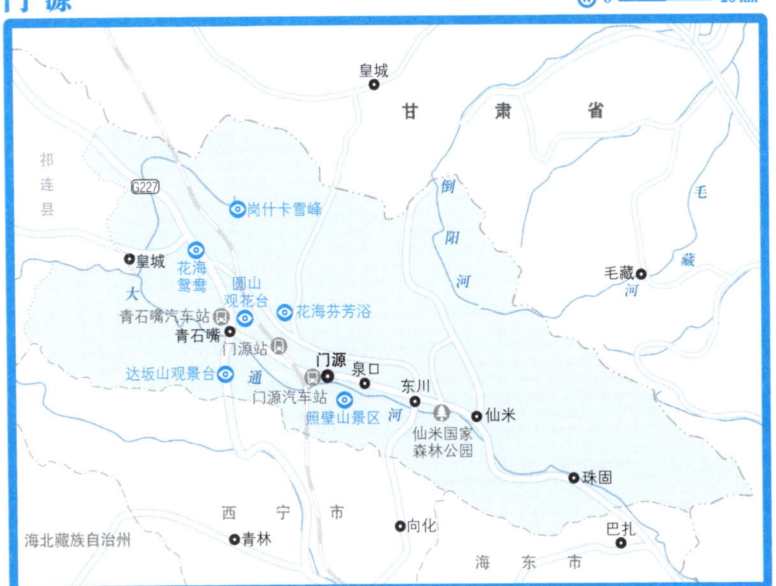

照壁山景区距浩门镇约4公里，没有公共交通到达，从浩门镇包车往返照壁山一般需要100元左右。

达坂山观景台 免费 位于227国道边，若从西宁方向过来，出达坂山隧道后不久，就会路过这个开放式观景台。此处距离北边的青石嘴镇还有13公里，但在观景台上已经能够看到山下绵延不绝的油菜花田和青稞田。继续向前，你就能驶入无边花海。

仙米国家森林公园 森林公园

（见本页地图；聚阳沟景区门票50元，鱼儿山景区门票40元）门源拥有青海省面积最大的天然林区，门源盆地北侧的祁连山冷龙岭和南侧的达坂山在此处交会，大通河穿行其间，形成了70多公里长的仙米峡谷，302省道如影随形，两侧森林茂密，风光迷人。建议你自驾或包车从浩门镇出发，一路向东沿途欣赏风景，途中会经过仙米寺、鱼儿山、聚阳沟等景区。

留意道路两侧的景点指示牌，在看到仙米乡指示牌后沿岔路S10向东约5公里，就能抵达门源地区著名的藏传佛教寺院**仙米寺** 免费，寺院依山而建，虽然规模不大，但历史悠久，据说是16世纪末三世达赖喇嘛去蒙古途经此地时提议修建的。

回到302省道上继续向南，河流拐弯处有一座小山，像一条大鱼刚刚跃出水面，这是新打造的**鱼儿山景区**，一条100米长的玻璃桥凌空跨河，走上去仿佛悬于水上，过桥可登上鱼儿山欣赏风景，村里有农家乐提供食宿。

聚阳沟景区是仙米国家森林公园最主要的景区，从沟口沿木栈道往里走，溪水中散落着雕刻着经文的石头，山坡上修起了各种样式的白塔，在终点的观景台上可以看到达摩禅音瀑布，水流从山崖上酷似眼睛的天然石洞中奔流而下，被当地人视为神迹。

7月初，大通河两岸的油菜花田早于门源开放。10月，森林变身五彩斑斓的世界，这两个时段是最佳的游览季节。302省道沿大通河岸横穿整个公园，在我们调研时，公园已经开始兴建景区服务中心。如果需要包车，从浩门镇往返通常需约300元。

住宿

动车的开通使从西宁往返门源的一日游得以轻松实现。如果你贪恋花海，住在青石嘴镇是最理想的选择。青石嘴镇上以商务宾馆为主，圆山观花台周边的村子里开了不少农家乐（每年5月至10月营业），自驾车比较方便前往，但房间大多只有公共卫浴。如果还想游览其他景点，可以住在门源回族自治县县府所在地浩门镇，宾馆条件更好。所有住宿价格在观花季都会有不同幅度的上涨，变动很大，油菜花季过后，价格最多能回落到三分之一。以下所列价格仅供参考。

★观花台农家宾馆 农家乐 ¥¥

[☎861 7980，138 9700 8166；青石嘴镇圆山观花台西800米；标双 180元/100元起（旺季/淡季）；WiFi P]这是距离观花台最近的住处，只要走出房间就能步入花田。房间不大但设施俱全，玻璃的阳光走廊尤其舒适，餐饮价格还算实惠。院子很大，停车方便。

穆佰客商务宾馆 酒店 ¥¥

[☎591 8888；青石嘴镇东街14号；标双 280元/160元起（旺季/淡季）；WiFi P]位于镇上热闹地段，房间较大，采光良好。西侧是步行街西部美食城，出行就餐都很方便。

浩云饭店 酒店 ¥¥

[☎862 8888；浩门镇西大街1号；标双 288元/178元起（旺季/淡季）；WiFi P]县城性价比最高的酒店，服务很好，房间不大但温馨典雅，入住还有酸奶赠送。巨大的停车场可停数十辆车。酒店对面南大街上饭馆很多，门前公交站有3路公交车可到门源站。

就餐

当地以清真饭馆和川菜饭馆为主，浩门镇的餐馆多集中在南大街和西大街一带，青石嘴镇西部美食城则有不少牛肉面馆、川菜馆等。

小圆门餐厅 中餐 ¥

（☎861 3616；浩门镇西大街47号；人均30元）提供牛肉面、烧烤、川菜小炒，本地特色生烤羊排（76元/斤）和人参果炒玉米（58元）值得一试，就餐环境在镇上算是最好了。

浩门风情美食街 美食街 ¥

（浩门镇南大街向阳西路）2019年7月由山东威海援建，聚集了十数家饭馆，牛肉面、川菜、清真麻辣烫、手撕椒麻鸡、塔城大盘鸡等应有尽有，晚上街边大排档就会摆出来了，烧烤、串串和各式饮品摊热闹非凡。

实用信息

邮局

邮局支局（浩门镇西大街8号；⏲9:00~17:30）营业厅内设有火车票代售点，提供邮政快递和邮政储蓄业务。

银行

中国农业银行（浩门镇东大街90号；⏲9:00~17:30）有24小时ATM自助服务。

另辟蹊径

换种方式赏花

动车穿越花海 如果你并不执着于在油菜花田中留下倩影，往返于兰新铁路上的列车就可以满足你视觉上的需求。列车进入门源地界后，车窗外就开始出现大片小片的油菜花田，抵达门源站前后10分钟的一段则是门源百里油菜花海的精华地段，你还来得及抓拍几张车窗外的花海雪山和油菜花中的门源站。

直升机俯瞰花海 没有无人机也能拍下门源花海全景？你可以在圆山观花台景区乘坐直升机飞临花海上空（798元/人），俯瞰观花台、芬芳花海浴、白塔山、花海鸳鸯、岗什卡雪峰等景点，花海、草原与雪山通通在你脚下，昂贵的价格换来的是震撼的上帝视角。包机可咨询圆山观花台售票处。

自驾寻访花田 不想在花海中体验人海的话，也可以在门源油菜花节结束后几天自驾前往，到祁连山脚下的村庄去看看，这里的油菜花田虽然面积不大，但因为种在山间，花期比盆地稍晚，“错峰”开花，正好满足错峰出行的你。

不要错过

花海鸳鸯和岗什卡雪峰

除了油菜花海，门源的自然风光同样值得前往。花海鸳鸯看草原湿地，岗什卡雪峰看祁连积雪，都是不错的选择。两处都在从青石嘴镇西去祁连的227国道旁，如果在当地包车一日游，可和司机要求去这两个景点。

花海鸳鸯（见107页地图；门票30元）其实与油菜花毫无关系，它是门源城西皇城大草原内的一处湿地，湖水清清，在春夏季节能看到野鸳鸯等水禽，四周小山岗上开满野花，对面的岗什卡雪峰清晰可见，旅游旺季湖边有当地人提供草原骑马服务。

岗什卡雪峰（见107页地图；免费；冬季封山）的木头彩门距花海鸳鸯约1公里，就在227国道路边，进去彩门后开车约半小时可到半山腰的停车场，再徒步约2公里才能到达海拔3400米的雪山营地。当然，多数人只会在山脚下远观雪山拍照留念，油菜花季时的雪山、草原和花田的风景非常难得。

到达和离开

长途汽车

兰新高铁经停门源之后，**门源汽车站**（见107页地图；☎861 3636；浩门镇西关街73号）车次明显减少，每天只有两班车发往西宁（32元；9:10、10:40；3.5小时），7~8月旅游旺季车次会有所增加；发往祁连的班车（40元；9:00、11:20、14:10、16:20；3小时）会按高铁到站时间去门源载客，最晚一班19:00发车；发往西海的班车（43元；9:00、15:00；3小时）会经停**青石嘴汽车站**（见107页地图；青石嘴镇南街36号）载客。

火车

每年油菜花季期间，**门源站**（见107页地图；☎718 0921）有频繁的动车往返西宁（30元；45分钟），去往兰州、张掖、嘉峪关、敦煌、拉萨等旅游热门城市的列车也经停此站。旅游旺季车票供不应求，请尽早预订，尽量避开周末出行。

当地交通

公交车

门源站站前广场有发往青石嘴镇（3元）和浩门镇（3元）的专线公交车，发车时间随动车到达时间而定，可用微信扫码支付车费。从青石嘴镇到浩门镇的专线公交车在青浩路口乘坐，最晚一班19:00发车。从浩门镇到门源站的专线公交车从东关街发车，沿途经过东大街、西大街，随动车发车时间发车，最好提前1小时乘坐专线公交车去车站；去往青石嘴镇的专线公交车也在东关街发车（3元；7:30~19:10）。

浩门镇有1、2、3路公交车，3路公交车可到门源汽车站（1元；6:00~19:00）。

拼车和包车

油菜花节期间，门源站站前广场变身旅游集散中心，出租车和面包车都提供拼车服务，几处赏花景点通常100元/人，人满即走。包车行情是500~600元/天（淡季包车300元起）。常规路线是圆山观花台、花海鸳鸯、岗什卡雪峰和达坂山观景台、花海芬芳浴等，若想去浩门镇以东的照壁山景区和仙米国家森林公园，则要适当议价加钱。

自驾车

227国道（大通至张掖方向）纵贯门源南北，302省道（祁连至互助方向）横穿门源东西，从任一方向进入门源的道路都称得上是景观公路。青石嘴镇上和浩门镇以西都有加油站。

出租车

县城内出租车一般不打表，不出县城5元/人，到门源站20元，到青石嘴镇50元。

祁连

因祁连山而得名，也因祁连山而出名，“天境祁连”这块矗立在进城国道上的石碑，是对这里确切的注解。祁连城区向北是牛心山近在咫尺的雪峰，向南就是卓尔山巨大的红色断崖。卓尔山为旅行者提供了切片标本式的观赏体验，登上山顶观景台，便能近距离欣赏到祁连山脉的丹霞巨崖与皑皑雪峰。在你视线所及的最远处，一路往西是壮观的黑河大峡谷和绵延的祁连大草原，雪山一直伴随左右，还有线条轻柔的草原山丘。若时间允许，你大可不必在7月、8月处处"爆满"的油菜花季到来，9月底也是探访祁连的好时机，黑河大峡谷沿线的色彩变化如同仙境。

2018年10月，祁连山国家公园正式挂牌，祁连山区的旅游开发也进入一个良性阶段，矿区相继关停，八一冰川封闭。2019年10月，祁连山国家公园青海省管理局摄影师鲍永清拍摄的祁连山藏狐捕猎旱獭的瞬间为他赢得国际野生生物摄影师大赛年度摄影师奖，也从侧面表明祁连山的生态环境得到了有效保护。或许不久的将来，祁连山将以更加丰富而自然的面貌迎接旅行者的到来。

景点

卓尔山景区

山

（见104页地图；☎867 9114；祁连县八宝镇拉洞台村；门票 4月20日至10月31日 60元，11月1日至次年4月19日 30元，摆渡车 20元；⏲旺季 7:00~19:00，淡季 8:00~18:00）这座巨大的丹霞山体实际上是个天然观景台，在这里可以远眺阿咪东索（牛心山）雪峰，欣赏山下连绵起伏的油菜花田。

在游客服务中心乘坐摆渡车到达景区入口，沿木栈道一路曲折往上，每升高一点，眼前景色就有所变幻。远处是巨大的丹霞断崖，近处是色彩缤纷的丹碧花海，村庄藏在起伏的山间。上到顶部，地势变得平坦，对面就是高耸入云的阿咪东索。制高点是一处西夏烽火台遗址，这里是观赏和拍摄阿咪东索的最佳位置，阳光穿过厚厚的云层，投射在山体和大地上，油菜花从北侧的丹霞山谷间淌出，注入绿色的青稞田，随地势起伏，涌上对面阿咪东索的山腰；从拉洞峡谷中出来的八宝河绕过山脚，建筑密集的八宝镇看上去像是玲珑的童话世界。

山顶平台有天境之眼、团结祥和白塔、五彩经幡堆等，特别适合作为前景拍摄阿咪东索雪山。卓尔山的日出对摄影爱好者来说同样不可错过，据说夏季若逢大雨，次日清晨油菜花田烘托出的阿咪东索，在晨曦中必定十分美丽。景区门票有效期到次日早上8点，请务必保存好。

从卓尔山西北的麻拉河村或东南的拉洞台村都有公路上山到景区游客中心。游客中心设施齐全，甚至开了德克士炸鸡，配套的**卓尔山观景山庄**（☎887 9000；标双淡季300元起；⏲4月中旬至10月中旬；❄📶🅿）有视野极佳的观景房，如果想拍摄日出日落，可就近入住。

阿咪东索

山

（八宝镇东10公里处；门票4月20日至10月31日 60元，11月1日至次年4月19日 30元，摆渡车 20元；⏲旺季 7:00~19:00，淡季 8:00~18:00）"阿咪东索"是牛心山的藏语名，当地藏族人将其敬称为"众山之神"，海拔4667米，在城区就能看到它巨大的雪峰。

景区游客服务中心位于祁连县东10公里的峨祁公路（204省道）旁，从这里进入景区后驱车沿绕山公路行驶，可沿途欣赏雪山、高山草甸和溪流等自然景致，间或出现的藏民帐篷、白塔经幡，以及散落的牦牛，给这天然画卷又添了几分人间烟火。**天然石林**虽然规模不大，但浅褐色的大石柱在山间凸起的景象也算壮观。观赏石林的最佳位置在石林往上不远处的**万佛崖**。此处可近观石林全貌，远看连绵起伏的雪山、草场和星星点点的牛羊。公路一直通到景区后门，出去便是二尕公路旁的**冰沟林海**，可顺道一游。

景区内没有观光车，只能自驾或包车游玩，淡季300元，旺季500~600元，穿越整个景区至少需要3小时。

黑河大峡谷

峡谷

（见104页地图；八宝镇西黄藏寺村起）**免费**黑河是中国第二大内陆河，流经青海、甘肃、内蒙古三个省区。在祁连境内，黑河在距八宝镇约10公里的黄藏寺村附近与八宝河迎面汇流，突然折向北方，切断祁连山，朝着甘肃张掖方向流去，从而形成了中国第二大的黑河大峡谷。

值得旅行者前往的黑河大峡谷有两段。一是从黄藏寺村进入，约8公里长的山路上，已经能够看到雪山、树林、溪流和村落组成的斑斓世界。不过汽车只能到达峡谷口，再往里就是没有开发的地方，具备户外徒步经验和装备者才可继续深入探险。你可以沿着峭壁间小道步行一段，欣赏峡谷景色，路程艰险难以把握时，一定要原路返回。

多数司机带客人看黑河大峡谷则是沿着黑河岸边的二尕线（204省道）一路向西，沿

不要错过

通往冰川的景观大道

八一冰川曾是祁连境内最吸引人前往的目的地，但在祁连山国家公园设立之后，为保护生态环境，当地政府已经封闭了八一冰川、油葫芦自然保护区等景点。不过，从县城通往八一冰川近200公里的行程不会让你感到无聊，沿途你可以免费欣赏壮丽的黑河大峡谷、雪峰彩林、连绵草原等自然景观。深秋时节，这条景观大道汇聚万千色彩，是摄影爱好者不可错过的美景。

从祁连县城出发沿二尕公路（204省道）一路向西，不久就能看到黑河两岸的河谷彩林。继续往前便进入黑河大峡谷，先后经过油葫芦自然保护区和祁连鹿场（见本页）。驶出长约20公里的峡谷后，公路笔直切入祁连大草原，春夏季节，草原碧绿宽阔，在雪山脚下起伏远行，牛羊会星星点点散落在柔和的曲线里。如果是包车前往，可事先与司机沟通好，他们一般会在黑河拐弯处和河滩边停车让你拍照，这里算是最好的机位。

过野牛沟乡后继续往央隆方向行驶约70公里，有一岔路指示牌，这里便是进入八一冰川的入口。目前此路已经封闭，有些包车司机会带客人绕路前往冰川，但我们不提倡旅行者贸然进入。此外，避开国庆长假吧，不然你极有可能困在这条巨大的“公路停车场”，在车流中欣赏风景。

途有祁连山相伴，峭壁耸立，激流轰鸣，车辆贴着崖壁而行，随着河床逐渐变宽，草原和村庄开始出现，直到你看够了美景，就可以让司机返程了。游玩黑河大峡谷约需大半天时间，包车淡季300元，旺季500元起。

祁连鹿场 自然保护区

（祁连县西40公里处；门票 40元；⏲8:00~18:00）这个亚洲最大的半野生鹿驯养基地生活着马鹿、梅花鹿、白唇鹿等珍贵的保护动物。从售票处进入，车可以直接开到“近鹿楼”下，然后登上观鹿台，远眺鹿群在绿草茵茵的山坡上奔跑嬉戏。

祁连鹿场距县城约30公里，只能自驾或包车前往，可包车与黑河大峡谷一起游玩。

阿柔大寺 寺庙

（祁连县阿柔乡；⏲7:30~19:00）阿柔部落（或称“阿力克”部落）原是驻牧于今海南藏族自治州兴海县曲什安河流域至玛卿雪山一带的游牧部落，后逐渐迁移到至祁连山一带。这座坐落在祁连雪山脚下的格鲁派藏传佛教寺院，曾是阿柔部落的流动部属寺庙。三世达赖和五世达赖曾在部落驻寺讲经传法，清道光年间，阿柔部落在祁连山下建起了固定的阿柔大寺，并逐渐成为祁连境内规格最大的格鲁派寺院。如今进入寺庙，可以看到金碧辉煌的大经堂、弥勒殿、金色如意八宝塔等建筑。最令人瞩目的还是巨大的黑色牦牛毛毡房，这是当年流动寺庙保留下来的以毡房为经堂的传统。现在这座毡房由50人共同缝制而成，内部面积为300平方米左右，据说共用去近一吨牦牛毛。寺庙后面的草坡上散落着白色毡房和五彩经幡，远处就是祁连雪峰。

阿柔大寺旁设有阿柔部落跑马场和牧家乐，旅游旺季时，你可以在藏民家品尝牦牛酸奶，体验策马祁连大草原的感觉。

阿柔大寺位于八宝镇以东约25公里的峨祁公路边，可在八宝镇大十字乘坐到阿柔的小面包车（7元）或从汽车站乘坐去往西宁的班车，在阿柔乡下车，远远就能看到阿柔大寺金光闪闪的大经堂。

住宿

随着“全域旅游”的兴起，祁连的住宿业也得以蓬勃发展，城区遍街都是宾馆和商务酒店，县城周边的拉洞台村、麻拉河村和东索台村也兴建了不少农家乐。但在每年7月、8月和“十一”黄金周仍然一房难求且价格翻倍（我们此处列出的为平季价格），必须预订。

位于卓尔山腰的拉洞台村这两年成了祁连住宿的热门点，出门就能看到卓尔山和阿咪东索，村前公路边大片的油菜花田是拍摄日落的好去处。几乎家家户户都开设了农家乐，提供一日三餐和住宿，但距城区较远，没有公交车到达，更适合自驾旅行者入住，或者上山时向出租车司机要张名片备用。

祁连县大部分农家乐以及部分小型旅馆和青旅都只在每年6月至10月8日营业，若在其他时间前往，请提前致电确认。

卓尔山国际青年旅舍 青年旅舍 ¥

（☎867 1361；拉洞台村；铺 50元起；📶Ⓟ）这是一家非常传统的青旅，铺位房间极其简朴，但公共区域宽敞舒适，周边环境是最大卖点，窗外就是大片的油菜花和远处阿咪东索的积雪，天气晴好时还能上天台看星星。老板可联系包车服务。步行前往卓尔山景区只要几分钟。

沁香园农家客栈 农家乐 ¥¥

（☎159 9700 6844；拉洞台村；标双 160元起）小院中种满花草，卓尔山、阿咪东索和花田都抬眼可见。10间客房简单舒适，卫生条件较好，旺季价格也实惠，早餐10元/人。客栈老板会热心帮助客人解决问题。

祁铭大厦 酒店 ¥¥

（☎868 3333；人民路汽车站对面；标双 140元起；📶Ⓟ）在三星级宾馆中算是条件较好的，房间很大，提供各种祁连的旅行资料。出门就是汽车站，交通便利，方便中转。

瑞士印象假日酒店 酒店 ¥¥

（☎868 4888；滨河路瑞士印象街木桥对面；标双 160元起；📶Ⓟ）酒店位于瑞士印象街东口，推窗可见卓尔山巨大的丹霞断崖和山顶白塔。门前滨河路木桥夜晚亮灯后很美，出门就是印象街，就餐购物很方便。

就餐

镇上餐馆以清真菜和藏餐为主，野生黄蘑菇是祁连山草原特产，多数餐馆都可以尝到，但价格不菲，一份炒黄蘑通常88元起。团结北路（祁连汽车站旁）和八宝西路晚上有不少烧烤摊，生意火爆。瑞士印象街是新建的旅游街区，餐厅较多，有几家麻辣烫和串串餐厅的就餐环境不错。

购物

黄蘑菇是祁连山地区的特产，个头大，质量好，在清朝时就作为青海贡品进贡朝廷，有“皇菇”之称。在城区多数特产店都能买到黄蘑菇，在峨堡镇的路边也有不少农家摆卖黄蘑菇，每年七八月间是黄蘑菇的最佳生长季节，新鲜采摘的40~50元/斤，晒干的约500元/斤。

除土特产外，在八宝南街和八宝东路上有几家玉石工艺品商店，出售新近流行起来的祁连山玉、玉石彩石画，可以去看看。

到达和离开

祁连汽车站（☎867 2316；新城区人民路）每天有发往西宁（66元；7:40、8:20、9:30、10:30、12:30、

自驾，从祁连到张掖

祁连山是青海与甘肃两省的天然分界线，227国道穿越祁连山脉，连接了祁连县和甘肃张掖，和起点西宁一起，连成了一条天然的自驾路线。经过祁连时，你最好从县城出发，沿302省道向东，首先会欣赏到连绵至雪山脚下的祁连大草原。约25公里后就能看到公路边的**阿柔大寺**（见111页），可以去看看那顶著名的黑牦牛帐篷。继续向西约45公里到达峨堡镇。这里曾是青海的北大门，有800余年历史的峨堡古城如今只剩下部分残垣断壁，以及依稀可见的点兵台、烽燧等遗址。新建的城楼旁是**峨堡古城遗址博物馆**（门票30元；⏲9:00~17:00），展厅不大，讲述了峨堡古城的前世今生。

从峨堡镇沿227国道向北，接下来约30公里的行程就要穿越祁连山脉，两边景色变幻为陡峭山崖和荒凉石滩。翻过海拔3685米的峨博岭垭口，进入扁都口峡谷，路边有一座石佛寺紧贴崖壁而建，崖壁上的石佛像据说已有1300多年的历史。出峡谷进入民乐境内后行驶约70公里到张掖，两边风景就换成了田园风光。你可以在张掖欣赏七彩丹霞风光，或者去大佛寺看看中国室内最大的卧佛。

14:30；6小时）的班车，经停阿柔（7元）、峨堡镇（15元）；发往门源（40元；6:00、8:00、11:30、14:00、15:30、16:30；3小时）的班车在旺季会随动车车次增加。此外还有发往西海（50元；8:30；5小时）的班车，以及发往张掖（高速；49元；8:40、10:00、16:00；3.5小时）的跨省班车。

县城大十字有小面包车前往阿柔（7元）、峨堡（15元），人满发车。

出租车一般不打表，城区5元/人，到拉洞台村20元/人，到门源站拼车50元/人。包车淡季300元/天，旺季会涨到500~600元/天，通常有两条路线，西线一般会去扎麻沟（东沟）、祁连鹿场、黑河大峡谷等，东线会前往阿咪东索景区、阿柔大寺、峨堡古城和峨堡古城遗址博物馆等。

环青海湖和海南

包括➡

最佳活动

- 自行车环湖(见119页)
- 仙女湾祭海(见135页方框)
- 黑马河观日出(见128页)
- 到贵德看梨花(见145页)

最佳摄影点

- 茶卡盐湖(见129页)
- 环湖西路(见134页)
- 泉湾"天鹅湖"(见132页)
- 环湖东路油菜花海(见123页)

为何去

从遥远的西王母传说中走来，青海湖以其神秘气质与绝美风景召唤着旅行者。无须"瑶池"名气背书，这片广阔似海的湖泊早已是许多人心中的诗和远方，于汗水挥洒间看天光云影点亮湖心；朝圣者视之为仙海，以脚步丈量湖岸起伏，以身体铭刻信仰；洄游的裸鲤与成群水鸟、天鹅是生态爱好者的梦想；更多的旅行者仅是乘车匆匆而过，心中却永远有了一幅蓝天碧水织就的画面。

诚然，今日的青海湖岸人工斧凿痕迹深刻，旺季高涨的房价也时常为人诟病，但这并无碍于湖泊本身的美。在青海湖，你可以不用追逐景点，苍茫的沙洲、浩瀚澄净的湖泊、丰茂的草原与满天星光就在公路两侧，唾手可得。而星罗棋布的帐房与牛羊，手持长鞭的牧民和香火袅袅的寺院，则是这幅天地画卷中最美的点缀。翻过山峦，还有质朴的海南独守清静。

何时去

青海湖四季景色迥然不同，各有风情，淡旺季食宿价差明显。

3月至6月 青海湖解除封冻，候鸟成群回迁，贵德的梨花漫山遍野。端午一到，湖岸的人们搭起帐篷，赛马、拔河、跳舞、对歌。

7月至8月 气候凉爽舒适，连绵的油菜花海和如茵绿草将湖光山色点缀得更为立体，但食宿价格与游人数目也同步增长。

9月至10月 雨季逐渐来临，草地仍有绿意残存，但食宿已降至半价以下。国庆前后，反季节种植的油菜花点缀着萧索的湖岸。

11月至次年2月 青海湖冰封玉砌、浪花凝固，几千只大天鹅成为湖岸的主角。仅有极少数食宿维持营业。

关于青海湖

青海湖古称“西海”，北魏起更名青海，是中国最大的内陆湖泊。其周边山系纵横，东、南、西、北分别被日月山、南山、橡皮山、大通山包围。成湖初期，青海湖曾是个淡水湖，与黄河水系相通。后来日月山抬升，阻断去往黄河的水路，再加上高原烈日蒸发等地理气候因素，才逐渐变成咸水湖。藏族称青海湖为“错温波”，蒙古族称其为“库库诺尔”，意思都是青色的海。

青海湖属安多藏区，以农耕、放牧为生的藏族居多，经商为主的回、撒拉、汉等民族杂居其中。藏传佛教中，青海湖属羊，人若在藏历阴水羊年转湖，获得的功德是普通年份的几百倍。上次藏历阴水羊年是2003年，60年一轮回。大部分此地的藏族都能讲一口带口音的普通话，沟通基本无碍。

畅游青海湖的多种方式

不会开车？别担心，作为青海的招牌景点，青海湖早已发展出多样的交通方式。包车和拼车是最热门的选项，你很容易在西宁的青旅或网上找到相关行程，简单浏览塔尔寺与湖区的1~2日游，以及囊括敦煌、甘肃的5~6日西北大环线都很受欢迎，拼车参考价格为150~200元/天/人。商量好行程后，最好签一份简单的协议并拿好写有行程的收据。

更热血一点，可以选择骑行青海湖（见119页）。得益于完善的公路、相对平缓的地势与成熟的自行车租赁产业，即便是未经训练的旅行者，大多也都能顺利完成环湖之旅。如今，部分自行车行还提供电动助力车、电动车等选择。但考虑到环湖区域不是随时都能充电，我们并不建议租赁。毕竟你不会想在湖岸推着没电的车子行走。

拦顺风车在青海湖与海南也很盛行，但请知道乘坐陌生人的车辆始终有风险。若必须搭乘请尽量选择白天，并在上车后与亲友保持联系，告知动向。

危险和麻烦

青海湖地区平均海拔约3200米，多数人不用担心高原反应，但个别也会有头痛、失眠、气短等症状。若身体状况欠佳，最好慢下脚步适应一两天。避免洗头、抽烟和饮酒，充分休息也会有帮助。

天气预报在青海湖不太靠谱。高原天气变化快，昼夜温差大，防晒和防雨不可少，任何季节都要注意保暖。

湖边牧场多是牧民私有，穿越草地或油菜花田时请注意是否收费，以免引起麻烦。自驾环湖时需格外小心在公路上“散步”的牛羊，如撞死或撞伤牛羊，赔钱是唯一的解法。

快速参考

- 海南区号：0974
- 海北区号：0970
- 海西区号：0977

如果你有

1天

从西宁出发，到**二郎剑景区**（见125页）和**茶卡盐湖**（见129页）走马观花一番，或是找个湖边区域发呆，感受青海湖的美。

2天

第一天同上，夜宿**黑马河**（见128页）或**环湖西路**（见134页），次日欣赏日出后继续沿湖浏览，有空可以逛逛**仙女湾**（见135页）或**西海镇**（见117页）。日落后返回西宁，完成环湖之旅。

5天

如果体力足够，可以骑车环湖（见119页）。中途可花1~2日造访**茶卡盐湖**（见129页）或去**贵德**（见145页）欣赏山清水秀的风光。

阅读青海湖

- **《时间搭成的阶梯》**，吉狄马加主编，青海湖第四届国际诗歌节作品选集。
- **《青海湖畔的人与神》**，仇保燕著，对青海湖周边藏族衣食住行、婚葬嫁娶、生老病死和宗教信仰等民俗多有介绍。
- **《塔洛》**，万玛才旦执导，讲述牧羊人塔洛进城办理身份证的一系列遭遇，片中画面多于海南取景。

环青海湖和海南亮点

❶ 前往两弹一星的故乡**西海镇**（见117页），探秘曾经的禁地。

❷ 体验**金沙湾**（见123页）滑沙，惊声尖叫一回。

❸ 在**环湖西路**（见134页）慢走慢看，顺便于**黑马河**（见128页）守候日出。

❹ 徜徉夏季的**环湖东路**（见123页），将自我抛掷于无边的油菜花海。

❺ 深入**茶卡盐湖**（见129页），感受天地合一的奇幻。

❻ 到**贵德**（见145页）看清楚黄河水与五彩丹霞。

青海湖东岸

欢迎开始你的青海湖之旅。东岸是多数旅行者奔赴青海湖的第一站，“中国第一颗原子弹的故乡”名号与一曲《在那遥远的地方》将西海镇与镇外茫茫的金银滩草原推向了世人。年复一年，成千上万的骑行者由西海镇开始他们的梦想旅程。而对那些从西宁出发，目标直指青海湖的人来说，旅程的序章则写在了环湖东路上。

东岸除西海镇外基本没有公共交通，自驾或包车是更好的选择。

西海镇（原子城）

海拔：3180米；人口：1.35万；区号：0970

西海镇也就是俗称的原子城。1964年10月，中国第一颗原子弹在新疆罗布泊爆炸成功，其制造地就在西海。然而随着研发厂房关闭，小镇仿佛也跟着被时光遗忘，二二一厂的相关遗址为绿树掩盖，黄色苏式小楼上标语斑驳，似乎仅剩路边广播播放着的时政新闻跟上了年代。

如今，旅行者们到访西海更多是为了踏上环湖骑行之旅，作为多数人环湖的起点，镇上林立的车行几乎为骑行者提供了一切所需资源与装备。每年夏季，蜂拥而至的游客让宁静的高原小城忽然热闹起来。

目前西海镇推出包含本章节提及的所有镇内外景点的通票（160元，全程讲解200元），仅在原子城纪念馆出售，如果确定每个景点都要参观，买通票能为你省下一小笔钱。

历史

“西海镇”的名字出现在公开出版物中只有十几年时间，它的原名“原子城”更广为人知。20世纪50年代末期，面对台海危机，中国发展核武的需求空前迫切。1957年，西海镇被选为核武器研究基地，两年后开始建设，代号“国营二二一厂”。1964年，中国首枚原子弹试爆成功，紧接着三年后，威力更大的氢弹也在这里制造完成。

20世纪60年代中期，中苏关系恶化，核弹基地逐渐由青海秘密迁往他处。1987年，在“百万大裁军”的形势下，二二一厂正式撤销，但一直到1995年5月，新华社公开播放“中国第一个核武器研制基地全面退役”，隐藏了30多年的秘密才揭开面纱。

二二一厂迁出后，西海一度成为“空城”，厂区建筑被严重盗拆，遗址沦为断垣残壁，里面变成羊群遍地的草场。2000年年中，州政府决定开放二二一厂遗址为旅游景区，部分厂房才得以重获新生，而一些尚未开放的城外分厂，仍然维持着当年被破坏后的荒凉景象。

景点

西海镇景点主要环绕“两弹一歌”而建，城内以当年核武研制基地总厂的重要建筑为主，城外则分布了一系列分厂遗址。除了售票的景点以外，西海镇还保存有不少充满时代印记的建筑，他们虽然不对外开放，却为安静的街道添上了浓浓的复古氛围。

其中西海大街上的**西海影剧院**（见118页地图）原为二二一厂电影院，它曾是西北地区最豪华的电影院，门外一尊巨大的毛泽东塑像格外显眼。而几乎占据整个小镇的成排鹅黄小楼被称作**黄楼**（见118页地图），是建厂初期科技人员与苏联专家的居所，现在则大多改建成了简单的家庭旅馆或餐厅，墙上百变的标语能为寻常的穿街走巷带来不少乐趣。

西海镇极小，步行就可以在半天内轻松走完镇内所有景点，镇外的景点可以打车前往，也可以租自行车于环湖途中顺道探访。

镇内

原子城纪念馆 博物馆

（同宝路10号；凭身份证免费；周二至周日 9:00~17:00）西海镇的招牌景点，5个展厅以图片和实物详实地讲述了二二一基地从创建到两弹升空，再到退役的30年历史。不必担心错过镇馆之宝，那枚完成带核空中爆炸试验任务的巨大东风导弹就在纪念馆的入口处。此外三号展厅的二二一基地微缩沙盘和制作原子弹的仪器设备也值得一看。如果你用心找，还能看见当年两弹爆炸成功后，《人民日报》分别增印的《号外》和《喜报》原件。纪念馆后有一个荒草丛生的纪念园，更适合想要感受先辈当年筚路蓝缕的人走访。

纪念馆每日限额参观，10月至次年5月

西海镇

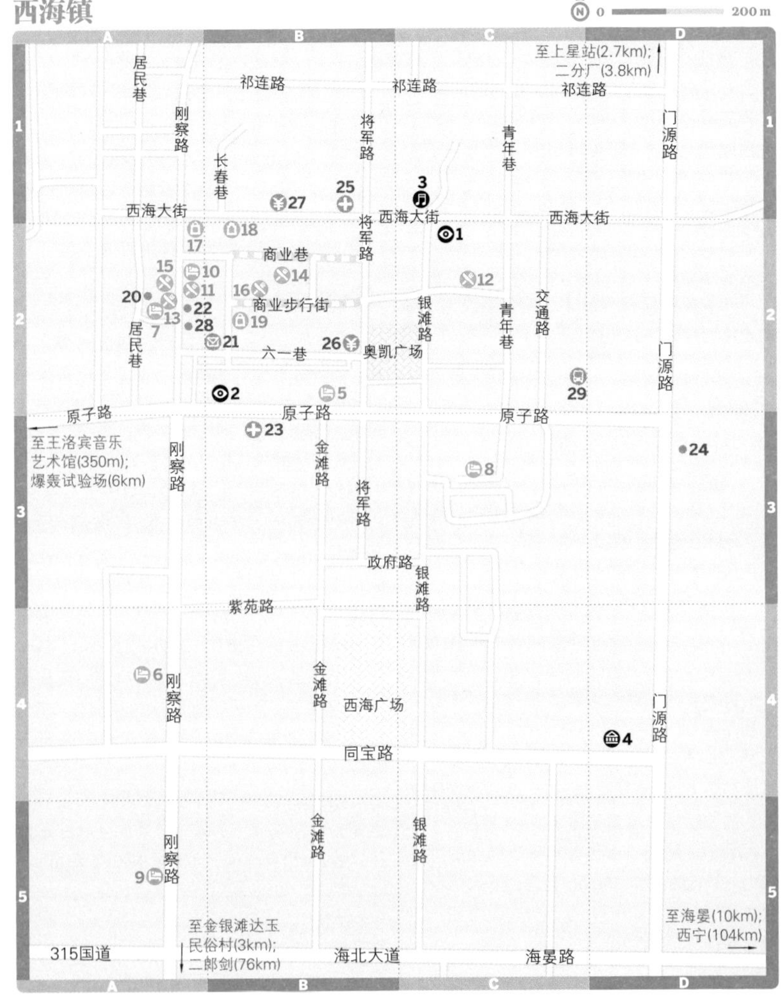

1500人/天，6月至9月3000人/天，旺季时最好上午来。注意，馆内严禁摄影。

二二一基地应急地下指挥中心 历史建筑

（☎864 3030；西海大道近银滩路；门票 20元，讲解 20元；⏲8:30~18:00）位于邮政局大院内，曾是二二一厂通信与指挥的核心，堪称基地的耳目喉舌。入口处一幅"矿区邮电局"牌子是当年对外保密，掩人耳目之用，据说关上重达三吨的门后，水与毒气都无法入侵这座用钢筋混凝土浇筑而成的地下掩体。

穿越狭小的楼梯，走入9.3米深的地下，当年核心领导坐镇指挥的房间与装载通信设备的机房已为旅人敞开大门，里面所陈列的古董仪器至今仍能正常使用。基地不大，半小时内就能逛遍，但据说掩体之下还有隐藏得更深的秘密结构尚未揭开面纱。

王洛宾音乐艺术馆 展览馆

（原子路26号；门票 50元，讲解 100元；⏲9:00~18:00）王洛宾生于北京、长于北京，却因在西宁任教时改编了无数西部民歌，而有了"西部歌王"的称号，一首《在那遥远的地方》将青海唱入了无数人的心里。

西海镇

景点

1 二二一基地应急地下指挥中心 C2
2 黄楼..B2
3 西海影剧院 C1
4 原子城纪念馆 D4

住宿

5 嗳悦家庭宾馆 B2
6 库库诺尔青年驿站.................................. A4
7 明静家庭旅馆 A2
8 四季公寓酒店.. C3
9 西海岸唯美人文旅馆 A5
10 正大睿品酒店.. A2

就餐

11 福财美食广场... A2
12 海北宾馆餐饮城...................................... C2
13 惠盛炕锅肉 A2
14 岭格尔藏文化风情吧 B2
15 马乃美食居... A2
16 谢家羊肠面 B2

购物

17 大羽户外 A2
18 集贸市场 B2
19 西海综合平价超市 B2

实用信息

20 517骑行驿站 A2
21 刚察路邮政局 B2
裸鲤单车俱乐部 .... (见17)
22 明静单车俱乐部...................................... A2
23 海北第一人民医院................................... B3
24 骑兵营 D3
金银滩原子城游客服务中心......... (见4)
25 西海大众药房 B1
26 中国建设银行 B2
27 中国农业银行.. B1
28 中国人寿保险公司 A2
中国原子城主题邮局 .... (见1)

交通

29 海北汽车站/西海汽车站 C2

艺术馆以王洛宾生平为主轴，两层展馆内展出700余张照片与上百件歌曲、歌剧手稿，若你对王洛宾与三毛的“忘年情”感兴趣，馆内藏有三毛生前写给王洛宾的信，以及他写给三毛的歌曲《等待》。相较于并不便宜的门票，展馆的内容略显单薄，可能更适合王洛宾的铁杆粉丝。

镇外

二分厂 历史建筑

(见123页地图；西海镇北1.5公里；门票 60元，讲解 50元；⏲8:30~18:00) 二分厂也被称为“总装厂”，过往负责炸药的加工与核武的组装，中国第一颗原子弹就是在这里的215号总装车间装配完成。如今占地广大的园区里散布着33栋大门深锁的地下掩体与半掩体，它们表面覆盖着草皮，周围荒烟蔓草，夕阳西下时显得苍凉萧条。苏式工业建筑是这里的主要看点，大门深锁的建筑内已空无一物。

二分厂东南方约1公里处就是**上星站**（西海镇北1.5公里；门票 20元，讲解 20元；⏲8:30~18:00）。“上星”意为装载卫星，当年将第一颗原子弹运送至罗布泊的“零次专列”由这里启程。出于保密考虑，露天的车站设计格外简陋，据传当年许多工作人员甚至以为自己装载的是普通货物。铁路上仿制的“零次专列”是上星站唯一的看点。

镇上乘出租车往返二分厂和上星站的价格为30~40元/车。价格含两个景点，各约30分钟的等待时间，如需更久得另外议价。

爆轰试验场 历史建筑

(见123页地图；西海镇西北12公里；门票 50元，含交通车费，讲解费 50元；⏲8:30~18:00) 原先的六分厂又叫“靶场”，第一颗原子弹和氢弹诞生前的所有模拟爆炸都在这里完成。购票之后，你可以选择自驾或乘交通车驶过1.5公里到达展馆区，656工号曾是第一颗原子弹的冷爆试验场，看似普通的水泥平房却有着不成比例的厚实墙垣。掩体外一堵锈迹斑斑的钢板试验墙则是当初抵挡原子弹试爆辐射而用的，留有密密麻麻的弹坑。不远处的“亚洲第一坑”则填埋着撤场后全厂的放射性核废料。镇上乘出租车往返50~60元/车。

节日和活动

环青海湖国际公路自行车赛 自行车赛

亚洲顶级自行车赛，也是世界海拔最高

不要错过

西海郡故城遗址

从海晏往西海镇的315公路旁，有座不甚起眼的小土坡，坡前立着一座刻写"西海郡"的石碑。这里就是西汉新莽时代所设的**西海郡故城遗址**（海晏县县城以西1公里）免费，遗址曾经出土过多种货币与瓦当残片，其中虎符石匮是青海迄今发现最早有铭文的石刻之一。遗迹价值主要体现在考古上，除非是历史迷，否则没有专门前往的必要。

由海晏出发，过海晏城西加油站约400米处，路边就可见到石碑与土坡。

的自行车赛事，平均海拔3000米，赛程长达14天。自2002年开始，每年7~8月都会举办，每年的线路会略有调整。假如旅行中适逢赛事，不妨关注一下赛程，赶得巧还能在沿途现场观看。比赛期间的住宿比较紧张，部分路段实施短时间交通管制，但对旅行安排影响不大。你可以通过官方网站（www.tdql.cn）获取最新信息。

环青海湖徒步大会

徒步

如果说自行车赛仅限于专业选手，那么7月底8月初举行的环青海湖徒步大会则是一项普通人也可以参与的活动。活动每年的线路不同，第二年的起点会是前一年的终点，参与者需在4天内徒步120公里，连续3年参加，就可完成转湖1周360公里。你可以在徒步100的官网（www.tubu100.com）上查到赛事信息并报名。

王洛宾音乐艺术节

艺术节

通常在7月中至8月初举办，一般为两年一届，但偶有例外。主要节目包含金银滩草原上的歌舞演出、拉伊名家演唱会和奥凯广场的锅庄舞表演等。

骑行

西海镇是自行车环青海湖的理想出发地，我们为这个热门活动做了详尽的调研和推荐，租车信息与日程安排见139页，环湖路线详见139页。

住宿

西海镇上基本不愁吃住，廉价旅馆与家庭旅馆集中于原子路第一人民医院对面的黄楼，多为共用卫浴的普通间或多人间，提供Wi-Fi和24小时热水，住在这里找人拼车很方便。简单而无甚特色的中档宾馆集中在刚察路北段，南段旅馆的档次稍微再高一些。

如果旺季在网上订不到房，你也无须太紧张，当地家庭旅馆众多，很多仅在自家窗口简单地贴上了电话信息，只要耐心寻找，通常都能顺利入住。旅馆淡旺季价格浮动很大，淡季的床位只要30~40元，条件不错的标间通常也不超过200元，旺季价格通常翻倍，以下所列的为淡季价格。多数旅馆在国庆后至次年3月歇业。

西海岸唯美人文旅馆

客栈 ¥

（☎596 3333；刚察路478号；铺/普双/标双50/108/128元；Wi-Fi P）位于小镇边缘的旅馆，建筑与大厅带有浓厚的藏式风情。标间中规中矩，倒是后院的多人间配备宽敞的双层实木床，每个床位都贴心地留出置物空间，住起来很舒适，但是公共卫浴需自备纸巾。离镇中心有10~15分钟的步行距离。旅馆自带餐厅和一个可租赁自行车（70~100元/天，或240元/圈）的户外俱乐部。

明静家庭旅馆

客栈 ¥

（☎186 0970 1239；刚察路19号楼2单元103室；铺/普双 50/80元；Wi-Fi）单车俱乐部兼营的旅馆，离餐馆、超市都很近。房间虽然略为拥挤，但明亮干净，4人以下的铺位房全是独立的单人床，24小时供应的热水也稳定。最大问题是卫浴仅有一间，经常要排队。

正大睿品酒店

酒店 ¥¥

（☎864 3482；商业巷7号；标双 236元；Wi-Fi）位置和住房条件在西海镇皆属上乘，房间配有地暖和柔软舒适的床品，赠送的热红枣茶暖身也暖心。三层楼的酒店没有电梯，也没有停车场，但热情贴心的服务员会协助搬运行李，对面小区的免费公共停车场位置也很充足，问题不大。

嗳悦家庭宾馆

客栈 ¥

（☎133 6970 1515；原子路5号黄楼3单元101室；普单/普双 60/70元；📶）由以前的黄楼改造而来，在镇上共有三间分店，房型与价格都不尽相同，其中5号黄楼的房间虽有些单调老旧，但整洁干净，维持得很不错，性价比特别高。如果想要私人卫生间，得选带客厅的家庭房（259元起）。热情的老板对西海镇很熟，可向他打听小镇历史与餐饮推荐。

四季公寓酒店

酒店 ¥¥

（☎596 3888；消防队对面商业步行街A、B座；标双 160元；📶）藏族青年经营，坐落在安静的小巷内。商务风格装修的房间胜在空间大，就连普通间都设有衣帽间，还有镇上少有的干湿分离浴室，缺点是部分房间通风不佳且设施略显老旧。接待处设有酒吧与台球桌。酒店不算好找，若遍寻不着，可致电请老板到路口来接。

库库诺尔青年驿站

青年旅舍 ¥

（☎139 4058 8865；刚察路德吉花园5排274号；铺40元起；📶）藏式风格装修的青旅，气氛不错，价格实惠，但公共卫浴卫生仅算勉强达标。房间全是铺位，从2至7人间都有。早餐10元/人。正门位于小区内，须绕至主街背面才能找到。

就餐

西海镇的餐饮集中在刚察路和商业巷上，以清真菜和川菜为主，包括家庭小炒、盖饭、砂锅等。本地的早餐多为粉汤、牛肉面或杂碎汤配白饼，如果吃不惯，农贸市场后面有几间粥铺提供稀饭、包子和豆浆。和住宿一样，当地的饭馆多在冬季歇业。

惠盛炕锅肉

清真菜 ¥¥

（☎863 0530；刚察路56号；人均 50元；⏲8:00~23:00）简单的家庭式饭馆，供应牛羊肉为主的炒菜、面食与盖浇饭面。白条手抓（78元/斤）和炕锅羊肉（85元/斤）不腻不膻。手撕包菜（20元）味道也不错。

福财美食广场

清真菜 ¥

（☎864 7678；刚察路商业巷口；人均 30元；⏲7:00~23:00）镇中心的美食城，最大魅力在于能够一次尝遍多种青海美食，无论是适合多人的炕锅、烧烤与炒菜，还是适合单人的面食、盖浇饭面与砂锅都有。可以试试特色的狗浇尿（14元）或炮仗（12元）。环境很简单，但开放式厨房的卫生让人放心。也供应包子、粥、杂碎汤等早餐。

岭格尔藏文化风情吧

藏餐 ¥¥

（☎864 9123；商业巷100号；人均50~80元；⏲10:00~23:00）装修比较讲究的藏餐厅，能坐上6~8人的木头包厢摆满抱枕与软垫。菜谱上满满的特色菜推荐，但其实简单的肉稀饭（20元）、奶茶（29元）与牦牛酸奶（15元/碗）就能让独自旅行者吃得很好。

马乃美食居

清真菜 ¥¥

（☎884 1888；刚察路46号；人均 68元；⏲10:00~23:30）就连当地人也会推荐的网红餐厅，有着与朴素门面不相称的美式风格装修，二楼特别宽敞。炕锅羊排（85元/斤）几乎每桌一锅，一斤就够2~3人吃饱。旺季饭点有时需要等位。

海北宾馆餐饮城

青海菜 ¥¥

（☎864 5548；银滩路17号；人均35~70元；⏲9:00~22:00）前身是二二一厂食堂，老一辈科学家都曾在这里就餐，尽管价格偏贵，却能体验到正宗地方特色。精品手抓（118元）、羊肉盖被（98元）、狗浇尿（32元）和羊肉面片（30元）值得一试。

谢家羊肠面

小吃 ¥

（☎131 0971 6673；商业巷206号；人均16元；⏲7:00~20:30）藏身于市场后的高人气小吃店，将羊肠拌入干辣椒、韭菜与葱花的肠面（12元）香辣不膻，很受当地人喜爱。如果吃不惯，也可以选酿皮（7元）。

购物

西海镇绝对称不上购物天堂，所需物品最好还是自己带好。但若临时需要补充“弹药”，以下地点或许能帮到你。

大羽户外（☎137 0973 0164；西海大街5号2楼；⏲8:00~22:00）附属于裸鲤单车俱乐部（见62页），出售登山鞋、抓绒衣、冲锋衣、速干裤、太阳镜等户外用品。如果在这里租车，购物可打九折。**集贸市场**（西海大街近刚察路；

海北汽车站车次时刻表

站点	发车时间/班次	票价（元）	行程（小时）	备注
西宁	7:10~17:10，每20~30分钟一班	25	2	途经海晏、扎藏寺、湟源
祁连	8:40	50	4.5	
刚察	9:10、14:10	25	2	
门源	9:06、15:00	43	4	
共和	10:00	30	3	

⏲9:00~18:00）主要出售生鲜牦牛肉、家居日用品和藏装。骑行者可从这里购买劳保手套和雨披。市场南面的巷子能买到新鲜水果、蔬菜和副食品。西海综合平价超市（商业巷178号；⏲8:30~21:00）是当地最大的超市，可以购置食物和生活用品。

实用信息

医疗服务

西海镇上的药店很多，其中**西海大众药房**（西海大街90号；⏲9:00~21:00）规模较大，除了日常用药，还可以买到抗高原反应的红景天和不少青海特产药用植物制品。如需就医，**海北第一人民医院**（☎864 4353；金滩路2号）就在镇中心，是镇上最大的医院。

银行

西海镇上有中国银行、建设银行、农业银行等。**中国建设银行**（六一巷32号；⏲周一至周五 8:00~17:00，周末及节假日 10:00~17:00）从原子路步行仅需3分钟。**中国农业银行**（西海大街70号；⏲周一至周五 9:00~17:30，周末及节假日 10:00~16:30）在农贸市场北门斜对面，两家银行都设有24小时ATM自助服务。

邮局

中国原子城主题邮局（银滩路3号；⏲周一至周五 9:00~17:30，周末及节假日10:00~16:30）和二二一基地应急地下指挥中心售票处共用一个大厅，除了常规业务以外，还兼售青海湖风光与原子城主题明信片，在这里购买明信片可以加印"原子城"的邮戳。**刚察路邮政局**（刚察路171号；⏲周一至周五 9:00~17:30，周末及节假日 10:00~16:30）离旅馆和餐饮聚集区更近。

旅游信息

金银滩原子城游客服务中心（☎132 9970 0520；同宝路10号，原子城纪念馆旁；⏲周二至周日 9:00~17:00）同时也是原子城纪念馆门票领票处，除提供咨询外，此处也是唯一出售金银滩景区通票的地点。

到达和离开

长途汽车是抵达西海的主要交通方式，西宁汽车客运中心有频密的班车（7:30~17:30，25分钟一班；25元）发往西海镇。**海北汽车站/西海汽车站**（原子路34号；☎864 3278；⏲7:00~17:30）有班车发往西宁、祁连、刚察、共和等地。

需要注意的是，由于西海镇前身为原子城，地位特殊，至本书调研期间止，港澳台的旅行者和外国旅行者仍然无法购买前往西海的长途车票。但包车、拼车，或是乘长途汽车至海晏，再换乘出租车（20元）前往西海镇则不会遇上问题。

当地交通

西海镇没有公交，但靠双脚即可轻松到达镇内任何地方，在镇上乘出租车，不论去哪儿都是5元。如果想一次浏览城内、城外景点，建议租辆自行车，镇上车行众多，有的还能租到摩托与电动车。

金银滩草原

出了西海镇便是金银滩草原。每年6月至9月上旬，这里绿草起伏如浪，野花盛开，特别是7月，金黄色的金露梅和白色的银露梅点缀绿茵，是草原最美的时节。

得益于王洛宾先生一曲《在那遥远的地方》，金银滩可以说是青海名气最响的草原，而追逐旅行者而来的各种民族村与娱乐设施也遍布草原，其中达玉民俗村（见123页地图；www.qhdybl.com；环湖东路1公里处；门票 70元，门票+表演158元；⏲8:30~18:00）算是西部歌王爱情传奇的见证。1939年春，王洛宾先生在达玉部落拍摄电影《民族万岁》，认识了17岁的卓玛，才有了“在那遥远的地方，有位好姑娘……”这首传世名曲。

今日的达玉民俗村已没有了当年部落的影子，取而代之的是新建的牛羊图腾、转经筒、观景台、藏式建筑与一个自行车基地。每年6~8月，民俗村提供骑马、射箭、锅庄舞等体验活动，并在民族演艺厅与广场演出藏族歌舞，剧码定期更新，10人以上开演。此外，8月初这里还会举办风马音乐节，这是青海首个大型户外音乐节，曲风以摇滚、民谣以及当地藏族乐队的表演为主，在茫茫草原上观看，格外酣畅。

如果想在草原上舒服地睡一晚，**达玉部落集装箱草原酒店**（☎183 0970 0005；标双/亲子景观间 168/248元；@📶P）布局虽有些紧凑，但景观标间通透明亮的落地窗能将草原美景尽收眼底。

由西海镇沿刚察路向南出镇后，循着环湖东路直行约1.6公里，就能到达达玉民俗村，若不是执着于去名曲诞生地朝圣，其实公路旁的免费风景并不逊色。

环湖东路

全长54公里的环湖东路是从西海镇至151基地的必经之路，这里离湖较远，但景观丰富，当你一路向南，窗外的风景便逐渐由草原过渡至沙漠，由沙漠至湿地，最后再到湖光山色，而闪着粼粼波光的青海湖始终于远方忽隐忽现。

景点

金沙湾 沙漠

（见本页地图；环湖东路28公里处）免费

自沙岛关闭后，金沙湾就成了旅行者在青海湖畔唯一能感受“一半海水、一半火焰”风情的地点。这里没有正规的景区，但路边有多家私人开设的游乐园，提供滑沙、骑马、骑骆驼等娱乐项目。当你拎着滑沙板爬上沙丘顶端，可见一侧是沙漠尽头的碧蓝湖水，另一侧是连绵无边际的沙丘，9月过后，你甚至能见到洁白雪山与金黄沙丘交融的美景。

各个游乐园差别不大，大多是付10~20元门票就能入内免费滑沙，骑骆驼拍照约40元/次，骑马2公里约100元，环湖东路30公里

青海湖

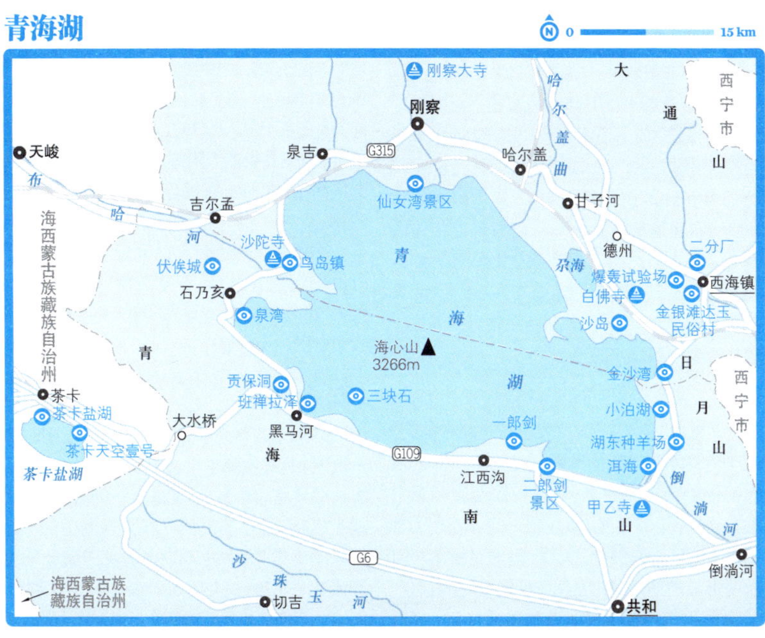

普氏原羚

普氏原羚又叫“中华对角羚”或“滩黄羊”，现仅存于青海湖的环湖区域。过往很长一段时间里，对青海湖的开发严重影响了普氏原羚的生存空间，随着草场分界竖起铁丝围栏，河流上游建起农业灌溉的私搭水渠，许多普氏原羚在跳跃围栏或水渠时死亡。20世纪80年代，青海湖普氏原羚数量曾剩不到50只，是世界上最濒危的有蹄类动物之一。

近年来，青海政府、民间环保组织及青海湖周边牧民都采取多种措施保护普氏原羚，刚察县哈尔盖镇建立普氏原羚保护区，通过政府补贴，将保护区周边牧民草场网围栏从1.5米降到1.2米，便于普氏原羚迁徙。而小泊湖湿地也有牧民南加建立的**保护驿站**（微信：青海小泊湖保护站），他不仅自己带领全家救护受伤的普氏原羚，还招募了周边县的一些热心环保的志愿者，买了相机让他们学习监测普氏原羚。好消息是，随着人们保护意识的增强和对栖息地人为干扰的减少，普氏原羚的数量逐渐在增加，2018年8月，在环湖地区13个普氏原羚监测样区已经观察到普氏原羚个体2793只，比2017年同期的种群数量增长超过三分之一。

如果想亲眼欣赏这种迷人生物，冬季时普氏原羚喜欢集结成群，可以到刚察县哈尔盖草原进行观察和拍摄。你也可以联系**南加老师**（☎158 9726 6669），前往他设立的普氏原羚保护区学习和参观。

处的**金沙湾最高滑沙店**据说拥有当地最高的滑沙道。不论你参加什么项目，只要人多都可议价。

对找刺激不感兴趣？那就留心路旁的几个停车带，它们其实是很不错的观景台和摄影点。

小泊湖 湿地

（见123页地图；环湖东路23公里处）**免费** 这里是青海湖水位下降后遗留的一片湿地，紧邻沙漠，草甸上还能看到一座座沙包。每年夏季，国家一、二级保护动物黑颈鹤、赤麻鸭等鸟类在这里栖息繁衍。10月黑颈鹤再度远走前，你远远地就能看见它们与野花相伴的身影。若对当地生态感兴趣，牧民南加在此建有**普氏原羚保护驿站**（见本页方框），能提供不少资讯。步行4公里穿越湿地可到湖边，但你需要一双防水的鞋。

洱海 湖泊

（见123页地图；环湖东路6公里处）**免费** 位于青海湖东南侧的洱海在地图上就像是从青海湖剥离出的一个小点，当你沿着环湖东路前进，第一眼看见它时，很可能会误以为自己已来到了青海湖畔。其实，洱海是由倒淌河水源形成的淡水湖，与青海湖并不相连。如今洱海畔也有不少藏民私营的旅游生意，穿过他们开辟的小路到湖边5元/人，骑马按距离算30~80元。夏季湖岸湿地可见到不少水鸟。

甲乙寺 寺庙

（见123页地图；环湖东路与109国道路口）**免费** 过了洱海，远远就能望见甲乙寺内28米高的金色未来佛塑像。这座高居小丘顶端的格鲁派寺院规模不大，平日游人罕至，但若你愿意绕路走访，泛着波光、泾渭分明的洱海与青海湖将是你登上高处的奖赏。每年端午期间（农历五月初一至初五），附近牧民会身着盛装，自发在甲乙寺附近支起帐篷，举行民族节庆活动，此时将有机会欣赏到赛马、对歌与藏舞。

国道边的甲乙村有两家饭馆和小商店，可解决用餐和补给。西宁至151基地（见125页）、黑马河（见128页）的班车途经甲乙寺，可中途下车步行前往。

食宿

环湖东路15公里处的湖东种羊场（见123页地图）是青海湖东岸最主要的休憩站，沿街有许多住宿、餐饮、小卖部合一的店。若有当地人领路，种羊场北侧几条直通湖边的小路可以欣赏到美丽的日落。**央茕林卡藏文化主题酒店**（☎175 0974 7779；环湖东路25号；铺/标间 40/120元；Wi-Fi P）设施很新很干净，房间大多配置藏式大炕，如果需要普通床铺要事先提要求。地下室的铺位宽敞舒适，就是Wi-Fi信号稍差。在舒适的交谊厅可以吃到简单的面食、盖浇饭与牦牛奶茶。

诺都美食坊（☎189 3564 6681；环湖旅友之家斜对面；人均37元；⏲8:00~22:00）菜式结合汉藏口味，在当地人气很高，很多人选择微辣的面片（16元）与羊肉砂锅（45元）。不远处的**荣华饭店**（☎851 9739；人均15~25元；⏲7:00~22:00）可能更合旅行者胃口，炒菜和自制酸奶（15元）都不错，早上供应稀饭套餐（15元/人）。

除湖东种羊场外，环湖东路金沙湾至洱海沿线仍有不少住宿，但多为帐篷宾馆，条件简陋，就餐选择也有限。

到达和离开

环湖东路尚无班车通行，游览景点以包车、自驾和骑行为主，西宁出发的包车旺季500~650元/辆，淡季400~500元/辆。在西海镇的刚察路加油站路口很容易就能找到前往环湖东路的顺风车。

青海湖南岸

如果在青海湖仅能停留1~2天，不妨将时光都花费在南岸。时间有限的旅行者与团体客大多在二郎剑景区匆匆一瞥后便火速离开；而精打细算，喜爱原始风光的背包客，则倾向于选择牧民私营，通向湖滨的小路。南岸西端，黑马河以“青海湖最美日出”为招牌吸引着旅行者，如果天气许可，不妨在此留宿一夜，隔日于晨光中翻过橡皮山，造访茶卡盐湖，镜子般的湖面早已因梦幻景色成为青海的旅游新宠。

二郎剑景区（151基地）至江西沟

海拔：3232米；区号：0974

这里很可能是青海湖人气最高的区域，相对便利的交通与丰富的设施让二郎剑景区成为旅行团与倚赖公共交通的旅行者探索青海湖的绝佳去处。但若你对乘船游湖与人工造景不感兴趣，其实沿途湖岸风光与景区内并无二致。盛夏时节，连绵数十里的油菜花海将此段湖岸装点得美不胜收。

景点

二郎剑景区 湖泊

（见123页地图；☎755 3555；109国道2108公里处；门票4月至10月90元，11月至次年3月50元，讲解120元；⏲景区全天，游船9:30~17:30）

不要错过

日月山和倒淌河

最高海拔4877米的日月山曾是内地通往西藏的咽喉，也是“唐蕃古道”和“丝绸辅道”的必经之地。相传它是文成公主进藏途中摔破日月宝镜而成。历史上，北魏和吐谷浑、唐和吐蕃都曾以日月山为界。地理上，它是青藏高原农业区和牧业区的天然分水岭，由此远望，一边是麦浪滚滚，另一边是苍茫草原。

西宁至倒淌河镇的109国道会翻越海拔3520米的日月山口，在**日月山景区**（见123页地图；门票40元；⏲8:00~19:00）高处，可见到隔着垭口遥相对望的日亭和月亭，这两座仿古建筑是为纪念文成公主进藏而建，亭内画有公主和松赞干布的联姻故事，月亭里另立有一座8世纪的**赤岭唐蕃分界碑**。

沿109国道继续向西，进入倒淌河镇之前，可顺路瞅一眼倒淌河。它曾经也是一条东流的河，后由于地壳变动，日月山隆起，这条河遂成为中国罕见的自东向西“倒淌”的河，最终注入青海湖。画地圈起的**倒淌河景区**（见123页地图；门票40元；⏲8:00~17:00）提供免费换穿藏装，在刻着“倒淌河”字样的石碑前留影的服务。

虽然日月山和倒淌河名声赫赫，但“百闻不如一见”对这两处地方并不适用。日月山除了两个石碑以外并无特殊的看点，倒淌河景区更只是站在路边就可窥见的一汪水而已。

20世纪60年代，二郎剑曾是中国第一个鱼雷发射实验基地，因距离西宁151公里而得名151基地，后青海湖水位下降，基地无法满足试验要求，于是退役转为景区。如今二郎剑可以说是青海湖的招牌，各旅行社所谓"青海湖一日游"指的多是这里。

景区可大致分为**二郎剑景区广场**和深入湖中的**二郎剑半岛**两部分，前者由各式人工造景与雕塑组成，观赏价值不算大。其中屹立水中的砖红色小楼上仍高悬当年的"中国鱼雷发射实验基地"字样，里面保留一部分原有的生产车间、实验区和鱼雷、电台等实物供游人参观（往返快艇100元/人）。旅游旺季时，广场上的**演艺广场**每晚20:30有民族歌舞演出。广场可租自行车（60元），也有观光车（20元）、马车（40元）和小火车（20元）可选，走路也不算太累。

二郎剑半岛与游湖行程是景区精华，但你得另外在广场**东码头**掏钱乘船（前往二郎剑140元，含返程车票；50分钟游轮 180元/人；10分钟快艇 100元/人）。这片遍布黄沙，蜿蜒入湖的半岛为你提供了踩水踏浪，近看水天一色的机会。虽然景色不错，但考虑到高昂的门票与船票价格，多数独立旅行者似乎更青睐景区周边由当地牧民开通的直通湖边的小路（见本页方框）。

一郎剑

湖泊

（见123页地图；二郎剑景区以西；免费）二郎剑西侧湖面上，还有一小截与二郎剑形状相似，遥相对应的三角形天然堤岸，被当地人起名"一郎剑"。它深入湖水的部分较二郎剑小了很多，风景却并不逊色。每年四五月份，大量水鸟在此栖息觅食，七八月，岸边开满粉红色的格桑花。近年来一郎剑名声渐响，当地村民开始设卡收费（30元/人，人多可讲价）。附近有一座规模较小的象牙寺可顺路一游。

从二郎剑售票处沿国道西行1公里处有一条通向湖边的岔路，快到湖边，再顺着象牙寺的指示牌西行10公里，即可到达一郎剑。

直通湖滨的小路

游览二郎剑景区时，很难不注意到周边成片围起的草场。它们其实是承包给当地牧民的牧区，按片分配，各自管理。夏季时，部分牧场上可能不见一头牛羊，但那正是处在养草期的冬牧场，到了冬季便是牛羊赖以生存的生命线。翻越护栏践踏草场可能影响牧民的经济来源，会招致反感甚至刁难。为避免"敲竹杠"式的争论与误会，建议选择门口有牧民坐镇收费的小道，如此只要5~20元费用就能穿越私人牧场直达湖滨，又不破坏草场。

节日和活动

青海湖国际诗歌节每两年一届，一般在8月中上旬举办。为期5~6天的时间内将于西宁、达玉民俗村（见122页）与青海湖周边各州县举办开幕式、论坛、颁奖、诗歌朗诵等活动。旅行者通常参与度不高，但若恰好躬逢其盛，可留心是否有诗歌朗诵会等活动可参加，体验不一样的文艺青海湖。

食宿

作为青海湖最热门的景区，二郎剑周边住宿旺季价格贵得离谱，淡季又有不少店铺歇业，如非必要，不推荐在此落脚。如果是自驾或骑行，多走一里路至109国道2100~2104公里一带或江西沟周边，能找到性价比更好的住宿。旺季一房难求时，绕路至共和（见142页）住一晚也是不错的选择。以下是我们调研时的价格，旺季价格基本会翻倍。

二郎剑景区对面国道边与江西沟镇上聚集有不少中档酒店和炒菜馆，川菜、清真菜居多，每间的口味与菜式半斤八两。

二郎剑

自由联盟青年客栈 青年旅舍 ¥

（131 3909 6337；莫热新村7号；铺 35元；P）2018年开业的青年旅舍，紧挨109国道与青海湖，和二郎剑景区仅有约10分钟的步行距离。房间设施很简单，但整洁干净，置物空间装饰有绿植与玩偶，每间房皆配有带蹲厕的独立卫浴。年轻的老板挺热情，能为你推荐免费下湖的小路。卫浴使用太阳能，阴天可能没有热水。

若不习惯与人共享房间，转角处的**在路上客栈**（852 2356；标双 180元；P）简单干净，二楼房间能看到青海湖。

★心灵树生活艺术家客栈　客栈 ¥¥

（☎852 8126；109国道2104公里处；标双230元；📶🅿）距二郎剑约有4公里，青海湖周边少数带设计感的民宿，混合藏式与现代风格。房间高起的平台上摆放着带电热毯的床垫与小茶几。公共空间有成柜的书籍与懒人椅，开满格桑花的小院内设有茶座，一种慵懒的度假气息扑面而来。餐厅供应的土火锅（258元）味道不错。

莫热塔院　客栈 ¥¥

（☎854 3399；109国道2103公里处；标双260元；📶🅿）藏式风格浓郁的酒店，分主楼房间与独栋小木屋，设施都很新，主楼还有当地少有的地暖。玻璃屋大厅很迷人，酒店在此提供唐卡体验（1~1.5小时，80元）、香包体验（40分钟，100元）与精选的书籍。冬季窗外就能看见雪山。

江西沟

江西沟镇内以家庭式小旅馆为主，条件相去不远，旺季铺位60~80元，淡季铺位30元，标间基本在200元以内。

★慈祥妈妈日出宾馆　客栈 ¥¥

（☎857 6699；109国道2143公里界碑处；铺 58元，标双 278元；📶🅿）实木打造的木屋，拥有宽敞温馨的房间。大厅21:00前供应免费现煮牦牛奶茶与氧气（30元）。距饭店10分钟步行距离的祭海台是观日出、星空的绝佳地点，可向前台索取免费门票，并预约叫早服务。只要当天天气良好，老板娘就会敲门唤你起床。旅馆距江西沟镇约有14公里，但偏远的位置不影响它的高人气，即便是淡季都经常满房。若想吃饭，旅馆出门右侧的**妈妈川菜**（⏲7:00~22:00）由四川人经营，供应简单的炒菜、盖浇饭与早餐（10元/人）。

ℹ 实用信息

危险和麻烦

曾有人目击湖边有狼和狐狸出没，尽管从未发生过旅行者遭受野兽攻击的事件，但出于安全考虑，露营时尽量选择人烟密集处。

> **睡在繁星下**
>
> 枕水听风而眠，夜宿繁星之下。在青海湖搭帐篷露营听似浪漫，但要留心的地方不少。首先湖岸大多属于牧民的草场，进入搭帐前务必先谈好价格，并请不要擅入围栏圈起的自然保护区，以免被处罚。更好的做法是和牧民或旅馆协商，扎营于帐房或建筑外的草地之上，只要10~15元就能住得安心，有时还能使用公共卫浴简单梳洗。此外**九号房车露营地**（微信公众号：九号露营地；☎0971 633 2899）在泉吉、沙岛、茶卡盐湖周边等处设有营地，能提供相对完善的设施。
>
> 高原冬季气候严寒，日夜温差大，不建议在5~9月以外的时间露营，并请特别留心保暖问题。

医疗服务

二郎剑景区唯一的一家小药店（景区出口内侧西北50米处；⏲8:30~21:00），贩售简单的日常用药。如果不想因为购买药品而支付高昂的门票，可在出口处跟门卫说一声。

银行

中国建设银行（⏲8:30~17:00）是景区周边唯一的银行，紧挨二郎剑售票处，设有24小时ATM。

旅游信息

二郎剑游客咨询中心（二郎剑景区售票处西侧；⏲8:30~19:00）可帮助旅行者订房，也可领取免费的青海湖旅游小单页。角落一个小摊位出售有青海湖风光和动物明信片（20~38元/套），在此邮寄会印上“青海湖”邮戳。

ℹ 到达和离开

西宁汽车客运中心每天9:30有旅游直通车（单程50元，2.5小时）直达青海湖（也就是所谓的二郎剑景区），另外西宁开往茶卡和乌兰的班车也都通过景区。

二郎剑客运站（☎851 1561；游客咨询中心旁；⏲8:30到售票结束）仅有回西宁的班车，班次随淡旺季调整，每日14:00、16:00基本有车，其余视状况增减。若想由二郎剑前往江西沟、黑马河与茶卡镇等处，可在109国道路边等待过路车，或请旅馆协助联系包车。

黑马河及周边

海拔：3210米；人口：0.4万；区号：0974

如果有任何理由吸引你来到黑马河，那必然是日出。黑马河坐落于109国道与环湖西路的交叉路口，小镇本身并无太大魅力，但邻近湖滨的地理位置让它成为欣赏青海湖日出的绝佳选择。近年也有不少旅行者以此为基地，翻越高耸的橡皮山探访天地如一的茶卡盐湖。黑马河周边靠湖的地方基本都能看见日出，但若途中须穿过牧民的草场，可能需要缴纳5~10元过路费。

景点

班禅拉泽 观景点

（见123页地图；黑马河西北3公里处）免费 黑马河一带能看日出的地方很多，但恐怕没有一处像班禅拉泽如此受欢迎。它其实是湖岸边一处开阔的空地，十世班禅曾在此祭海，岸边白色的祭海台凉亭、海中的煨桑台与成排随风鼓动的经幡诉说着班禅拉泽在当地佛教徒心中的地位。如今，大量裹着大衣等待日出的旅行者亦已成为班禅拉泽的另一道固定风景。看过日出别忘了回头望，这里也是远眺黑马河镇全景与远处雪山的好位置。

景区入口在环湖西路约0.5公里处，由此经过2公里坑坑洼洼的水泥路即达。步行约40分钟，日出前打车15元。

贡保洞 山洞

（见123页地图；环湖西路9公里处）免费 山洞就在环湖路边布满了风马旗与哈达的山坡上，相传此洞是莲花生大师的修炼之地，主供别名“贡保”的六臂怙主马哈嘎拉，香火旺盛。穿越仅容一人通过的洞口，爬上狭窄的楼梯，就进入主要洞厅，里头昏暗的酥油灯光照耀着石刻佛像，气氛肃穆。据说，尽头那隐然可见的两条岔路一条通向拉萨，一条通向印度。洞内光线昏暗，石阶湿滑，参观时请留心脚下。贡保洞没有公共交通，前往得靠自驾或包车。

食宿

黑马河镇沿着109国道而建，餐馆、住宿与商店全在一条不足2公里长的街上。自2018年整顿后，镇上仅剩零星住宿可选，条件普遍有待改进，好在洗个热水澡倒也非难事。住宿淡旺季价差很大，平日150~250元的标间在旺季涨到600~700元也是常有的事，就连青旅铺位都经常飙升至百元以上，却仍是一房难求，提前一周以上预订较保险。当地餐饮以川菜、土火锅和面条为主，简单填饱肚子不是问题。

奇石国际青年旅舍 青年旅舍 ¥

（☎155 9746 7722；东侧加油站斜对面；铺/太空舱/标双40/50/180元；❄📶P）黑马河为数不多的青旅之一，粉色外墙非常显眼。旺季房价飙涨至3倍多，但配备实木高低床的多人间仍是当地性价比较高的选择。共用卫浴使用太阳能且仅有两间，经常得等且不一定有热水。开空调得另付20元。友善的柜台提供茶卡盐湖拼车（80元/人）、出租军大衣（10元）服务并售有自制明信片（2元）。副楼的清真餐厅供应早餐、面片、盖浇饭和炒菜，人均15~20元。

附近的**218青年旅舍**（☎851 9389；人民

掌上青海湖

青海湖绝大部分旅店与餐馆皆已覆盖Wi-Fi，App和微信在景区的应用也越来越多。游玩前推荐关注青海湖公众号“青海湖旅游”，它提供青海湖景区的微信购票功能，只要凭电子二维码即可在售票窗口取票，旺季时能为你省下排队时间；更实用的是，此平台还提供语音导览与地图，你可以在开通相关服务的景区边逛边用手机听讲解。

交通方面，青海湖部分汽车站已开通网络售票功能，可以关注微信公众号“出行365”“青海汽车票”等进行购买。但滴滴出行等叫车软件在当地仍不普及，打车或包车仍得自己拦。线上支付在环湖地区基本已不成问题，微信比支付宝更普及一些。

当地知识

青海湖开湖

结冰和解冻是青海湖年年循环的生命周期，青海湖通常每年12月中旬开始进入封冻期，至次年4月中旬完全解冻，称为开湖。开湖又分“文开”“武开”两种。“文开”是指在某一个春日，暖风从早到晚吹拂湖面，次日停风之时，封冻的冰湖已经不知不觉融化，了无痕迹。如果湖冰遇上了猛烈的暖气流冲击，体积骤然缩小，不断炸裂，青海湖就会像弹药库爆炸般发出枪炮隆隆的声音，冰块也像炮弹爆炸一样在湖面冲撞，这就是“武开”。“武开”只要在湖边就能看到，但能不能“躬逢其盛”就得看你的运气了。

政府东200米；铺/标双 40/150元；📶）条件也相仿。

云海宾馆 客栈 ¥

（☎851 9365；加油站西行50米；铺/标单 50/180元；📶Ⓟ）当地规模较大的客栈，共有3栋平房小楼，房间不大但设施齐全，暖气、电热毯与电吹风都有，热水也稳定。如果简陋的公共卫生间让你望之却步，就选带独立卫浴的标间，淡季现场折价幅度大，最低可至100元。

璀璨星辰旅馆 酒店 ¥¥

（☎851 4524；集镇18号；标单 376元；📶Ⓟ）镇上唯一的星级酒店，位于镇入口的桥头边，铺着木头地板的房间很新很干净，卫生间的花洒水量大、热水足，门前桥上就能看日出。所谓湖景房离湖仍有段距离，部分房间甚至仅能瞥见湖的一角，无须为它多花钱。租用军大衣20元/件。

渝蜀人家川菜馆 川菜 ¥

（☎138 9778 6030；109国道环湖西路路口；人均 15~25元；🕘9:00~22:00）当地人气较高的餐馆，环境简单卫生，供应改良川菜和面食，分量很大，味道不错。不远处的**天路美食城**（☎150 0360 8188；109国道天路假日宾馆楼下；人均 75元，盖浇饭20~30元，面食13~18元；🕘7:00~23:00）供应清真菜，口味很好但价格稍高，草原野黄菇（88元）和野黄菇炒肉（108元）值得一试。

ℹ 到达和离开

黑马河没有汽车站，包车或自驾是造访这里的主流方式。西宁发往茶卡、德令哈、格尔木等地的班车也都途经黑马河，班次不少，车程4~5小时。

黑马河距茶卡约80公里，不少环湖骑行者选择由此前往茶卡盐湖，你可通过旅馆联系包车（300~320元/车），或于109国道上等待前往格尔木、乌兰、都兰、德令哈等方向的过路车，车程约1.5小时，30元，最晚一班车在17:00左右通过黑马河加油站。

茶卡

海拔：3059米；人口：0.1万；区号：0977

雪白盐湖完整倒映雪山与蓝天，身着红裙的女子翩然点缀其间。在你来到茶卡前，很可能已经通过网上“必去景点”之类的帖子见过这里。茶卡位于柴达木盆地东缘，在藏语中意为“盐池”，西汉时期，当地羌族人便开始在此采盐。乾隆二十八年（1763年），因皇帝偏爱当地出产“青盐”烹饪的菜肴，盐场开始大规模开采。

近年，这片纯净盐池被《中国国家地理杂志》评为“人一生中必去的55个地方”之一，“中国天空之镜”的美名不胫而走，曾为南丝绸之路重要站点的茶卡镇也再度成为旅人往来聚集之地。

目前总面积105平方公里的盐湖上共设有两个景区，性质雷同，加上由西宁或黑马河往返茶卡很方便，只择其一的话单日便可轻松完成游览。但是你得做好心理准备，盐湖的观感受天气影响极大，仅有晴朗且无风的日子，镜面效果才能完美显现。

茶卡盐湖 湖泊

（见123页地图；☎824 6999；茶卡镇西街5号；门票 60元；🕘5:30~23:00）传统意义上的茶卡盐湖景区胜在设施完善，位置便利。景区大门至小火车起点站约有1公里路，可以选择电瓶车（5元）或步行。想玩得更省时，建议你花20分钟乘小火车（50元/次；⏲旺季7:00~21:00，淡季 8:30~18:00）直达尽头的**湖心码头**，这是景区最美的部分，广袤盐湖让天地看似失去边际。在此你可以乘船（90元）浏览过往采盐的工业航道，或购买一次性鞋套（5元）深入湖心，静静欣赏天地一色并加入人群完成“打卡”，接着便可沿铁轨缓步而出。这段路虽有4公里长，但在盐湖美景与散落期间的采盐遗址的陪伴下，并不觉得遥远。

离开景区前，可以在**天空之镜广场**与出口外的商业街稍作停留，前者设有以盐业与当地传说为主题的巨大盐雕作品，后者能找到数间贩售盐湖明信片的摊位与**天空之镜主题邮局**（⏲9:00~18:00）。对登高远望乐此不疲？售票处旁新设有观光塔，花上20元就能乘电梯登顶俯瞰盐湖全景。

调研期间，景区除常规门票外，亦售有组合交通、观光塔、鞋套等的游船套票（200元）和小火车往返套票（160元），可于售票处依需求选购。景区位于茶卡镇南约4公里处，乘出租车单程20元。

茶卡天空壹号 湖泊

（见123页地图；☎824 6666；109国道茶卡镇西南15公里；门票 50元，鞋套租赁 10元；⏲7:00~20:30）2019年7月开园，前身为漠河盐场，造型多样的沉水栈道与丰富活动是最大的魅力，除了已开放的热气球、卡丁车、滑翔机等活动外，据说未来还将开放盐卤漂浮体验。

景区的环形主干道约有7.5公里长，周边草原、盐湖、雪山交织，全程有带讲解的观光火车营运（20元，随上随下）。时间充裕者，可先在**沉水栈道站**下车，数条相连的亲水木栈道在此蜿蜒入湖，心形栈道与中间停泊的小船吸引众多拍照人潮。**目瑙广场站**是景区精华，近处两段深入湖中的铁轨于其上的运盐火车让人想起《千与千寻》中神秘的海上火车，远处巍峨雪山与澄净的盐湖融为一体。长约1公里的步道尽头，广阔的镜面湖是摄影的经典角度。观光车终点站为《一代天骄成吉思汗》剧场，这部讲述草原天骄一生的大型实景马术剧旺季时每天11:30~12:15和16:00~16:45上演，票价99元起。

茶卡镇包车前往天空壹号60元。西宁与黑马河往茶卡的班车会路过景区大门，但此处离售票处还有约5公里路。

住宿

茶卡镇很小，除非是为盐湖星空或日出而来，否则多数旅行者在游览盐湖后便会匆匆上路。如果真要在这里住下，高档酒店主要位于贯穿全镇的国道两侧，而小旅馆则集中于小镇北面新建的茶卡新村内，它们条件简单，但仅要40~50元就能住到干净的铺位。此外，小镇东缘还有片以蒙古包住宿为主的**蒙古大营**，考量到相对简陋的环境，这里恐

呵护盐湖

随着茶卡盐湖迅速蹿红，慕名而来的游客几乎踏破了景区大门。2011年至2015年短短几年间，游客量从两万多暴增至百万，基础建设远远跟不上游客递增的速度，以致盐湖环境和卫生状况每况愈下，多次传出“臭水沟”的恶名。同时，也产生了垃圾遍地、交通拥堵、乱收停车费等“旺季特色”。

2015年10月，火爆了一整个夏季的盐湖终于不堪重负，进入封闭维护升级阶段。更多的停车场、卫生设施与餐饮住宿被改造，并于2016年重新开放。即便如此，2018年网上一部盐湖变“垃圾场”的视频仍引发热议，据传旺季时景区一天内能清出12吨垃圾。为缓解环境压力，目前景区已制定一系列措施，并开放新的天空壹号景区纾解人潮，但最终保护环境的责任仍落在你我身上。

作为负责任的旅行者，参观盐湖请不要乱扔垃圾、不要购买一次性鞋套，自带拖鞋、雨鞋下水或向景区租用鞋套是更好的选择。尽量避开人群集中的区域下湖，以免过度践踏盐湖。另外，要注意湖堤上的警示牌，避开危险区域。茶卡盐湖美景究竟能永存，或是如鸟岛、沙岛般接连因环境原因闭门，都有赖于各位旅行者的选择。

在盐湖拍照

茶卡盐湖大量的湖盐类沉积矿物结晶析出并结成数米厚的"盐板"，其上又铺着一层几毫米厚的水，远远望去，人与天空的倒影清晰可见，造就了水上漂的奇观。夏秋是较好的季节，天气温度刚好，湖水清澈透亮。如果倒影照是你的目标，记得避开大风和下雨的日子，最好选艳阳天，反射更强。

➡ **拍人像**。身着艳丽长裙，双手高举围巾在水中作迎风而立状是当下盐湖最潮的pose，红色更成了逛盐湖的标准色。但你也可以不随大流，基本只要亮色系拍起来都好看。最好选上午9点前和下午5点后，不要挑中午时段，这样光线才柔和。湖面凹造型的人太多怎么办？走远一点，深入盐湖。

➡ **拍星轨**。晴朗的夜晚，浩瀚的银河倒映湖中，成就了盐湖的招牌美景。如果你想拍摄延时星轨，三脚架必不可少，也别忘了做好保暖，带上一块备用电池。哪怕是夏天，高原的夜晚也足够冷。把铁轨和小火车纳入镜头更有趣味。

➡ **拍天空**。夕阳西下，盐湖湖水中投射出另一面晚霞，此时按下快门，可以看到两片天空。晚霞灿烂或是暴风雨来临前是最佳时机，可以适时使用偏振镜。

怕比较适合想尝鲜的人。

乌兰镜上小憩民宿 客栈 ¥¥¥

（☎874 0191；茶卡新村60号；标单/双 412元起；📶🅿）2019年新开业，日式简约风格装修，木头家具，价格虽高但环境、卫生与服务皆属上乘。11间客房配置各不相同，单间房最多可住六人。中央庭院不定时放映幕布电影。

天之镜宾馆 客栈 ¥

（☎725 1060；交通街13号；铺/标双 49/85元；📶🅿）与汽车站咫尺之遥，房间中规中矩，不过卫生维持得不错，价格也实惠。现场价可能比网上更便宜。

青盐宾馆 酒店 ¥¥

（☎824 0254；交通街16号；标单/双 280/480元；📶🅿）由盐业公司经营，分1、2号两栋，2号离景区更近些。入住送茶卡盐湖门票，到柜台登记就能多次进出景区，适合拍摄星空和日出。缺点是室内装潢稍显陈旧，还有个得和室友"坦诚相见"的玻璃卫生间。后院的青盐餐厅提供湘菜、粤菜和家常炒菜（人均25~35元，自助快餐40元/人），早餐（10元/位）。

金陵昊轩大酒店 酒店 ¥¥

（☎830 4555；幸福路与巴音路交叉口；标单/双 236元；📶🅿）比较气派的酒店，号称以四星标准打造，实际得打个折。房间宽敞大气，2~3楼设有氧气房（供氧设备使用费120元），顶层有个简单的健身中心。

树与人音乐营 营地 ¥

（☎138 9742 9141；星空帐篷 198元起；📶🅿）就在茶卡壹号景区大门旁，拥有能仰望星空的透明帐篷与现场音乐演出，氛围比住宿条件好得多，入住送景区门票。不远处有个**柏威酒店**（☎829 4888；标双 832元；📶）价格偏高，胜在紧邻景区。

就餐

T字相交的交通街（109国道）和幸福路是镇上的主要道路，沿街有不少价格与品质差别不大的面馆、清真菜与川菜馆，它们大多也供应粉汤、粥、牛肉面等简单早餐。

牦牛大骨汤 小吃 ¥

（☎139 0977 1435；茶卡汽车站一楼；小碗/大碗 20/23元；⏲8:00~21:30）仅售大骨汤的小店，鲜甜骨汤内加入软嫩牦牛肉与红薯粉，分量很足，若不够还能加大饼（1元）。如果你是狂热的"肉食动物"，就选择加肉的版本吧（小碗/大碗26/30元）。

伊升砂锅居 清真菜 ¥

（☎186 9722 9110；幸福路与巴音路交叉口西行80米；人均 32元；⏲7:00~23:00）很接地气

的餐馆，就在茶卡新村入口。招牌菜是土火锅（中份/大份 168/188元），清淡的汤头，丰富的食材，搭配店家特制辣酱收服了不少当地人的心。独自旅行者可以选砂锅，一份就能吃好吃饱。

实用信息

富康医药连锁（天使大药房）（交通街14号；⌚8:30~22:00）是镇上最大的药店，普通的日常用药都能买到。

到达和离开

长途汽车

西宁去茶卡盐湖最方便的方式是乘坐每天10:00前往茶卡盐湖（100元）的直通车，若不幸错过，12:00另有一班车去往茶卡（65.5元）。去乌兰和都兰的车也会经过茶卡镇。

从黑马河方向来，可以选班车，也能选包车（见129页），中间会翻过一座海拔3800多米的橡皮山，中间这一路上几乎没什么手机信号。

茶卡汽车站（☎824 0326；交通街22号；⌚7:30~17:30）则以前往西宁（65.5元；8:30、9:10、10:40、11:40、14:10、15:40、17:10；5小时）、乌兰（15元；10:00、13:00、15:00、17:00；1.5小时）的班次为主。另有一班车开往都兰（31元；12:00；2小时），一班车经乌兰前往德令哈（47元；12:00；4小时）

火车

每年6~8月，青藏铁路公司开通有西宁至茶卡盐湖的旅游专列，列车8:25从西宁站发车，12:23抵达茶卡；当日16:30由茶卡发车，20:43返抵西宁。单程票价62.5元。

当地交通

茶卡镇没有公交车，镇上步行即可轻松到达任意地点。前往景区，汽车站门口和盐湖十字路口很容易找到揽客的出租车。

青海湖西岸

海拔：3220米；区号：0970

环湖西路离青海湖最近。由黑马河至鸟岛，道路笔直平缓。广阔似海、波光闪烁的湖泊占满所有过路人的视野，而古老的吐谷蕃古城与山丘上的寺院则隐于深处，只对愿意另辟蹊径的旅人开放。虽然鸟岛的关闭让西岸少了块招牌，但被誉为“青海湖最美路段”的风景仍值得你为之驻足。最好在沿湖帐篷或民居住下，慢慢欣赏青海湖由夕阳西下至星空璀璨，看一场日出再上路。

景点

泉湾 湿地

（见123页地图；石乃亥乡东南4公里）免费 又名那尕则滩涂沼泽地，因周边遍布温泉泉眼，湖面常年不冻。泉湾四季看点不同，夏季湖岸开满各色野花，天与湖碧蓝如洗，游人罕至；冬季，成批来自俄罗斯的大天鹅在此过冬，泉湾成为名副其实的“天鹅湖”，吸引众多摄影发烧友前来拍摄。薄雾弥漫的清晨与天鹅活跃的下午都是拍摄好时机。需留心的是，冬季岸边结有冰层，如需于冰面上拍摄，请跟随当地俱乐部组织前来，切勿贸然乱闯。

海心山的神秘修行者

海心山孤立湖中，远离尘世，被藏民视为仙山。当地信众相信在海心山上修行一天，相当于尘世七日，因此即便环境艰苦，仍不断有僧侣上岛修行。这些修行者的足迹最早可追溯至汉代，但海心山正式成为宁玛派的道场则是清代之事。据传当年五世达赖喇嘛创建沙陀寺期间，曾在此苦修，从此至海心山修道就成了沙陀寺传统。历史上，莲花生大士等高僧大德亦曾在此修行，岛上莲花庵因此得名。

如今岩石峥嵘的岛上共有13名常驻比丘尼，她们于此潜心修行，早上6点便起床打坐、静修与讲经，并于修道之余翻制石砖，增建庵堂，延续传统。除了住持、管家可能因需求或特殊状况离岛外，多数尼师仅在冬季冰合之时徒步7小时出岛，上岸采办一整年的食品与物资后便回到岛上潜心静修，直到隔年湖面再度冰封。除此之外，亦有部分周边藏区的僧侣会上岛朝圣或修行，甚至闭关达数月，他们有些就住在岛上的山洞里。

当地知识

龙吸水

夏季的青海湖天气变幻莫测，偶尔还会出现奇妙的“龙吸水”现象。龙吸水为龙卷风的一种，当龙卷风经过青海湖，将大量湖水卷入空中，便形成了上接大片灰色雷雨云，下达湖水面的白色漩涡状水柱，有时甚至几条水柱同时席卷湖面。远远望去，直通天际的水柱就像巨龙吸水一般。

青海湖的“龙吸水”现象在近几年都曾出现，但要看见得凭（不知是好运还是坏运）运气，因为龙吸水只有在短时内出现强对流天气时才会发生，通常伴随雷电或冰雹，且在旋转一段时间后，水柱会突然断开，吸到天上的水重重跌下，形成狂风暴雨。

泉湾旁边还有一座用石片砌成的**尕日拉寺**，风格比较接近青南和川西北的藏式建筑，清净朴素。由此远眺，碧绿草场与湛蓝湖水相依偎，视野开阔。寺院平日不对旅行者开放，除非遇上热情的僧侣邀你参观。

环湖西路35.2公里处的一条水泥路岔路口往东，约4公里可到泉湾和尕日拉寺。从石乃亥包车往返泉湾30元。

海心山与三块石 岛屿

在天气好的日子里，由环湖西路向湖面眺望，你必然不会错过伫立湖中的海心山与三块石。虽分别以山、石为名，但它们其实都是岛。**海心山**（见123页地图；鸟岛镇东南28公里湖面上）免费 也叫湖心岛，是青海湖最大的岛屿，自汉代起，岛上就修有寺院，据传过往吐谷浑曾在此放牧牝马，培育出历史名驹“青海骢”。相较历史上的名声赫赫，今日海心山已回归平静，岛上的岩石到处画着经文和佛像，有些大石上还有用小石头堆成的嘛呢石堆，风口处挂着经幡。而居高临下的尼姑庵——莲花庵全为“文革”后新建，隔着湖就能望见寺院的白塔。

三块石（见123页地图；鸟岛镇东南20公里湖面上）免费 又名孤插山，远远望去，形似三块突出水面的嶙峋巨石，实则为七块堆积在一起的石灰石与礁石。每年4~6月，两座岛上栖息着大量鸟类，为保护环境，两岛皆严禁旅行者以任何方式上岛，你仅能靠长焦镜头或望远镜窥看三块石上的鸬鹚等鸟类。

伏俟城 历史古迹

（见123页地图；石乃亥乡铁卜加村）免费 “伏俟城”为鲜卑语，意为“王者之城”。当你望见路边那几座绿草覆盖的土丘之时，可能很难想象这就是青海历史上第一个封建王国——吐谷（yù）浑王国的都城。经过1500多年的岁月洗礼，这座方形古城旧貌不再，隆起的城郭遗址被圈于铁丝网内，周遭一片荒凉。据说若能找到牧场主人，便能付费登上土堆，看荒草覆盖下几处依稀可辨的房基。你可以向石乃亥村民打听相关信息。

由石乃亥加油站往北500米的丁字路口往铁卜加村方向行5公里，可见平坦草原上忽现几座拢起的土堆，这便是遗址。

沙陀寺 寺庙

（见123页地图；鸟岛镇十字路口以北1公里处）免费 环湖地区最大的宁玛派寺院，不要错过小经堂内3米高的观音菩萨像，其怀中一座大小仅5寸的迷你四臂观音，是五世达赖喇嘛赐予当地信众的宝物，而大殿内悬挂着的百余幅堆绣唐卡也值得一看。寺院依山傍水，院后山坡上布满红色经幡，在风中猎猎飘扬，院前可以俯瞰布哈河，一路向青海湖蜿蜒而去。

每年农历八月初二，沙陀寺将连演三天《格萨尔王传》等藏戏，届时特色乐器大藏鼓、藏钹、法鼓、藏唢呐、海螺将齐齐奏响，气氛热闹。寺院就在鸟岛镇上，步行可达。

食宿

经过近年的整治，环湖西路上满是帐篷与板房的盛景已经不再，景区关闭后的鸟岛镇亦渐趋没落，好在除了7~8月需要预订外，其余季节仍称得上不愁吃穿。石乃亥、鸟岛镇和风景较好的环湖西路12至16公里处都是住宿集中的区域。和青海湖其他地区相同，此处旺季房价水涨船高，至少翻至一倍以上。

当地的就餐选择较少，主要是川菜、面食和盖饭（人均15~30元），城镇以外的住宿大多附设餐厅供应藏餐、手抓羊肉、土火锅等特色菜。

石乃亥

邻近泉湾的石乃亥是环湖骑行者的重要落脚点之一，小小的镇上遍布十几家旅馆、餐馆与蔬菜瓜果店，它们沿主路呈T字分布，除了基础的标间与铺位外无法要求太多。如果只是想简单吃一顿，藏医诊所旁的**青海湖餐厅**（☎186 9782 3888；人均 15~30元；⏲7:30~23:00）供应盖饭、面食与砂锅，口味不错，饭点经常挤满当地人。想吃丰盛些，可以选斜对面的**香满园川菜馆**（☎852 9119；人均 50元；⏲8:00~22:30）。

格桑花驿站 客栈 ¥

（☎139 2383 0975；派出所对面；铺/标间 50/312元；📶🅿）坐落于小院内的藏式客栈，房间很干净，房型很多元，基本的床位、普间与标间都有，也有特色的亲子大炕房和后院的蒙古包。餐厅提供土火锅、烤全羊等特色菜，价位略高。

伏俟城商务宾馆 客栈 ¥

（☎176 9730 0006；卫生院对面；铺/标双 50/275元；📶🅿）2018年开业，卫生条件还不错，铺位也是独立床，一间3~4人。想要24小时稳定热水得选带私人卫浴的豪华标间，其余房型共用卫浴且全倚赖太阳能。老板娘为人热情且健谈。

神湖招待所 客栈 ¥

（☎189 9744 6296；环湖西路38.5公里处；铺 40元；📶🅿）当地藏族人经营，一进门是藏式住家，后院彩钢房供住宿，仅有10张床位，条件简陋但不失干净。热水器无法调节水温，洗澡是个问题。

鸟岛镇

自鸟岛景区关闭后，住在镇上意义已经不大，如果非得落脚于此，**大庄园宾馆**（☎865 5066，冬季歇业时无人接听；布哈河桥东；标双 260元；@📶🅿）是镇上较好的酒店，设施很新，服务热情，不过热水限时供应。一楼为餐厅。自驾者可选**牧羊人宾馆**（☎180 9710 9944；鸟岛镇十字路口2公里处；标双 260元；📶🅿），这家草原上的牧家乐坐拥数间视野开阔的木屋，出门就能观赏日出与星空。老板娘做得一手好菜，特别是牛肉火锅味鲜料足，对得起偏高的价格。

环湖西路

作为最靠近青海湖的路段，环湖西路上有不少主打“推门见湖”的住宿，其中湖畔帐篷与板房等大都已因生态考量拆除，仅剩下背山面湖的独栋小楼仍守候着青海湖的日升月落。它们大多位于小坡上，基础的电热毯、Wi-Fi与提供24小时热水淋浴的标间已算是标配。

★ **藏族秘岸客栈** 客栈 ¥¥¥

（☎189 9718 9739；环湖西路23公里处；铺/标双 83/668元；📶🅿）由9栋红色集装箱改建而成，宜家风格装修，除六人间和八人间外皆配有独立卫浴，提供舒适的床铺、大片落地窗与辽阔的草原美景。整改后仅剩一间大床房能直接面湖，旺季想住得提早数个月预订。Wi-Fi只能在公共空间使用。藏族老板很热情，提前联系可至黑马河免费接送。

毛尼卓玛驿站 客栈 ¥

（☎155 9748 2227；环湖西路15.9公里处；铺/标双 100/268元；📶🅿）地理位置得天独厚，和青海湖仅仅隔着一条路，从餐厅的大窗就能欣赏湖景日出。即便是床位也配电热毯与暖扇，以及24小时热水的私人卫浴。旺季可协助安排骑马、租藏装、自行车等，服务完善。旅馆位于小丘上，没有明显标识，若找不到可打电话询问。

湖缘商务酒店 酒店 ¥¥¥

（☎139 9744 0479；环湖西路15.2公里处；标双 560元；@📶🅿）气派的三层楼酒店，面朝青海湖，步行3~5分钟即达湖滨。房间装修在环湖地区属上乘，卫生也维持得不错。早晨凭房卡可至酒店私有草场赏日出，入住湖景房的话，甚至能“足不出户”就将日出美景纳入眼底。酒店附设有超市和餐厅，除了供应藏餐和炒菜（20~50元）外甚至还有咖啡，早餐有稀饭、花卷、小菜与鸡蛋（15元/人），可惜口味不佳。淡季标双最低可谈至160元。

到达和当地交通

西宁汽车客运中心每天7:45有班车前往鸟岛，票价66元，车程约5.5小时，途经刚察。另有一班车前往石乃亥（57元；9:45）。鸟岛返回西宁的班车每天7:30于鸟岛镇十字路口发车。

环湖西路上没有汽车站也没有公交，浏览沿线景点只能自驾、骑行或包车。

青海湖北岸

行至北岸，通常也表示你的环湖行程即将进入尾声。由于国道偏离湖岸，过了泉吉后便再也看不见青海湖湛蓝的身影，取而代之的是祁连山系大通山脉起伏的山峦和连绵草场。这里也是环湖地区最重要的牧区，散落如星的牛羊与骑马放牧的牧民将是环湖一周的美好收尾。

刚察县及周边

海拔：3305米；人口：4.2万；区号：0970

除了流传着仓央嘉措神秘消失的传说的仙女湾外，刚察似乎缺乏亮点，倒是热闹的县城被不少环湖骑行者视作挥别青海湖前最后的休憩补给之处。不同天数的骑行者在此交会，住上一晚，接着头也不回地告别青海湖，部分人甚至直接将自行车扛上了开往西海镇的巴士。

近年刚察政府费了很多心思经营旅游，投资并不手软。本书调研期间，县城内的游客服务中心、民族民俗展示馆、演艺中心和商业街等旅游建筑刚刚落成，尚未正式运营；县城外，仓央嘉措文化广场、慈悲慧眼感恩塔与湟鱼壁画等人造景观一路延伸。如果你恰好赶上了“季节限定”的湟鱼洄游，可以到县城边缘的湟鱼家园（见136页方框）欣赏奇景。

刚察的景点都在县城外，县城内东、西、南、北四条大街交叉的十字路口便是城中心，南大街以南是仙女湾，而沿着东大街向东可前往西海镇。

景点

仙女湾景区 湿地

（见123页地图；☎755 3555；刚察以南16公里；门票 4月至10月 60元，11月至次年3月 30元；⏲8:00~18:00）仓央嘉措失踪的传说是仙女湾的活招牌，据说当年六世达赖喇嘛于返京途中经过仙女湾，醉心于此处美景，一夜之间神秘遁去，不知所终。时至今日，仙女湾仍维持着原生态面貌，长长的木线桥由大门一路蜿蜒入湖，两侧是无边无际的湿地，尽头的青海湖湖水簇拥着祭海台，夕阳时分，湿地与湖面被余晖笼罩，景色绝美。此外，你一定不会错过广场上显眼的三牲拉则，这个四周摆放

青海湖祭海

祭海最初是信奉萨满教的蒙古族的传统，后来逐渐演变成环湖地区蒙古族与藏族共有的风俗。这是一个神圣而隆重的过程。祭海之前，要先搭建神宫拉则、祭台、经堂，并准备祭品，还需要僧人专门诵经十余日。待到祭海之日，先由喇嘛或长者高声诵念经文，登上“桑台”点燃松柏枝，象征祭海仪式真正开始。接着信众跟随僧侣放风马、转“阔拉”、磕长头、投宝瓶。僧侣们戴上华丽的面具威严起舞，而年轻的骑手则跃马入湖，以求海神保佑。祭海前后，草原上赛马、射箭、摔跤等各种活动层出不穷，宛如一个盛大的嘉年华。

有官方参与的祭海始于唐玄宗天宝十年（公元751年），兴盛于清雍正三年（1725年），而到了1949年后，祭海则完全转为民间活动。这项古老民俗已在2008年入选国家级非物质文化遗产名录。青海湖边有多处祭海台，每年的祭海由活佛挑选吉日，大多没有固定时间，想看得碰运气。比较固定的是每年6~7月的仙女湾祭海，活动期间，可见到众多喇嘛和信众祭祀祈福，老人、妇女摘下护身符用湖水洗涤，还有许多小伙子骑着马下湖狂奔，以求神湖庇佑，气氛热闹。想要体验盛况，不妨提前关注当地新闻。

上百个马头、牛头、羊头雕像的祭台据说是五世达赖为祈求平安而建。

去仙女湾要选对季节，5月前后，鸟岛的常客斑头雁、鸬鹚、渔鸥驻足于此，5月至7月大批洄游的湟鱼布满河道，11月至次年1月，成群的大天鹅独领风骚。盛夏则有穿梭花海的清凉漂流（30元，10~15分钟）与传统隆重的祭海活动（见135页方框）。至于其他时间，你就只能专心欣赏蓝天碧水了。去往仙女湾没有公共交通，只能包车（刚察县城往返60元/车）或自驾。

刚察大寺

寺庙

（见123页地图；刚察县北25公里）免费

环湖地区颇具影响力的格鲁派寺院，始建于1915年，1958年和"文革"时两度被毁，现存建筑是1981年后新建。寺院依山而建，最大看点是大殿内精美的壁画与木质雕塑。大寺以南约5公里处，另有一座刚察小寺 免费。两座寺院以当地信众朝拜为主，游客稀少，部分殿堂常年大门紧锁，如要拜谒得请寺庙喇嘛开门。

刚察大寺没有公共交通，只能包车（往返130元）或自驾，从刚察县一进县城315国道旁的加油站，一路往北即可到达，沿途路况不佳，单程约1小时。

节日和活动

锅庄舞演出

歌舞表演

职工文化休闲广场于19:30不定期举办大型藏族歌舞表演。

赛马

赛马

刚察附近牧区7~10月不定期举行小规模的赛马会、拔河比赛等活动，时间和地点都不固定，需致电哈尔盖人民政府（☎865 4800）打听详情。另外，刚察县城的民族赛马场每年7月举办场内赛马活动，至2019年已迈入第4个年头。

住宿

刚察县城食宿特别发达，尤其是刚察汽车站对面与南大街周边中档酒店林立，要找到一间有稳定热水与Wi-Fi的住宿不是难事。而北大街周边近年多了不少家庭旅馆，条件差不多。

若在环湖途中体力不支或临时需要休憩，泉吉和哈尔盖紧凑的主街两侧有些简单的家庭旅馆可落脚。

刚察

★ 德吉央宗青年旅舍

青年旅舍 ¥

（☎152 9700 9391；瓦颜路延伸段，锅炉房大烟囱正对面；铺/标双 45/110元起；📶 P）2019年刚完成装修的老牌青旅，4楼玻璃房内有书吧、酒吧与老板娘的好手艺（晚餐19:00~21:00），特别适合发呆。位于2~3楼的房间也不逊色，多人间配有舒适双层实木床，每个位子设有木屋造型夜灯与充足插座，房

裸鲤

裸鲤俗称湟鱼，是青海湖中的唯一鱼种。它们身体裸露，没有鳞片，能神奇地将湖中多余的盐和碱排出体外。每年春夏之交，湟鱼成群结队，逆流而上，洄游至淡水河产卵繁衍，是青海湖畔的著名奇观。

不幸的是，由于栖地遭破坏、过度捕捞，加上湟鱼生长极其缓慢（8~9年才长到半斤重，一斤重的湟鱼需要生长11~12年），近年湟鱼种群急剧减少。纵然已被国家列为重点保护鱼类，禁止捕捞、食用，民间亦有不少志愿者制止贩卖湟鱼，目前盗捕行为仍然猖獗，部分青海湖边的饭馆将湟鱼作为隐藏菜单，供给想要尝鲜的游客。2015年6月，藏族诗人卡瓦娘吉为保护湟鱼在拆解盗捕者渔网时不幸去世，更凸显了民间保护志愿者的孤独境地。

想了解湟鱼，我们建议你用看取代品尝。刚察是欣赏湟鱼洄游奇景的最佳地点之一，当地政府在县城边缘的沙柳河湿地打造湟鱼家园（见138页地图；刚察县南大街；平日免费，6~8月门票30元），沿河建起了民族祥和塔、观鱼长廊、放生平台等人造景观。虽平日并无可看之处，但到了六七月份的观鱼放生节，"半河清水半河鱼"的壮观景象可能会在眼前真实上演。

值得一游

年钦夏格日山与昆仑铜柱

年钦夏格日山位于刚察县、海宴县两县交界处的哈尔盖大草原上，海拔4385米。传说中西王母曾在此修行居住，山上的108个洞穴即为西王母和隐修者们集会的“殿宇”。山峰顶端有一座高约3米、周长也约3米的石柱，表面光洁，敲击时会发出铿锵金属声，被藏族群众称为“镇山神柱”。据信它就是《山海经》记载的“昆仑铜柱”，相传盘古开天辟地时用它来支撑天地。如今，这根神柱挂满了信徒们祈求吉祥的哈达和经幡。

年钦夏格日山离哈尔盖乡45公里，目前没有公共交通抵达，可自驾前往山下。但是山上岩石风化严重，道路崎岖，如要攀登建议结伴前往，登顶耗时约4小时。

内浴厕花砖铺地，小巧整洁，还有吹风机与地暖。Loft风格的标间同样宽敞干净。青旅没有电梯，床位都在3楼。

雍吉梅朵酒店 客栈 ¥¥

（768 0567；瓦颜路延伸段，寺庙对面；标双 220元起；WiFi P）两位热情的藏族青年经营的设计民宿，朴素外观里藏着精致的ins风格房间，抢眼的蓝色、绿色墙面搭配白格子瓷砖，简约而别致。新颖齐全的设施也是优点，制氧机、一次性毛巾与可以看电影的投影仪是主打。一楼有个雅致的餐厅，柜台能免费借用藏族服饰拍照。

蕃域藏城林卡酒店 酒店 ¥¥¥

（764 9555；南大街，近湟鱼家园；标双 595元；WiFi P）由藏族设计师东林先生打造，以泥沙、石材与木料等天然环保建材兴建的圆形建筑物虽以藏式风格为核心，却令人想起千里之外的福建土楼。宽敞简洁的房间有落地大窗，午后阳光漫洒，很是迷人。淡季现场可拿到半价以下的折扣。

鑫旭商务宾馆 酒店 ¥¥

（865 2888；广场路9号；标单/双 298元；WiFi P）地处县城中心位置，吃饭购物很方便。商务风格装修的房间有些老派，好处是暖气和24小时热水一应俱全。门口就是广场，早晚的广场舞有点扰人清梦，当然，你也可以加入他们去跳一次锅庄。

泉吉

泉吉不大，吃饭、住宿和商店都在短短的主要街道两侧。中国古典风格装修的**拾福客栈**（187 9701 8886；铺/标双 69/181元；WiFi P）设施与备品齐全，房间舒适，还有个大庭院可打台球或放空，是镇上条件较好的住宿。另外**高原印象客栈**（865 5228；圣湖大道177号；标双 240元）和**圣洁宾馆**（136 3970 7053；标双/普双 260/120元）也是不错的选择，至少24小时热水淋浴不成问题。

哈尔盖

哈尔盖住宿不多，但餐厅林立，以川菜、清真菜、藏餐为主。**迎香农家园**（138 9710 4759；铺 40元；WiFi）就在一进镇的路边，前院可用餐，面食10元起，炒菜十几至几十元。后院住宿床铺干净，提供24小时热水淋浴，老板非常热心。**华益宾馆**（138 9700 7853；标双 120元；WiFi P）和镇上其他宾馆条件差不多，胜在设施比较新，简陋但干净的房间对得起价格。

就餐

刚察县城馆子众多，几乎每条街都能找到食物，但种类仍摆脱不了环湖地区常见的清真饭店、藏餐和川菜馆。想换个口味体验当地野味，可以去农家院扎堆的河东新村走一遭。

老马师烤肉面馆 清真菜 ¥¥

（865 1030；西大街邮政储蓄银行对面；人均 40元；7:30~23:00）生意红火的老店，菜品众多，从面食（8~18元）到盖浇饭（18~22元），从烤肉到家常小炒都有。招牌菜土豆焖羊肉（85元）肥而不腻，没有羊膻味，配上酥香的土豆很是下饭。最好避开饭点，否则吃客太多上菜慢是个问题。

格桑藏餐吧 藏餐 ¥

（189 3550 7710；拉色波商业街斜对面；人均 53元；8:30~21:00）很受当地人推崇的

刚察城区

刚察城区

景点

1 湟鱼家园 B3

活动

2 民族赛马场 D2
3 职工文化休闲广场 C3

住宿

4 德吉央宗青年旅舍 B1
5 蕃域藏城林卡酒店 A3
6 鑫旭商务宾馆 C2
7 雍吉梅朵酒店 A1

就餐

8 格桑藏餐吧 C2
9 老马师烤肉面馆 B2
10 肖氏杂碎饺子馆 B2

实用信息

11 刚察县人民医院 D3
12 邮局 B2
13 中国农业银行 B2

交通

14 刚察汽车站 B2

藏餐馆，阿卡包子（20元）、酥油茶（30元）、黄蘑菇炒肉（68元）值得一试。人参果饭（15元）听上去有种仙气，实际就是煮熟的厥麻、酥油和白糖拌着饭一起吃。想吃更精致的藏餐，不远处的**扎藏牧布风情吧**（☎865 9299；拉色波商业街4号楼；人均 128元；⏰9:00~21:00）环境与摆盘很讲究，口味也不错。菠菜做的巴拉巴尼（36元）相当有特色。

肖氏杂碎饺子馆

小吃 ¥

（☎138 9750 7278；近西大街6号；人均 27元；⏰6:00~21:00）一碗鲜美料多的杂碎汤（小碗15元，大碗20元），搭上一块白饼子（1元）一起吃，就是当地人地道的早餐。如果能接受整颗脑连头带骨上桌的视觉震撼，就别错过羊脑（4元）。

实用信息

刚察县人民医院（☎865 2376；学苑路近伊克乌兰路；⏰8:30~18:00）当地最大的一家医院，可惜位置较为偏僻，设有24小时急诊。

中国农业银行（☎865 2307；西大街55号；⏰周一至周五 9:00~17:30，节假日 10:00~16:30）

在刚察公安局对面，设有24小时ATM，隔壁就是**邮局**（☎865 2412；西大街11号；⏲夏季9:00~17:30，冬季9:30~17:00，节假日10:00~16:00）。

到达和离开

西宁汽车客运中心每天有多班车开往刚察（44元；8:30、10:30、12:00、14:00、16:00、17:15）。

刚察汽车站（☎865 2250；瓦彦路近团结巷；⏲8:00~17:00）的班车主要发往西宁（44元；8:30、9:00、10:00、12:00、14:00、15:30、16:15；3.5小时，途经湟源、海晏和西海镇）和海晏（25元；8:30、10:30、11:15、12:00、14:00、15:30、16:15、16:40；2小时，途经西海镇）两地。其中刚察至西海镇票价20元，带自行车上车20元，车程约2小时。

当地交通

刚察县城不大，步行即可抵达城内任何地方，如果懒得走，也可以乘坐县城内的两条公交线路。此外，城里另有城乡公交前往泉吉等周边地区，但一天仅有两班车（8:00、15:00，30分钟），不算便利。当地出租车不打表，县城内一律7元。

青海湖骑行

青海湖环湖公路分为环湖东路、109国道、环湖西路与315国道四段，周长360公里，沿途路况皆不错，环湖东路从倒淌河甲乙村到二郎剑景区门口的路段更已铺设自行车专用车道，路宽3米，总长31公里。据称未来环青海湖有望全部铺设自行车道。

相比车辆繁忙的两条国道，环湖西路的骑行更惬意，景色也更好。其中黑马河至石乃亥路段离湖最近，可以放慢骑行的节奏。无须追逐景点，路上风景就很美。

行程安排

青海湖是藏族圣湖，环湖最好效法转湖，按顺时针方向骑。对于没有太多体育锻炼和骑行训练的普通人，平均时速为8~12公里/小时，对于有一定经验的骑行爱好者，平均时速可达15~17公里/小时。旺季时环湖食宿点密集，可以灵活安排行程，但热门市镇最好提早订房。各路段详情如下，更多日程安排建议与注意事项见328页。

西海镇到湖东种羊场

距离：40公里

需时：4~5小时

概述：陡坡多，颇费体力，但沿途穿越草原、沙漠、湿地的体验可能让你终生难忘。

从西海镇沿着刚察路一路南行，过了加油站即是环湖东路入口和金银滩。约8公里后，公路进入丘陵地带，有不少波浪状坡路。环湖东路40公里处，公路与青藏铁路交会，此处有一个Y字路口，需走左边的马路，1公里后，有一条岔路通向关闭的沙岛景区，请忽视它继续直行。

环湖东路37公里，经过一个大弯，沙漠包围的湖水跃入眼帘，这是你与青海湖的初见面。接下来湖水渐渐远离视野，一路都是湿地与沙漠交织的景色，路面平坦。环湖东路28公里，骑过一个大陡坡后进入金沙湾景区（见123页），道路两边沙丘连绵，可花半个小时体验滑沙等娱乐项目。2公里后，咬紧牙关攀上连续的大上坡，到达喜玛拉登垭口，之后

值得一游

白佛寺

白佛寺（见123页地图；原沙岛景区以东5公里；免费）属格鲁派寺院，至今已有500多年历史。由于位置偏离主要景区，游人寥寥，为之停步的多是朝拜信众。如果你到了这里，请留意寺院对面一座白色"瓶塔"和一张白色的靠椅，那是十世班禅和甘肃夏河寺第六世活佛20世纪80年代来此讲经的地方，也是寺院的珍宝。

海晏汽车站（☎863 1885；海晏县西海大街近同宝路）每天14:00有班车开往白佛寺，票价8元，车程约30分钟，班车次日一早才能返回。在本书调研时，白佛寺周边尚没有运营的旅馆可以住宿。

就是一路下坡了。当你过了小桥，就到了小泊湖（见124页），由此至湖东种羊场的8公里一路平坦。

湖东种羊场到二郎剑

距离：35公里

需时：约3小时

概述：骑行轻松省力，可以看到青海湖，7月、8月湖岸油菜花海连绵。

出了湖东种羊场路面平坦，青海湖的子湖洱海远远可见，8公里后，一座小桥下便是注入洱海的倒淌河，建议放慢步伐，欣赏公路两边的湿地风光。3公里后到达公路与洱海（见124页）的最近点，一条小路通向湖边的放生台，可以偏离主路，到湖边游玩一番。夏季时，不少水鸟在此栖息。

环湖东路尽头与109国道交会，你可以在此稍作停留，穿过2公里颠簸上坡到甲乙寺（见124页）一观，也可以直接西行，让平坦的自行车道领着你一路直达二郎剑。注意，沿途有些牛羊的牵绳横亘路中，小心别撞上。

沿自行车道骑行5公里后的青海湖渔场有几家宾馆和餐厅，草原来客驿站（☎138 9778 8678；标双 300元；📶🅿）条件最好，老板非常热心，一楼兼营川菜馆（人均15~35元）。此后到二郎剑的17公里，一路平坦，旺季时路边有连绵的油菜花田，拍照收费（5~20元/人）。二郎剑食宿见126页。

二郎剑到江西沟

距离：24公里

需时：约2小时

概述：一路轻松，油菜花相伴，青海湖渐行渐远。

二郎剑景区（见125页）售票处西行约1公里有一条沙土路直通湖边，若时间充裕可骑到湖边后继续西行约10公里到达一郎剑（见126页），若沿着国道继续骑行，不久便会遇到一条长上坡，此后一路起伏不大，湖水渐行渐远。江西沟食宿点林立，相对二郎剑来说性价比更高，详见127页。

江西沟到黑马河

距离：47公里

需时：3~4小时

概述：不算省力的一段，但抬头即见的湛蓝湖水与湖心岛美景，足以让你忘记疲劳。

沿途多为隐形坡，虽看不出坡度，但骑起来颇吃力，好在出江西沟后青海湖逐渐回归视野，两座湖心岛屿——海心山与三块石（见133页）也若隐若现，时刻伴随。109国道2157公里处有段长缓坡，骑过这段，剩下的10多公里都是下坡，1小时内即可到达黑马河（食宿见128页）。黑马河距茶卡盐湖（见129页）仅有80公里，可花半天时间拼车前往。

黑马河到石乃亥

距离：41公里

需时：3~4小时

概述：全程离湖最近、风景最美的一段，刚上路即是连续波浪坡，极富挑战。

出黑马河不远即可经过班禅拉泽景区（见128页），此后6公里一路是波浪坡，非常考验意志力，环湖西路9公里处途经贡保洞（见128页），环湖西路12~15公里离湖最近，景色最美（食宿见134页），最好预留足够时间，边走边玩。

25公里处由一个2公里的长上坡开始，骑行逐渐进入湿地带。34公里处翻越海拔3258米的垭口后，直到石乃亥一路轻松。若想途中游览泉湾湿地和尕日拉寺（见133页），需在环湖西路35.2公里处的岔路口拐上右手边的水泥路，骑行4公里即可到达。石乃亥食宿见134页。

石乃亥到鸟岛镇

距离：13公里

需时：约1小时

概述：逐渐远离青海湖，一路无大起伏。

出石乃亥过加油站后500米有一个岔口，往左边的小路5公里即可到伏俟城（见133页），而从岔口直行则是鸟岛镇的方向，由此骑行12公里，遇到湖区最大的河流——布哈河，过桥即是鸟岛镇。镇上十字路口有个鸟岛景区的牌坊。牌坊对面的马路通往沙陀寺（见133页），一路上坡，最好步行前往。鸟岛镇食宿见134页。

鸟岛镇到泉吉

距离：38公里

需时：约3小时

概述：国道车辆繁忙，碎石较多，骑行需小心。

乌岛镇至315国道间的25公里，路面平缓。进入国道时，需翻越一座2公里的公路桥，桥下即是青藏铁路。国道上车辆繁忙，路面碎沙较多，骑行需注意安全。上国道后是5公里长的两个连续上坡，之后至泉吉一路平坦。这段路虽距湖较远，但有相当长的一段与青藏铁路并肩而行，运气好的话可以看到火车在草原上经过。泉吉食宿见137页。

泉吉到刚察

距离：28公里

需时：约2小时

概述：骑行轻松，但毫无风景可言的一段。

从泉吉到西海镇的100多公里基本见不到青海湖，视野里远处是大通山的雪峰及近处草场的景色。一路没有太大起伏，景色单调。过了刚察县城外的沙柳河大桥，从路边加油站的岔路口北上20多公里，可到达刚察大寺和小寺（见136页），沿途是大片牧区，经常能遇见骑马或开着轿车放羊的牧民，但持续上坡非常消耗体力。刚察大寺没有食宿，需返回县城。刚察食宿见136页。

刚察到哈尔盖

距离：27公里

需时：2~3小时

概述：刚察县外的大陡坡，是最艰难的考验。夏季沿途有油菜花田。

沿刚察县城东大街往东南方向骑，经过一面巨型湟鱼壁画后有个陡坡，向上攀爬至垭口处能见成列经幡随风招展，可以驻足休息拍照。由此经8公里下坡后，得继续爬过3个连续的长上坡才能到达哈尔盖（食宿见137页）。

哈尔盖到西海镇

距离：60公里

需时：约5小时

概述：连续上坡翻过环湖海拔最高点3450米垭口后，余下大都是长长的下坡，小心“超速”。

出哈尔盖，来自沙岛的连绵沙丘逐渐显现，骑行20公里爬过一条长达4公里的陡坡后，到达海拔3378米垭口，之后可一路滑行到甘子河收费站。过了收费站又是连续上坡，骑不动就推车吧。4公里后途经德州，路边有商店可以补给休整。之后再经过6公里连续上坡，就到了环湖最高点——海拔3450米垭口，余下的26公里一路下坡，注意安全，不要过快，1个多小时即可到达西海镇。到达西海镇之前有个岔路口，别担心，两条路都可以到达西海镇——你可以选择往海晏方向骑行2公里到达下一个路口，左转再行2公里就到镇上。或是走另一条路，经过二分厂（见119页）和上星站（见119页）。路程差不多。

到达和离开

西宁与西海镇（见117页）、西海镇与刚察（见135页）之间的班车往来密集。其中刚察至西海镇因为风景一般，坡路多，不少骑行者会选择乘班车返回西海镇。自行车托运每辆20元。湖区各旅馆也可联系到皮卡车，为骑行者提供运送服务。

海南藏族自治州

和声名远播的邻居相比，位于青海湖之南的海南可谓游人罕至，多数旅行者仅将它视作造访青海湖的食宿备选，或是奔向三江源的过路站点。但若你愿意另辟蹊径，这里其实藏着不少惊喜。

历史上，海南是通往青藏高原的东部门户，素有“海藏通衢”之誉，丝绸之路与唐蕃古道都曾穿境而过，留下无数传说与遗迹。对风光爱好者而言，龙羊峡与贵德有着刚从源头淌出的清清黄河，连绵群山间绿草如茵，色彩斑斓的丹霞地貌与苍凉壮阔的土林点缀其间，牛羊散布如星，途中处处皆是风景。而林立的寺庙则为藏文化爱好者提供了绝佳的探索机会，五彩经幡、白塔和大殿的金顶将贵南、兴海至同德周边的河谷点缀得无比灿烂。

海南除了县城间每天有少许班车来往外，景点间大多没有公共交通连通，自驾或包车是更好的出行方式。此外，县城间长途汽车最晚的班次经常视载客状况临时取消，欲乘坐下午的班车，建议提早向汽车站咨询发车状况。

海南藏族自治州

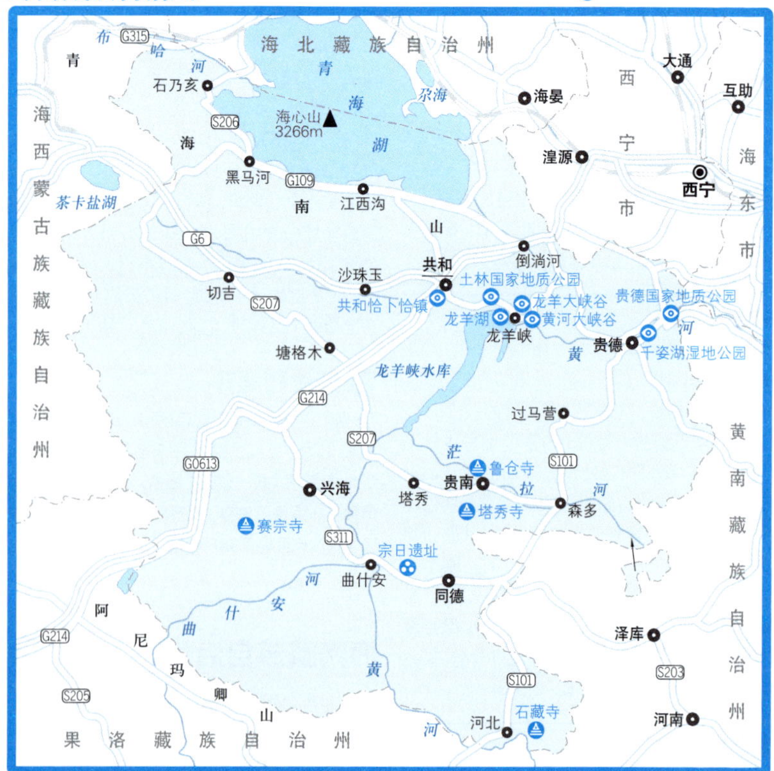

共和

海拔：2880米；人口：13.4万；区号：0974

作为海南藏族自治州州府，共和至多给人交通发达的印象，其政府所在地——恰卜恰镇（见本页地图）是前往海南各县城的集散地，也是通往果洛、柴达木盆地的重要枢纽，距离二郎剑与龙羊峡景区仅有不到50公里的距离。小镇本身没有景点，但齐全的物资与多样的食宿选择倒不失为不错的旅途中继站。

食宿

恰卜恰镇的食宿（以青海湖周边标准而言）选择颇多，青海湖南大街/团结南路两侧宾馆与酒店林立，也有几间太空舱，但设施大多比较基础，不必抱太大期待。其中**香巴拉商业广场**位于城市中心，周边有多间川菜馆、清真餐厅和一条美食街，就餐、购物都很方便，每天18:00~24:00还有夜市。

黄河大酒店 酒店 ¥¥

（☎852 2888；青海湖南大街1号；标双 595元，淡季 298元，含双早；📶🅿）当地环境较好的酒店，装修雅致的房间与干湿分离的卫浴整洁干净，床品舒适。落地大窗采光良好，但别对窗外风景有太多期待——多数房间只能看到停车的小院与周边大楼。仅供应到8:30的早餐不算丰富，为它牺牲睡眠恐怕不算值得。

高原红酒店 酒店 ¥

（☎852 5666；环城东路127号；标双 180元，淡季 128元；📶🅿）开业多年的老牌酒店，设施虽有些年岁但卫生维持得不错，前台友善热情，能提供简单的青海湖自驾线路咨询。旺季性价比高，不想扑空最好先预订。

海南自驾

海南交通不便，自驾更明智。以下路线不走回头路，基本囊括海南除青海湖外的主要景点。沿途部分乡间小道路况不佳，驾驶时最好多留心。

第一天：共和—兴海。抵达兴海县城后，沿子青路绕过气势恢宏的大河坝峡谷前往山谷中的赛宗寺，回程顺路浏览县城边缘的文昌庙。全天约218公里，车行约3小时。

第二天：兴海—巴沟乡—同德。途中可参观宗日遗址，车程约100公里，需3~4小时，此段路况较差，但沿途黄河与山壁的风光能为旅途增添不少色彩。抵达同德县城后，如有时间不妨沿西久公路前往河北乡游石藏寺，葱郁的河北森林将让你见识另一面的海南，单程100公里，来回4~5小时。

第三天：同德—贵南—贵德。抵达贵南县城前会先到森多乡的鲁仓寺，游玩后不必前往县城，折返回西久公路并继续前往塔秀寺，在安静的小寺院中寻找梵音，而后再驱车开往贵德县。全天车程约240公里，车行5小时。

第四天：贵德—玉皇阁—乜纳塔—龙羊峡。风景与人文兼具的一天，先玩城里的玉皇阁、乜那塔，后沿南滨河路徒步前往黄河清大桥。有时间可以再去周边的南海殿或珍珠寺，尽兴后傍晚前往龙羊峡，车程约100公里，2小时足矣。

第五天：龙羊峡—西宁。早晨游大坝，午后坐船或沿着步道游览龙羊大峡谷，看看黄河水的另一种气质。后返回西宁，车程约150公里，2~3小时。

茶马古道商务宾馆 酒店 ¥

（☎854 2999；黄河北大街车管所对面；标双228元，淡季118元；WiFi P）2019年新开业，标间就很宽敞洁净，若是带孩子可以选择温馨的藏式大炕房。宾馆紧邻共和汽车站，沿街能找到不少小餐馆，就算没有自驾也很方便。

ℹ 到达和当地交通

共和汽车站（☎851 2551；兴海西路3号，州车管所对面）每天有数班车往返西宁与海南各县城，一班车经花石峡前往玛多（79元；8:30；5.5小时）。恰卜恰镇与二郎剑景区间目前没有班车，但是搭乘过路车很方便，途中还能由高处俯望青海湖。

汽车站往返镇内各处乘出租车5~10元。另有1路公交（1元）连接共和汽车站、香巴拉商业广场与青海湖南大街沿线。

龙羊峡

海拔：3200米；人口：0.3万；区号：0974

“险峻的深渊峡谷”是“龙羊”在藏语中的意思。发源于青藏高原的黄河在此进入峡谷区，窄仄高耸的崖壁为建设水电站提供了绝佳条件。1987年，黄河上游第一座大型水电站——龙羊峡水电站落成，一度成为当时中国人的骄傲。然而随着援建人员撤离，这个

共和汽车站车次时刻表

站点	发车时间/班次	票价（元）	行程（小时）
西宁	6:50~17:35，15~20分钟1班 冬季末班车18:00、夏季末班车18:20	34	3
贵德	8:30、9:30、12:30、15:00	38	3.5
贵南	8:00、13:00	38	3.5
同德	双日8:10；单日8:10、8:30	60	5.5
兴海	8:40~16:40每小时1班	28	2.5
龙羊峡	16:00	10	1
西海镇	16:30	30	2.5

风光一时的小镇也复归沉寂，百货大楼与电影院纷纷关闭，大量房屋空置，仅余下数千居民，仿佛被时代遗忘在了慢镜头里。如今，当地政府正试着通过发展渔业和旅游为小镇寻求一线生机。

景点

龙羊峡生态旅游度假景区

（☎852 1155；www.qhlyx.com）现已开发龙羊湖、峡谷与土林等景点，并预计于2020年底开放镇中心的黄河水利博物馆，为游客讲述建坝的过程与精神。截至本书调研时，景区设施仍未完善，保留了较原生态的风貌，即便是旺季都经常能享受包场待遇，景区票价也因此有些折扣，优惠能维持多久尚不确定。

龙羊湖 水电站

（见142页地图；龙羊峡镇；门票 50元，大坝游船 50元，门票+游船 75元；⏲旺季8:30~19:00，淡季 9:00~17:30）“大坝锁黄河，高峡出平湖”，龙羊湖是龙羊峡大坝建成后形成的人工湖泊，景区依托龙羊峡水电站而建，你可以漫步探访当年的施工遗址，也能乘游艇徜徉碧波之上（约25分钟），看远处群山错落。当晚霞尽染，广阔的高峡平湖显得特别壮观。大坝内部暂不对游客开放，但你仍能开车到大坝观景台感受这个亚洲第一高坝的雄伟。景区就在镇上，步行即达。

黄河大峡谷 峡谷

[见142页地图；龙羊峡镇东南22公里处；门票20元（游船免门票）；⏲旺季 8:30~18:30，淡季 9:00~17:30]这是黄河流经的第一个峡谷群，全长45公里的峡谷处处绝壁如刀削，蜿蜒其间的黄河水清如碧玉。游船（上游30分钟120元，下游60分钟120元，全程180元，4人以上开船）是这里主要的活动，逆流而上可见两岸壁立千仞，高耸险峻，顺水而下水面渐广，水流湍急，运气好的话能见岩羊于崖壁上跳跃。景区另提供乘船垂钓体验（码头200元/人，上游或下游300元/人，包船2000元，超过8小时加收50元/小时）。

返回小镇途中，会路过**龙羊大峡谷**（见142页地图；门票20元；⏲旺季 8:30~18:30，淡季 9:00~17:30），它与游船观览区一脉相承，只是改为由上俯望。全长7公里的高空栈道沿着峡谷崖壁盘旋，水电站大坝、龙羊湖与黄河峡谷的奇峰险石历历在目。包车浏览两个景区150~180元。

土林国家地质公园 地质公园

（见142页地图；龙羊峡镇西北13公里处；门票 60元；⏲旺季 8:30~19:00，淡季 9:00~17:30）沙沟与荒山在此构筑出一个原始荒凉的世界，与西北其他土林地貌大同小异，最大特色是能见粗犷土山与黄河相偎相依，园内有一闭关院供附近僧人闭关修行。和广袤的土林相比，1.3公里长的步道显得有些短，不足1小时就能走完。包车往返土林80~100元。

食宿

龙羊峡镇只有一条主干道，零星分布着几间清真小餐馆与住宿。**龙羊假日酒店**（☎852 2500；龙羊西大街48号；标单/双 268元；Ⓦ Ⓟ）是街上唯一的酒店，内部装修现代，配得上三星标准，直接至前台通常能享折扣。不远处的**福海商务宾馆**（☎189 9734 6917；龙羊峡大街路南；标单/双 100元；Ⓦ Ⓟ）性价比不错。

若想品尝当地出名的虹鳟、三文鱼或黄河鲤鱼，**龙羊鱼庄**（☎857 2395；龙羊峡大街；人均 45元；9:00~21:00）菜品新鲜，烹调方式多样，人气很高。

到达和离开

西宁汽车客运中心每天有一班车（34元；14:30；2.5~3小时）直达龙羊峡。从共和出发的旅客，可于共和汽车站乘坐16:00的长途汽车（10元），或至汽车站南侧的城乡公交枢纽乘坐3路公交（7元；9:00、15:00、17:00）前往龙羊峡，车程约1小时。班车进入龙羊峡镇前可见库区绿水点缀山间，风景不错，左侧座位视野更好。

龙羊峡每天8:30有一趟车回西宁，去共和的3路公交8:30、11:00、17:00发车，你可于30分钟前在龙羊大街邮局斜对面找到班车的身影。

当地交通

除了龙羊湖外，其余景点只能靠自驾或包车前往。好消息是，景区预计于2020年开通连接土林、龙羊湖、龙羊大峡谷的旅游公交专线，每日9:00、13:00、17:00发车，届时旅行者将能于一日内靠着公共交通欣赏黄河峡谷的各种风貌。

贵德

县城海拔：2200米；人口：10.87万；区号：0974

贵德地处开阔河谷，四面环山，与西宁不过百里之遥。得天独厚的清澈黄河水让贵德享有"天下黄河贵德清"的美誉，也让它成为海南相对热门的目的地。对意图奔赴果洛和阿尼玛卿的旅行者而言，贵德更是极佳的停留地——接下来的旅途中，你很难再找到这么舒适的小城了。

4月与秋季是贵德最美的时节，4月漫山的梨花将小城染成一片雪白，有道是"香风百里梨花雨，莫道高原不江南"。到了秋季，县城周边的黄河湿地漫山金黄，衬着碧绿黄河水特别迷人。

景点

黄河是多数人停留贵德的主要理由。我们建议你在参观完玉皇阁的午后沿着南滨河路的林荫道开启一场徒步之旅，由西向东，先去看一眼金灿灿的中华福运轮，途经乜那塔，最后到达水车广场，你可以在此触摸染着霞光的黄河水，感受"青海小江南"诗意的一面。或者，直接前往城市东面的黄河清大桥，看清澈的黄河水于桥下蜿蜒而去。如果还有时间，再去探访城外的精彩。

城内虽有公交往返客运站、珍珠寺和水车广场等地，但班次稀落，对旅行者不算实用，好在除了地质公园较远外，其余景点间打车不过5~10元，若有点脚力，县城内的景点靠步行参观就可以了。

贵德城内

贵德古城 古城

贵德古城始建于明洪武十三年（1380年），因地处唐蕃古道与丝绸之路要道而兴，后经多次增修重建，成为一个摒弃门户之见，集儒释道于一体的庞大建筑群，如今你见到的灰瓦建筑多是光绪年间建成。

古城沿中轴线工整对称，位居东面的玉皇阁景区（河阴镇北大街；门票 60元，仅收现金；⏲8:40~18:00）包含文庙、武庙、玉皇阁三组建筑，其中建于高耸台基上的玉皇阁（又名万寿观）为古城之首，三层歇山顶阁楼雕梁画栋，供奉的玉皇大帝、后土皇地祇和皇帝分别象征着天地人。由陡峭楼梯攀上顶层，土砌城墙、古建筑群、远山与泛着波光的黄河清晰可见，是远眺贵德全貌的最佳位置。而武庙前一堵青砖照壁雕刻细腻，为明末原件，同样值得一看。别让各个大殿内色彩鲜艳的巨大塑像迷惑了你的眼睛，藏于背后的黯淡壁画与暗结蛛网的木作、碑刻等才是古城的精华。

出了玉皇阁向西，就到始建于元代的大佛寺免费，如今这座藏传佛教寺院已是荒烟蔓草，仅余下一座略为残破的大雄宝殿供参观。与之一墙之隔的，是拥有三个院落的城隍庙（门票5元；⏲8:40~18:00），里头后寝宫殿内山墙上留有20余平方米的光绪年间壁画。

乜那塔 塔

免费这座藏传佛教白塔位于贵德古城西门外，据载为唐代吐蕃赤德祖赞（热巴巾）北征青海时所建，高30米的巨大塔身气势雄伟，听说光塔顶的鎏金就用去赤金50两。由于被青海电影公司用作仓库，它的经堂奇迹般地在"文革"中被保存下来。无论你何时到达这里，都能看见许多藏民在绕塔转经。塔的南面有座建于清康熙年间的乜那寺，经堂内梁木精心描画，装潢精美，可顺路一游。

中华福运轮 地标

（☎751 9133；门票 70元；⏲夏季 8:30~18:30，冬季 9:00~17:30）走在黄河边上，很难忽视这座闪着金色光芒的巨大圆柱形建筑。它是目前世界上最大的转经筒，得要十几个人合力才能推动。入内后可以到幻影池拍一张转经筒的完整倒影，再看一眼莲花型底座入口的牌匾，它是由十一世班禅亲笔所题。至于民俗博物馆与佛教文化展厅，就不必抱太大期待了。

贵德周边

珍珠寺 寺庙

（河东乡保宁村西；⏲8:30~17:30）免费 藏语称"觉觉拉康"，根据《安多政教史》记载，当年建寺的资金为成吉思汗孙子阔端王所赠的一驮珍珠，寺院因而得名。虽然今天看到的寺院是1987年重建的，但这并不妨碍珍珠寺在信众心中的地位，他们相信，寺内主供的释迦牟尼佛与拉萨大昭寺的觉卧佛像齐名，因而许多安多地区的朝圣者前往大昭寺

贵德城区

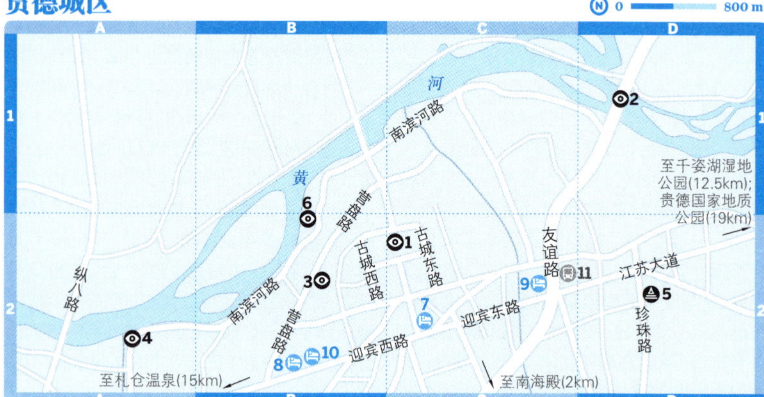

贵德城区

景点

活动

食宿

交通

前都会先来此朝拜。

整个寺院规模不大，仅有两座殿宇与数间厢房，但正殿中出自热贡艺术名家之手的三世佛塑像与山门内的四大金刚不管是用料还是造型都很讲究，相当值得一看。寺庙距县城2公里，打车5元。

南海殿　寺庙

（河阴镇；门票 20元；⏲9:00~17:00）相传是明相刘伯温为斩断梅茨山的龙脉所建，后几度损毁、重修，现在的它大致建成于民国之后。寺院建筑群依山就势，各殿宇佛、道并存，主祀南海观音，山顶一尊高32米的镀金观音塑像特别显眼。来此朝拜的信众不在少数，但对旅行者而言，它的魅力或许在于登高望远——由山顶俯望，贵德与周边的田园风光尽收眼底。寺庙离县城2.5公里，打车5元。

贵德国家地质公园　地质公园

（见142页地图；☎856 1262；阿什贡村；门票 70元，含导游、交通车；⏲8:30~18:00）又名阿什贡七彩峰丛，开放区域包含七条色彩、形态各异的丹霞峡谷。入园后你可以先在博物馆简单了解贵德的地质与历史，接着乘坐交通车直奔**女娲峡**，荒凉贫瘠的沙砾岩在此呈现深深浅浅的红，嶙峋突兀。由此开始，可以沿着长约1公里的主干道而行，远观七彩山水画廊，也可以任选感兴趣的峡谷深入其中，近观岩石肌理。其中**轩辕峡**步道完善（约1.5公里），景色优美；**探险峡**窄仄幽深，登高可望黄河，是较受欢迎的峡谷，但后者路线崎岖，需请导游陪同入内。景区游览时间因深入程度而定，由1.5小时到半天都有可能，优点是游客稀少，傍晚时分夕照岩石色彩特别绚丽。

前往地质公园途中会路过大片长满芦苇的黄河湿地，秋季清澈的河水映着黄橙色的树林与群山，景色梦幻。无须执着于进入**千姿湖湿地公园**（见142页地图；☎856 2111；尕让乡希望村；门票 60元，观光车 20元，自行车 20元/时；⏲9:00~19:00），最美的风景其实在路上。

地质公园距贵德约有1小时车程，由汽车站乘11路公交（3元；7:30~17:10，30分钟一班车）可至。

节日和活动

黄河文化旅游节 赏花

俗称"梨花节"，每年4月中旬，贵德全城"千树万树梨花开"，除了赏花外，还有一系列文化与庆祝活动，如影剧院举办的锅庄舞比赛和水车广场上的舞蹈、演唱会等。

游船

想换个角度欣赏黄河？**滨顺黄河快艇**（☎159 0974 1333/139 9734 9220；⏲8:30~17:30）由水车广场的游轮码头出发，让你在乘风破浪的同时欣赏嶙峋山壁与绿荫碧水的鲜明对比。线路分5种长度，全为环线，从10分钟（50元/人）到半小时（150元/人）都有。

温泉

扎仓温泉（河西乡扎仓山沟内）免费 在整个安多地区都很有名，当地藏族亦称它为"热水沟"或"德仁吉曲库"，意为平安、幸福的热水泉，这里利用温泉治病已有600多年历史。冬天，200米长的山沟里到处是临时搭建的帐篷，天然浴池中满是头戴五彩头巾的藏民，蔚为壮观。但那些露天温泉其实并不那么适合旅行者，它们看起来多是些混浊的小水坑，周边疗愈院的环境也不是太理想。

温泉离县城约有15公里，可以在汽车站前的马路上包车，往返约60元（停留1小时左右），冬季也有机会拼车，每人10元。

食宿

农家乐是贵德旅游宣传的卖点，种满花草的漂亮院子与现摘瓜果吸引着一批游客，但代价则是相对简单的环境与较偏远的位置。比起住宿，我们更推荐在此用餐，供应地道家常菜的它们是贵德最佳就餐地点之一，除此之外，在城中心你仅能找到一些相似度极高的川菜、清真餐厅与面馆。如果不是自驾，汽车站周边有不少价格合理的宾馆与星级酒店可选。

★海棠小院 客栈 ¥¥

（☎855 5544；迎宾西路316号；标单/双298元；Wi-Fi P）巷弄内充满文艺气息的精品民宿，11间整洁雅致的房间围绕着开满鲜花的院落而设，床品和被品很讲究。大厅有书也有酒，老板娘经常在此与客人聊天。房内提供免费的水、方便面与火腿肠，若赶上好时节，还能现摘梨子、李子等水果。每间房格局和装修略有不同，想要带私人小院的房间不妨先问问。

锦绣江南农家乐 农家乐 ¥

（☎855 6503；迎宾西路加油站斜对面巷内；标单/双 120元；Wi-Fi P）可能是当地最舒适的农家乐，房间与卫生间特别宽敞干净，好天气时楼顶露台可以赏星空与夕阳，亲切的老板一家能提供许多有用的旅行线路与资讯。供应的饭菜口味好、分量足，淡季得提前订。院子能停车，不过门前巷子窄而曲折，很挑战驾驶技术。

黄河紫恒国际饭店 酒店 ¥

（☎855 2777；迎宾东路与西久公路交会处；标单/双 310元，含双早；Wi-Fi P）2019年新开业，就在汽车站正对面，楼下超市、餐厅都有。中式古典风格装修的房间很典雅，配备有茶台与薰香机，卫浴略小但干湿分离，二楼有个健身房。大堂常备姜茶、纸巾和茶包。隔壁的**金河源国际饭店**（☎853 6666；标单/双 380元，含双早；Wi-Fi P）为四星标准，装修更气派些。

仓央嘉措青年驿站 青年旅馆 ¥

（☎133 0974 7279；河阴镇公安局东250米；铺 60元；Wi-Fi）贵德唯一的青旅，公共空间带着浓浓藏式风情，房间则几乎全无装修，仅简单摆着床位与一张木桌，好在卫生状况还不错，空间也宽敞。

到达和离开

贵德汽车站（☎855 3376；迎宾西路260号）每天有班次频繁的班车发往西宁（26元；7:40~17:45，15~30分钟一班；1.5小时），此外也有班车发往共和（38元；8:30、9:30、12:30、15:00；3小时）、贵南（35元；8:00、9:30、12:30、14:30；2小时）和同德（40元；8:30、13:00；3.5小时）等地。

贵南

海拔：3100米；人口：7万；区号：0974

贵南漂亮的高原草甸上，有着塔秀寺和鲁仓寺两座著名的藏传佛教寺院，但它却极少迎来游客——毕竟青海与贵南类似的地方实在太多，不便的交通对背包客而言也是阻碍。如果你是虔诚的朝圣者，或是路过此地的自驾者，那就为贵南留下半天时间吧。如今塔秀寺与鲁仓寺的大经堂基本都只在法会期间开放，若想参观最好先确认时间。

景点

塔秀寺 寺庙

（见142页地图；塔秀乡）免费 贵南最出名的藏传佛教寺院，属于格鲁派。2004年，已故十世班禅的经师之一、上师阿拉雍增在这里圆寂。寺院占地辽阔的建筑群坐落于一处低矮的半山腰，错落有致，从任何一个地方都可以看见远处广大的草原，右侧经堂里则摆放有活佛的座位。如果你在傍晚时分抵达，不要错过这里的落日与云彩。每年正月十一，寺里举行的晒佛节吸引八方信众，非常热闹。

塔秀寺距县城约有半小时车程，没有公共交通。汽车站前包摩托和出租车都是40元左右，如需等待可谈至60元往返。

鲁仓寺 寺庙

（见142页地图；森多乡）免费 寺院位于贵南西北隅的狭长河谷中，由河对面望去，僧人们居住的夯土建筑围绕着金碧辉煌的寺院，宛若遗世独立的小村。寺院不大，但由于距县城仅有4公里，来此朝拜的人很多，环绕寺院的盘山小道上经常能见磕长头的信众。记得登上最高处的大经堂，贵南县城与周边的苍翠绿意在此一览无遗。在法会期间前来，还有机会入内欣赏精美雕塑和墙上几幅用玻璃罩保护着的珍贵壁画。每年正月十三，鲁仓寺固定举办晒佛节。搭摩托车去鲁仓寺需5元，出租车15元。

食宿

贵南汽车站、邮局与多数食宿皆位于穿城而过的572国道两侧。这里住宿选择很少，标间大致在100~150元，其中**贵南宾馆**（☎850 1593；民主路6号；标双 249元；📶🅿）由OYO酒店集团运营，挂牌3星，是当地最豪华的宾馆，正对和谐广场绿地的房间视野不错。如果追求性价比，可以选择**丽景酒店**（☎755 4000；解放西路109号；普双/标双 88/148元；📶🅿）。

贵南本地餐饮以清真饭馆为主，味道与卫生条件都差不多。可以试试手抓羊肉（49~59元/斤），它们一般直接来自附近的高原牧场。

到达和离开

西宁和贵德都有直达贵南的班车。**贵南汽车站**（☎850 2449；解放路73号）班次不多，主要前往西宁、共和与贵德。其中贵南至西宁每天8:30、11:00、13:00发车，票价60元，车程5小时，每班车都经过贵德。另有发往共和的班车，每天两趟（38元；8:30、13:30；4小时），前往贵德的班车每天4趟（35元；8:15、9:30、12:30、14:30；3.5小时）。

兴海

海拔：3924米；人口：7万；区号：0974

多数人都是冲着赛宗寺来到兴海的。与有些乏善可陈的县城相比，这座群山环绕的寺院与周边的峡谷显然更为迷人。黄河及其支流——大河坝河在此冲积出深远的河谷，滋养出绿缎般的草原，当视野随着车道盘旋豁然开朗，充满生命力的原生态风景很可能会成为你在海南的难忘惊喜。

景点

赛宗寺 寺庙

（见142页地图；桑当乡西18公里赛宗山下）免费 赛宗寺是环青海湖地区最大的格鲁派寺院，光裸的岩壁环抱高低错落如山城的寺院建筑群，景色迷人。高踞半山的主殿为1988年新建，供奉创寺者阿饶仓和宗喀巴、莲花生等大师。周边弥勒殿中存有青海最大的佛像，那尊弥勒坐像足足有7米高。注意，每月初八、十、十五、二十五日寺内会举行经事活动，女性禁入。

如果喜爱探险，不要错过寺院所在的赛宗山。它是安多藏区四大名山之一，相传宁玛派祖师莲花生大师与格鲁派创始人宗喀巴都曾在此活动，沿寺旁小道走入山间，"莲花生大师修行洞""宗喀巴大师法座""吉祥坡"等充满传说色彩的洞窟与嶙峋怪石、纵横沟壑相交织，充满神秘色彩。每到藏历猴年，前来转山的信众络绎不绝。

赛宗寺位于县城西南30公里外，沿途会

经过大河坝河谷，驱车一路由上至下盘旋至谷底，风景十分壮观。县城包车来回赛宗寺约130元。

文昌庙

寺庙

（县城以西3公里处）免费 如果逛完赛宗寺还有时间，可在回程时顺路一游文昌庙。它又名图旦达杰寺，主供文昌帝君，为藏族吸收汉族与道教文昌信仰后所建。寺院不大，但香火挺旺，煨桑台上从早至晚白烟滚滚，走入殿内，祭祀青稞酒的香味扑面而来。但就算你将度母殿、观世音菩萨殿、时轮塔等周边建筑都细细看上一圈，也不会超过30分钟。县城沿西大街步行可至。

食宿

十字形交错的东、西、南、北大街是兴海的主要街道，两侧旅馆林立，100~150元就能住进装修简单但干净的标间。德喜英曲大酒店（858 3333；东大街12号；标双/特价房168/138元，含双早；）原名新世纪大厦，是兴海最好的酒店之一，欧式古典风格的房间相当宽敞。特价房和标间装修相同，差别只在窗户面对的是过道及不附早餐。预算有限者，可以选天福招待所（858 2220；南大街12号；标双/普双128/60元；），这间家庭经营的小旅店门口就是商业街，普间的公共卫浴也维持得很干净。

填饱肚皮在兴海不是问题，由汽车站向南，小笼包、面馆、川菜、小火锅、藏餐厅、瓜果市场等一字排开。其中南大街上的店铺营业较晚，选择也较丰富，小天鹅砂锅店（155 9766 3662；桑当路380号附近；8:40~23:00）深受当地人喜爱，饭点座无虚席，砂锅依主菜不同12~30元，一锅就能吃饱，也有炒菜和盖浇饭。

到达和离开

西宁与共和有车直达兴海。**兴海汽车站**（858 2931；北大街与农牧路交叉口西50米；6:30~17:30）的班车主要也是发往西宁（60元；7:00~9:30，每30分钟一班、11:30、12:00、13:45；6小时）与共和（25元；10:00、10:30、11:00、12:50、13:40、14:30、15:20、16:10、17:00；2小时）。

调研期间，兴海往返同德的班车（26元；9:30、15:00；3小时）暂停营运，恢复时间未定，但你可以在南大街上的子科滩镇停车场找到私家车替代，50元/人，4人发车。

当地交通

县城靠步行即可轻松走遍，出租车5~10元。如包车出城，需要先协商好价格。

同德

海拔：3660米；人口：6万；区号：0974

同德地处海南、黄南和果洛交界处。九曲黄河在此拐过它的第二道弯，浇灌出大片如茵草甸与河北乡成片的原始森林，也滋养出灿烂悠久的文明，早在5800多年前，宗日遗址的先民便在此留下丰富的彩陶文化。

夹于两山间的同德县城本身并无特点且交通极为不便，最好自驾前来，否则就得有耗费大量时间与预算的心理准备。

景点

宗日遗址

文化遗址

（见142页地图；巴沟乡团结村）免费 黄河上游挖掘面积最大的新石器时代遗址，距今已有5800多年。这里出土有墓葬341座，文物23,000余件，品项之多，令人咋舌，其中“二人抬物”彩陶盆、舞蹈纹盆与骨叉极为珍贵。

如今挖掘后的宗日遗址大多已被林场、农田占用，仅剩下地面上一些残存陶片标志着历史。要想看文物，你得去青海省博物馆和海南民族博物馆。兴海至同德路上会经过巴沟乡，路况较差，车程约2小时。

石藏寺

寺庙

（见142页地图；河北乡东12公里）免费 藏在山坳里的石藏寺是同德最大的格鲁派寺院，始建于清乾隆三十年（1765年），后因六世班禅应邀做名誉寺主而声名大噪，香火鼎盛时期有僧人千人以上。后寺院两度被毁，1981年才重新修建并开放。

今日的石藏寺规模仍然很大，千余间僧舍整齐端庄地布满整个谷底。其中最出名的建筑要属四十柱金瓦殿，这个装饰精美的大殿内藏有一世藏班智达灵塔，由3500两白银制成的塔身上镶有各种宝石，华丽而金贵。寺院距县城约有100公里，自班车停开后，自驾是最好的选择。

节日和活动

同德的节日以文化节为主。每年8月，**宗日文化艺术节**热闹展开，期间将有机会欣赏到独具民族特色的射箭、大型锅庄舞、农牧民民歌对唱等活动，是感受同德民俗风情的好时机。

此外同德政府亦不定时于河北乡草原举办**黄河牦牛文化节**，最近的一次是2019年，在草原上观看赛牦牛、赛马、牦牛选秀等活动格外有趣。

食宿

同德县城虽小，但足以满足旅行者的基本需求，住宿和餐饮主要集中在穿城而过的东大街与西大街上。邻近汽车站的**万科商务宾馆**(☎859 2133；东大街53号；普双/标双100/168元；📶🅿)为涉外三星，装修为中规中矩的商务风，空间不大但还算干净，除普通间外其他房型都有独立卫浴与24小时热水。**瑞麒酒店**(☎859 6777；西大街1号；标单/双 179元；📶🅿)和**同德宾馆**(☎859 6666；西大街90号北侧，县政府旁；标单/双 238元；📶🅿)房间更大且配有电梯，也是不错的选择。

吃饭的话，除了基本的清真餐厅与川菜，也有火锅、烧烤、简餐等。**扎西洋得茶餐厅**(☎189 3561 4777；瑞麒酒店斜对面；🕗8:30~22:00)环境比较讲究，木造的小包厢充满藏式风情，羊肉饺子(20元)由藏族大姐当天现包，味道不错。

到达和离开

你可以由西宁、共和、贵德等处乘车前往同德。**同德汽车站**(☎859 2144；东大街56号；🕗7:30~17:00)每天有5班车经贵德发往西宁(66元；8:00、8:30、9:00、9:30、12:20；6小时)，2班车经贵南发往共和(60元；8:00、8:30；5小时)，2班车发往贵德(40元；8:00、14:30)。本书调研期间，开往兴海和石藏寺的班车停开。

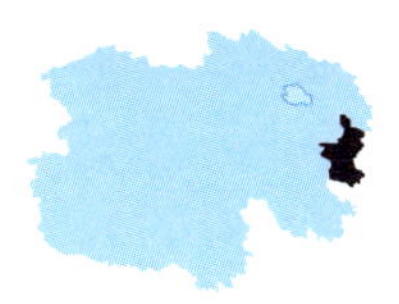

黄南

包括➡

最佳自然风光

- 泽库草原（见170页）
- 洮河源国家湿地公园（见172页）
- 坎布拉国家森林公园（见167页）
- 麦秀国家森林公园（见163页）

最佳寺庙

- 年都乎寺（见164页）
- 吾屯上寺（见162页）
- 隆务寺（见156页）
- 古日寺（见165页）

为何去

黄南是藏族艺术处处开花的地方，这里每一个村落都建有寺庙，无论你走进哪一座，都能欣赏到技艺不俗的唐卡、壁画、堆绣、泥塑等艺术作品。而艺术二字远不止存在于寺庙这样的宗教领域，民宅外精致的木雕、砖刻，藏宅内绚丽的布艺装饰都在告诉你，对美的追求已经深入到当地生活的细枝末节。

这里地貌复杂，从幽幽山谷到高山草甸，自然风光多变。最北端的尖扎谷地，黄河滔滔穿过丹霞地貌，野性中带一抹秀丽。州府同仁所在的隆务谷地阡陌相连、秀岭环绕，夏季一派郁郁葱葱。往南穿过茂密山林，来到海拔高处，高山草原会豁然间铺陈于眼前，茫茫一片与天相连。所以，即便你不寻访任何古迹，只穿行其间，亦能遇见令你欢呼雀跃的风景。

七八月份或新年期间来到黄南，新鲜热闹的民俗气息会扑面而来。这里的民族活动不为迎合旅行者的喜好而举办，更像延续传统、自娱自乐的狂欢，庆祝丰收的六月会、驱魔祈福的於菟舞、热烈盛情的那达慕大会，你只需放开自我，投入其中就好。

何时去

1月至2月 宗教活动是寒冬最大的看点，各寺庙于正月初三至十七举办法会，通常会有转佛、晒大佛、跳羌姆等活动。

6月至8月 最好的旅行季节，河谷、山岭葱翠，高山草原鲜花盛开。同仁地区会举行比新年还要热闹的六月会，而南部的河南草原，火热的那达慕大会（8月1日至3日）正拉开帷幕。

9月至10月 峡谷层林尽染，此时的隆务河谷、坎布拉森林、麦秀林场都进入一年中色彩最丰富的时段。

12月 每年农历十一月二十，还有同仁年都乎村绝无仅有的土族於菟舞表演。

宗教与民族

在黄南，你最容易看到的少数民族服饰是藏袍，因为藏族占到总人口的七成左右。另外，各地戴小圆礼帽、包裹头纱的穆斯林也不少，他们大多以经商为生。南部的河南蒙古族自治县是青海省最大的蒙古族聚居地，这里的蒙古族长期与藏族融合，都会说藏语，平时也穿藏服、吃藏餐。也有少部分汉族、土族居民。同仁周边有7个土族村落，当地土族认同"族源多元化"的说法，认为他们是由部分吐谷浑、藏古族、蒙族在历史的长期大融合中发展演变而来，同仁土族都能说藏语，也有自己的方言（保安语）。当地人主要信奉藏传佛教，也尊重伊斯兰教等信仰，州府隆务镇还建有一座汉传佛教寺庙圆通寺。

热贡艺术

热贡艺术是黄南最耀眼的一张名片，以至于许多人听说过热贡，却并不知道黄南。热贡是黄南同仁地区的藏语称谓，艺术发轫之初以绘画、雕塑为主，如今已发展出10多个艺术门类，包括唐卡、壁画、堆绣、泥塑、木雕、石刻、藏戏等，其中尤以唐卡技艺最为精湛并声名在外，同仁周边的吾屯村几乎家家都有画室。

关于热贡艺术的起源，在当地流传着多种说法，其中最受认可的是隆务寺大活佛噶丹嘉措将绘画、雕塑、堆绣等技艺分别传授给了同仁周边不同村落的僧人，形成了不同村落各有所长的局面，比如吾屯擅绘画，郭麻日擅雕刻。17世纪中叶，热贡艺术已经发展得相当成熟，清初修葺故宫时，曾有50多位来自热贡吾屯村的艺人进京参与绘画和装饰，获得康熙亲笔题匾的"吾屯艺术"四字，这也是热贡艺术一词的源头。如今，热贡艺术已被列为国家非物质文化遗产。

黄南的交通

黄南全州都没有铁路，不过公路交通便利，每天从西宁有多趟班车前往尖扎、同仁、河南、泽库4县，4个县城之间也有频繁的班车往来。在本地，只有同仁县有相对便利的公共交通，其他县城的景点都无法通过公交抵达，只能包车前往。

所以，自驾是在黄南旅行最便利的交通选择，路况良好的203省道纵贯南北，连接4县。从同仁县保安镇向东，经同夏公路就可抵达甘肃夏河。自河南蒙古族自治县向东可达甘肃碌曲，向南可到玛曲。但目前国内的大型租车公司都没有在黄南设立租车点，所以你可以在西宁租车，普通小轿车价格约180元/天，如果要去往坎布拉景区或经乡道探访村落里的景点，最好租用四驱越野车，当地的乡道多大坑洼，雨天泥泞难行。

快速参考

- 人口：27.42万
- 区号：0973
- 面积：1.82万平方公里

如果你有

1天

先去**热贡艺术博物馆**（见156页），再参观**隆务寺**（见156页）。经博物馆初步了解当地知识后再去探访寺庙，你会更容易看懂其中的唐卡、壁画和其他装饰。

2天

第1天同上，第2天上午可以去**吾屯上寺**（见162页）和**吾屯下寺**（见162页），2座寺庙都装饰有技艺精湛的唐卡，吾屯上寺弥勒殿的唐卡尤其精美。下午去**年都乎寺**（见164页），这座寺庙有明清时期留下的壁画珍品。

3天

前两天同上，第3天可以做两种打算：一是南下穿过葱翠的麦秀林场，前往水草丰茂的**泽库草原**（见171页）；二是北上去**坎布拉国家森林公园**欣赏丹霞地貌和黄河水库。

阅读黄南

- **《图像中隐藏的历史——热贡唐卡及艺人口述考察》**，满却顿智著，基于许多田野调查和技师采访而作的纪实书籍，可借此了解热贡唐卡的历史与特色。

黄南亮点

1 去**泽库草原**（见171页），看芳草碧连天的壮阔，赏姿态各异、灵动秀美的高原之花。

2 在**年都乎寺**（见164页）欣赏历经数百年留下的壁画精品。

3 探访**吾屯上寺**（见162页），弥勒殿内所饰唐卡为现代唐卡精品中的精品。

4 清晨随信众去**隆务寺**（见156页）转经。

5 站在**洮河源国家湿地公园**（见172页）的山坡上，远望山谷幽幽、河流湾转、牛羊成群。

6 深入**坎布拉国家森林公园**（见167页），寻访幽静的南宗沟。

同仁

人口: 9.26万; 海拔: 2480米

如今，同仁依然传承着鲜活的传统。在清晨的隆务寺，你可以看到许多当地人一手拨着念珠，一手推动转经筒默念经文；在老城区内的清真寺，每到晨礼、晌礼、昏礼的唤礼响起，头戴小圆帽的穆斯林便从城区的各个角落奔向礼堂集体诵经。而在传统之中，也有新事物蓬勃生长，在外求学归乡的年轻人，将新的生活方式迁至故土扎根，你能在隆务河东岸找到文艺的地标，在酒吧和Live House欣赏歌手用汉藏英结合的表演；在泽库路北，你也可以在西餐厅找到美国西部酒馆的影子。无论是传统还是新生，它们都带着同样的安逸自得。

历史

整个青藏高原曾经都是羌族的活动区域，同仁也不例外，就同仁一带已发掘的100多处马家窑、辛店文化遗存来看，四五千年前活动在此的羌族部落主要是先零羌和烧当羌。让古羌人的生活发生变化的是吐谷浑。西晋永嘉年间，吐谷浑迁居青海东南部一带，和羌族各部落展开战争，最终大败羌族，并在青海东南部建立了强大的吐谷浑王国，在此开始长达350年的统治。古羌人的民族特性逐渐被吐谷浑同化、消失，当时同仁地区为吐谷浑与中原往来的交通枢纽及要塞。盘踞青海东南部的吐谷浑并不安分，唐朝初年不断进犯唐西北沿边各州。唐太宗曾多次遣派使臣与吐谷浑交涉，然而并没有什么结果，最后只能发兵征讨，将它收为属国。与此同时，在西藏崛起的吐蕃势力也开始向青海渗透。唐与吐蕃在青海地区角力百余年，最终吐蕃利用唐朝内乱及国势衰败，占领了包括今同仁在内的青海东部、北部地区，并称呼其为"安多"，自此安多藏区开始形成并发展，同仁地区也逐渐成为藏族聚集地。

在吐蕃王朝的统治下，藏传佛教在青海地区迅速发展，后虽吐蕃灭亡，但宗教信仰已深入青海各区。自两宋起，僧人开始通过各种方式获取治民特权，推崇藏传佛教的蒙元统治者也对这一特权予以确认，寺僧治民的政教合一统治开始在青海占有一席之地，同仁地区历史最悠久、威望最高的隆务寺便是始建于元代，在很长一段时间内都掌管着当地的政务。隆务寺治寺严谨，注重藏族十明文化、藏医学的发展和研究，诞生过许多赫赫有名的高僧大德，这使得同仁地区逐渐拥有了"孕育智慧与文化之地"的名声。

1929年青海省建省之初，将隆务寺所在区域定为州政府所在地，并取"同登仁域"之意命名为同仁县。如今的同仁传承发扬丰富厚重的历史文化，让热贡艺术遍地开花，同仁县也成为青海省唯一一座历史文化名城。

当地知识

热贡的由来

游览黄南，每每看到技法好的唐卡画作或泥塑作品，询问来源时通常会得到一个说法，"是热贡那边来的"，见游客一脸疑惑，当地人会补充道"就是同仁"。大多当地人还是习惯称同仁为热贡，因为热贡是这片地域被叫得最久的名字。

在民间，关于热贡的地名有这样一个说法：元朝至清朝时期，隆务河一带生活着由千户长、百户长直接统治的十二部族，其中热萨部落位于隆务河谷的中下游，人们以热萨为界，将其以上的河谷部落称为热贡（"贡"在藏语里是上部的意思）。这个说法在当地有很强的民族族源认同感。

热贡地区从古至今智者辈出，藏学、佛学、文化艺术蓬勃发展，使得这里成为安多文明的杰出代表，被誉为孕育智慧的"金色谷地"。在热贡大德中，最负盛名的是隆务寺活佛夏日仓·噶丹嘉措圣师，他于明崇祯八年（1635年）主持修建了隆务寺多闻盛乐经院，并为经院建立了讲经修道之法。另外，格鲁派创始人宗喀巴大师的启蒙恩师曲结·敦珠仁钦（被誉为"通晓万物的智者"）也是出生在热贡，并在此建立了6座寺院。

同仁城区

同仁城区

景点

1 隆务寺 A4
2 老城区 B4
3 热贡艺术博物馆 C1

住宿

4 宏丰得大酒店 D1
5 麦秀宾馆 B3
6 热贡诺尔邦旅游客栈 C2
7 印象热贡民宿 C1
8 云龙酒店 C2

就餐

9 藏宅吉祥藏餐馆 B3
10 老桥牛肉面总店 B2
11 热贡梦土庄园 B4
12 同临饭庄 B2
13 威斯汀西餐厅 C1

实用信息

14 黄南州藏医院 B3
15 黄南州人民医院 D2
16 中国邮政 B3

交通

17 黄南州汽车总站 C3

方位

隆务河自南向北流穿过同仁县城，将县城分为东、西两岸，两岸由热贡桥连接。西岸是主城区，规模如同内地四五线城市，绝大多数本地居民在此工作、生活。热贡广场附近是县城的中心地带，政府机构和餐饮娱乐设施都很集中。东岸沿203省道铺开，尚处在初步开发阶段，整体上比较冷清。县城南部的隆务街所在区域是老城区，居住着许多穆斯林，这里的建筑比较古朴沧桑，街景有20世纪五六十年代的影子。

景点

同仁县城主要的看点集中在南北两端：北有热贡艺术博物馆，这里是热贡艺术的集中展示地；南有隆务寺和隆务老城，可近观当地的宗教生活及历史痕迹。

热贡艺术博物馆 博物馆

（德合隆北路热贡广场；免费，需出示身份证；⏲周二至周日9:00~17:00，周一闭馆）抵达同仁后，你最好将这里列为第一个目的地，博物馆内不光集中展示着唐卡、壁画、泥塑、堆绣、沙画等所有热贡艺术门类，也有展厅详细介绍当地民俗和藏传佛教的基础知识。你可以了解到民俗活动“六月会”“於菟舞”“跳羌姆”的渊源，以及活动中所用法器、面具等含义，也能知道藏传佛教各派的差别、主要供奉佛像的故事和背景。有当地知识打底，然后再去拜访其他寺院和文化景点，就不会玩得云里雾里。

热贡艺术中闻名遐迩的唐卡主要集中在第三、四展厅，三厅是国家级、省级唐卡大师的作品，四厅有古代遗留的唐卡珍品。博物馆内通常参观者不多，你很有可能享受“包场”待遇。在工作日前来，你需要留意安排参观时间，细看整座博物馆需要2~4小时，在工作日期间博物馆会在11:30~14:00闭馆休息。乘2路公交车在云龙酒店站下车，对面就是热贡艺术博物馆。

隆务寺 寺庙

（☎879 5730；德合隆南路；门票60元；⏲9:00~17:00）隆务寺始建于元代，起初建寺的地点是萨迦派的寺院，明中叶随着第三世达赖喇嘛到青海弘法，加上当局的支持，格鲁派的势力不断增长，于是隆务寺在明朝中后期改宗格鲁派，成为青海周边影响力仅次于塔尔寺和拉卜楞寺的格鲁派寺院。

隆务寺没有围墙，是一座开放式的寺院，院内拥有24座大殿，另有活佛的寝宫和僧侣宿舍。寺庙建筑的分布自成一个街区，与北京的胡同有些类似，而且你还真的可以像逛胡同一样在此做探索式的穿行，不必拘泥于一定要去到哪里。这里有趣的地方并不仅在于寺内的佛像和宗教装饰，你还能看到诸多当地生活的切面——身着明艳藏服，站在院墙下互相拍照的藏族姑娘、煨桑之后在大经堂广场拉家常的邻居、在一座殿堂内放声背诵经文迎接考试的年轻阿卡（安多藏区对喇嘛的昵称）……

隆务寺依山而建，走到寺庙高处，可以俯瞰整座寺庙和卧在隆务河旁的部分城区。乘1路公交在热贡桥下车，沿德合隆南路往南步行约10分钟可达隆务寺，售票处就在德合隆南路上的入口。在城区乘坐出租车前往隆务寺5~10元，行车不打表。

➡ 绿度母广场

靠近隆务寺，最先会看到寺庙外建在隆务河旁高地上的绿度母广场，广场中央立有一座三面绿度母像慈目低垂，俯首向着面前诵经、叩拜的信众和游人。度母在藏传佛教徒心中，比较类似于观音菩萨之于汉传佛教，十分亲切。在正式的藏族史书和佛教经典中，都记载她是藏族人民的始祖。藏传佛教虽然分很多派别，而且各自有本尊神，但都无一例外地信奉度母，称她是本教派的保护神。隆务寺的度母殿也是院内香火最旺的殿堂，来此求子求福的信众很多。

➡ 大经堂

穿过隆务寺大门，从左侧绕过马头明王殿，就能看到这座隆务寺最重要的殿堂。每天早上寺院僧人都要在此上早课，诵读经文，这段时间内外客不能入内，不过10:30左右早课结束后，你就可以进去参观了。大经堂虽照明不足，但也不影响参观，入口处围合在廊柱上的堆绣用色雅致，西、北、南三面墙壁的唐卡讲述的是释迦牟尼从出生到涅槃的主要事迹，人物形态生动，画面、情节衔接过渡得相当自然。东面墙壁是与密宗有关的画作，密宗画作中，画面人物大多是各大护法金刚和明妃（密宗里的女性护法者，“明”意为战胜无明），画面中明妃通常缠绕在护法金刚身上，脚踩妖怪，以狂放狰狞的面像示人。

➡ 千佛释迦牟尼殿

出大经堂继续往南稍走几步便是千佛释

当地知识

隆务寺，同仁的中心

隆务寺一直是同仁地区的精神中心，每天清晨去寺庙转经、朝拜依旧是许多当地人生活中不可或缺的部分。隆务寺在同仁地区的政教统治地位从明朝时开始确立，直到解放初期才宣告结束。明宣德时期，隆务寺高僧罗哲桑格因为才德出众，被封为大国师，从那时起隆务寺开始在青海东部地区形成极大的威望。清乾隆时期，该寺三世夏日仓活佛又被封为国师，寺庙势力进入鼎盛时期，成为隆务河谷周边12部族的政教首领。

隆务寺不光掌管着同仁地区的政务，它的影响也深入当地生活的方方面面。新中国成立前的寺庙一直是同仁地区重要的教育场所，它的35个属寺相当于35所学校，当地人会将家里的男孩送到隆务寺学经、认字。此外，隆务寺在医学、天文学领域研究卓著，过去寺庙每天都会将对当天的天气预测张贴在大门口指导农耕，清晨跑到隆务寺看天气预报在很长一段时间内曾是当地人每天必做的事。安多地区最早的医学院也是隆务寺创建，甘肃、四川、西藏等地的人纷纷来此求学，20世纪50年代县城里建立了同仁藏医院，其医学理论、诊断技术和看病医生也大多出自隆务寺。

从古到今，隆务寺都与当地生活紧密相连，如今同仁周边不少村落，家里男孩出生后仍旧会送到寺庙登记，四五岁时送至寺庙学经，直到19岁再看是否留寺或还俗。

迦牟尼殿，殿堂内外装饰的唐卡是寺院僧人的杰作，不但下笔流畅，而且利用了逐层递涂的渐变色，让人物更加立体。殿内陈设的佛像也是泥塑中的传神之作。

➡ 闻思学院辩思院

出千佛释迦牟尼殿继续向南是闻思学院辩思院，学院门口的小广场就是阿卡们平常辩经的地方。隆务寺现在有3座佛经学院，每年5月，各学院都会自行组织辩经，到时阿卡们会在傍晚时分坐在广场上进行辩论，辩经并不是想象中的辩论会，更像是手舞足蹈地念唱，光是看看热闹也挺有趣。12月底还会有一年一度最大型的辩经，具体时间由主寺活佛来定，到时不光隆务寺僧人，周边寺院的僧人都会赶来参与辩论，活佛会从中选出极为优秀的辩论者，而这类荣誉对僧人在佛学界的晋升至关重要。闻思学院西侧的**吉祥天母殿**是寺院里“最贵”的殿堂，里面所供的大小护法神像都是从印度定制而来。

➡ 弥勒佛殿

出闻思学院继续向南，可以走到德合隆南路，顺着道路向东走就来到了弥勒佛殿。弥勒佛是格鲁派寺院供奉的主要佛像之一，所有的格鲁派寺院都会精心装点弥勒佛殿，殿堂内供奉的弥勒佛像落成于清乾隆七年（1742年），是隆务寺现存年代最久的一尊佛像。殿堂布局在当地寺院中也比较少见，有点像走进一座巨型石窟，佛像靠后墙而立，俯视众生，另3面墙壁围合装饰以千尊小佛像及壁画，瞬间将你带入肃穆的氛围当中。

老城区 街区

（见155页地图；隆务街）过热贡桥西头往南走约400米到隆务街，二层砖木结构的小楼沿着麻石路排开，这便是隆务镇的老城区了。为了发展旅游，大多数小楼都用实木板装点门楣，看上去有些过于规整。如果以其他知名古镇的标准衡量，这里未免显得太过朴素，但本地生活依然足够真实，历史留给建筑的痕迹也清晰可辨。不过也正是这些未经包装美化的生活，才让你看到了一个完整丰富的同仁。

顺着隆务街自北缓缓向南，如同慢慢穿越回解放初期，屋墙上“供销社”“为人民服务”等字样的颜色虽褪，但字体清晰可辨。与主街相邻的巷道里，尚存许多老旧的纯木结构二层小楼，火红的对联贴在沧桑的木门上格外显眼。你会依次经过**二郎神庙**、**清真寺**和汉传佛教寺院**圆通寺**。小小的二郎神庙平时大门紧锁，仅在祭神时开放，供奉着二郎神、财神和观音像。清真寺只有寺庙门口的宣礼塔是旧时所建，其他均为2016年新建，采用汉式飞檐翘顶风格，并没有穹顶。本书调研期间，圆通寺正在做整体翻修，能看到老建筑的墙体上有桃花砖雕和水墨壁画。3座隶属不同信仰的寺庙都始建于19世纪中叶，由六世夏日仓活佛主持修建，是隆务镇宗教融合的体现，平常主要服务于当地汉族、回族的宗教生活，少有旅行者前来。

乘坐2路车在加毛桥头下车，往南便是隆务街。

节日和活动

六月会
少数民族节日

每年农历六月十六至二十五，同仁周边各村都会举办大型的供神祭祀民俗活动“六月会”，这是当地最喜庆热闹的盛会，期间大家身穿明艳的藏服，佩戴夺目的首饰，载歌载舞享受这场欢庆。农历六月秋收月在当地被称为“神月”，六月会的用意是祈求神灵保佑收成，避免灾害，祭祀（包括素祭和血祭）和舞蹈是六月会最重要的两项活动。六月会在藏语里称“周贝勒柔”，周贝意为六月，勒柔的其中一种解释为伴着乐器舞蹈。（见159页方框“六月会观礼”）

毛兰姆法会
法会

这是青海、甘南藏区最重要的寺院法事活动。每年新春时节，农历正月初三至正月十七，同仁地区各寺庙都会组织大型的晒佛、转佛、跳羌姆等活动。其中隆务寺于每年正月十四晒佛、十五转佛、十六表演跳羌姆（僧人将头戴面具，身着戏服，手持法器表演护法、赞神、斩魔等舞蹈），如果这段时间你在同仁，可以前往观看表演，隆务寺的羌姆因节奏快、动作幅度大，极具戏剧感。

住宿

同仁县酒店类型很多，已有2家四星级酒店和多家特色民宿，物美价廉的宾馆也不少。依赖公共交通的旅行者可以选择靠近热贡艺术广场或汽车站的酒店，方便出行，周边餐饮、购物选择也比较多。如果是自驾，在预订酒店前最好询问酒店是否方便停车，县城内的公共停车场较少，各大主要路段都不允许停车。在同仁，每年只有7~8月可算旅游旺季，酒店价格可能为平时的2~3倍，最好提前预定。淡季时普遍价格不高（四星级酒店的标间在300元左右）。

宏丰得大酒店
酒店 ¥¥

（见155页地图；☎770 0111；迎宾大道；标双266元起；🅿📶）2016年开业的四星级酒店，县城内虽然还另有一家四星级酒店，但就住宿舒适度、设施便利性而言，宏丰会更胜一筹，性价比也更高。酒店早餐选择相当丰富，停车场设在后院，约有近60个停车位。

印象热贡民宿
酒店 ¥

（见155页地图；☎831 6666；泽库路北；标双 168元起，豪华标双 268元起；📶）这是一家2019年新开的酒店，木地板、实木家具、注重简约和空间留白的装修品位在同仁酒店中比

穆斯林聚居地隆务老街

在隆务街上，你很少会见到身穿藏袍的藏族，多是头戴小圆礼帽或包裹头纱的穆斯林，因为这里一直都是回族的聚居地，这一局面的形成得从清光绪年间说起。旧时的青海，回族、撒拉族多从事商业活动，藏族地区农畜产品的外销以及生活日用品的购入，通常都要依赖穆斯林商人流通。清朝光绪年间，为了发展隆务地区的商业和手工业，六世夏日仓活佛在距离隆务寺不到1公里的隆务街沿街修建铺面房舍，从河州（临夏）、循化等地招来穆斯林、汉族商人和手工业者开店，一时间隆务河边交易兴旺，能工巧匠聚集，内地产品与当地特产频繁在此流通，以至于同仁地区的商业中心也从北部的保安镇转至隆务。这些穆斯林从客居到定居，也使得隆务街及周边逐渐发展为穆斯林聚居地。

六世夏日仓活佛对宗教信仰也采取了开明的立场，他纠正了五世夏日仓活佛强求穆斯林信仰藏传佛教的错误（曾导致大量当地回族外迁），并主持修建了汉传佛教圆通寺、清真寺和二郎神庙，让当地的穆斯林与汉族有精神皈依之所，各宗教、民族在此相互包容、共同生长。

值得一游

六月会观礼

农历六月，同仁周边有20多个村落将举办六月会，有些村落会刻意错开举办时间，方便临村的人前往本村一起热闹。吾屯、年都乎、郭麻日、尕沙日是距离同仁县城较近的村落，它们都在每年的农历六月十九开始六月会。

六月会主要分为请神、祭神、娱神、送神等环节，“拉哇”（法师）是活动的核心人物，所有流程都在他的主导下进行。每个村子都有自己的拉哇，要成为拉哇可不简单，不仅需要取得村民的信任，还要经过有名望的活佛考核，测试他有关神灵的知识，以及神“附体”后的言语、举止是否合格。合格的候选者经加持后才会被认定为本村真正能通神的拉哇。各村拉哇并非是职业性的，他们平时劳作，只在六月会期间尽法师职责。

六月会从请神开始，请神队伍个个头戴红缨飘洒的礼帽，身着藏袍，在拉哇的带领下到村庙前煨桑（点燃松柏枝条、糌粑、酥油、青稞等）祭祀山神，煨桑炉香烟升起时，法师将印有神像和飞马图案的彩色小方纸撒向空中，代全村人向诸神发出邀请。随后佛像被请出寺庙，坐着轿子前往村中看望村民，家家户户都会献上精心准备的供品。

请神之后，便是跳舞娱神的活动，舞蹈分为向龙族祈愿的龙舞、向神灵祈愿的神舞和军舞（为纪念唐蕃战争胜利而创编）。舞者尽情发挥，观众则欢呼回应，当地人相信“人高兴才会使神高兴，神高兴便能降福于人”。其中**浪加村**（见61页地图；同仁县以北约22公里）的龙舞最为特别，由7人手持蛇、蛙、蛤蟆等面具领舞，另有几十人各自手持一把木制斧头共舞，带有古羌族图腾崇拜的色彩。

血祭会在舞蹈活动中穿插进行，包括插钎和开红山。插钎是将大约20厘米长的细铁钎插入身体，插在两腮处为插口钎，插在背部为插背钎，借此代表村人向神谢罪，各村成年男子几乎都有过插钎经历。开红山是活动的最高潮，法师用刀砍向自己的额头，血流出后用额头触碰神像，之后带领大众狂舞。当地人对血祭习以为常，将之视为勇敢的象征。

个别村庄如双朋西、瓜什则、扎毛等，习惯将六月会推迟到正月举办（正月初三至初九）。**同仁县旅游局**（☎879 5730）每年会出一份详细的各村六月会时间表，发布在微信公号平台“热贡旅游”上。

较少见。豪华标间内还配有投影仪和投影幕布，可以看电影。可惜的是酒店没有停车场，仅门口有几个停车位。

热贡诺尔邦旅游客栈 酒店 ¥

（见155页地图；☎872 6999；雪莲东路；标双 168元起；📶）酒店装饰颇具当地风情，楼梯间、走廊处挂着有关当地生活、民俗、风景的摄影作品。二楼是热贡文化主题客房，房间按照藏宅的特点装饰，挂有色彩斑斓的布帘，放置长条形木制茶几，主题客房比普通标间价格略高，还设有可睡3~4人的通铺大房间（288元起）。酒店没有停车场，酒店旁边的小巷内可停5~6辆车。

云龙酒店 酒店 ¥

（见155页地图；☎872 6866；德合隆北路，热贡广场对面；标双 198元起；P📶）位于县城中心地段，对面是热贡艺术博物馆，周边有许多餐馆、购物选择。酒店在卫浴设施上下了不少功夫，花洒出水量大，水温调节方便，停车场设在后院，有10余个车位。

麦秀宾馆 酒店 ¥

（见155页地图；☎872 6844；德合隆南路；标双 149元起；P📶）汽车站附近物美价廉的宾馆，2015年重新装修后整体环境、设施提升了不少，房间整洁，卫浴设施便利。酒店后院设有停车场，有10余个车位。

就餐

同仁就餐的选择很多，清真面馆是主角，藏餐、川菜馆齐头并进，也有个别炸鸡店、西餐厅、茶餐厅等。热贡路和康乐南路集中了最多口味的、地道的、开店多年的老餐馆。

★热贡梦土庄园

新派藏餐 ¥¥

(见155页地图; ☎831 1777; 东格尔路78号; 人均 65元; ⏲10:00~22:00) 就餐环境清新有格调, 藏餐水准也深受当地人认可。餐馆位于隆务河东岸, 3层小楼带一座小院, 2楼有露台座位, 餐厅视野极好, 可眺望对岸的隆务寺。1楼是酒吧, 也是Live House (⏲16:00至次日2:00), 常有当地歌手驻唱。2楼、3楼为餐厅, 有藏餐和川菜可供选择, 不要错过这里的奶茶, 极香浓、分量足。

藏宅吉祥藏餐馆

藏餐 ¥¥

(见155页地图; 康乐南路; 人均 50元; ⏲10:00~21:00) 康乐南路是一条贩卖蔬菜、水果、牛羊肉的农贸街, 外表有些凌乱, 可这里一幢小楼的2层隐藏着一家木质装修风格、内饰明快清新的藏餐馆, 每张餐桌都巧妙地通过隔断和布帘分开, 如同一个个小包间, 藏餐地道, 藏家黄焖牛肉、手抓肉是招牌, 藏家锅贴、酥油包子等小食也相当不错。

老桥牛肉面总店

面食 ¥

(见155页地图; 夏琼北路, 近县第三完小; 人均 10元; ⏲7:00~21:00) 每个城市都有那么几家餐馆, 是伴随许多当地人成长的"老地方", 老桥在同仁就是这类存在, 许多在外工作、求学回乡的热贡人会专门跑到老桥吃一碗汤面或拌面, 感受熟悉的家乡味道。老桥规模已经扩大(城内有两家分店), 餐品一直保持高水准和平民价格。

同临饭庄

面食 ¥

(见155页地图; 热贡路, 近县第二幼儿园; 人均 20元; ⏲10:00~21:00) 当地人气很旺的一家餐馆, 饭点人多, 不过翻台也快。面食劲道, 干拌面、汤炮仗点的人最多。也有炒菜(以川菜为主)可点。

威斯汀西餐厅

西餐厅 ¥¥

(见155页地图; 泽库路, 近夏琼北路路口; 人均 30元; ⏲10:00~24:00) 融西餐厅与咖啡馆于一身, 这里是同仁唯一能喝到现磨咖啡的地方。也许因为老板娘是美国人的缘故, 这家餐厅的装修风格也带有一些美国西部风情, 室内装饰多原木元素, 有舒服的沙发椅, 二楼书架上放置着不少英文、藏文、中文书籍。菜单选择虽不多(主要是牛排、意面、三明治、咖啡、松饼等), 但味道很好。

ℹ 实用信息

医疗服务

黄南州人民医院 (见155页地图) 位于隆务河东203省道旁, 有24小时急诊, 从城区开车约10分钟可达。

黄南州藏医院 (见155页地图; ☎872 2737; 德合隆中路) 位于城中心, 有24小时急诊。

银行

中国建设银行和中国农业银行在城区设有最多网点, 德合隆北路、德合隆中路等主干道, 以及中山路、夏琼北路都很容易看到这两家银行的ATM。

邮局

中国邮政 (见155页地图; 周一至周五 8:30~17:30, 周末和节假日 10:00~16:00) 位于中山路西端, 夏琼北路51号。

ℹ 到达和离开

黄南州汽车总站 (见155页地图; ☎872 2014; 东山路29号, 近热贡桥西头) 每天有多趟车发往西宁及尖扎县、河南蒙古族自治县、泽库县。有去往甘肃夏河、临夏的班车。除人工售票外, 车站内有多台自动售票机, 支持微信及支付宝付款。你也可以下载中国公路客票网的App (Bus365汽车票), 直接通过手机购票。

县城内有白绿色8座小面包车去往周边镇区。去往麦秀镇的小巴车停在热贡桥西头的公共停车场内, 10元/人。去往保安镇(经尕沙日村)的小巴车停在德合隆北路, 黄南州公安局对面的公共停车场内, 10元/人。

ℹ 当地交通

目前县城开通了3条公交线路 (1元/人; 冬季 7:00~19:30, 夏季 6:30~20:30): 1路经过汽车站、吾屯下寺和吾屯上寺; 2路也经汽车站, 可以抵达热贡艺术博物馆 (在云龙酒店站下车); 3路经隆务寺广场。发车频率较高。

出租车不打表, 城内5元, 出城去往周边村落, 比如吾屯、年都乎等, 单程20~25元。

同仁周边

同仁周边的村落各有特色。吾屯以唐卡

同仁周边

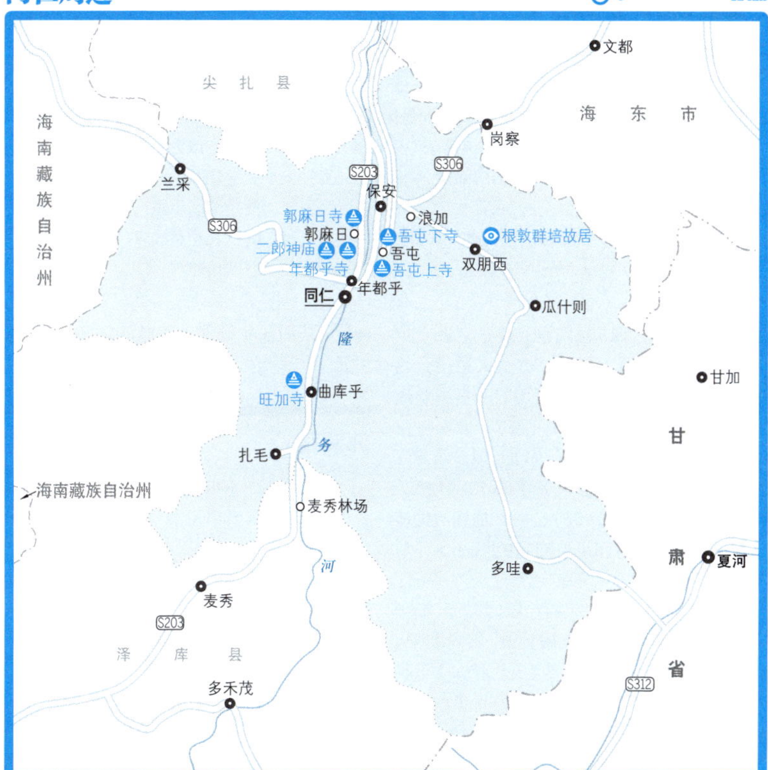

见长，这里几乎家家户户都有画室，同仁县的好几座大型画院也设在这里。无论是画院还是私人画室都欢迎旅行者入内参观，个别画院还专门设立了作品陈列室，展示老师和学生的代表作。年都乎擅堆绣，碰上大门敞开的人家，不妨礼貌询问是否能入内参观，当地居民通常会热情地将你迎进家里，介绍挂在墙上的自家制作的堆绣作品。郭麻日安逸闲适，每户人家都小巧别致，自带一座土夯墙围合的院落，累累果实悬挂枝头，垂落到院墙之外，这里仿佛拥有不受打扰的生活节奏，凝聚着古朴静谧的氛围，村口高地上矗立着同仁地区最显眼的建筑——有安多第一佛塔之称的“时轮金刚塔”。这些村落都在县城周边10公里的范围内。六月会期间，你一定要走到村子里，沸腾的祭祀场面、欢快的村民共舞，可比城区热闹多了。

如果旅程顺路，你还可以去一些更远的村落。假如你向南前往泽库和河南，不妨顺道拜访曲库乎乡有“小布达拉宫”之称的旺加寺，这座同仁地区最大的苯教寺庙位于麦秀森林东北缘的山坡上，周围秀丽的峡谷风光也会让你觉得不枉此行。如果你打算往东去甘肃夏河，沿路会经过双朋西乡，这里是藏族奇僧根敦群培的出生地，在他的故居内建有根敦群培纪念馆。

吾屯

吾屯在隆务河东岸，位于县城以北约8公里处，分为吾屯上庄和吾屯下庄。走进吾屯很像进入一座艺术学院，几乎每座宅院都是一个独立的画院，只是别起太早去逛吾屯，大部分画室10点左右才会开门。**黄南州热贡画院**（吾屯上寺往南约500米处）是吾屯最大的画院，当代唐卡艺术大师娘本现在是画院的院

结夏安居，女士请回避

结夏安居是一种重要的佛教修行制度，指的是夏天的一段时间内，僧人禁止外出，聚居在一处修行，直至安居结束。安居的首日称为结夏，圆满结束之日称为解夏，它是佛陀自两千多年前就开始的闭关活动，在印度时是因为雨季不便外出化缘，而令僧侣安居修行，不可随意外出，传至中国，无论是藏传佛教寺院还是汉传佛教寺院，均改为夏季安居。青藏高原夏季短暂，结夏安居的时间相应缩短，黄南地区寺院（主要是格鲁派）统一在农历六月十五至八月初一进行结夏安居，凡闭关寺院都会在寺门旁挂出桑枝予以示意，期间大多寺院不对女性开放，男性也只能在一定时间内进入寺院。但如今，同仁县游客较多的隆务寺、吾屯下寺已放宽了戒律，允许男女游客入内参观除大经堂以外的开放殿堂。

长，在此教徒授课。画院设有展览室展示娘本老师和学生的绘画作品，办公人员还会热心地领你参观，介绍唐卡所用的颜料和学生正在创作的作品。

除了参观画院和画室，你也可以在当地寺庙看到惊艳的唐卡。**吾屯下寺**（见161页地图；门票 30元；⏲9:00~17:00）是同仁地区历史最久的寺庙，建寺时间可追溯到9世纪中叶，后来被第一世夏日仓活佛扩建为隆务寺属寺。寺庙大经堂、弥勒殿、宗喀巴殿的泥塑、壁画都是看点，其中尤以弥勒殿为最，殿内《四大天王》图居中，两侧分别是《香巴拉二十五代法王》图和《长寿仙女》图，都是唐卡中的杰作，工笔细致，色泽协调。淡季（9月至次年6月）的售票处常常无人值守，各处殿堂大门紧锁，你可以拨打售票处外墙上粘贴的电话号码购票，但可能会等待很长时间。

从吾屯下寺往南走约800米可到达**吾屯上寺**（见161页地图；门票 30元；⏲9:00~17:00），上寺虽然淡季也无人售票，不过各殿堂大门常开，殿外看门的喇嘛会带领你入内参观。上寺弥勒殿的壁画、泥塑称得起“精中之精”，据寺庙的阿卡介绍，2000年重修弥勒殿时，吾屯上下的画师、僧人都想用自己的作品来装饰殿堂，最后贡献出上千幅画作匿名公开竞选，最优秀的10余幅画作被选出挂入殿堂，所以弥勒佛殿内所饰唐卡实实在在为千里挑一。殿内泥塑为上寺7位老师傅一起塑造，7双眼睛客观审视，互相补缺查短，使得塑像格外灵动。

乘坐公交1路可抵达吾屯下寺和吾屯上寺。你可以在吾屯下寺下车，参观完下寺后步行向南依次拜访吾屯上寺和黄南州热贡画院。从同仁县城乘出租车前往吾屯，单程25元。

郭麻日

郭麻日位于隆务河西岸河边的高地，与吾屯隔河相望，从吾屯步行至郭麻日约2.5公里。郭麻日以木刻佛像、建筑装饰见长，这些手艺在村中的郭麻日寺可窥见一斑。**郭麻日寺**（见161页地图；门票 20元，包括登塔与入寺；⏲9:00~17:00）的各座殿堂分散在村中各处，但很容易找，因为寺中38米高的“时轮金刚塔”立于隆务河西岸高地的最高处，很难不看到它。塔身共5层，由寺院佛僧与当地百姓共同施工建造，结构独特，一般佛塔是由内部楼梯向上攀，而郭麻日塔每层顶檐较宽，可由内到外，再由外到内，交替着层层登顶。第五层佛堂形状像一个宝瓶，供奉着一尊用檀香木雕刻的时轮金刚，雕工精湛，威武之神尽显。

从佛塔下来后不要着急往村里走，**时轮金刚坛城殿**藏身于佛塔后方，容易被忽略，但很值得一看，它是整座郭麻日寺最具艺术感的建筑，外饰砖雕憨态中又透着一股灵气，朴素又生动。坛城殿屋顶所饰壁画为香巴拉佛国32坛城，画幅巨大，将所有坛城一一细致展现，这在坛城画中非常少见。

看过这两处后接着往村里走，郭麻日的民居大多是二层楼高土木结构，朴素雅致，巷道也清新整洁。寺庙的大经堂、弥勒殿在村尾，两座殿堂门楣、梁柱上都装饰有木雕，雕工精细、镂画巧妙。弥勒殿的建筑装饰尤其多样，梁柱上的彩绘与木雕相互生辉，殿内高11米的弥勒佛像也是泥塑作品中的代表作。

从郭麻日村出来继续向北走约600米，可以到达**郭麻日古堡**。古堡是明朝同仁地区建置卫所的遗存，明朝时同仁一带曾建有“保安四屯”（包含县城北保安镇、吾屯、年都乎、郭麻日），如今只有郭麻日古堡较为完整地留存下来，其余堡垒大多只剩下一段城墙（年都乎村）或一片遗址（保安镇）。明朝的卫所制一直到清雍正年间才彻底废除，屯田制结束后，守卫古堡的军士大多选择了留在当地，变古堡为民居，休养生息至今。郭麻日古堡内如今仍有不少居民，只是与数百米外的郭麻日村不同，这里房屋破败，塑料、盒罐垃圾遍地，完全是另一番景象。为吸引游客，古堡做了些修饰，但地面铺就的磨光大青石和墙垣处、各家门前高高挂起的大红灯笼，在沧桑的古堡里略显跳脱，让货真价实的古堡陷入“仿古过猛”的尴尬。如果忽略这些的话，穿行于古堡内，你依然能看到这座堡垒设计中的巧思，各巷道错综复杂又相互串联，每个院落都是一座防御单元，无论入侵者从哪条巷道进入，躲在哪户屋檐下，几乎都会陷入无处可藏的境地。

参观完吾屯后，可以从吾屯步行（约20分钟）至郭麻日村。在同仁县城乘坐出租车往郭麻日，单程25元。

年都乎

年都乎位于同仁县城以北，距离城区约2公里，这里以制作堆绣闻名，西藏、甘肃甚至云南等许多大型寺院的堆绣都出自年都乎。堆绣是用各种彩色绸缎代替颜色贴出来的画幅，藏族人称它为“归唐”，意思是绸缎制成的唐卡，画面呈现出浮雕的效果，藏区各大寺院晒大佛活动中在山坡上铺开的佛像就是堆绣作品。年都乎每家每户都制作堆绣，有不少

另辟蹊径

曲库乎与双朋西

曲库乎乡和双朋西乡是同仁周边另外两处很有特色的村落，距离县城较远，如果你的旅行计划恰好途经两处村落，可前往一探。

曲库乎位于同仁以南，距离县城约15公里，从同仁县向南去往泽库会经过曲库乎。在曲库乎乡的木合沙村建有一座拥有700多年历史的苯教寺庙——**旺加寺**（见161页地图；入大经堂内收费 30元/人；⏲9:00~17:00），寺庙建在山腰上，站在山脚仰望，地势与布局确实与布达拉宫神似，难怪被称为当地的“小布达拉宫”。沿一小段山路爬升到寺院门口，眼前一片“五彩斑斓”，寺庙各殿堂的门楣、梁柱上处处都是精细的木雕、彩绘。大经堂门外的木雕装饰最有特色，雕刻的是法会跳羌姆时所佩戴的面具头像，个个青面獠牙、怒目圆瞪。寺院内所饰唐卡都是寺院僧人的作品，有在别处少见的黑唐（唐卡的一种，用黑色做底，金线勾勒，主要用来画示人以凶恶扮相的护法神）。需要留意的是，“木合沙村”在百度地图上的标注地点有误，正确位置应该是标注往西约2公里。去往旺加寺的乡道在风景秀美的山谷里穿行，一侧流水潺潺、农田人家，一侧青山秀岭、牛羊成群，即便不为寻找旺加寺，流连在此也很值得。

出曲库乎乡沿203省道往南行驶约9.5公里，就会进入**麦秀国家森林公园**区域，目前是一座完全开放的林场，并没有设立观景台和任何游览设施，只有203省道穿行其间。省道旁方便停车的平台并不算多，遇到之后不要错过，下车后顺着山坡或沿河边很容易找到步入林中的小路，就算只能在公路旁的山林里走走，也会有好玩的发现——山谷中肆意盛放的野花和树上的苔藓、蕨类植物无不昭示着这里保护良好的生态。

双朋西乡在同仁以北，距离县城约35公里，从同仁县向东去往甘肃夏河会经过这里。双朋西是藏族奇僧根敦群培的出生地，在他的故居内设有**根敦群培纪念馆**，调研期间纪念馆正在全面翻修，无法入内。双朋西至夏河段公路风光极美，经葱翠峡谷，穿丹霞地貌，过高山草原，一路景好车少。

曲库乎、麦秀林场、双朋西3处，在同仁县均无班车前往，适合包车或自驾。

当地知识

仅此一村的於菟舞

於菟舞（“於菟”意为老虎）是羌族文化的传承，源自“虎食鬼魅”的观念。以前同仁地区藏族、土族混合居住的卧科村也有跳於菟舞的习俗，近些年渐渐消失不见，唯有年都乎村仍保有西王母部落时代的图腾（虎）文化，每年岁末都上演这场热热闹闹的全民驱鬼求祥活动。於菟舞期间，周边村落的人们都会前往年都乎观看。

冬月二十日被土族认为是“黑道日”，妖魔鬼怪猖獗，这天正是於菟们消灾纳吉的好时机。当日选好的7名年轻男子在二郎神庙内开始装扮，他们脱去上衣，裤腿卷起，先用煨桑香灰涂抹全身，再用墨汁从脸到脚画上虎豹斑纹，集两种凶兽于一体。於菟们双手各举一根荆条棍（上端结有经法师念过咒语的白纸条），口叼大块生肉，做虎虎生威状。在听完法师祭神诵经，喝过法师所敬之酒后，於菟舞正式开始，只见他们在锣鼓声中舞出庙门，绕祭坛逆时针跳舞，以显神力，随即鞭炮声大作，7只神虎狂奔下山，进村后翻墙进院，各家各户早已避到屋外，任於菟擒妖捉怪，并已备好食物、酒水任其享用。

经过两三个小时的狂舞除害，於菟们跳着舞走向村外，中途村民不断将馍饼串在於菟的荆条棍上以示犒劳。在村民的欢呼助威声中，7只於菟奔向隆务河边，砸开冰块，用冷水洗净身子，意在阻断妖魔的回村之路。据说这些扮演於菟的青年从未因这场冬日里的“裸奔”而生病，反而在寒风冰水中变得更加健康结实。

人家门口挂着“堆绣艺术示范户”的牌子，欢迎旅行者有礼貌的探访。年都乎村是一个土族村落，还保留着跳土族於菟舞（见本页方框）的传统，每年岁末村民扮演猛虎下山驱鬼求祥，非常热闹。虽然在短暂的旅途中，你很有可能无缘得见於菟，不过年都乎村依然值得你从同仁专程前往，村中的年都乎寺是同仁境内唯一留存着古壁画的寺庙。年都乎村后山的山顶也拥有极佳视野，可以俯瞰隆务河谷和同仁县城。

年都乎寺（见161页地图；⏲9:00~17:00）免费 位于年都乎村北部，寺庙虽小，但拥有同仁地区现存最大的明清时期壁画，壁画主要分布在弥勒殿和小经堂内。“文革”时期当地村民将泥巴涂抹在壁画上，才让其得以留存至今，只是这些泥巴渐渐长在了壁画上，难以剥离。调研期间，壁画正在修复之中，修文物的艺人用蒸馏水一点点将泥巴去除，让壁画的真容得以展现于眼前。弥勒殿的《十六罗汉本传》图已经修复完毕，壁画约200平方米，沿殿内左、中、右三面墙壁展开，画中大小人物个个传神，主要场景用山石、树木自然隔开，画面布局浑然天成。小经堂内的《释迦牟尼说法图》也已修复，整幅图布局巧妙，笔法不似一般唐卡重工整，反而有些“吴带当风”的特征。年都乎精湛的堆绣技艺可在大经堂内窥见一斑，大经堂内围合于回廊上方的堆绣作品都出自当地技师和僧人之手，图案纷繁复杂又和谐相融。

二郎神庙位于年都乎村北侧山顶，从年都乎寺沿栈道步行至山顶约10分钟。寺庙平日关闭，由专人守护，只在宗教节日时开门，这里是於菟舞请神环节的重要场所。年都乎村信奉二郎神为全村的守护神，各家各户家中佛堂除供奉释迦牟尼、文殊菩萨、弥勒佛等佛像外，会特别供奉二郎神。寺庙内里的乾坤虽然难得一见，不过寺庙所在的山顶爬起来还是相当容易，这里拥有极佳视野，可俯瞰隆务河谷和远处群山，秋天河谷层林尽染，冬季远山白雪皑皑。

如果你住在县城北部，步行至年都乎约20分钟。在县城乘坐出租车前往年都乎，单程15元。

尖扎

人口：5.53万；海拔：1990米

黄河在青海东部众多山峦间穿行，造就了一条长300多公里的谷地，尖扎谷地是其中之一，这里常见密集的峡谷群，坐车行走其中，多是崇山叠嶂、山河交错的画面。县城入口处“中国射箭之乡”几个字十分显眼，告诉你这里延续着藏族千百年传承下来的射箭传统。尖扎在外有“高原江南”的称号，不过这一形容与它的特性并不贴切。尖扎县城周围山脉主要是土石山，植被并不茂盛，反而以陡峭的山势、刀劈斧砍般的姿态让人震撼，黄河水气势磅礴地从城边流过，呈现出来的也是野性而非秀丽的美感。

景点

尖扎的景点都在离县城不远的周边村落，选择在县城住宿、就餐，然后自驾或包车前往景点，是更为便利的行程安排。如果你在9月初抵达尖扎，会看到它最热闹的一面，一年一度的射箭比赛在此举行，届时整个藏区，乃至全国各地的射箭好手齐聚尖扎，各少数民族选手都穿着自己民族的服装走在街上，本身就是一道特别的风景。

古日寺

寺庙

（解放村；9:00~17:00）免费 古日寺与德钦寺、洛多杰智合寺并称尖扎三大古寺，虽距离城区最近，但因名气不如另外两家寺庙，几乎没有游客造访。它其实是一座很内秀的寺庙，大经堂内所饰壁画、泥塑，其技艺均不输同仁隆务寺。寺院僧人介绍，大经堂内唐卡为当地一位德高望重的老画师所作，周边许多寺庙如果想画唐卡，都会先来古日寺看过后再回去作画。大经堂内侧另有一个小殿堂，内供多尊雕工精细的金刚泥塑。大经堂旁矗立着一座三重檐、琉璃顶殿堂，是清朝留下的古建筑，原为白佛（寺主活佛）宫邸，如今已被保护起来，尚未对外开放，不过在围墙外可观其形。从县城坐出租车去古日寺往返40元（包含司机等待的时间）。

昂拉千户庄园

历史建筑

（昂拉乡尖巴昂村；9:00~17:00）免费

昂拉千户庄园是尖扎对外旅游宣传中浓墨重彩的一处，只是了解它的历史似乎比实际去看它更加有趣。庄园是昂拉第七代千户长项谦东智的府邸，于1949年完工，建筑面积有半个足球场大小。这座千户府分前后两个院落，由高墙围护，院落为四合二层楼。这里曾经有纷繁复杂的木雕、壁画装饰，大多在“文革”时期被凿盗、破坏，尚存一些砖雕花纹。庄园目前只有前院对外开放，后院仍有项谦的后人在此居住。重新翻修过的庄园显得过于单调空荡，虽有展室可了解庄园历史，但整座建筑还是难免给人灵魂已去、只余空壳的感受。

在去往千户府的路上，距离庄园约1公里处的**赛康寺**值得专程拜访，这座小巧精致的寺庙始建于14世纪，内饰精美的佛像和壁画，

当地知识

昂拉末代千户

整个明清时期，千百户制度都是青藏高原最重要的统治制度。少数民族地居偏远，与内地缺乏直接的交往，通过当地有威望的部族首领来治理周边，对当局来说切实有效，这种千百户制度在青海盛行数百年，直至解放初期才宣告结束。

昂拉千户祖上原本是吐蕃王朝赤热巴巾的后代，因为需要守卫边界和征税，被派到尖扎地区定居，成为黄河两岸的头人，元明清时期一直都是尖扎滩的统领人，掌管当地政务。清顺治年间，其后代祖多杰被封为昂拉千户长，家族世袭官位，昂拉千户庄园的主人项谦东智是第七代千户长。

项谦喜爱诵经读书，他原本的志向是去寺院为僧，后未能如愿，于1930年继位成为千户长。项谦治政有方，体恤族民，很受当地民众的爱戴，马步芳统治时期，极力拉拢蒙藏千百户，共同实行专制统治，项谦不为所动，一定程度上保护了昂拉滩的安宁。解放军收复青海之初，马步芳部下残余军官在青海各地发动武装叛乱，项谦对解放军不了解，加上其他军官的游说，也加入反叛队伍，被击溃后躲入丛林。后当地政府派参加叛乱但被宽大释放的项谦族人上山，持家信劝说项谦，并告知叛乱平息后政府在当地所做的安置救济工作，项谦深受触动，最终交出武器、回归昂拉。新中国成立后项谦历任青海省人民代表和黄南副州长等职，于1959年病逝。

在2011年获得联合国教科文组织亚太区文物古迹保护奖，部分壁画和佛像在经堂二楼，礼貌询问后僧人会带你入内参观。

昂拉乡距离县城约10公里，从县城前往路况良好，包车往返约80元。

德钦寺

寺庙

（能科乡；⏲9:00~17:00）**免费** 德钦寺曾经是青海东部部分地区政教合一的首领统寺，建寺时间比拉卜楞寺还早18年，在拉卜楞寺建寺时曾给予财力支持并赠送大量经书。如今的德钦寺延续着昔日的威望，寺庙规模不小，大小经堂、经学院、五明学院、活佛府邸依山势层叠而建，占据半座山坡。寺内几乎没有游客，僧侣们像在一所学校一样聚在一起研习功课，不光经堂内有整齐的诵经声，偶尔走进一座殿堂也常能撞见在此"背书"的僧人。德钦寺距离尖扎县城约38公里，出县城后一路盘山，途经高山峡谷，风光迤逦，途中有多处平台方便停车观望。从县城包车往返100元。

洛多杰智合寺

寺庙

（洛科村；⏲9:00~17:00）**免费** 智合寺是尖扎3座古寺中地理位置最奇特的一座，它立于县城西北4公里处的悬崖下。陡直的山崖由第三纪岩系组成，崖壁绵延800多米，颇为壮观。崖壁上有许多天然洞穴，寺庙最初就是在这些洞穴的基础上，加上门楣简单修建，后来慢慢在山下建起殿宇。这些洞穴自古就是修行圣地，据说当年朗达玛灭佛时，三贤哲曾逃难到此修行。洞穴群在"文革"期间被毁，1980年后部分恢复，每年都有僧人从西藏、四川、甘肃来此修行，洞内陈设简单，个别洞穴内供有佛像，这里主要还是僧人的修行场所，少有游客。寺庙经堂后面有条小路上山，步行5分钟便能抵达崖洞处一探究竟。从县城包车往返约50元。

节日和活动

射箭赛

少数民族节日

每年9月上旬（9月10日左右），尖扎会举办射箭邀请赛，为期3天。偶数年的比赛规格更大，全国各地射箭高手聚集尖扎，县城热闹非凡，主赛场设在位于商业街的五彩神箭体育场，为期3天的比赛中，晚上的商业街上常有藏族歌舞表演。奇数年比赛规模略小，多是周边地区选手参赛，开赛的当天夜晚会有民俗表演。

食宿

尖扎虽然没有特别高规格的酒店，但很容易找到干净整洁、设施齐备的住宿环境。需要提醒的是，每年射箭节期间，县城内条件较好的酒店会因有"对外接待"任务而被包场，即便你已成功预订酒店，到店时也极有可能遭遇酒店单方毁约、不予入住的状况。射箭节期间当地仍有不少宾馆并未客满，不失为应急之选。

县城餐馆选择多，以面食、饺子馆为主，川菜、火锅也很常见。铁岭路西段是餐厅最为集中的地方，如果想吃些硬菜，**撒八宫**（☎873 8222；铁岭路交警大队隔壁；人均 60元；⏲10:00~24:00）是不错的选择，供应当地特色菜，如撒拉羊羔、炕锅羊排，主食青稞面、面片等也相当不错，另有川菜可选。**哈十毛优质杂碎**（铁岭路，近交警大队；人均 25元；⏲10:00~21:00）是当地一家开了多年的小店，餐馆虽小，但内饰清新整洁，来一份杂碎汤加几个花卷或馍馍就是很当地的吃法了，牛羊杂碎鲜嫩，并无一点膻味。

尖扎客来轩商务宾馆

酒店 ¥

（☎873 8999；南山路与申宝路交会处，县藏医院对面；标双 180元起；Ⓟ📶）应该是尖扎县城内设施、环境最好的一家宾馆了，虽然不在县城中心地段，但好在城区不大，去哪儿步行都不远。宾馆房间整洁干净，浴室设施好用，水温稳定，宾馆自带一座小院，可停5~6辆车。

尖扎假日宾馆

酒店 ¥

（☎873 8666；申宝路777号；标双 138元起；Ⓟ📶）虽然外表看着有些老旧，但房间整洁宽敞、设施齐全，酒店后院有停车场，可停10余辆车。

勒松宾馆

酒店 ¥

（☎155 9701 7582；人民路团结巷老干所旁；标双 100元起；📶）当地开了10多年的一家老牌宾馆，2018年新装修后住宿环境整体提升不少，房间整洁，设施好用，门口巷道可停车。

实用信息

人民街上有**中国建设银行**（人民街67号）和**中国农业银行**（人民街110号），均设有ATM。

尖扎县人民医院（黄河路34号）位于县中心地段，有24小时急诊。

到达和离开

尖扎县客运站（☎873 3661；铁岭路滨河花园旁）为新建的车站，原黄河路汽车站已拆除。有班车前往西宁（24元；7:00~12:30、13:50~16:30，半小时1班；2小时）、同仁（17元；8:30~11:30、13:30~16:30，1小时1班；1小时）。

尖扎没有车直接去坎布拉镇，可在人民街与铁岭路交叉口乘坐小巴车（10元/人）抵达康杨镇，下车后有许多出租车等候，5元/人送至坎布拉镇。

坎布拉国家森林公园

（☎874 2396；门票 50元/人；⏲9:00~18:00，每年11月1日至次年4月1日左右因大雪封山闭园）坎布拉森林公园位于尖扎县北端，景区大门距离坎布拉镇不足1公里。这座森林公园同时也是地质公园，丹霞地貌依偎着黄河水库绵延10余里。景区每个季节自有其不同风貌，4月，林区的甘青杜鹃以极密的长势爬上山坡；夏季草木茂盛，穿行于徒步栈道间并不会觉得暑热难耐，还能近观山林风光；秋天是山里颜色最丰富的时候，村落附近的梯田也是一派丰收的色调。西宁至坎布拉镇的一日游线路已发展得比较成熟，西宁火车站对面的长途客运站每天有5班车发往坎布拉镇区。

景点

本书调研时，坎布拉景区仍有诸多地方正在修建，比如南宗沟附近的公路、部分观景台、个别游船码头和山顶的宗喀巴佛像，这或多或少影响了第一眼的观感。但深入景区后，它“森林公园”和“地质公园”的一面便展现出来。自灵山圣水观景平台起，山上的植被愈加茂盛，村落旁梯田错落。进入德洪村附近，丹霞地貌愈加姿态万千。这里不光有自然景观，作为藏传佛教后弘期发源地的南宗沟依旧是与世隔绝的修行圣地，拥有多座历史古刹。

坎布拉景区设有东、西两个入口，东入口紧邻坎布拉镇，西入口可通往青海东南部的

坎布拉国家森林公园

贵德县。大多数游客会从东入口进入景区，目前的开发也集中在这一侧，提供的交通线路也以东入口为起点和终点。西入口主要服务部分来自贵德方向的游客，尚处在比较原生态的状态。景区有陆路（交通费往返100元/人）和水路（交通费往返100元/人）两条游玩线路，你可以根据实际需求自行选择。陆路会先后途经4个观景平台，抵达南宗沟码头后再原路返回。水路则是从北岸码头出发，游李家峡水库，绕湖心岛一圈后在南宗沟码头经停，游客上岸游玩后再从此坐船回北岸码头出景区。

景区的工作人员会将“不允许私家车进入”挂在嘴边，但预订了景区住宿的客人除外。除门票外，车辆需另收30元/车的入场费。需要提醒的是，景区内山路迂曲，急弯多，山体易滑坡，有落石，所以不建议新手司机来此尝试。

景区门票仅限当天单次使用。如果你想自驾游览景区，又想乘坐游船，请务必在购买门票时一并买好船票，因为景区内不单卖船票。

李家峡水库

湖泊

从上游而来的黄河水被李家峡水电站的拦河大坝截断，水面上升后，在拉脊山和坎布拉群山之间汇聚成一片澄碧的湖，秀丽壮阔的湖水绵延30多公里，被群山围绕。**灵山圣水观景平台**（景区陆路线路停靠点之一）是俯瞰李家峡水库的最佳观景点。景区的水路游玩线路可将你带到水库深处，感受高峡出平湖的震撼。为保证快艇的排污量在水库的自洁范围内，景区只会同时运营10余艘快艇，目前前往坎布拉景区的游客还不算多，即便是旺季也很少出现需要长时间等船的状况。

南宗沟

寺庙

南宗沟是坎布拉历史最为厚重的地方，这条长约5公里的山沟分布着青海最大的尼姑寺、历史悠久的宁玛派寺院阿琼南宗寺和几座格鲁派寺院，形成红教与黄教共修的局面。

阿琼南宗寺始建于清康熙年间，如今现存的庙宇为近代翻修，保留着藏汉融合的建筑风格。寺内有大小两座经堂，均饰有好看的唐卡壁画，寺内阿卡平时在家中修行、务农，有宗教活动时再回到寺庙。你可以请在此居住守庙的当地村民带领入内参观。**尼姑寺**由宁玛派活佛古浪仓创建于元代，目前有近百位比丘尼在此修行，诵经堂内声音朗朗，厨房里也有多位比丘尼在忙碌着，她们偏居于此，自成一体，让这座寺庙极具生活气息。

南宗沟里有一条沿山而建的栈道通往**南宗峰**山顶，栈道入口在村口牌坊附近，登顶南宗峰可以拥有俯瞰坎布拉的绝佳视野，峰顶有一座小小的观音寺，有几位比丘尼在此修行。从栈道入口登顶南宗峰单程约40分钟，沿途几乎一路上坡，有高原反应的旅行者需

坎布拉的精华线路

坎布拉景区面积大，如驾车从东入口进，西入口出，中途不做任何停留的状况下，约需3小时。我们选出一些值得一看的景点，提炼出一条精华游线路供参考。

如果你从东入口驶入景区，第一个值得停留的地方就是**大坝观景台**，在此可以近观李家峡水电站大坝全貌。之后你会抵达**灵山圣水观景台**，它是所有观景平台中风光最好的一个，不仅可以眺望远山、俯瞰水库，周边的梯田也是一道风景。离开灵山圣水观景台后，向前行驶约30分钟可抵达**德洪村**，这座卧于群山中的小村落葱翠幽静，有不少农家乐提供食宿，村子对面的山坡建有一条徒步栈道深入山谷，方便你近距离观赏丹霞地貌。从德洪村往北行驶约30分钟可抵达**南宗沟**，藏传佛教古刹尼姑寺和阿琼南宗寺坐落于此。而后你可以原路返回，也可以沿景区道路继续向西前往**贵德**（见145页），沿路的丹霞地貌较东部景区更为壮观，贵德谷地为青藏高原的四大谷地之一，也有诸多秀美风光值得探寻，县城内食宿选择丰富，之后可以驱车前往西宁。

如果不自驾的话，你也可以从坎布拉镇包车前往，车费旺季（每年6月15日~10月7日）在300元左右，淡季在150元左右。另需支付司机的门票费50元以及私家车入场费30元。

藏传佛教的避难所

公元841年，吐蕃王朝末代赞普朗达玛实行“灭佛”，吐蕃境内所有藏传佛教寺院被关闭，僧人被迫改信苯教或还俗，许多有名望的僧人被追捕，这些举措使得众多僧人向外逃亡。被后人称为三贤哲的藏·饶赛、肴格迥、玛尔·释迦牟尼三人将佛经驮在马背上，昼伏夜行，奔赴阿里，后又逃到新疆，最终来到青海丹底（坎布拉古称）南宗峰附近，认为此处远离尘世，可躲避追捕，是极好的修行地，便开始在南宗峰山顶的洞穴中修行。后来刺杀朗达玛的僧人贝吉多杰也逃到青海平安驿，在白马寺短住一阵后，也转到更为隐蔽的南宗沟附近的山洞里修行。

三贤哲以坎布拉地区为中心，在此授徒传教，使得坎布拉成为安多地区的一个佛教圣地，慕名来此拜师的人越来越多。970年前后，重整之后的吐蕃王室为重新发展佛教，专门派人到坎布拉求经学法，学成后回到吐蕃修建寺院。坎布拉不仅成为藏传佛教的避难所，从某种程度上说也对西藏佛教的复兴有“反哺”的意义。

量力而行。景区游览车会在“南宗沟码头”停靠，从码头步行至尼姑寺约3公里，至南宗寺约4公里。

德洪村 村落

坎布拉景区内分布着10余个村庄，其中德洪村及周边最有看点，村子群山环绕，周边梯田错落有致。德洪村对面的山坡修有一条徒步栈道，栈道深入峡谷间穿行，以小瑶池观景台为终点，全程10余公里，单程步行约3小时。栈道峡谷路段紧贴山体，你可以近观丹霞地貌的特质，细看山体的质地、纹路、断层和颜色。在景区陆路交通停靠点小瑶池观景台下车，往回步行约2公里可抵达德洪村。

食宿

坎布拉景区内有不少村民经营的农家乐提供食宿，不难找到整洁干净、有Wi-Fi的住宿点，只是山区用水困难，所有农家乐都只有旱厕，太阳能热水器水温调节也较难控制。虽然住宿条件有限，但幽静的山林和夜空的繁星值得你逗留一晚。位于德洪村的**康庆诺部央宗府**（☎155 9733 6333；德洪村村东头；标双100元起；P 📶）是村子里条件最好的宾馆，砖木混合的新楼有10余间客房，房间整洁干净，老板非常熟悉景区内的游玩线路。靠近灵山秀水观景台的**好再来农家乐**（☎183 9717 6553；铺 50元/人，标双100元起；P 📶）拥有封闭静谧的小院，房间整洁宽敞，它是景区内最早的农家乐之一，大厨手艺了得，不光藏家黄焖牛羊肉、爆炒牛肚等硬菜做得好，就连煮一碗面片汤都飘香四溢。

坎布拉镇上的食宿相对完善，宾馆主要集中在丹霞路东，餐馆集中在路西。**坎布拉黄河商务宾馆**（☎874 2333；坎布拉镇丹霞路信用社对面；标双 120元起；P 📶）是镇里环境最好的宾馆，房间设施便利，酒店后面有一个不小的停车场。**中发家庭宾馆**（☎176 9703 4394；坎布拉镇丹霞路东端；标双 120元起；P 📶）每个房间都采光充足，可以望见窗外的白杨林，宾馆自带一座可停5～6辆车的小院。**三江源牛肉面**（☎176 8183 1541；坎布拉镇丹霞路西头路北；⏲7:00～24:00）在当地人气很旺，面食劲道，特色菜黄焖羊肉、葱爆牛肉相当不错，晚上还有烧烤供应。**西宁餐厅**（☎181 9451 2286；坎布拉镇丹霞路西头路南；⏲10:30～22:00）是一家当地老字号，砂锅黄河鱼、生炒牛肉是餐厅的拿手菜。

实用信息

银行集中在牛滩大街上，由南向北依次有**中国农业银行**（周一至周五 9:00～17:00，周六、周日 9:00～12:00,14:30～17:00）、**中国邮政储蓄所**（周一至周五 8:30～17:30，节假日 10:00～16:00）和**中国建设银行**（周一至周五 8:30～12:00，14:00～18:00，节假日不上班），均有24小时ATM。

到达和离开

西宁汽车客运中心（☎633 3006；西宁市城东区互助西路138号，火车站对面）每天有5班车发往坎布拉镇（22.5元；10:30～17:00，15:30之前每隔1.5

小时1班，之后每隔45分钟1班；1.5小时）。

坎布拉镇的汽车站在调研期间处在已拆除但尚未动工重建的状态，所有发往西宁的小巴车均停在老车站门口（丹霞路与紫云路交叉口），现场买票上车，每天8:00~13:00共5班车。镇上并没有去尖扎的车，需乘出租车（5元/人）去到9公里外的康杨镇，康杨镇中心十字路口有小巴车开往尖扎县城马克唐镇（10元/人，车程30分钟）。

泽库

人口：6.94万；海拔：3660米

从同仁去泽库的省道203路段美得让人惊喜，由北向南穿行于麦秀林场，春夏葱翠，秋天斑斓，冬季山里早早开始落雪，银装素裹。出林场后盘山爬升，拐一个弯道便有一个全新的观景角度，公路蜿蜒其中，自成一道风景。爬升至海拔3500米以上时，迎接你的是与天相连的苍茫草原，立着牧民的房屋和帐篷，处处可见吃草的牛群，如果盛夏时分经过这里，你会看到密密匝匝、朴素绚烂的高原野花。

车行入草原后，不多会儿就会抵达置身于无限绿意中的泽库县城，县城不大，东西向的幸福路和南北向的泽雄路交叉，构成了县城的主干道，餐馆、汽车站、旅馆、银行大多聚集于此，县城内完全可以靠步行，从城西到城东不过15分钟。

景点

草原和如同血管般弯曲其中的河流是泽库最具特色的风景。此外这里也有一些历史景观，县城西北的和日寺拥有青藏高原最大的石经墙。

泽曲国家湿地公园

草原

免费 出县城沿索王段往东南行驶约3.5公里，你会看到一个高大明显的标识牌，上书“泽库县重要水源基地”，便是泽曲国家湿地公园的所在。拐进探入草原的公路，往牧区深处走，眼前只有芳草碧连天的景象以及牧民的房屋、帐篷，几乎没有游客，你大可在此“独享”草原，畅游其间。在晴朗的傍晚，湿地格外美丽，柔和变幻的天光笼罩草地，浑然一片的壮阔秀美。从县城包车往返约需50元（包含司机等车的时间）。

和日石经墙

历史建筑

免费 和日石经墙在距离县城75公里外的和日乡，如同一座大坝般立在和日寺（泽库最大的宁玛派寺院）的后山上。石经墙是由3万多块大大小小的千枚岩和板岩石片垒叠而成，石板上镌刻着经文（佛教名典，包含释迦牟尼的全部著作）、佛像和吉祥图案。石经墙无论是内容还是刻工都尽善尽美，被誉为藏传佛教界最大的石经图书馆。

从和日寺后方上山约10分钟就能到达石经墙，经墙基座上隔一定距离便竖放着一块石片，上面刻着佛像，也有经文，即便看不懂它也没有关系，跟随村民围着经墙顺时针行走，也或多或少能感受到这一巨作带来的震撼，村民默默的诵经声在周遭形成一种奇妙的共鸣。石经墙是在和日寺第三世德尔敦·久美俄合丹增活佛的带领下完成，清朝末年，为了弘扬佛法，给草原带来吉祥，德尔敦发愿要用毕生精力和积蓄，刻制永世长存的经书。他专门从果洛请来刻石高僧，给寺僧和藏民传授石刻技艺，经过10多年的凿刻，完成了《普

另辟蹊径

措日更湖

措日更湖位于距离县城约28公里的措日更村山腰。如果你是摄影和观鸟爱好者，夏季时不要错过这座当地人心中的圣湖。这里是泽库县为数不多的候鸟栖息地之一，每年6月至8月可以看到黑颈鹤、天鹅、野鸭等鸟类。措日更湖面积不大，环湖一周约7公里，你大可在湖边漫步，寻找最不打扰鸟类又能方便观察的拍摄点。这里常年几乎没有游客，湖水清澈。

从泽库县城前往措日更湖，车辆驶出203省道后，还需在乡道上行驶约8公里，路况尚可。在措日更村附近停车后，往村旁的玛日赛宗山上走，步行约20分钟可到湖边。最好先向村民咨询，确定好方向后再走。

化经》等石书。活佛圆寂后，其转世活佛继承上师遗愿，继续大规模刻经，直到20世纪50年代初期石经墙的全部内容才得以刻制完成，前前后后一共有上万名手艺人参与其中。如今的和日寺依旧有许多大名鼎鼎的石刻高僧，很多人慕名来此学习石雕艺术。

石经墙所在的山坡地理位置极好，在此可以远眺群山、草原，俯瞰山脚的村落以及从村前流过的小河。

泽库至和日乡没有班车，包车往返200元。途经乡道几乎一路都是坑洼，少有顺畅的平路，需谨慎驾驶。沿途一直有草原风光相随，留意路上觅食的土拨鼠，甚至风一样跑过的狐狸。

食宿

泽库少有游客，酒店常年不难预订，需要提醒的是，当地停水的状况比较常见，有时酒店并不会主动告知，所以预定前务必确认入住当天是否有热水供应。

餐馆主要集中在幸福路和泽雄路，面馆最多，也有不少川菜和麻辣烫。**九鼎牛肉面泽库县店**（幸福路地税局旁；人均 12元；⏲7:00~20:00）是九鼎牛肉面的直营店，拉面味道正宗、量大、价格实惠。当地也有一些小的藏餐馆，招牌只写藏语，供应龙碗盖面（牦牛肉末汤，汤碗上盖一张厚厚的圆形熟面皮）、藏饺等，完全是当地做法，肉味重，不失为特别的当地饮食体验。

高原红大酒店 酒店 ¥

（☎875 9555；建设南路，泽库县藏医院旁；标双 140元起；🅿📶）县城的老牌酒店，设施虽略显陈旧，但依旧比镇上大多数宾馆条件要好，热水供应稳定（这点在泽库非常重要），Wi-Fi信号很好。大多数房间开窗即见草原，大堂有小超市和自动贩卖机，停车场很大。

泽库宏得丰大酒店 酒店 ¥¥

（☎770 6888；团结路；标双 280元起；🅿📶）也许是县城环境和设施最好的酒店，距离城区约2公里，适合自驾旅行者。房间很舒适，Wi-Fi的信号不错，早餐选择丰富。酒店偶有停水、无热水供应的现象，办理入住前请务必主动询问。酒店的停车场很大，有50多个停车位。

善悦大酒店 酒店 ¥

（☎597 2888；建设南路，汽车站临时售票室对面；标双 158元起；🅿📶）县汽车站附近环境设施较好的酒店，酒店不在主路上，而在巷口后面的院子里，比较僻静，有一个小型停车场，可停10余辆车。

实用信息

中国农业银行（迎宾路2号，汽车站临时售票室旁；周一至周五 9:00~17:00，周六、周日 9:00~12:00，14:30~17:00）设有ATM。

泽库县人民医院（县城东北省道203旁）距离县城约2公里，有24小时急诊。

到达和离开

泽库汽车站（迎宾路8号）没有招牌，甚至从外表看不出是车站，售票处在一间挂着“临时发车点”的小门房里。有班车可以前往西宁（60元；8:30；5小时）、同仁（22元；9:00~16:00,1小时1班；1.5小时）和甘肃临夏（60元；7:30；4.5小时）。从这里并没有班车去河南，需要在迎宾路东头与省道203交会的路口等从西宁或同仁发往河南的过路车，一般20元/人，车程约40分钟。

河南

人口3.93万；海拔：3510米

泽库县往南40公里便是青海省最大的蒙古族聚集地——河南蒙古族自治县。河南蒙古族自治县与泽库县草原相连、水脉相通，从地貌上来看，并无太大差异，不过临近县城时，县城门口高大的骏马塑像以及山坡上“河南蒙旗”的字样都在提醒你，这是一个喜爱策马奔腾的地方。

与建筑过于整齐单一的泽库县城不同，河南蒙古族自治县县府所在的优干宁镇建筑形式多样，主路察罕丹津东大街上不光能看到圆形屋顶、城堡尖顶、逐次向上收分的藏式墙壁，还有飞檐翘角的汉式建筑点缀其间，让这座小城显得活泼生动。镇区大多建筑漆着蓝色屋顶，搭配白色或黄色外墙，视觉上给人以明快的感觉。县城不大，城内完全可以靠步行往来，餐馆、汽车站、商场、银行等都集中在东西向的察罕丹津东大街上。

河南蒙古族自治县南、北部气候差别较

寻找仙女湖和仙女洞

仙女湖和仙女洞是河南蒙古族自治县旅游宣传中最常出镜的景点，但找到它们并不容易，各类地图上都只标注了仙女洞，另外通往两处景点的道路上也缺少明确的指路牌。唯一一块“仙女洞”指路牌，立在河鄂段与尕多段交叉处。百度地图上“仙女湖”的位置标注得偏北了20公里左右，所以最好能找到熟悉两地的本地向导带领你前往。

仙女湖和仙女洞是本地颇为神圣的所在。相传有一位名叫德尔顿·曲叶仁增的高僧于清朝末年来到此地，将这里作为修行的圣境，依照转山之俗，在仙女洞一带开辟出内圈和外圈两条山路转山积德，慢慢地，越来越多的当地信众来此转山，并将仙女湖视为驱邪赐福的圣湖。如今这种去仙女湖祭神、去仙女洞转山的习俗在当地依旧盛行。

抛却传说不提，仙女湖和仙女洞并无太多特别的看点。仙女湖位于县城40公里外吉岗山北麓的尕海滩上，只是一处草滩上直径4米左右的泉眼，周边也没有景点介绍和标识，只用草滩石堆上挂的经幡表明方位。而仙女洞在本地的图书中被描述为喀斯特地貌，但其实只是寻常的溶洞而已，并无独特的石柱造型，而且地面湿滑，没有照明，入洞需自备手电筒。

通往仙女洞的河鄂段，仅在靠近多松乡时立有一块有关仙女洞的指路牌，按指路牌指示向西拐进通往山谷的小路，行驶约1公里可抵达景区的牌坊。在我们调研期间，通往洞口的道路尚未修好，坑洼多，行车危险，最好将车停在牌坊处的空地上，而后步行上山，约10分钟可抵达洞口。

大，县城优干宁镇所在的北部地区地势高，更加干燥。多松乡、柯生乡所在的南部地区地势低，又因有黄河流经，气候要温和很多，水草极为丰茂，养出了让河南牧人引以为傲的河曲马与欧拉羊。

景点

河南好看的风光都在路上，适合自驾或包车旅行，你可以住在县城，然后沿东线河宁段和西线203省道（可通往甘肃省碌曲县）探索当地的山谷、草原、河流风光。西线可以将宁木特乡当作终点，这里距离河南蒙古族自治县县城约34公里，道路纵穿草原，路况良好，如果你对河南亲王的历史感兴趣，可以顺路参观宁木特亲王府。东线驶向赛尔龙乡，青海洮河源国家湿地公园位于赛尔龙乡中部，这里尚未经历大规模的旅游宣传，景美人少。

河南蒙古族自治县旅游宣传中出现频率最高的仙女湖和仙女洞（见本页方框）位于南线河鄂段，在调研过程中，河鄂段全线修路，路况很差，有些路段高低落差大，非越野车极难通行。越往南走，随着海拔升高，手机会在很长一段时间内没有信号。

洮河源国家湿地公园

自然保护区

免费 洮河源国家湿地公园位于赛尔龙乡，距离县城约67公里。湿地公园内除了盘山公路外，只沿山修建了两条木栈桥，牧民的房屋和帐篷立于草地上，洮河旁，四望皆是山谷牧场的醉人风光。洮河是黄河上游的一条大支流，在湿地公园的峡谷草滩上蜿蜒，河水清澈，泛着透明的蓝色。夏季是风景最美的时候，河岸边的草丛鲜花遍地。你可以沿河观赏峡谷风光，或者随意爬上一座山坡远眺。高原地区落雪较早，10月中旬，湿地公园是雪山、黄草、河流的模样，另有一番风味。出203省道后，需走一段乡道至湿地公园，乡道是新修的，路况良好，从县城包车往返约300元。

拉卡寺

寺庙

（⏲8:00~17:00）免费 如果你想在河南周边随便转转，拉卡寺是县境内四大格鲁派寺院之一，位于优干宁镇东3公里处的优干宁山坡上。河南的蒙古族古代信奉萨满等原始宗教，从17世纪开始全民信仰藏传佛教，历代亲王十分推崇格鲁派。一个可能让你惊讶的事实是：著名的拉卜楞寺、郎木寺都是由蒙古族的河南亲王出资修建。拉卡寺大经堂内供有原蒙古亲王加吾吉浪所献的一尺高的金佛。爬到山坡高处，可以俯瞰泽曲河和广袤的草原。

香扎寺

寺庙

（⏲8:00~17:00）免费 毗邻黄河的香扎寺位于河南蒙古族自治县最南端的柯生乡，与甘肃玛曲的欧拉乡隔河相望。香扎寺是河南蒙古族自治县规模和影响最大的格鲁派寺庙，建有因明扎仓和时轮扎仓两座经院，许多四川、甘肃的僧人慕名来此学习藏学经典和藏医知识。寺院的地理位置极好，大小殿堂依山层叠而建，碧绿如带的黄河从寺院门前流过，站在山顶的转经廊处可以眺望山谷草原和连绵群山。寺庙大门前的黄河滩地上有一片双鱼湖，春夏时节，湖水清明如镜，常有水鸟在此栖息。

香扎寺距离优干宁县城约90公里，虽然地图显示经河鄂段前往香扎寺的距离最短，但在我们调研时，此路段全线修路，你可以选择走西南线，经河宁段过宁木特镇，然后朝多松乡方向行驶，过多松乡后走新乡道，再抵达柯生乡，车程约3小时。从县城包车往返400元。也可以在县城乘坐开往甘肃玛曲的班车，在柯生乡下车后，随路标步行（约15分钟）至香扎寺。

节日和活动

那达慕大会

少数民族节日

自2019年起，河南蒙古族自治县那达慕大会从过去的每隔一年举行改为每年8月1日至3日举办。8月正是草原水草丰美的时候，当地人会穿上鲜艳的少数民族服装前往县城以南的草原（大会举办地）参加盛会，大会期间不仅有射箭、赛马、摔跤等比赛，还有拔河、拉爬牛（一对一的角力项目，两人各自将绳结套在颈部，然后背靠背四肢撑地角力）等有趣的群众参与项目。

食宿

蒙古族自治县县城很少有各方面条件都令人满意的住宿选择，设施较新的酒店多位

当地知识

青海的蒙古族

蒙古族曾经是青藏高原势力最强大的民族之一，鼎盛时期统治着整个青海草原，在明朝时，“青海”一词一度为青海蒙古族的代名词。

明朝中后期，河套地区的蒙古族各大部落发生内战，战败的东蒙古部落拥众西奔，来到以青海湖为中心的草原上游牧，后陆续有西蒙古部落也来到这里，环青海湖和黄河南北地区游牧，他们是最早一批大规模进入青海草原的蒙古先民。掌权河套地区的蒙古土默特部首领俺答汗为讨伐东、西蒙古部落多次西征青海，俺答汗战斗力极强，短短数年内就降服了外逃的部落，并且将青海北部草原纳入自己的势力范围，自此蒙古族开始逐渐统治青海草原。

整个明朝中后期，青海草原上都是蒙古族各部落角逐势力的舞台，你方唱罢我登场。清顺治年间，噶玛噶举派拥护漠北喀尔喀部夺权，失去势力的格鲁派请求游牧于天山一带的和硕特蒙古族出兵青海相助，和硕特蒙古族借机南迁，进入黄河以南的草原定居，成为河南地区的世居民族。和硕特蒙古族在势力争夺战中不断取得胜利，逐渐控制和占领了今青海、甘肃交界的河曲地区和四川西北部的广大藏区，慢慢地，整个青藏高原几乎都纳入了和硕特蒙古族的统治之下。

蒙古族一统青海的局面在清朝初年被打破。清初控制西藏后，为遏制蒙古族势力，没有恢复和硕特蒙古汗王统治西藏的旧制，而是让藏族世俗贵族与蒙古族亲王一起负责西藏政务。对此不满的和硕特蒙古亲王罗卜藏丹津发动反清叛乱，叛乱历时近一年被清军平定，青海蒙古族遭受重创，自此一蹶不振、持续衰败。与此同时，游牧在黄河以南的藏族部落逐渐摆脱和硕特蒙古族的统治，势力日益强大，开始争相向黄河以北的环湖地区迁徙，争夺北部草原，试图打破“南番北蒙”的政治格局。这一争夺持续了近百年，最终在朝廷的干预下，黄河以南的藏族部落获得了在黄河以北游牧的权利，黄河以北的蒙古族逐渐回到河南草原定居生活。

于县城边缘地带，常有停水、停电的状况，而县城中心地段的酒店大多环境陈旧，房间卫生也差强人意。预订酒店时最好降低心理预期，并致电询问入住当天是否有停水、停电的状况。那达慕大会期间住宿供不应求，房价为平时的2～3倍，请提前预订酒店，如遇无房的状况，不妨试着预订泽库的酒店，这里距离河南车程约40分钟。

县城内餐馆主要集中在主干道察罕丹津东大街上，以面馆、临夏砂锅店之类的小型餐馆为主，并无太多特别的推荐，你倒是可以留意一下**干马尔酸奶店**（察罕丹津东大街上有好几家），卖当地产的酸奶、牛奶，小份酸奶10元一盒，奶味极浓，当地人买来直接拿手搅着吃。**达哇茶馆**（安达南路，近吉岗路路口；人均 30元；⏲8:00～19:00）是县城内少有的透着小清新氛围的小店，有舒适的木制沙发椅，供应好喝的酥油茶、安多奶茶和藏式点心，也提供面片、汤面等餐食。挨着省道203的**壹号餐厅**（☎876 5520；沿山西路38号；人均 60元；⏲10:00～21:00）开在草原里，草原上大大小小的蒙古包就是餐厅，在这里可以吃到手把肉、血肠、巴勒（一种羊肉馅饼）等当地菜，也有川菜可选。

喜马拉雅酒店

酒店 ¥

（☎836 9999；南大街；标双 178元起；🅿📶）这座2019年新开的酒店是县城内硬件设施最好的一家酒店，房间整洁宽敞，只有偶尔会出现停电、停水的状况，预订前请致电询问酒店。酒店无早餐提供，门口空地可停车，约5～6个车位。酒店往南约300米的，临湖处建有县城公共停车场，车位多，停车免费。

交通商务宾馆

酒店 ¥

（☎770 1666；察罕丹津西大街县汽车站三、四楼；标双 160元起；📶）县城的老牌宾馆，设施好用，房间整洁，二楼餐厅物美价廉。酒店无停车场，可将车辆停到旁边的交通局院子内，收费10元/天。

欧亚商务宾馆

酒店 ¥

（☎770 1008；安达南路1号；标双 148元起；📶）环境和设施虽然谈不上新，但浴室装有大的花洒，且热水调节方便、出水量大。酒店无停车场，酒店南侧有县城的公共停车场可以停车，停车免费。

ℹ 实用信息

中国农业银行（南大街3号；周一至周五 9:00～17:00，周六、周日 9:00～12:00,14:30～17:00）设有ATM。

河南蒙古族自治县人民医院（察罕丹津东大街56号）位于县城中心地段，有24小时急诊。

ℹ 到达和离开

河南县汽车站（☎876 2940；西大街248号）每天有发往西宁（77元；7:00、9:00、11:00、13:00；5.5小时）、同仁（37元；7:00、9:00、11:00、13:00、14:00、15:00；3小时）和泽库马克唐镇（15元；7:00、9:00、11:00、13:00、14:00、15:00；45分钟）的班车。另外，每天各有一趟车发往甘肃兰州（120元；7:15；7小时）、临夏（76元；9:15；4小时）、玛曲（50元；7:30；3小时）。除现场买票外，你也可以在中国公路客票网（qh.bus.365.com）上买票，车站内有一台取票机可以取票。

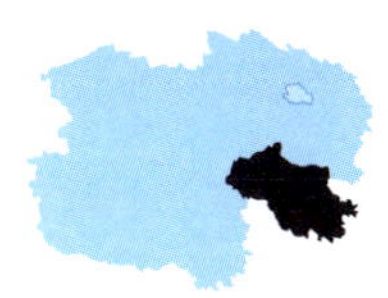

果洛

包括➡

最佳自然景观

- 阿尼玛卿（见184页）
- 冬格措纳湖（见209页）
- 扎陵湖和鄂陵湖（见209页）
- 格萨尔林卡（见192页）
- 巴颜喀拉山脉（见194页）

最佳人文景观

- 拉加寺（见180页）
- 西柯曲河谷（见190页）
- 夏日乎寺（见191页）
- 查朗寺（见93页）
- 玛可河谷（见196页）

为何去

果洛，是一部关于地理如何塑造历史的宏大叙事：黄河与长江，两条中国人的母亲河共同哺育了这片青藏高原上的云间山地，巴颜喀拉山横贯东西，成为两大流域的分水岭，江河从此奔腾东下，汇为中华文明的汪洋大海。而在藏民族的史诗中，果洛贡献了诸多真实世界的背景，成为藏地神话与戏剧的重要源泉。阿尼玛卿雄峙云端，标注出格萨尔王的故乡，起伏无尽的高山和草原连缀出一部世界上最漫长的史诗，关于他的传说遍布果洛的每寸土地和每寸灵魂。年保玉则屹立于江河之间，以峡谷、湖泊护卫着三果洛的起源秘境。

作为三江源的核心区域，果洛的不少景区随着日益严格的环保政策，渐次对旅行者关上大门，年保玉则的花海成为一场无人欣赏的静默狂欢，玛可河谷的林场只能远观而无法深入。但这只是旅程里的小小阻碍：身处安多藏地的腹心，果洛属于漫长历史中四海为家的游牧部落，亦属于这个“快餐时代”中仍然执着、虔信的旅行者——你是否还愿意为了一座沉默的金峰、一片不语的湖水而长途跋涉？你是否还相信史诗和典籍可以重构山水，使一片明明遥远的天涯，最终定格在双手合十的指尖？

何时去

5月至8月 雨水会为草原带来勃勃生机，在虫草季的喧嚣过后，藏族的赛马会将陆续登场。7月至8月是旅游旺季，在7月下旬开始45天的“结夏安居”。

9月至10月 前往果洛性价比最高的时段，天空晴朗清澈，衬托出完美的雪山与圣湖，是去往阿尼玛卿和两湖一碑的最佳时段。南面的玛可河谷内色彩变幻，秋意盎然。

12月至次年4月 冰封万里，干道之外举步维艰。晒佛节、藏历新年接踵而至，朝圣的人也开始上路。

跟着格萨尔王逛果洛

公元5~6世纪，史诗《格萨尔王传》形成于藏族氏族社会解体、奴隶制国家政权逐渐形成之际，并以说唱的形式传遍藏区。在经历漫长的流传加工后，最终形成了320余部、300余万诗行的惊人体量，成为世界上最长的史诗。

果洛是这部史诗重要的现实场景：传说中，岭国领袖格萨尔王在四川德格的阿须草原上诞生后，就与母亲被一同流放在果洛一带的黄河上游流域。直到12岁时在玛多的草原上赛马称王，他的王宫在狮龙宫殿（见193页），修行圣地是班玛仁脱山（见191页）。阿尼玛卿（见184页）幻化而成的战神曾帮助格萨尔取胜。大武和甘德都设有格萨尔主题的博物馆。纪录片《格萨尔的英雄草原》介绍了他在藏区信仰中的重要地位。

果洛行前准备

- 健康：放松心态、不要剧烈运动，保证睡眠及饮食。不少县城内都有供氧的客房，高反严重时请及时就医。
- 现金：大多数县城只有中国农业银行、中国邮政储蓄银行。大多数酒店、餐厅、商店、出租车都接受移动支付，但类似汽车站这种带有“官方色彩”的场合仍只接受现金。
- 食宿：果洛食宿性价比欠佳，但近年已有所改善，200元以内的预算可以找到“洁癖患者”可以接受的酒店，随处可见的川菜可以成为你的“避风港”。
- 自驾：高原地区存在很多冻土沉降路段，需额外注意行车安全。要提前下载好离线地图及导航数据，主要的国道或高速沿线也不能保证信号覆盖。
- 女性旅行者：大多数寺院不接受女性旅行者过夜。7月底开始持续45天的“结夏安居”，期间女性旅行者不能进入大部分寺院参观。

一趟行程，三手准备

果洛的公共交通并不发达，你常需借助出租车拼车、过路班车甚至在路边搭车旅行，在甘德、班玛、久治等地尤其如此。为了节省时间，我们建议你同时做好这“三手准备”。第一步，最好提前一天去当地的出租车聚集地“散布情报”，告诉出租车司机你的目的地，请他在次日有人出发时直接联系你；上午拼车成功率最高，但除了热门线路以外，不要抱有太高期待。第二步是预估好过路班车的途经时间，建议你提前在各个车站获取司机电话，给司机致电最直接有效。最后一步就是到主干道旁搭车旅行，本地人出行也常常需要搭车，私家车司机早已习以为常（所以这并不是，也不该是免费的），你可以参考出租车拼车费用给司机以适当报酬。

快速参考

- 人口：21万
- 电话区号：0975
- 平均海拔：4200米

如果你有

- **4天**

第1天，从西宁到拉加寺（见180页），探访黄河与群山怀抱中的寺院。第2天，从大武出发，途经阿尼玛卿（见184页）前往花石峡或玛多。第3天，游览冬格措纳湖（见209页）。第4天，游览两湖一碑（见209页），并继续前往玉树。

- **6天**

第1天，由西宁飞抵果洛，在大武做短暂休整。第2天，南下甘德，沉浸在西柯曲河谷（见190页）浓郁的藏传佛教氛围中。第3天，在达日重温格萨尔王的史诗，登上黄河畔的山丘欣赏一场安静的落日。在随后的2天中，翻越巴颜喀拉山脉，进入长江流域森林拱卫的玛可河谷（见196页）。最后一天，从班玛前往色达；或是绕行年保玉则外围的101省道，经由久治前往阿坝。

阅读果洛

- **《阿尼玛卿山神研究》**，才贝著。通过这本博士论文了解藏区的神山信仰和转山过程中的各种传说与史迹。
- **《庄学本全集》**，庄学本著。珍贵的民族志，时之长、地之广、族之多，在类似考察中实不多见，书中以文字和图片记录了20世纪上半叶罕有人至的果洛。

果洛

历史

在古典汉文史籍里，果洛是一片西羌诸系溯水而居的宽广草原。黄河源头的第一神山阿尼玛卿在《禹贡》中即是“禹导河积石”的治水之地，“积石山”之名由此流传于后世的神话传奇之中。在南北朝末期，汉人已经确切地知道这里是党项羌人的活跃之地。

而今日果洛的藏族血缘，融合了游走在松潘高原的羌民血脉以及吐蕃、蒙古的基因：唐贞观五年（631年），松赞干布率军东进，果洛地区的党项人大败于吐蕃，在唐朝帮助下内迁至今日的宁夏、陕北一带，后世的西夏王朝由此肇端；元太祖二十二年（1227年），成吉思汗用兵西夏，蒙古军队进入青海，果洛遂入蒙古版图。

明清时期，果洛人渐渐建立起了对卫藏地区的向心力和认同，三世达赖、五世达赖先后于果洛部落中讲经，藏传佛寺成为牧区的信仰中心。清顺治二年（1645年），蒙古和硕特部大举进入康地和安多地方，果洛和青海的其他地方一样，成为蒙藏交会之地。逃难者和征战者前赴后继，果洛成为族源复杂的融合之地。

也是在明清之际，果洛形成了三个最著名的部落，即上果洛昂欠本、中果洛阿什姜本、下果洛班玛本，并称为“三果洛”，但实际上，果洛部落的复杂演化几乎无法深究明细。可以确定的是，在经历了漫长琐碎且几无休止的战争、移民、融合过程之后，这片属于游牧部落的雪山草原一直被视为中原与卫藏两个文明中心之间的边缘地带，在北京和拉萨的目光中，果洛长期以土匪之地的形象示人。

清道光八年（1828年），出身热贡（今同仁县）的高僧夏嘎巴大师在尼泊尔和卫藏巡游多年后，返回河湟家乡，他的载满佛经以及达赖喇嘛和班禅喇嘛信件的车队，竟然被果洛部落洗劫一空。几个月后夏噶巴大师将此事告知西宁的驻藏大臣，却被清朝官员告知他们也无法控制这些彪悍的部落。

尚武好战的果洛部落在近代遭到严重的打击。清末以来，马氏家族控制了今日甘青宁的大多数区域，并与青海蒙藏诸部包括果洛发生了激烈残酷的战争，最终将今日果洛大部纳入了“中华民国”名义上的统领范围。

民国初年，青海的头号人物马麒在阿尼玛卿雪山开采金矿，导致当地藏族部落的反抗。1921年，马麒“出师征果”，旗下的宁海军打败了率先反抗的一些部落，马氏挑起的纠纷使果洛诸部陷于内讧而彼此征战。交战过程中，马家军屠杀无辜，导致果洛藏族和马氏家族结下不解之仇。

双方之间的仇恨在马步芳（马麒之子）时代达到高潮。马步芳6次派军攻打果洛，皆以胜利告终。在果洛的东南部，马步芳的部队烧毁了许多寺院和民房，导致很多牧民被迫在川青交界一带流亡，10年后才陆续返回原居住地。而在1941年的最后一次交战中，上果洛地区遭到时长3个月的大屠杀，约1800余人死亡。整个果洛自此一蹶不振。

果洛在1954年建立藏族自治区（后改州），是青海藏族比例最高的地区。果洛的各个县城都有着典型的“财政支付转移”面孔，建筑簇新、街道俨然，而在周边人口稀薄的草原上，还保留着青海最多的宁玛派寺院，还有青海唯一的藏传佛教传承——觉囊派寺院。经历了“文革”冲击，各大寺院在1980年后逐渐重生，这些历经磨难的宗教文化“活标本”，是果洛最让人珍视的历史人文景观。

玛沁（大武）

海拔：县城3730米

全新的机场和高速公路使果洛不再是青海最难以抵达的角落，果洛的州府驻地往往以大武镇的名字出现在旅行者视野中，人们往往会忽略其县名玛沁。大武是一座年轻现代、街道方正的城镇，在城区的外围，正涌现出庞大的体育馆、展览中心等现代建筑。对旅行者而言，镇上有几家“薛定谔”的博物馆、图书馆——很难预测它们到底什么时候开放。永远出现在视野尽头处的连绵雪山，会提醒你这里是海拔近4000米的雪域高原。

大武没有明显的四季之分。夏秋短暂多雨，常有暴雨及冰雹，户外活动应注意防范地质灾害。冬季寒冷漫长。

景点

拉日寺 寺庙

（环城北路东段）**免费** 当你在公路旁的山脚下见到各式各样的转经殿，就到了拉日

果洛亮点

❶ 无论是徒步还是自驾，转山是献给**阿尼玛卿**（见184页）的最高礼赞。

❷ 翻越**巴颜喀拉山脉**（见194页），在中华文明的两条母亲河之间来回切换。

❸ 穿行在黄河源头的**两湖一碑**（见209页），追逐天空与湖水描绘的天际线。

❹ 行摄**玛可河谷**（见196页），将寺院、森林、天葬台与河流纳入镜头。

❺ 在黄河畔，与格鲁派的**夏日乎寺**（见191页）、**拉加寺**（见180页）相逢。

❻ 隐入**西柯曲河谷**（见190页）的藏传佛寺，遁入香烟缭绕的雪域高原。

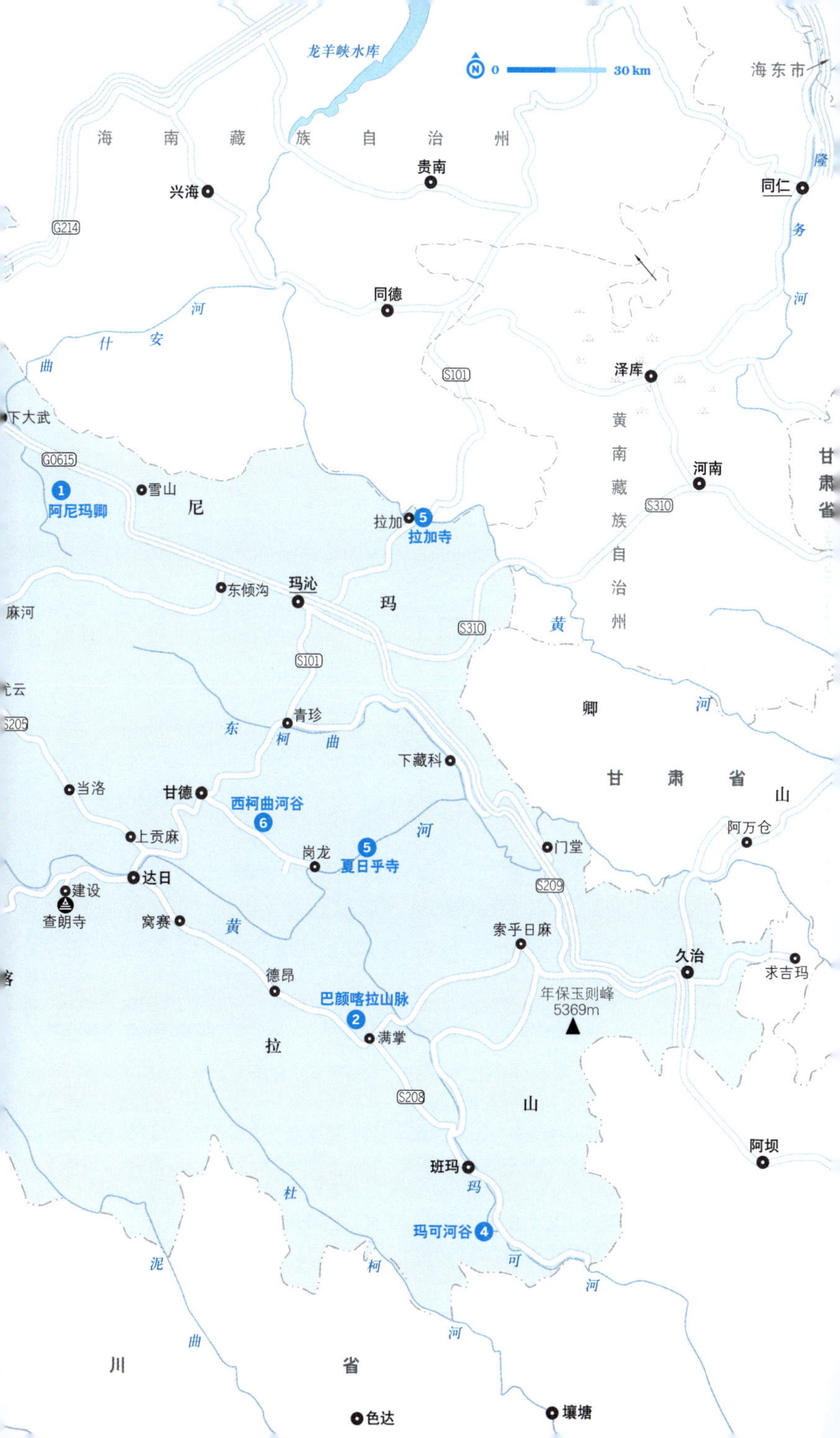

龙羊峡水库
0
30 km
海东市
海南藏族自治州
贵南
兴海
同仁
G214
隆务河
同德
河
安
什
曲
泽库
S101
下大武
G0615
黄南藏族自治州
1
阿尼玛卿
雪山
尼
河南
S310
甘肃省
拉加
5
拉加寺
东倾沟
玛沁
麻河
玛
S310
黄
S101
卿
河
东
青珍
柯
曲
下藏科
甘肃省
当洛
甘德
西柯曲河谷
6
山
阿万仓
河
上贡麻
岗龙
5
夏日乎寺
门堂
达日
建设
查朗寺
S209
窝赛
黄
索乎日麻
久治
求吉玛
德昂
年保玉则峰
5369m
巴颜喀拉山脉
2
满掌
拉
S208
山
阿坝
班玛
玛
杜
玛可河谷
4
可
泥
柯
河
河
曲
川
省
色达
壤塘

玛沁城区(大武镇)

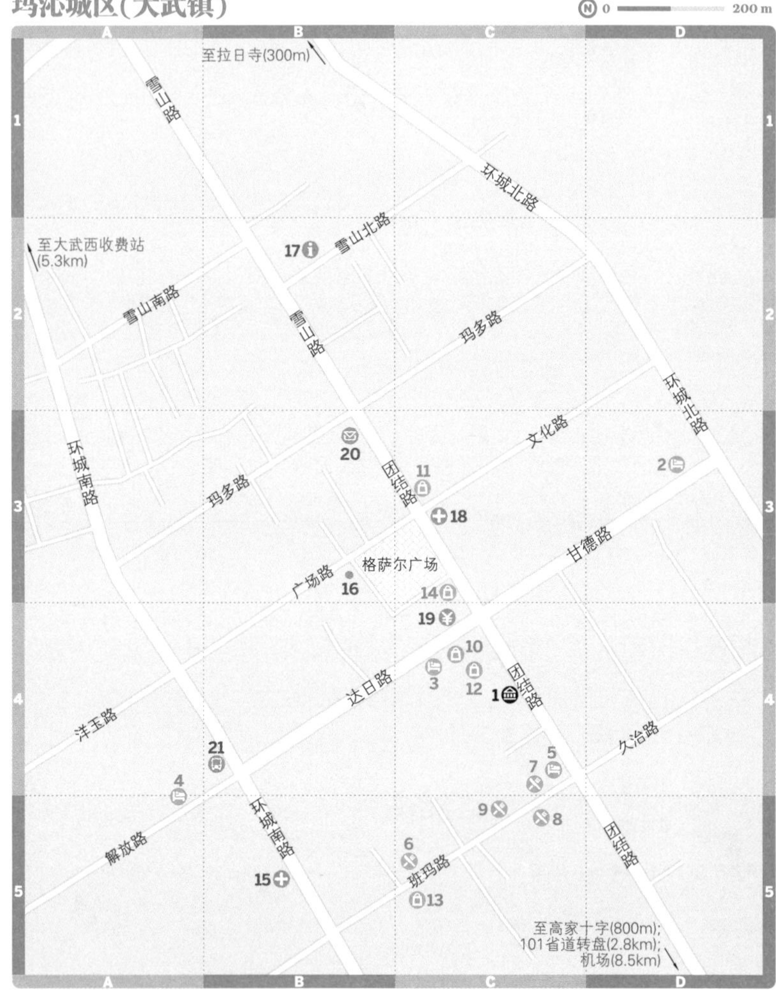

寺。这是大武镇上为数不多的去处，也译作“喇日寺”，是本地人家挖虫草致富后捐建的，有不少华丽的细节值得品味。转经殿附近有成群的鸽子，由寺院喇嘛及本地信众虔诚喂养，因此，在参观时要小心鸽子粪便的“空袭”。其后经幡招展的山坡是俯瞰大武城区的最佳位置，你也可以沿着外转经道登山，走完一圈约需1小时。

公交2路途经拉日寺。

中国格萨尔文化博物馆 博物馆

（团结路，州政府对面）**免费** 果洛内有不少格萨尔主题的博物馆，这是其中最大也最容易抵达的一家。但目前，这座醒目的建筑看起来更像是一个面子工程，只在一些重要的节庆才会不定期开放。本书调研时，博物馆正在装修中，请提前致电玛沁县旅游局（见183页）咨询开放情况。

★拉加寺 寺庙

（拉加镇东北）**免费** 这座果洛最重要的格鲁派寺院就坐落在奔腾的黄河边，其背景中的阿尼群贡山犹如大鹏展翅，护佑着这座清乾隆三十四年（1769年）始建的庙宇。寺

玛沁城区（大武镇）

景点
1 中国格萨尔文化博物馆……C4

住宿
2 教育局培训中心宾馆……D3
3 晶雪大酒店……C4
4 玛洋秀姆宾馆……A5
5 威斯特大酒店……C4

就餐
6 觉如仓……C5
7 马穆撒杂碎羊肠面……C4
8 民和老字号……C5
9 盛记小笼包……C5

购物
10 大武商场……C4
11 拉卜楞金银店……C3
12 民贸综合市场……C4
13 世纪华联购物中心……C5
14 新华书店……C3

实用信息
15 果洛人民医院……B5
16 果洛图书馆……B3
17 玛沁县旅游局……B2
18 新绿洲药店……C3
19 中国农业银行……C4
20 中国邮政……B3

交通
21 果洛大武镇长途汽车站……B4

院的创始人阿柔格西曾在拉萨色拉寺学经13年，是博通显密的一代名僧，受到七世达赖和六世班禅的指派，在果洛创立拉加寺。清乾隆三十九年（1774年），乾隆皇帝御笔亲赐“嘉祥寺”更使这里名赫一时。清乾隆五十八年（1793年），阿柔格西将寺院托付于塔尔寺的香萨活佛，后者被认为是宗喀巴母亲的转世，此后，历代香萨活佛成为拉加寺主持。果洛最负盛名的几座寺院，如甘德夏日乎寺、久治隆格寺皆为拉加寺的属寺。在1958年和“文革”期间，这座辉煌的寺院两度被毁，丰富的文物收藏遭到严重破坏。

从227国道北侧的寺院入口处沿坡道向上，尽头处正对着汉式风格的重檐歇山大门，其背后就是寺内规模最大的**大经堂**，殿外悬挂着乾隆御笔“嘉祥寺”匾，两侧为清代所绘的四大天王壁画，经堂背后孤峰耸峙，颇为壮观。经堂两侧的道路通向寺院后山最高处的**宗喀巴像**，这座金色巨像是黄河谷地中最醒目的地标，其背后还保留了一片废墟残垣，是昔日**班禅行宫**的遗址。

拉加寺每逢藏历正月会举行祈愿法会，以正月十三的晒佛活动最为热闹。藏历二月初一后的两周内，寺内僧人会以各色石子碾成的齑粉来作画及雕塑，用这种**“彩粉坛场”**的独特形式来宣扬密宗教义。藏历十二月底的“顿却钦木”是寺院的辩论考试，届时亦会有藏区著名的鹿人戏表演。

借助公共交通前往拉加寺的最佳方案是在西宁南川西路客运站购买前往拉加寺（大巴/依维柯 104.5/126.5元；7:30～17:00，每日8班；7小时）的车票。由于拉加寺是西宁至大武或甘德的过路站，车站窗口不能直接售票，可通过携程搜索西宁到“拉家寺”（携程的地名与标准地名并不一致）的时刻表并在线购票。由于车程较长，应尽早从西宁出发。参观1～2小时之后，你可以在寺外国道边等到临夏或西宁前往大武的过路班车（30元；1.5小时）。

理论上，你也可以依靠公共交通从大武往返，但大武北上西宁的班车一般都会满座，不愿出售仅到拉加寺的短途车票。最有可能出售短途车票的是每日17:30的末班车，但这也意味着你可能需要在条件欠佳的拉加镇住上一晚，黄河大桥南面的镇上有简单的餐厅、旅馆及药店。从大武包车往返拉加寺需要200～220元，包含1小时的等待时间。

节日和活动

阿尼玛卿文化旅游节　　文化节

近年兴起的由政府主办的文化旅游节，一般在每年的7～8月举办。2019年的活动主要是高原越野挑战赛，是国内较少见的高原马拉松赛事。

赛马会　　藏族节日

每年藏历六月上旬（约在8月初），正是果

不要错过

免费的丹霞景观

沿着227国道南下前往果洛，当你厌倦了高山草原的景观后，车辆将在同德县的河北乡北部驶入大片丹霞地貌。你将先进入一片红色山崖包围的河谷，两岸分布有丰富的石峰、石柱，在河滩边的红色巨岩上还可以看到当地藏民雕刻供奉的彩色佛像。随着公路渐渐抬升，你将能从更高处欣赏这片顶部平整、崖壁陡峭、山麓和缓的"赤壁丹霞"。这处地质遗迹在2015年才被地质学家发现，目前正在申报国家地质公园。

如果是从西宁前往大武，车辆的左侧更适合观景，在经历了漫长的舟车劳顿后，于下午时分抵达这里时，阳光正好能照亮道路东侧的大片红崖，景色颇为壮观。

洛水草丰茂、牛羊肥壮的时节，各个乡镇都会举办历史悠久的赛马活动。近年来，规模较大的赛马会都在大武镇附近的格桑滩举行。

住宿

大武的物价不低，百元上下的预算很难找到过得去的选择，带独立卫生间的住宿一般要150元以上。在州藏医院和城南转盘处一带有一些更便宜的住处。每年的五六月份为虫草季节，没必要在这时来凑热闹，房价涨幅在50%左右。

晶雪大酒店　快捷酒店 ¥¥

（☎855 2222；达日路大武商场隔壁；标单/双198元，含双早；📶🅿）2018年开业，地处镇中心，附近就有超市、银行和各种餐厅，是大武镇上极具性价比的选择。客房不大但很干净，装修风格年轻现代，大床房内临窗布置了一张长沙发。南向的高层客房还可以望见城南的雪山。

玛洋秀姆宾馆　快捷酒店 ¥¥

（☎735 5888；解放路，汽车站西侧；标双168元；📶🅿）2019年开业，优势在于设施新、卫生状况好，房间也较为宽敞，是大武镇上同等价位里的不错选择，但酒店没有电梯。位置紧邻新汽车站，步行两分钟即到。

教育局培训中心宾馆　酒店 ¥¥

（☎736 7777；甘德路38号；标双 248元，含双早；📶🅿）位于州教育局院内，有一种老派的"国营"风格，客房不大，干净且安静，早餐也算丰盛。2楼客房为弥漫式供氧客房（298元）。开取发票需要额外付费。宾馆主要服务于教师培训，有活动时容易满房，请提前咨询。

威斯特大酒店　酒店 ¥¥¥

（☎835 9888；团结路班玛路路口；标双468元，含双早；📶🅿）大武镇上最好的酒店，客房舒适干净，但设施已稍显老旧，如果不在乎预算，这里还是不错的选择。制氧机需要额外付费（80元）。

门堂大酒店　快捷酒店 ¥

（☎188 0975 4755；黄河路，转盘西侧；标双130元；📶🅿）房间宽敞干净，设施较为简单。离镇中心较远，酒店门口有1路公交车。

就餐

大武镇上的餐饮主要集中在班玛路上，清真、藏餐、川菜三分天下。在餐饮水准普遍欠佳的果洛，这里已经是一处离开后就值得怀念的美食集中地。

民和老字号　烧烤 ¥¥

（☎136 1975 0370；班玛路41号；人均 50元；⏲17:00至次日1:00）每到饭点就座无虚席，招牌是这里的炕锅羊排（90元/斤）。烤羊排（80元/斤）可以半斤起卖，独自旅行者可以试试这里的炒面片（14元）和羊肉串（2元/串，10串起卖）。如果店里人太多，可以去马路对面的二分店。

马穆撒杂碎羊肠面　清真菜 ¥

（☎156 9535 0228；班玛路17号；人均15元；⏲7:30~14:00）很受欢迎的清真小吃店，饭点时拼桌是常态。点一份杂碎（16元）及饼子（1元）即是很有饱足感的一餐，各式面条（13元）也值得尝试。如果想要像一个当地人那样就餐，也可以挑战一下这里的口条眼睛（20元）。

盛记小笼包

早餐 ¥

（☎138 6697 3873；班玛路北侧；人均 15元；⏲3:30~19:00）最受欢迎的是这里的各种包子（10元起/笼），水煎包总是早早售罄。可以搭配豆腐脑及胡辣汤（5元），也有饺子和面条。

觉如仓

藏餐 ¥¥

（☎835 3444；班玛路，世纪华联对面；人均50元；⏲11:00~22:30）兼营汉藏菜式，用餐环境颇有藏风。如果对纯正的藏餐还未做好心理准备，这里的改良菜品可以作为理想的过渡。卓玛哲斯（15元）是一款奶味浓郁的人参果饭，牦牛肉盖被（68元）是适合多人分享的硬菜。

购物

大武是一个步行就能逛完的小镇，但也是果洛最繁华的商业中心。珍惜这里丰富的商品选择，你可以为深入周边山区做好足够的物资储备，这里也是选购纪念品的理想地点。

果洛地区的藏袍以松垮为特色，金银首饰以大为美，银饰皮腰带、大串珊瑚是流行的地方式样，你甚至可以把大武的商店当作了解果洛民俗的小型博物馆。

大武商场

百货店

（达日路；⏲9:00~20:30）令人仿佛回到20世纪90年代。藏服、毡帽等传统服饰售价100元至数百元不等，是当地人购买衣物的去处。1楼的**盛泰民族用品店**（⏲8:00~21:00）出售各种价位的藏式帽子（100~800元不等）、珠子及藏式挂毯。商场背后是更热闹的**民贸综合市场**，可以来这里消磨小半天，看看市井百态。

世纪华联购物中心

超市

（班玛路市场路路口西南；⏲9:00~21:30）镇上最大最新的超市，有甜茶、酸奶、牦牛肉干等地方特产，也有进口食品。更靠近镇中心的**祥和超市**（团结路359号；⏲8:30~21:30）规模稍小，也能满足日常所需。

拉卜楞金银店

民族手工艺品

（☎139 0975 0421；团结路文化路路口东北；⏲8:30~20:00）出售各种藏族风格的手工艺品，有精致的藏族镶银茶杯（260元/对），也有价格上万的昂贵金器。从这里向北去的团结路上分布着不少传统服饰及手工艺品商店。

新华书店

书店

（团结路387号；⏲9:00~18:00）位于格萨尔文化广场南侧，门面极不起眼。汉藏文书籍各占一半，能买到青海省地图以及一些藏区文化艺术类书籍。

实用信息

果洛人民医院（☎838 3367；环城南路72号）是州内医疗条件最好的二甲医院。

新绿洲药店（团结路文化路路口东南；⏲9:00~23:00）

中国农业银行（达日路18号；⏲9:00~17:30，周末10:00~16:30）设有24小时ATM。

中国邮政（团结路玛多路路口西南；⏲9:00~17:30，周末 10:00~16:00）

果洛图书馆（广场路，格萨尔王文化广场西侧；⏲周一至周五 9:00~12:00，15:00~18:00）是果洛内最大的图书馆，但开放程度不高，地方文献都束之高阁，只有馆长在馆内时才能得幸阅览。

玛沁县旅游局（☎838 3177，138 9755 6760；雪山北路，县委党校对面；微博 @阿尼玛卿旅游）

到达和离开

飞机

果洛玛沁机场（☎835 8888）是果洛唯一的机场，位于大武镇东南约10公里处，有每天1~2班由东方航空执飞的西宁航线以及西藏航空执飞的西宁、拉萨航线。每周一西宁至果洛和每周五果洛至西宁的机票最为紧张，需尽早预订。

长途汽车

果洛大武镇长途汽车站（☎838 2715；解放路环城南路路口西北）有班车去往周边各县市，但车次不算多。汽车站前很容易找到前往西宁的拼车（200元/人；6.5小时），在高家十字（黄河路环城路路口）可以找到去往甘德的拼车（40元/人）。

达日往返成都的大巴车（☎188 9735 8599，188 9735 8699；微信公众号DW17761232893）途经大武，连接了果洛除了玛多以外的所有县市（久治与班玛间通过小车接驳），为解锁很多景点提供了公共交通的选择。成都至达日的发车时间为

16:00，地点是成华区水武街107号，订票咨询电话☎177 6123 2893。这一班车在冬季会减少至每2~3日发车，春节前后停止客运服务。

ℹ 当地交通

抵离机场

大武往返达日的班车（见本页）会专程前往机场载客，旅行者可以直接从机场往返大武（10元；15分钟）及甘德、达日（与大武始发票价相同），但每车只有13个座位，如果在旺季时前来，在下飞机后得尽快上车购票。可提前联系司机了解抵离机场的具体时间。

要注意，大武至达日的班车与航班的衔接时间较为紧张，如选择班车出行，一定要预留好足够的时间。班车从大武汽车站发车的时刻不太固定，偶尔会提早发车，建议提前20分钟到站购票。

从大武镇打车前往机场需要25元。

公交车

大武镇目前有两条公交线路（☎139 9734 2396；1元；6:30~19:30，8~10分钟/班）。1路沿南北向主干道雪山路、黄河路行驶，途经格萨尔文化公园（101省道转盘）、州政府、格萨尔文化广场、县政府；2路沿环城路、黄河路行驶，途经格萨尔文化公园（101省道转盘）、州政府、汽车站、拉日寺。

出租车

镇上很容易找到出租车，镇内打车的费用均为3元，去往周边景点则需议价。

阿尼玛卿

海拔：白塔村3690米，主峰6282米，扎德滩3930米

昆仑山脉从帕米尔高原逶迤而来，延伸至青海的东境，在这里耸立起最后一座高峰阿尼玛卿。在藏语中，“阿尼”意为先祖、古老的、最大的，“玛”即为黄河，“卿”意指博大，这一“黄河最伟大的保护神”，不仅仅是藏民心中可与卡瓦博格（梅里雪山）、冈仁波齐、尕朵觉悟齐名的藏区四大神山之一，这里的冰川数量更占到了黄河源区冰川总量的90%，它们像电影《阿凡达》里纳威人的触辫，将神山与黄河接通，赐予它无穷水量，黄河从此“踌躇满志”，继续东去哺育半壁华夏。

与其他诸多隐在云端、难见真容的雪山相比，阿尼玛卿继承了果洛藏区的豪迈性格，

果洛大武镇长途汽车站车次时刻表

站点	发车时间/班次	票价（元/人）	行程（小时）	备注
西宁	8:00、8:50、17:30	104.5	7~8	大巴
	10:30、11:30、12:30、14:00	126.5	7~8	依维柯
贵德	9:45	89	6	
达日	9:10、13:10、17:00	53	2	途经果洛机场、甘德（36元；1.5小时）；☎138 9704 7630
久治	9:20	110	2.5~3	走德马高速；可能加开15:10班次；☎139 9745 9900
玛曲	9:00	80	8	
色达	8:30	155	9	途经甘德、达日、班玛（104元；7小时）；隔1~2天发车；☎138 9747 6114
成都	13:00	300	次日7:00~8:00抵达成都	途经阿坝（120元）；视路况不同，行程时间可能有很大变化
临夏	7:00	170	8~9	途经同仁（120元；5.5小时）；车辆不进站，在车站对面的国祥商务宾馆购票；☎136 4975 8425

阿尼玛卿

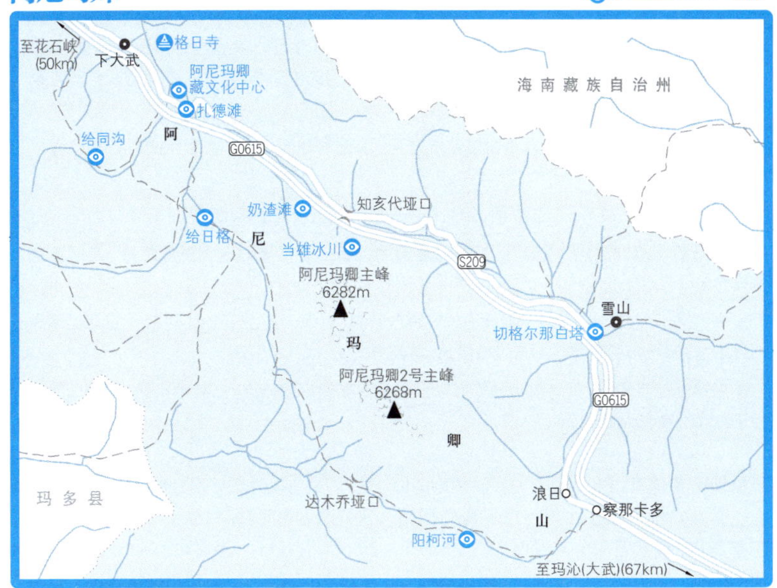

其英姿卓绝的巍巍雪峰很容易望见。2017年通车的德马高速花久段（花石峡至久治）使得长驱直入阿尼玛卿的腹地易如反掌，曾经需要艰难越野或徒步才能抵达的知亥代垭口转眼即已成为高速公路上绝佳的冰川观景点。

历史

阿尼玛卿存在于汉藏民族的史诗与传说中，这一广泛流传的神山信仰根植于此地漫长的历史。在古老的苯教信仰中，阿尼玛卿被认为是战神之王。在《格萨尔王传》史诗里，阿尼玛卿常常在双方战争危急时，现身战场，帮助岭国士兵击退敌军，后来也成为格萨尔王灵魂安息之地。在诸多安多藏区的寺院壁画上，都有阿尼玛卿的经典形象：身骑白马，手执长矛，不怒自威。

而在佛教徒口耳相传的故事里，来自印度的莲花生大师收服了这位苯教神明，使其成为佛教的护法，这一演变亦暗示着佛教、苯教之间的斗争与整合。

阿尼玛卿与战争的紧密关联也投射在了现实历史中。早在东汉年间，护羌校尉段颖在这里击退了八部羌人对东汉的进攻，成为这一地区最早的大规模军事行动。唐代时，这里又成为吐谷浑与羌人部落的天然分界，随后吐蕃兴起东进，阿尼玛卿遂成为其辖地。

神话与史实交织，构建了阿尼玛卿的神山形象：对于聆听着格萨尔王故事长大的藏族或北亚游牧民族而言，朝拜阿尼玛卿是一件无上的功德与荣耀，甚至忽必烈也来过这里，只是为了送别将佛教带给蒙古人的八思巴上师；而果洛地区频繁的战争带来的族群交流、本地精英对拉萨的推崇和学习，促成了阿尼玛卿逐渐进入藏区信仰的中心位置。马年转山的习俗发展为藏区的重要传统，雪山下为朝圣者提供歇息和热茶的帐篷星星点点，是藏地人、地、神精神关系的绝佳诠释。

在近代，阿尼玛卿曾被误认为世界最高峰。那个从丽江开始穿越群山大川的洛克也曾来到阿尼玛卿考察植物，他测量的阿尼玛卿高度为8500米。20世纪40年代末，又有美国登山者测定其为9100米。直到20世纪70年代，国内的科研工作者才将其主峰玛卿岗日高度确认为6282米。

景点

雪山乡

村落

从西大武上高速，向西北行驶约74公

阿尼玛卿行前须知

➡ 11月至次年4月，阿尼玛卿常有大风或大雪，6月底至8月则多有雷雨冰雹天气，最佳的旅行时间为4月底至6月和9月至10月。如果选在5~6月的虫草季节前往，尽量提前与玛沁县旅游局联系，否则散客进山可能受阻。

➡ 如果打算开车转山，部分路段需涉水过河，沿途的砂石路、弹坑路需要越野车才可以穿越。

➡ 德马高速花久段不设应急车道，因此在停车观景或登山去往冰川时需注意避让后车。

➡ 德马高速路况欠佳，尤其在雪山1号隧道西北有一段明显的冻土沉降路段，注意行车安全。

➡ 大武至下大武共120公里，高速沿线设有东倾沟、雪山、下大武3个出入口，大武西至下大武的过路费为54元，雪山暂未设收费站，可自由出入。

➡ 如计划徒步转山，只有藏历马年可以提供足够多的沿途补给，在其他年份，西南段的转山路线上鲜有人烟。

里后即可到达雪山乡。高速公路旁的山坡下有一座被转经筒及各式喇嘛塔环绕的**切格尔那白塔**，在其背后的大殿内，有一些唐卡描绘了阿尼玛卿的神话传说。在附近的白塔村内，有为旅行者提供食宿的**玛沁旅游供应中心**（☎156 0975 5559）和**雪山鸿达餐厅**（☎136 4975 6800），但本书调研时都已停业。仅有一处开设在邮政所内的**雪山乡综合超市**，2楼是条件尚可、卫生不错的三人床位间（☎130 9971 6629；铺50元），不提供卫生间及淋浴。

白塔东北方向的河谷通往约3公里外的雪山乡，峡谷两侧有景色优美的草原牧场和怪石嶙峋的山崖。在临近水泥路面的尽头处，在道路北侧有一处蓝色屋顶简易房背后的**切格尔那紧闭褶皱**，是一处重要的地质构造遗迹。沿着土路继续前行即可到达雪山乡，有一些环境还不错的餐厅和旅馆，在转山季节可以"舍近求远"来这里寻找稍好一些的食宿条件。

★当雄冰川　冰川

从高速公路的雪山出入口继续向西北约22公里，即可抵达雪山1号隧道的东口，这里是欣赏**当雄冰川**的最佳位置。当雄冰川是典型的山谷冰川，其顶部是一个被雪峰环绕的巨大冰盆，从此绵延而下，在阿尼玛卿山脉的北部切割出一条曲线形状的山谷，仿佛一条凝固在山坡上的河流。当雄冰川全长约4公里，其最前端的部分称为冰舌，看起来距离高速公路近在咫尺，但徒步前往还需费一些周折。冰川前缘有一条隆出地面的终碛堤：在冰川运动的过程中，会切割山体并向下搬运大量岩石，如果冰川前缘的位置较为稳定，这些岩石会堆积在冰川前方，形成一条条堤坝状的石块堆积。在有向导并确保安全的情况下，可以爬上高高的冰面，在宏大的自然奇观中感受自己的渺小。

雪山1号隧道海拔约4400米，是世界上海拔最高的公路隧道，其东口也是欣赏阿尼玛卿山脉主峰**玛卿岗日**的最佳地点之一，垂直海拔落差不足2000米。

奶渣滩　地质景观

由东向西穿越雪山1号隧道后，即进入一片较为宽阔的谷地。两侧的草原上遍布细小的砾石，犹如格萨尔王的王妃在此倾倒了奶渣，当地藏民将其形象地称为"奶渣滩"，这些"奶渣"其实是由冰川流水形成的冲积扇。在另一种传说中，这里则是格萨尔王埋藏铠甲的地方。由于水量较为充沛，这里草原丰茂、牛羊成群，景色非常优美。

向西不远处，在道路南侧会看到阿尼玛卿山脉北麓有一道高约100米、长达2公里的线形山丘。在藏民传说中，这是格萨尔王埋藏马鞭的地点。但从地质学角度理解，这条"马鞭"是发育在冰川前端的冰碛沉积地貌。

扎德滩 地质景观

这里是景区的西大门所在，在高速通车以前，被很多旅行者或转山者当作前往阿尼玛卿的起点。在这片开阔的谷地中，可以看到河流切割出的多级**格日寺阶地**，如一步步台阶通向底部的河道，这是该地区经由多次构造抬升、河流不断下切形成的地质景观。

扎德滩附近的群山有着与阿尼玛卿的雪峰截然不同的面貌，你可能意想不到，在这片海拔超过4000米的高原上竟然还有机会与喀斯特地貌相逢。在没有植被覆盖的山顶，可以看到大量在流水侵蚀、低温和风化的共同作用下形成的裸露灰岩，成为这一区域独有的高寒喀斯特景观。

阿尼玛卿藏文化中心 地标

扎德滩的河谷中最醒目的地标是红墙金顶的**阿尼玛卿藏文化中心**，它是格日寺活佛才仁拉加用10多年的心血建起，给周边少儿免费学习藏文化、汉语、科技等现代知识的地方。中央的正殿设有给孩子们上课的教室，环绕四周的建筑则是学生宿舍。入内参观，最令人惊喜的不是佛像壁画之类的宗教艺术，而是富有新意的课程表、图文并茂的汉藏文课本，以及中断正统寺庙修行、珍惜求学机会的外地少年。

文化中心附近的**寺院商店**和**朝圣旅馆**（☎136 3244 8888；微博 @阿尼玛卿朝圣旅馆；铺50元；可帮忙联系牛马租赁）是供孩子们生活的部分经济来源，若想购买有关阿尼玛卿的书籍及音像制品，不妨造访寺院商店。在文化中心的东侧有一处醒目的经幡堆，其中央是一处插满了长矛长箭的白色巨石，被称为**阿尼玛卿的贤弟**，是当地藏民朝拜神山的出发点。

文化中心附近还有一处暂未开放的**阿尼玛卿山国家地质公园博物馆**和**格日寺**，后者是一座隐藏在公路北面山坳中的宁玛派寺院，没有什么古老建筑可供参观。

活动

徒步转山

阿尼玛卿有过野生动物袭击人的先例，因此，选择安全的营地需要一定户外经验，获取清洁水源也是每日重要任务，建议雇请向导协助，可与玛沁县旅游局下属旅游公司的扎保加（☎187 0975 7778）联系雇请向导及牛马。更多关于徒步转山的建议参见186页“阿尼玛卿行前须知”方框。

自驾游览

德马高速花久段通车后，大武镇已成为比花石峡更理想的一日游往返基地，你可以轻松地往返于大武镇与下大武之间，沿着高速即可领略阿尼玛卿的诸多精华景观。

理想的行程是从大武西收费站上德马高速，先前往雪山乡寻找白塔，然后继续一路向西抵达扎德滩。原路返回大武的过程中，你可以更近距离地看到高速南面的奶渣滩。自西向东穿越雪山1号隧道后，即是壮观的当雄冰川和玛卿岗日。

要注意，大武至下大武的高速沿线没有服务区及加油站。

开车转山

开车转山可以在1~2天内完成，但沿途路况较为糟糕，需驾驶越野车。找扎保加（见本页）包越野车转山需要1500元/天，紧凑一点可以实现从大武镇上当日往返；超过1天的行程可以降价到约1000元/天，你可以在景色最好的路段再决定是否下车徒步。由于沿途基本没有补给点，你需要提前备好必需的露营用品，如帐篷、睡袋、防潮垫及速食食物，也可以询问扎保加是否可以一并租用解决。

从察那卡多经达木乔垭口至下大武的路段是传统的徒步转山线路，开越野车亦可通过。从下大武返回察那卡多，我们更推荐坑坑洼洼的老路，可以更近距离地接近雪山及冰川；如果直接走高速返回，沿途也会经过奶渣滩、当雄冰川等重要景点。

节日

近年来，不少宗教相关的节庆都不再是政府宣传或支持的重点。你可以致电**玛沁县旅游局**（见183页）了解近期节庆的具体安排。

雪山乡赛马节 藏族节日

（雪山乡）每年8月上、中旬，会在乡政府驻地举办为期约1周的**赛马节**，内容包括赛马、射箭、赛跑、摔跤、朗前萨雪（藏式拔河）等格萨尔史诗中所涉及的体育竞技，晚上还

值得一游

阿尼玛卿徒步转山

徒步还是开车？这是值得每一位转山者思考的问题。在藏区的各大神山中，阿尼玛卿是最容易完成徒步转山的圣地之一，但这仍是一个需要谨慎对待的决定：它仍然漫长、艰苦、危险，需要强大的耐力和自我驱动力才能克服。而在西南半圈修建了可以行驶越野车和摩托车的土路之后，开车转山更节省时间和体力，全程徒步就成了那些真正热爱与山野、冰川亲密相处的人才能独享的乐趣。

在藏族人心中，山的属相为马，湖的属相为羊，因此在马年转山，可以更方便地获得沿途补给，一路有转山朝圣者可以结伴。然而下一个马年是2026年，近年只能重装扎营出行。

尽管几乎没有可能迷路，但是向导能帮你找到清洁水源、安全营地、提供多种路途选择，并能为你讲解当地知识，仍然是相当值得和必要的。

景致

徒步的西南半圈较之东北半圈，主要优势在于达木乔垭口到木哇多哇这段路能终日与纯美的雪峰亲密并行，玛卿岗日南坡下浩若繁星的海子边上可拍摄神山倒影。如喜欢惊悚，还可以在冰崩区脑补灾难现场的触目惊心。缺点主要在于这一地区植被简单枯燥，尤其是第一天，很容易感到乏味。

路途

徒步转山全程约150公里，需要7天。建议你只徒步西南半圈，即察那卡多经由达木乔垭口至下大武的路段，东北半圈可搭车完成，这样就只需要4天。察那卡多和下大武是东南和西北两个起点，可根据抵离交通的便利程度任选。

全程海拔4000~5200米，单日爬升不大。

行程

第1天：察那卡多—阳柯河—达木乔垭口营地，22公里

开始徒步之前，藏人通常都会在察那卡多那彩色的玛尼堆前跪拜祈祷，你不妨也依样画葫芦。开始是河谷路段，植被寥寥，有一些经幡、塔和雕塑。如果你不走公路的话，需要多次涉水。缓慢爬升到高处后，风景变成高山牧场，接近垭口时突现的雪山顶峰会让你觉得不虚此行。垭口上是雪山下的宽广牧场，不少藏人牧民在此扎帐篷，可以参考他们的位置。

通常需要7小时徒步时间。

第2天：达木乔垭口营地—给日格，27公里

最精彩的一天，你几乎一直和雪山与冰川贴身而行。告别垭口的祭祀台后，除了右侧的雪山，左侧荒野湿地的景致也非常迷人，夏天时开满野花。路途过半，宽阔草原收成双峰并立的高山峡谷，雪山下牧民骑马奔驰的景象会让你流连忘返。同样，给日格也有牧民扎营，可以参考他们的位置。

会有锅庄舞和赛歌。果洛作为格萨尔王赛马称王的福地，赛马至今仍为全民热衷。每逢赛马会，一家老少倾力备战，选拔良马，煨桑祈福，事关家族集体荣誉。除了比赛本身，由于雪山乡是果洛优质虫草的主产区，乡民普遍比较富裕，在服饰和金银珠宝上自然会更光彩夺目一些。

食宿

一般旅行者不会在阿尼玛卿周边住宿，这里至今仍缺乏良好的食宿条件，几乎所有住宿都不提供自来水和淋浴设施，也没有现代化的卫生间，仍然广泛使用公共的旱厕。但对于执着要完成转山的旅行者而言，在雪山乡（见185页）和扎德滩（见187页）有一些简

这一天徒步起伏不大，很多时候还是下坡，一般需7小时。

第3天：给日格—给同沟—下大武乡（或扎德滩），25公里

出发后过河，翻过一个小垭口，不久就到给同沟。走过一段河谷后，上坡再下坡走出峡谷，就到达下大武了。另外，给日格附近有一条路向东横穿到阿尼玛卿雪山的北端，可以直接走到扎德滩，比去下大武可以少走十几公里。

这一段可能会碰见骑摩托车的牧民，因为基本见不到雪山，你不妨搭车离开。如果坚持徒步完成，也需7~8小时。

第4~7天：下大武—察那卡多，约70公里

可以包车或搭车完成，有高速公路返回大武镇。

难点

西南半圈夏季冰河浊浪滔天，每日需数度涉水，即便能骑马通过，马匹在冰河中行进也可能因无法耐受冰水冲击而出状况。沿途清洁水源并非随处可得，且本地向导不在乎水质，需有心理准备和预防措施。

由于海拔高、树木稀少，山中没有能用来生火的木柴。雨季中雨雪日夜侵扰，装备的防水隔潮尤为重要，一旦打湿就很难有机会烤干。

前往阿尼玛卿需注意防范高反及低温情况，在大武镇上可以购买必需的药品及便携式氧气罐，户外装备则须在西宁购买。如在冰川或雪地中长时间徒步，需要准备护目镜，以防雪盲。

一些景色平平的漫长路段竟能有车辆驰过，这将严重挑战意志薄弱的你徒步的初衷。

协助

可通过扎保加（见187页）预订牛马。牛可以驮负重物，一头能驮2~3个大包，马则是过河所需，另外还需要雇用向导，人/牛/马的费用都是260元/天。对独自旅行者来说，负担如此昂贵的组合也是一项挑战。牛马一般需要半天时间才能抵达出发地，通常首日只能下午出发。

西南半圈的牧民人家是紧急情况下的救命稻草，要提防门前的藏狗。

在西南半圈，从察那卡多到离下大武5公里处无手机信号，应提前准备离线卫星图。玛沁县旅游局（见211页）可以提供非常实用的阿尼玛卿导游图及导游手册。

网络资源

由seasky创作、Columbia发布的《100条徒步转山线路之阿尼玛卿》（www.columbiasports.cn/campaign/gonglue/animaqing.pdf）提供了详细的徒步路线地图、卫星图像、GPS坐标及沿途贴士，但也存在少量讹误，如误将知亥代垭口附近的当雄冰川误认为哈龙冰川。

单的住宿地点，这些地方往往也是你联系向导和牛马的重要中介，附近还能找到小型商铺，能满足基本生活所需。要是略有的洁癖，最好带上轻薄的内胆睡袋。

到达和离开

没有公共交通前往阿尼玛卿，只能自驾或包车前往。

从大武镇包车往返雪山1号隧道东口处的观景点需要400~500元，司机可以停在高速上等待数小时，供你往返攀爬冰川。但前往冰川最好有本地向导带领，在包车前应询问司机对目的地的了解情况。

从大武镇往返下大武乡的扎德滩则需要约

600元，但全程只能在高速沿线观景，没有充裕的时间深入雪山。扎德滩附近的高速路段有一些豁口可以直接前往阿尼玛卿藏文化中心，而不必经过收费站，有部分司机会在此基础上适当降低报价。

甘德

海拔：县城4020米

在过去的数年里，甘德一改红尘滚滚的混乱面貌，转而成为一座清新、整洁的高原小城，是令人放松身心的所在。县城内的**格萨尔文化博物馆**还没整修完毕，但周边有一些不错的游览去处，你可以沿着**西柯曲河谷**遥奔东南，在与龙什加寺、龙恩寺相逢后，最终和黄河会面。

景点

东吉多卡寺 石经墙

（东吉乡，227国道北侧）在本地人口耳相传的故事中，清康熙四十五年（1706年）六世达赖仓央嘉措从汉地返回西藏时途经这里，见到此地空旷而安乐，将其命名为“东吉”，藏语中即意为此。仓央嘉措的随从格桑在这里镌刻《贤劫经》，成为此地石经墙的肇始，即为“多卡”的藏文含义。在“文革”和公路修建的过程中，石经墙遭到一些破坏，但多亏寺院僧人将其悉心恢复，与周围的寺院、塔林、经幡阵遥相呼应。

如果只是在车上飞掠而过，这里的寺院建筑并不能激发下车游览的冲动。可一旦走近，那种空旷又安乐的魅力仍会在仓央嘉措路过的300多年后吸引你。

该寺位于甘德县城去往达日方向约12公里处，大武往返达日的班车会途经这里。如从县城包车往返需要50元。

龙什加寺 寺庙

（下贡麻乡）从甘德县城出发，沿着西柯曲河向东南行驶约20公里后，会看到河对岸有一处红墙金顶的巨大寺院群，这就是建于清康熙五十五年（1716年）的觉囊派寺院龙什加寺。寺院主修“六支瑜伽”和“时轮金刚”：前者是觉囊派最具特色、最核心的密法，10世纪时从印度传入；后者则是无上瑜伽部的最高教法。尽管时轮法门为藏传佛教各流派所有，但只有觉囊派保留了完整的教法。

你可以先抵达寺院中心一字排开的**如来八塔**和红色二层办公楼（附有一个小超市），在这里，你可以看到各处重要建筑：办公楼背后是1980年修建的**老经堂**，后方是度母殿和阿旺巴玛法王舍利塔，后者是改革开放恢复寺院后的第一位法师，更远处是神秘的**时轮金刚殿**。一侧更庞大恢宏的建筑是近年新建的**大经堂**，在大经堂背后的山岙里，你可以远远望见一些帐篷，这是寺内僧尼夏天闭关修炼的地方。

从龙什加寺离开后，你可以继续沿着河的南岸（不过桥）向东前行，沿一条颠簸的土路前往同为觉囊派的**多利多卡寺**。在“文革”期间，寺内的石经墙奇迹般地躲过了破坏，是果洛地区保存原貌较好的一处。

龙恩寺 寺庙

（下贡麻乡）从龙什加寺继续沿河向东南约16公里，即可抵达这座始建于清道光八年（1828年）的宁玛派寺院。如今，这里更像是一处小型的世界佛教建筑博览会。白色的**夏容卡**是一座白色的覆钵式塔，这种如白碗倒扣的建筑是最古老的佛塔形制，起源于公元前2世纪印度桑吉的窣堵坡，其顶部的宝盖以黄金铸造，四周绘制的法眼始终凝视着你。

马背上的藏戏

独树一帜的果洛藏戏基本以《格萨尔王传》史诗为主题，演绎这位英雄的传奇一生。1980年以后，各大寺院逐渐恢复，甘德的龙什加寺、龙恩寺和达日的查朗寺均成立了藏戏团，由寺内僧人参与演出，着独特的藏族古装（类似汉族的戏服），不戴面具，皆以化妆来表现人物角色。演出时，由一位领唱员来演唱全部剧情，完成所有角色的独白或对话。

由于不少寺院都设立在山谷之中，寺内没有宽阔的场地，果洛藏戏由此发展出其最独特之处：不少剧目都在寺院周边的草原上演出，僧人骑马奔驰，创造出藏区独一无二的马背藏戏。传统的马背藏戏演出一般从每年藏历正月初三开始，延续5天。

不要错过

黄河与神山的子民

作为甘德唯一的格鲁派寺院，**夏日乎寺**（寺院住持微博@加阳东云-青海果洛夏日乎寺；岗龙乡隆木切沟口）是隐藏在黄河与神山班玛仁脱之间一段美妙的奏鸣曲。始建之初，这里只是一处偏远的帐房寺院，在随后的历史中发展成为拉加寺的子寺。尽管经历了"文革"时期的破坏，寺内还保存着珍贵的壁画与雕刻。

寺院背后的**班玛仁脱山**曾被视为苯教名山，在佛教传入以后，亦经历了与阿尼玛卿类似的演绎：莲花生大师降服了班玛仁脱，使其成了佛教护法。夏日乎寺的住持加阳东云活佛历时10余年，在这里艰难开展环境保护工作：在他的倡导下，寺僧与牧民在黄河河道及两岸草原上捡拾垃圾，分类后送往甘德或大武进行无害处理——这种震撼是双重的，很难想象黄河的源头竟有如此多的垃圾污染，也很难想象在这样的远方，能生长出与之相对抗的顽强力量。

寺院甚至也成为对抗盗猎的前线，在每年10月以后，还会为来此过冬的岩羊、黄羊准备饲草料，并在林业部门的协助下设立了一处野生动物救护中心。为了保护岩羊不受日益增加的野狗袭扰，加阳东云甚至发动寺僧与牧民，开始了一场领养野狗的保护运动。如今，班玛仁脱山生活着超过3万只岩羊，是亚洲最重要的岩羊保护区。在黄河与神山之间的草原上，当地牧民因传统宗教的存在而更接近现代文明倡导的理念——人与动物和谐共生，皆为山河的子民。

从甘德县城包车往返夏日乎寺需要600~700元，但由于过了岗龙乡的路况较为糟糕，很少有司机愿意接单，最稳妥的方式只有自驾。

黄色的**多吉旦塔**则照搬了印度比哈尔邦的菩提伽耶，以致敬这处释迦牟尼证悟的重要圣地。红色的**瓦拉纳斯**是一座原型不明的圆柱形建筑。三座佛塔的奇妙组合，是甘德草原上粗朴有趣的文化景观。

龙恩寺拥有青海最早的马背藏戏团之一，在每年藏历正月十五、三月二十九日至四月十日的法会期间，龙恩寺的藏戏隆重上演，以演绎格萨尔王的史诗而备受当地藏民欢迎。

龙恩寺的附近已经形成了一个小型的集镇，有不少餐馆、旅馆可以提供食宿。

塞西多卡石经墙 石经墙

（岗龙乡政府院内）从龙恩寺继续向东南约10公里，即到达黄河岸边的岗龙乡。在乡政府大院内的北侧，有一段青海最长的石经墙。塞西多卡是由塞西活佛发愿修建的，是这一地区转绕祈福和超度亡灵的地方。"文革"期间石经墙被彻底拆毁，不少石经被用作建筑材料，但在后来的复建过程中，甘德民众出资出力，找回了很多当年散佚的石经，重新恢复到了昔日规模。

这里一般是游览西柯曲河谷的终点，从甘德县城包车游览龙什加寺、龙恩寺、塞西多卡的半日行程需要200~250元，包含2~3小时的等待时间。更便宜的方案是在县城或城东227国道的路口处拼车前往岗龙乡（40元/人），再一路搭车往回游玩。

食宿

甘德的食宿都集中在镇中心的江千路和吾勤东路上。从兰州拉面到杭州小笼包，密密麻麻的各式小餐馆能拼凑出一幅中国地图。

曼查罗氧吧大酒店 酒店 ¥¥

（☎736 1888，187 0975 0098；吾勤东路江千路路口南侧；标双 188元；Wi-Fi P）地处镇中心，是甘德最具性价比的酒店之一。服务热情体贴，客房简约宽敞，设施很新，淋浴间的热水充沛且稳定。3楼客房（228元）提供弥漫式供氧。由于这里是不少公司单位的协议酒店，所以常常满客，最好提前电话预订。

阿香罗罗大酒店 酒店 ¥¥

（☎830 6999；江千路88号；标双 168元，含双早；Wi-Fi P）房间简单干净，面积宽敞，临近南侧的客房可以望见外面的草原与小河，但卫生间稍显昏暗。如果不需要早餐，还可以适当打折。

刘老二青椒鸡

川菜 ¥¥

（☎182 0975 6528；江千路南段；人均 50元；⏲9:00~21:00）当地人颇为推荐的川菜馆，服务热情，就餐环境也不错。招牌菜是这里的青椒鸡（70元），菜量不小，适合两人食用，也有烤鱼（88元）、麻辣虾尾（88元）等。独自旅行者可以试试这里的其他炒菜，荤菜25元起，算是果洛地区口味不错的川菜馆。人多时会营业至22:00以后。

实用信息

甘德县人民医院（江千路中段）

甘德康达药房（吾勤西路江千路路口南侧；⏲9:00~21:00）

中国农业银行（吾勤东路胜利路路口东北；⏲9:00~17:30，周末10:00~16:00）有24小时ATM。

中国邮政（胜利路37号；⏲9:30~17:30，周末11:00~16:00）

甘德县旅游局（☎830 4299）

甘德县图书馆（胜利路吾勤西路路口西侧，甘德影视中心裙楼；⏲11:30~20:30，周末13:00~18:00）这座现代且充满服务意识的图书馆会让每个前来此地的人眼前一亮，非常值得旅行者利用。只需简单登记，你就可以在藏族艺术风格的阅览室内轻松阅览所有书籍，2楼的地方文献室内有丰富的地方历史文化及旅行摄影书籍；藏文文献室及格萨尔、藏医文献室内则有不少藏区寺院画册及藏族文化读物。1楼是儿童读物、报刊杂志和综合文献。目前只提供馆内阅览服务，无法外借。

到达和离开

甘德的交通基本是过路班车的天下。新建成的**甘德县客运站**位于县城东部盛源石化加油站对面，本书调研时，车站尚未完全竣工，购票需前往车站西面的小卖铺（☎139 0975 4686），每天仅有一班去往西宁（135元；7:30；9~10小时；随车电话☎139 9726 3323，176 9737 9235）的班车，发车前视空座情况决定是否发售到大武的短途车票（30元；1.5小时）。达日往返成都的班车（见193页）会途经甘德，去往成都的发车时间约为9:30。

本书调研时，227国道的城区段仍在翻修，搭乘大武往返达日的过路班车要去县城南面的新路上，但227国道完成翻修及新客运站开放以后，情况可能有所改变。在此提醒旅行者注意情况变化。

当地交通

甘德县城不大，城内打车3元/人，去往周边景点需要议价。出租车的聚集地位于镇中心的果洛农商银行对面，可以找到出租车拼车去往大武（40元/人）或达日（30元/人），也可包车去往西柯曲河谷沿线。如果你不擅长还价，可以试着联系实诚的藏族司机（☎188 9734 9749），汉语欠佳，但基本沟通无碍。

达日

海拔：县城3970米

在到达达日前，你应该找机会了解一下格萨尔王的生平，这里的山水就是一部活着的格萨尔史诗。东西向的黄河路和南北向的建设路搭建出县城的十字骨架，但城内的食宿条件乏善可陈。好在你很容易亲近优美的黄河谷地，登上白塔林立的格萨尔林卡，日落时分的美景令人心醉。

你也可以把这里当作黄河流域的最后一站，铭记这里干燥的空气、悠闲的草原和飞舞的经幡，当你沿着吉曲河谷翻越巴颜喀拉山脉之后，将拥抱属于长江的文明。

景点

格萨尔林卡

观景点

（县城西郊）免费 在达日县城的街巷中，你抬头就能看见这尊国内最大的格萨尔王雕塑，矗立在黄河南岸的观景台上。在经历一段不算辛苦的攀爬后，壮观的黄河谷地即展现在你面前：黄河呈现为典型的辫状河，河道及心滩布满山间的宽阔谷地，两岸的草原上经幡飞舞，天气晴好时可以看到不少僧人在山坡上打坐。观景台近处的白塔群是摄影取景时理想的近景，落日时分的逆光美景最值得专程前往：路过的红衣喇嘛僧袍飞动，近处的草原上牛羊成群，稍远处的山谷中黄河舞动、金光熠熠。

去往查朗寺和狮龙宫殿的途中即会经过这处观景台，开车直达山顶的土路在山坡西面。你也很容易在环城西路上找到通向山顶的步道入口。

查朗寺

寺庙

（建设乡撒那村）查朗寺是果洛最有影响力的宁玛派寺院之一，但其悠久的历史在"文革"时期中断，现存的簇新建筑皆是改革开放以后逐渐恢复的：4层高的莲花生殿建筑外形夺目，你可以沿着阶梯逐层攀登，满墙典雅的壁画都是同仁画师的用心之作。

你还可以徒步或驾车前往寺院后方的**查朗寺天葬台**，距今已有约400年历史。在巨大的经幡林前方有一块方形平台，即是天葬师分解逝者尸体、举行天葬仪式的地点。

从达日县城出发，沿黄河南岸向西约12公里，即会到达狮龙宫殿加油站，从这里的路口向西南继续约6公里，即到查朗寺。在距离查朗寺还有约1公里时，在公路东侧有一处**果洛和平解放纪念碑**，果洛草原上的第一面五星红旗就是在这里升起的。

狮龙宫殿

宫殿

（建设乡，县城以西约19公里）果洛人相信这处莲花状的风水宝地是格萨尔的王宫所在。1991年，查朗寺的一位活佛自筹资金，在推测的遗址上新建了这处宫殿。传说格萨尔王在7岁时运用法力，让狮子搬运石料垒砌围墙，让神虎神龙修建屋顶，因此得名"狮龙虎顶宫殿"。正殿四周的墙角外侧皆有狮子镇守，大殿里供奉着格萨尔王和他的三十大将塑像。旁边的"文物展览馆"（门票5元）有盔甲、百年前的岭国大将画像和一些唐卡。对于游客来说，这里还是太新了一点。每年7月10日会举办纪念格萨尔王诞辰的煨桑活动，此后会有持续3天的藏戏表演。

从狮龙宫殿加油站路口往西北方向约8公里即到。从达日县城包车往返查朗寺、狮龙宫殿的行程需要120~150元。在回程途中，你可以要求司机把你送到格萨尔林卡，在欣赏日落后可自行徒步返回达日县城。

食宿

达日的住宿性价比堪忧，并非没有好的选择，只是太过昂贵：要价上百元的客房可能没有独立卫生间，甚至没有公共淋浴。提高性价比的唯一方法就是多花钱，预算达到200元以上才能订到快捷酒店标准的舒适客房，预算300元可选星级水准的酒店。

餐馆多位于汽车站所在的黄河东路，整条街上都是小饭馆，基本差别不大。如果你有选择恐惧症，可以试试交警大队办证大厅对面的**烧烤小吃面食馆**（黄河路南；人均 20元；⏲10:00至次日3:00），卫生还不错，炒菜分量不小。

时代宾馆

宾馆 ¥¥

（☎139 6897 2147；黄河东路；标单/双 178元；Wi-Fi P）又名达日大酒店，挂牌三星，但显然名不副实，设施已显陈旧。不带卫生间的普通客房80元起。

桑周虎顶大酒店

酒店 ¥¥

（☎831 7777；西久路，中石油加油站斜对面；标单/双 295元，含双早；@ Wi-Fi P）镇上最气派的酒店之一，大堂颇显豪华，客房也是一派星级酒店的装修风格，宽敞的卫生间内甚至有玻璃隔断的淋浴间，算是达日县城的顶级配置。

达日汽车站车次时刻表

站点	发车时间/班次	票价（元/人）	行程（小时）	备注
西宁	8:30、16:00	140	9~10	大型客车
	10:30、12:00	167	9~10	小型客车
大武	7:00、13:00、16:30	53	2	途经甘德（20元；约30分钟）
班玛	11:00	55	3	隔1~2天发车
成都	8:30	300	次日7:00~8:00抵达成都	途经甘德、大武、久治（100元；7小时）、阿坝（120元；12小时）；视路况不同，行程时间变动较大；☎188 9735 8599

兴林大厦 酒店 ¥¥

(☎735 7777; 西久路, 中石油加油站对面; 标单/双 298/268元, 含双早; 📶🅿) 一家自带"宫廷气质"的酒店, 房间干净宽敞, 客房夜间还提供地暖。入住率不高时, 在前台可以谈到240元的折扣价。

ℹ 实用信息

达日县人民医院 (红科西路68号)

中国农业银行 (建设路88号; ⏰9:00~17:00) 有24小时ATM。

中国邮政 (建设路104号; ⏰9:30~17:30, 周末11:00~16:00) 有出售本地风光明信片。

达日县旅游局 (☎831 3936)

ℹ 到达和离开

达日汽车站 (☎831 3105; 黄河东路120号) 有班车去往周边县市。达日前往西宁的部分班车[包括一班由班玛始发途经达日去西宁的班车 (见193页)]会途经花石峡, 这是依靠公共交通从果洛内其他县市前往玛多县的唯一选择。如需前往花石峡, 应提前致电问询车次时间, 另外, 车站窗口只发售达日至西宁的全程车票。

汽车站门口也是出租车的聚集地, 可以拼车前往大武 (60元/人)、甘德 (30元/人)、班玛 (70元/人), 偶尔也能拼车前往久治 (130元/人) 和色达 (150元/人)。

班玛

海拔: 县城3560米

班玛是青海省的"异类"。这片土地上遍布了参天的树木, 湿润温和的气候也与巴颜喀拉山脉以北的果洛截然不同。这里拥有青海最大的林区, 是高反患者理想的"避难所"; 在文化上, 班玛也是果洛藏区的根脉所在, 不少果洛部落都可以在这里找到自己的起源; 班玛也是红军长征中途经青海的唯一一站——因此, 森林的绿色、文化的金色与历史的红色共同构成了形象的"三色班玛"。

值 得 一 游

翻越巴颜喀拉山脉

从达日前往班玛的车程将是一段极富仪式感的旅行: 你将从草原丰茂、河水漫流的黄河岸边出发, 翻越无数群山之后, 又将乘云而下, 逐渐进入森林郁郁、谷险流深的长江流域。在这段短短数小时的车程中, 你将亲密地拥抱定义华夏的两大文明, 并直观地感受到两大流域迥异的气候、植被、地理环境。

从达日出发以后, 你将很快告别黄河的干流, 沿着101省道与**吉曲河谷**结伴东行, 两岸是秀美的山谷、草原和湿地, 但连绵不断的电线杆也许会考验你的取景功力。在途经老德昂乡以后, 车辆将一路上行, 峡谷在两侧渐渐消失, 河流亦将远离你的视线。你会逐渐进入一片平缓抬升、视野更为开阔的高原。

最具仪式感的瞬间是汽车缓慢地爬上**莫坝东山垭口** (海拔4451米), 站在这座分水岭的顶部, 你将背倚黄河谷地, 远望长江流域的模糊面容。由于高海拔地区气温降低, 雾气也会逐渐爬上你的车窗, 注意行车安全。从这里一路下行, 路旁将逐渐出现涓涓细流汇聚而成的满掌河, 意味着你已经与长江的触角相连。从此顺流而下, 海拔将迅速降低约800米, 曲折的峡谷公路通往森林环抱中的班玛县城。

从达日到班玛约170公里, 需花费3小时, 如果你希望预留一些游玩拍照的时间, 建议在日落前至少4小时从达日出发, 这条公路大部分路段都没有路灯, 尽量避免在天黑后仍行驶在班玛县境内颇为险峻的峡谷公路上。道路为双向两车道, 全程路况良好, 沿途有一些停车港湾可供休息观景, 请不要停靠在行车道上。

你也可以继续从班玛前往久治, 这是一段从长江流域翻越巴颜喀拉山脉回到黄河流域的旅程。在**白玉达唐寺** (见198页) 或**隆格寺**作短暂停留, 途经**乱石头垭口** (海拔4267米) 和**桑赤山垭口** (海拔4054米), 著名的年保玉则始终在道路南侧, 在本地的传说中, 三果洛就发祥于这片划分江河的神圣山地。

但如今，班玛是唯一一个在果洛的交通发展中被落下的县：新开通的德马高速花久段使得成都、久治去往大武的班车可以一路直达，而不需要再绕行南面曲折蜿蜒的101省道。想要依靠公共交通抵达这个果洛最“角落”的县，反倒比以前更困难了。

景点

江日堂天葬台

天葬台

（江日堂乡）在班玛县城内，你就可以远远望见城东的群山脚下有一片在风中摇曳的经幡林，这片山麓拥有班玛最为人熟知的天葬台，已有约千年历史。从大门处入内，路过满地逝者的衣衫，道路尽头处的佛塔旁即是至今仍在使用的天葬石，在呼啸的风声中，散发出一番宁静神秘的气息。

班玛是“三果洛”的发祥地，“三果洛”的部众皆由玛可河谷迁出。因此，这处位于河谷中的天葬台被果洛人赋予了独特的含义：在这里完成人生最后的仪式，是落叶归根的完美结局。

在当地藏民的心中，旅行者参观天葬台并非忌讳，他们豁达开放的态度令人印象深刻。但必须注意：如有天葬仪式正在进行，旅行者不要靠近。如果不是逝者生前的亲友，参观天葬仪式被认为是严重的冒犯，摄影更是严格禁止的。

白札寺

寺庙

（江日堂乡）免费 从天葬台沿公路往东南约1公里处就是白札寺（又称“江日堂寺”），从公路上进入的路口很小，但有指示牌。寺院中心的圆形孤丘又称为闪光铁山，其上的殿阁是1936年重建的，有着典型的汉藏融合风格。在各大寺院饱经沧桑的果洛，这是最令人心动的寺院建筑之一，但由于年久失修，这里总是大门紧闭。该寺也是班玛石刻艺术的聚集地，闪光铁山下就常年响着叮叮咚咚打制嘛呢石的声音。

闪光铁山的周围是108座佛塔组成的塔林，你可以将红墙金顶的佛殿、白色斑驳的佛塔以及绿色的草地、蔚蓝的天空做出任意组合，随意的快门皆是令人欢喜的摄影大片。

阿什羌寺

寺庙

（江日堂乡）从白札寺继续沿公路往南4公里，即抵达果洛现存规模最大的觉囊派寺院阿什羌寺。公路旁3座形状各异的高大佛塔分别是常性塔、时轮塔和度母塔，是这处寺院的最大看点：从塔基到塔身实际是几层错落有致的殿堂，每层都镶着俏丽的花边；最上层一方形塔身四面都绘有一双“佛眼”。觉囊派曾是藏传佛教的重要流派，但在17世纪与格鲁派的宗教斗争后在卫藏无力回天，从此偏安于四川阿坝和青海果洛等地，与班玛相邻的四川壤塘是它的再传法源。

红军沟

要塞

（子木达沟）1936年7月，红二、红四方面军分四路由西南向东北途经班玛，是长征途中路过青海的唯一一站，并在这里与马步芳的军队发生了两场小规模的遭遇战。在途经子木达沟时，有红军战士留下了“北上响应全国抗日反蒋斗争”的标语，至今仍然保存在沟口的红军标语亭中，这条山沟也被称为“红军沟”。

沟口设有一座红军沟纪念馆 免费，以图文展示了红军途经班玛的历史。纪念馆背后有步道通向山顶，沿途可以看见红军沟内的红军墓，这座墓葬是2006年从阿什羌寺附近搬迁而来的。山顶的红军哨所被修葺一新，可以俯瞰玛可河谷的美景。

吉德寺

寺庙

高悬在河流西岸山坡上的吉德寺始建于明代的嘉靖年间（1522~1566年）。1936年，长征途中的红二方面军第六军团曾在寺内的大经堂居住了二十余天。

在这里，你可以俯瞰果洛唯一的国家级历史文化名村班前村：在河谷对面，一条公路从河岸边向山坡上延伸，串联起村内的座座藏式碉楼。村外的梯田、森林错落有致，在阳光中格外美好。

小车可以沿着土路直接驶上吉德寺。尽量在落日前3小时抵达这里，否则河谷会显得阴暗而不上相。

食宿

班玛的服务业硬件水准堪称果洛的一股清流，这里的食宿性价比远远高出州内平均水平。酒店和餐厅主要集中在人民路两侧和环城东路附近。

自驾游览
玛可河谷

起点: 班玛县城
终点: 吉德寺
距离: 60公里
需时: 4小时(包含游览时间)

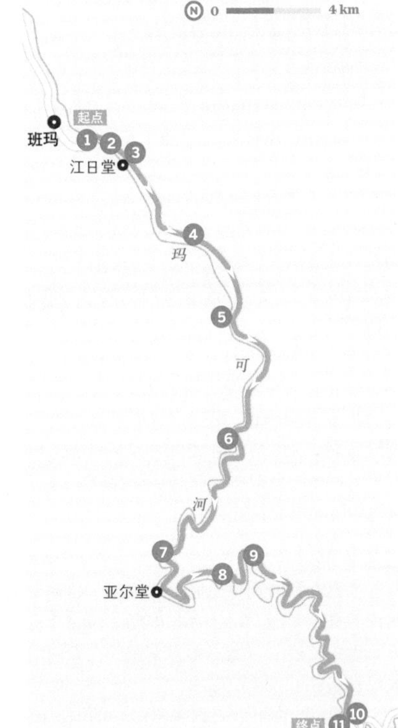

玛可河是大渡河的源头之一,哺育了长江源地区规模最大、海拔最高的原始森林。两岸青山相对,云杉、冷杉及圆柏交会成一片绿色的大海,构成了你在青海别处从未见过的葱郁景象。随着日益严格的环保政策,旅行者不能进入林区之中,但河流沿岸分布着天葬台、寺院、藏式碉楼以及红军长征遗迹等不同景观,可以方便地安排一日游自驾行程。

从班玛县城南面巨大的❶**白塔**出发,远远望见山麓密集的经幡阵,踏入❷**江日堂天葬台**感受极富冲击力的生死观。从这里一路南下,将途经多位重要法王的诞生地,每一处都有一座藏式覆钵式塔作为标记。

在古老的❸**白札寺**内,穿行在经幡与佛塔之间,雄踞中央的闪光铁山是相机取景器的中心。向东南约4公里后,即到达佛塔林立的❹**阿什羌寺**,可以了解一番古老神秘的觉囊派教义。进入越发狭窄的玛可河谷,在❺**阿羌村**和❻**江巴桑**,对岸青山上逐渐浮现出藏族世代居住的传统碉楼。在抵达亚日堂乡以前,你还会在一个河湾处见到对岸山坡上密集的经幡,山下有一座❼**索桥**连接,但桥梁失修,切勿贸然过河。在36公里里程碑处,你会在河岸边偶遇一处距今上亿年的树化石❽**江源树祖**。

继续向内4公里,可以登上❾**红军沟**沟口的山丘,俯瞰当年红军长征的漫漫征程。沿河南下16公里,即是古朴的❿**班前村**。而欣赏这座古村落的最佳地点是在河流对岸半山腰上的⓫**吉德寺**,从这里你可以继续前往四川壤塘,也可以原路返程,夕阳光线下的峡谷景色又将为之一变。

★格萨尔大酒店

酒店 ¥¥

(☎735 2777；人民路74号；标单/双 298/268元，含双早；@ 🛜 P)"国营"做派的豪华酒店，不愁客源，所以服务堪忧，但硬件无疑是班玛最好的。藏式风情的客房非常宽敞，大床房内甚至能放下一整组沙发。7楼客房在夜间会受KTV影响，尽量选择更高的楼层。全年房价稳定，但由于接待任务不少，尽量提前预订。同属政府背景的还有南面不远处的红色教育宾馆(☎832 3888；人民路188号；标单/双 328/298元；@ 🛜 P)，就餐方便，客房硬件稍逊，但周边环境更好，如同置身森林公园。顶层有一个仅供"视察"使用的健身房。

喜来商务酒店

招待所 ¥

(☎150 0975 6599；人民路，红色教育中心正对面；普双 130元，标单 150元；🛜 P)只有大床房带独立卫生间，面积非常宽敞。其他的双床间都要共用公共淋浴间和厕所，公共区域的卫生状况不错，值得推荐。淡季时可还价至100元左右。

古藏乡大酒店

酒店 ¥¥

(☎832 3999；人民路58号；标单/双 180/160元；🛜 P)这家安静、舒适、新近装修的客房很有性价比。酒店对面即是登山步道，可以沿着步道前往半山腰的红星。

★卡若

融合菜 ¥¥

(☎188 9735 7888，186 9785 6609；人民路272号；人均 60元；⏲10:30~22:00；🛜)到了夜间，这座独栋小楼会亮起优雅的灯光，在平淡的县城里尤其亮眼。餐厅曾是当地的青年创业项目，如今可以被视作一个餐厅、一个迷你图书馆或是一间放松闲聊的茶室。一楼摆满了旅行及文化书籍，年轻的老板也很乐于分享本地信息，这里的川菜可以让你一解肠胃之苦。二楼是KTV，三楼是烧烤和火锅。

丰味居小吃

小吃 ¥

(莲花街，汽车站隔壁；人均20元；⏲7:00~23:00)提供各类面条炒饭(15元起)和川菜炒菜(28元起)。卫生不错，门脸很小。

金色产业园

民族手工艺品

(人民路)位于城南醒目的白塔西南侧，从玛可河大桥向南约400米即到。如果你在班玛县城内感到无事可做，非常推荐你来这里欣赏传统的藏族手工艺。从园区大门入内，正中间是培训中心大楼，在其背后的两侧建筑内，分别有银器、木雕、石刻、铜质佛像等传统技艺的工作室。一般而言，周一至周六的9:00~12:00、15:00~18:00，大多数工作室都对外开放。

值得推荐的是这里的岭格尔唐卡，传承人土登伟色(☎152 0975 6111)坚持使用传统的唐卡技艺与材料，由同一位画师负责复杂的绘制全程，从勾线、着色、晕染到开眼都使用天然矿物颜料，而不采用当下流行的流水线模式与化学颜料，因此往往售价不菲。

唐卡背后是班玛黑陶的工作室，传承人果洛谢格太(☎139 0975 3918)非常乐于向你介绍其600余年的本土发展史。2楼有一个小型博物馆，展现了历代黑陶的演变过程。黑陶售价较为亲民，单件茶杯或小型茶壶约在百元左右，千元上下即有不少套装组合可供选择。

ℹ 实用信息

班玛县人民医院(人民路45号)

中国农业银行(人民路72号；⏲9:00~17:30，周末10:00~16:00)有24小时ATM。

中国邮政(人民路263号；⏲9:30~17:30，周末11:00~16:00)

班玛县旅游局(☎832 2995；人民路74号，格萨尔大酒店内4楼)可以提供关于景点信息和节庆安排的咨询。

ℹ 到达和离开

班玛客运站(☎189 0975 3126；莲花街环城东路路口；⏲7:30~12:00，13:30~17:30)只有一班始发车前往西宁(185元；9:00；12~13小时)，途经达日(55元；3小时)和花石峡(110元；7小时)。另有一对过路班车去往大武(105元；9:00~10:00)和色达(50元；13:30~14:30)，每隔1~2天发车，随车电话☎138 9747 6114，需提前在站内购票。

去往成都的班车需在**四川旅馆**(☎150 0975 3190；莲花街24号，汽车站以西约80米)购票，约12:30从四川旅馆门前发车，途经白玉(35元；1小时)、久治(80元；3小时)，在久治接驳由达日始发的大巴车后前往阿坝(100元)及成都(300元)。

出租车主要集中在班玛客运站附近，可以拼车/包车前往大武（130/900元）、甘德（95/665元）、久治（80/560元）、达日（70/490元）和四川的色达（60/420元）、壤塘（90/630元）。由于本地司机普遍不愿意空车驶回班玛，班玛又远离其他县市之间的交通要道，因此拼车难度较果洛其他县城更大，尽量提前一天联系。

当地交通

县城内没有公交车，但比较容易打到出租车。班玛县的包车市场较为规范，每个司机都有一本行业统一的包车价目表。拼车/包车可以去往江日堂（3.5/25元）、阿什羌寺（7/50元）、红军沟（25/175元）、班前村（30/200元），以上价格均为单程，如需在景点处等待后返回，会视等待时长在该基础上有不同涨幅。

如需包车游览玛可河谷，可以联系藏族司机衣洛（☎189 0975 3786），热情诚实且汉语不错。

久治

海拔：县城3628米

在年保玉则关闭以后，久治县的旅游业几乎一落千丈，满城的酒店餐馆空空荡荡，一年到头也迎不来几位游客。但事实上，你可以趁着这段冷寂的时间，沿着秀美的101省道探访年保玉则的外围风景，德合隆寺、隆格寺、白玉寺，这些辉煌精彩的寺院都将成为你的游览专场。

景点

白玉达唐寺 寺庙

（白玉乡，101省道旁）创建于清咸丰七年（1857年），是四川白玉寺的子寺，也是果洛最有影响力的宁玛派寺院。如今，在青海、甘肃、四川乃至国外发展了70多座属寺，规模和影响力甚至远远超过其母寺。

在2011年底的火灾中，白玉寺损失惨重，但在最近的数年内，寺院正在逐渐恢复，崭新的**大经堂**巍然屹立，是寺院精华所在，穿过热贡画师技艺精湛的壁画和富有立体感的精美堆绣唐卡，经堂内一片金光灿灿：前方正中是白玉寺地位最高的喇智法王的宝座；右手边悬挂的稀世巨幅珍珠唐卡散发出莹润的光泽。本书调研时，大经堂正在重新装修中。

离开大经堂时，顺便到南侧**伙房**寻找那口铭铸满吉祥图案、直径2米的古董大锅。大经堂北侧为富丽的**新经堂**，在结夏安居期间，法会从7点一直延续到17点，后殿里有4座鎏金佛塔，其中最高大的一座即为镇寺之宝**乔智活佛灵塔**，以供奉纪念这位20世纪40年代重建寺院的活佛。寺院最东北侧是秀丽的三层殿阁**莲花生殿**，里面有精美的壁画。

依靠公共交通前往白玉寺的唯一方式是乘坐班玛往返达日的班车[往班玛方向（35元；约8:00途经寺院大门；1小时），往久治方向（45元；约14:00途经寺院大门；2小时）]，这是达日往返成都班车（见193页）的接驳支线。如果你错过了这一对仅有的班车，可以步行到东北不远处的白玉乡上，那里更容易拼车或搭车前往久治（50元/人）。乡上有宾馆和餐厅。

德合隆寺 寺庙

（德合隆沟沟口）是白玉达唐寺的子寺。进入山谷，你将望见安多地区最大的**四臂观音像**，更远处右手执金刚杵、左手捧嘎巴拉

关闭的年保玉则

2018年4月，青海的明星景点年保玉则因日益严峻的环境问题而被暂时关闭。停止开放期间，旅行者仍有替代方案可以一睹年保玉则的美景：如果你结束了在白玉达唐寺的旅行，可以继续搭车或自驾前往久治县城，年保玉则景区就在101省道的南侧。尽管不能深入核心的景观区域，与那些优雅的高原湖泊无缘，但好在沿途的重要观景点都设有观景台，还是能远远眺望年保玉则的迷人雪峰。

果洛在努力推动年保玉则的重新开放，但目前仍没有明确的时间表，最乐观的估计要等到2020年。你可以向久治县旅游局（见200页）或**年保玉则国家地质公园**（☎155 0975 5545，150 0975 1116；www.nbyztour.com.cn）了解有关情况。依西卓玛青年旅舍（见199页）也会提供很多有用的情报。

前往莲宝叶则

另一种选择是前往四川省阿坝藏族羌族自治州阿坝县，这里的莲宝叶则石头山景区（☎0837-248 6091；微信公众号 莲宝叶则景区，微博 @莲宝叶则石头山风景区；龙尕朵；门票 4月至11月 120元，12月至次年3月 60元；⏰4月至11月7:00~18:00，12月至次年3月9:00~17:30）仍然开放。“莲宝叶则”是“年保玉则”的不同汉译，这是同一保护区位于四川境内的部分。从景区大门入内，有3条线路可以选择，最热门的一条通往扎尕尔措，全程22公里皆为柏油马路，目前没有景区班车通行，只能包车或自驾。沿途可以依次看到飞来石、莲宝湖、落霞湖、好运谷、将军石、忏悔崖等景点，最后从2号停车场步行20~30分钟可抵达扎尕尔措的湖边。其他两条深度旅行线路分别通往珠姆措和措拉玛，要雇请景区向导（300元/天）才能通行，需预留2~3天的徒步时间。

阿坝县的食宿性价比要远远好于果洛，但包车偏贵。石头山景区大门位于阿坝县城西北约43公里处，没有公共交通可达，包车单程的费用是150元，往返含等待时间需要约400元，半天即可往返。青墅花园酒店（☎0837-676 0999；洽塘东街北巷2号；标双168元；📶🅿）服务热情，客房宽敞舒适，有漂亮的玻璃房大堂。因为1层设有娱乐室，所以入住时选3楼客房更安静。

久治与阿坝县之间人员来往频繁，因此很容易拼车（30元/人），久治的拼车地点在老车站，阿坝的拼车地点在吉祥新居酒店（洽唐中街455号）背后的停车场内。阿坝县客运中心（☎0837-248 1528；迎宾路187号）有前往成都（175元；6:00、6:10；8~9小时）、马尔康（82元；7:00、11:30；4小时）和久治（20元；6:00；1小时）的班车。你也可以提前一天来车站门前寻找去成都的拼车（180元/人；7~8小时）。

碗的则是莲花生大师像。

从山门入内，道路左侧最大的建筑是大经堂，其正对着的是莲花生殿，更南面的观音殿飞檐翼翼，颇为精彩。每年藏历二月一日起，为期11天的法会将献演连台藏戏。

德合隆寺位于县城东南约6公里处，从城里打车单程需要20元。

食宿

久治的食宿性价比在果洛仅次于班玛。过去几年涌现出了不少新酒店，但因为年保玉则景区的关闭，房价并不高，160元预算就有不少舒适干净的标准间可以选择。在饮食上，藏餐和川菜是主流，属于“进可攻，退可守”的安心之地。

依西卓玛青年旅舍　青年旅舍 ¥

（☎182 9725 5090；北环路16号；铺 60元；📶🅿）是果洛唯一的青旅，老板是风风火火的藏族姑娘卓玛，非常熟悉久治的旅游资源，也十分热衷于本地的公益慈善活动。客房是藏族风格，并没有你熟悉的高低铺，而是沿着墙壁布置一圈首尾相连的床铺，一般为5人间或6人间。旅舍提供2间干净的淋浴间，可以免费使用厨房和洗衣机。唯一的缺憾是这里仍然使用旱厕。你可以把这里当作信息中心，对背包客来说，也有更大概率能拼车去往景区或周边城市。

西姆措大酒店　酒店 ¥¥

（☎833 2555；黄河路6号；标单/双 160元；📶🅿）干净、舒适的中档选择，在同价位的酒店中算是好的。客房面积宽敞，豪华房的装修更好一些。酒店就在老车站附近，很容易拼车。

勒隆商都大酒店　酒店 ¥¥

（☎736 9333；黄河路D021号；标单/双 218元；📶🅿）久治县城目前最好的酒店，客房品质不错，堪比中端连锁品牌。大床房内有2米的大床，只是卫生间稍小，淋浴房没有玻璃隔断。豪华房（238元）与标准间的差异不大，只是多了一块地毯。酒店楼下有环境不错的藏餐馆。

四川眉山东坡饭店　川菜 ¥¥

（☎134 0435 8576；长江路B014号；人均45

元；⏲9:00~23:00，每月7号休息）城里最受欢迎的川菜馆之一，老板是眉山人。各种干锅88元起，也有各种荤素炒菜，宫保鸡丁28元，炒时蔬15元，能在果洛吃到如此实惠又美味的川菜，值得欢呼。

实用信息

久治县人民医院（长江路144号）

中国农业银行（黄河路78号；⏲9:00~17:30，周末10:00~16:00）

中国邮政（长江路83号；⏲9:30~17:30，周末11:00~16:00）

久治县旅游局（☎833 2000）

到达和离开

2017年通车的G0615德马高速花石峡至久治段终于将久治纳入了全国高速公路网，这里再也不是难以抵达的青海边缘，与大武的时间距离大大缩短到2~3小时。久治到马尔康的高速路段需等到2024年才会通车。

长途汽车

新建成的**久治县汽车客运站**（☎833 1869，186 0975 5330；南环路）只有班车前往西宁（174元；8:00，隔日发车；10小时；可买到大武和贵德等地的短途车票）和大武（110元；9:00；3小时）。14:00~15:00可能会加开一班去大武的班车（☎139 9745 9900，189 0975 5115），在老车站门口上车购票。

阿坝往返玛曲的班车会途经久治，你可以在车站内购买前往阿坝（20元；约17:00；1小时）和玛曲（50元；约7:30；2.5小时）的车票，但这班车并不固定进站载客，需要提前致电车站咨询。

成都往返大武的班车也途经久治（去大武约6:00，去成都220元、约16:00），这班车的接驳车还可以前往白玉（45元；2小时）和班玛（80元；3小时），可通过电话（☎188 9735 8599）订票。

出租车

位于黄河路上的**老车站**已经停用，但站前仍有很多出租车提供拼车服务，可以前往阿坝（30元/人；1小时）、大武（150元/人；2.5小时）、班玛（80元/人；3小时）、西宁（260元/人；8小时）。最容易拼车的线路是阿坝，一般在天黑前都能拼车离开；去往其他方向尽量提前一天来这里询问。

当地交通

在久治没有太大的必要包车旅行，因为包车所见与拼车前往阿坝或班玛时的沿途风光并无二致。久治的出租车市场还算规范，包车有明确的价目表，主要目的地都集中在久治去往班玛的101省道沿线：往返乱石头垭口120元、年保玉则景区大门150元、隆格寺250元、白玉300元、班玛400元。你可以要求司机在途中作短暂停留以便拍照。

玛多

海拔：玛多县城4300米，牛头碑4610米

玛多，千湖之县。那些刚从青海湖出来甚至刚抵达西宁的游客，常常马不停蹄赶往玛多——这里寄存着太多国人的寻根梦想，他们想要来此一睹黄河源头。

虽然两湖之间的“牛头碑”、214公路边的“星星海”都有“黄河源头”的自我标榜。但一个不免令人失望的真相是：真正的黄河源在曲麻莱境内的荒芜之境，玛多只是起点。你还要向西穿越扎陵湖、鄂陵湖和更为缥缈的星宿海方可抵达。即便近年路况大为改观，还是需要整整一天的车程。

别纠结了，享受当下风景也很不错。上游黄河在平缓的大地上广播恩泽，造化出面积广大的扎陵湖、鄂陵湖，还有如繁星般难以计数的“星星海”；阿尼玛卿孕育的冬格措纳湖偏安一隅，也有一番孤傲的精彩。这里的水色虽不及西藏境内的湖泊那般明艳动人，但一派壮阔的湖光山色和周边生机蓬勃的野生动物，还是值得你细细品味。

最后要提醒你，玛多是青海海拔最高的县城，初上高原的你，动作务必轻柔。

方位

对旅行者来说，玛多已经不再等于214国道边一片杂乱的食宿店。位于国道北部3公里处的新县城已经初现城镇模样。主干道“南大街”上，岭·格萨尔主题公园拔地而起，商业日渐繁华。

两湖之间的牛头碑位于县城以西94公里处，那是旅游业和游客间达成默契的“黄河源头”。去另一处必到之地“星星海”则更为便利，从县城沿高速向南18公里就到了。

野生动物和自然保护区

尽管山路崎岖、天气多变，想要偶遇野生动物往往还是取决于运气，但前往青海众多的自然保护区仍是旅行者难以抵御的诱惑：你将有机会进入那些地理课本上频频出现的看似遥远的名词，在壮美的冰川、草原、河流中，偶遇那些迷人的高原精灵。但也有必要注意，脆弱的生态、严酷的环境，都需要你在行前仔细考虑——爱它，更要保护它。

青海湖鸟岛上群集的鸬鹚

可可西里

“伟大的荒野”可可西里（见272页）平均海拔在4600米以上，气候严酷，自然条件恶劣，北连阿尔金山，西接羌塘，三者构成中国最大的无人区。这片人类难以抵达的高寒秘境，因此成了野生动物的天堂，是藏羚羊、野牦牛等青藏高原特有物种最重要的栖息地。

穿越可可西里的路途艰险万分。雪山峡谷、石林盐湖，以及冰川下热气腾腾的沸泉在此组成了辽阔而壮观的景色，却鲜有人能亲眼目睹。出入保护区的除了科考队员与环保志愿者之外，还有盗猎者和非法采矿者（可可西里境内有丰富的金矿资源）。从20世纪80年代以来，可可西里经历了疯狂的盗掘和盗猎活动，使这里的生态环境濒临崩溃。为了获取羊绒以编织昂贵的沙图什围巾，藏羚羊的数量曾经从20万只锐减至2万只以下，在血腥利益的驱使下，甚至连部分官员的身影都在“淘金”链条中若隐若现。

从1995年成立保护区以来，可可西里的盗掘、盗猎活动逐渐被遏制。1996年，受到索南达杰烈士精神的感召，中国第一个由民间设立的自然保护站索南达杰保护站在可可西里设立，如今，设立该保护站的“绿色江河”（www.green-river.org；微博：@绿色江河NGO）仍是这一区域最重要的环保力量之一，你可以通过官网了解这一区域的志愿者申请。2017年，可可西里被列入世界自然遗产名录，因此被纳入到世界最受关注、最为严格的保护体系之中。

作为旅行者，你可以从玉树或格尔木自驾前往青藏公路沿线的不冻泉、索南达杰保护站及五道梁，但由于生态脆弱、反盗猎、环境艰险等原因，擅自离开公路进入保护区便道的行为均为违法。2019年11月，一队27人的越野爱好者非法穿越可可西里，被处以13.5万元的罚款。所以，你也可以坐在氧气充足的青藏铁路列车车厢里，在经过可可西里时，期待一群藏羚羊跃入眼帘。

从左上顺时针方向依序为：
1. 可可西里保护区标志雕塑 2. 可可西里的绵延雪山
3. 可可西里夕阳下的藏羚羊剪影

1

3

©视觉中国

李峥摄

三江源

自然地理意义上的"三江源"横跨玉树、果洛、海南、黄南以及海西共5个地级行政区，面积39.5万平方公里，约占青海省总面积的54.8%，昆仑山、巴颜喀拉山、唐古拉山等诸多重要山脉的雪山融水点滴汇聚，成为长江、黄河、澜沧江三条大河的源头。三江从此奔流而下，哺育了中国以及东南亚地区约9亿人口。2016年，中国的第一个国家公园试点在三江源（www.sjynnr.cn；微博@三江源国家公园）设立，成为中国探索国家公园体制的先锋。

三江源有非常丰富的野生动物资源，生活着约85种兽类、237种鸟类和48种两栖爬行类动物，不少为青藏高原特有物种，如藏羚羊、野牦牛、藏野驴等国家一级保护动物，黑颈鹤、斑头雁、天鹅等鸟类每年也会如期归来。

如今，三江源也面临着不少难题：近年来因全球变暖造成的冰川退缩给这里脆弱的生态环境带来了巨大挑战。湖泊萎缩、荒漠化、草地沙化、鼠害虫害泛滥等问题也不断涌现。另外，随着退牧还草、生态移民等政策的实施，当地牧民也在面临保持传统生活方式、建立文化认同等方面的困难。

随着环保政策日益严格，三江源不少核心保护区都已禁止旅行者入内，著名的年保玉则从2018年起停止对外开放。另外，部分核心保护区内路途艰险，加上自然环境脆弱而恶劣，我们不建议旅行者贸然进入。但你仍可以前往玛多（见200页）亲近黄河源区；在阿尼玛卿（见184页）或尕朵觉悟（见227页）了解藏族悠久的转山传统；在果洛，你可以翻越巴颜喀拉山脉（见194页），在长江与黄河流域之间来回切换。

中国国家地理系列图书《三江源自然观察手册》是一本了解三江源地区自然山水及野生动植物的极佳科普读物。三江源是世界上最大的雪豹连片栖息地，你也可以通过山水自然保护中心（www.shanshui.org）了解这里的"雪豹与草原保护"项目及志愿服务。

从左上顺时针方向依序为：
1. 阴云密布的三江源地区 **2.** 阿尼玛卿的河谷风光
3. 昂赛大峡谷

野生动物

可可西里和三江源两大自然保护区都是高原珍稀野生动物的栖息地，尤其是人迹罕至的核心区地带，堪称“人类禁区，动物天堂”。

藏羚羊

藏羚羊无疑是可可西里最具代表性的动物，但其实可以细分为可可西里、阿尔金山、羌塘、三江源4个地理种群。可可西里是藏羚羊最重要的产羔地：每年五六月份，数以万计的雌性藏羚羊经过长途跋涉，从各地迁徙至可可西里腹地的乌兰乌拉湖、卓乃湖、太阳湖产羔，至七八月份，又会带着刚刚出生的小藏羚羊返回越冬地，这是世界上最壮观的有蹄类动物大迁徙之一，也是观赏藏羚羊的最佳时段。在青藏高原上，藏羚羊是体型最大的羚羊，成年雄性有一张黑脸，双角又直又长，顶端有一个向前的弧度，与另外两种原羚有较明显的不同。

藏羚羊曾因大规模盗猎而数量锐减。在过去10余年中，可可西里没有盗猎藏羚羊事件发生，这一物种正在稳步恢复中。

普氏原羚和藏原羚

普氏原羚是青藏高原最为稀有的羚羊，在20世纪90年代数量不足300只，如今恢复至约3000只，只分布在青海湖沿岸。最显著的特征是向后生长的双角有比较明显的对向弧度，因此也被称为“中华对角羚”。而藏原羚是三种羚羊中体型最小的（体长小于1米），数量也最多。显著特征是有一个心形的白屁股，这一点和普氏原羚类似，但两者的区别在于普氏原羚体型较大，分布范围极其狭窄，而藏原羚双角相对的弧度不明显，因此较容易区分。

藏野驴

一般情况下，在繁殖季节（7月至12月）和冬季可以观察到成群的藏野驴。它们常年生活在海拔3600米至5400米的高海拔草场上。藏野驴受到车辆惊扰时会和越野车赛跑，直到觉得自己“胜利”为止，甚至会因为这种“驴脾

气”而付出生命的代价。请旅行者不要在高原上与它们“较劲”。

狼

在三江源保护区内的扎河野狼滩上，至今仍有成群的狼在活动，每群狼的数量在5只到12只之间。狼群有强烈的领地意识，且通常只在该区域活动，这一片区域不适宜旅行者在夜间行走。但近年来，因为生态食物链被破坏和牧民对狼群的捕杀，这种看似凶狠残暴的动物正面临着灭顶之灾。

雪豹

雪豹因终年生活在雪线附近得名，是所有食肉动物中栖息地海拔最高的。全世界60%的雪豹种群都在中国，青海是重要的分布地。但因为皮毛美丽而遭到非法盗猎，雪豹的数量一度剧减，濒临灭绝。2017年，世界自然保护联盟（IUCN）将雪豹从濒危物种红色名录中的“濒危”降级为“易危”，表明种群的状态有所好转，但其生存环境仍然受到人类活动的威胁。

从左上顺时针方向依序为：
1. 雄性藏羚羊 **2.** 可可西里的野狼 **3.** 藏野驴

2

3

1

2

楼学摄

（**上图**）兔狲一家

（**下图**）哈拉湖地区的藏原羚

再见了，花石峡

2017年，花久高速正式通车。它与共玉高速纵横交叉，彻底改变了果洛的交通格局。在很长一段时间内连接玉树、“两湖”和阿尼玛卿的重要中转站花石峡正式谢幕。呼啸的风雪、难消的头痛、糟糕的食宿，还有那全镇唯一的厕所，留在了几代旅行者的共同记忆中。如今，多数班车选择高速，而不再经停这里。如今只有少数去往果洛达日县的班车会取道于此，此外只剩下不畏烂路的倔强自驾者，在花石峡经由南岸去往冬格措纳湖（见本页）。

在花石峡以南83公里处，建筑崭新、食宿完备的玛多县城继而成为这一地区主要的游客中转站。

景点

扎陵湖和鄂陵湖

湖泊

黄河源湖区是无数人梦寐以求的目的地。两湖之间的牛头碑，更是“到此一游”的绝佳留影地。

抛开这些表面的喧嚣不谈，两湖仍然拥有青海不可多得的湖光美景。黄河源泉流经星宿海，向东汇入扎陵湖，再由南侧通过一条小河，流入鄂陵湖。两湖之间相隔15公里，牛头山当中而立。从高处纵览，两个蓝色的湖泊宛如一只蝴蝶的两只翅膀，而中间的山脉，则是蝴蝶的身躯。

去两湖的路上，就像进入野生动物园一样，各种鸟类、藏野驴、藏原羚等国家级保护动物不时穿梭在眼前。从县城过来40多公里处，鄂陵湖跃入眼帘，湖泊628平方公里，比扎陵湖大100平方公里，但其蓄水量则是后者的一倍多，因为它最深可达30多米。湖滩有些地段的石头扁平如瓦片，稍加练习、就能在平静的水面打出十连环的水漂。

沿鄂陵湖边继续往西开约50公里可以看到一座小庙，这是来到迎亲滩的信号。传说文成公主进藏时，松赞干布到此地迎接。历史上“柏海迎亲”中的柏海，据考就是现在的扎陵湖。小庙名为多卡寺，“多卡”藏语指石经墙，寺旁有好几堵。

无须停留，你可以径直把车开上两湖之间，玛多地区的十三圣山之一的措哇尕什则山，因山顶竖立牛头碑、也称牛头山。山顶是纵览两湖地区最好的位置。天色晴好时，东面的鄂陵湖通体发亮，西面的扎陵湖云影徘徊，恍若梦境。山顶有数个石碑，最有名的是牛头碑。这座1988年落成的铜铸牛角高5米，重5.1吨，胡耀邦和十世班禅分别在上面题写了汉文和藏文“黄河源头”（虽然这里真的还不是河源）。通往山顶的土路有点陡，但微型车努努力还是能爬上去的，约需20分钟。徒步上、下山大约各需1.5小时和0.5小时。

从玛多县城到牛头碑往返包车的价格在600~800元之间。相比县城内，在214国道的三岔口更容易找到车。对自驾者来说，止步于牛头碑未免可惜，来一场真正的黄河源头穿越之旅吧（见244页“星宿海”）。从牛头碑计算，你还有近200公里的路要走，好在如今的土路宽阔清晰，不再步步惊心，抵达黄河源头只是时间问题。

本书调研时，“两湖”景区门票方案还未确定，并且以环保之名禁止一切车辆从玛多一侧入内。当地司机帮游客想出的应对策略是：在早晨8点看门人上班之前进入，出来时则可以说是“从曲麻莱穿越过来”。

冬格措纳湖

湖泊

冬格措纳湖，蒙古语称“托素湖”。虽然已在国家3A级景区之列，但必须感谢两湖一碑名气太大，无意间让同样静美的它在众目睽睽下大隐于市。湖水源自阿尼玛卿，身处“千湖之县”知名黄河源区，系出名门的冬格措纳却选择不去锦上添花（汇入黄河），而是雪中送炭地向西北流入柴达木盆地，默默滋润着干旱的盆地，孕育出那里珍贵的绿洲文明。

位于花石峡以西的冬格措纳湖东西狭长，随着公路建设，有越来越多的小路伸向湖边，但目前尚无环湖公路。南岸浅处的水色最为瑰丽，晴朗时能眺望到阿尼玛卿群峰；北岸以吉日迈村为核心的湿地则是黑颈鹤、斑头雁、棕头鸥以及赤麻鸭等水禽的主要繁殖地；在最西端的加木恩村附近，有一处7世

黄河之水哪里来

对黄河源头的争议由来已久，而且似乎从未有过定论。每一次考察，都试图推翻前一次的结论。即便是官方承认的科学考察结论也在不停变化。当然，这也是因为黄河上游本身也在发生变化，于是人们总是去做新的地理考察。源头到底在哪里——这个问题是否真的有那么重要？

对黄河源头的第一次实地考察，始于元朝的忽必烈。由此而形成的《河源志》，第一次记载黄河从星宿海汇入两湖地区。接下来的第二次实地考察已经是康熙年间的事了。康熙皇帝派出的人马止步于星宿海，但发现那里还有三条河作为上源。到了乾隆，他又派人去黄河源头祭河神。据说这次是真的到了源头，并声称黄河发源于一个叫“噶达素齐老”的地方，但在1978年的考察中，这个有可能用来欺骗皇帝的地名，被证明是虚构的。

新中国成立后，对黄河源头又有一次考察。1960年，黄河水利委员会40多人前往玛多。沿着星宿海继续前行时，他们看见三眼泉水流入三条小溪，并汇集到一起，流入一个盆地。他们判断这里就是“约古宗列”盆地（藏语意思是“炒青稞的锅”），而那条小河则是约古宗列曲，黄河的源头。

引发争议的是1978年的考察。黄委会和青海本地政府都组织了一次实地考察。虽然他们内部也有争议，但1983年，新华社引用青海考察团的结论，提出黄河源头是卡日曲（一条水量更大、更长的河），而不是约古宗列曲。

争论在这一年达到高潮。《光明日报》和《人民黄河》杂志组织了一场“纸上谈兵”的讨论，提出多源说、卡日曲源头说、维持原状说等。黄委会不得不在1985年又去考察了一次。这次正式将约古宗列曲作为源头，并立下了一块木碑，上面是黄委会主任题写的“黄河源”三个大字。

但2009年，国务院公布了新的《三江源科学考察成果》。据说这个汇集了各个领域优秀专家的科考队伍，利用了最新的高科技进行确认。他们最后宣布，卡日曲才是黄河的源头。现在，很多人都在想，下一次考察是什么时候？

纪前后吐蕃时期的莫格德哇古墓群遗址。不过，历史上的疯狂盗掘已经使它残破不堪，本书调研时，这里已竖立起文物保护碑，相关维护工作也正在进行。

国庆前后是冬格措纳最美的时节，浓浓的秋色来袭，以帕米尔蒿草为优势植被的湖边草甸华丽变身为连片抢眼的红草滩，几乎可以媲美稻城。

由于南岸公路距湖边较远，且路况奇差，我们更推荐你在北岸和西岸游览。从花石峡镇沿214国道向北10公里，沿着明显的公路转向西，大约30公里便可抵达吉日迈村，从这里前往西岸的莫格德哇古墓群遗址则需要沿路翻山而行。

此外，不少自驾者都是从香日德前往花石峡的途中顺道造访冬格措纳湖的，德马高速贴近湖边的路段有很多“豁口”可以下道。如果从玛多包车游览冬格措纳湖，报价在600~800元之间。

星星海 湿地

即便你不能一睹星宿海的风采，也可以在星星海领略其一二。过了玛多岔口，沿着214国道再向南10公里左右，公路两侧会出现大片的湖泊。它们大多面积不大，但数量众多，宛如星星点缀在无垠草原。其中有4个较大的湖，分别位于214国道两侧。即便是车窗外的惊鸿一瞥，也足以留下深刻印象。

专程从玛多县城包车前往，则可以开下公路，在地势较高的山坡上行驶视野更佳，约需100元。注意千万不要轻易在湖边沼泽涉水。

住宿

★游人如亲大酒店 酒店 ¥¥

（☎834 6666；南大街西端；标双280元；@ P）在一个高原小镇，老板要有多“任性”，才会如此大规模地使用实木装修？实木地板、雕花墙衣、高挑的楼层、宽大的房间，好像是一起在向上海和平饭店致敬。再加上秒出热水、100寸投影电视以及随房卡插入而启动的制氧装置，要找出一个不住这里的理由还真不容易。

云丹康赛酒店 酒店 ¥¥

（☎834 8111；南大街中段；标双230元；@ P）外观平平无奇，走进去才发现竟是一个带有阳光中庭的酒店。房间面积宽大，明亮温馨，服务人员也非常亲切，是个极具性价比的选择。酒店门前就是班车的发车点。

就餐

玛多的餐馆同样集中在南大街，上文推荐的两家酒店楼下就有几家。其中如亲大酒店旁的伊隆炮仗老炒（⏰8:00~24:00）以难以置信的勤劳，成为县城内为数不多可以吃到夜宵和早餐的地方。作为招牌的烤羊肠、羊排不要错过。

实用信息

医疗服务

玛多县人民医院（东大街东端）由于很多游客都是一口气从西宁赶到高海拔的玛多，所以这家24小时提供吸氧和高原病救治的医院就显得尤其重要。

旅游信息

玛多县旅游局（☎834 5816，130 9971 9882）可以咨询交通和节庆安排等信息。

到达和离开

孤悬在外的玛多似乎被它所在的果洛“开除”了，你甚至找不到一辆开往州府玛沁的班车。玛多唯一的正规班车是每天早上7:00前往西宁的，途经共和，票价110元。调研时，新客运站尚未启用，发车地点在云丹康赛酒店门前。如果你想去往玛沁和玉树，只能到214国道的三岔路口（打车10元）寻找拼车，每人的价格大致分别为100元和200元。

玉树

包括➡

最佳寺庙

- 文成公主庙（见223页）
- 宗国寺（见233页）
- 尕尔寺（见235页）
- 藏娘古塔和桑周寺（见226页）
- 夏日寺（见243页）

最佳体验

- 尕朵觉悟转山（见227页）
- 昂赛大峡谷自驾（见238页）
- 改加寺看法会（见233页）
- 黄河源头至扎陵湖、鄂陵湖自驾穿越（见244页）
- 宗国寺露营（见233页）

为何去

被青海湖、新疆、西藏和川西包围的玉树一直是人们视而不见的“盲区”。曾经的唐蕃古道车马萧条，多数人日夜兼程地奔赴西藏，最多只在玉树留下匆匆一瞥。

也许要感谢这种“忽略”，让玉树得以特立独行。没有高额门票、旅游陷阱和网红打卡团，只要你有向远处走的决心，玉树就会报以惊喜。苍茫天地间的汩汩细流汇成孕育文明的三条大江；佛国坛城内的嘹亮梵音袅袅不绝；格萨尔王的传说遍布每个角落。这里不是极边，却诠释了极边气质；不是西藏，却收藏了西藏精神；更不是长安，却流传着长安往事。

自然主义者会跟随大江从高原到峡谷，亲近万千生灵；户外发烧友则会探索三江源，徒步朝拜神山；而数不胜数的庙宇、神秘玄妙的法会以及盛装云集的赛马节，则是人文爱好者的乐土。玉树，只对懂它的人展开胸襟。

何时去

5月至6月 最重要的虫草季就在这两个月，你要对可能翻倍的食宿价格做好心理准备。其实此时的可玩性并不高，但趁着冻土未消不易陷车，去可可西里或寻访三江源正是好时候。

7月至8月 稍纵即逝的夏天最美，满眼青山绿水、野花盛放。生命也澎湃起来，草原上有欢脱的野生动物和不期而遇的赛马会。炎热？不存在的。你还得带上秋冬衣服。

9月至10月 高山草场已现枯黄，但峡谷里的金黄树影和湖畔的红草滩正美。一场突如其来的降雪可能打乱你的计划。

11月至次年4月 极寒中也有精彩。藏历新年前后，许多寺院会举办宗教活动，著名的改加寺“曲热”法会就在此时。

在玉树，你要知道

➡ **景点** 玉树全境景点不收门票，是不是很让人激动？放松心情，享受这座没有围墙的人文自然“博物馆”吧。

➡ **交通** 想靠班车或搭车游玩，在玉树基本行不通，包车费用则不免令钱包受苦。最好的交通方式就是自驾，近年来路况大为改观。不做极限探索的话，一辆城市SUV就够了，有四驱最好。

➡ **物价** 吃一顿火锅人均近百元，200多元的标间条件依然令人皱眉。在昂贵的玉树，“性价比”似乎是不存在的，更贵的永远要好一点。适当上调预算，别太为难自己。

➡ **环境** 天高地阔的玉树，生态环境其实非常脆弱。气候、水文、人类活动和动植物紧密相依，互为因果。在旅途中应该拒绝濒危动植物制品，热心公益活动，尽量低碳出行。

敢问路在何方？

输入一个地名然后按导航走——这种习以为常的方式在玉树却完全行不通。这一地区的地图更新速度远远跟不上道路建设，稀薄的用户基数又导致数据纠错不及时，因此主流电子地图包含大量道路缺失和位置错误，切记不可盲从。

➡ **工具** 在本书调研时，最好用的纸质地图是人民交通出版社的《西北地区公路里程地图册：青海省》；电子地图中，“国字号”的天地图（@tianditu.gov.cn）更新最快，可惜没有App；“手抓地图”App包含大量由越野爱好者实地勘线并上传的轨迹，在三江源核心区等野外穿越中格外有价值；Google Earth等卫星地图软件可以帮你直观地搜索公路以外的小径；带有大量地理标志信息（山川、河流、村庄名称）的等高线地图，则是关键进退的重要参考。

➡ **经验** 学会根据路基好坏、车辙新旧等线索判断道路状况。一般来说，在治多、曲麻莱等开阔地带可以遵循大体方向和旧车辙大胆探路，而囊谦、杂多等峡谷地带就要格外谨慎，有些路段掉头都很困难。

➡ **问询** 形成和当地司机聊两句的习惯，毕竟他们掌握第一手路况信息。在县城时，可以去交警大队打探一番。行驶路上有疑惑时不要偷懒，遇到沿途的村庄、帐篷和行人都可以停下来确认一番。向藏族人问路时，由于语言障碍，切记不可啰唆，把你要问的藏语音译地标、地名，反复变换着声调发音，对方一般都能听明白。

本章中的地图都经过我们实地勘察和精心绘制，请放心使用。

快速参考

➡ 人口：38万

➡ 电话区号：0976

➡ 平均海拔：4200米以上

如果你有

➡ **2~3天**

早上在**结古寺**（见218页）听诵经，下午去**新寨嘉那嘛呢石堆**（见218页）晒太阳，傍晚去当代山观景台拍摄日落；第二天一早包车前往**勒巴沟**（见223页），慢悠悠地闲逛、野餐；下午从山中穿越到**文成公主庙**（见223页）。不想回市区的话，可以入住**巴塘草原**（见224页）的自驾车营地，机场近在咫尺。

➡ **7~8天**

除以上行程外，去囊谦吧！不管是**西部环线**（见232页）还是**尕尔寺**（见235页）一线，都值得你在那里花上几天时间。

➡ **10天或以上**

准备深入探索？山遥路远的三江源核心区静候你的到来。沿通天河而上，把两岸的**贡萨寺旧址**（见240页）和**夏日寺**（见243页）连起来游览；在**楚玛尔七渡口**（见241页）体会大江东去；狂热的越野爱好者可以去杂多寻找**澜沧江源**（见237页）；徒步达人更是难以拒绝**尕朵觉悟**（见227页）转山的诱惑。最后从曲麻莱的黄河源头穿越到“两湖”，无疑是最圆满的离别姿势了。

玉树亮点

❶ 攀至悬崖之上的**宗国寺**（见233页），领悟超凡入圣的美景。

❷ 进入道路惊悚、生态安逸的**昂赛大峡谷**（见238页），欣赏丹霞，守候雪豹。

❸ 仅容一车的吊桥将苍凉的**贡萨寺旧址**（见240页）和清新的**夏日寺**（见243页）连在一起。

❹ 住在**尕尔寺**（见235页）的明媚风景里，和不怕人的小鹿分享阳光和草甸。

❺ 拜谒黄河源头、穿过星宿海，最终抵达**扎陵湖和鄂陵湖**（见209页）与黑颈鹤同框。

❻ 去**拉布寺**（见225页）和它所在的拉司通村，惊讶于如此美好的生活社区。

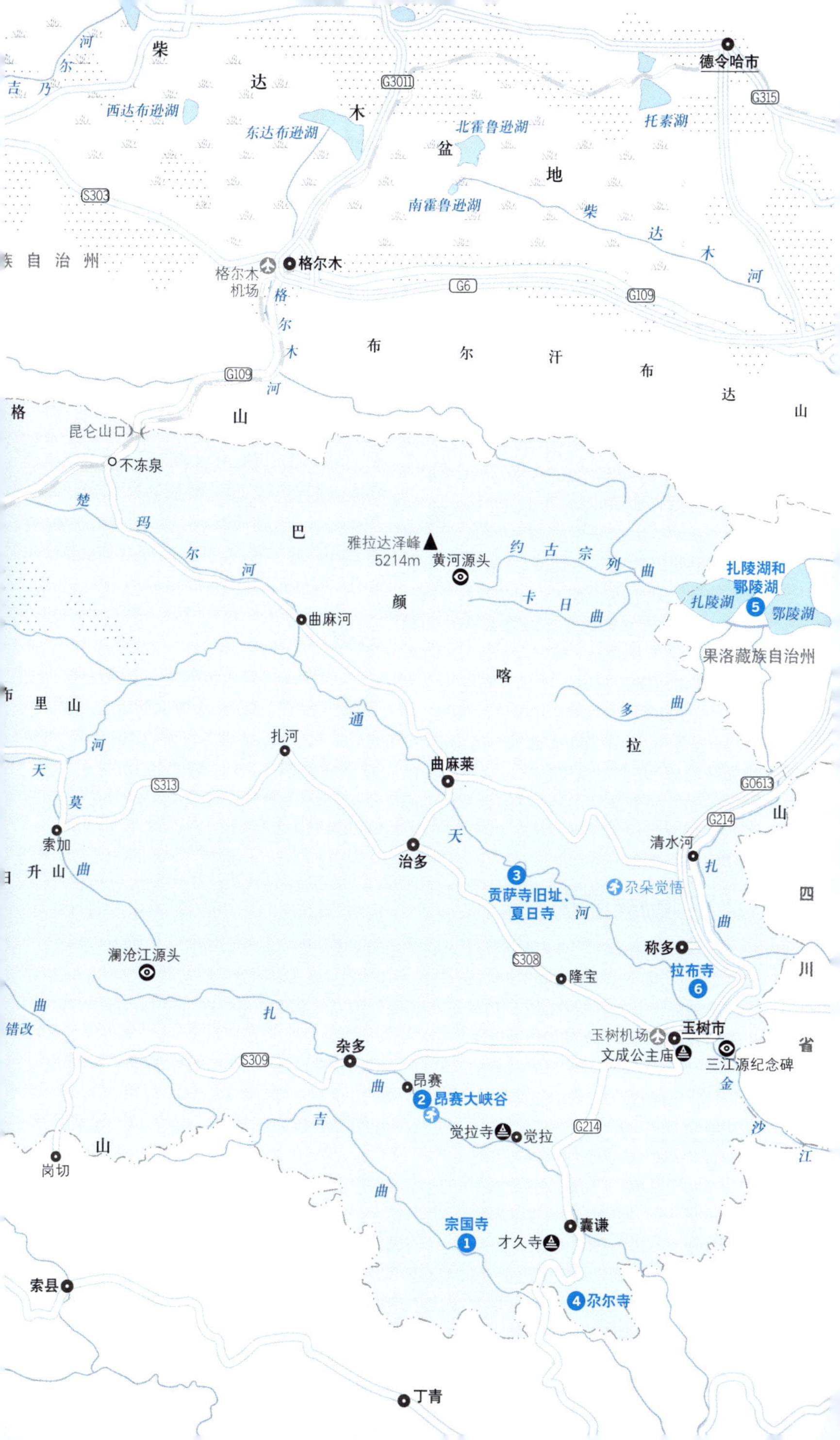

柴达木盆地
德令哈市
西达布逊湖
东达布逊湖
北霍鲁逊湖
南霍鲁逊湖
托素湖
柴达木河
格尔木
格尔木机场
格尔木河
布尔汗布达山
昆仑山口
不冻泉
楚玛尔河
巴颜喀拉
雅拉达泽峰
5214m
黄河源头
约古宗列曲
卡日曲
扎陵湖和鄂陵湖
扎陵湖
鄂陵湖
5
果洛藏族自治州
曲麻河
多曲
通天河
扎河
曲麻莱
治多
索加
莫曲
3
贡萨寺旧址、夏日寺
尕朵觉悟
清水河
扎曲
称多
拉布寺
6
隆宝
澜沧江源头
扎曲
杂多
昂赛
2
昂赛大峡谷
觉拉寺
觉拉
玉树机场
玉树市
文成公主庙
三江源纪念碑
金沙江
吉曲
宗国寺
1
才久寺
囊谦
4
尕尔寺
岗切
索县
丁青
四川省
G3011
G315
S303
G6
G109
G0613
G214
S313
S308
S309

玉树市

海拔：3681米

历史

早在2万年前，玉树一带就有人类活动，目前多处发现的卡约、卡若文化遗址充分证明了这一点。不过，玉树真正辉煌的时段，都和西藏息息相关。如今你在玉树看到的一切——政治、经济和文化，都可以上溯至唐朝初年吐蕃王朝的兴起。玉树地区古为西羌之地，隋朝前后是苏毗和多弥两国的辖区。其中最引人遐想的是苏毗国，人们相信它就是《西游记》中描述的女儿国。这个传说中的部落，以浓厚的女权意识著称。但如今在玉树，已找不到这个部落曾经存在过的任何痕迹。

唐贞观三年（629年），吐蕃崛起，整个玉树成为吐蕃的属地——孙波茹。松赞干布派重臣坐镇玉树，因为此地可以提供优良兵源、马匹和其他军用给养，因而这里成为吐蕃和唐朝交战的军事重地。到了唐朝末年，随着吐蕃王朝的崩溃，远离拉萨的玉树成为一盘散沙，大小部落各自为政，相互争夺兼并。直到12世纪中叶，一个名叫直哇阿鲁的藏民，带领他的部落，从四川康定地区迁徙到玉树南部——如今的囊谦县。自此到1958年民主改革，直哇阿鲁的后代一直都统治着玉树地区，他们在这里建立了政教合一的统治体制，人称其“囊谦王”。作为藏区的前沿地带，无论在1950年解放西藏的战争，还是1958年的民主改革中，玉树人都付出了惨痛的代价，整个地区的经济、文化和社会发展也经历了一个漫长的停歇期。直到20世纪80年代，寺庙逐步重新开放，佛教又回到人们的日常生活中。

2010年4月14日，7.1级地震袭击了玉树，近3000人被夺去了生命，众多拥有辉煌历史的寺庙遭到严重破坏。漫长的重建中，“结古镇”变成了“玉树市”，你现在看到的就是这个在废墟上涅槃重生的城市。

2018年，国家发展和改革委员会正式公布《三江源国家公园总体规划》，明确至2020年正式设立三江源国家公园。有理由期待，国家公园的建立将对玉树未来的生态、经济和民生产生正向的作用。

方位

东西向的215国道和南北向的214国道交会成一个“T”型，交点处也就是玉树的市中心。站在这里，结古寺、当代山观景台、玉树博物馆和格萨尔王广场都在目力所及之处。沿214国道向南2.5公里就到了城市的南端，那里坐落着汽车站和抗震救灾纪念馆。

玉树的民族和宗教

康巴藏族是这里的主要族群，他们通常都有豪爽、热情、幽默的特质，也是做生意的好手。不少人都在虫草市场里叱咤风云，并把小小的虚荣体现在服饰、金牙、新款苹果手机和豪华越野车上。这种“虚荣”同样表现在旅游业上，无论房间有多糟糕，康巴人经营的酒店都拥有一个雕梁画栋的气派大堂。

在玉树，人们选择传统装扮的比例，似乎较其他藏区高一些。因此你很容易在街上看到穿长马靴的男人、佩戴华美头饰的贵妇。一路上，你常常要面对康巴人的“灵魂三问”：从哪里来？到哪里去？老家哪里？这一方面反映出他们的开朗外向和爱交朋友，另一方面也说明多数人掌握的汉语很有限。

对于佛教，玉树藏族的虔诚令人惊叹。这里的寺庙密度和恢宏程度相比西藏有过之而无不及。人们愿意为了信仰奉献身心与财富，例如，一些地区默认孩子们采集的虫草都应“供养”给寺庙。财富的聚集使得一些大寺院拥有宾馆、度假村、加油站等诸般产业，而僧团倒也不负众望，从古至今这片土地都不乏拥有正信正见的高僧大德。除了宣教佛法，他们还引领辖区民众改善社区、走向更为和谐文明的生活，拉布寺所在的拉司通村便是一个很好的例证。水乳交融的宗教氛围也使玉树的寺院自有一种清静、肃穆的氛围。寺庙司空见惯的“强制消费”现象在玉树是难以想象的——这里所有寺庙都不收门票，供养随缘。

玉树城区

玉树城区

景点
1 当代山观景台……C3
2 结古寺……C1
3 玉树抗震救灾纪念馆……C4
4 玉树博物馆……C2

住宿
5 格萨尔王府饭店……B2
6 空港酒店……B3
7 青赣大酒店……B3
8 三江之源大酒店……B2
9 尚客优酒店……B2
10 四季酒店……B2
11 天铂宾馆……B3
12 玉树太阳湖假日酒店……C2

就餐
13 川味王酒家……B1
14 东猛藏餐……C2
15 腾升阁肥牛火锅……B3
16 伊源鼎盛手抓美食城……C2

饮品
17 玫瑰西点咖啡……C2

购物
18 虫草交易市场……C4
19 龙王商场……C2

实用信息
20 八一医院……C3
21 游客集散服务中心……C2
22 玉树人民医院……B2
23 玉树邮政局……B2
24 中国农业银行……B3

交通
25 玉树汽车站……B4

阅读玉树

➡《长江魂》，杨欣著。没有抒情，没有说教。杨欣用自己的亲身经历和接近原生态的真实文字，描述了长江源的现况和危机，提醒人们保护母亲河的重要和紧迫性。

➡《寻根长江源》，文扎著。作者系研究格萨尔王的资深学者，书中记载了很多关于玉树治多和曲麻莱地区的珍贵史料，值得细读。

➡《风马界》，尼玛江才著。用唯美的文字，漫谈藏传佛教中的风马旗所隐含的各种元素对物质及精神民俗的影响，其中穿插了不少关于玉树的历史背景介绍。

➡《吉祥玉树》，梅卓著。如果想简洁又直观地得到关于玉树的历史、宗教、传说、文俗等信息，这本书是最好的窗口。

景点

能在玉树市区内步行前往的景点并不多，除了结古寺、新寨嘛呢石堆和当代山观景台，其余大都分布在市区周边，需要包车。一个闲散合理的路线安排是：早上到结古寺的大殿内看僧人们上早课；下午坐公车去新寨嘉那嘛呢石堆，和当地人一起惬意地转经；傍晚去当代山观景台纵览落日下的玉树市容。

结古寺　　寺庙

（结古镇北木它梅玛山顶；⏲全年开放）**免费** 无论你身处玉树市区何处，只要抬头就能看到这座萨迦派寺庙。而当你站在寺庙台阶向下俯视时，又能一览全城——扎曲自西向东流过，大山将整个小城包围其中。20世纪30年代，九世班禅从北京返回西藏途中，曾在结古寺驻锡了相当长的时间并圆寂于此。震后重建的结古寺有了一副“钢筋铁骨”，唯有班禅行宫依然按传统方式营造，令后人平添一份怀念。

你可以从市区花15元打车前往，但更好的方式无疑是跟随当地信徒，在龙王商场附近沿结古寺路向北登山。全程约需30分钟，如果感到气喘，就停下来回望整座城市吧。

新寨嘉那嘛呢石堆　　嘛呢石堆

（新寨村；⏲全年开放）**免费** 这是藏区最有名的嘛呢石堆，名字来源于结古寺的第一世嘉那活佛。据说这位热爱艺术、创造出“卓舞”的传奇活佛晚年在新寨村静居时，发现一块石头显现出六字真言。自此，人们开始往这里垒加嘛呢石。

地震后，政府对其进行了翻天覆地的改造，为了恢复历史上“25亿块石头”的盛况，甚至连214国道都被迫让位。如今你所见到的嘉那嘛呢石堆更像一个独具特色的市民公园。在恢宏的嘛呢石堆之间，或转经或休憩的当地人形成了一幅和谐的信仰生活图景。也有不少人在此当场刻画、贩卖色彩斑斓的嘛呢石。

每年藏历十二月十五，来自周边省份的数万佛教徒和牧民聚集在此，此时前来也许能看到藏区规模最大的集体转嘛呢。此外，每月的农历十五也是转嘛呢的好日子，据说当天转一次嘛呢相当于日常转三次的功德。

嘉那嘛呢石堆在市区以东5公里处，搭乘2路公交车在嘉那嘛呢站下车即可。打车则需15元左右。

玉树博物馆　　博物馆

（☎708 1182；结古大道北端；⏲10:30～16:30，周一闭馆）**免费** 作为玉树震后重建的重要组成部分，这座恢宏的藏式建筑占据着城市的最中心。2700平方米的展厅面积，主要分为自然展厅和人文展厅两部分。前者理所当然地聚焦于三江源和可可西里——这两张玉树的自然资源王牌，一系列野生动物标本让展览变得直观了许多。仔细留意不同物种之间的细节特征，你也能成为在野外辨识动物的高手。相比之下，二层关于宗教文化和民俗的人文展厅就显得比较潦草，不少物件像是在二手市场上临时拼凑而来的。

1小时左右的参观体验如同置身玉树的旷野一样，不会有人打扰你，但也别指望有什么服务。参观完毕别着急离开，博物馆街对面的街心花园是个自发形成的文玩市场，就算不买东西，感受一下浓浓的本土气息也不错。

乘2路公交车在州博物馆站下车即到。

当代山观景台

公园

（市区东当代山；⏲全天开放）免费 作为玉树市区的另一个制高点，当代山与结古寺一南一北遥遥呼应。山顶拥有木栈道的当代山观景台让市民和游客不出城区便可轻松享受"高山草甸"的开阔。清晨可以到这里领略披着薄雾的市区，黄昏时更有壮美的日落。

从游客集散中心南侧山脚走到山顶约3公里（40分钟）。乘出租车要20元。坐车到山顶再漫步回格萨尔王广场是不错的选择。

节日和活动

玉树赛马会

少数民族节日

作为康巴藏区重要的民间娱乐活动，赛马会可以追溯至吐蕃时期。如今，这个简单快乐的民间狂欢已经被政府发展成包含"赛马节""雪域格萨尔文化艺术节""三江源水文化节"（简称"三节"）的"旅游全家桶"。正常情况下，会在每年7月25~30日在市区西边的玉树（扎西科）赛马场举行，具体通知可关注玉树市新闻网www.yysnews.com。除了刺激的赛马和精湛的马术表演之外，还有"卓舞"等宗教歌舞。对爱摄影的人来说，光是捕捉盛装出席的观众就够你忙一阵的了。

不过，这类官方大型节会难免流于程式化，建议你在"流程"之外关注当地人的动向，别错过更原生的"after party"。

在西杭乘5路公交车在气象观测站下车，便可抵达玉树赛马场。

住宿

和整个藏区一样，近年来玉树的住宿条件有了长足进步，停电停水已经很少发生，一些新晋酒店的设施服务都在追赶内地。虽然"300元的价位，快捷酒店的享受"依然注定，但放眼整个玉树，市区的酒店算是最具性价比的了。在五六月份的虫草季以及7月末的赛马节期间，房价普遍上浮30%~50%，如果计划在此时前来，一定要提前订房。

四季酒店

酒店 ¥¥

（☎180 9709 0002；结古大道中段近康巴商贸城；标双 235元；@Ⓟ）这个带有致敬色彩的名字似乎展示了藏族主人的眼界和雄心。事实上他做得也不错，从大堂到走廊都有明快的氛围，房间内厚重木料的适度运用又不动声色地提高了档次。床品舒适，卫生间干湿分离，甚至还为咖啡和茶准备了不同的器具。

三江之源大酒店

酒店 ¥¥¥

（☎863 2888；民主路与珠姆路交会处；标双 398元；❄@Ⓟ）这家新开业的高档酒店树立了新的标准。房间宽大，地毯厚实干净，带有制氧设备，经过设计的室内光环境让人感觉温馨又豪华。豪华套房甚至在卧榻旁带有

从"结古镇"到"玉树市"

2010年4月14日7时49分，一场7.1级大地震袭击了玉树。不幸的是，震中恰恰在人口最为稠密的州府（今玉树市，当时叫"结古镇"）附近。根据中国官方的报告，地震至少造成2698人遇难，270人失踪，受伤人数超过12,000人，以土木结构房屋为主的结古镇基本上被夷为平地。来自全国各地的救灾力量火速驰援，一场高海拔、高寒地区的高难度救援与重建旋即展开。

在地震中屹立不倒的格萨尔王铜像鼓舞着玉树人重建的决心。他们相信"格萨尔王不倒，玉树不倒"。一个又一个的帐篷宾馆、帐篷餐厅、帐篷寺庙开门迎客，并持续运营了相当长的时间。政府定下"三年或更短"重建一个城市的目标。一下子，这些帐篷里就塞满了来自内地的施工队和生意人。犹如在一张白纸上作画，全面重建为玉树带来了宽阔的街道、气派的广场和高楼，以及比原来更加恢宏的寺庙，却让那个承载着历史和记忆的"结古镇"渐行渐远。同时，本地人与外地人的利益之争、建筑工程中的权力寻租和腐败以及居民住宅分配的不公平问题也不容忽视。2013年7月，经国务院批准，玉树正式撤县立市，曾经的"结古镇"成为历史。告别停水停电，一派灯火繁华——这片土地也终于有了城市的样貌。

位于市区南端的**玉树抗震救灾纪念馆**（⏲10:00~16:30）免费 由一座保留下来的地震废墟和一段肃穆的嘛呢墙组成，地下一层的展厅能带你在10分钟内了解那段历史，其中重建前后的环形全景照片对比尤其直观。

夸张的按摩浴缸。只是大床房的面积要比标准间小。房价包含还不错的早餐。

青赣大酒店

酒店 ¥¥

（781 6888；结古大道中段近国家电网；标双 358元起；❄@P）大堂平平无奇，房间却别有洞天，这家新近开业的酒店似乎更重“内功”。灰白色调的房间显得格外宽敞明亮，各项硬件细节也都经得起推敲。房间带有制氧设备，如果你不喜欢地毯，还有地板房可选。698元的家庭套房（可住4人）十分贴心地带有2个卫生间。所有房价都包含早餐。

尚客优酒店

酒店 ¥¥

（883 5888；结古大道康巴商贸城3层；标双 235元；@P）来自内地的连锁品牌，在这里保持了比较稳定的质量。新完成的装修显得清新而实用。只是不带窗户的房间因为通风不好而异味很重，就算便宜也不值得选择。房价包含简单的早餐。

玉树太阳湖假日酒店

酒店 ¥¥¥

（596 1376；红卫路然格通南巷71号；标双 398元；❄@P）在格萨尔王广场、游客集散中心、当代山观景台和结古寺的环抱下，这家酒店的位置得天独厚，周围的康巴风情街和河畔公园也是闲逛的好去处。室内装潢虽然有点土气，但胜在宽大。对怕热的人来说，中央空调不太给力，暖气又总是过于热情。

空港大酒店

酒店 ¥¥

（780 0777；双拥巷3号；标双 328元起；❄@P）西部机场集团旗下的老牌酒店。房间面积不小，卫生说得过去，还包含制氧设备。但和新晋对手相比，已现老态。这里的核心竞争力在于它是机场大巴的起点和终点。

天铂宾馆

酒店 ¥

（596 6111；结古大道中段近烟草公司；标双 160元起；@P）在玉树，想住得经济又不失体面并不容易，这座外观像个寺庙的宾馆算是个不错的选择。房间面积不大，但收拾得比较得体，卫生状况在同等价位中算是优秀。房间采光条件有些差异，记得先挑选一下。

格萨尔王府酒店

酒店 ¥¥¥

（882 1999；民主路9号；标双 368元；❄@P）古老凝重的木材加上精美的佛像、唐卡，为大堂营造出艺术殿堂般的华丽。天井式的明亮中庭和行政酒廊让人进一步确信你即将入住一家高档酒店——顶层甚至还带有一间佛堂。别高兴得太早——这里的客房又小又旧，还弥漫着难以描述的异味。不禁令人感叹：要是能睡在大堂就好了。

就餐

玉树的餐馆主要集中在琼龙路上，依然是川菜、清真菜和藏餐三分天下。与下辖县不同的是，这里多了几家迎合游客喜好的“豪华”藏餐，另外还有一家德克士。

川味王酒家

四川菜 ¥¥

（红旗路与玛曲路交点；人均 40~50元；10:00~22:00）常见的川味家常菜，这里都能尝到。菜量很大，麻辣的力道也很足。建议你尝尝牛羊肉为主料的菜品，将本地原料优势和四川厨师的手艺结合起来。

腾升阁火锅城

火锅 ¥¥

（结古大道中段汽车站北100米；人均 80~100元；10:00~22:00）这家窄小灰暗的门面能在当地屹立10年，并拥有极高口碑，定有惊人艺业。店家选用本地牦牛肉，并通过腌制降低了膻气、提升了口感。因此吃起来鲜嫩爽滑。只是随着一盘又一盘食物下肚，预算又要超支了。

伊源鼎盛手抓美食城

清真菜 ¥¥

（当代西路与杂曲南路交叉口西南150米；人均 60~80元；10:00~24:00）秉承了中高档清真餐厅的一切优点：干净、好吃、服务周到，无论只点一碗面片，还是清真大菜都不会失望。也许是因为海拔影响，手抓肉等大块炖煮菜品不够软烂。因此更建议点炒菜和烤串。

东猛藏餐

藏餐 ¥

（当代西路游客服务中心对面；人均 40元；10:00~21:00）这是一家深受当地藏族喜爱的平民餐厅。小小的店面收拾得干净得体，血肠、包子和炒酸奶都做得非常正宗（也意味着你可能吃不惯），点康巴面片也许是最保险的。坐落于它旁边的**藏宫休闲餐饮**（人均 80~100元；10:00~24:00）则提供另一种藏餐体验，精致的环境、考究的器具，菜品种类也丰富许多，用餐时还有歌舞表演——当然，这一切都将在结账时得到体现。

饮品

玉树目前尚无内地式的休闲饮品文化。格萨尔王广场西边的**玫瑰西点咖啡**（☎133 8976 7160；民主路三江源商贸城1号楼；⏲10:00~21:00）算是唯一的选择。虽然店名中的两样主打产品都乏善可陈，但胜在楼顶有露天座位可以眺望格萨尔王铜像。如果你想本土一点，就去藏餐馆点壶奶茶，在鼎沸的藏语聊天声中度过一个下午吧。这些餐馆门面都很小，多集中在结古寺路和汽车站附近。

购物

龙王商场 民族手工艺品

（琼龙路靠结古大道路口；⏲9:30~17:30）本地人购买民族服装及民俗商品的集贸市场，对藏族服饰有兴趣的可以来此淘宝，能发现很多有趣又罕见的民族物品，从镶满了宝石的腰带、玉树藏族妇女特有的羊毛帽子，到精巧的牛皮针线包，应有尽有。因为不是旅游纪念品市场，所以砍价余地不大。为了保护当地脆弱的生态环境，最好不要购买野生动物毛皮，更何况还有遭遇检查被没收的可能。

虫草交易市场 特产

（结古大道靠近西杭段；⏲9:00~16:00）这并不是一个正规的交易商城。一开始只是几个虫草商人为方便交易在这里租了铺面，后来聚集而来买卖虫草的人越来越多，这个临时市场便被人认可。五六月份的虫草季，在这里多兜几圈，就算买不起虫草，至少也能学到不少关于虫草的门道。

三江源民族商贸中心广场 珠宝

（州博物馆对面；⏲全天开放）你可能会在早晨和下午看到胸前挂着各类天珠蜜蜡珊瑚绿松石的康巴商人出没，喜欢的话拎起他们脖子前的金银珠宝问价便是——不怕唐突或冒犯，这是藏地的传统交易方式。珠宝一般没有假货，价格更多取决于年份。偶然也会有虫草散户和兜售药材及野生动物皮毛的人在此出现，注意拒绝购买野生动物制品。

当地知识

冬天虫夏天草，软黄金你知多少？

冬虫夏草，藏语“牙加梗布”，是一种蝙蝠蛾虫卵被真菌侵入后生长出来的菌丝体，看起来一半是虫、一半是草。从清代吴仪洛的《本草从新》中找到的最早关于虫草的记载来看，“冬虫夏草甘平保肺，益肾，补精髓，止血化痰，已劳咳，治膈症皆良”，的确算一味温和滋补的上等药材。不过，无论曾有多少人声称靠吃虫草“治好癌症”“起死回生”。和不少中草药一样，它的药理功能始终未能得到现代科学的实证，采集和加工的卫生条件和药品安全也常遭质疑，而挖掘虫草带来的草甸土壤破坏也对高原生态产生严重威胁。但虫草经济依旧经历了蓬勃发展，随着中国经济的起飞，精明的商人抓住养生市场的商机。通过多年运作，虫草价格一度被炒高至20万元/斤，堪称“软黄金”。

海拔3000米以上的西部高原地区一般都产虫草，但行业内还是认为青海玉树和西藏那曲出产的质量最高。每年五六月份的虫草季，整个玉树便围绕这几厘米的小虫喧嚣起来。持有采挖证的当地人全家出动；各地商贾蜂拥而至、就地论价。配套的服务业也满负荷运转，价格飞涨。由草场权益、交易欺诈引发的刑事案件也时有发生。

不管怎么说，虫草为当地百姓带来的好处是实在的：以一个普通牧民家庭而言，每年短暂的虫草季至少能带来数万元的额外收入，足以支撑整个家庭一年的开支。放眼望去，从恢宏的寺庙到新潮的手机、从夸张的金牙到高性能的越野车，包括整个玉树地区超越北上广的物价——虫草正在影响着玉树的方方面面。

本书调研时，玉树的虫草价格正在经历10余年来的最低位，这也许是受到2016年被国家食品药品监督管理总局从保健食品类除名的影响，当地人难掩失落。但长远来看，也许真正回归理性的虫草产业，对自然、社会和百姓才最有益处。

"抵押车王国"

如果你在玉树看到家乡的车牌，先别着急上前认老乡——多数情况下，那只是抵押车而已。近年，来自河南、四川、陕西等地的大量抵押车辗转来到这片藏地，甚至有压倒本地车牌"青G"成为主流的趋势。外省车辆由于司法、债务等原因成为抵押车，再由商人以低价贩卖到玉树这样的偏远地区——当地汽车消费者尚在初级阶段，往往只贪图便宜，而忽视了购买和使用抵押车存在的潜在风险，玉树就这么成了"抵押车王国"。大量抵押车对旅行者造成的最大麻烦在于：就算车辆手续齐全，但车辆所有人与驾驶员完全没有关系。在发生交通事故时，定责和索赔都十分困难。因此，如果你在玉树和疑似抵押车发生事故，一定不要选择"私了"，而是要及时报警，以留下可供追查的记录。

实用信息

危险和麻烦

玉树城区已经像内地一样安全了，甚至晚间街面上还会有更多警力，治安方面基本不用担心。如果有藏族朋友请你"喝一杯"的时候要掂量一下了：他们的意思很可能是"喝到天亮"。

旅行社

玉树的旅行社大多集中在新落成的游客集散服务中心（当代西路46号；⏲9:00~16:30）内。**雪豹旅行社**（☎780 1222）提供包含从周边一日游到三江源核心探秘等多种行程，并可根据客户需要协商订制露营、徒步等个性线路。包含丰田越野车和向导的报价约1800元/天。这栋建筑内还有其他几家旅行社，可以比较一番再做决定。

医疗服务

玉树人民医院位于格萨路扎曲河边，是玉树医疗设施最为完善的医院，有24小时急诊，如果有突发情况和不明病状，来这里就诊最保险。

八一医院（结古大道中段）地震后新建的现代化甲级医院，医疗设备和环境都属一流，医诊水平也颇高。但不设急救门诊。

银行

结古大道八一医院对面是玉树的银行一条街。**中国农业银行、邮政储蓄、中国建设银行、玉树农商银行**（⏲周一至周五9:00~17:30，周末和节假日10:00~15:30）沿街一字排开，互相之间最多间隔不超200米；每家银行都设有24小时ATM机，接受跨行取款。

邮局

玉树邮政局（☎882 9007；⏲周一至周五9:00~17:00，周末和节假日 10:00~16:00）在结古大道上的中国邮政大楼里，是玉树最大的邮政营业厅。

到达和离开

飞机

玉树巴塘机场（☎881 3743）目前有直飞西宁、成都和拉萨的航班，以及经停西宁飞往北京的航班。虫草季时，多数航班多会加大密度。非旅游旺季时，往返西宁、成都的机票会有较大的折扣。

长途汽车

玉树汽车站（☎153 5298 9168）位于城南的西杭。开往西宁的班车每天共6班（191/229元；8:30、9:00、12:00、13:00、15:00、16:00；11小时）。去往下辖五县的中巴每天8:00~18:30人满发车，依距离不同，票价为40~60元。

理论上，玉树还有开往四川甘孜、成都；西藏昌都、拉萨等临近地区的长途班车。但本书调研时，这些班车都暂停运营，恢复时间未知。

当地交通

抵离机场

巴塘机场距市区20公里，有机场大巴（☎181 0976 3299；20元，30分钟）往返于市区空港酒店门前的站点，发车时间和班次随每天航班不定。打车则需要60~80元。

公交车

玉树目前有6条公交线路，旅行者要去的地方都能覆盖。中心枢纽站位于格萨尔王广场西南角，从这里可以去往新寨（最东）、地震遗址纪念馆、西杭、汽车站（最南）和扎西科（最西）。

市区内打车10元，出租司机都很愿意承接旅游包车，包车价格可按每公里2~2.5元估算车费。

玉树市周边

玉树市周边的景点可以规划为两条线路：东南方向的巴塘草原、文成公主庙和勒巴沟可以整合成一条线路，环线全程大约100公里，包车需要250元左右。此外就是向西70公里外、215国道沿线的隆宝湖国家级自然保护区，在合适的季节，这里是黑颈鹤栖息的家园。可以搭去治多县的班车在半路下车，只不过碰到回程班车的概率比较渺茫。

勒巴沟小环线

从市区向东沿214国道经过新寨嘛呢堆，当你与宽阔的通天河相遇时，除参观赛巴寺之外，还可以到大桥以北瞻仰一下漂流勇士尧茂书的纪念碑。从这里离开214国道，沿通天河向南跟随路标再行10公里，便可到达河西岸的勒巴沟入口。向西穿越20多公里就能到达文成公主庙。西边的沟口便是崭新而宏伟的禅古寺。时间尚早的话，可以继续在机场旁边的巴塘草原野餐、骑马或者泡个温泉。

需要注意的是，通天河沿岸的公路常常在雨季损毁。遇到这种情况，只能放弃环线，从文成公主庙一侧进入勒巴沟，再原路返回。

勒巴沟

（玉树市东通天河南岸）**免费** 玉树的很多峡谷内都有佛教题材的岩画，如果说近现代岩画的看点是华丽，那么勒巴沟岩画的魅力则是“古拙”。这里岩画的历史可以追溯到唐代，传说是文成公主进藏时留下的，《藏王松赞干布礼佛图》和《轮回图》都值得一看。不过因年份已久，部分颜色已脱落，需要凑很近才能看清楚。四周的山壁上，到处都刻着六字真言和经文，而溪流里被日夜冲刷的“水嘛呢”则是勒巴沟最令人心醉的部分。

地震后，这里新建了木桥和栈道，以及供人休憩玩乐用的木桌木椅，愈发显露出一个景区的模样。好在游人不多、青山依旧，徜徉在自然与人文的和谐画卷中，依然令人愉悦。

收取门票的计划在我们调研时尚未实施。

文成公主庙

（玉树市南20公里）**免费** 与这一地区庙宇的恢宏风格不同，这座寺庙小巧别致，却暗藏乾坤。据结古寺一位名僧的记载，文成公主进藏时曾在此停留1个月，她命随行工匠在岩壁上雕刻出诸多佛像。60年后，唐蕃再次联姻，金城公主入藏时又途经此地，看见佛像被风雨剥蚀，便加盖了如今这座殿堂。

文成公主庙是青海最早的佛殿，经历“文革”而没有遭到大范围的破坏，至今还保存着唐代雕刻的9尊佛像。其中最著名的大日

唐蕃古道上的结古镇

作为中原内地通往西藏，继而连通南亚次大陆的重要通道，唐蕃古道的基本走向在1300年前就已形成。虽然关于文成公主是否经由此路远嫁吐蕃，至今尚有争议，但藏汉人民都乐意相信，文成公主庙中壁画、雕像显现出的浓浓唐风，一定是这一历史的清晰明证。

而没有争议的，是结古镇在古时的贸易地位。“结古”在藏语中的意思是“货物集散之地”。历史上，汉地和东藏之间的羊毛、茶叶交易很多都在这里进行。直到20世纪初，每年从玉树运往打箭炉（现在的康定）的羊毛尚有150万斤；与此同时，四川雅安每年要发出9万坨茶叶至结古，然后由结古镇发5万坨到西藏拉萨，而留4万坨在青海省南部的蒙古族、藏族聚居地销售。在这两种大宗交易商品的聚集效应下，当时的结古可以说是青、川、藏三地的贸易中心和交通枢纽。

1954年，格尔木到拉萨的公路贯通，“青藏线”在陆运地位上一举取代了山路崎岖的唐蕃古道；另一个方向上，自驾者和背包客也似乎更钟情于山河瑰丽的川藏线。繁华千年的唐蕃古道渐渐淡出人们视野。不过，随着共玉高速的通车和214国道的日益完善，一些精明的旅行者已经开始重新把目光投向这片兼具厚重历史和动人风光的进藏大道。

如来佛像位于主殿中间，高约5米（本地称25肘高），身穿汉族服饰，端坐于莲花狮座。传说此佛像和拉萨大昭寺的释迦牟尼像具有同等的加持威德，距今已有1300多年的历史。其实这里原本的名字便是“大日如来佛堂”，很早就是本地人的宗教活动圣地，“文成公主庙”只是汉人的方便称谓而已。

建议你在晨间或傍晚来，总之要躲开大规模的旅行团。只有独自一人在摇曳的香烛中仰望这宏大又美丽的雕像，方可享受这场时光和艺术的对话。

玉树的出租司机都愿意带你来这里，往返价格在100元左右。

巴塘草原

从巴塘机场一出来，广阔的草原就在眼前铺开，这片可爱的河畔草原无疑是深受当地人喜爱的假日休闲地。如果你也想在此停留，除了自助露营外，京玉旅投自驾车营地（☎137 097 6 9180）提供了一个更舒适的选择。精巧的集装箱标间（300元/晚）五脏俱全，甚至包含制氧和电取暖设备。除了骑马、游船等日间活动，这里还有1200米的超大帐篷，提供餐饮和晚间歌舞表演。

这片草原距文成公主庙很近，附近还有几处露天温泉。自驾或背包，进行一次两天一晚的露营小旅行再合适不过。

隆宝湖国家级自然保护区

黑颈鹤是青海的“省鸟”，也是唯一能在高原繁殖的鹤类，被藏族视为吉祥幸福的神鸟。这片湿地保护区的面积大约有100平方公里，处于一块平坦的河谷地带，离公路非常近。

每年3～4月，黑颈鹤从云贵高原飞回隆宝滩，在这里繁衍生息，直到10月天气寒冷时离开。因此，夏天是观鸟的最好季节。在保护区和公路之间，有一道围栏，旅行者只能站在外面观望。最好带上望远镜和长焦镜头。

从玉树市到隆宝湖大约70公里，包车往返大约150元。也可以搭乘前往治多的车在隆宝湖下车，50元一人，但是回去市区时得在公路边拦车。

如果你从玉树自驾去隆宝湖而不想走回头路。可以在隆宝镇沿叶曲向北，经安冲乡、称多县，一路玩回玉树。这段公路大多沿河而行，风光明媚，车辆稀少。

玉树到称多

从玉树到称多有两个选择：班车和多数司机会沿共玉高速在珍秦镇向西到达称多。更有意思的一条线路是从玉树以东30公里的通天河大桥转入通天河畔的公路一直向北到称多。这样走风光更佳、路线更短（时间不一

值得一游

麻达寺

在赛巴寺下游20公里处的通天河畔，没人打扰的麻达寺坐落于此。确切地说，它在行政上隶属四川石渠县真达乡，但从玉树方向前来相对方便些，因此不妨和赛巴寺一起游览。

通天河蜿蜒转过一个大弯，麻达寺就坐落在苍翠的山巅。除了一眼就爱上的自然环境外，这座始建于13世纪的寺院更是内藏乾坤。隐秘的小道带你进入从外部几乎难以发觉的护法殿。殿堂内保留着31平方米的壁画，其中14个主尊形象色彩艳丽、线条流畅，呈现出16世纪藏东地区艺术转变期的风格，是目前研究该地区早期艺术的珍贵作品。此外这里还有5尊完整泥塑佛像佳作，包含大威德金刚、六臂大黑天等极为繁复的形象。也许是因为偏僻的位置，以及僧人的悉心掩护，这些艺术珍品才得以逃过历史上的诸般劫难。如今，麻达寺已被列为省级文物保护单位。

虽然麻达寺距离玉树市区只有50多公里，但过了赛巴寺之后的沿江公路极为难走，在雨季还常遭水毁，因此最好乘越野车前来，并预留充足时间。如果来不及回玉树的话，真达乡上的麻达寺宾馆可以提供简单食宿。

玉树周边

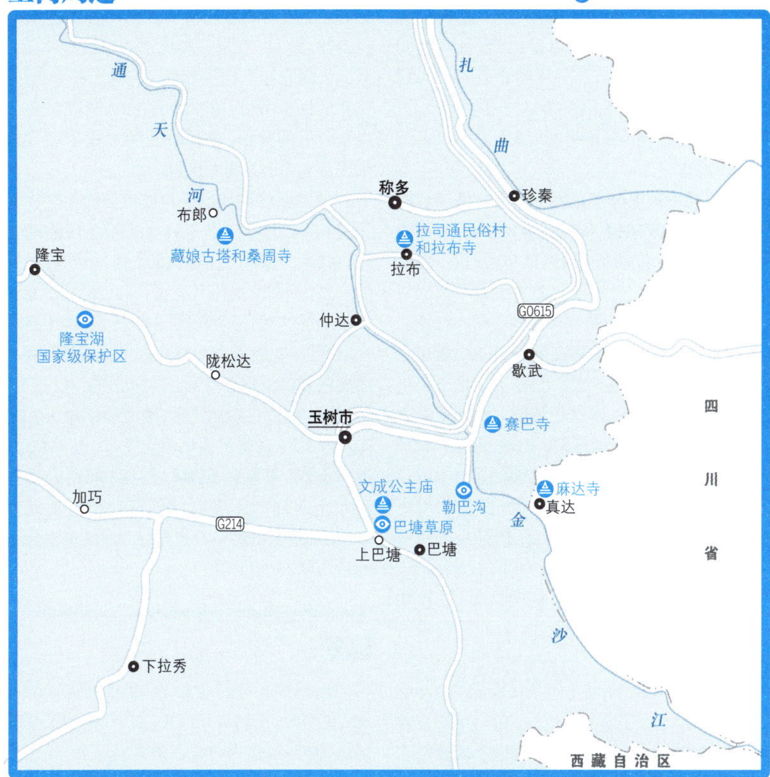

定短），沿途还可顺路拜访拉布寺（拉司通民俗村）。

赛巴寺

赛巴寺距离结古镇36公里。曾为苯教寺庙，于元代国师八思巴在称多弘法期间，改宗萨迦派藏传佛教。虽然殿外63米高的四臂观音铜像最为夺人眼球，而该寺的盛名则源于室内的民俗博物馆。

博物馆由赛巴活佛创办，后经政府注资，现已拥有400多平方米展厅面积及万余藏品，同时这里也是玉树第一座由寺庙管理的民间博物馆。

博物馆以赛巴活佛几十年来在藏区收集到的古董为主。进门处的第一展厅是几十种青藏高原珍稀动物的标本，很可惜制作工艺不够精湛。左边的第二展厅是玉树藏族民俗用品和服饰以及石器；二楼的宗教文物展厅就要专业得多，这里陈列着诸多充满艺术感的佛像、法器和珍贵经文，墙上技艺精湛的古老唐卡，也非常值得一看。

由于缺乏系统的考证，标识和注解也不够专业。因此请不要以现代博物馆的标准衡量这里。所以当看到1.9米长的“格萨尔王宝剑”和1米长的“草原金雕脚趾”，用轻松和理性自行消化吧。

从玉树市出发包车往返赛巴寺需要200元左右，也可搭乘称多方向的班车，在通天河大桥附近下车，徒步5公里到达。

拉司通民俗村和拉布寺

如果你从玉树出发，经由通天河沿岸的小路前往称多，从大约70公里处的白塔古渡口离开通天河向东再走11公里，就能到达拉布寺。事实上，无论“拉布寺”还是“拉布乡”，或者旅游宣传中的“拉司通民俗村”，实际指的都是同一个地方。

这个以寺庙为中心的小小社会藏在深山，却是玉树地区罕见、可爱、极富社区感的藏族村落。藏式的石头房屋和彩色窗棂得到完好传承，纵横的巷陌干净整洁，居民们乐观和睦。鸡犬相闻，市井蓬勃，弥漫着不需多言的幸福感。

一切都源于拉布寺第十三世活佛江云罗逊嘉措。年轻时他曾在内地学习佛法，为城市的格局布置深深着迷。回到拉司通村后，他请来内地的工匠，整治河床、规划道路、种植树木，才有了如今这个让人一见倾心的大村庄。

村中的拉布寺无疑是精神中心，最初它只是一座非常小的萨迦派寺院。明朝时，宗喀巴的弟子代玛堪钦来这里传教，见到风景宜人，就通过本地人的帮助，把这里改宗成格鲁派寺院。传说因为他是明朝国师，所以当时拉布寺很受中央朝廷的重视，加上代玛堪钦的活动能力很强，很快把玉树甚至四川石渠县的许多寺院收作子寺，到了清朝更是进入全盛时期。民国学者周希武曾在《玉树调查记》称："玉树25族寺院中，以拉布寺最为壮丽。"

几经翻新的拉布寺如今足够恢宏，却少了一分古意。当你漫步其中时，可以多加注意一棵被密密麻麻的彩色经幡挂满了枝桠的大树。这是第十三世活佛江云罗逊嘉措当年费尽心思，从河湟地区带回并成功种植的第一棵杨树，此后，在这片高原荒谷中枝繁叶茂，当地人视它为圣物并称其"杨树之母"。时间充裕的话，不妨跟着本地人花2小时转拉布寺以及背后的神山，修葺一新的木栈道将很快带你走上高山草甸的世界。

强烈建议你在这个食宿俱全的小镇住上一晚（甚至更多），新近开业的**嘎哇民俗博物馆**（☎138 9716 3537；标双 150元起）是条件最好的一家，一楼有一些当地农具和生活用品的展示，二楼的房间干净现代，可以洗澡。街上有好几家餐馆，吃饭完全不用发愁，悉心打听一下，还能获知村民们晚间聚会的据点呢。

玉树有直达拉布寺的中巴车，每天7:30左右在琼龙路龙王商场门前发车，大约16:30返回玉树。单程约3小时，票价33元。拉布寺行政上隶属的称多县反倒没有来这里的班车，只能花200元左右包车往返。从玉树包车的话需要300元以上。

称多

追溯称多辉煌历史，八思巴是关键的人物。元朝时，玉树曾是内地通往西藏的主要驿道，而称多作为当时康区的大驿站之一，也成

值得一游

藏娘古塔和桑周寺

作为玉树国家级文物保护单位，藏娘古塔是通天河沿岸最负盛名的古老遗迹，在藏族信众心中也有着举足轻重的地位。然而，偏远的位置和糟糕的路况使得能到达这里的旅行者少之又少。

宏伟庄严的藏娘佛塔塔高40余米，周长200米，为土、石、木结构，兼具了印度和藏式古塔两种风格，这在玉树非常少见。虽然经过了一定维修，但仍能看出古朴的风范。传说这座古塔由印度大学者弥底于北宋天圣八年（1030年）在此弘法时所建，至今桑周寺中还有这位先贤亲手雕刻的5毫米高的微型佛塔。

佛塔周围曾经有3座宁玛派寺院，八思巴途经这里时把它们合并为桑周寺，并改宗萨迦派。如今，这座寺庙被认作是藏娘古塔的守护者，院内至今保留着大量珍贵的壁画和古老唐卡。

藏娘古塔和桑周寺距离称多县城约40公里，却没有一条坦途。对自驾者来说，有两条路线可供选择：从称多县城向西，与通天河相遇后沿右岸逆流而上大约20公里后，过桥到对岸便是，这条线路距离最短，但会经过不少非常危险的落石路段；也可以从通天河畔去往拉布寺的白塔古渡口（塘达村），沿土路向西翻山，绕一大圈后又会下降到通天河左岸，继续向上游前行不远便可到达，这边的路况要安全得多。

了八思巴宗教活动的主要基地，并给予特别关照。

南宋景定五年（1264年），当八思巴抵达称多县称文乡时，在此举行了盛大的法会，并在法会上讲经灌顶，影响了当时整个玉树地区，有上万僧俗信众参加。“称多”的名字也由此而来，意思是“万人集会之处”。

称多县域不大，离玉树又近，所以康区四大神山之一的尕朵觉悟，以及静伫在通天河两岸的古村落和寺院很适合那些没有足够时间的人前往。称多县城也正因为距离玉树市太近，呈现出明显的“灯下黑”效应：人烟稀少、宗教氛围平淡、市井了无生气。虽然县城有往返玉树的班车，但要进一步探索周边，反倒从玉树市区直接包车更方便些。

景点

两座颇具规模的寺庙是称多县城内唯二的看点。县城以西6公里处的尕藏寺周边充斥着颜色艳丽却不甚精湛的造像，寺内却藏有铸造于明代的妙金刚菩萨以及清代的无量寿佛，打车从县城往返需要20元。城中心北侧山坡上、拥有闪亮金顶的东程寺规模稍小，从县城中心的格萨尔王像缓缓散步到这里需要30分钟左右。

食宿

同样的价位，更好的硬件，新开业的**嘉嘎隆巴酒店**（☎156 9536 2222；标双 300元；@ P）让住客无须再忍受称多大酒店的傲慢态度。类似的档次和价格，自驾者也可选择县城以东3公里草原上的**嘎称宫大酒店**（☎187 0976 2862；标双 320元），这里的餐厅不错，是当地人休闲聚餐的首选地。条件一般的**温馨假日宾馆**（☎158 9706 2807，中国邮政旁；标双 180元；@ P）也许是唯一的经济之选。

称多的餐厅整体上乏善可陈，更谈不上什么特色，晚8点后就很少有开门的了。幸福北路上由一位陕西大姐经营的**陕西面食馆**（吉祥商务宾馆北100米；⏲10:00~22:00）提供压力锅制作的地道面条以及现制饺子，是填饱肚子的实惠之选。

到达和离开

多数时候，位于城西滨河西路上的称多客运站既没有乘客也没有工作人员。每天7:00和16:00有两趟班车开往玉树（40元；2小时），交通旺季或许会加开2~3班；逢双日7:30有一趟前往西宁的班车（220元；9.5小时）。

尕朵觉悟

海拔：主峰5470米，

马超山垭口4780米，亚玛盖朗垭口4720米

作为康区四大神山之一，尕朵觉悟应该是最为低调的。它隐藏在曲麻莱和称多县的交界处，主峰海拔5470米——并不高，却尖峭险峻。就算对户外爱好者来说，这个名字也是陌生的。人们对距此不远的阿尼玛卿趋之若鹜，却很少有人来打搅尕朵觉悟。于是，数十种自在栖息的野生动物（包括雪豹）、虔诚的僧侣和信徒也就成了这里的真正主人。

像藏区许多故事一样，人们相信尕朵觉悟是一个智勇双全的将军的名字，而这里的28座山峰分别是他的7位战将、7位神医、7位铸剑师和7位裁缝——尕朵觉悟似乎是一个非常爱美的将军，佛教经典《甘珠尔》中也记载了这座神山悟道成佛的功德。远在吐蕃时期，吐蕃赞普尺热巴巾便将此山奉为圣山，他转山朝拜时休息的宝座，至今还珍藏在山下的赛康寺中。

神山脚下拥有700多年历史的赛康寺如今已经发展成一座佛学院，数百名僧侣在此居住和学习，规模宏大的经堂和四壁供奉的1200多尊佛像令人印象深刻。你可以单独造访这里，但更多人把它当作转山途中的食宿站。

活动

转山

尕朵觉悟转山的难度虽不算太高，但考虑到海拔和气候因素也不可轻视，7、8两月山花烂漫、气候温暖，是最理想的季节。除了户外结队之外，参与赛康寺僧人或藏民的转山队伍也是相对安全的选择。以尕朵觉悟主峰为圆心，不同半径的转山形成了“内转”“中转”和“外转”3条线路。顺便说一句，当地信众认为尕朵觉悟转山结束后，一定要在玉树的新寨嘉那嘛呢石堆再转3圈才算圆满。

“外转”基本围绕主峰周围的河谷进行，

时间不够？体力不够？

不能完整转山的理由总是有很多，所以我们为你设计了一条简易路线，帮你以最小代价拜谒神山。

在传统转山起点"拉轿口"向东约4公里，一条入口挂满经幡的峡谷向南通往半山的观景平台，这里被称为"尕朵觉悟的心脏"，也是离主峰最近、视觉效果最佳的观赏点。徒步往返大约需要4小时。

从巴干乡包车往返观景平台入口约需100元，这里并无手机信号，因此一定要和司机约定好返程时间。

全程在80公里以上，徒步最少需要8天，也有人开车走这条线路。由于需要过河，在水量较小或冰封季节比较容易。通常以曲麻莱的巴干乡或称多的扎朵镇为起点。

"内转"指的是以赛康寺为起终点、围绕主峰的转游，全程约30公里，是修行者们最常选择的路线。赛康寺的僧人口中轻松写意的"一天走完"，实际需要日夜兼程，陡峭、积雪的山脊之路也非常危险。

"中转"是传统藏族信众的转山路线，也是我们推荐旅行者参与的路线，起点在曲麻莱巴干乡以南13公里的"拉轿口"（当地发音，地图无法检索）。45公里的路程通常分为两天，中间刚好在赛康寺过夜。

第一天从拉轿口的保护区检查站出发沿河谷向东，2小时后可以看到形状奇特的山峰——那便是尕朵觉悟的"7位裁缝"，从这里沿碎石路攀登3小时即可到达马超山垭口（4780米），接下来是2小时危险而陡峭的山脊路，随后向南边的赛康寺下降，路越来越宽，大约3小时可以到达赛康寺，这里的赛康寺宾馆可以提供住宿。第二天开始的10公里都是沿峡谷内的铺装公路行进，如果觉得枯燥，甚至可以搭车跳过这一段。从赛康寺出发向南汇入公路，继续向西到达去往尕朵乡的岔路口，向北进山才开始真正的攀登，这里有经幡、嘛呢堆和石头上巨大的六字真言作为标示。登上亚姆盖拉垭口（4720米）需要3.5小时，再用2小时下降，就能回到起点"拉轿口"完成转山。

食宿

尕朵觉悟东侧的扎朵镇和北侧巴干乡分别隶属称多和曲麻莱，是两个转山者的主要入口——两者一样尘土飞扬、杂乱无章，好在食宿俱全，不挑剔的话，一饭一榻还算有所着落。扎朵镇上的**雪域宾馆**（☎886 2800；镇政府旁；标双150元；@）算条件最好的一家了。如果你进行两日徒步，由于**赛康寺宾馆**（赛康寺旁；标双180元；@）提供住宿和餐食，因此只需携带足够两个白天的食物就好。沿途水质很好，偶尔还有牧民帐篷可供补给。

到达和离开

由于扎朵镇和巴干乡都位于曲麻莱到玉树的必经之路，乘相应班车在中途下车即可到达。返程时，只要向当地人打听好车辆经过时间就行（除非车辆满载）。扎朵镇往返玉树的大巴（☎139 0976 8383）由赛康寺运营，每天6:30在镇东的赛康寺加油站发车，返程车13:30在玉树汽车站发车。扎朵镇到赛康寺包车50元，巴干乡到拉轿口包车30元，去这两个地方的当地人不少，和他们拼车会便宜很多，你可以在街上多打听，碰碰运气。

玉树到囊谦

玉树和囊谦之间的214国道，已经是一段令人愉快的旅程了。从无边的草场到葱茏的峡谷，粗犷的高原突然变得柔美。168公里的路程大约需要4小时，沿途经过巴塘草原和禅古寺，在上拉秀和下拉秀之间的峭壁上，请留意精美的彩绘岩画。翻过4332米的尕日拉垭口，跟随奔腾的扎曲就能到达囊谦。

如果想看更多隐秘的精彩之处，则需离开国道，一头钻进两侧的峡谷深山。觉拉寺和嘎丁寺就静静矗立在那里。

觉拉寺

规模庞大的觉拉寺位于扎曲（澜沧江上游）河边，囊谦觉拉乡附近，距香达镇70公里。囊谦王的丛洒分支家族子弟，曾长期住在这里，在元、明时期还得到过中央政府的许多册封。其中第六世活佛被明朝赏戴黄白色翎冠（白色代表政治，黄色代表宗教），授权管理附近部落的所有政教事务，这一切都使觉拉寺带有浓厚的政教合一色彩。

这里最宏伟的建筑是一座高达8层的密乘大法殿。一般不对外开放，若想参观得找寺委会的管家开门。每层楼都供奉着佛像，其中第五层的玻璃柜，摆放着义西热杰的肉身。他是觉拉寺的一位大学者，但并非活佛，这在其他寺院非常少见。

出大门沿公路西行，能看到一座黑色的佛塔。这是藏区三大黑塔之一，而在青海仅此一座。传说莲花生大师曾在对面的觉拉神山修行，一次在铲除了为恶乡里的妖魔后，用这座黑塔镇住了妖魔仍在跳动的心脏。

214国道觉隆尕峡谷2号隧道南边就是通往觉拉寺的道路。可以乘往返玉树囊谦的班车，在此地下车搭便车进入。包车的话，从玉树和囊谦方向出发，往返差不多都在400元上下。觉拉乡有一些小旅馆和餐馆可提供食宿。寺院也设有接待处，床位还算干净，50元/人。

嘎丁寺

这座小寺建于明朝，原属宁玛派。顺治年间，五世达赖喇嘛从北京回西藏，途经玉树时，将其改为格鲁派，并派遣一名堪布管理这座寺院。此后，七世达赖喇嘛也到访过此地。

与众不同的是，这座寺院三面环水，处于一座半岛上，柳暗花明的景致颇具江南风情。如果喜欢摄影，不妨登上河对岸的山坡，记录下绿水环抱的寺院倩影。不要走那条看上去已经岌岌可危的吊桥，新建的一条单向公路将带你按转经方向进出寺庙。整个寺院前新后旧，建议你更多地聚焦于后部古意盎然的老经堂，以及周边一些不知年代的残垣断壁。

寺院在囊谦毛庄乡东南10公里处，从囊谦县城包车往返需要400元。食宿俱全的毛庄乡上还有一座大苏曼寺，其规模宏大到铺满整个山坡。可以顺道一观。

囊谦

作为214国道进藏线路上的一站，多数人对囊谦只是匆匆一瞥，然后继续奔赴西藏。真可惜，他们错过了太多隐藏在群山之中的精彩。

这里曾是玉树历史上600多年的政治文化中心，也是青海寺院最多的一个县。林芝的自然灵秀和拉萨的宗教庄严仿佛被囊谦集于一身。跟随一条又一条不知去向的河流，你会领略壮美的河谷、悠然的草甸、无拘无束的野生动物，当然还有那数不胜数的、被时光和文化浸透了的寺庙。

扬尘、修路、随处可见的垃圾废料、经常性的停电停水……正在经历大拆大建的囊谦县城让人不愿久留，那就干脆赶快进山吧。

历史

公元9世纪，随着吐蕃王朝的崩溃，玉树地区进入了混战期。直到12世纪中叶，西康珠氏家族的后代直哇阿鲁，携妻子和7个儿子以及部分属民，从四川康定折多山一带迁入玉树南部，形成了一个新的部落。

他们很快发展成为玉树最大的部落，领袖各族开始了政教合一的统治。相传直哇阿鲁的先祖曾在内地担任过内务大臣（藏语称囊伦谦波），于是他把囊谦作为其部落的名字，他成为第一代首领，人们称其为“囊谦王”。清雍正二年（1724年），清朝的云南提督曾经招抚囊谦部落，委任第18代囊谦王（多杰才旺）为玉树25个部落的总头人，自此，囊谦王又称“囊谦千户”。

囊谦王的驻地并不在香达镇，而是如今的白扎乡。当直哇阿鲁进入囊谦时，正值藏传佛教后弘期，各个派别相继形成，非常活跃，而玉树正是当时各教派创始人及其弟子的重要布教区。在囊谦王的支持下，巴绒噶举派和周巴噶举派传播最广，如今位于白扎乡的才久寺，就是曾经的囊谦王家寺。

囊谦王的历史一直延续到新中国成立后，最后一代囊谦王（扎西才旺多杰）先后担任玉树藏族自治州主席、自治州州长达15年之久。如今，囊谦的辉煌已经成为过去，它的地位早已被玉树市替代。但作为一个统治玉树600多年的王朝，囊谦在许多藏族老人心中的重要性堪比拉萨。

景点

市中心金碧辉煌的**囊谦寺**（香曲北路；⏲全年开放）**免费** 因为是公雅寺（见235页）的属寺，也被当地人称为“公雅寺”。每年的世界和平祈愿法会便是以此为中心举办的。

2015年重新修缮完成的**大阿育王塔（格戒佛塔）**（近全民健身中心；⊙全年开放）免费 位于城西2公里处，已经逐渐成为县城的精神中心。古印度阿育王拥持佛教，在佛祖释迦牟尼圆寂后，他推动将八万四千颗佛祖真身舍利散布到世界各地供奉，此地便是其中一处。在供奉着佛祖真身舍利的五层坛城之下，转经信众络绎不绝。

从这里继续向西2公里，就能到达**巴米寺**（巴米村；⊙全年开放）免费，据说这里的活佛洛昆桑仁波切曾在香港邂逅笃信佛教的影星李连杰，并治好了困扰其多年的胃病，这位富有的居士当然乐善好施，于是捐资扩建了现在你看到的巴米寺。如果你喜欢原汁原味，村中的巴米旧寺更值得一看，但常常大门紧锁。可以求助于附近热情的居民，他们愿意开门带你进入一观。

你可以从囊谦寺出发，一路向西参观另两处景点。打车往返约50元。

节日和活动

藏历九月二十二日是传说中佛陀上天为母说法完毕，重返娑婆世界的"降凡日"，又称"天降日"。届时囊谦境内各大寺院的僧人们将齐聚香达镇，举行为期1周的世界和平祈愿法会，整个县城人潮涌动，香烟缭绕，上千僧众齐念《普贤心愿》《文殊菩萨赞》的场面十分震撼，同时也会有活佛高僧在场，为信徒们做灌顶加持。对游客来说，这也许是一年中最值得来囊谦的一个星期，通常法会在11月中旬举办，若计划前往参加，请记得提前订房。

住宿

★ 憬峰摄影主题酒店

酒店 ¥¥

（☎781 5555；城东区幼儿园斜对面；标双258元；❄@P）从囊谦脏乱的大街上走进这家酒店，简直有"重获新生"的感觉。优雅的走廊灯光、宽大的房间面积、中央空调和干湿分离卫浴，甚至床头的USB插口——很难想象位于如此偏远县城的酒店同时做到了这一切。房价包含早餐，如果你不想再回到街上，酒店餐厅的川菜做得也不错。无须太关注所谓"摄影主题"，那不过是墙上一些精度欠佳的喷绘。

禅乡心宿酒店

酒店 ¥¥¥

（☎887 5555；香达东街109号；标双 358元；❄@P）这家新开业的酒店可以看作囊谦住宿的高端之选。从名字就可以看出，这里正紧跟时下流行的"冷淡"路线。房间融入了一些藏族元素的装饰，但并没有网络效果图那么美妙，好在一切设施还是崭新状态，值得入住。房价包含早餐，除标间外还提供498元的套房。

东方宾馆

酒店 ¥¥

（☎152 970 25483；香达南街中国邮政旁；标双 150元；@P）这家酒店所在的十字路口是囊谦最热闹的地带，吃饭买东西都很方便，南边不远处就是囊谦寺。酒店设施有点老旧，但看在价格实惠的份上，还算过得去。

就餐

川菜和清真餐集中在汽车站一带，囊谦寺周边则以藏餐为主。憬峰摄影主题酒店旁边的**天府家常饭**（人均 50元；⊙10:00~24:00）不但提供价格实惠、口味正宗的川味炒菜，还有红油抄手、牛肉面等快餐，颇受当地人欢迎，在晚餐高峰时段甚至需要等位。吃清真餐的话，可以去汽车站斜对面街角的**雪域丰收香酥鸡**（人均 50元；⊙10:00~24:00），这里主打35元/斤的香酥鸡，硕大的鸡腿炸得酥脆入味，不输洋快餐。此外，这里的循化面片和清真炒菜也很不错。

购物

囊谦藏黑陶是这里特有的民间工艺，也是最值得购买的工艺品。在申请成为非物质文化遗产后，它的价格在几年内翻了好几倍，但在囊谦购买，仍然比西宁便宜一半左右。**黑陶工艺加工厂**（☎181 9747 3333）的文化展示厅位于香达镇西2公里大佛像附近，可以留意香达西路上的指示牌，除了能购买价格合理的藏黑陶外，展示厅里有手艺传承人白玛群加和他老师、学生的众多作品，以及囊谦王时代的部分遗物。可供购买的黑陶按样式不同，价格由几十元到几百，甚至上万元不等。

藏黑陶：传统技艺的新生

考古表明，黑陶最早大约出现于仰韶时代（公元前5000年至公元前3000年），大量出现则是在龙山时代，即新石器时代晚期，距今已有4000多年历史。囊谦吉曲乡禅荣村目前是整个藏区唯一出产黑陶的地方。据说其制作工艺是由文成公主的随行工匠带入西藏，后因蒙元贵族的追捧，使这一地区发展出专事黑陶的匠人。

白玛群加是制作黑陶的最新一代手艺人，近年也被授予“非遗传承人”的称号。如今他开办的藏黑陶加工厂已培训出上百名技工，他们大多是来自周边贫困地区的农牧民，一度濒临失传的技艺正在开枝散叶。但即使如此，由于用以制作黑陶的红土需要从很远的吉曲乡运来，原料的缺失是这种工艺面临的新困境。一个黑陶器皿的完成大约需要10天，在黑陶手工制作基地，你可以参观手工制作黑陶的完整过程。

如果你想看更原生态的手艺，可以到吉曲乡山荣村，20世纪90年代，人们正是在那里发现了当时唯一掌握这项技艺的扎旺老人。如今，一位“扫地僧”般的传承人扎西旺加就在山荣联村小学里当厨师，也售卖自己的黑陶作品，那里的老师和同学都能帮你找到他。

实用信息

危险和麻烦

本书调研时，正在重建的香达镇犹如一片废墟。大街上的路灯大多不亮，为本就坑洼不平的道路更添了几分危险。频频发生的停电停水会让住宿体验大打折扣，一部分酒店和餐厅会自备发电机，建议你入住之前事先致电确认一下情况。

旅行社

调研时，坐落在214国道人民医院旁的**囊谦县游客中心**似乎正蓄势待发，如果你抵达时这里还不能接待游客，也可以去旁边的**囊伦谦波大酒店**（☎181 9655 7713）咨询包车、景点、节庆等事宜，热情的工作人员同样会帮助你。

医疗服务

囊谦县人民医院 新落成的医院位于镇北214国道旁边，设施完备，足以应对一般情况的身体不适。

银行

中国农业银行（⊙周一至周五 9:00~17:30，周末和节假日 10:00~15:30）和**玉树农商银行**（⊙周一至周五 9:00~17:30，周末和节假日 10:00~16:00）都在汽车站西边不远，相隔100多米。

邮局

邮局（香达西街1号；⊙周一至周五 9:00~12:00和15:00~18:00，周末和节假日 11:00~16:00）位于十字路口西南角。可以邮递包裹，但易碎品最好拿到玉树去邮递。邮局内设有邮储银行。

到达和离开

囊谦县汽车站（香达东街，县政府斜对面）调研时，正在改建的囊谦汽车站只卖票，不发车。发车点临时设在县政府广场对面，目前只有前往结古镇（9:30）和西宁（10:00）的各一班车。

此外还有去往巴塘机场和玉树市的中巴车（☎132 9986 5511；50元；8:00~17:00，大约每小时一班）。囊谦离西藏很近，理论上有前往类乌齐（130元；3小时）和昌都（230元；7小时）的班车，不过是否发车还要根据季节和客流而定，时有时无。

囊谦周边

离开香达镇后的囊谦呈现给人们的完全是另一幅景象。海拔落差造就的多样地貌，为这里带来丰富的动植物分布。平坦开阔处的藏族村落或农耕或畜牧，安静和谐。在深谷，在山巅，一代又一代的修行者在不可思议的地方建起了遁世之所，当外来者有幸造访，除了兴奋赞叹，也会为打扰了这份清静而感到抱歉。

探索囊谦周边，可主要遵循两条路线：第一条姑且称为“西部环线”，它是从县城向正西，穿越遍布岩画的香龙沟峡谷，进而连接囊谦西部山区深处的着晓、东坝、尕羊、吉尼赛、吉曲五乡的小环线，可以串起达那寺、宗国寺、改加寺、宗达寺等看点，最后从吉曲乡东边回214国道；第二条是从县城以南41公里

囊谦周边

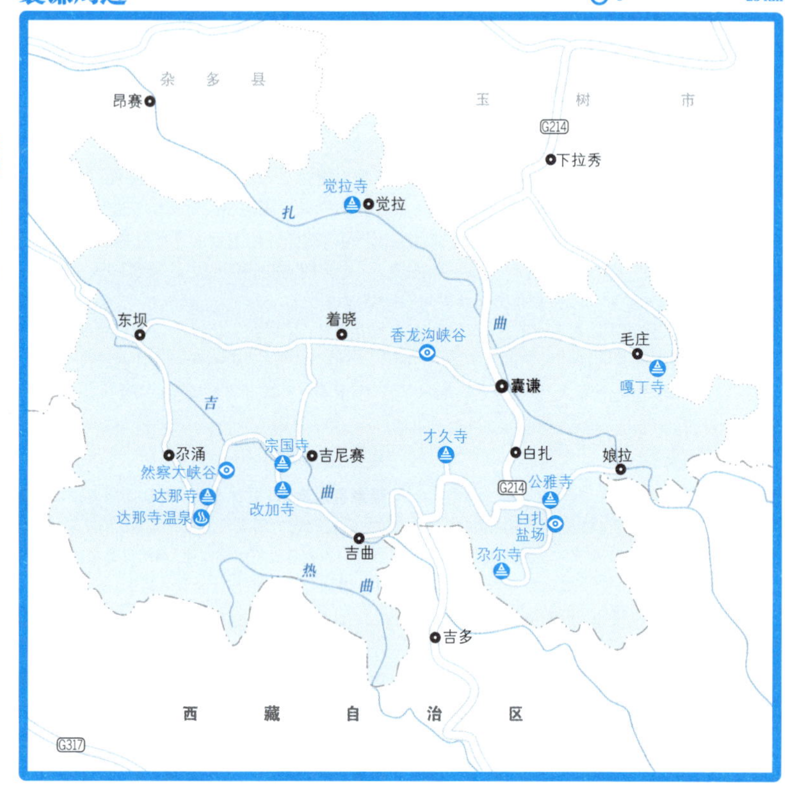

白扎乡境内去往公雅寺的路口离开214国道，向东转入382乡道（然娘段），这条路将带你前往公雅寺、白扎盐场、直到大峡谷深处悬崖之上的尕尔寺。

翻翻地图你就会发现，上述两条线路可以连接成一条大环线。这里的精彩值得你花上3~4天游览一圈。如今，山区路况已经有了极大改观，硬化路面几乎占到一半以上，不过即便这样，还是有陡峭难行的部分，无论是自驾还是包车，四驱都很重要。

西部环线

出香达镇沿崭新的224省道向西，首先迎接你的是长达15公里的**香龙沟峡谷**。峡谷内的峭壁上布满了岩画，按年代不同，显现出或苍劲古朴，或鲜艳华丽的样貌。峡谷尽头有个小瀑布，相传是当年格萨尔王妃珠姆的“浴池”。出峡谷后是盘山而上的公路，最高处海拔会超过4500米。在距离着晓乡还有8公里的岔路口向南转入828县道，再行1.5小时就能到达吉尼赛乡。从这里沿解曲向西大约10公里，有清晰的路牌为你标示出左转去**改加寺**（10公里）、直行前往**宗国寺**（3公里）和**达那寺**（50公里）的方向。其中去达那寺的路被称为**然察大峡谷**，而过改加寺后继续沿路向东南方向翻过两座大山，就能到达吉曲河畔的宗达寺和吉曲乡，继续向东就会回到214国道。

这种走法有个遗憾——为了前往达那寺，不免要走50公里的回头路。下面的大环线推荐给完美主义者：从着晓乡继续沿224省道向西到东坝乡，从这里告别铺装道路转向南方，跟随路标朝大山深处的**尕羊乡**进发。过尕羊后兜兜转转一个近40公里的大圈后，就能从另一个方向先后造访达那寺温泉和达那寺了，之后再经改加寺、吉曲乡回到214国道，形成一个不走回头路的大环线。

快马加鞭的话，这条环线1天可以走完，但这样难免错过很多精彩。最好住一晚，居于线路正中的吉尼赛乡是比较好的落脚点，村口右手边杂货店的年轻老板才仁愿意以合理的价格帮你解决食宿。

改加寺

这座寺院位于吉尼赛乡南20公里的一条与世隔绝的山沟里，大殿古朴，僧房简陋，却是藏区颇具声望的宁玛派尼姑院。改加寺的创建人仓央嘉措（不是第六世达赖喇嘛）25岁时抛妻弃小，离世出家，47岁家人亡故后，用全部家产修建了这座寺庙。历史上的改加寺一度极有名望，在玉树和西藏曾有20多个子寺，如今只有200多名出家人在此苦修。

改加寺的戒律以严格著称（甚至禁止外出化缘），加之地处偏远，所得的供养也极其有限，因此尼姑们清贫的物质生活是可以想象的。与之形成对比的是虔诚的信仰和精进的修行，从古至今，这都是一座高僧辈出的寺庙，当地人相信，她们中有很多人证悟了玄妙的法门。

此外，改加寺的唱经也远近闻名，尼姑们纯净柔软的人声犹如天籁合音。这动听的唱经只能碰巧遇上寺院举行法事才能听到，每天早晨或傍晚虽然也有诵经，但规模略小。寺院设施简陋，没有接待游客的能力，女性若想留宿，可与寺院管家商量。

★宗国寺

宗国寺坐落在吉尼赛乡以西13公里处。当你朝它行进时，只有在某些特定的角度，这座山巅之上的寺庙才偶尔从其他尖峰的间隙中显露一下真容，而要真正进入寺庙，你还要经受诸般考验。

跟随“宗国寺”路标右转离开公路，首先是一段1公里左右、沟壑纵横的悬崖小道——如果不是越野车，从这里你就要开始下车步行了。路尽头的小平台上有一个通向山顶的电动绞盘、一个小型垃圾焚烧炉，以及一个掩着的铁门，依然不见寺庙踪影。推开铁门拾阶而上，在山隙里迂回上升20多分钟后，一个百花盛放的鞍部草甸刹那铺展开来，鹰击长空、岩羊信步，宗国寺的经堂、白塔和僧宅就藏在这个世外胜境之中。

严格来说，宗国寺是隶属拉恰寺（在距达那寺不远的深山中）的闭关处，相传8世纪

曲热法会，神妙严酷的改加“气功”

改加寺平均每年有大大小小20多次法会，其中以“曲热”法会最为特别。

宁玛派比别的藏传佛教派系早出300年，由莲花生大师在8世纪从印度前往西藏弘传，讲究秘密传承，其中有一个重要部分，就是那若巴传下来的“那若六法”。那若巴于11世纪出生于印度，是得大成就者底洛巴的弟子。那若六法是密宗圆满次第中的根本法之一，教导修习者的意志集中，倚靠下腹部脐内的力量燃起体内火焰，焚尽一切烦恼不净，速生智慧获得成就。

改加寺的尼姑们奉行着这样的修行方法，为了考验修习程度，每年的蛇月十五日（即农历元月）都会举办一个神秘的法会。她们必须在这个寒冷的月圆之夜，裸体披上一块两尺见方、事先被冷水打湿的白布，绕寺院缓步转圈。寺院四周有4个事先盛满了河水的水桶，每到一个桶前，她们就要把被单取下来，重新泡在冰凉彻骨的水里，不能拧干，再披回身上，周而复始，直至东方出现第二天的曙光。

这在常人看来如同酷刑的修行方式，对于修习过密法的尼姑们来说，却是大展法力的机会。据说，她们中有许多人获得了脐轮火法的真味，能靠自身产生的热量瞬间烘干被单，丝毫感觉不到冷意。但因为要求很高，也只有闭过关的尼姑才有资格参加法会。

调研时我们得知，每年法会这一天，周围村落的居民不少都会披星戴月前往观礼。法会全程允许信众在一定距离以外观看——包括男性。在修行人的世界里，世俗的分别心是多余的。

时莲花生大师曾在此修行，因此也被称作“莲师神山”，历史上很多大成就者也曾在此闭关。你能看到一座被巨大铁笼罩住的建筑，那便是宗国寺的殊胜之宝、莲师建造的“见解脱塔”。除了小小的经堂外，这里的主要建筑便是山坡上错落而建的闭关室，最高处的一间是整个寺院的“客厅”，门前的屋檐下总是坐着几位“俯瞰众生”的僧侣——他们也愿意和你聊聊。

绝佳的地理位置，让宗国寺拥有尽览高山两侧河谷的视野，朝阳落日之际的壮丽也不难想象。如果你已流连忘返，友善的僧人可以帮你提供一张“客厅沙发”。夏季，柔软的草甸也很适合露营，但同样应先征得同意。

最后要提醒你，宗国寺毕竟是一个交通不便、物资匮乏的清修之地。当你从中收获美好的同时，最好也想一想能为这里留下什么。

达那寺

达那寺距今有1500多年历史，初创时为苯教寺庙。800多年前，叶儿巴噶举派的创始人桑吉耶巴将其改宗噶举，这位大师的灵塔现在就在大经堂旁边。不过，达那寺名扬藏区，最重要的原因在于，它是传说中格萨尔王的家寺。“岭国国寺”（岭国为格萨尔王的故土）的光环与诸般神秘的传说一起，为达那寺带来极其显赫的声望。

如果你是温泉迷……

首先恭喜你来到囊谦西部山区！这里分布着大大小小的野温泉，而且多数都位于令人赞叹的自然环境当中，几乎每一个村落、寺院都有自己的“专属享受”，你可以从村民口中打探它们的具体位置。我们比较推荐的有两处：一处位于尕羊乡南边不远的公路山口下，从一座小水泥桥向北方的河岸看，河面上挂着经幡，温泉水出口处有人工用石块堆垒的泡池——躺入温度适宜的热水里，聆听面前奔腾河流的轰鸣吧。另一处在宗国寺和它西边的瓦作村之间的解曲北岸，那是一片种植作物的开阔河谷，这里的温泉温度较低，当地人认为对妇科疾病有奇效。

离开干道，曲折的盘山路在林间盘旋，将你一路带到达那寺的小停车场。站在这里向西边的山巅眺望，陡峭的崖壁上不可思议地竖立着一片白塔。那便是达那寺最著名的景观——格萨尔王及三十大将灵塔群。经碳14鉴定，其营造时间在公元1110年前后，至今已近千年。“文革”时，达那寺的大部分文物都遭到了破坏，当地人将灵塔群用土石封堵起来，才使其免遭劫难。在此描述内中精彩显得有些徒劳，因为通往灵塔的路险象环生，非一般人力可及，通过望远镜看看已算幸运了。

整个寺庙的建筑则分散在山腰的各个地方，除僧侣外，还生活着不少居民，因此看上去更像一个大村落。大多数都是20世纪80年代以后重建的，大经堂里供奉着格萨尔王及其部将的塑像，还有他们的武器盔甲。

达那寺是国家级文物保护单位，但由于并没完全对外开放，许多建筑都需要管家陪同参观，他们一般都会很热情地接待你。

达那寺温泉

一直以来，这里都是僧侣和附近居民的疗养胜地。在达那寺以西3公里的一片露天草坪上，温泉背靠一块巨大光滑的象鼻石，石上供奉的药师佛像标示着它的疗效。石头下是9个天然的石坑，每个坑深1米多，刚好可容纳一人站立其中。温泉含有大量的矿物质，水温适宜，对多种皮肤病和关节炎有效果，因此来此洗浴的当地人络绎不绝。温泉旁边已经建成了**达那寺温泉宾馆**（☎131 9316 2799；双人间300/400元，四人间 160元），宾馆可以提供就餐服务，住宿条件只能算一般，300元以上的房间有独立卫生间。

从香达镇到尕尔寺

相比“西部环线”的崎岖路况，这条全程铺装的线路显得轻松惬意。从囊谦出发，经过白扎乡一路向南，自离开214国道的公雅寺路口开始渐入佳境，经过白扎盐场，道路与巴曲相遇后，“一线天”般的尕尔寺大峡谷树木苍翠、河流潺潺，让人恍若置身江南。道路尽头，便是山巅悬崖上令人肃然起敬的尕尔寺了。任何一辆县城的出租车都可以带你游览

尕尔寺在哪？

在本书调研时，吉尼赛乡经营小卖部的才仁告诉我们，夏天的时候，他几乎隔几天就要碰到来问“尕尔寺在哪？”的自驾者，这让他哭笑不得。

尕尔寺在哪？这是个问题——任何地图上都找不到这个名字。主流的电子地图更错误地将“尕尔寺大峡谷景区”标注在214国道左侧（西侧）、吉尼赛乡附近。于是才有了上面才仁讲述的故事。事实上，尕尔寺位于214国道右侧（东侧），白扎乡正南直线距离30公里左右的巴麦村（地图上同样找不到），你可以搜索到“穷塘弄”这个地名作为导航的参考。

道路建设速度超越了地图更新，现实中，去尕尔寺的路不但不难找，而且非常平坦。只要从白扎乡南15公里、214国道的公雅寺路口（832县道，然娘段）正确下道，一路跟随路标就能顺利到达。

好了，别再去给才仁添麻烦了。

这条线路，往返150公里左右的路程，要价一般在350元左右。如果你是自驾，将这条线路和“西部环线”连起来玩，从里程上来说最为划算。

才久寺

才久寺曾是囊谦千户的家寺，并且属千户府所辖寺院之首。这样令人骄傲的历史使它如今看来仍带着金碧辉煌的贵气。寺院前巨大的嘛呢石堆是亮点，在整个囊谦都非常有名，常年会有藏民来这里转经。我们调研时，大殿和佛塔刚刚修葺一新，其余改扩建工程也在周边进行着。

19世纪初，第21代囊谦王的长子被认定为池秀寺的活佛，但他的母亲觉得池秀寺太远，就在才久修建了现在这所寺院供儿子学习。这位名叫巴丹晋美才旺赤列的活佛，日后成为藏区的著名学者，并和达赖喇嘛以及清政府联系紧密。当父亲去世之后，他还一度掌管着囊谦部落的一切政教事务。因此在囊谦，才久寺的活佛地位非常尊贵。2007年，寺院的阿德仁波切（玉树最著名的一位活佛）圆寂时，几乎整个青海的活佛都云集于此。

才久寺距离香达镇70公里，从214国道旁边的路口向山谷内行进3公里，寺庙坐落在一片开阔的草原上。

公雅寺

囊谦县城里的“囊谦寺”是它的属寺，这座公雅寺主寺位于县城以南50公里的地方，最醒目的标志，便是寺庙前的诸多白塔，从很远就能看见。17世纪，七世大宝法王开示两位弟子寻找“其状如刀”的山峰兴建道场、利益众生——这便是公雅寺的缘起。如今的寺庙规模宏大，大门上以汉文书写的寺院全称“极乐太阳灼亮法轮院”令人信服——从建筑规划到环境卫生，公雅寺在这一地区都是出类拔萃的。除了参观半山腰的精美坛城，你还可以前往大经堂二楼，那里有一个供奉山神的小房间（禁止女性进入），据说此地的山神非常灵验。山谷深处、距公雅寺25分钟车程的地方还有一座莲师修行过的神山，当地人相信转山一周（约1.5小时）的功德相当于念诵一千万遍“莲师心咒”。如果你也想参与这兼具观光与人文色彩的活动，可以向僧人咨询。

离开香达镇后沿214国道一路往南，大约50公里处，会有分岔路标指向白扎林场和尕尔寺。拐上这条公路前行不远，左侧的岔路通往公雅寺，右侧则通往白扎林场和尕尔寺。

白扎盐场

这座拥有千年历史的盐场就在公雅寺前往尕尔寺的半路上。盐场是露天的，由上百个卤水坑组成。将盐分极高的泉水灌入，等待自然蒸发后再收集颗粒盐——今天，村民依然沿用这样的古法制盐。历史上，这里出产的盐曾远销西藏、印度和尼泊尔。现在，盐场依然在为村民带来收入。对古老的土盐制作技术有兴趣的人，不妨停车了解一番。

尕尔寺

仅仅是穿越尕尔寺大峡谷，就会让你觉得不虚此行，较大的落差让巴曲在这里加速奔跑，想尽快汇入南边的澜沧江。丰沛的湿气造就了深切峡谷内高大的植被和丰富的植物种类，也为岩羊、鹿、藏猕猴提供了完美的生活环境。在夏季，峡谷内的空地上会有一些帐篷度假营地对外营业。在溪流边取水、在森林里采集，在草甸上野餐……尕尔寺峡谷能让你过上电影《音乐之声》里的生活。

建在半山腰上的尕尔寺又被当地人称作"尕尔宫"，从远处看时，悬崖峭壁上的红墙金顶在云雾中若隐若现，像座天上的宫殿，百转千回的盘山公路则一直通向那里，沿途的野生动物优哉游哉，对人对车都毫不在意，仿佛这里真的是极乐净土。

尕尔寺分上、下两寺，如今主要的宗教活动都在上寺，而下寺所在的巴麦村已经在山腰盖起一排排面向峡谷的木屋，正发展成一个颇具潜力的度假小镇。

尕尔寺的无上至宝是上寺大经堂里的"汉地法轮"，传说那是文殊菩萨在五台山幻化成的自转法轮，由文成公主带到西藏波密地区桃花沟普龙寺，再从该寺转移过来的，有一千多年的历史。在大殿正中抬起头，你能看到一排转动不息的法轮，正中间用经幡包裹的便是据称可以自转的"汉地法轮"——出于礼貌，请不要向僧人询问"它们用不用电？"

在这遥远又惬意的环境里住一晚吧，这样你就能早晚听诵经；白天信步到更高处探访隐秘的闭关处，一路邂逅可爱的野生动物；晨昏之际，俯首即见壮美的峡谷。你在远处望见的那座悬崖边上最险峻的建筑，实际上是**尕尔寺宾馆**（铺100元）。如果你想在这里住一晚，选择这个制高点当然再好不过。每个房间内有两张床，床铺还算干净，带有公共卫生间，但不能洗澡。在高差100多米、半山腰处的**巴麦村**，也有不少人家提供住宿，条件和价格与尕尔寺宾馆类似，生活气息会更浓一些。住在"天上"还是"人间"，就看你的选择了。

杂多

"青海的虫草在玉树，玉树的虫草在杂多"，杂多是和西藏那曲齐名的优质虫草产区。每年五六月份的虫草季，怀揣着大量资金的虫草商蜂拥而至，用大叠钞票换走牧民们辛苦挖掘的"软黄金"。不夸张地说，小小虫草牵动着整个杂多的经济民生。

也许正是虫草带来的江湖气，县城萨呼腾镇看上去非常凌乱。扎曲从镇中流过，两岸排列着无序的房屋，唯一的主街上尘土飞扬、摩肩接踵，各色人等和车辆称得上"既杂又多"。好在旅行者无须在此久留，尽快走向山野吧。到孕育了澜沧江的吉富山，与旷野对话；去拉玛诺拉神山下享受温泉；在童话般的昂塞大峡谷寻找雪豹的迷踪。杂多的旅程，越遥远，越精彩。

景点

县城内一东一西，有两座规模宏大的寺庙可以参观。西边始建于明代的日历寺（又称斯日寺）几乎占据了整个山坡，旺盛的香火使得山下的公路边永远停满了车。在寺庙建筑群中，只有大殿的年代比较久，其中悬挂的历代噶玛巴唐卡值得一观。

佐青寺位于县城东北3公里的山谷中。从很远处，你就会被新近落成的巨型莲师坐像震撼到。这座寺庙由宁玛派高僧白玛仁增创建于清康熙二十三年（1684年），传说他是五世达赖的弟子；四川德格也有一座佐青寺，那是德格土司同一时期在该地修建的，如今后者的名气更大。

整个寺院建筑群中，规模最大的是大经堂，里面保留了一些老壁画，最好趁僧人们早课时去参观。大经堂东北侧有一座装饰华丽的坛城，那是莲师佛堂。想要进入，可以到旁边的僧舍请管家开门。

去日历寺可以步行，或者乘黄色的公交车（1元）；包车往返佐青寺需要40元，进入山谷后会经过一处小的天葬台，经常有秃鹫在此徘徊。

食宿

杂多吃住条件有限，可选余地不大。**杂多大酒店**（☎888 5555；南山路西段；标双388元；@ P）在镇子最西端的新区，远离闹市。大堂富丽，但房间一般。房价包含吸氧设备和早餐。**扶贫大酒店**（☎888 3666，虫草广场；标双288元；@ P）一副老三星酒店的样子，但胜在位置优越。想经济一点，汽车站对面由藏族人经营的**诺布宗大酒店**（☎157 2236 6662；标双200元；@ P）是个理想的选择，这里的主人同时还经营**诺布宗旅行社**，提供杂多周边

另类进藏线

近年来，青藏、川藏等主流进藏线路在热门季节开始变得拥挤又无趣，部分精明的旅行者开始另辟蹊径。"唐蕃古道"是个不错的选项，特别是"共玉高速"贯通后，从西宁沿高速便可直抵玉树（虽然限速低得惊人），继而向南，214国道将带你经囊谦到达西藏的类乌齐，再沿人烟稀少的317国道经过丁青、巴青，便可在那曲汇入109国道。虽然行程上比传统的青藏线要多出1天，但避开了青藏线上频发的事故和堵车，以及唐古拉山突如其来的高原反应，还能在唐蕃古道多样的地貌中享受宁静的风景。

再另类一些，可以从玉树直取杂多。然后向南沿新近铺装的224省道经结多、苏鲁，之后向南沿沙木曲抵达布塔乡——这里已经在西藏丁青县境内了，跟随道路向南再行90公里到达色扎乡，就汇入了317国道。在电子地图上，从苏鲁乡之后道路就消失了，但实际情况却是有一条清晰路基的土路，大多数车辆都能通过。

景点的包车和向导，特别是对探险性质的线路有充足的装备和经验。

主街上有不少餐馆，依然不外乎川菜、清真菜和藏餐。我们比较推荐人民医院西边新开业的丝路园餐厅（⏲9:00~23:00），从菜品到环境再到服务，这里无疑是杂多最上档次的餐馆。除了清真炒菜和特色炕锅、烧烤之外，还有意大利面和调制饮料等出乎意料的选项。

危险和麻烦

每年五六月份的虫草季，来自全国的商人几乎要把杂多挤爆。届时房价要翻一倍，依然一床难求。呈几何式增长的，除了夜晚街上的醉汉之外，还有各类纠纷和案件。没有特别需要，还是别来凑热闹的好。

到达和离开

杂多县汽车站（萨呼腾路东段）每天11:30有一班发往西宁的班车（275元；14小时），有更多到玉树的班车（60元；8:00~18:00，每小时一班；3.5小时）。我们调研时，杂多到治多的224省道已经贯通，但尚无固定班次的班车。你可以在站前碰碰运气拼车。

杂多周边

随着224省道和诸多县乡山区道路的贯通，杂多不再是"死胡同"。你可以从县城西北方向的扎青乡继续前往澜沧江源，顺便在拉玛拉诺神山转一圈；也可以一头扎进东边拥有壮观丹霞地貌的昂塞大峡谷；又或者向南边的东坝乡进发，一路在山巅峡谷间盘旋，连接起达那寺和囊谦（见232页囊谦"西部环线"）。

澜沧江源

除了虫草和深藏山中的矿产，对于一般旅行者来说，追溯澜沧江源头可能是来杂多的唯一目的。只要你拥有足够的时间和一些不走寻常路的冒险精神，那么这趟前往杂多腹地的旅程会是让人难忘的。

澜沧江从杂多境内发源，经过囊谦后一路奔往西藏，最后由云南出境，成为东南亚第一长河。流经六国的澜沧江也因此有了"东方多瑙河"的美誉。在东南亚诸国，它的名字是湄公河；而在它的源头故乡，人们通常称它"扎曲"，意思是水流众多的河流。事实上这名字十分贴切，光是上游多达数十条有名有姓的支流，恐怕让长江黄河都望尘莫及。

于是，这趟旅程的首要问题便是：你要去哪个源头？按照当地习俗和不同年代的科考结论，澜沧源头有6个之多，其中较容易到达的有3个。

第一处位于杂多县最西莫云乡以北30公里、扎那日根山脚下海拔4875米的地方，这里有一座小小的嘎萨寺守望着莫曲的源流。杂多到莫云乡虽是土路，但尚有路基，过莫曲之后就是更艰难的穿越之路了。单程几乎需要一整天，因此在莫云乡留宿就成了不可避免的事情，你可以到乡政府求助。

另外两处在同一路线上，从杂多县城出

发，沿224省道前往西北45公里外的扎青乡，这里距离源头还有大约150公里的非铺装路面，约100公里处，扎阿曲上的一座桥可以视作分界点，沿河东岸继续向北49公里处是最新公布的澜沧正源吉富山（5130米），抵达源头的路上有不少深水拦路；而过桥到西岸向西沿路再行40公里，就能到达藏族人心中的传统源头**扎西气娃**（4650米；藏语意为：吉祥绕聚的大江源头），相对来说是此处最容易到达的一个，只有最后一片沼泽需要下车短暂步行。随着公路的完善，扎青乡正在成为人们探寻澜沧源的主要入口。在进山入口处的草场上，有一家只在夏季经营的帐篷客栈"三江源驿站"，包含两餐一宿的价格为200元/人。

对于自驾者来说，探访澜沧源的最佳时机是10~11月，水量丰沛的夏季，密布的河网会成为一个个"拦路虎"。如果你想包车前往，玉树游客中心内的**雪豹旅行社**（见222页）和杂多县的**诺布宗旅行社**（见236页）是比较专业的。

昂赛大峡谷

2015年，中国地质科考团对外宣布：在澜沧江上游扎曲流域的巴艾涌地区，发现了300余平方公里的白垩纪丹霞地质景观。久在深闺的昂赛大峡谷终于开始为人所知。壮丽的丹霞与河流、无拘无束的野生动物、令人惬意的阳光雨露以及善良的原住民，昂赛大峡谷几乎具备一切成为顶级观光地的潜质。

由杂多沿309省道向东30公里，离开公路跟随扎曲向南转入山中，葱茏的山谷渐入佳境。接下来，一片开阔的平原便是昂赛乡所在地。历史上的杂多曾分为格吉、仲巴两大部落，昂赛便是格吉部落的发源地和行政中心。**格吉部落长府邸遗址**就在扎曲西岸1公里的地方，小而古老的经堂内，斑驳的壁画依稀可见。

回到扎曲东岸，继续向下游行驶。随着手机信号的消失，道路也险峻起来，好在沿途会路过几处开阔地供你舒缓神经。坐在山腰柔软的草甸上，回望扎曲奔流而来，不时还有白马鸡、岩羊、白唇鹿等野生动物大摇大摆地进入视野——当然，也有"大家伙"，留意山中零星的定居点就会发现，政府为每家都

雪豹之乡

让我们套用一个句式：中国雪豹看青海，青海雪豹看昂赛。作为国际濒危物种和国家一级保护动物，有2000~3000只雪豹生活在中国西部的高山区。优雅的身姿和神龙见首不见尾的生活习性，为它笼罩高贵又神秘的光环，成为科学家、摄影师和自然发烧友竞相追寻的目标。

作为三江源国家公园的片区之一，昂赛乡境内架设了100多台红外照相机，并设立了由村民持证上岗的生态管护员制度，每年这片区域观测到的雪豹都在数十只左右。2016年村民俄索救助受伤雪豹的动人故事经媒体报道后，人们对"雪豹之乡"昂赛的印象更为深刻。

相较其他雪豹栖息地的严酷气候，昂赛可谓天堂。扎曲形成的深切峡谷平均海拔只有4000米左右，植被繁茂、空气湿润、冬季无强风。作为原住民的格吉部落后裔温文有礼、家居整洁，为长期"蹲守"雪豹提供了理想的后援。要邂逅这种机警、灵动、昼伏夜出的动物，经验和运气都很重要。一般来说，冬季比其他季节更容易看到、清晨和黄昏比其他时候更容易看到。它们喜欢沿着山脊或溪谷间相对固定的路线行动，因此向当地人请教显得尤其重要。

长期致力于"用影像保护自然"的公益组织**野性中国**（www.wildchina.cn）多年以来都在为当地青年提供摄影器材和培训，帮助他们成为生活在最前线的野生动物摄影师。帅气的小伙子**达杰**（☎153 0976 2006）是其中出色的一位，想拍雪豹的话，不妨先请教一下。由**山水自然保护中心**运营的自然体验项目"大猫谷"（@valleyofthecats.org/）为旅行者亲近雪豹提供了更便捷的方式。从玉树出发，包含向导的车费为1000元/天（最多3人一车）、食宿费为300元/天（3日起订）。这些旅游收入的绝大部分将直接惠及接待家庭以及当地社区，想参加的话，记得尽早预约。

拉玛诺拉——小众神山

地图缺失，资料难觅，作为藏区十三大神山之一的拉玛诺拉（又作“喇嘛诺拉”）仿佛只存在于当地人的世界里。主峰海拔5400米的拉玛诺拉山位于扎青乡东北，传说中是阿里冈仁波齐神山的守护神。对周边牧民来说，每年一次的转山是必修课。徒步转山全程仅27公里，一般两天就能完成，中途需要露营。全程基本沿平缓的河谷行进，只有第二天后半段需要翻越一座隘口。路线的东北和西南角分别有一处温泉和一个圣湖，都是理想的休憩之所。多数转山者都将汽车可达的温泉作为转山起点和终点。

近年来，很多当地人也选择了更加轻松的方式：开车转山。这是一条全程150公里的大环线，开车需1天。从扎青乡以北15公里的谷口离开224省道向东进山，跟随清晰的车辙可以一直开到温泉。之后沿峡谷一路向南，道路越来越清晰，通往结扎乡的**俄香卡**，继续向南就汇入了309省道（当地人称这里为“老电厂”），继而向西沿路返回扎青乡。“老电厂”公路南侧就是通往昂赛大峡谷的公路，因此如果你不追求转山，这条路也是连接澜沧江源和昂赛大峡谷更有意思的方式。

配发了防熊的集装箱式房屋。

当火红的丹霞山体出现在眼前，你就进入了“巴艾涌国家丹霞地质公园”（没有大门和围墙，也不收费）的范围。不必牵强附会，你也能一眼认出天际线上“佛头”“人根”等惟妙惟肖的造化奇观，更多诸如“格萨尔王之剑”“藏式火炉”等形象则需要细心寻找。道路在这里由惊险升级为“令人恐惧”，高耸的河岸悬崖边，仅容一车的“老虎嘴”路段对胆量和驾驶技术都是考验。

在夏季，地质公园两端的宽阔草场上各有一处帐篷营地。入口处的**巴楚麦多卡**（☎180 9709 4777；铺 50/130元）最醒目的标志就是主人自制的汽车大小的“迷你布达拉宫”。这里居高临下，环境美得让人走不动路。地处丹霞景观核心区，也很适合住下来继续徒步探索周边山区；尽头处的**房车营地**（☎188 9738 0132）价格和条件都与前者类似，虽然风光稍逊，但胜在有手机信号。

从杂多包车到昂赛大峡谷需要700~800元。理论上，从国家公园东端继续穿越是可以到达囊谦县觉拉乡的，我们调研时由于草场纠纷，道路被人为阻断了。如果你和我们一样不愿走回头路，不妨在昂塞乡打听一下路况。

治多

海拔：4188米

如果你以为治多只是玉树边陲的一个“小县”，那就大错特错了。整个治多县所辖面积6.67万平方公里，比两个海南岛还大。它被青藏公路一分为二，东半部人口稀少，西半部的可可西里几乎没人。

在稀薄的空气和壮阔天地间，长江上游的诸条支流慢慢汇聚，雄壮的“通天河”初露端倪。野生动物取代人类，成为这苍凉之地的绝对主角。在治多的旅程中，路边的旱獭、空中的鹰隼早已司空见惯，藏羚羊、藏野驴、白唇鹿、狐狸也不稀奇；越来越多的自然爱好者来此追寻野牦牛、棕熊甚至雪豹的身影。

刚刚告别高原小镇的荒凉，还没迎来热闹县城的凌乱，治多县城所在地加吉博洛镇可以说是玉树县城中最可爱的一个。穿马靴的男人、手持念珠的老人以及戴夸张头饰的康巴贵妇，一齐构成了县城的风情图景。

县城被宁恰曲分成南北两部分：江南的新城集中了各政府部门及珠姆广场，显得崭新而空旷，江北才是居民集中的老城区。对旅行者来说，只要记住嘎嘉洛路和治渠路交叉而成的十字路口就够了，大部分的衣食住行都集中在这一带。

景点

贡萨寺 寺庙

（⏲全年开放）**免费** 贡萨寺位于治多县城加吉博洛镇西郊9公里处，寺院最高处的两座恢宏大殿从很远处的公路边就能望见。其中左边一座以一尊全世界最大的室内铜制佛像而闻名，佛像总高35.32米，光是莲花底座就高达4.1米——当你气喘吁吁地爬上3楼，才刚好和佛像结跏趺坐的腿部齐平，用力仰起头来才能看见宗喀巴大师的尊容。整尊佛像由一层黄金外壳包裹，镶满天珠、琥珀和珊瑚等宝石。在奢华程度上，右边一座供奉十九世秋吉活佛灵塔的大殿也毫不逊色。围绕这两座大殿转经的当地人络绎不绝，寺中僧人会分批次引导人们入殿参拜。

从加吉博洛镇包车往返贡萨寺的价格为70元。沿途有当地人休闲野餐的白海螺湖和一眼被称为"珠姆洗发池"的泉水，可以顺便参观。

住宿

海文商务宾馆

酒店 ¥¥

（☎181 9575 2022；治渠路藏医院旁；标双 260元；@ P）这是一家由撒拉人经营的宾馆。我们认为主人对其"治多第二好"的定位有点过谦了。高挑的房间干净整洁，硬件完善，地暖尤其给力。一楼还经营一家档次颇高的清真餐厅。没有电梯可能是它唯一的软肋。

治多宾馆

酒店 ¥¥¥

（☎889 3888）；珠姆路县政府旁；标双 380元）单就富丽堂皇的大堂而言，这里确实是"治多第一"。不幸的是，房间远没有大堂那么美妙，一副内地老旧三星宾馆的既视感，服务人员的态度也远远谈不上温暖。不过，这里的吸氧设备和早餐是治多其他宾馆不具备的。

博洛达泽商务酒店

酒店 ¥¥

（☎187 8356 9461；标双 180元；@ P）在一家重庆火锅城的楼上，房间不大，也没什么亮点，好在卫生条件说得过去。这个价格在治多算是经济之选了。

到达和离开

样式复古的**治多县汽车站**在治渠路中段。每天10:00有一班去往西宁的班车（☎139 0976 4225；245元；12小时）。站前的中巴车则去往玉树（50元）和曲麻莱（30元），坐满就走。

治多周边

从博洛镇向西出发，就进入了广袤苍凉的三江源核心地带，平均海拔超过4500米。亘古不变的天地山河、生机蓬勃的野生动物，足以令自然爱好者心驰神往。虽然同样是山重水复，但相比之下，治渠乡的江庆《甘珠尔》石刻经文城和和扎河乡的长江七渡口已经是最容易到达的两处看点。

江庆《甘珠尔》石刻经文城

这座石刻经文城始建于宋代晚期。在随后的历史中，它历经磨难，长期残损。1954年，在当地部落首领的号召下，当地民众群策群力，花费3年时间，一度将石经城完整修复，可惜又在接下来的"文革"中毁于一旦。现在你看到的石经城是"文革"后修复的，东西长273米，南北宽25米，主要刻有大藏经《甘珠

值得一游

通天河畔的贡萨寺旧址

如果你是个"遗址"爱好者，那么一定不能错过这里。1981年，贡萨寺迁至目前的新址。通天河畔，只留下800多年历史的贡萨寺旧址默默经受着时光锈蚀。据考证，这片建筑的历史可追溯至宋朝。如今，其保存完好的形态还能分辨出殿堂、佛塔、暗道、僧舍等。鼎盛时期，这里有上千名僧众。在山峰层峦、大江东去的场景中，曾经贡萨寺香烟缭绕、诵经回荡的壮观场面不难想象。

如果你体力尚佳，不妨爬到历世秋吉仁波切的寝宫去看看，这座独立在山腰的建筑，现今只剩几爿土墙可供后人观瞻，同时也是欣赏通天河大转弯的最佳观赏点。

贡萨寺旧址地处治多县立新乡，距县城约90公里，包车往返需400元左右。这里和曲麻莱县著名的夏日寺隔通天河相望，二者由一座仅容一车通过的吊桥相连，可以一并游览。电子地图上找不到这座遗址，导航"夏日贡巴"（夏日寺）即可。从夏日寺向北沿土石公路穿越山区，可以到达尕朵觉悟的转山入口之一巴干乡。

治多周边

尔》中的103部，共计6000多万字——虽然规模只有原来的一半，但也称得上气势非凡。

石经城坐落于县城西北80公里的治渠乡江庆村，海拔大约4590米。包车往返需要400元左右。

楚玛尔七渡口

你见过不用船的渡口吗？在楚玛尔河从北方注入通天河的倒“T”形交接处，通天河宽阔的河面形成了发辫状的7条支流，江中沙洲显现、水面浅薄，为骑马或步行涉水渡江提供了可能性。在舟楫稀缺的藏地，楚玛尔七渡口便成为唐蕃古道长江上游唯一的渡江点，自然也成为历史上入藏官道的咽喉所在。在现代语境里，这里也被称为“长江七渡口”，但一般大家认为还是“楚玛尔七渡口”更精准一些。

渡口的历史可以一直追溯至唐代。文成公主渡江进藏的传说自不必言，近代史上，五世达赖觐见清廷；九世、十世班禅往返汉地，均曾经由这里。如今失去交通意义的七渡口已经不见昔日官民往来的繁华，登上通天河南岸新建成的观景台眺望，网状河道历历可见，唯有大江东去，天地茫茫。

河岸边还有一座百余米的嘛呢石墙，由无数刻着六字真言的石片组成，你可以从字迹的深浅看出它们制作于不同年代。历史上，踞守渡口的宗举部落因抵御外敌而损失惨重，据说这座嘛呢墙便是为了超度亡灵而建。每年8月，这里都会举办“七渡口文化节”，届时通天河畔会有祭水等仪式。

楚玛尔七渡口隶属治多县城西北95公里的扎河乡。从乡政府西边2公里的岔路口向北进山还需要87公里才能到达。沿途极尽荒凉，似乎只有智赛、玛赛两个村庄地名可供参考。从治多县城包车往返需要1300元，请务必确

另辟蹊径

烟瘴挂大峡谷

1985年6月，探险家尧茂书从姜根迪如冰川开始了“长江漂流”，400公里后他遇到了第一个险滩。一番险象环生后，他从当地人口中听闻了“烟扎嘎”（白色的石山）的地名。回望雾气笼罩、激流轰鸣的谷口，他在地图上标注下此地第一个汉语名称：烟瘴挂。

这里是长江上游的生态飞地、野生动物的诺亚方舟，一块也许是真正意义上的“净土”。在4500米以上的地带，奔流而来的通天河遭遇巨大落差，在一片白色石灰岩和褐色火山岩构成的尖峭山峰中杀出一条通路。群峰耸峙，出入无门，峡谷内的世界于是自成一体，雪豹、熊、狼、岩羊、金雕、藏野驴等野生动物在此和谐共生。历史上，除了原住部族以外，只有极少数探险家和科学家有幸入内一窥究竟。

无论是出于环保还是安全考虑，我们都不建议普通旅行者贸然进入烟瘴挂。如果对此地感兴趣，不妨关注绿色江河（www.green-river.org/），该公益组织常年致力于三江源地区的宣传与保护，也包含烟瘴挂相关的生态观测，如果你有一定特长，或许可以以志愿者的身份参与其中。对一般旅行者来说，自驾穿越这片生机勃勃的土地，或是在通天河畔遥望着“白色的石山”露营，已经是很愉悦的享受了。

烟瘴挂大峡谷位于通天河与牙哥曲交叉点的南侧，南北长约10公里。离烟瘴挂最近的定居点是隶属曲麻莱县曲麻河乡的措池村（注意不是曲麻河乡北面的那个），从308省道上的曲麻河乡或多秀村（近不冻泉）都能到达，措池村沿公路继续向西100公里左右，就能汇入青藏线上的风火山口，进而前往唐古拉山镇或不冻泉了。另一个方向上，从治多县索加乡的莫曲村沿通天河向北也能到达峡谷的南入口，不过路况更为艰难。

认司机是否真的认路。

若从曲麻莱县曲麻河乡沿楚玛尔河向南，也可以到达通天河北岸的“七渡口景区”，但设施风景都不如治多一侧。

曲麻莱

从位置上看，曲麻莱的确是玉树最偏远的地方。不过，速度惊人的基础建设正在改变它的落后面貌。县城持续扩大，街道日渐兴隆，霓虹闪烁间，那个满是野狗和垃圾的高原小镇已经一去不返。连接青藏线的215国道已经成为畅达的景观大道，方向盘一转，你就能摆脱青藏线糟糕的路面和频发的堵车，驶入广阔自由的野生动物天堂；通往黄河源头、通天河畔的路虽未铺装，但也都有清晰的路基，不再是令人胆寒的旅程。是时候向“曲麻莱，进去出不来”的谚语告别了。

当然，时刻都不要忘记这里4300米以上的海拔和极其严酷的气候。冬天既寒冷又漫长，县政府各部门以及许多旅馆都会从12月至次年3月“放寒假”，即使仍有小部分旅馆营业，但寒冷和高海拔也会使你哪里都去不了。所以抓住美丽而短暂的夏天吧，前往**夏日寺**（见243页）、寻访**黄河源头**（见244页）、朝圣**尕朵觉悟**（见227页）……穿行在草甸、野花和生灵之间，曲麻莱的旅程或许遥远孤独，但绝对不会乏味。

约改镇是曲麻莱县府的所在地，以黄河源广场为中心，主要商业都集中在两条平行的主街麻曲路和扎曲路上。北部215国道边的新城方兴未艾，汽车站和医院都搬来了这里，对旅行者来说有些麻烦。

景点

同玉树其他地方一样，曲麻莱令人着迷的景点基本都在县城周边几十，甚至上百公里之外，需包车前往。不过由于约改镇四面环山，因此即使在镇上也有气势磅礴的高山绿地可看，如果你有一个悠闲的下午，除了在县城内打转之外，还可以爬上镇子西北侧的山坡去看夕阳与经幡。

仲晴寺 寺庙

（约改镇城西1公里；⏲全年开放）免费

寺院规模很小，早上诵经时可以入大殿内参

观，外围设有一圈色彩斑斓的转经筒，来转经的多为镇上的老人和周围的牧民。

沿黄河路一直往西到三江源移民聚集区后，在岔路口转向北上坡，见到仲晴寺标牌后继续往山上走即可到达。

夏日寺

寺庙

（巴干乡西南25公里，近通天河北岸；⏲全年开放）**免费** 这座格鲁派寺院在藏语中又被称为"鹿角寺"，由大成就者纳保角巴的化身夏日赤哇第一世噶桔梗求贬巴始建于明朝永乐年间。鼎盛时期，宏大的建筑群曾覆盖整个山坡，在"文革"中经历劫难后，只剩下现在的样子——广阔草甸上，一小片整齐紧凑的建筑。此外，在2010年的玉树地震中，夏日寺的经堂和僧房遭到损毁，特别是珍贵的壁画遭到重创。灾后修复的新砖白墙，虽也整洁养眼，但还是少了一份古典的凝重。不过，对于旅行者来说，能穿行在这群山碧草间，在落日下欣赏通天河蜿蜒的身姿，已经足够令人满足。

从约改镇包车往返夏日寺大约需要600元，多数情况下，司机会绕行治多立新乡，从贡萨寺旧址（见239页）附近渡江到夏日寺。如果自驾，从巴干乡以西15公里的路口向南进山，跟随土路穿越层层大山到达夏日寺；或者反之，将夏日寺和尕朵觉悟（见227页）的游览连接起来。

住宿

曲麻莱的住宿水准整体较低。就算你肯花钱，也找不到一家真正称得上舒适的酒店。下面是一些权宜之选。县城停电是常事，有些店家备有发电机，最好先致电询问。

母亲河酒店

酒店 ¥¥

（☎882 2555；麻曲路北端；标双 280元；@Ⓟ）虽然房间面积比较小，布局也有些奇怪，但好在床铺柔软，卫生过关，已经是目前曲麻莱的最佳选择了。房价包含很简单的早餐。

白象商务宾馆

酒店 ¥¥

（☎885 1222；黄河路68号；标双 218元；@Ⓟ）除了床比较硬之外，这家汉族人经营的宾馆各方面都还不错，暖气尤其火热。由于没有使用地毯，从而避免了异味。楼下还有一家川菜馆。

白哈达商务宾馆

酒店 ¥

（☎998 2988；长江路36号；标双 180元）这家宾馆由藏族人经营，颇具家庭旅馆的氛围。房间面积不大，卫生状况在同价位中算是不错。主人还经营牦牛肉干、虫草、雪莲、人参果等当地特产。

就餐

约改镇上的饭馆主要分布在黄河源广场对面的嘎觉悟步行街上，以川菜和清真面食为主。如果想吃得隆重些，可以去镇北部麻曲路中段的**大城小院火锅店**（☎155 9736 1019；⏲10:00~23:00；人均 80元）这家重庆火锅加盟店保障了较高水准的牛油锅底和配菜、调料，同时又在本地牦牛肉的加持下显得格外具有性价比。

实用信息

黄河源广场向东200米便是**曲麻莱县公安局**，在它对面是**中国农业银行**；在广场西边，**县政府**和**邮政储蓄银行**同样隔街相望。两家银行都有24小时ATM。

曲麻莱县人民医院有24小时急诊，不过离县城有2公里，如有紧急状况，黄河源广场内侧**黄河源慈善医院**（139 9701 8815）也可以提供吸氧急救等服务。

另一个对旅行者有用的地方是曲麻莱民族中学南侧巷子里的交警大队，在你去往黄河源头等较为偏远的地方时，最好先来这里确认一下路况是否畅通。

到达和离开

曲麻莱客运站孤悬于县城北边3公里外的215国道边，提供**接驳车**（☎139 9701 8815；10元）往返县城中心。比高海拔更令人头痛的，除了经常无人值守的大厅外，还有极其不固定的班次。通常情况下，过了中午你就很难离开了，前往治多（30元；1小时）和玉树（50元；4小时）的中巴就停在站前，坐满就走——或者说经常因坐不满而取消。去往西宁、不冻泉、格尔木的班车根据需求，不定期会有。除了致电询问以外，你还可以向酒店、餐馆老板打听班车时刻。当地人会在黄河源广场旁的老车站一带寻找拼车，你也可以去试试运气。

另辟蹊径

“曲”路直取不冻泉

在地图上，曾经的308省道已升级为215国道。连接曲麻莱和青藏线上不冻泉的高等级公路正在成为进出西藏的重要通路，不要错过这段快意驰骋的野性之旅。

终年积雪的昆仑山绵延千万里，辽阔的草原和空旷的山谷人迹罕至，让这里成为野生动物的最佳栖息地。一定要睁大眼睛，保持警觉并端好相机，因为黄羊、旱獭、狐狸等野生动物随时会在公路两旁出现，如果运气够好，也许还能看见藏野驴和藏羚羊。看到顶端有个竹筐的高杆了吗？那是自然保护区为鹰隼栖息繁衍设立的。

曲麻莱到不冻泉的305公里的路程已经全部铺装柏油，由于路况优良、监控稀疏，多数司机都会把60公里/小时的限速抛在脑后。在此要提醒你慢慢走，欣赏风景。青藏线上的不冻泉已经发展成食宿俱全的中转站，可以在此休整一晚，继续前往格尔木或唐古拉山镇。

曲麻莱县城到黄河源头和星宿海

一个好消息：去往黄河源头的穿越之路已经大为改善，全程都有清晰的路基。在一天之内拜谒黄河源头，穿越星宿海、扎陵湖直到玛多并非不可能。尽管如此，这依然是一次极尽荒凉的旅程，无论是自驾还是包车，请务必在出发前确认车况、天气、路况（可到曲麻莱交警大队咨询，见243页），在如此人迹罕至的地方，即使能召唤救援，也需要很多时间。那些路上不时出现的、被暂时丢弃在路边的汽车便是“前车之鉴”。

无论是去黄河源头还是星宿海，麻多乡都是必由之路，它在曲麻莱县城以北210公里处，最快也要6小时才能到达。从这里西去45公里可抵黄河源头，往东则通往星宿海，从北岸掠过扎陵湖、鄂陵湖后可抵达214国道上隶属果洛的玛多县。从时间上考虑，在麻多乡住一晚是最优的选择。本书调研时，乡里有一家条件较差的宾馆和两个面馆。如果需要更多信息和帮助，可以去中心小学找热情善良的多吉校长。

黄河源头

最新的调查结论将黄河源头明确为“卡日曲”。但从情感层面，很长时间内出现在教科书上的“约古宗列曲”依然让人难以忘怀——事实上，人们来麻多拜谒的也正是这里。

从麻多乡沿公路向西，在带有路基的土路上行驶40公里后，在一座度假木屋式的建筑（实际是保护区管理站）前离开公路转向南边。不远处坐落着孤零零的一户人家，外墙上挂着一张全家福——这便是曾被媒体广泛报道过的黄河第一家。这里距约古宗列曲河源头还有不到5公里路程，但却极其艰难。烂泥塘似的地面又软又滑，需要四驱越野车才能通过。遥遥望见山坡下的8座白塔和山上的经幡，它们左侧的一片高地上便是源头了。这里矗立着胡耀邦、江泽民分别于20世纪80年代和20世纪90年代的题字石碑。旁边还有一块用薄铁板制成的纪念碑——那是1987年河南长江漂流队留下的印记。

草原斑驳、流云凝固，在仿佛万古不变的场景中，涓涓细流从积雪下汩汩而出。悉心找到国家地理标志点的金属铭牌，蹲下来喝一捧“黄河水”吧。

星宿海

黄河的藏语名字叫“玛曲”，意即孔雀河。由于源头地势平缓，河水四处漫延，在数十公里范围的草原上形成了数以百计大小不一的湖泊。水源灿烂展开的形态，的确状如孔雀开屏。另一种浪漫的修辞，将这片湖区称为“星宿海”。不太浪漫的说法是，星宿海是在麻多通往扎陵湖的路上，有着许多水坑的沼泽地。在地图上搜索“错岔”这个藏语名字，更容易找到它大体的位置，不过由于远离公路，你需要登上北侧的山才能眺望到它——千万不要企图穿越沼泽，接近星宿海。离星宿海不远的地方，公路边有一座**多聪寺**以及**格萨尔王台**，传说中格萨尔王正是从果洛一路赛马至此，最终获胜封王的。

柴达木盆地

包括➡

最佳自然景观

- 哈拉湖（见256页）
- 都兰野生动物保护区（见263页）
- 昆仑山世界地质公园（见270页）
- 乌素特水上雅丹（见275页）
- 俄博梁（见279页）

最佳餐饮

- 老严烤羊肉（见253页）
- 万里马酒楼（见264页）
- 振华手抓大王（见268页）
- 天府酒家（见276页）
- 张家牛杂汤（见277页）

为何去

作为中小学课本中的"中国聚宝盆""四大盆地之一"，柴达木盆地是属于每个中国人的地理记忆。但颇为吊诡的是，若要细究其中内涵，这里却只是大多数人心目中的边远苦寒之地。这也同样困扰着自然地理学家。柴达木总是充满异类属性：人们争论这里是否为第一阶梯与第二阶梯的分界。

柴达木拥有丰富的自然景观，俄博梁雅丹高耸，翡翠湖盐晶熠熠，从昆仑河的峡谷到哈拉湖的雪峰，柴达木能拼凑出一个迷你版的青海。而更值得一看的，是千百年来人与自然之间的角力：诺木洪先民筚路蓝缕，吐谷浑人守护着丝绸之路，青藏公路、青藏铁路在不可逾越的高原上创造出工程奇迹；也有的时候，人类会被时间和流沙击败，冷湖遗址人去楼空，只剩下风的呼啸。你的柴达木之旅，是看到了矿藏闪耀的聚宝之盆，还是闯入了黄沙凝视的魔鬼之城？

何时去

4月至6月 气温逐渐回暖，都兰郊外的海寺草原将成为一片花海，藏羚羊正在迁往可可西里卓乃湖产崽的路上。要注意戈壁滩内容易发生沙尘暴。

7月至8月 雨水集中，气温升高，是欣赏昆仑山冰川的最佳时段，诺木洪、马海的枸杞田迎来丰收。进入都兰、哈拉湖的自然保护区，与各种野生动物迎面相逢。

9月至11月 秋意渐浓，物价和气温一起跳水，你将在大多数景点享受包场参观的待遇，是旅行性价比最高的时段。德令哈的街头满目金黄，你可以去城市周边的群山中追一场初雪。

12月至次年3月 白雪覆盖了整个盆地，但气温并不如青海其他地区那样寒冷。乌素特的水上雅丹将变成冰上雅丹，躲进大柴旦雪山怀抱的温泉中，仰望满天繁星吧。

交通新时代

柴达木盆地的交通正在飞速进化。德令哈、格尔木、花土沟均设有民用机场，2019年开通了3座机场之间对飞的航线，远比汽车快捷，甚至比汽车更便宜。铁路方面，除了既有的青藏铁路以外，敦格铁路已于2019年底开通，格库铁路也已开通客运，海西的交通格局会迎来一次巨大变化，格尔木将恢复其交通枢纽的重要地位，旅行者将有机会更便捷地抵达敦煌和新疆。G0615德马高速的青海部分全线贯通，德令哈至果洛的沿线遍布沙漠、雪山及高原湖泊，是一条理想的景观大道。德令哈市区内已经建成了世界上海拔最高的有轨电车，旅行者可以更方便地使用这一别具特色的交通方式游览城内各主要景点。因此，当你前往柴达木盆地时，有必要注意这些不断更新的交通信息，这将会给你带来意料之外的方便和惊喜。

行前准备

- 柴达木盆地内阳光强烈，需准备防晒霜、太阳镜、遮阳帽；
- 早晚温差较大，如夜间出行或露营时要注意保暖，夏季进入哈拉湖、可可西里等地区尤其需要准备御寒衣物；
- 在戈壁、沙漠地区拍照时，可以使用保鲜膜、塑料袋来保护摄影装备；
- 柴达木盆地内非常干燥，准备一些保湿护肤品及唇膏很有必要；
- 各县市之间的交通往往需要依靠过路班车，注意咨询中途站点的票额，预留足够的候车时间；
- 格尔木、德令哈可以使用手机打车软件，如果打算在周边自驾，这两个城市都已进驻国内连锁的租车服务商。

甘青大环线

甘青大环线是旅行者前往柴达木盆地最重要的理由之一。以兰州或西宁为起点，在游览青海湖和茶卡盐湖后，即可进入广袤的柴达木盆地。建议自驾旅行者注意沿途的路况及加油站分布，具体可参见256页（海西自驾贴士）。

对背包客而言，你可以先以德令哈为大本营，参观这座城市的各大博物馆，然后乘坐都兰方向的班车前往金子海。在都兰可以选择包车游览热水墓葬群，再乘坐班车前往香日德或格尔木。在格尔木的青旅很容易找到去往南线昆仑山、可可西里和北线魔鬼城、乌素特水上雅丹的一日游拼车。在格尔木短暂休整后，继续前往大柴旦或敦煌，最后沿着旅游业成熟的河西走廊回到兰州。

快速参考

海西藏族蒙古族自治州

- 人口：60万
- 电话区号：0977
- 面积：32.6万平方公里

格尔木市

- 电话区号：0979

如果你有

4天

第1天，抵达**德令哈**，在博物馆了解这片土地的历史。第2天，登上**金子海**（见259页）畔的沙丘。第3天，寻访都兰郊外宏伟的**热水墓葬群**（见261页），补上属于丝绸之路的又一块拼图。第4天前往格尔木，在**将军楼**（见265页）找到青藏公路建设史的原点。

7天

前4天同上。第5、6天，自驾穿越**魔鬼城**（见274页）或**俄博梁**（见279页），可以在**雪山温泉**（见275页）或**火星营地**（见279页）度过最后一晚。第7天，在**冷湖**（见278页）旁的城市废墟中了解时间的强大力量，并从这里出发前往敦煌。

网络资源

- **海西旅游局**（whlyj.haixi.gov.cn）
- **云游柴达木** 微信公众号（hxzhly_0977）
- **海西文体旅游广电** 微信公众号（hxly_0977）
- **青海海西在线** 微信公众号（hx8210333）

历史

被誉为“万山之祖”的昆仑山横亘海西，在流行中原的神话传说中，这道遥远的山脉是女娲补天、周穆王西巡、西王母瑶池的地理背景。在至少3万年前，已有人类在海西栖息，小柴达木湖畔的人类遗址是青海最早的人类活动印迹。

距今约3000年前，西羌人在这里创造了诺木洪文化，羌、氐、鲜卑、吐蕃等少数民族先后逐鹿于此。丝绸之路青海道、唐蕃古道将这片土地纳入历史的视野。

自先秦以来，这里是沟通东西的重要通道，是沿祁连山南、青海湖、柴达木盆地往西而去的“青海道”。但自从西汉张骞凿空西域，河西走廊成为历史的“主旋律”，青海道的光芒一度黯淡。但随着吐谷浑人的到来，青海道又重新兴盛。

公元4世纪，吐谷浑的祖先慕容鲜卑从辽东地区迁徙至甘肃、青海一带。吐谷浑350年建国，正值中原处于魏晋南北朝时期的分裂割据状态，它的兴衰与内地政权的纷争息息相关。在最强盛时，吐谷浑定都青海湖畔的伏俟城，疆域北至新疆，南抵四川阿坝。

隋唐时期，中原政权皆对吐谷浑有所征战，却是后起的吐蕃率先将吐谷浑纳入自己的势力范围。唐龙朔三年（663年），在吐蕃大将禄东赞的进攻下，吐谷浑成为吐蕃的附国，其故地成为中原与卫藏两大文化中心交织影响的前沿地带，而其国名一直延续至北宋时期，成为中国历时最久的少数民族政权之一。都兰热水墓葬中出土的大量精美丝织文物正是吐蕃时期丝路繁忙的历史见证。

明崇祯七年（1634年），蒙古和硕特部固始汗率军以青海为基地入藏，帮五世达赖在西藏确立了政教合一的制度。因此，柴达木盆地至今还居住着不少蒙古族人。而在更广阔的戈壁沙漠地带，来自全国各地的移民出现在新兴的城镇，成为这些小镇的新住民。

德令哈

在蒙古语中，德令哈意为“金色的世界”，但现实中的德令哈远比金色更多彩。地处柴达木盆地的北缘，延绵的宗务隆山是这座城市的舞台背景，四季色彩涂满天然的幕墙。诗人海子曾经路过这“雨水中一座荒凉的城”，忧伤的诗意渗入了清澈的巴音河，但每逢夜晚，城市就会以喧嚣的灯光与喷泉来抚慰这份孤独。深入城郊，你将从各个角度望见这座绿洲，雪山、湿地、高原草甸、茫茫戈壁，这些本应遥远的地理景观与城市比邻而居，和诗歌中建构的孤独遥相呼应。

方位

巴音河由北向南纵贯市区，将不大的城区划分为河东、河西两个部分，与东西向的柴达木路组成城市的十字骨架。旅行者关注的大多数地点：汽车站、博物馆、医院、步行街等都沿柴达木路分布。河东商业繁华，中心广场的周围分布着主要的酒店与商场；河西则是一座更现代的新城，聚集着各种文化场馆。

景点

海西民族博物馆 博物馆

（☎822 1318；柴达木西路滨河西路路口西南；⏰周二至周五 9:00~12:00和14:30~17:00，周末 10:30~16:00，周一闭馆）**免费** 对于初到柴达木的旅行者，这个展示海西各地珍贵文物的博物馆很适合作为第一站。馆内展出了陶牦牛、毛布、粟等“诺木洪三宝”，证明3000年前的柴达木先民已经过上了放牧、纺织、农耕的生活。

真正的明星无疑是热水墓葬的文物，有专属的展厅陈列这一吐谷浑墓葬里出土的部分织锦与金饰件，展示着中西亚和东亚的文明交融。出土于德令哈城郊的郭立木棺板画，在挡板上表现了极有中原特色的青龙、白虎、朱雀、玄武形象，而侧板上描绘的则是古代少数民族的生活场景。出土于格尔木的大量元代纸币反映了当时中央政权对青藏高原的有效控制，也是当时商贸发达的见证。稍显阴森的干尸展厅内陈列有多具不同时期的干尸，展厅中央的一具距今约1700年，是青藏高原上最完整、最久远的一具干尸。

公交1路至民族文化活动中心站，博物馆位于活动中心二楼。

海子诗歌陈列馆 展览馆

（滨河西路，近海西图书馆；⏰9:00~

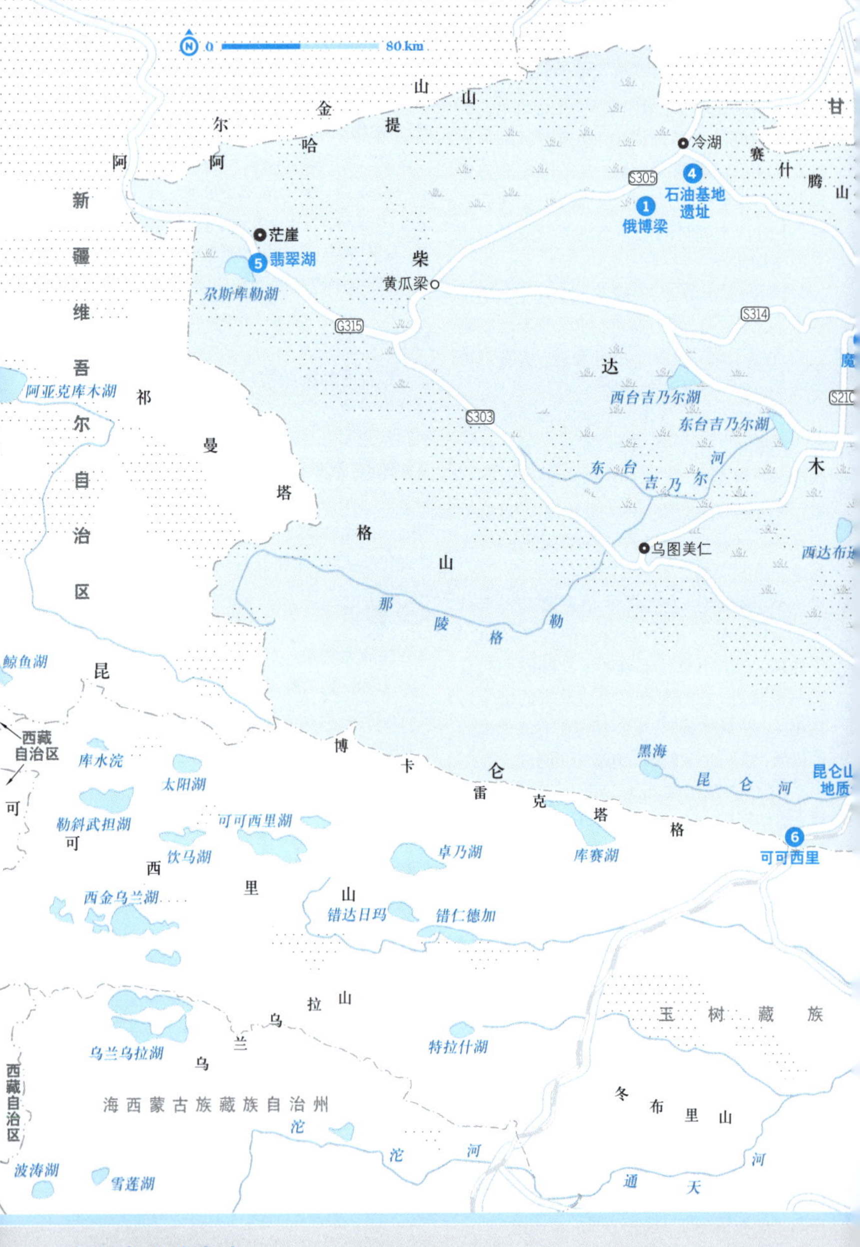

柴达木盆地亮点

❶ 穿梭在**俄博梁**（见279页）和**魔鬼城**（见274页）鬼斧神工的雅丹地貌之中。

❷ 勇闯**哈拉湖**（见256页）和**都兰野生动物保护区**（见263页），进入真正的“野生动物园”。

❸ 沿着河谷前往**热水墓葬群**（见261页），与神秘辉煌的吐谷浑相逢。

❹ 在冷湖**石油基地遗址**（见278页）的废墟中，直面流沙与人类的角力。

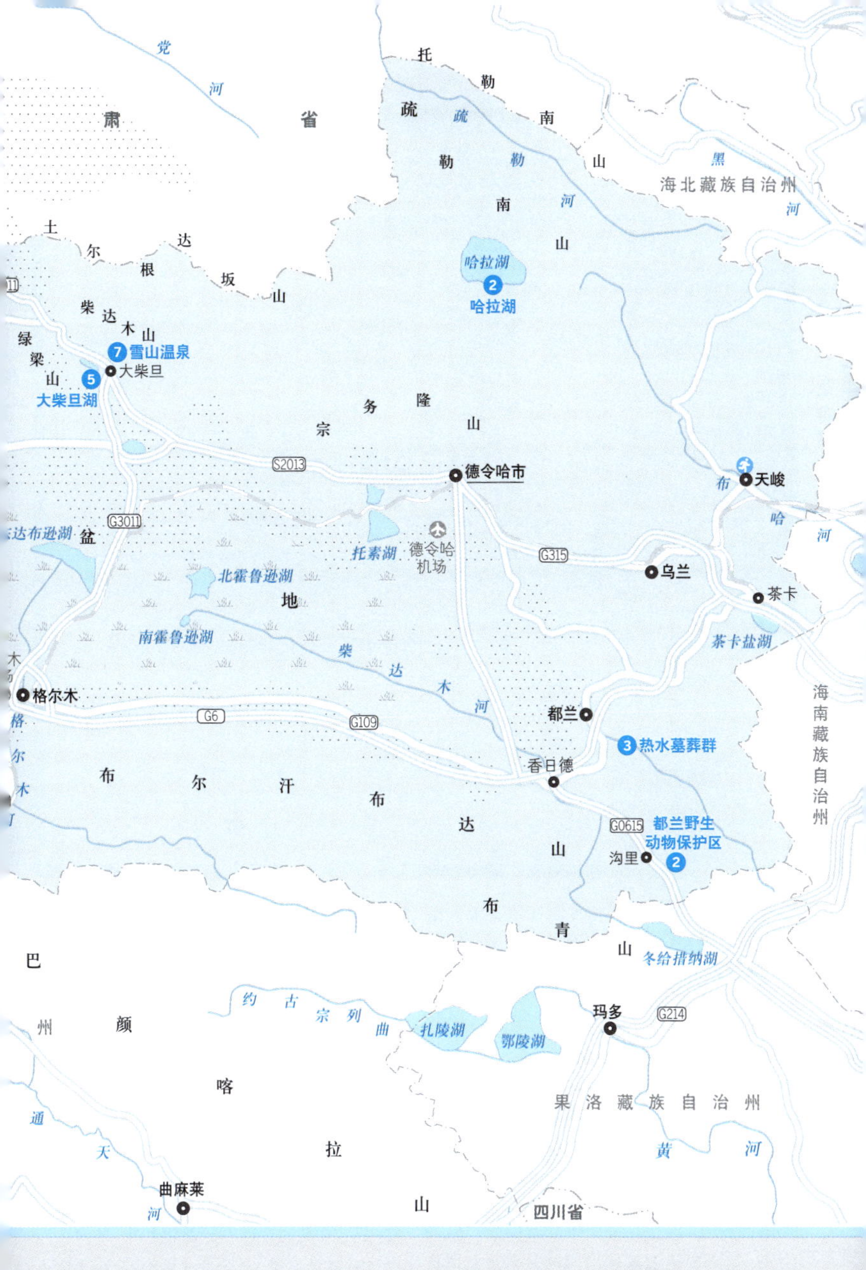

5 航拍**翡翠湖**（见277页）与**大柴旦湖**（见274页），开启欣赏盐湖的上帝视角。

6 穿越**昆仑山世界地质公园**（见270页），进入伟大的荒野**可可西里**（见272页）。

7 在大柴旦的星空下，享用天然的**雪山温泉**（见275页）。

德令哈城区

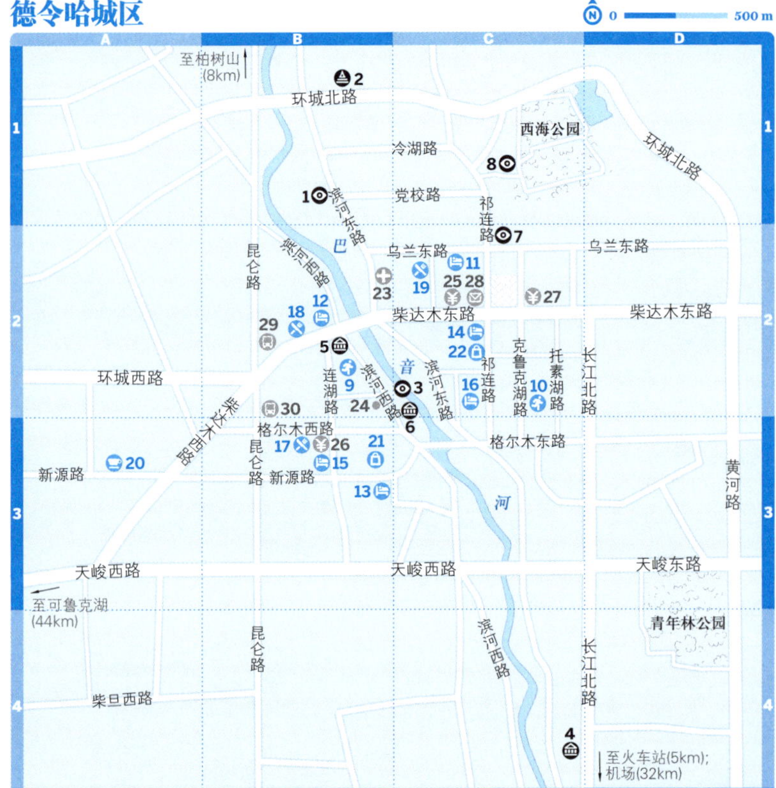

22:30）免费 1988年，诗人海子第二次入藏时途经德令哈，来这里寻找曾与他关系亲密的女同事，却最终寻而未得，怀着孤独的心情写下了名篇《姐姐，今夜我在德令哈》，为这座高原小城留下了最为人熟知的文化名片。

踏进这处不起眼的简朴展馆，在民谣的背景旋律中，你能重温海子的生平以及他的诗人朋友对他的纪念。展厅中央的海子头像正对着展馆大门，顺着他的目光望去，即是门外的巴音河。这座小型展馆只需10分钟就能看完，但不要错过这里厚厚的一摞观众留言本，犹如一本本无名的现代诗集，你会读到无数孤独者都曾在诗中寻找共鸣与慰藉。陈列馆内设有**海子茶馆**，提供简单的茶与酒水，有各种文学杂志、旅行图录和诗集。

海子留给德令哈的诗歌在几十年后发展成了一个青年诗歌节，一般在每年7月底举办，包括诗歌沙龙和音乐节。

公交1路至民族文化活动中心站，沿滨河西路向南即可到达。陈列馆在州图书馆东面，在滨河西路东侧和巴音河滨都设有入口。

西海公园 公园

（祁连路党校路路口以北约100米；夏季8:30~18:30，冬季 9:00~18:00）免费 如果你想体验当地人的悠闲生活，可以来这个公园散散步。平日里，园区南侧的游乐设施比较冷清，只有在节假日时才会恢复生机。环绕公园设置有健身步道，在公园北面有2个小型的人工湖。

公园南面的祁连路乌兰东路路口上有一座**民族团结进步塔**，但并不能登临。更有意思的部分其实在公园北面，你可以在北山路和环城北路的路口北面看见一座3层小楼，小

德令哈城区

景点

1 49米摩天轮……B1
2 阿力腾寺……B1
3 巴音河……C2
4 德令哈天文科普馆……C4
5 海西民族博物馆……B2
6 海子诗歌陈列馆……C2
7 民族团结进步塔……C2
8 西海公园……C1

活动

9 海西民族文化活动中心……B2
10 海西体育中心……C2

住宿

11 海西宾馆……C2
12 海西饭店……B2
13 汉庭酒店（新源路店）……B3
14 漠上星空酒店……C2
15 太空舱旅馆……B3
16 西行不二青年旅舍……C2

就餐

17 高原牦牛退骨肉……B3
江南名厨……（见13）
18 老严烤羊肉……B2
19 舌尖尖面片……C2

饮品

海子茶馆……（见6）
20 蜗牛咖啡生活馆阳光店……A3

购物

21 乐生活购物超市……B3
22 新华书店……C2

实用信息

23 海西人民医院……B2
24 海西图书馆……B2
25 中国工商银行……C2
26 中国农业银行……B3
27 中国银行……C2
28 中国邮政……C2

交通

29 德令哈汽车客运站……B2
30 机场大巴……B2

楼西侧有一条上山小路，只需几分钟就能登至山顶的经幡处，从这里可以眺望德令哈市全景。你也可以顺路游览西面不远处的**阿力腾寺**（环城北路）免费，寺院于1999年迁来此地，有一座藏汉结合风格的大经堂，本书调研时，这里正在建造藏式风格的新经堂。

公交3路至西海公园站。

德令哈天文科普馆 展览馆

（☎822 3076；长江路36号，义海能源大酒店对面；⏲9:00~21:00，周一闭馆）免费 这座天文科普馆是国内仅次于北京天文馆的第二大天文主题科普场馆，共有3层。参观时从一楼左侧入口处进入天文科普厅，可以漫游在太阳系的八大行星之间。二楼依次设有天文成就厅、空间探测厅、中国探月厅、宇宙探索厅和太阳厅，展现出人类如何从原始的宇宙观一步步迈向探索宇宙空间的辉煌文明。最后下到一层的地震厅，你可以在倾斜的房屋内模拟一场真实的地震。三楼的天象厅在15:30和19:30有两场穹幕电影，满8人即可放映。

公交1路至城南新区站。

不要错过

德令哈夜未眠

白天冷冷清清的德令哈一到夜间就"改头换面"，城市中心的**巴音河**将上演热闹的灯光秀、水幕瀑布及音乐喷泉，并一直延续至午夜。最佳的观景点位于海子诗歌陈列馆的大门外，以此为中心，北至环城北路、南至天峻西路的河段两岸，皆布置有景观灯。

最醒目的视觉中心是位于巴音河东岸的**49米摩天轮**（滨河东路党校路路口；门票35元；⏲5月至10月 9:30~22:00，11月至次年4月 11:30~16:00），在夜间会展现出各种图案，但实际的运营时间视游客量而定，你可以在同属德令哈文旅公司的海子诗歌陈列馆询问运营情况。

最安静的荒野，最热闹的星空

由于地势高、空气透明度好、晴夜数量多等优点，德令哈拥有一片完美的暗夜区，是亚洲最佳天文观测地之一。1982年，中国科学院紫金山天文台在德令哈郊外修建了**青海观测站**（☎822 1935；www.dlh.pmo.cas.cn），也被称为“德令哈天文观测基地”。站内醒目的白色球体罩内就是中国最先进的13.7米毫米波射电望远镜，但这个罩几乎从未打开过，因为对该望远镜运行的毫米波段而言，它就是透明的。

观测站接受来自学校、单位的集体参观申请，普通旅行者需先致电了解开放情况，并需要凑足一定人数才有可能获得许可。观测站位于德令哈市区以东约10公里处，在前往蓄集乡的公路上。

德令哈附近的**可鲁克湖**（见255页）、**柏树山**（见255页）远离市区，均是理想的观星地，且有湖面或山体可作为拍摄的前景，你也可以前往德令哈附近任何一处没有光污染的地点。提前准备好各种观星App，可以帮助你更好地认识各个星球和星座。带上相机、三脚架和快门线，别让璀璨的银河只留在你的记忆里。

活动

海西民族文化活动中心 活动中心

（☎821 8310；滨河西路）这是海西最大的活动中心。附设有一处**体育馆**（⏲5月至10月 10:00~23:00，11月至次年4月 10:00~21:00；每周一18:00起开放）提供非常廉价的室内运动场地，包括篮球（每小时10元/人）、羽毛球（每小时10元/场）、乒乓球（每小时5元/场）和健身房（5元/人次）。

位于活动中心一楼东南侧的**0977非遗文创体验空间**以展示出售茶卡盐雕和唐卡（数百元至数万元不等）为主，有独创的盐雕灯具（80元起）。其二楼为唐卡体验中心，可参与免费的唐卡手绘课程。这里没有固定的开放时间，目前由唐卡画师坚赞（☎156 9537 8877）负责管理，他曾在热贡学习唐卡艺术，很乐意分享相关的知识。

中心三楼设有非遗传承基地，偶尔会有非遗展览，也可以在这里买到传统的羊毛毡、木雕等非遗商品。

海西体育中心 体育场

（格尔木东路8号；⏲内场 7:00~10:30，14:30~17:00，19:30~21:00）设有田径场、足球场、篮球场及羽毛球场，免费对外开放。白天可以看见北面的群山，在雪山下踢一场球不是梦；夜间则会成为当地人散步锻炼的场所。

住宿

德令哈是柴达木地区的旅游中转地，住宿选择非常丰富。近年来，河西区新建了不少品质较高的酒店，且邻近文化设施、商场和车站，非常适合旅行者。每年暑期，尤其是7月中旬至8月中旬是旅游旺季，酒店房价上涨幅度超过200%。

汉庭酒店（新源路店） 快捷酒店 ¥¥

（☎890 0111；新源路莲湖路路口以东200米，景华湾广场对面；标双 180元；WiFi P）推荐汉庭是有理由的：宽敞干净的客房、合理舒适的设计、稳定充沛的热水以及整面落地窗，而且位置极佳，酒店对面就是超市、图书馆和博物馆，步行去巴音河看夜景只需5分钟。

西行不二青年旅舍 青年旅舍 ¥

（☎151 1090 3131；固始汗步行街M49号；铺60元；WiFi）德令哈的第一家青旅，对独自旅行者而言，这里是约伴拼车的理想地点。房间稍小，但还算干净。冬季停业，可致电咨询。

漠上星空酒店 宾馆 ¥

（☎820 5299；柴达木东路25号；标单/双 130元；WiFi P）紧邻中心广场，交通便利。客房干净舒适，装修颇有小清新风格，适合年轻旅行者。各个房间的卫生间设计多有不同，部分卫生间过于狭小，建议看房后入住。夏季房价可能上涨至500元。

海西饭店 酒店 ¥¥¥

（☎822 9999；柴达木西路2号；标双 318元，含双早；WiFi P）拥有现代舒适的客房，不必执着于面积稍小的河景大床房，南侧临近广场的客房面积更为宽敞。夏季上涨至约500元，在网站上预订有较好的折扣。注意不要和同城的**海西宾馆**（☎822 2781；乌兰东路15号；标双 298元；📶🅿）搞混。后者是典型的政府接待酒店，有安静的园林和干净的客房，夏季房价上涨至498元。

太空舱旅馆 青年旅舍 ¥

（☎138 9727 5600；莲湖路中段环保局三楼；铺 100元；📶）对于喜欢体验新事物的旅行者来说，这些颇有科幻风的太空舱床位值得一试，可以拥有属于自己的小天地。遗憾的是，多人间的客房环境略显阴暗、陈旧，旺季300元的价格更令人咋舌。

餐饮

德令哈的餐饮以清真菜为主，也很容易找到川菜。柴达木东路、柴达木西路以及河东的步行街附近有很多餐馆。

老严烤羊肉 烧烤 ¥¥

（☎131 1977 9222；柴达木西路34号；人均70元；🕙13:00至次日3:00）当地的老字号食店，羊排（90元/斤）、肚片（75元/斤）、羊肠（70元/斤）有炕、烤、炒等各种做法，炒和烤可以半斤起步，炕锅至少1斤起。生炕、生炒的羊肉偏硬，较受当地人欢迎。也有羊肉串（2元/串）、面片（8元）以及各种饼类主食（1.5~3元）。烤类的食物从15点以后开始供应。

高原牦牛退骨肉 清真菜 ¥¥

（☎132 0977 4016；格尔木西路，市政府对面；人均 80元；🕙11:00~22:00；📶）不要错过独特的退骨肉（75元/斤）：在吃前吃后要两次称重，以重量相减来计算肉的价钱，当然，你要吃干净才行。大骨汤（17元起）也是这里的特色，配一份免费的饼子，别忘了蘸秘制的蒜蓉辣椒酱。本店生意火爆，售完即关门，尽量在21点前就餐。

江南名厨 浙江菜 ¥¥

（☎833 3999；新源路汉庭酒店2楼；人均80元；🕙11:30~14:30，16:30~22:30）这家还算地道的浙菜很适合换换口味，老板和大厨来自衢州，因此有不少以辣为特色的菜肴。诸如笋干红烧肉（68元）、炸响铃（68元）这样的杭帮菜标价不菲，但也有便宜的选择：你可以点两小碗雪菜肉丝面（4元/小碗）和一份衢州鸭头（8元），也是廉价美味的一餐。

舌尖尖面片 小吃 ¥

（☎132 9980 8491；步行东街与步行南街交叉口西北；人均 15元；🕙9:00~23:30）各种面片（10元起）和盖饭（13元起）口味不错，也可以点各种炒菜（素菜20元起，荤菜30元起）。有自助的免费茶水。

蜗牛咖啡生活馆阳光店 咖啡馆 ¥

（☎822 5621；八一路维也纳酒店楼下；人均40元起；🕙10:30~23:00）环境安静舒适，有少量图书可供翻阅。提供各式咖啡、牛排及意面。

购物

你完全可以把德令哈当作采购地方特产的大本营，但在买枸杞前，记得擦亮眼睛。

乐生活购物超市 超市

（新源路，景华湾商业商场地下1层；🕙夏季

枸杞“明目”

由于不同品质的枸杞差价巨大，初来乍到的旅行者很难辨别商家的报价是否合理。一般而言，在7~8月枸杞大量上市的时段，价格较为便宜。如果你的旅行计划中包括前往诺木洪或马海等枸杞原产地，那就无须在德令哈的路边小店锻炼自己的火眼金睛，原产地一般会更便宜也更靠谱。

黑枸杞因品质不同，价格差异较大，每千克售价800~2000元不等，售卖黑枸杞时曾发生过掺假事件，购买时需谨慎。当地人提供了以下鉴别方式可供参考：野生黑枸杞果实形状为扁圆形，一颗果实中有7~8粒籽；其次，干的野生黑枸杞一捏易成粉末，咀嚼有香甜感，并能让舌苔迅速染上紫色；由于野生黑枸杞富含花青素，泡水后会在酸性水中呈紫色、在碱性水中呈蓝色。

8:00~22:00，冬季 8:00~21:30）是当地较大的超市，可以买到各种包装的枸杞、奶干、牛肉干、青稞酒等地方特产。

新华书店 书店

（柴达木东路25-3号；夏季 9:00~19:00，冬季 9:00~18:00）原来的门店正在装修中，新店临时搬迁到背后院子里的一个小店面。可以买到青海省地图册以及一些青海历史文化的书籍。

实用信息

海西人民医院（乌兰东路17号）

中国银行（柴达木东路18号；9:00~17:00，节假日 10:00~16:00）

中国工商银行（柴达木东路22号；9:00~17:00，节假日 10:30~16:00）

中国农业银行（连湖路19号；9:00~17:00）

中国邮政（柴达木东路20号；9:00~17:30，节假日 10:00~17:00）出售本地风光明信片。

海西图书馆（www.hxzts.com；滨河西路；9:00~21:00）非常值得旅行者利用，开放程度很高。一楼为综合借阅和蒙藏文献室（10:00~17:00），有大量海西的历史文化及旅行类书籍可供阅览，二楼的地方文献室暂未开放，三楼是安静的电子阅览室和自修室。

旅游信息

德令哈市旅游局（821 8556）

瀚海传奇户外俱乐部（139 9747 9329）是本地的旅游团体，负责人天歌是资深的自驾达人和摄影师，非常熟悉柴达木盆地的旅游资源及路况，他可以提供详细可靠的旅游信息。

到达和离开

飞机

德令哈机场（820 0000；机场公路）位于市区以南约35公里。每天有1~2个航班前往西宁，由东方航空执飞，一般票价在200元以内。也有短程航班前往格尔木、花土沟（见276页），由华夏航空执飞。

长途汽车

德令哈汽车客运站（822 8421；柴达木西路37号）有班车前往周边各地，可通过www.bus365.com购票。

火车

德令哈站（双拥路）位于城南约6公里处，是青藏铁路西格段上的重要车站，西宁往返格尔木、拉萨的列车均在此停靠。从西宁往返马海的7583/7584次为每周开行一班，开行日分别为每周三和每周四，具体时刻可通过车站售票处或路路通时刻表App查询。

当地交通

抵离机场

往返机场可乘坐机场大巴（20元；30分钟）。从机场前往市区随航班到港时刻发车，从市区金世界宾馆前往机场的时间为6:40、11:30，但可能随航班季节调整而有改变。打车前往机场约需80元。

公交车

市区公交（820 5567）只有几条线路：1路车途经火车站、城南新区、中心广场、民族文化活动中心、汽车站；2路车途经火车站、体育场、州政府、汽车站；3路车的车次不太稳定，途经西海公园、人民医院、中心广场。运营时间为7:00~20:30，每隔10分钟1班，票价1元，支持微信、支付宝、银联云闪付等多种移动支付。

另外，德令哈正在建设世界上海拔最高的**有轨电车**，已于2020年5月开始全面试运行。T1线及支线途经火车站、天文科普馆、中心广场、民族文化活动中心、海子诗歌陈列馆等主要景点。

环绕海西的飞行

是否想要摆脱漫长的长途班车，尝试以“上帝视角”来欣赏海西的壮阔景致？在本书调研时，海西的3座民航机场：德令哈、格尔木、花土沟之间均已开通了对飞航线。平日的票价十分亲民，只需要60~160元不等；且因为乘坐的是仅有12座的“国王350型”飞机，你也不必支付机建和燃油费。机票仅在携程网、去哪儿网及青海海西在线（821 0333；微信公众号 hx8210333）销售，不同渠道的票价及票额有所不同，注意多查询。

德令哈汽车客运站车次时刻表

站点	发车时间/班次	票价（元）	行程（小时）	备注
西宁	10:30、12:30	98	7	途经茶卡（47元）、湟源（90元）
格尔木	10:00、13:00	69	6	
乌兰	10:00、12:00、14:00、16:00、18:00	27	1.5	
天峻	14:15	46	3.5	途经乌兰
都兰（省道）	9:00、16:30	56	3	途经金子海
都兰（国道）	8:00	76	5	途经乌兰
香日德	11:00	59	3	
大柴旦	8:00、12:00、16:00	45	3.5	
花土沟	17:00	203	12	途经大柴旦、冷湖（129元）
敦煌	8:00	119	7.5	途经大柴旦、冷湖

出租车

起步价6元/2.5公里，2.5公里以外为1.5元/公里（夜间22:00至次日6:00为2元/公里）。去往城外景点需议价。

租车

一嗨租车（☎400 888 6608；www.1hai.cn）在体育场设有自助借还点（☎186 9723 2138；⏲8:00~20:00），提供轿车、SUV等多种车型租赁，费用为80元/天起。

德令哈周边

以德令哈为大本营，可以轻松探索周边的湖泊与高原保护区。只要起得够早，哪怕是最远的哈拉湖也可以实现一日往返。

可鲁克湖

从德令哈市区上S20德小高速，西行约40公里抵达可鲁克湖出口（高速路牌显示为"柯鲁克湖"），向南约4公里即可抵达景区停车场（5元）。**可鲁克湖**（门票 4月15日至10月15日 20元，10月16日至次年4月14日 5元）景区入口处有一个小型的展览馆，你可以欣赏别人镜头下美丽的湖泊、芦苇湿地和栖息其间的飞鸟，但相比之下，属于你的"买家秀"就有些惨淡了：景区范围很小，10分钟就可以走完，尽头的观景台已经变成了当地人的垂钓区域，周围景色平平。如果你不是垂钓爱好者，也没把握能有极佳的运气观察到黑颈鹤，这里就只适合成为一个顺便停留的休息地。

可鲁克湖的南侧是面积更大的**托素湖**，目前由于环保政策已不能进入湖区沿岸。有趣的是，可鲁克湖是淡水湖，而与之相连的托素湖却是咸水湖。这是因为可鲁克湖有上游的巴音河来水，下游则与托素湖相连，是一个"流动"的湖泊；而托素湖只有入水口没有出水口，加上蒸发量大，矿物质不断增加，托素湖也就成了咸水湖。颇具噱头的**外星人遗址**位于托素湖东北岸，如今也已无法抵达。在三角形的岩洞内有一根直径40厘米的"铁管"严丝合缝地穿入已有2300万年历史的山体，因此，这一"铁管"被附会为外星人活动的痕迹。

你可以在德小高速的外星人遗址出口下高速，南行至检查站以后左转，可看到不远处经幡密集的**德都体验园**，在这里可租用四轮越野摩托（70元）或骑马（70元）前往湖岸，不限游玩时间。如想要徒步前往湖岸，则需要缴纳10元的"买路钱"。没有必要在这里条件简陋的蒙古包或楼房（250元起）中住宿。

从市区包车往返可鲁克湖约需200元，含1小时等待时间。

柏树山

（市北10公里）免费 柏树山曾是德令哈的明星景点，这处山谷是周末野餐、郊游的

海西自驾贴士

- 行前应准备好充足的饮水及食物，秋冬季需带上足够的御寒衣物；
- 如长时间在雪地中活动或行驶，需准备墨镜或专用护目镜，以防雪盲症；
- 提前下载离线地图、导航及卫星图数据，海西的不少区域没有覆盖手机信号；
- 了解天气情况，避免雨雪天进入无人区，可关注微博“@青海海西气象”获取各主要景点天气预报；
- 如穿越哈拉湖、俄博梁等无人区，尽量多车结伴，最低配置为SUV；
- 无铺装路面的路段一定要沿沙石路或前车车辙行驶，切忌随意离开主道；
- 高原地区应避免剧烈运动，发生陷车等问题如无法自救，应及时联系公安或道路救援；
- 进入无信号的无人区前向亲友报备行踪，如未定时联系，建议约定亲友代为报警。

好去处。但由于日益严格的环保政策，经营性车辆都不被允许进入森林公园的大门。

从市区打车前往柏树山约需30元，但出租车只能开到山口处的公园大门，从这里前往观景台还有约1公里，但最美好的风景其实都在从这里前往哈拉湖方向的道路上，嶙峋的山势绵延近20公里，徒步几乎没有可能，自驾是唯一的选择。

哈拉湖

（市北约150公里）免费 在蒙古语中，“哈拉湖”意为“黑色的海”，这个面积达到607平方公里的湖泊是青海省内仅次于青海湖的第二大湖，因为偏远的地理位置，至今仍是硬派越野爱好者才会钟情的目的地。作为祁连山国家公园的一部分，哈拉湖也是绝大多数旅行者亲近祁连山脉主峰团结峰（又称“岗则吾结”，海拔5826米）的唯一机会。除了每年6~7月的雨季，旅行者很容易看见这座哈拉湖北岸的美丽雪山。

前往哈拉湖有东（天峻出发）、南（德令哈出发）、西（肃北出发）、北（酒泉出发）4条线路，但除了南线以外，其他线路都要求车辆具备很好的越野性能，常常需要涉水过河，甚至在行进途中根本没有路面。

南线是一条理想的一日往返线路，单程约150公里，需要行驶约4小时：从德令哈市区北面的柏树山大门进入后，你将沿着蜿蜒的山路前行约14公里，翻越第一个海拔约4000米的垭口，然后曲折向下，进入一条东西向的山谷。水泥路面到此结束，你将在随后的上百公里征程中与各种弹坑路、砂石路为伴。在景色秀美的河谷中与溪流并肩前行，然后又迎来一条抬升的蛇形公路，翻越此行的第二个垭口，才标志着你翻过了宗务隆山。

接下来，你将会经过一个森林公安检查站（☎821 1733），需要登记身份信息、车牌号以及人数之后才能放行，约5公里后将经过阿日郭勒河（是巴音河的上游）上的水泥桥。从这里向北，你将进入一片平均海拔约4000米并平缓抬升的平坦高原区域，两侧散布着零星的巨石，是观察野生动物的理想场所，你将有很大的概率与藏原羚、白唇鹿、野驴等动物相遇，甚至也可能遭遇野狼。

在翻过最后一个海拔约4600米的垭口后，最后的几十公里一马平川，但仍要非常注意道路上的“弹坑”。你最终将望见哈拉湖的景区大门，这里设有卫生间和蒙古包住宿（500元/蒙古包，可住4~6人）。湖面海拔为4077米，遥望祁连，确有一番“青海长云暗雪山”的壮阔。

普通轿车很难穿越这条线路，最低配置也应该是SUV。要额外注意天气预报，一年中的任何月份都可能下雪，避免雨雪天气出行，在冬季需准备防滑链。配备两名司机是必要的，尽管单车穿越问题不大，仍建议多车结伴，该无人区每年都有多起被困案例。从柏树山大门至哈拉湖南岸的途中没有商店、加油站及手机信号。

天峻

天峻是海西的"异类"，它是这里唯一的纯牧业县，也是唯一以藏族为主体的县，青海南山将它与南面的乌兰隔开，使它在地理上并不属于柴达木盆地。宁静的布哈河自西向东横穿县域，流向远方的青海湖，在两岸哺育了大片美丽的草原。祁连山的主峰位于更遥远的北境，但只有硬派越野才有机会亲近它的真容。

景点

西王母石室 寺庙

（天峻县城西南约28公里处，315国道东侧）免费 在关角山下的一座孤丘内，西王母石室是本地信仰不断演变融合的案例：据学者考证，早在2000年前的汉朝，这里就已经成为西王母古国女首领的居所；后来又逐渐演变为一个供奉各路神仙的石室；在现代，石室外新修了一座藏传佛教的寺院，可里面竟还有一尊济公像。西王母石室外的空地其实就是汉代建筑的遗址，但如今只是一片荒草。

从石室向南约2.5公里，在过关角山之后即可看见**关角展线**。所谓"展线"，即是通过延长铁路长度来降低迂回上升的坡度。这里曾是青藏铁路西格段工程难度最大的区间，在20世纪70年代，这处规模庞大的展线群历经5年才终于建成。2014年，新关角隧道开通后，这一区间已被废弃。近年来，铁轨已被逐渐拆除，只剩下了昔日路基。

前往西王母石室可以乘坐天峻至德令哈的班车，需购票到察汗诺（11元；9:45；约40分钟；☎189 0977 6195），但要告诉司机提前在西王母石室下车。唯一一班返回天峻的班车约在16:30途经西王母石室的路口。你也可以直接在国道上搭顺风车回城，费用为10~20元。

哈熊沟 自然景观

（天峻县城西北约24公里）免费 这处海拔4125米的山谷是一处独特的高原谷地，中间是潺潺的溪流，两侧则是陡峭的山崖，适合组织户外徒步。从景区大门入内，夏季可见经营食宿的蒙古包，但进入淡季后都会被拆除。沿山谷向内，至游步道的尽头处为一个岔路口：沿左侧攀上山石的豁口，即是较为平坦的草甸；右侧传来瀑布的水声，前行约百米处，即有一挂约2米高的小瀑布，需两人协作才能翻越。两条道路事实上是同一环线的两端，但沿途没有路牌，我们不建议旅行者独自入内。

从天峻县城出发沿天木公路向西北，过天木收费站，与布哈河并列西行约14公里，可见有路牌指向道路南侧的哈熊沟，从路口到哈熊沟还有约3.5公里。从天峻县城包车往返需要约100元。

食宿

天峻县城不大，酒店和餐馆主要集中在穿城而过的315国道两侧。在7~8月的旺季，房价会上涨50%~100%。

健鑫宾馆 酒店 ¥¥

（☎777 2288；宁波路，中心广场西侧；标双180元；Wi-Fi P）2019年开业，客房干净舒适，

另辟蹊径

岩画上的世界

海西拥有非常丰富的岩画遗存，其中最大的一处就是天峻县境内的**卢森岩画**（江河镇鲁森）。岩画位于河流西侧卢森山丘的东坡，面积最大的一幅有20平方米，表现出大角鹿、牦牛、虎、豹等动物图案以及狩猎、决斗、交媾等人物场景；其山顶有煨桑台和经幡。卢森岩画是中国北方面积最大、图像最多的单幅岩画，其时代从3000年前的青铜时代延续至汉代。你可以按照其技法大致分期：通体敲凿的岩画最古老，阴线勾勒的次之，以磨划法制作的图案属于最晚近的时期。

卢森岩画距离县城约37公里。几乎没有当地司机知道这处岩画，你可以在腾讯地图上找到其具体定位点。从天峻县城包车往返需要约100元。

卫生间内配置有速热热水器，附设的**登赢楼**（777 2299）是县城内较好的餐厅。每年7月至8月，房价会上涨至268元，在线预订有较大折扣。酒店南面的**鑫博酒店**（826 2222；天棚路北侧；标双198元，含双早；P）也是城内较好的选择，卫生间为玻璃隔断，装修风格简约现代。

好润多大酒店
酒店 ¥

（826 4888；文化路11-2号；标双 128元，含双早；P）拥有一个景观不错的早餐厅，客房稍显陈旧，热水淋浴只在晚间供应。有不少旅行团下榻于此，夏季涨价至300元。

湖南毛家湘菜馆
湘菜 ¥

（153 4836 7779；关角路，好润多大酒店对面；人均 40元；10:00~23:00）如果你已经有些厌倦青海最常见的川菜、藏餐、清真餐的排列组合，这家湘菜馆会让你眼前一亮。可以试试这里的剁椒鱼头（78元）、农家一碗香（29元）和酸辣鸡杂（32元）。

一品香烤羊肉饭馆
清真菜 ¥

（131 3918 2207；新源南路西侧；人均 40元；10:00~23:00；）门口挂着比赛得奖的奖牌，有各种面食（8元起）和盖浇饭（15元起），多人就餐可以试试这里的炕锅羊肉（90元/斤）和大盘鸡（115元）。羊肉串（2元/串）10串起卖。

实用信息

天峻县人民医院（826 6256；迎宾路）

中国农业银行（天棚路3号；9:00~17:00）

中国邮政（新源北路1号；9:00~18:00）

新华书店（天棚路1号；夏季 9:00~18:00，冬季 9:30~17:30）2019年装修后重新开放，出售青海省地图册、藏区的历史文化书籍及海西的旅行读物。

天峻县活动中心（夏季 7:00~22:00，冬季 7:00~21:30）是备受当地人喜爱的去处，有免费的室内篮球场、排球场、羽毛球场及环形跑道，还附设有小型**图书馆**、科技馆和茶室。如果你在县城里想要找地方消磨时光，可以来这里体验一下安逸的小城生活。

到达和离开

长途汽车

天峻客运站（826 7622；水电路天棚路口向南约500米）有班车前往西宁（68.5元；8:00、9:30、11:00、13:00、15:00；5小时），途经刚察（25元；2小时）、海晏（49元；3小时）和湟源（57.5元；4小时）；前往德令哈（46元；9:45；3小时）的班车途经乌兰（20元；1.5小时）；前往湟中（69元；7:40；5~6小时）的班车途经鸟岛（22元）。可通过微信公众号“青海智慧客运”购票。

火车

天棚站位于县城东南约19公里处，每天只有两对列车往返于格尔木、德令哈与西宁之间。旅客如需要购票，可前往天峻客运站内的**火车票代售点**（7:00~19:30；手续费5元）购票或上车后补票。

当地交通

天峻县城不大，步行即可方便到达各处，城内打车费用均为5元。

天峻客运站内有前往天棚站的公交车（6元；10:30、13:40、15:00、19:30；20分钟），天棚站返回客运站的公交随列车到站时刻发车。该公交线路完全服务于火车旅客的接送，公交时刻会随列车时刻表变更而变化。

青藏铁路的“隐藏菜单”

青藏铁路西宁至格尔木段沿线有很多小站，比如站房被设计成鸬鹚形状的鸟岛站、天峻县唯一的火车站天棚站、紧邻着乌兰县城的乌兰站、靠近盐湖的察尔汗站等，可以帮助你更快地抵达目的地。但这些小站不办理售票业务，也无法通过12306搜索站点或在线购票，只能在其他车站或火车票代售点购票，也可以上车补票。如果乘坐火车前往此类车站，全车可能会指定下车车厢，其他车厢在停站时不会开门，请注意列车员通知。

在12306上搜索西宁往返格尔木的7581/7582次或西宁往返德令哈的K6877/K6878次，可显示出全程各站点的时刻表。

乌兰

在蒙古语中，乌兰是“红色”之意。这里是柴达木盆地的东北边缘，是从东向西进入柴达木的必经之地。大多数旅行者都会直奔乌兰东南的茶卡盐湖（见129页），而直接无视县城周边的沙漠与森林。

景点

佛塔 古迹

（东大街7号）免费 这座没有名字的佛塔是县城内为数不多的古迹，位于乌兰县委家属院的西北角，残高约6.2米。塔身设有佛龛，曾保存有一些背光壁画，但已经脱落无存。塔四周设有一圈回廊。

都兰寺 寺庙

（乌兰县城以东约18公里，315国道北）免费 这处藏传佛教寺院的规模并不大，除了遍布四周的白塔，呈纵向依次排列的僧舍、主殿和两个偏殿几乎就等于整个寺庙。但在历史上，这里是藏传佛教进入海西的第一站，也是乌兰一带重要的商贸互市之地，最繁盛时曾有1000余名僧人、300余间房屋，但清咸丰元年（1851年）和清光绪二十二年（1896年）的两场大火结束了这段光辉的历史。直到1918年由八世丹津呼图克图罗桑丹贝尼玛组织重建，才恢复到今日规模。

你可以先到主殿欣赏精美的唐卡，或是聆听一场佛门早课。在离开前，可以登上寺院大门的二楼，都兰河在前方蜿蜒而过，青藏铁路上偶尔会传来列车轰鸣。

从乌兰县城包车往返都兰寺需40元。

哈里哈图国家森林公园 森林公园

（乌兰县城以东约23公里，315国道北；门票40元）从国道边的售票口到景区内的停车场还有3公里，但景区并没有观光车，只能自驾或徒步入内。从停车场开始，你可以沿着栈道徒步上山，沿途即是由青海云杉、高山圆柏组成的茂密森林，也可见景区饲养的鹿。

景区内有小木屋别墅（☎180 0977 1660；一室一厅/两室一厅 380/680元；Wi-Fi P），干净舒适，配有独立的卫生间，但没有淋浴设施。周一至周四下午5点后还提供特价房（200元），周末需要预订。更物美价廉的选择是租用帐篷睡袋（100元），可在山间的木亭露营。每逢夏季，林中坡地绿草盎然，如果时间充裕，不妨在此留宿一晚，与星辰虫鸣为伴。小木屋仅在每年6月15日至国庆节营业。

森林公园位于都兰寺以东约5公里处，可以一起游玩。从乌兰县城包车往返这两处景点需要100元。从德令哈往返天峻、都兰（国道）、茶卡的班车也都会途经此处。

金子海 湖泊

（☎592 5888；微信公众号 Jinzihaijingqu；乌兰县城西南约80公里，409县道东侧；门票 90元，含观光车；⏲8:30~21:30）一半是金色的沙，一半是蓝色的海。这片隐藏在沙漠中的湖泊是不可多得的奇观，观光车会直接把你从景区大门带至金子海畔，你可以沿着沙山上的小路往更深处徒步，但要注意，景区内部没有完善的路牌，不要只身进入沙漠深处。

景区内已建成中军大帐沙漠度假酒店，但淡季时歇业，星空帐篷1888元起，也有更便宜的蒙古包（588元）和旅行帐篷（198元）。你也可以参与骑骆驼（100元/20分钟）、沙地摩托（120元/20分钟）等活动。景区游客中心可以提供各种炒菜（26元起）。

景区只在每年4月至国庆节后开放。从乌兰包车往返金子海需要300~350元，但更方便的方式是从德令哈自驾前往都兰时顺路游玩，翻修后的409县道路况良好。德令哈与都兰间每天两班的直达班车会途经景区大门，使乘坐公共交通游览金子海成为可能。

食宿

乌兰县城的食宿都集中在汽车站附近的农林路和东大街上，近年来，住宿条件已有很大提升。每年的7~8月为旅游旺季，房价上涨约100%。

悦途品质酒店 酒店 ¥¥

（☎155 0977 8566；农林路5号；标单/双198元；Wi-Fi P）2019年开业，灰白色调的装修颇为时尚现代，适合年轻旅行者。客房面积很宽敞，卫生间为玻璃隔断。旺季时会上涨至398元。

驼泉商务宾馆 宾馆 ¥

（☎824 6668；东大街10-13号驼泉大楼；标双/套房 100/150元；Wi-Fi P）这家2019年重新装

修后开业的酒店干净舒适，有24小时热水，靠近县城中心，性价比很高。套房为外间一张大床，里间两张单人床，适合家庭和朋友出游。夏季房价翻番。

伊鑫手抓面片馆 清真菜 ¥

（☎176 9707 3865；东小街1-6号，汽车站对面；人均20元；⏰8:00~21:30）以各种面食为特色，推荐这里的干拌（11元）和牛肉凉面（15元）。也提供大盘鸡（98元起）和各种炒菜（25元起）。

实用信息

乌兰县人民医院（西大街4号）

中国农业银行（东小街1号；⏰9:00~17:00）

中国建设银行（西大街3号；⏰9:00~17:00，周六10:00~17:00，周日轮休）

中国邮政（东大街20号；⏰9:00~18:00，节假日10:00~17:00）出售各种柴达木风光明信片。

到达和离开

长途汽车

乌兰汽车站（☎824 2999；东小街2号）有班车前往西宁（75元；8:00、9:30、10:10、13:00、14:30、16:00；5.5小时）、德令哈（27元；8:30、10:00、12:00、14:00、16:00、18:00；2小时）、茶卡（15元；10:00、13:00、15:00、17:00；1.5小时）和都兰（49元；10:30；4小时）。

火车

乌兰站位于县城以北约3公里处，是青藏铁路西格段上的乘降所，不设售票处。如需购票可前往县城内的**火车票代售处**（☎189 9747 1777；东大街兴海商业街路口以北200米；⏰8:30~12:00和14:00~18:00，周末8:30~12:00和13:30~18:00）。汽车站内也设有**火车售票点**。

当地交通

乌兰城内没有公交车，汽车站外是当地出租车的聚集地。从城区打车前往火车站拼车5元/人，包车20元。

都兰

在蒙古语中，"都兰"意为温暖的热土。这片柴达木盆地边缘上的古老绿洲始终是青海地区人类活动的中心之一，随处可见的地名都会提醒你：在博物馆的文物展牌之外，也存在一个由遗址、墓葬连接而成的现实世界。在县域南面的布尔汗布达山之中，青藏高原的隆升营造出一个精彩狂野的自然，藏羚羊、野牦牛等为人熟知的高原动物在雪域中闪现，你将有机会在人迹罕至的自然保护区中与这些精灵相逢。

历史

早在3000年前，西羌人已经在都兰境内的塔里他里哈遗址建立了半农半牧的家园，这一聚居地延续使用至汉代，以其为代表的诺木洪文化是青海青铜文化的名片。

公元4世纪，来自东北的鲜卑人后裔在首领慕容吐谷浑的带领下一路迁徙，抵达陇西。东晋咸和四年（329年），慕容吐谷浑的孙子将势力扩张至青海一带，并以此为中心建立了庞大的王国，以吐谷浑为族名与国号。在鼎盛时期，吐谷浑的疆域达到110万平方公里，成为青藏高原最重要的开拓者之一。

在魏晋以后，原本的河西走廊被割据政权瓜分得支离破碎，中原与西域间的交通改走祁连山南面的青海道。北魏正平二年（452年），吐谷浑的政治中心转移至都兰境内的伏罗川，使都兰一跃成为丝路重镇。

隋大业五年（609年），隋炀帝率40万大军亲征，吐谷浑归降。隋朝在吐谷浑领地设置西海、河源、鄯善、且末四郡。隋朝以后，吐谷浑又成为唐朝与吐蕃争夺的前线，直到唐龙朔三年（663年）被吐蕃所灭，"故地皆入吐蕃"，并继续以邦国的形式存在200余年。藏传佛教经由都兰向河西走廊传播，考肖图的吐蕃佛塔即是指引这一历史进程的"路标"之一。也正是在这一时期，吐谷浑人在热水修建王陵及贵族墓葬，大量丝绸制品裹挟着从长安、粟特到罗马的文化元素，被长久封存在察汗乌苏河的河谷之中。

景点

都兰县博物馆 博物馆

（希望路南段，近109国道路口；⏰9:00~18:00，周一闭馆，10月10日至次年4月20日闭馆）免费 博物馆规模不大，分为A馆与B馆。A馆一层的历史文化展以图片文字资料为主，展示

丝绸之路上的热水

从热水墓葬群出土的大量文物，是诠释都兰作为丝路重镇最直观的依据。其中有来自中原地区的铜镜、铜钱及漆木器，包括一尊造型精美的南北朝时期青瓷莲花尊。在都兰出土的文物中以丝绸最为重要，其中的大多数品种都来自中原地区。

而出土的“西域”文物更是来源广泛，包括东罗马金币、来自今阿拉伯地区的大食织金锦、带有典型粟特动物纹样的金银器，甚至还包括世界上唯一的波斯文字锦，年代跨度从6世纪延续至8世纪末，显示出都兰在丝路商贸和文化交流上的重要意义。

以丝绸文物为例，来自东方的丝绸制品颜色明快，以团窠或写生折枝花纹样为主，有鲜明的写实风格；而西域丝绸的配色对比强烈、图案造型较为几何化，题材以对牛、对马、灵鹫等为主，最典型的图样为含绶鸟，嘴部衔有璎珞、颈后有绶带，是起源于萨珊（今伊朗一带）的造型传统。

值得警醒的是，在1996年公布为全国重点文物保护单位后，热水一带盗墓现象仍然猖獗。由于地方考古力量有限，在1982年以来断断续续的数次考古发掘之间，这里一度成为盗墓者的天堂。在公安机关破获的2018年3·15特大盗墓案中，追回646件文物，仅国家一级文物就达到16件。本书调研时，热水墓葬群已经进驻考古队并派驻文物管理员，这一现象有望得到缓解。

了塔里他里哈遗址与血渭一号大墓这两处都兰境内最重要的文物保护单位的模型。通向三层展厅的入口颇为隐蔽，但千万不要错过这个袖珍但精彩的丝路文物展，其中展出了一部分珍贵的热水出土丝织品，包括波斯织锦及很有代表性的鸟纹织锦。镇馆之宝是出土于热水墓群的铜鎏金凤鸟，在藏语中被称为“夏甲穹青”，与藏族的宇宙观及苯教信仰中的鹏鸟密切相关。B馆展厅以自然环境和民俗文物为主，展出了藏原羚、鹅喉羚等动物标本。

博物馆位于县城南面的109国道附近，入口位于希望路南段西侧，馆前有一处还未投入使用的**都兰县游客服务中心**。由于馆内不设暖气，冬季长期闭馆，可致电馆员（☎182 0977 8172）了解开放情况。

★热水墓葬群　　陵墓

（热水乡东南约15公里）**免费** 热水墓葬群是青海重要的考古发现之一，位于察汗乌苏河两岸的血渭草原上，目前已发现墓葬约300座。位于河北岸的**热水一号大墓**最为醒目，是一座位于自然山丘顶部的金字塔形墓葬，高出地面35米。1982年经考古发掘，判定为7~8世纪吐蕃时期的吐谷浑墓葬，墓主可能为吐谷浑可汗或高级贵族。沿着石阶登上墓葬顶部的平台，可以看到裸露在外的十字形墓室结构，是吐蕃早期高规格墓葬的重要特征，而其中所使用的木质葬具则显示出中原特点，可见唐代的都兰是中原与吐蕃文化交流的重要地区。该墓由柏木、石块层层垒砌而成，因此被民间传说附会为“九层妖塔”。

在热水一号大墓东侧约500米处，是位于简易保护棚内的**QM1号墓**，在2007年的抢救性发掘中无文物出土。如果赶上开放，你可以沿着铁梯下到由花岗岩筑成的墓室内部参观。

由于热水一地曾饱经盗墓困扰，在你进入墓群范围后，附近的管理员会前来登记身份信息。要特别注意，旅行者不能接近考古发掘现场，严禁在周围摄影摄像。

从都兰县城出发，沿109国道向南约13公里，左转往热水乡方向，此后的路段都是坑坑洼洼的砂石路面。从热水乡继续沿河东行约7公里，会途经龙玛日寺和热水文保站，继续向东8公里即到热水墓葬群。由于路况不佳，从都兰县城包车往返需要200元。

海寺花海　　自然景观

（都兰县城以东约15公里）**免费** 季节是决定体验的核心因素：春天时，这里有一片名副其实的花海，却也饱受游客随意丢弃垃圾的困扰。其他季节则与一般山区无异，如果错过了最佳的观景时间，实在不值得长途跋涉专程前往。花海入口处有不少蒙古包，提供昂贵的烤全羊和烤鸡等当地特色食物。从都兰县城包车往返需要50~70元。

考肖图风景区

自然景观

（香加乡考肖图村）免费 从都兰县城向南沿109国道约40公里，可见指向考肖图的路牌，景区位于该砂石路向内约10公里处，这里以夏季时也可见的一挂冰瀑而闻名。

沿着砂石路向内约5公里，可见道路左侧有一块写有"祭祀台"的大石块，在铁丝网围合的范围内就是**考肖图城址**，曾经出土了类似中原唐陵的石狮，现存最醒目的建筑被认为是一座吐蕃寺院的佛塔遗址，是藏传佛教由西藏向青海传播的重要见证。

由于汉字转写有异，"科肖图""可歇特"等均指同一地点。从都兰县城包车往返需要约200元。

食宿

都兰县城的住宿性价比不高，酒店普遍偏陈旧，建议入住前查看客房。餐厅主要集中在新华街的西段。

锦程商务宾馆

宾馆 ¥

（☎833 5555；解放路南新街路口西北侧；标双 138元；📶🅿）房间干净宽敞，提供24小时热水和免费的国内长途电话，算是城里比较有性价比的选择。靠近马路一侧的客房夜间可能较吵。暑假期间上涨至180元。

邮政宾馆

宾馆 ¥

（☎186 9719 0505；商业街18号；标双 120元；📶🅿）也叫嘉和宾馆，就在邮政局隔壁。房间简单干净，马路对面就是出租车聚集地。

五谷香早餐店

早餐 ¥

（☎156 9537 9191；新华街，汽车站以东100米；人均 8元；⏰5:00~14:00）早餐时段人气爆棚，最受欢迎的是这里的各种包子（1元起）。肉盒（5元）、韭菜盒（4元）的分量不小，搭配豆浆或小米粥（3元）就是满足的一餐。

羊之味馕坑烤肉

烧烤 ¥

（☎199 9747 3314；新华街，汽车站以东250米；人均 40元起；⏰12:00~24:00）招牌是这里的羊肉串（2元）、馕坑烤肉（6元）和烤饼（3元），是难得独自旅行者也能合理点餐的烧烤店。如果多人就餐，不妨试一下这里的土火锅（138元）、烤羊排（75元/斤）或各种炕锅（45元起）。烧烤类要到下午五六点以后才开始供应。

实用信息

都兰县人民医院（和平街9号）

中国农业银行（解放街19号；⏰9:00~17:00）有24小时ATM。

中国邮政（和平街商业街路口东北；⏰9:00~18:00，节假日 10:00~17:00）出售各种风光明信片。

都兰县旅游局（☎833 2999；微信公众号 dlxlyj126）

到达和离开

汽车是都兰唯一的交通方式。德马高速开通后，可以更方便地自驾前往果洛及四川。**都兰汽车站**（☎823 2231；109国道新华街路口西北）位于城西，站内设有火车票代售点。

县城的出租车主要集中在和平街商业街路口的北侧（中国邮政对面）以及汽车站周围，包车游览时不同司机的报价差异较大，建议多询价。

都兰汽车站车次时刻表

站点	发车时间/班次	票价（元）	行程（小时）	备注
西宁	8:10、10:20、13:00、16:30	93	9	途经茶卡（31元）
格尔木	8:20、12:00	75.5	5.5	途经诺木洪（47元）
德令哈（直）	9:00	56	3	途经金子海
德令哈（绕）	10:00	76	5	途经乌兰（49元）
香日德	9:00~18:10，每30~40分钟1班	15	1	
诺木洪	8:00	47	3.5	

都兰周边

香日德镇

香日德被部分学者认为可能是吐谷浑中前期的王城，其规模比青海湖畔的伏俟城更大。曾经的香日德古城遗址已经在现代建筑的包围中消失殆尽，但它的区位意义不曾被替代：如今，德马高速、京藏高速和109国道交会于此，使它成为柴达木盆地重要的交通枢纽。

景点

班禅行辕 寺庙

（香日德镇以西约4公里）免费 始建于乾隆四十五年（1780年），是由六世班禅倡议修建的一处格鲁派寺院，也是历代班禅往返内地时的驻锡之地。1949年8月，十世班禅确吉坚赞在堪布会议厅的护送下由塔尔寺迁往香日德，同年10月1日，在这里发布了“祝贺中华人民共和国成立”的贺电，是民族团结的重要纪念地。寺院规模不大，周围是一圈转经筒的游廊，主殿内部有精美的唐卡和大型转经筒。

从香日德镇包车往返班禅行辕需要约30元。

全杰烽火台 古迹

（全杰村）免费 这座烽火台的始建年代不考，因建在一座石岩山顶，依借山势显得颇为高大。其西面的农田是视野开阔的观赏地点，你也可以从其南面或东面登上岩山。烽火台在香日德汽车站向南约2公里处、香日德河大桥以东、109国道南，前往班禅行辕途中也会路过，非常好找。

都兰野生动物保护区 自然保护区

（沟里乡）免费 这里曾是都兰的国际狩猎场，在2008年禁止打猎以后，已经“改头换面”成了保护区。每年的6月至7月和12月至次年1月是观赏动物的最佳时间，夏天时容易看到岩羊、藏狐，冬季更容易看到野驴等较大型的动物。想要偶遇野牦牛、藏羚羊、雪豹、马麝、兔狲等保护动物，多少需要一些运气。此地曾有藏棕熊袭击人类的报告，遇险时不要慌张或急速奔跑，面朝熊慢慢后退是最安全的办法。

保护区的位置颇为隐秘，从香日德上德马高速往花石峡方向，在沟里匝道收费站（而不是沟里收费站）下高速后左转，沿水泥路前行约18公里，在公路里程碑75至76之间过一座水泥桥后左转进土路，前行约6公里可到。要注意，全程没有指向保护区的路牌，你可以联系保护区的肉保站长（☎159 0977 1666）获得帮助。

进入土路后，两旁的草地上将不时闪现出旱獭（土拨鼠）的身影，这是保护区内最不容易错过的动物，注意不要过分亲近和喂食。在进入一处围栏的大门后，右转上山是更陡的土路，已经可以望见不远处的**沟里合支龙保护站**，但由于坡陡、易结冰，只有四驱车才能登上这一路段，如果车况不佳，可步行前往。

肉保管理的保护站最多可以为10位旅行者提供食宿及向导服务（每天300元/人），包括参观向导、干净的多人间床铺和山谷里缥缈且唯一的2G信号，想在海拔4200米淋浴目前还是一种奢望。保护站计划在2020年进行改造。

在雪山环抱中寻找野生动物的身影将是一段难忘的旅程，请注意保暖、预防高反。建议的最低车辆配置是SUV，四驱更佳。保护站多提供藏餐，可自行携带必要的饮食。

食宿

香日德镇上近年开出了不少新酒店，住宿的性价比有了很大提升，7~8月是旅行旺季，房价比平日上涨50%~100%。酒店和餐厅集中在汽车站所在的109国道两侧。

金翔酒店 酒店 ¥¥

（☎823 5333；东小街，汽车站北面加油站以东；标单/双 188元，含双早；📶🅿）这家三星级的新酒店可能是香日德最好的，且性价比很高，有宽敞气派的客房和舒适干净的床品。旺季时房价上涨至318元。

中心宾馆 宾馆 ¥

（☎823 8088；汽车站以南200米，109国道以西；标双 100元；📶🅿）入口位于招牌背后的停车场内，提供简单干净的客房，更推荐2019年新装修的标准间（120元），仅比普通标准间稍贵，但卫生及装修水准都有很大的提升。

万里马酒楼

川菜 ¥

(☎159 0977 2988；汽车站以南约350米，109国道以西；人均 40元；⏲10:00~22:00)隐藏在临街的二楼，是香日德最好的餐馆之一。有各种炒菜(荤菜32元起)和干锅(24元起)，味道都很不错，菜量不小。

到达和离开

镇中心的**香日德汽车站**(☎823 8021)有班车前往西宁(105元；8:00、9:30、16:30；8小时)、格尔木(62元；9:00、9:30、12:00、13:00；5小时；途经诺木洪)、德令哈(59元；11:00；3小时)、都兰(15元；8:30~18:00，每30分钟1班；约1小时)和诺木洪(32.5元；9:10；约2.5小时)。

在香日德汽车站附近很容易找到出租车，可包车前往周围景点。

诺木洪

诺木洪是青海考古史上不可忽略的重要名字，以这座小镇命名的诺木洪文化是青海青铜时代的代表。如今，这里也是重要的枸杞种植基地。每年7~9月，迎来枸杞丰收季节的诺木洪如同一个平行世界里的神奇小镇，来自全国各地的农场工人通宵忙碌，给这座荒漠中的小镇带来五湖四海的口音和彻夜不灭的灯火。

在地图上，诺木洪又被标注为宗加镇，这是因为原诺木洪乡已撤销并入宗加镇，但宗加镇政府驻地则由原来的老宗加迁至诺木洪农场东面不远处。这一行政区划变迁可能会造成困扰，在购票乘车时请认准诺木洪农场。

贝壳梁，青藏高原的沧海桑田

位于诺木洪西北约30公里处的**贝壳梁**是一处长约2公里、宽约70米的贝壳遗迹，这些来自大海中的贝壳在青藏高原隆升之后，就永远定格在了荒漠中，和含有盐碱的泥沙凝结在一起，是“沧海桑田”这一地质演变过程的重要见证。从诺木洪包车往返贝壳梁需要70~80元，但在本书调研时，这里已被划入保护区而被关闭，请注意向当地人了解开放情况。

景点

诺木洪城墙

城墙

(诺木洪农场路北侧) 免费 这是一段非常年轻的城墙，1946年国民党政府修建青新公路，在修筑茶卡至诺木洪段的路基时，在诺木洪一带筑城以支持工程建设。最容易找到的一段城墙位于宗加镇政府的东南侧，在进镇的路上即会看到这些夯土城墙的遗迹，附近立有文物保护碑。

塔里他里哈遗址

遗址

(诺木洪七大队一片区) 免费 这处距今约3000年的遗址是诺木洪文化的命名地，也是柴达木盆地最大的古文化遗址，于1959年被发现。诺木洪文化是西羌人创造的青铜时代文化，这一时期出土的生产工具及纺织品已可见中原文化对该地区的影响。遗址内发现了多处房屋遗迹，周围有饲养牲畜的圈栏遗迹，证明当时的人们已过上半农半牧较为稳定的生活。现存的遗址是3个小土丘，中间为一片天然广场，遗址北侧还可见沙包下裸露的土坯墙。

遗址位于诺木洪汽车站以西约5公里处。向西出镇区，过海西哇河大桥后有诺木洪液化气站，从此向西约2.5公里后左转，遗址位于道路右侧的一圈围栏中，旅行者只能在围栏外参观。

食宿

镇上的餐厅和酒店主要集中在汽车站附近，随处可见清真餐厅和快捷旅馆。位于镇政府以西约800米处的**飞龙宾馆**(☎823 9239；诺木洪农场路；标单/双 140元，套 200元；📶Ⓟ)是镇上唯一的二星级宾馆，客房简单干净，有套房式的三人间(200元)，一楼的客房会有20~40元的折扣。在7~9月晒枸杞的旺季前往诺木洪，需要提前订房。**刘淑玲卤肉店**(☎184 3813 3168；飞龙宾馆大门东侧；⏲8:00~24:00)提供口味不错的手工水饺(15元/斤)及各式卤肉(25元/斤起)。

到达和离开

位于镇中心的**诺木洪汽车站**(☎823 9769)有班车前往西宁[139元；7:30，15:00；9小时；途经茶卡(73元；5小时)]、格尔木(30元；8:30、

一位将军，一条公路，一个奇迹

1953年，由于西藏粮食短缺，来自甘肃、青海、宁夏等地的运粮队伍靠着27,000峰骆驼进入西藏，这一趟来回耗时7个月，倒下了30多名运粮队员——运粮总队政治委员慕生忠将军由此萌生了修建青藏公路的想法，并开始了筑路前的勘探工作，最终得出青藏高原“远看是山，近看是川”的结论：意即山高但坡缓，河多水不深，具备修路的条件。

1954年5月，青藏公路开工，全程约1300公里路段要翻越雄伟高寒的昆仑山、可可西里与唐古拉山，但在开工仅7个月零4天之后，筑路大军就把公路铺到了拉萨城，创造了世界公路史上的奇迹。青藏公路的通车，结束了千百年来西藏全靠人力畜力运输物资的历史，成为中国维护边疆稳定团结的生命线。而青藏公路沿线的不少地点如风火山、不冻泉、沱沱河等，都是慕生忠所命名的。

1994年，慕生忠在兰州逝世。其子女按照他生前的意愿，将他的骨灰洒向了曾经奋斗过的昆仑山。

13:00、17:00；2.5小时）和都兰[47元；7:20；3.5小时；途经香日德（35元；2.5小时）]。在汽车站周边也可以找到前往格尔木的拼车（40元/人）。

格尔木

在过去的数十年中，格尔木一度以“尽头”的形象为人熟知，这里曾是青藏铁路的终点，也是青藏公路的起点，丰富的矿藏和独特的交通区位带来了大量移民，使这里迅速成长为青海省内仅次于西宁的第二大城市。2006年以后，青藏铁路的全线通车似乎使很多旅行者直接越过了这座城市，在现代化的市区内，格尔木缺少吸引旅行者的看点：格尔木市博物馆正在修建中，而盐湖广场的昆仑山地质公园博物馆则常年处于关闭状态。但你仍可以把这里当作一处安心的歇脚地，为昆仑山或可可西里养精蓄锐。

历史

在蒙古语中，“格尔木”是“河流密集之地”之意，来自南面昆仑山的雪山融水汇聚成茫茫荒原上的河滩。在漫长的历史时期，这里都是一片罕无人烟之地，只有少数牧民偶尔游牧至此。

1953年10月，西藏运输总队在这里设立了转运站，扎下了第一顶帐篷，成了格尔木开发建设的原点。带领筑路大军而来的慕生忠将军有言：“我们的帐篷扎在哪里，哪里就是格尔木。”为了保障青藏公路的修建，格尔木成为筑路工程的后勤保障中心：工人们利用筑路的业余时间在格尔木种树、垦田，甚至从湟源拉来了14万株树苗，将这里改造成为柴达木的绿洲。

作为进入西藏的门户，这座城市曾长期以军人为主。20世纪90年代，现代化改革引发了工作迁徙的热潮，格尔木迎来了大批怀揣淘金梦的内地人，大量的矿产被开发，城市规模逐渐扩大。青藏铁路的修建期间，格尔木更是风头无两。

但随着青藏铁路的完工通车，青藏公路的物资运输地位明显下降，格尔木曾一度衰落。不过，格尔木至敦煌、格尔木至库尔勒两条铁路的建设，或许将给格尔木带来新的生机。

景点

将军楼公园 公园

（☎848 3388；金峰西路；⏲9:00~20:00）**免费** 公园内的最大看点即为**青藏公路建设指挥部旧址**（⏲3月20日至10月14日 8:30~12:30、14:30~18:30，10月15日至次年3月19日 10:00~17:00，周一闭馆）**免费**，又名“将军楼”，这是方圆千里内戈壁滩上树立起来的第一座楼房，也标记着格尔木城市史的原点。旧址的主楼（办公楼）内为会议室的原状陈列，副楼（飞机楼）则复原了慕生忠及家人在格尔木的生活场景。附近还有一处玻璃罩内的大门旧址，上面镌刻着毛泽东的诗句“四海翻腾云水怒，五洲震荡风雷激”。

格尔木城区

公园内设有一处**慕生忠将军纪念馆**（⏲开放时间同将军楼）免费，第一展区以图文形式介绍了青藏公路的修筑历程，第二展区展示了筑路史上的一些重要文物，包括一件美式睡袋和军毯，是当年从朝鲜战场上缴获后作为奖励物资分配给慕生忠使用的。

公交2路至将军楼公园站，公园大门位于金峰西路滨河北路的路口。

长江源村和民族文化村　村落

（格尔木市南郊青藏公路）免费 如果你对移民的生活感兴趣，可以来青藏公路两侧的这两个村子转一下。长江源村聚集了唐古拉山乡的移民，民族文化村的住民则来自玉树的曲麻莱，他们都是为了保护长江源的生态环境而搬迁至此。当然，你首先得是一位乐于开口、善于沟通的“采访者”，否则，这两个藏式的“新农村”对旅行者而言还是乏善可陈。

公交4路车至唐乡移民新村站。

住宿

格尔木拥有从青年旅舍到国际品牌连锁的各类选择，7~8月为旅行旺季，房价会上涨

格尔木城区

景点
1 将军楼公园……A1

住宿
2 白玉兰酒店……C3
3 匆匆那年主题青年旅舍……B4
4 格尔木宾馆……C3
5 江南商务宾馆……B3
乌丽青年旅舍……(见3)
6 怡景品质酒店……C5
7 云麓客栈……D4
8 中浩希尔顿逸林酒店……C4

就餐
9 东乡羊肉手抓大王……A1
10 胡桃里音乐酒馆……C2
11 一品包子馆……C2
12 原八一市场酿皮……A1
13 振华手抓大王……C2

饮品
14 大先生酒吧……C4
15 亲爱的蜂蜜茶……C4

购物
16 明珠购物中心……C2
17 世邦城市广场……C3

实用信息
18 格尔木市人民医院……B2
19 中国工商银行……C3
20 中国建设银行……C4
21 中国银行……C3
22 中国邮政……C5

交通
23 格尔木长途汽车站……C5
24 格尔木站……C5
25 泰山路汽车站……D3
26 一嗨租车……C5

50%~100%。柴达木中路临近热闹的市中心，出行方便，有不少中低端酒店可选；高档的星级酒店都集中在昆仑路上。

★白玉兰酒店 酒店 ¥¥

（☎599 0888；江源中路56号；标单/双207/240元；🛜❄🅿）2019年开业，房间干净宽敞，装修风格时尚简约。旺季时也不涨价，是性价比极高的选择。自助早餐需另外付费，28元/位。

怡景品质酒店 酒店 ¥¥

（☎841 7111；江源南路36号；标单/双178/168元；🛜🅿）房间宽敞，装修简约现代，床品很舒适。淋浴间为玻璃隔断，热水为统一供应，无须担心热水器水量不足。是火车站附近较好的选择。夏季上涨至298元。

云麓客栈 青年旅舍 ¥

（☎599 6555；泰山南路7号；铺50元起；🛜🅿）2018年开业，拥有一个宽敞的公共空间，设有小型舞台和投影仪。多人间的客房内配备了原木色的上下铺，整体干净舒适，公共淋浴间稍显狭小。

匆匆那年主题青年旅舍 青年旅舍 ¥

（☎136 3979 8114；黄河中路中山路口东南；铺30元起；🛜🅿）提供四人间（35元）和六人间（30元），拥有不小的公共空间，混住的多人间床位都配有床帘。旅舍也提供前往格尔木周边的线路拼团服务，包括北线的柴旦湖和水上雅丹（400元）、南线的昆仑山口和可可西里（238元）。旅舍隔壁还有一家条件相近的**乌丽青年旅舍**（☎189 3559 4447；铺30元起；🛜🅿），规模稍小。前往旅舍可以从文盛宾馆大门南面的门洞入内，沿右侧的小路就可以看到两家旅舍的指路标记。

格尔木宾馆 酒店 ¥¥¥

（☎842 4288；昆仑路43号；标双 320元起；🛜❄🅿）这是一座园林式的四星级酒店，多做政府接待，环境清幽。最便宜的客房是3号楼（320元起），淋浴间稍显狭小；最值得推荐的是新装修的6号楼（400元起），房间内都配备浴缸和电脑；7~8月分别上涨至398元和498元。

中浩希尔顿逸林酒店 豪华酒店 ¥¥¥

（☎896 9999；昆仑南路15-02号；标双 500元起；🛜❄🅿🏊）是市内最好的酒店之一，也是格尔木目前唯一的国际连锁品牌。客房的面积达到40平方米，暖色调的装修颇显奢华，配备宽敞舒适的卫生间。高楼层的景观更佳。如有充足的预算，旺季时选择价格稳定的大品牌，显然比那些胡乱涨价的小酒店更为靠谱。

江南商务宾馆 宾馆 ¥¥

(☎891 2555；昆仑中路4号；标单/双148/168元，含双早；Wi-Fi P)房间稍小的1号楼设施较旧。推荐装修更好的2号楼，房间更宽敞舒适，双床房188元起，而大床房(208元)的面积几乎是双床房的两倍，设有沙发和茶具，性价比更高。

就餐

格尔木的餐饮丰富程度是柴达木盆地最好的，除了随处可见的清真餐厅以外，你也可以很容易找到川湘菜及各种地方小吃，有一些年轻人喜爱的新派餐厅，潮流格调不输内地大城市。

原八一市场酿皮 小吃 ¥

(☎139 9749 1827；盐桥中路7号；人均7元；⏲11:00~18:00)备受当地人欢迎的老字号小吃店，哪怕不是饭点也可能大排长龙，更不乏10份起买的当地老饕。酿皮、面筋的简单组合，搭配辣椒油、葱花、蒜末和醋的调味，就是价廉物美的一餐。周日时会在16:30左右就售罄，想吃也要赶早。

一品包子馆 早餐 ¥

(☎186 0979 2600；育红街16号；人均15元；⏲6:30~19:00)一家干净美味的早餐店，你可以隔着玻璃看到后厨的工作，对卫生可以多一份放心。经营各种包子(12元/笼)和蒸饺，且均可半笼起卖，也有胡辣汤和各式粥品。早餐时段人气很高。

振华手抓大王 清真菜 ¥¥

(☎188 9739 6688；八一东路60号；人均85元；⏲ 9:00~22:30)格尔木最受欢迎的手抓饭馆，除了招牌的白条手抓(75元)和精品手抓(85元)外，也有牛肉土火锅、青稞饼等青海特产，不少菜品可以点半份。餐馆外的院子内可以免费停车，但晚餐高峰期未必有空位。

东乡羊肉手抓大王 清真菜 ¥¥

(☎189 3559 4906；金峰西路46附6号，河西清真大寺向西200米；人均70元；⏲24小时营业)1996年开业的老店，招牌是这里的手抓羊肉(68元/斤)和羊脖子汤(小锅/大锅80/100元)，手抓会自带一些咸味，或许和想象中的味道有所不同。也可以试试葱爆羊肉(48元)、手撕羊排(148元)。

胡桃里音乐酒馆 融合菜 ¥¥

(☎842 7111；八一中路36号；人均70元；⏲11:00至次日3:00)有名的音乐酒馆连锁品牌，就餐环境颇有文艺范，是较受本地年轻人欢迎的去处。提供各式烧烤和胡桃里烤鸡(68元/半只)、烤羊排(98元)等热菜。基本每晚都有音乐演出。

饮品

亲爱的蜂蜜茶 果汁吧 ¥

(☎138 9719 8765；建设中路人保大厦1楼；人均30元；⏲10:30至次日2:00；Wi-Fi)这里的环境如同一座小型的图书馆，设有舒服的卡座，配有充电插座。你可以点一杯果茶和朋友闲聊到深夜，也可以在这里吃到各种中西式的简餐。店内有一个小型舞台，偶尔会有音乐演出。

大先生酒吧 休闲酒吧 ¥¥

(☎844 6665；建设西路江源路口西南；人均50元；⏲14:00至次日2:00)这座设在玻璃房内的小酒吧，在夜色中如同一盏通向舒适放松的“灯塔”。提供各种酒类、咖啡、茶水和果汁(15元起)。

购物

格尔木拥有两个主要的商业中心，分别是**明珠购物中心**(昆仑中路21号)和**世邦城市广场**(柴达木中路25号)，后者的地下1层为格尔木规模较大的**全家福超市**(⏲9:00~22:00)，可以买到包括枸杞、牛肉干、酸奶在内的各种特产。

新华书店(☎131 9570 4588；八一东路察尔汗中路路口西南；⏲9:30~18:00)出售本地文化读物及青海省地图集。

实用信息

危险和麻烦

格尔木的交通文明程度为人诟病。这里的司机行车风格颇为“彪悍”，过马路时一定要左顾右盼，人行道在这里并不是“免死金牌”。如果你是自驾旅行者，也一定要调整心态，在不太遵守交通规则的混乱车流中，请注意行车安全。

由于这里是进入西藏的重要通道，如果你在重大节庆期间来到格尔木，务必随身携带身份证件。

医疗服务

格尔木市人民医院（☎849 6722；昆仑中路18号）位于昆仑广场西侧，是本市最好的医院。急诊可拨打市急救中心的电话（☎849 0677）。

银行

格尔木的银行网点很多，都有24小时ATM。

中国银行（柴达木中路55附1号；⊙9:00~17:00，节假日10:00~16:30）可提供主要外币兑换。

中国工商银行（江源路12号；⊙9:00~17:00，节假日10:00~16:30）

中国建设银行（江源南路17号；⊙9:00~17:00，周日10:00~17:00，周六休息）

邮政

中国邮政（迎宾路38号；⊙9:00~18:00）就在火车站对面，是格尔木最大的邮局，出售各种风光明信片和集邮产品。

到达和离开

飞机

格尔木机场（☎844 4561；geermu.cwag.com；柴达木路4号）位于市区以西约15公里处，有东方航空执飞西宁、西安、杭州航线，西部航空执飞郑州、拉萨航线，西藏航空执飞拉萨航线。

长途汽车

本书调研时，位于火车站对面的**格尔木长途汽车站**（☎845 3688；迎宾路江园南路路口东北）正在重建中，预计在2021年才会重新对外开放。在此期间，所有的长途汽车班次都转移至**泰山路汽车站**（☎841 9756；泰山路建兴巷路口）。

火车

格尔木站（迎宾路39号）位于市区南面，是青藏铁路上的重要车站，西宁、北京、上海、广州等各大城市往返拉萨的列车均在此停靠。本书调研时，车站正在扩建中，建议预留足够的进站时间。

当地交通

抵离机场

从机场前往市区的**机场大巴**（☎844 4561；20元）随航班到港时刻发车，途经儿童公园和宇航大酒店。本书调研时，市区内的宇航大酒店正在装修中，建议在八一路上的儿童公园公交站乘车。从市区前往机场的发车时刻随航班时刻有所变动，建议提前致电咨询。打车从市区前往机场一般为40~50元，但如果打车从机场前往市区，费用可能高达80元。

公交车

格尔木市区内有多条公交线路（☎843 1693），票价1元，运营时间一般为7:30~19:00。1路、5路、6路连接火车站和市中心，2路连接火车站、昆仑公园、儿童公园和将军楼，4路连接泰山路汽车站和唐乡移民新村。

出租车

起步价6元/3公里，超过3公里后为1.3元/公里，夜间（23:00至次日6:00）为1.5元/公里，超过

泰山路汽车站车次时刻表

站点	发车时间/班次	票价（元）	行程（小时）	备注
西宁	14:00、16:00、17:00	座位/卧铺120/140	12	途经香日德、都兰、茶卡
德令哈	13:00	71	5	
大柴旦	9:30、17:00	43	3	
花土沟	9:30	106	7	随车电话☎153 0979 8677
都兰	9:00、13:30	76	5.5	
香日德	9:30、14:00	62	4	
诺木洪	9:00、13:00、17:00	30	2.5	
库尔勒	10:00	342	25	途经花土沟（129元），随车电话☎186 0979 4198
敦煌	9:00、11:00	115	9	途经大柴旦（44元）

自驾格尔木

来到格尔木，千万不要只是傻傻待在市区消磨时光，你可以以这座现代化的城市为基地，去探索周边奇妙的自然景观。

察尔汗半日游：以格尔木为起点，午后沿着215国道或柳格高速造访中国最大的盐湖察尔汗盐湖，下午烈日中的盐湖闪耀着炫目的白光。在傍晚时分回到格尔木。

昆仑山—可可西里一日游：沿着109国道一路向南，进入昆仑山世界地质公园。先到纳赤台清泉歇脚，再去无极龙凤宫问道，然后抵达昆仑山口。如果时间充裕，不要错过近在咫尺的可可西里，一路向南抵达索南达杰保护站。由于国道上重型车辆较多，尽量在天黑前赶回格尔木，全程往返需要约10小时。

昆仑山—野牛沟一日游：从格尔木前往无极龙凤宫，然后从这里拐上去往野牛沟的小路，沿途可以欣赏玉虚峰，资深的向导还可以带你找到野牛沟岩画，最后拜访西王母瑶池。

10公里为1.95元/公里。市区内一般打表计费，偶尔有拼车现象。包车前往周边的景点则需要与司机议价。在格尔木市区可以使用手机打车软件。

租车

一嗨租车（400 888 6608；www.1hai.cn）在格尔木设有机场租还点（☎180 9719 5645；机场路13号；⏲9:30~23:00）和火车站店（☎180 9719 5645；江源南路21号；⏲8:00~23:00），可租普通轿车及SUV。

格尔木周边

格尔木的北面是柴达木盆地的广袤荒原，南面则是浩渺的昆仑山脉以及从来都不属于人类的可可西里。但正是这座现代城市的存在，使这些遥远的地理名词有机会成为你亲自丈量的旅途。

察尔汗盐湖

（☎726 8668；www.mhyhly.com；格尔木市区以北约60公里；门票 50元，含交通及讲解；⏲9:00~19:00）在蒙古语中，察尔汗是“盐泽”之意，在柴达木盆地的诸多盐湖中，察尔汗的两个特色最为显著：一是“大”，这个世界第二大盐湖供应了我国80%的工业盐，湖中所储藏的氯化钠达500亿吨，足够全世界人吃上1000年；二是“工业化”，哪怕不进入景区，只是从215国道或柳格高速上路过这里，也会被连绵不绝的工厂所震撼。

柴达木密集的盐湖源于相同的地质背景：2亿年前，当喜马拉雅地质运动将青藏高原逐步抬升时，如今的柴达木盆地成为“古地中海”最后的水域。而此时，喜马拉雅山脉已经阻断了来自印度洋的温暖气流，整个盆地逐渐变得干旱炎热，水域面积不断缩小，最终形成了这些矿物质聚集的盐湖。

要进入盐湖景区，必须要在高速路口附近的停车场购买景区交通车票，私家车、出租车皆不允许进入盐湖集团大门。随车参观的流程是从集团大门处的**盐湖博物馆**开始，先了解盐湖的形成与分类、国内外盐湖的分布情况，然后就可以进入内部的**中心码头**，这里是游客的聚集地，可以去往不同方向的盐湖区。景区交通车在9:00~17:00每30分钟1班。

在景区以外，沿柳格高速向北，在公路与青藏铁路交会的地段还有著名的**万丈盐桥**景观，但大部分时间段里，属于你的“买家秀”远不如摄影师的“照骗”来得震撼。

从格尔木包车往返察尔汗盐湖需200元，但偶尔能遇到司机报价100元往返，建议多询价。你也可以在河西转盘（盐桥路金峰路路口）找到拼车（20~30元/人）。

昆仑山世界地质公园

在5500万年至5000万年前，印度板块和欧亚板块的剧烈碰撞，使今天的青藏高原一带迅速隆升，发育成为世界上最年轻也最雄伟的高原地带。昆仑山是青藏高原北部应力释放最集中的地带，地震频繁。高海拔塑造了这里的高寒气候，冰川运动成为重塑昆仑山的重要力量。因此，你可以在这处巨大的地质公园内找到密集的地震遗迹和冰川遗迹，沿路随处可见的展牌详细地说明了地质运动过程如何塑造了今日的地貌景观。主要的景观都可以沿着青藏公路（109国道）看到，你也可以沿着野牛沟—西王母瑶池的支线深入，探访游人更少的秘境。

景点

纳赤台清泉

泉水

免费 在进入昆仑山地质公园大门后继续南行约64公里，就是纳赤台，这里的一眼清泉又被称为“昆仑神泉”，来自海拔4000米以上的冰雪融水，在经过漫长的地下径流之后，在纳赤台地区受到断层的阻隔才重新回到地面，无论冬夏，都保持着7℃的恒温。如今，这眼小小的泉水被凉亭、院落郑重其事地重重包围。

沿着泉水南面的景观平台，你可以下到昆仑河畔的亲水平台，从这里向南望去，在河流对岸就是**纳赤台细石器遗址**，是距今约7000年的人类活动痕迹，但没有桥梁可供过河参观。

三岔河

河

免费 三岔河是小南川汇入昆仑河的地方。从纳赤台向西约17公里，即到达高大的**三岔河大桥**，桥高54.1米。有趣的是，桥梁的20个桥墩中有17个都是空心的，桥墩壁最薄的地方只有0.3米，承托起了这座青藏铁路全线最高的桥梁。铁路桥与公路桥的中间，可以见到老青藏公路的**三岔河桥旧址**，桥头还设有碉堡，足见其战略意义的重要。

另外，桥下的三岔河是观察河流阶地的理想地点。当地壳抬升时，河流会在原来的谷底继续下切，有几级阶地就意味着至少有几次地壳抬升。三岔河壮观的四级阶地说明了这里至少经历了4次间歇性抬升，每级阶地的高度不等，也能反映地壳抬升速率的变化。

无极龙凤宫

道观

免费 从三岔河大桥向西约3公里，即可到达这座2012年时新建的庞大道观，道观是依据《封神榜》中姜子牙在昆仑山得道的故事而修建的。无极龙凤宫是两条道路的路口，从这里沿青藏公路一路向南去往昆仑山口和可可西里，沿岔路一路向西则可去往野牛沟和西王母瑶池。

野牛沟

自然景观

免费 与三岔河一带沟深水急的河流阶地不同，野牛沟的地势更为宽阔，因此在这一地区，昆仑河的侧蚀作用比下蚀作用更为明显，从而形成了如辫子一般的辫状河。两岸的草原是当地蒙古族牧民的夏季草场。在河流

做一回高原的绿色使者

行驶在青藏公路上，道路两旁的垃圾污染触目惊心，这些垃圾主要来自那些过往的卡车司机，由于长途驾驶，他们常常在路旁丢弃各种废弃物品。近年来，地方政府及NGO会组织人员在沿途捡拾垃圾，有志愿者向我们反映，他们曾在短短一公里路段上捡拾到46大袋垃圾，可见这一区域环保形势之严峻。

绿色江河（www.green-river.org）在青藏公路格尔木至拉萨段的1200公里路段上设计了18个绿色驿站，已有6个投入运营。其中，以绿色房子、白色帐篷为标志的**昆仑泉驿**（纳赤台，海拔3600米）、**昆仑山驿**（西大滩，海拔4150米）、**三江源驿**（昆仑山口，海拔4767米）均位于昆仑山世界地质公园内，除了提供环保志愿服务，也非常乐于为过往旅客提供休息场所。你可以在官网上申请为期1个月的志愿服务，将有机会在上述驿站轮转，服务时段为每年4月至10月中旬。

对自驾旅行者而言，你可以前往这些驿站帮忙将封装好的垃圾运回位于格尔木市区的**格尔木驿**（盐桥南路，长江源村以南约1公里）。各驿站都可以提供纪念戳，在你完成任务之后，会在格尔木驿得到明信片、宣传页等小礼品。

的南岸，可以看到玉虚峰的冰川。野牛沟以生活着野牦牛而得名，在经历了20世纪80年代至20世纪90年代的疯狂盗猎后，野牛沟曾一度徒留虚名，但经历了漫长的保护与恢复后，野牦牛的数量得到一定增长。在人迹罕至的季节，时常可以看到野牦牛出没。但要小心，暴躁的野牦牛甚至可以顶翻越野车。

野牛沟中还有一处**野牛沟岩画**，以通体雕凿的手法制成，距今约有3000年，描绘出昆仑山先民的原始生活，狩猎情景和牦牛形象是重要的表现主题。

西王母瑶池 湖泊

免费从无极龙凤宫沿岔路向西约100公里，即可到达海拔4300米的西王母瑶池，这是昆仑河的源头，也是道教徒的神湖。传说每年到了农历三月初三、六月初六、八月初八，西王母会在此设蟠桃盛会宴请各路神仙，因此吸引了世界各地的信众前来朝拜。从地质构造上看，西王母瑶池其实类似一个"加大版"的纳赤台清泉，其水源同样是靠雪山融水通过地下径流补给的，由于含沙量很低，湖水非常清澈。

玉珠峰 山

免费玉珠峰海拔6178.6米，是昆仑山东段的最高峰。玉珠峰的夏季雪线为5600米，加之南坡较为平缓，攀登难度较低，被普遍认为是理想的登山启蒙地，设有国家登山训练基地。

从无极龙凤宫向南约20公里，即可到达玉珠峰北坡下的观景台，这里有清晰的图片标识出了北坡最具代表性的1~3号冰川。在降雪以后，山体及冰川均会被积雪覆盖，因此，观察冰川的最佳时节是夏季。

昆仑山口 自然景观

免费从玉珠峰观景台向西南方向约29公里，即可抵达昆仑山地质公园的南大门昆仑山口。青藏公路和青藏铁路艰难地攀上这处海拔4767米的昆仑咽喉，长达数十节的货运专列和各式货车喘息重重，登上山口后便将进入更为荒凉的可可西里。在中国的自然区划中，青藏高原高寒区与柴达木盆地干旱区在此分野，地理爱好者将置身于这条独特的分界线上，感受心跳加速。

在公路的西侧，立有可可西里保护区的藏羚羊雕像和索南达杰烈士纪念碑。公路东侧为一片**昆仑文化碑林**，你可以试图在其中寻找陈毅元帅的《昆仑山颂》，碑林旁有一块三面界碑，标志着这里是格尔木市、治多县、曲麻莱县的交界处。

ℹ 实用信息

危险和麻烦

从格尔木市区通往昆仑山口的途中会途经乃吉沟检查站，会检查身份证件，在重大节假日期间，检查尤为严格。如果你遗失了身份证件，建议你提前在格尔木准备好临时身份证明并打印身份证的照片。该处检查站不提供补办临时身份证明服务，在附近打印证件会被收取昂贵的费用。

青藏公路沿途设有很多地质公园的介绍牌，但请注意，109国道基本只有双向两车道，有大量大型货车沿此路行驶，因此在观景时需要非常注意停车安全。在昆仑山口附近的路段，路面沉降较为严重，请注意沿路警示，减速安全行驶。

ℹ 到达和离开

格尔木的出租车都提供前往昆仑山各景点的包车服务，从格尔木往返昆仑山口需要500~600元。无极龙凤宫去瑶池的路况已有改善，从格尔木包车往返西王母瑶池需要600~800元。另外，格尔木市区内的各青年旅舍（见266页）也会提供拼车服务，两条线路的拼车价格一般均为200~300元/人。

可可西里

来到可可西里最重要的事情当然是寻找藏羚羊，每年夏季，数以万计的雌性藏羚羊从羌塘、阿尔金山、三江源等地跋涉数百公里前往可可西里腹地产崽，7月底至8月中旬是最容易看到藏羚羊的时段。随着保护状况的不断改善，在青藏公路旁观察到藏羚羊也并非什么难事。沿着青藏公路探访这片伟大的荒野，了解它曾经的创伤和如今的蜕变，将是一段极为难忘的旅行经历。

历史

位于青藏高原东北部的可可西里，是世界上著名的无人区之一，也是藏羚羊、野牦牛等野生动物最重要的栖息地。3亿年前，可可西里还是一片大海，随着青藏高原的隆升，这里发生了大量的火山活动，造就了如今世界上海拔最高的温泉群。东西走向的昆仑山、可可西里山及乌兰乌拉山将这片荒野划分为“三山间两盆”，也成为中国湖泊最密集的区域。

独特的高原生态环境孕育了独一无二的物种，可可西里的所有大型食草动物均为青藏高原特有物种，这里庇护了世界上近一半的野牦牛和约40%的藏羚羊。

几十年前的淘金热曾经把可可西里推向千疮百孔的边缘，紧随而来的盗猎狂潮更是震动世界，沾满血污的沙图什围巾只能用藏羚羊的绒毛织成——一条沙图什售价可以高达5000~30,000美元，也意味着有3~5只藏羚羊要为此丧命。暴利驱动罪恶，短短十余年间，藏羚羊的数量从约20万只锐减至2万只以下，青藏公路上的五道梁甚至一度成为非法收购藏羚羊皮的集散中心，大量藏羚羊绒非法转运至克什米尔，成为一条罪恶的利益链。

1994年，保护藏羚羊的代表人物索南达杰在与盗猎分子的斗争中遇害，成为藏羚羊保护史上的重要事件。次年，可可西里自然保护区成立。2004年，陆川导演的《可可西里》将这段历史推至公众面前，索南达杰的英雄事迹成为鼓舞无数后来者的精神丰碑。经过长期的不懈努力，在反盗猎、退牧还草、生态移民等政策的共同推动下，可可西里的藏羚羊数量已经恢复到6万只。从2006年起，可可西里再没有盗猎事件的报告。

2017年，青海可可西里以其杰出的自然美景和重要的生物多样性被列入联合国教科文组织《世界自然遗产名录》。

景点

不冻泉 泉水

免费 其实没有必要到处寻找不冻泉的泉眼，来到这里的重要意义是你可以为旅途做必要的补给：简单的小卖铺、药店、饭馆、加油站以及一处保护站。不冻泉保护站内有一些可可西里的册页，尽管不能带走，但你仍可以大致了解保护区的概况。

玉虚峰 山

免费 从不冻泉继续向西约5.5公里，在109国道2927里程碑附近有一处玉虚峰观景台。玉虚峰是玉珠峰的姐妹峰，海拔5980米，传说中是玉皇大帝的妹妹玉虚神女的居住地，也被视为道教圣地之一。亭亭玉立的玉虚峰非常优雅，其顶部被现代的冰斗冰川所覆盖。

索南达杰保护站 保护站

免费 1996年由绿色江河的创始人杨欣创立，是中国最早由民间力量设置的自然保护站。保护站附设有一个小型的可可西里展

可可西里行前须知

- 可可西里的平均海拔约4500米，尽管青藏公路沿线的各保护站驻地都提供简单的食宿，但需注意，白天轻微的高反可能会在夜间加重。由于缺少良好的医疗条件，初上高原的旅行者应权衡自己的身体状况，尽量避免在可可西里过夜。
- 青藏公路为双向两车道，路基不算宽阔，停车拍照时尤其需要注意避让后方来车。
- 尽管索南达杰保护站的部分辅警声称，这里是可可西里唯一的藏羚羊救助站点，你在该保护站入住时支付的费用将全部用于救助那些失去母亲、嗷嗷待哺的藏羚羊羔，但从我们采访得到的信息来看，站内辅警说法不一，这一公益途径缺乏明确的认证和公信力；附设展馆内的捐款箱也缺乏收支公示。我们建议你通过其他更可靠的公益渠道参与可可西里的环境保护。
- 任何擅自离开青藏公路进入两旁保护区便道的行为都违反保护区的管理规定，将有可能面临通报所在地公安机构、罚款或者拘留的处罚。
- 保护区内有严格的防火条例，严禁在野外使用火种。

览馆，但没有固定的开放时间，一般在7~8月的旅行旺季有较高概率开放，其他时段你可以询问保护站的民警是否可以帮忙开门。

到达和离开

从格尔木市区包车往返索南达杰保护站需要600~700元，应尽早从市区出发，先游玩沿途景点，最后抵达可可西里。下午的可可西里气温较高，更适宜游览。如自驾游览应注意油量，沿途在乃吉沟、不冻泉等地设有加油站。

大柴旦

“柴旦”与“柴达木”都是蒙古语的“盐泽”之意。这里的全称是“大柴旦行政委员会”，随着茫崖行委、冷湖行委的撤销合并，大柴旦成了中国最后一个行政委员会。这个被盐湖环绕的荒漠小城，却十分意外地如同一座花园城市，随处可见的别墅小区、整齐的社区及办公楼、干净整洁的街道，都营造出一个不太真实的“幻境”。在经历了20世纪50年代的开发热潮后，这里曾经一度沉寂，但近年来柴达木旅游的兴起，又将这里带进了一个新的繁忙时代：在每年夏天的旅游旺季，如果不提前预订住宿，你将很可能成为城市广场上露营大军中的一员。

景点

大柴旦湖　湖泊

（大柴旦城区以西）**免费** 这是大柴旦最有人气的景点，其中最受欢迎的部分位于横穿湖心的公路东侧，被称为**翡翠湖**，这是一个碧绿色的“湖中湖”，已成为旅行团的必到景点。最佳游览时间是下午至黄昏时分，你可以赶在阳光还很强烈的时候抵达湖畔，看见翡翠色的湖水在阳光下熠熠生辉。沿着不大的湖面，分布着各种租借红色连衣裙或是在平置的玻璃镜面上摆拍“天空之镜”的小摊位，你很难拍出一张独属于自己的照片。但事实上，只要稍往远处步行，游人的喧嚣就会迅速散去，很容易找到一片宁静湖岸。待至日落时分，洁白的盐滩会在夕阳变换中幻化为金色、粉色和蓝色，太阳落山以后，西面的盐湖会在余晖中闪耀金色的光彩。你可以沿着湖心的公路环绕一周，远远望见暮色中摇曳的城镇灯火，最后返回到大柴旦镇的温暖怀抱。

沿着人民路向西北出大柴旦城区，至硼化工业基地的路口处左转，从这里向西南约5.5公里即到大柴旦湖的湖岸。从大柴旦包车往返需要80元。

小柴旦湖　湖泊

（大柴旦城区以南约50公里）**免费** 小柴旦湖的面积其实比大柴旦湖更大，这里的景色更为开阔，但没有大柴旦湖那么亮眼的碧绿色景观。湖泊的西南岸与315国道之间曾发现一处**小柴旦遗址**，距今约3万年，是柴达木地区最早的人类活动印迹。

湖的东北岸有一排色彩艳丽的**五彩山**，如果想要探访这片未经开发的山区，可以联系小镇生活俱乐部（见276页）。没有必要专程前往小柴旦湖，在格尔木前往大柴旦的途中就会途经这里，或者把这个湖泊作为魔鬼城、乌素特水上雅丹环线的一部分。

魔鬼城　自然景观

（大柴旦以西约100公里）**免费** 这片雅丹地貌又被称为南八仙魔鬼城，它的美正在被越来越多的人所发现。雅丹地貌是在极干旱地区的干涸湖底发育而来，经过沙漠地区中水流或风长期、定向的侵蚀，原本的湖相沉积被侵蚀出定向的沟槽，其中突起的部分即为雅丹的垄脊。而“南八仙”则得名于20世纪50年代在这里调查时牺牲的8位南方女地质队员，也成为当时“柴达木精神”的缩影。

魔鬼城内已经有越野摩托（150~300元/辆）等娱乐项目，只规定游玩线路，而不规定游玩时间。自驾时离开公路进入魔鬼城内存在一定的危险性，由于沙地松软，这里偶有陷车的情况发生。魔鬼城内基本没有手机信号，也没有商店，应提前备好离线地图及必要物资。

从大柴旦上柳格高速往冷湖方向约40公里，在鱼卡收费站下高速，沿着公路继续向西约60公里，在两次穿过红—地方铁路后，即可见到地平面上密集的雅丹地貌。从鱼卡穿越南八仙至南面315国道的全程路段皆为路况良好的铺装路面，小轿车也可以轻松穿越。如果时间充裕，也可以在途中先去马海体验摘枸杞的乐趣（见275页）。

另辟蹊径

去马海摘枸杞

在柴达木地区，马海枸杞以其“有机”身份备受好评。如果你在7月至9月间到马海，不要错过村外路边的枸杞园。在枸杞田中自行采摘一小盒枸杞鲜果的价格为20元上下，其口感和印象里的干枸杞大相径庭，鲜果味道清甜，又有独特的回甘。采摘时要遵循一个简单的原则：挑选那些个头大、5条棱边分明的果实。而鲜果“衰败”的速度也令人深感这是原产地才有的独特体验，在炎热的夏季，不到半天之后，鲜果表面即会析出糖分，变得容易黏结，迅速失去饱满多汁的口感。因此，在柴达木盆地，枸杞丰收季时有不少彻夜不眠的农场小镇：只有在气温较低的夜间收果，才更有利于枸杞的保存。

马海也适合资深的访古发烧友：从马海小学向北约2公里，在冷湖公路的东侧不远处还保存着一座清代的**马海村四站烽火台**，结构较为完整，残高约7.3米，周围分布着知青宿舍和年代不详的藏传佛教寺院遗址。如果你打算从马海自驾前往冷湖，不妨在此短暂停留。

乌素特水上雅丹 自然景观

（315国道900里程碑；门票 60元，观光车票60元；⏲8:30~19:30）从魔鬼城向南至315国道后右转，在途经876里程碑后，公路的南侧就浮现出东台吉乃尔湖，在盐结晶闪耀的银光中，雅丹与湖水奇妙地融汇在一起。更典型的水上雅丹位于其西面的鸭湖，在900里程碑处向南进入公园大门，就可以近距离欣赏这片国内唯一的水上雅丹地貌。

这一地区的雅丹与魔鬼城雅丹原本都是由风蚀形成的，在2018年的研究中，学者认为湖水与雅丹结合的原因主要有两个。一是由于全新世以来，气候转向温暖湿润，其南面源自冰川融水的河流水量增大，汇入这一区域的几个湖泊后使部分雅丹被浸泡在湖水之中。但更重要的原因是人类活动：从2003年起，人们修筑的堤坝和采盐活动使得河水不能顺利汇入鸭湖两侧的东台吉乃尔湖和西台吉乃尔湖，导致鸭湖面积迅速扩张，湖水进一步淹没雅丹地貌的沟槽，形成了独特的水上雅丹景观。

欣赏水上雅丹的最佳时间是黄昏时分，湖水、夕阳和雅丹可以组合出不少摄影大片。景区内有越野摩托（150元）、全地形车（300元）等娱乐项目，景区入口处设有**游客餐厅**（游客中心2楼；人均约50元；⏲7:30~21:00），菜量不小，味道也很不错。景区内的**雅丹大酒店**（☎725 7102）提供标准客房和房车营地。

从大柴旦包车游览魔鬼城、乌素特水上雅丹和小柴旦湖这一环线需要约600元。

活动

★ 雪山温泉 温泉

（☎828 6999；大柴旦镇以北8公里温泉沟；⏲9:00~24:00）在穿越一条独属于雪山温泉的公路后，你就会进入这片世外桃源：站在宁静的度假区入口处回望，远处的大柴旦城区和更远处的大柴旦湖仿佛属于另一个喧嚣世界。大柴旦可以满足这样一种奇妙的幻想：距离城市近在咫尺，却可以在雪山和星空的怀抱下沉浸在天然的温泉（128元/人）之中。温泉更衣处提供拖鞋、毛巾和储物柜。

性价比更高的选择是**雪山温泉度假酒店**（☎828 6555；温泉度假区内；Wi-Fi P），提供普间（340元）、高级标间（440元）和独栋别墅（540元），普间不带卫生间，可使用公共浴室。国庆及暑期旺季房价上涨约50%。所有客房均包含两张温泉票，缴纳100元押金后，你可以在当天内无限次出入温泉；如果需要额外加购，在酒店前台购买温泉票只要88元。夜间提供整体供暖和自动供氧。附设的餐厅（☎828 6568；⏲12:00~20:00，夏季10:00~21:00）物价稍高，但也有扬州炒饭（18元）这样的省钱选择。

从大柴旦打车前往雪山温泉单程需40元。

食宿

大柴旦有丰富的住宿选择，平日里的性价比不错，但在7~8月旺季，房价可能上涨至淡季的3~5倍。餐馆集中在镇中心的人民路商业步行街和南面的创新街上。

戈壁青年旅馆

青年旅舍 ¥

（☎828 6677；团结路大华街路口东北；铺40元起，标双 80元；📶）楼梯间的墙上写满了旅行者留言。干净的多人间内设有床帘及保险柜。7~8月涨价幅度惊人，八人间床铺涨至120元，双人间涨至500元。

聚鑫商务酒店

酒店 ¥¥

（☎829 8888；人民东路31号；标单/双 180元；📶🅿）2019年装修开业，设施很新，但有部分客房的面积较小，入住前可先看房。

天府酒家

川菜 ¥¥

（☎136 1977 8501；创新街；人均 50元；⏲9:30~23:00；📶🅿）当地很受欢迎的川菜馆，但因为也做旅行团接待，在用餐高峰期人非常多。菜品口味都很不错，可以试试回锅肉（36元）、千页豆腐（32元）和红烧肥肠（58元）。

海斌小笼包

早餐 ¥

（☎134 2998 2502；团结路，工商局对面；人均 8元；⏲5:00~14:00）店主是一对热情的湖北夫妇，可以在这里尝到各种武汉风味小吃。油条很受欢迎，要趁早。

实用信息

大柴旦人民医院（☎828 1387；人民东路27号）

中国建设银行（人民东路18号；⏲9:00~17:00，节假日 10:30~16:00）设有24小时ATM。

中国邮政（人民东路40号；⏲9:30~18:00）出售各种风光明信片。

小镇生活俱乐部（☎139 9747 7386）是大柴旦小有名气的民间户外组织，负责人张清哲是户外达人，可以提供前往魔鬼城、五彩山等周边景点的租车、咨询及向导服务。

到达和离开

长途汽车

大柴旦汽车站（☎777 4523；建设路大华街路口）有班车前往西宁（156元；隔日11:30；约8.5小时）、德令哈（45元；11:00、16:00；3.5小时）、格尔木（43元；9:30、14:00；3小时）、敦煌（83元；10:30、12:00、14:30；约6.5小时），也可通过中国公路客票网（www.bus365.com）查询购票。

火车

本书调研时，**大柴旦站**（大柴旦镇以北约5公里）只有每周1对由西宁往返马海的7583/7584次列车，开行日分别为每周三和每周四，具体时刻可通过车站售票处或路路通时刻表App查询。敦格铁路开通后，大柴旦站或将有更多车次通往格尔木至敦煌沿线。

当地交通

大柴旦没有公交车，步行即可到达城内各地。出租车主要集中在人民东路的建设银行附近，去往周边各景区需议价。

花土沟

对大多数旅行者而言，这里已经是青海的尽头。这片遥远的荒漠曾有过张骞出使西域时途经的驿站，如今则存在着一片罕为外人所知的油田。2018年，茫崖行委和冷湖行委合并成立新的茫崖市，其政府驻地就在花土沟。但不要搞混了，在很多当地人的理解中，茫崖所指的地点是花土沟西面65公里处的茫崖镇。

景点

千佛崖

自然景观

（游园沟）**免费** 在这片由第三纪红砂岩组成的陡峭山崖上，褶皱构造的岩石表面状若千佛，因而得名千佛崖，并被赋予了一层宗教的神秘色彩。但哪怕不以千佛附会，这处独特的地貌景观也值得一看，这是地质构造与水、风、阳光共同完成的雕刻。

从茫州大酒店的十字路口出发，沿前进路向南约4公里处有路牌指向游园沟（或为“油园沟”），从这里沿土路向东约2.5公里可抵达油田检查站，登记身份信息后可驾车入内。但有时车辆入内需要油田的通行证，因此只允许步行入内，从这里前往千佛崖还有约3公里。本书调研时，该地区因硫化氢泄漏而被临时关闭，建议你包车前向司机了解景点的开放情况和车辆通行信息。从花土沟包车往返千佛崖需要50~60元。

从前进路去往千佛崖的游园沟路口一路向南，你会遇见雪山湖水映照下繁忙的油田景象，“磕头机”遍布荒野。在接近315国道前，你会在马路西侧看见一座白色的**油砂山开发油田烈士纪念碑**，建于1997年，以纪念那些在油田开发建设过程中献出生命的人。早在1956年，位于油砂山的钻浅1井获得工业油流，这是新中国最早的油田之一。

翡翠湖　湖泊

（315国道1210里程碑处）免费 从前进路一路向南，在并入315国道后，向东南方向约11公里，即可见到通往翡翠湖的路口。在道路设卡处登记车辆及身份信息之后，即可进入翡翠湖的湖区。这片盐湖其实是钾肥厂的卤水循环池，翡翠般的绿色湖面晶莹剔透，湖心公路纵横其中，将其切割为数个方方正正的小盐湖。景区内贴心地标出了环湖线路及观景点，但俯瞰才是最佳的观景视角，一定要带上你的无人机。清晨和傍晚时的翡翠湖最美，湖水与天空的色彩瞬息万变。

从花土沟包车往返翡翠湖需要150元。

食宿

花土沟并不是传统意义上的旅行地，但很多自驾穿越青海、新疆的旅行者都不得不在这片荒原中唯一的城市过夜。因此，尽管这里的住宿条件不佳，7~8月旺季期间仍很难订房，建议预订。餐馆集中在城北。

茫州大酒店　酒店 ¥

（☎825 5566；前进路民族路路口；标单/双 135元；Wi-Fi P）尽管挂牌三星，但设施较老，期待不宜过高。好处是位于热闹的市中心，吃饭、包车都很方便。

金坤大酒店　酒店 ¥¥

（☎825 3666；民族路青年路路口；标单/双 348/248元；Wi-Fi P）2019年开业，算是城里配置不错的酒店，只是装修风格有些老派。前台可以帮忙联系去往周边的旅行包车及拼团服务。

张家牛杂汤　清真菜 ¥

（☎138 9777 7620；昆仑路前进路路口东北；人均 20元；⏲7:00~15:00）一家当地备受欢迎的餐厅，在用餐高峰期，这里就像当地油田的单位食堂，挤满了身着制服的石油工人。招牌是这里的牛杂汤和羊杂汤（18元起），自带一份饼，加汤免费，还附赠一片口香糖。

老妈家庭厨房　湘菜 ¥¥

（☎825 1767；水电一条街；人均 50元；⏲11:30~15:00，18:00~22:00）难得可以在花土沟找到一家干净又时尚的餐厅，墙上还装饰有各种民族图案。可以试试这里的长沙臭豆腐（28元）和一顿乱炒（48元），独自旅行者也可以吃到各种盖饭（20元起）。

实用信息

危险和麻烦

花土沟仍是一片热火朝天的油田，因此，有不少景点可能位于油田开采区内，你需要注意开放信息，并应对可能存在的环境污染。另外，这里曾是重要的石棉矿产地，尽管如今的环保要求已显著提高，你仍然可以为自己准备一副口罩。

茫崖市旅游局（☎825 1209）

中国建设银行（民族路45号；⏲9:30~17:30，节假日 10:30~16:30）

中国邮政（前进路23-6号；⏲9:30~17:30，节假日 10:00~17:00）

到达和离开

飞机

花土沟机场（☎825 5002；huatugou.cwag.com）位于城区以南约5公里处，有东方航空执飞航班前往西宁、西安和敦煌，华夏航空执飞航班前往格

花土沟汽车站车次时刻表

站点	发车时间/班次	票价（元）	行程（小时）	备注
西宁	9:00、15:30	283	16	途经德令哈（203元；9小时）
格尔木	9:30	104	6.5	
大柴旦	9:00	160	6.5	
敦煌	8:30、10:40	125	8	途经冷湖（77元；3.5小时）
库尔勒	18:00	230	17	途经若羌（120元；4.5小时）

尔木、德令哈和若羌。从市区打车前往机场需要20元。

长途汽车

花土沟汽车站(☎825 1567;创业路环西路路口;📶)有班车往返周边各主要城市。另外,在建设银行门口也可以拼到出租车去往敦煌(200元/人)或格尔木(150元/人),尽量在16:00前联系拼车事宜。

火车

格库铁路青海段已于2020年7月1日开通客运。**花土沟站**位于镇区西郊,每周仅有两对列车往返格尔木,周一、周五开行。

冷湖

冷湖曾是现代柴达木盆地最早开发的区域,20世纪50年代末,在这里发现了油田和多处矿产,吸引了全国各地的开发者移民至此,最多时曾有5~6万人生活在这里。但随着20世纪90年代以后油田开采殆尽,石油开采的重心转移向花土沟和甘肃玉门,冷湖走向了被历史遗忘的角落。

景点

冷湖四号公墓 公墓

(冷湖镇东南)免费 1983年,在今冷湖镇南侧设立了这处公墓,以纪念在冷湖油田的开发过程中因公、因病牺牲的400余位建设者。大门位于墓园的最南端,入口处设有一座纪念碑,其背后是3处满布墓葬的台地。你可以在墓碑上找到来自五湖四海的地名,而一些家族墓地尤其令人印象深刻:父子两辈人都献身于此,并长眠在这片奋斗过的土地上。

从冷湖镇出发至镇子南端的转盘处,沿东南方向的公路前行约1公里,即可见到道路东侧的公墓及纪念碑。

★石油基地遗址 遗址

免费 1956年,石油勘探队在冷湖四号构造钻探,原油喷射高达20多米,开启了冷湖地区的石油开发史,并在此建立起最早的帐篷城市。短短数年内,冷湖的人口增长至2万人,成为茫茫戈壁滩中唯一的城市。但在20世纪90年代末期,因为冷湖油田的废弃,这座石油城也迅速走向了衰败。

从冷湖四号公墓向南约4公里后,在岔路口处进入右侧的土路,即火星一号公路,继续向南约8公里即可抵达**冷湖五号石油基地遗址**,因位于油田五号构造带上而得名。遗址主要分布在土路的东侧,有一条东西向的道路连接起3个片区。经历了数十年风沙,这里已成为一片废墟,你可以走入当年石油工人生活过的房屋中,在无孔不入的风沙侵蚀中辨识他们曾在此生活过的痕迹,地上甚至还散落着那些没能带走的生活用品。在地方志的记载中,这里从1958年起开始修建土木结构

值得一游

花土沟至敦煌

从花土沟前往敦煌是一段景观丰富的自驾之旅。途经老茫崖后,从315国道1116里程碑处开始,你将进入风景颇为壮美的沙漠雅丹路段,在不少地点都有机会拍摄出波浪起伏般的“天路”照片。1104里程碑是该路段的制高点,可以拍摄鸟瞰沙漠雅丹的场景。

在左转进入通往冷湖的305省道后,会在大风山看到在雅丹地貌中工作的“磕头机”。最令人印象深刻的是**俄博梁**(见279页),在174里程碑处的俄博梁停车场,你可以在公路南面找到一处豁口通向火星基地。如果时间充裕,你可以绕行南面的火星一号公路再北上冷湖,此路段会途经青海雅丹的最精华部分和鬼魅般的**石油基地旧址**(见278页)。

从冷湖向北,在丁字口转向东面,你将在赛什腾山和阿尔金山的夹道欢迎中一路东行。在进入甘肃省界后,将望见公路南面的苏干湖、小苏干湖,最终并入215国道,一路向北穿越阿尔金山无人区。从这里一路北上,直抵沙漠名城敦煌。

这一行程除了穿越俄博梁的路段以外,全程皆为铺装路面,路况良好,小轿车可以轻松完成。但从305省道进入俄博梁后,皆为砂石土路,从305省道向南通往火星基地的路段较为颠簸,建议至少驾驶SUV等级的车。

不要错过

“英雄地中四，美名天下扬”

从冷湖五号石油基地遗址出发，沿火星一号公路向南继续前行，会在一个岔路口处见到指向地中四井的路牌。沿路口向内约2公里，**地中四井**就坐落在这条岔路右侧的半山腰上。地中四井于1958年8月21日开钻，9月13日钻至650米后发生井涌，原油连续喷射3天，日喷原油约800吨，使冷湖一夜成名。这是冷湖的第一口油井，正式拉开了冷湖油田大开发的序幕。在此后不到半年内，冷湖地区相继探明五号、四号、三号油田，成为当时与玉门、克拉玛依、四川齐名的四大油田之一。

“英雄地中四，美名天下扬”在当时广为人知，成为柴达木精神的写照。至1978年1月关闭时，地中四井累计产油32,704吨，为新中国的建设做出了重要贡献。如今，地中四井上保留了当时的“磕头机”，其对面立有一座方形纪念碑。

的房屋，至20世纪80年代以后才修建了砖木结构的办公室和宿舍区，现存的建筑墙体基本是后一时期的产物。

另一处**冷湖老基地遗址**位于冷湖镇北侧约10公里处的305省道西侧，这里曾是冷湖地区最早的基地，建于1956年。镇区内设有东西向、南北向的两条主路，两边设有影院、办公楼、邮局、银行与粮站，但如今人去楼空，亦为一座幽灵般的空城。

★俄博梁 自然景观

免费 沿火星一号公路深入，你将见证柴达木最壮观、最丰富的雅丹地貌。回到通向地中四井的岔路口，主路上即立有通往彩色雅丹的路牌，前行22公里后，你将在一片沙漠中见到变幻为红色、黄色、橙色的各色雅丹，被誉为“雅丹中的丹霞”：尽管在科学定义上并不准确，但在观感上恰如其分。

从这里继续入内，火星一号公路的终点是一处颇有科幻片色彩的**火星营地**（☎182 9727 5586；铺680元），这一集装箱风格的住处内部提供胶囊式的床位，尽管报价不菲，但如果想要感受俄博梁雅丹地貌在晨昏时分的绝佳美景，这是茫茫戈壁中的唯一选择。

火星营地的对面不远处就是**俄博梁**，其地理范围更为广阔，也包括305省道以北的大片雅丹地貌，但对自驾旅行者而言，要探索那些没有开发的区域有较高风险。俄博梁的独特之处在于这里的雅丹地貌比周边的乌素特、南八仙更为发育，类型非常丰富，有极为独特的峰林状雅丹，堪称“雅丹中的喀斯特”。这是因为冷湖是柴达木风力最强的地区，风蚀作用最为显著，因此，这里的雅丹丘体险峻高耸，为别处所罕见。

从冷湖镇到火星营地的距离约为85公里，火星一号公路可以行驶小轿车，但若要进入俄博梁雅丹地貌，则至少需配备SUV。

食宿

冷湖镇上有不少酒店，但缺乏具备性价比的选择。7~8月旺季时常有一些越野、观星活动，提前预订很有必要。位于镇子南面的**川佳商务酒店**（☎827 1900；冷湖镇南；标单/双 160元；无线网络 停车场）有新装修的客房，虽然空间不大，但干净整洁，因为离镇中心稍远，因此价位比镇上酒店更低，暑期会上涨至300元。隔壁是附属的**川佳饭馆**（☎827 1399；人均 50元；⏰9:00~23:00），有味道不错的川菜。

到达和离开

位于镇中心的**冷湖汽车站**（☎777 3657；团结路市场街路口东南；⏰9:00~16:00）有班车前往西宁[219元；隔日12:30；13小时；途经德令哈（132元；5.5小时）；随车电话☎138 9763 3656]、花土沟（80元；13:30、15:30；3.5小时）和敦煌（75元；12:30、14:30；4.5小时）。

了解青海

今日青海

“天含青海道，城头月千里。”天高地阔的青海曾是丝绸之路青海道上的重要节点，但因为种种原因逐渐退出了历史舞台。如今，随着“一带一路”倡议的推行，青海迎来了崭新的契机，交通、生态、旅游业高速发展，但背后隐藏的问题也在逐渐显现。

推荐读物

《艽野尘梦》陈渠珍著。这本有“中国版鲁宾孙漂流记”美誉的奇书，记载着20世纪上半叶战争期间“湘西王”陈渠珍在西藏和青海的亲身经历，其中对藏地风土人情的描绘远胜现今任何一本游记。

《亲历可可西里10年：志愿者讲述》杨欣等著。通过索南达杰保护站志愿者们真情实感的口述，记载了一个真实的可可西里。

《倒淌河》严歌苓著。一个关于宿命和民族的故事，只为告诉你，生命的大河向前川流不息，想要倒着走，那是永远不可能的。

《青海之书》唐荣尧著。“中国第一行走记者”在十几年时光中对这片土地上的兴衰荣辱与历史风云的真实记录。

影像资源

《攀登者》（2019年）李仁港导演。讲述了1960年与1975年中国登山队两次登顶珠峰的壮举。部分取景地在祁连山门源境内海拔5254.5米的岗什卡雪峰。

《八万里》（2017年）柯克·阿旺丹增导演。以藏族奥林匹克第一人切阳什姐的故事为主线，大部分外景地都在美丽的青海湖畔。

经济：重回“一带一路”舞台

自汉代张骞凿空西域，丝绸之路从此贯通东西，丝路中的青海道沿黄河和湟水上溯，将青海与中原及西域紧密联系在一起。南北朝时期，青海道的枢纽功能逐渐消失，青海也由此远离了人们的视线。随着“一带一路”倡议的实施，青海迎来了崭新的发展契机，2019年7月10日，西宁至敦煌开通动车，这是青海正式融入“一带一路”的一个缩影。

近年来，青海大力加强经济建设，推进交通路网发展，2017年8月1日，全球海拔最高、里程最长、也是第一条穿越多年冻土地区的共和—玉树高速公路全线通车，从西宁沿高速便可直抵玉树，继而向南沿214国道经囊谦进入西藏，曾经的唐蕃古道从此再变通途。截至2019年，全省公路的通车里程达到82137公里，高速公路（含一级）通车里程已经达到3937公里。

从青藏铁路到兰新高铁，如今青海境内铁路运行里程达到2299公里，已经正式迈入了高铁时代。格尔木至库尔勒、格尔木至敦煌的铁路即将全线建成，这为中国通往西亚、地中海和黑海地区的陆路运输大通道扣上了重要的一环；西宁至成都铁路已经列入规划，青海将由此成为“丝绸之路经济带”与“海上丝绸之路”的重要连接点。同时被列入规划的还有西宁—玉树—昌都的铁路，青海也将借此在西部大开发中占据更为重要的战略位置。

从空中来看，西宁的曹家堡国际机场陆续开通7条国际航线，格尔木、玉树、德令哈、花土沟、果洛和祁连6座支线机场已建成通航，青海已经构建起一个四通八达的空中交通网络。

所以，借着“一带一路”的发展契机，青海逐渐成为中国东部铁路网向西汇聚的重要铁路枢纽，以及整合东、中、西部地区共同通往印度洋的核心枢纽，并不断强化与丝路沿线国家地区的交流沟通，先后开行3趟中欧班列，与17个海外城市建立了国际友好城市关系，与“一带一路”沿线有贸易往来的国家从最初的54个，增加并稳定保持在64个。

青海的“朋友圈”在不断扩大，它也正在向世界展示出更具吸引力的一面。

生态：有态度有成绩，也有问题

青海省地处青藏高原东北部，地域辽阔，湖泊密布，峰高极天，大江初流，有“三江源”和“中华水塔”之称，也是全球气候变化的启动器和调节区。从2016年开启全国第一个国家公园——三江源国家公园试点，到2017年与甘肃省共建祁连山国家公园，再到2019年和国家林草局共同启动国家公园示范省建设，青海是我国首个承担双国家公园体制试点的省份。三江源、祁连山、青海湖等地，近年来都设立了各种自然保护区，采取多种措施保护当地生态。三江源国家公园内的昂赛大峡谷已经成为野生雪豹的天然庇护所，祁连山关停了野生猫科动物资源最为丰富的油葫芦林区，青海湖边的小泊湖湿地上，有牧民在南加建立的普氏原羚保护驿站。

2019年1月1日开始，央视综合频道以中国上万个保护地布设的红外相机和远程摄像头拍摄的珍贵动物视频为素材，推出了《秘境之眼》栏目，祁连山国家公园内的野生动物多次成为“主角”。摄于海北祁连县央隆乡的视频，展示了6只兔狲其乐融融的生活景象；海北天峻县的视频展示了赤狐、金雕和高山兀鹫、秃鹫等争食一只受伤岩羊的场景；海北祁连县油葫芦林区则首次出现了5只雪豹同框的罕见画面。2019年10月，祁连山国家公园青海省管理局摄影师鲍永清拍摄了祁连山藏狐捕猎旱獭的瞬间，更赢得了国际野生动物摄影师大赛的年赛大奖。这一切都从侧面表明，祁连山国家公园青海片区内生态环境得到了有效保护，生物多样性日益丰富。

2019年8月19日至20日，青海举办了中国第一届国家公园论坛，形成了共同推进全球生态文明建设的《西宁共识》，强调保护自然是人类社会的共同义务和责任，建设好每一个国家公园等自然保护地都是对全球生态的巨大贡献。在生态保护上，青海亮出了自己的态度，但同时，环境的恶化问题也必须正视。

2018年5月，“绿色江河”的发起者杨勇对青海玛多县的黄河源区域进行了一次回访考察和监测，发现自2012年开始在玛多县形成的零星分布的退化土地，到2018年已经连接成大片荒漠。海拔4000米以上的高

快速参考

人口：607.82万（2019年）

面积：约72.32万平方公里

国内生产总值（GDP）：2965.95亿元（2019年）

GDP增长率：6.3%（2019年）

每100个青海人中

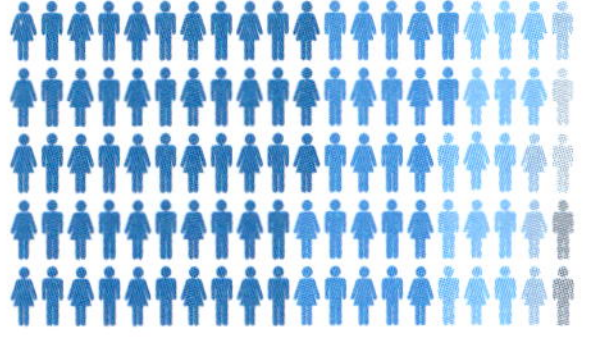

53 个是汉族人
24 个是藏族人
15 个是回族人
4 个是土族人
2 个是撒拉族人
2 个是蒙古族人

2018年接待游客（亿人次）

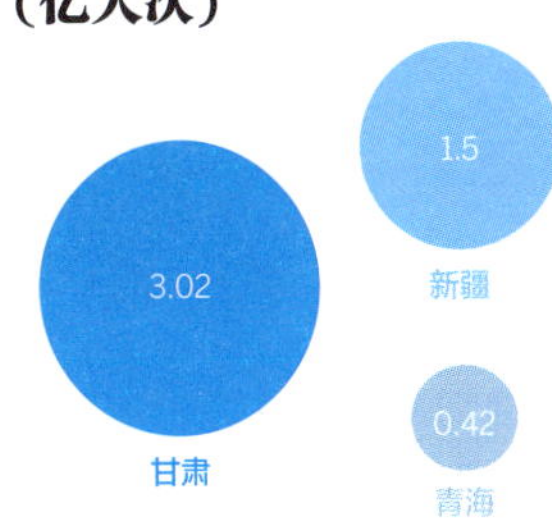

人口（每平方公里）

《**可可西里**》(2004年)陆川导演。片中描述了真实而残酷的可可西里盗猎现象，讲述了为保护藏羚羊牺牲的藏族英雄索南达杰的故事，全程在海拔3800米以上拍摄，甚至在可可西里高原最高峰布格达尔峰6200米处取景拍摄。

《**雪域天路**》(2010年)杨韬导演。第一部讲述青藏铁路修建故事的电视连续剧。主要取景地在青海格尔木市、天峻县等地。

原出现这样的荒漠化，过度放牧应该是主要原因，人类的活动也在某种程度上加速了青藏高原的荒漠化进程。亚洲主要的水源地有可能在未来变成沙源地？这一严峻的现状不容乐观。而据当地媒体报道，近年来三江源地区雪线逐渐上升，冰川融化持续加剧，草场被不断繁殖的老鼠吞噬，艰巨的人鼠大战从未停息。虽然虫草已经被移出保健品名单，虫草交易受到一定影响，但每年五六月的“挖草大军”还是在玉树、果洛的草原上留下无数坑洞，令百万平方米的草原遭殃。近年来身价迅速攀升的黑枸杞也引来疯狂采挖，剪枝、掘根等毁灭性的采摘行为，让柴达木盆地本就脆弱的生态雪上加霜。“中华水塔”要恢复到良性循环的生态，还需要人们付出更多的关照。

旅游：大美风光需要共同努力

青海一直是旅行者向往的目的地，日新月异的交通建设也为到达这里提供了更便捷的方式。2018年，青海省获得“《中国国家旅游》最佳旅游创新营销目的地”奖项，成为中国自驾旅行者首选目的地之一。

丝绸之路大环线连通青甘藏，共玉高速通车让唐蕃古道不再艰险，而“环西宁两小时交通圈”的构建，使得自驾环青海湖和前往祁连、门源、互助、坎布拉等热门目的地变得更加便利。随着三江源国家公园逐步建设完成，道路状况大幅改善，以前非常困难的穿越线路，如黄河源到扎陵湖也成为可能。在杂多扎青乡澜沧源、昂赛峡谷等热门旅游地在夏季有帐篷营地经营，为自驾旅行者提供了方便。

但旅游业的发展从来就是双刃剑，壮美的自然风光同时也脆弱得无法承受人潮之众。迅速蹿红的茶卡盐湖因基础建设远远跟不上游客递增的速度，被迫于2015年关闭整顿，这给青海的旅游开发敲响了警钟。出于生态环保的考虑和旅游基础建设的不足，这几年青海相继关闭了青海湖鸟岛、沙岛、年保玉则、贝壳梁、扎陵湖、格尔木胡杨林、祁连山八一冰川、油葫芦林区等自然景区，足见本地环境的脆弱和旅游业面临的难题之巨。

2016年，茶卡盐湖景区重新开放，为缓解环境压力，景区制定了一系列措施，并开放新的天空壹号景区纾解人潮。但巨量游客涌入所产生的破坏仍然无法完全避免。不乱扔垃圾，不购买一次性鞋套，自带拖鞋、雨鞋下水或向景区租用鞋套，尽量避开人群集中的区域下湖，以免对盐湖产生过度踩踏，这些都有赖于旅行者的自觉。在青藏公路昆仑山国家地质公园路段，自驾旅行者可以帮助运送封装好的垃圾并带回格尔木市区的指定收集点，由此获得小礼物。这些点滴举手之劳，都会为保护青海的自然环境做出贡献。为了能让青海的壮丽风景永存而不是被迫远离大众视野，除了当地政府的努力，同样有赖于旅行者的付出。

历史

从最早开发青海的羌族到最早建立独立政权的吐谷浑，从称雄河湟的吐蕃人到三代统治青海的回族马家，从诞生了"两弹"的原子城到穿越冻土区的青藏铁路，不同民族与各色人物在青海的历史上书写了各自的风流传奇。

羌人祖先

许多人学会写"羌"字是从唐代诗人王之涣的《凉州词》开始的："羌笛何须怨杨柳，春风不度玉门关。"世代逐水草而居的羌人，的确擅长音乐。他们还是最早驯养家畜、最早培育麦类、最早开发青海的族群。羌人也是华夏族的重要源头，或许每个中国人骨子里，都有N分之一的羌人血脉。

周人自称华夏，把华夏周围四方的人分别称为东夷、南蛮、西戎、北狄。西戎是古代华夏人对西方少数民族的统称。

大约4000年前，青海开始从蛮荒走向文明。后人在河湟谷地与柴达木盆地里找到了青铜时代遗留下来的陶器、骨器与墓葬。拓荒者们被称作羌人，意为西戎的牧羊人。到了西汉，羌人已经具备了与长安城抗衡的实力。汉武帝出征匈奴时，索性一并收复了这个心腹大患，不敌霍去病大军的羌人只能选择归附朝廷。西汉神爵二年（公元前60年），汉朝在河湟地区先后设安夷、破羌等县郡（听名字就趾高气扬），将羌地正式纳入中央郡县体系，并推行百试百灵的屯田政策，"植入"汉人与汉族农耕文化，试图收服同化不羁的羌民。

汉朝覆灭后，河湟地区陷入混乱，并先后落入吐谷浑与吐蕃手中。时至今日，"纯正"的羌人在青海已不可寻，只在四川阿坝地区留有遗响。

吐谷浑和丝绸之路青海道

吐谷（yù）浑算是青海第一个真正意义上的独立政权。它起源于辽东

大事年表

约23,000年前

青海高原上有人类活动。

约5000年前

三苗移民与当地先民共同开发青海，形成羌人。

公元前121年

汉武帝命霍去病率汉军进入湟水流域，在西宁以西置临羌县和破羌县。

巍巍昆仑下的西王母古国

翻开《山海经·海内西经》，远古的气息扑面而来："海内昆仑之虚，在西北，帝之下都……"传说昆仑山是天帝在下界的都城，众神聚居的地方。我们熟悉的盘古开天辟地、精卫填海、女娲造人、共工怒触不周山等神话，都派生于昆仑神话体系。昆仑神话的中心人物则是神秘的西王母。在古书记载中，她一会儿是《山海经》里披头散发、身披豹皮的骇人模样，一会儿又是《穆天子传》中年三十许、与周穆王诗词唱和的美艳女王；传统道教中将她归为女神之首；而民间信仰里，她则是瑶池蟠桃会的沙龙女主人——王母娘娘。

如今越来越多的学者认定，历史上西王母确有其人，她的身份应是距今四五千年前的西域部落女首领。有人更大胆地推断她是一位有着中亚人种血统的羌族女子，因而不但白皙貌美，且通晓中原文化，"蓬发戴胜"的装束打扮，也与羌人的习俗相类；而"西王母国"，则是一个疆域辽阔，包括今天昆仑、祁连两大山脉之间广阔地带的母系氏族古国。在青海湖西畔的海西蒙古族藏族自治州以及湟源县的日月山中，都发现了数量众多的石洞群，接近传说中的"西王母石室"。

根据《北史·吐谷浑传》记载，吐谷浑人培育"青海骢"的独门秘籍，是将从波斯引进的优良母马赶入青海湖心的海心山上，过一段时间母马就会怀孕，生下日行千里的神驹。传说隋炀帝在击败吐谷浑后也曾依葫芦画瓢，却因为参不透吐谷浑的机密技术，一次也没成功。

地区一支受亲族排挤、被迫远走西域的鲜卑族部落，统治青海长达350年。不同于后来的吐蕃人，吐谷浑在政治上野心不大，历代吐谷浑王大多向中原王朝称臣，安于藩属地位。那么，吐谷浑人都在忙些什么呢？

原来，游牧出身的吐谷浑人，却出人意料地富有商业头脑。平定青海后，他们着手恢复汉代曾兴盛一时的丝绸之路，做起了国际贸易。魏晋南北朝时期，河西一带烽烟四起，吐谷浑趁着北方河西走廊被战争阻断之际，大力复兴丝绸之路南道即青海道，为过往商旅提供保护、翻译和向导服务，赚得盆满钵满。此外吐谷浑还有一件秘密武器，就是良马"青海骢"。隋唐时期，青海骢受到皇室与王公贵族强烈喜爱，除了可作为珍贵的贡品笼络人心外，还能挣来大笔"外汇"。

可惜的是，吐谷浑一心搞经济建设的梦想，被隋炀帝西征粉碎了。唐初崛起的吐蕃，终于在高宗龙朔三年（663年）将吐谷浑灭国，丝绸之路青海道也落入了吐蕃人手中。亡国后的吐谷浑人大多东迁至山西一带，留在青海的吐谷浑人归顺吐蕃，后成为当地土族的先民。

称雄河湟的吐蕃人

7世纪初，松赞干布在逻些（今拉萨）建立吐蕃王朝。这位开国君主无愧"赞普"（意为雄强丈夫，是吐蕃君长的尊称）的名号，有勇有谋，远交近

222年	329年	641年	663年
曹魏政权在今西宁市修建西平郡城。	叶延以祖父之名为国号，建立吐谷浑政权。	文成公主取道唐蕃古道，嫁往吐蕃，吐蕃赞普松赞干布到柏海迎接。	吐蕃攻灭吐谷浑国，后者首领诺曷钵率领残部投唐凉州，留驻青海的吐谷浑人发展为今日土族。

攻，一方面派使臣入长安求娶文成公主，殷殷请求结为“甥舅之亲”，另一方面不客气地出兵青海，灭了吐谷浑。此时吐谷浑仍是唐朝属国，自然向朝廷寻求庇护。唐高宗大怒，立即派大将薛仁贵西征，没想到苦战三年，依然不敌吐蕃40万大军，只得铩羽而归。吐蕃倒也不相逼，只牢牢盘踞水草丰美的河湟地区，同时在西域大举扩张，与唐朝并驾齐驱。

在唐蕃和战不定的百年间，历史的聚光灯一直牢牢对准河湟谷地。它不但是两国刀兵相见的阵地，有时也成为友好和平的通道。沿着当年文成公主走过的旧路，唐朝又嫁出一位金城公主到吐蕃。经过一个世纪的经营，吐蕃达到全盛，不仅将整个青康藏尽收囊中，疆域还直达克什米尔和尼泊尔。只是登高必跌重，由于过度扩张消耗大量国力，此后短短50年间，吐蕃便因为内乱覆灭，此时唐朝也因安史之乱奏响了灭亡的前奏。300年的唐蕃角力就此画上句号。

尽管如此，河湟地区仍然掌握在吐蕃族人手里。北宋初年，吐蕃后裔唃厮啰在青海东部称王。这个弱小的王国夹在西夏、辽国与宋国的缝隙中艰难求存，却也给谷地带来了数十年和平。

康巴与安多的前世今生

藏语有卫藏、安多与康巴三大方言，按照方言不同，藏族分为了三大地区：西藏属于卫藏地区，青海南部的玉树属于康巴藏区（又称多康、康区），西藏东北的果洛、黄南等地属于安多藏区。

隋朝时期，玉树有苏毗、多弥两个羌族小国。翻看地图你会发现，它们正好挡住了松赞干布向北扩张的道路，不好意思，只好先拿你们开刀了。

丝绸之路南线遗迹

227国道青海段的走向与古时的西平张掖道大致相似，又叫“宁张公路”，曾是古“丝绸之路”南线中重要的一段，是从甘肃河西走廊到青海东部的一条快速通道，在历代军事上同样发挥过重大作用。张骞第一次出使西域、霍去病两次北击匈奴、隋炀帝杨广西征吐谷浑，走的都是这条路。

如今的国道227线是青海南接青藏、青新公路，北连欧亚大陆桥的重要出省通道，它起自青海西宁市，经大通桥头镇、青石嘴、峨堡、扁都口（省界）至甘肃省张掖市，全长347公里，沿途可以看到老爷山、明长城、祁连森林、祁连山等景观，最后进入甘肃河西走廊地区与312国道相连。是一条相对生僻的旅行线路。

670年	1015年	约12世纪中叶	1227年
唐蕃激战大非川，唐大将薛仁贵为吐蕃所败。	唃厮啰建立起以吐蕃族为主体的宗喀政权，为河湟谷地带来短暂和平。	藏族人直哇阿鲁统一玉树，建立囊谦王国。	蒙古军队进入青海东部。

安多的菩萨，康巴的女王

藏区有句人人皆知的俗话，“卫藏的菩萨，安多的马，康巴的汉子”。不过别拘泥于传统印象，在青海，安多并不只有马，康巴也不仅仅出汉子。

卫藏是藏传佛教的法域、古代吐蕃王朝的中心。吐蕃人将青藏高原的北部、东部称为“多康”，意为向外发展的道路、外围地区。随着多康（包含今天的玉树）范围扩大，河湟地区被称为“朵思麻”，即多康地区的下部，这一地区又因为包含阿尼玛卿山与朵拉沃仁山（小积石山），故别称“安多”。安多地区水草丰美，自古盛产骏马，然而值得一提的是，安多在藏传佛教的传承上功不可没。唐开成三年（838年），信奉苯教的朗达玛上台，在吐蕃国内大举毁法灭佛，造成“卫藏无法”长达百年。在安多地区吐蕃后裔的努力下，才保住了藏传佛教的火种并回传卫藏。这趟“法”失而求诸野，在藏传佛教史上被称为佛法后弘期的下路弘传。

康巴地区的玉树苏毗国，历史上曾是女权国家，由大小两位女王共同治理，男子无权参政，只能狩猎耕田服兵役，地位低下。难怪有人猜想西游记中的女儿国就在此地。也有学者认为，这是西王母古国曾经存在的有力佐证。在被吐蕃收编后，玉树迅速藏化，唐代以后的典籍再也找不到关于苏毗的记载，彪悍的康巴汉子一转阴盛阳衰的局面，取代了娇滴滴的女王。

格鲁派，藏语为“格鲁巴”，意为善规派，倡导严守戒律。

玉树很快被纳为吐蕃的一个茹（相当于省），从此开始藏化。12世纪中叶，在吐蕃灭国300年后，藏民直哇阿鲁带领他的部落从四川康定迁入玉树南部。他摆平了持续多年的玉树各部纷争，成功实现政教合一的统治，人称“囊谦王”。囊谦王朝统治玉树长达800年，直到1958年民主改革为止。

果洛等地的藏化略晚于玉树。藏族文化为了进入这块吐谷浑旧地，颇费了一番力气。首先，无论是吐谷浑人还是唐人，都必须学习吐蕃话，改穿吐蕃服饰；会说还得会写，必须学习新创制的藏文。在宗教上，藏传佛教、苯教以及中原佛教在安多“斗法”数百年，经历了艰巨漫长的融合过程。

元朝统一青海后，康巴与安多藏区都归专门的宣慰使司管辖。虽然元朝是个短命的王朝，但蒙古人一直没忘记这片广袤的牧场。不久蒙古人势力便重回安多，藏传佛教也开始传入各大部落，融入蒙古人的血液之中。

安多的果洛曾是藏族英雄格萨尔王赛马称王的地方，神圣的阿尼玛卿雪山横亘全境，藏民相信它能主宰安多地区的浮沉沧桑。可是“青海王”马氏军阀对此不以为然，为了争夺雪山金矿的开采权，从马麒到马步芳父子，曾7次派兵攻打果洛，两家结下血海深仇。最后一次交战发生在1941年，针对果洛人的屠杀竟持续了3个月。同属安多的黄南，发展要顺利得多。作为

13世纪初	1357年	1370年	1373年
蒙古军队从中亚各国调发的穆斯林组成的军队屯驻青海，繁衍生息。	宗喀巴出生在湟中县一个佛教家庭。	朱元璋派大将邓愈率军进入青海，河州（今甘肃临夏）以西尽属明朝。	明朝改西宁州为西宁卫。

热贡艺术之乡与格鲁派开山祖师宗喀巴诞生之地，光是买卖唐卡，就足以让许多人获得财富与名声。虽是藏区，但居住在黄南的回族、土族、撒拉族与汉族人口也不少，加上熙来攘往的游客，让这里成为安多最多元、富有活力、可能也是最"不像藏区"的地区。

"第二佛陀"

元朝末年，时值藏历第六绕迴的火鸡年，一个男婴带着各种吉祥异象，降生在湟中县一户笃信佛教的人家。他就是日后领导藏地宗教复兴的宗喀巴。

在各种传略中，幼年的宗喀巴很早就流露出异于寻常儿童的沉静与多思。他7岁在安多出家，16岁前往卫藏朝拜、学法，10年间已将显、密二教的教法都系统学习了一遍，未满30岁便成为著名的论师。

当时藏地刚结束黑暗时期，不少僧侣"积极入世"，在民间娶妻生子，置买田地，拒绝受比丘戒的约束。31岁那年，宗喀巴在一次讲经中戴上持戒律者的标志——黄帽，宣布要重整戒律，振兴藏传佛教。为了身体力行，宗喀巴日常持戒很严，据说他38岁时在西藏闭关，礼佛350万次，石地上磨出的凹痕至今可见。明朝永乐皇帝慕名请他进京，欲封他为法王，也被他谢绝。在他的影响下，清规戒律与刻苦修行才重新回到了藏传佛教的传统中。

宗喀巴的另一项功绩是著书立说。他一生中写成了十多卷的著作，从佛法到医学、历法、造像度量，包罗万象。最重要的著作《菩提道次第广论》与《密宗道次第广论》，由浅入深地讲述了佛教要义与循序渐进的修行方法，为格鲁派的创立奠定了思想基础。

明永乐七年（1409年），宗喀巴在拉萨大昭寺举行大祈愿法会，不分教派、不论高低贵贱都可参加，与会僧俗达数万之众。此后，一年一度的法会成为惯例，沿袭至今。同年，他在拉萨以东建立甘丹寺，正式成立格鲁派。信众将他奉为释迦牟尼佛之后，上天派来的"第二佛陀"。宗喀巴住世63年，弟子众多，最著名的两位是根敦朱巴与克珠杰，后世的追封如雷贯耳，前者是一世达赖，后者则是一世班禅。

从"回回军"到马家军

世居青海东部与东北部的回族祖先，能追溯到一千多年前阿拉伯、波斯等伊斯兰教国家的战争移民。彼时西域的大舞台上，大唐与吐蕃斗得正酣，西亚的大食抓住机会，时而联合唐朝插上一脚，时而联合吐蕃打上一

约14世纪末	1409年	1559年	1578年
世居中亚撒马尔罕的撒鲁尔部落迁徙到青海循化定居，是为青海撒拉族祖先。	宗喀巴创立格鲁派。	俺答汗率部移牧青海。	俺答汗与三世达赖相会于青海湖畔，成为格鲁派护教法王。

蒙古法王兴衰记

作为藏传佛教中最年轻的教派，格鲁派后来居上，成为诸派之首，固然是宗喀巴大师教徒有方，但这军功章里，也有蒙古人的一半。

元朝灭亡后，蒙古与西藏之间的联系一度中断。16世纪中叶，蒙古土默特部首领俺答汗占领了环青海湖地区，可他出身偏支，并非黄金家族的正统。为了提高地位，俺答汗首先皈依了格鲁派，然后派出使者，恭请格鲁派领袖索南嘉措到青海传教。明万历六年（1578年）双方在青海湖畔的仰华寺会面，互赠封号，索南嘉措被封为“圣识一切瓦齐尔达赖喇嘛”，是为三世达赖，他又向上追认了两世，第一世便是宗喀巴的弟子根敦朱巴；俺答汗则成为黄教第一个“护教法王”，他的曾孙后来还被指认为四世达赖。

俺答汗死后，四世达赖突然圆寂。外间风言风语，都说年轻的达赖并非自然死亡，而是遭到了当时统治西藏、拥护噶玛噶举派的藏巴汗暗杀。宗教斗争的残酷，与政治斗争相类，格鲁派已然命悬一线，必须尽快寻找新的武装依靠。

天助黄教，继位的五世达赖很有手腕。他联手扎什伦布寺寺主罗桑·却吉坚赞（后来的四世班禅）立即发出密函，邀请信奉黄教的和硕特部领袖固始汗入藏“护教”。固始汗正在新疆伊犁一带晃悠，为和硕特部生计发愁。得到这个消息，他喜出望外，毫不含糊地倾全部之力，于明崇祯十年（1637年）南下，夺取了青海。站稳脚跟后，固始汗挥军西藏，这时他已经60岁，却越战越勇，终于打败了藏巴汗，成为“全藏三区之王”。

固始汗没想到的是，五世达赖真正想要的不是什么蒙古法王，而是政教合一、自己说了算。在入主布达拉宫后，五世达赖仅用了短短数年，便架空了和硕特部的权势，成为西藏的实际统治者。清军入关后，他应顺治帝的邀请居留北京弘法，更是威望大增。

五世达赖圆寂后，固始汗的子孙开始按捺不住了。当时大权把持在五世达赖弟子桑杰嘉措手里，继位的拉藏汗非常不满，于是他又想到了从前藏巴汗用过的招数，向年轻的六世达赖仓央嘉措开刀，要求废黜这位“来路不明、品行不良”的诗人，重新寻找转世灵童。这场达赖继承人之争，以戏剧性的“螳螂捕蝉，黄雀在后”结束。清康熙五十六年（1717年），内乱的和硕特汗国被准噶尔汗国逮个正着，一举歼灭。

当时驻守安多的，是固始汗之孙罗卜藏丹津。继承了祖先的灵活头脑，罗卜藏丹津趁机主动拉拢康熙皇帝，表示愿意协助清兵入藏，讨伐准噶尔，条件是康熙封他为藏王。康熙假意答应，却在大败准噶尔军后，转身就宣布废除藏王，将自己的亲信派驻西藏。

罗卜藏丹津哪里肯善罢甘休，马上联合安多蒙古各部甚至昔日的对头准噶尔，发誓要反清，却无奈斗不过老的，又打不过小的。康熙死后，雍正的西征军不仅打败了罗卜藏丹津，还连准噶尔汗国也一并收拾了。从此蒙古各部落再也没有与朝廷抗衡的实力，清政府也取代蒙古法王成为格鲁派的庇护者。

1725年	1862~1873年	1912年	1929年
雍正帝设置青海蒙古二十九旗，设立西宁办事大臣，并改西宁卫为西宁府。	西北回民起义，马氏军阀开始崛起。	民国政府改青海办事大臣为青海办事长官，后又将青海事务划归蒙番宣慰使管理。	青海建省，孙连仲任主席，但政权掌握在马家军手中。

拳，时而互相干仗，造成丝绸之路时断时续。随大食军队东进的伤兵、随从、商队，有家归不得，只能长期滞留青海。一来二去，他们的后裔成为青海最早的穆斯林。

成吉思汗征服西亚后，将战争中俘虏的中亚、西亚地区的穆斯林编成"回回军"（元代史书称东来的阿拉伯人、波斯人和中亚各族为"回回"）屯驻在环青海湖地区。因为骁勇善战，该军在蒙古军队里颇受重视。通过与当地蒙古族、藏族通婚，婚后妇女也都改信伊斯兰教，回族先民的人数大大增加。

清朝同治年间，西北各省相继爆发回民反清运动，开端是为了抗击朝廷暴政，但随着情况失控，最后演变成两族之间血流成河的屠杀。青海的"马家军"正是在此乱世发迹，领头的名叫马海宴，原本是河湟一带驮帮头目，投靠了甘肃河州（今临夏）大阿訇马占鳌的反清部队。在河州太子寺一战中，马海宴逼退清朝名将左宗棠。心机深远的他，竟出人意料地乘胜投降，立刻摇身一变，从叛将变成了功臣。马家三代在青海的统治由此开始。

时间进入民国，轮到马海宴的孙子马步芳坐镇西宁。这位土皇帝据说头脑精明、情绪热烈，却又残暴成性、荒淫无度。手握重兵的他根本没把南京政府放在眼里，当地人也只知马家军，不知党国。在他的统治下，西宁

"东南万里红巾扰，西北千群白帽来。"清末流传的这副对联语言虽简陋，却也体现了当时席卷南北的两大民间起义来势之凶猛。

花儿与军阀

在西部歌王王洛宾的众多"粉丝"中，马步芳也是其中一个。1941年，28岁的王洛宾因涉嫌是"中共特务"被国民党军统关押在兰州，三年后经过多方营救（其中也有马步芳的功劳）来到西宁。马步芳为他举行了欢迎宴会，任命他为青海军区音乐总教官，并让独生子马继援拜他为音乐老师。在庆祝抗战胜利的社火比赛上，马步芳自己也出了个节目，演唱的正是王洛宾根据海东民歌改编的《花儿与少年》。这首歌也是青海花儿中传唱最广的一首。40多年后，应邀赴台演出的王洛宾与马继援重逢，唏嘘万千。

喜欢花儿的马步芳，自己也被编进了花儿里。在青海有一首著名的花儿，人人都能哼两句："马步芳修下的乐家湾，拔走了心上的少年；淌下的眼泪和个成面，给阿哥烙下的盘缠。"歌中的乐家湾，指的大概是西宁东郊的乐家湾机场（今天曹家堡机场的前身），也有人认为唱的是乐家湾植树造林运动。原来当年马步芳非常重视绿化，规定每逢清明前后，军队停止训练，机关停止办公，全民义务植树，甚至强行征调民夫，将树的成活率与人的"成活率"挂钩。这荒唐的命令，倒也为如今的西宁留下了成片绿荫。

1936年

红四方面军途经果洛藏区，遭到马家军疯狂围剿。

1939年

马步芳派遣青海骑兵师出省抗日。

1944~1949年

王洛宾在青海创作了《半个月亮爬上来》《阿拉木汗》等一系列著名音乐作品。

1949年

西宁解放，马步芳逃往台湾，后流亡埃及。

开始了非常缓慢的城市化。

1936年10月，在党中央的指示下，红军第四方面军渡过黄河，深入祁连山脚下的河西走廊，为了打通与苏联之间的交通，开始了最后一次长征。时值秋冬，天气苦寒，长途跋涉、粮草不足的红军多次遭到数倍于己的马步芳军队袭击，最后只有400多人坚持走到新疆。据当事人回忆，光是被马步芳下令活埋、虐杀的红军将士就达3000人。同样是这个马步芳，在卢沟桥事变后马上组织骑兵师出省抗日，在河南淮阳打游击，歼灭数千日军，由于作战勇猛，自身伤亡也很惨重。在宝塔一带的阵地战中，为了掩护骑兵师主力撤退，百余名将士与日军拼到弹尽粮绝，最后投水自尽。

青海解放后，马步芳辗转流亡埃及，终生未能再履故土。

天路

很难想象1300多年前，人们是如何仰仗马匹、骆驼与牦牛，在青藏高原上走出一条唐蕃古道的。远嫁的文成公主从长安城出发，经过甘肃进入青海，登日月山，涉倒淌河，穿过草原、湖泊，越过唐古拉山口，最终抵达拉萨，整整走了三年。

根据中科院一份调查显示，近30年来青藏高原冻土持续退化。全球变暖固然是罪魁祸首，但频繁的人类活动也有不可推卸的责任。

1954年4月，为了给驻扎西藏的解放军运送粮食，已经两次沿着唐蕃古道徒步进藏的西藏运输总队政委慕生忠向当时主持军队工作的彭德怀提议，修建一条从格尔木到拉萨的公路。国务院批了第一笔经费30万元，预计能修5公里，而根据当时不太准确的测量，格尔木到拉萨至少有1200公里。

慕生忠打算先修到可可西里，并带着19个干部、1200多名工人开工了，所有的工具是每人一把铁锹、一把十字镐，竟然只用了79天就打通了格尔木与可可西里无人区。6个多月后，慕生忠的队伍把路修到了拉萨。没有人知道，当初随着他从格尔木出发的队友，只剩下多少能活着看到了通车典礼。根据中新社的报道，青藏公路通车50多年来，为了维护这条天路的安全与畅通，青藏兵站投入了数十万执勤官兵，770多人献出了生命。

20世纪70年代以来，青藏公路由于状况不断，一直在改建。改建工程最艰巨的部分，是在铺设路面的同时保护地下的多年冻土层。这也是后来青藏铁路建设中的第一大难题。1984年西宁至格尔木的青藏铁路一期投入运营，但是需要穿越可可西里550公里冻土层的青藏铁路二期，则在技术、环境的多方探讨求证下，直到2001年才动工。比起早年“大干快上”的做法，青藏铁路在尊重自然规律、保护环境上的确有了长足的进步。建设时

1954年

青藏公路通车，柴达木盆地发现石油。

1958年

金银滩草原核武器研制基地完成选址，开始秘密动工。

1978年

塔尔寺重新开放。

1979年

黄河上游第一座大型梯级电站龙羊峡水电站实现工程截流；青藏铁路铺轨到格尔木。

不但采用以桥代路、铺设通风路基、保温层、热棒等方法，尽量保持冻土区的温度，还首次在高寒地区移植了8万多平方米的湿地，建设了33个野生动物通道，方便藏羚羊等动物迁徙。

2006年7月1日，青藏铁路全线通车。蜂拥而至的游客坐在经过加氧处理的车厢内，透过封闭的车窗眺望窗外曾经遥不可及的风景。新来的铁路让旧时忙碌的公路黯然失色，格尔木甚至取消了直达拉萨的汽车。在面临环境压力的同时，有人更担心铁路对藏族传统文化会产生巨大冲击。

草原深处的秘密

20世纪50年代末，美苏冷战的铁幕逼近中国。当时正值三年自然灾害，苏联又撤走了所有在华专家，打算取消一切援助，但是为了回应1958年台海危机后美国的核威胁，以及在苏联人面前争一口气，中央决定哪怕"当了裤子"也要发展核武器。核武器研制基地最后选址青海湖东畔的金银滩草原，后来的掩护名称为"青海矿区国营221厂"，但在任何已出版的地图上都找不到它。为了迅速建设基地，1700多户牧民被迫火速搬离世代生活的金银滩草原。

在短短几个月的时间里，221厂集结了2万多名工作人员，后来还有王淦昌、邓稼先、朱光亚等以后赫赫有名的科学家加入进来，当时他们全都隐姓埋名，连家属也不清楚他们身在何处。三年自然灾害时期，由于粮食匮乏，大家只能靠青稞面和稗子面充饥，许多人因为营养不良全身浮肿。由于客观条件所限，当时的安全防护措施也非常简陋，但在那个特殊的年代，技术人员及工人只是一心想让原子弹赶快研制成功。

就在如此艰苦的环境中，1964年8月，首套核试验装置在绝密护送下离开221厂运到了新疆的罗布泊。这年10月16日下午3点，我国第一颗原子弹在罗布泊爆炸成功。3年后，第一颗氢弹也宣告成功爆炸，它的诞生地同样是神秘的221厂。

20世纪80年代末，国家撤销了一批军工企业，完成历史使命的221厂也在其中。1995年新华社正式发布了这个消息。1999年国家表彰"两弹一星"功臣时，王淦昌、邓稼先已经离世，朱光亚也已进入暮年。现在的核武器研制基地被称为"原子城"，已经成为国家爱国主义教育示范基地，向公众开放。

在青海草原的深处，还有另一段历史，是新中国成立后到20世纪70年代，在劳改农场里接受改造的数十万劳改犯，其中多数属于"反革命"。这

1987年

中央军委下令撤销"221厂"，即核武器研制基地。

1996年

青海都兰吐蕃墓群的发掘被列入当年全国十大考古发现。

2000年

青海三江源自然保护区成立。

2002年

第一届环青海湖国际自行车赛在青海举行，这是世界上海拔最高的国际性公路自行车赛。

个1997年已经废除的罪名，当时几乎无所不包，从国民党军官、持不同政见者，到所谓乱搞男女关系的人，都属于“反革命”范畴。遭到流放的人群中，不乏社会名流、高级知识分子。他们中的有些人，因为饥饿、劳累与沉重的心理负担，甚至没能活下来。

西部大开发中的青海

自从实行西部大开发战略以来，青海迎来了发展最快的十年。两个超级工程引人瞩目：青藏铁路与西气东输。前者虽然在环境与文化保护上如履薄冰，但没人能否认它拉动了青海的经济与旅游增长。对西气东输，有些人则有不同看法，他们认为内地得到的益处大于青海，这个工程没有给当地的发展做出实质性贡献。

不仅是东西差异，青海内部的地区差异也在逐渐拉大。十年间青海的高速公路从无到有，可新增的路线80%都在西宁周边。根据国家统计局2018年4月的数据显示，西宁房价曾经经历了25个月的连涨。可是在广大藏区，国家扶持的重点还停留在城镇供水这样最基本的生活需求上。西部大开发的阳光，需要更多时间，才能均衡地照在每个青海人身上。

2010年的玉树地震在国人为汶川地震滴血的心上又撒了一把盐，玉树的灾后重建也备受关注。经过9年的重建，玉树周边的牧区有了较快的恢复，正在朝着高原生态型商贸旅游城市发展。

玉树重建的悲与喜

2013年10月，玉树藏族自治州政府宣布，州府结古镇成功地撤县立市。撤县立市让本地人逐渐告别“小县居民”的身份，向“城里人”迈了一步，更为脚踏实地的重建工作并没有让人们等得太久。2015年，随着共玉高速公路一期的基本建成通车，以及玉树至治多、多杂公路和珍称公路的建成通车，都改善了进出玉树和下属乡镇的交通状况，也让旅行者开始走得更深更远。更为温暖的是，2015年11月，历时7个月的玉树无电地区独立光伏电站建设完成，并开始进入试运行阶段，玉树地区季节性缺电的难题将得到根本性解决。在这些支撑基本生活的钢筋铁骨陆续到位以后，玉树人真正需要长期直面的问题，也许是重组震后每个支离破碎的家庭，开始向天崩地裂的惨痛回忆微笑着告别。

2006年	2010年4月14日	2014年12月8日	2019年8月
青藏铁路全线通车。	玉树发生7.1级地震，2698人遇难。4月21日全国下半旗哀悼罹难同胞。	穿越青藏高原多年冻土区的首条高海拔、高寒地区的第一条高速公路共玉公路（一期）基本建成通车。	第一届国家公园论坛在西宁开幕，青海成为中国唯一的国家公园示范省。

青海人

历史上青海大多为藏区，但因和甘肃、新疆、四川为邻，互通往来很频繁，逐渐变成了多民族的聚居地。各族人的许多习惯因此产生同化和交融，譬如爱喝酒、擅长歌舞、豪爽的性格和淳朴的民风。由于深居闭塞的内陆高原，商旅匮乏，经济发展缓慢，安于现状者居多，闯荡世界者尤少。冬季里懒洋洋地窝着晒个太阳，时时享受生活才是青海人的本色。

歌者和诗人，酒和浪漫

很多人关于青海的最初印象，来源于那首脍炙人口、由王洛宾根据青海民歌改编的《在那遥远的地方》，歌里那位“好姑娘”，“如明月般的眼睛”和令人“回头留恋地张望的粉红笑脸”，在那个年代里不知曾出现在多少人的梦中。以至于到了现在，但凡在青海湖边的金银滩路过，导游就会招呼游客们下车，去开满野花的草地上体会一下当年风流歌王在此偶遇牧羊姑娘的感觉——虽然看不到帐房和羊群，更不见姑娘和“她的小皮鞭”，但这遥远的浪漫仍让人们乐此不疲。

“姐姐，今夜我在德令哈……”，海子的一番极尽孤独的呢喃，让戈壁和青稞在那个白衣飘飘的年代里幻化为神往的景象。当“今夜我不关心人类，我只想你”成为情书里被引用无数遍的金句时，为此奔赴德令哈的文艺青年们或许会失望地发现，原来德令哈，真的只是“雨水中一座荒凉的城”，有的只是漫漫戈壁。

虽然海子与王洛宾皆非青海人，然而一诗一歌，吟唱的却都是青海。也许青海就是有这样一种魔力，连过路人都会透过这里的荒凉和孤独，感受并传递出热情和温柔。与这截然相反、滋味杂呈的繁复意象里，青海人自身性格中的不羁与柔情也借此表露无遗。而酒，兴许是促使这一切人性本质释放的最好催化剂。

青海人爱喝酒（信奉伊斯兰教的青海人不在其中），尤其爱喝高度青稞酒，在这里“酒肉”和“朋友”是难以分开的，也是他们豪爽性格的最好诠释。不管是否相识，就算语言不通，只要三杯黄汤下肚，这些都不再是交流的阻碍。所谓“四海之内皆兄弟，五湖里外都朋友”，青海人的好客在酒桌上展示得淋漓尽致，要是喝得兴起，还能边喝边唱起小曲儿来。由陌生到熟稔，对青海人来说，不过就是把酒言欢、推杯举盏中瞬间的事。这种植入骨髓的浪漫，同酒气一样，会无时无刻地从他们的每个毛孔里散发开来。

流放地里飘“花儿”

历史上的青海一向以流放犯人的蛮荒之地的面貌出现。一批又一批在喝酒易误事。为安全起见，旅行者务必请包车司机在途中不要喝酒。在藏族宴会上，主人力邀你加入酒局，生硬的拒绝会带来尴尬，如不胜酒力，可礼貌告知，或用嘴唇小抿一下表示客气。记得抿前用无名指点三次酒在空气中轻弹，这是藏族敬天地神佛的习俗，同时也是对主人的尊敬。

主流社会找不到立足之地的失意者或倒霉蛋被迫来到青海，不管是避难逃荒还是亡命求生，他们在青海这个天高皇帝远的避难所安顿下来，开始自己的新生活。

生命是有魔力的。不管怎样的艰难困苦，在接受命运的苦难和磨砺的同时，青海人还不忘用歌和欢乐来点缀生活。于是这里又成了“花儿”的故乡。青海人以把日子过得慢为荣，他们觉得“一年忙到头”并不是生活，所以即使在相对繁华的都市西宁，从11月到次年的5月，青海人多半都像这片土地上的动植物一样，在忙着休养生息。而到了春暖花开时，人们的心头也如同被春风轻拂过一般，自然而然地解了冻。千树万树梨花开的黄河边、山头上，满是唱着“花儿”、诉说情话的年轻男女，那朝气蓬勃的样子，仿佛冬天从来不曾降临。青海人的忘忧能力，堪称一流。

青海的民族

汉族

相传，青海的第一批汉人是被迫从南京的“朱梓巷”移民来的，而那些被流放青海戈壁的人在被释放后也扩充了青海汉族的队伍。但汉族真正大批涌入还是在1949年后，他们给当时青海的经济、文化、风俗习惯及社会所带去的影响是巨大的。现主要杂居在省会西宁及格尔木、德令哈等城市。

藏族

藏族在青海的历史可追溯至南北朝甚至更早。他们是青海少数民族中人口最多、居住面积最广的民族。青海的藏族分为安多和康巴两大族群，其语言和服饰各有不同。由于地域辽阔，根据生活习性还能区分成游牧和农耕两派。他们几乎全民信佛，宗教对藏族各种习俗有着广泛而深远的影响。

回族

回族多数人信奉伊斯兰教，在青海的人口数和分布范围仅次于藏族。除了汉语外，宗教信仰使得他们仍会使用一些简单的阿拉伯语和波斯语。回族穆斯林最隆重的节日是开斋节，一般为三天。按教法规定，伊斯兰教历的每年九月为斋戒月，开斋节即是斋月的结束。

青海人的“原声原味”

夜市：扑鼻的牛羊肉味，带动每个小摊子此起彼伏的青海话叫卖声，是青海人最真实的生活。

清真大寺：阿訇的声音从清真寺内传来，伴着厚重又浓烈的香味，仿佛魔幻剧中的场景。

佛教寺院：清澈的松香味，僧人们嗡嗡的念经声，一切都让人感觉安详。

班车：充斥着酥油味、体味、脚臭味、烟味、肉味等各类奇怪味道，时不时还有山寨手机嘹亮的彩铃声。

民族串联：各民族不同的生活习惯让他们身上带着不同的味道，发音各异的方言让交流变成了一件趣事。

撒拉族

又称“撒拉尔”或“撒拉”，是河湟地区另一个独有的少数民族，主要聚居在循化撒拉族自治县和毗邻的化隆回族自治县甘都乡。以汉语作为日常的通用语言。撒拉族也有很多人信仰伊斯兰教，生活习俗与回族有许多相同的地方，通过不断地联姻和迁居，与回族及其他民族相互融合，使得这个民族得以注入新鲜血液并不断扩充，成为中国最年轻的民族之一。

由于没有本族文字，撒拉族的历史资料主要靠族中老人的口头传说来保存。他们的祖先是突厥人的一支，原本与中西亚的阿塞拜疆族属同一血脉，元代后期从撒马尔罕长途跋涉迁徙到了青海循化落户生根。

《静静的嘛呢石》(2005年)是藏族人自编自导自演却未公映的一部好片。电影用藏历新年作背景，对人性中的原欲进行了平静而深入的探讨。难得的是，片子一点都不沉闷。

土族

这个河湟地区独有的少数民族和蒙古族及历史上的吐谷浑国有着密切关系。土族的先民们来到河湟流域后，一部分融入了汉、藏民族，另一部分通过近800年的发展，延续了本族的文化和习俗，也吸收了一些外族人作为扩展。土族居民原信奉多神教，也有一些人信奉道教。元、明以后普遍信奉藏传佛教，其他宗教信仰仍然存在。语言则由蒙古语演变而来，历史上没有本族文字。

蒙古族

青海的蒙古族和藏族相似，他们普遍信奉格鲁派藏传佛教。在盛大喜庆的日子里，蒙古族会在宴席上为长者或贵宾敬奉上美味的烤全羊。

宗教

别以为“大美青海”只是指自然风光，在青海粗犷的外表下，有珠玉纷呈的细腻内涵，不愧为宗教人文控的大爱之选。想要至纯至正，玉树和果洛各派藏传佛教的庙宇灿若繁星；想要多元化，河湟谷地多种宗教信仰并存；想要异彩纷呈，同仁巫文化和热贡文化齐辉。最纯正又多样的宗教人文体验就在这里。

藏传佛教

相对于卫藏这一“法域”核心，青海实在偏远。正是因为能在关键时刻远离是非之地，在朗达玛灭佛时，这里就成了前弘期法脉的避难所——就这样，风凉水冷的青海被历史选中，成为后弘期的发祥地、藏传佛教复兴和发展的重要舞台。

明朝封授三位藏传佛教的领袖或高僧为“法王”，分区统领藏区教务：噶举派大宝法王，势力范围在藏东；萨迦派大乘法王，在后藏；格鲁派大慈法王，在前藏。大宝法王封授最早，礼遇最隆重，其所属噶举派在当时实力也最强。萨迦派的第一位“大乘法王”是元帝师贡噶坚赞之孙贡嘎扎西。大慈法王释迦也失是宗喀巴的八大弟子之一，格鲁派在清朝进入鼎盛时期后以“达赖”和“班禅”封号为至尊，而“大慈法王”的封号没有流传下来。

尊者称谓同义词辨识

藏传佛教博大精深，光是尊者称谓，就让人眼花缭乱：有活佛、喇嘛、上师、法王、法主、仁波切、班智达等。其中活佛、喇嘛和法王均流传甚广、歧义甚多。

汉地所称“**活佛**”，藏语称“祖古”（sprul sku），指的是转世的修行者，不是“活着的佛”；佛教认为佛是超越生死、不生不灭的。“**喇嘛**”源自梵语guru，本意为“上师”，指德才兼备、能引导信徒走上成佛之道的导师。虽然它似乎成了活佛的另一称谓，但严格来说活佛不一定是上师。

“**法王**”藏语原为“曲吉杰布”，指拥护佛教的吐蕃赞普，实非对僧侣的称谓。后来蒙元政权以之作为册封蒙藏重要僧侣（如八思巴）的非常设荣誉职衔；在明朝，法王进一步成为中央对蒙古和西藏地区设置的僧官制度中的最高级官衔。这种本为官衔的称谓通过转世延续至今，已在民间被引申应用为传法首领的称谓。然而，一些高僧大德也谨慎地认为，只有释迦牟尼才是真正的“法王”。

“**仁波切**”（rinpoche）意为珍宝，是对修行有所成就的僧人的亲切尊称，这个称谓并不专属于转世者。“仁波切”和“上师”是在藏地旅行时对高僧比较通用、得体的称呼。

主要宗派

藏传佛教宗派的产生起源于师承不同，导致所奉经典和修持密法的不同。

大约在7世纪，佛教由天竺和唐朝两路传入吐蕃，与本土的苯教争执几百年，逐渐融合为早期藏传佛教宁玛派的雏形。9世纪朗达玛灭佛后，10世纪末一些译师再次从印度等地引入佛法，从而形成了一批被统称为“新

转世不是轮回

佛教认为普通的生命因悟性和修为所限，逃脱不了"轮回"辗转生灭之苦；而那些至少修至阿罗汉正果的觉者是有能力超脱轮回、不再受到因果业报制约的。因此修行者的转世就不是"生死轮回"的结果，而是这些充满使命感的修行达人甘愿回到世间继续和俗人一样承受生死之苦，同时普度众生。

这种设想在宗教处于实际统治地位的藏区得到了落实，因为它能解决一个很实际的重大问题：教派首领的继承。转世制度由黑帽系噶举派在13世纪开创，在被格鲁派采用后举世闻名，目前内蒙古自治区、西藏自治区和蒙古国等地有数以千计的活佛转世系统。在格鲁派统揽藏区政教大权后，几次摄政僧侣涉嫌操纵转世灵童认定的迷离案情，把清廷弄得很头大。乾隆末年，中央政府开始以金瓶掣签的方式介入藏蒙最高宗教领袖的转世灵童认定，以革除流弊，提高公信力。

译密咒派"的派别，包括噶当、萨迦、噶举等。15世纪初格鲁派创立，逐渐融合了噶当派，奉"中观应成派"学说为正见，迅速崛起为藏传佛教的主流。经过格鲁派的大力推广，如今的藏传佛教主要宗派在显宗教义教法上趋同，关键区别在于各自修习的密法（"不共修法"）。就佛法而言，这些区别都是法门，终究是圆融一体、互不相违的。

宁玛派

"宁玛"在藏语里面是古旧的意思，可见此派源远流长。

8世纪，莲花生等天竺高僧进藏传入了如今宁玛派教义中最精深的《大圆满法》。但和小说中那些历尽磨难的无上秘笈不同，这些前弘期的经典安然躲过了9世纪朗达玛灭佛的百年浩劫，并在后弘期赢得了一批坚定的信奉者，宁玛派渐渐成形于11世纪，并在种种神迹传说中独放异彩，比如虹化和伏藏。

> 宁玛派六大主寺包括卫藏山南的敏珠林寺、多吉扎寺，以及康区甘孜的噶陀寺（青海达日查朗寺为其重要属寺）、白玉寺（青海果洛白玉寺为其重要属寺）、佐青寺（竹庆寺）以及雪谦寺（协庆寺）。卫藏山南的桑耶寺为宁玛派祖庭。

宁玛派最殊胜的教法是"**大圆满**"，大意是指能使你置身明灵空寂、圆满无缺解脱妙境的最佳法门。据说臻于大圆满后，圆寂时色身会**虹化**（长者经长年修炼而使身体聚集巨大能量，圆寂之际，肉身被能量转化为光质，缩小甚至溶化在虹光中，留下指甲、舍利子等证物）。一座有号召力的宁玛派寺院，总是会以曾有多少人在此虹化作为"成绩单"来证明它的实力。要练就虹化，就必须修习大圆满的精髓"宁提"法门，"**龙钦宁提**"（也称龙钦心髓）是最受欢迎的宁提法本。而这种通往终极成就的最后一道法门，是青海果洛多智钦寺寺主所持有的开放专利。这也是为什么宁玛派的主要派系会有"6+1"种：六大主寺分别发展出六大寺系，而多智钦寺一系以寺主为龙钦宁提法主而单列。宁玛派从未出过固定世系的执教掌门，这些大寺的法台一直以"意见领袖"的身份联合管理全教。

宁玛派还有神奇的"伏藏"传承。"伏藏"是指在传法机缘不成熟时，高僧将有形和无形的法藏，藏于寺院周边、深山、岩洞乃至人的意识里，以免法脉失传。伏藏分为书藏、圣物藏和识藏三种形态。书藏所藏为经书、咒文或史诗；圣物藏所藏的是法器、座像、高僧遗物等；"识藏"最为神奇，是把法门义理埋藏在人的意识深处，然后在某种神秘力量的启示下，被授藏经文的人就能将其诵出或记录成文。善于发掘伏藏的人，被称为伏藏师或掘藏师。

据说伏藏始自苯教遭佛教打压时期，当时还只是小试牛刀：在那个还不流行将信息上传到云端的时代，莲花生等宁玛派先祖常用此法，将传播因缘未成熟的法藏如此秘藏起来，待后世门人应运发掘。后来宁玛派将这个高招分享给整个藏传佛教。在凡夫俗子看来，伏藏这种“慢递+寻宝”的方式太玄了，相隔几百年，后人能确认“收货”吗？别担心，宁玛派总是神人辈出，好多高僧都是因为寻宝有功且鉴宝有方而法台高升的。前面提到的“龙钦宁提”，据说正是18世纪由晋美林巴凭着前世佛缘而打开了自己的识藏所取得的。

噶举派

流传千年来，噶举派传承支系之庞杂，早已远超“四大派八小派”的笼统说法。原“四大派”之首的噶玛噶举借大宝法王的号召力仍保持绝对领先的态势；人气较旺的还有原“八小派”中的直贡噶举、达隆噶举和竹巴噶举。青海玉树正是国内噶举派寺庙分布最集中的地方。

噶举派气质独特，是隐士、苦行僧、巫师和艺术家。它喜欢把寺庙建到仙气渺渺的深山高崖，对彻底的出世主义者米拉日巴推崇备至；凭空催动三昧真火，将佛法与密咒共冶一炉；米拉日巴即兴创作十万道歌，大宝法王在音乐、舞蹈、绘画等才艺上展现天赋——对于噶举派，你无法不感到神往。

“噶举”大意为口耳相传的金刚乘密法，重视修习大手印和那洛六法。注意，此“大手印”绝非金庸笔下西域僧人类似铁砂掌的同名武功；这里是指禅定中个体意识同宇宙本体息息相印，得见圆明自性的至高成就境界。相对于格鲁派像哲人般、爱从纯粹哲学角度去思辨，噶举派更像灵修导师，无心纠缠于佛学名词，而关注心理感受和实修效果。像拙火定那样硬桥硬马的真功夫，就是实修佐证之一。月黑风高夜，比赛进行时：隆冬时节在零下二三十度的冰封河面上，几位修士赤身跏趺坐于冰雪中，每人身披一块被冰水浸透的床单，不久床单开始冒水蒸气，一个小时不到，竟然被体温烤干了。几位“火大”的修士淡定地反复烤床单直到天亮，谁烤得多就胜出；如果不比烤床单，就比这一宿谁身边的雪化得最多。这叫人瞠目结舌的一幕在20世纪30年代被一位西方人发现之后，又在80年代应一群美国医学博士的要求再次展示，结果美国博士们变成狗仔队，缠着高僧们研究数年仍啧啧称奇。这就是传说中的拙火定神功，那洛六法的基本功而已。

不过，史学界也认为对密法功效的追求在15世纪初走向极端，导致了藏传佛教像晚期的印度佛教般跌入密教的深渊，僧侣不屑于习经持戒，而妄求密咒法术和长生不死；比如拙火定再怎样精深，也只是帮助得定的法门而已，着相不得。格鲁派的出现及时刹住了这种舍本逐末的风气，让藏传佛教回到经教修身的主线上来；而经显宗调和后的噶举、萨迦等派也因为保留密宗的光辉传统，成就了藏传佛教的“西密”传奇。

米拉日巴是怎样炼成的

米拉日巴的生平和一般高僧由香花美誉铺就的成长道路大为不同。

被夺家产并遭驱逐的寡母，将米拉日巴打造成苦大仇深、巫术高明的复仇少年。直到快意恩仇带来了生灵涂炭，他才幡然醒悟，决心悔过自新，修习正法，改信佛教。玛尔巴（噶举派的开山祖师）对这位犯有前科的年轻人百般顾虑，小伙子则默默地以长期异常繁重的劳役来展现诚意，终于打动上师并得到真传。此后近20年自虐式的深山苦修，使他脱胎换骨为证道的高僧，而自我放逐的岁月也让他变为诗人，以道歌十万篇感召追随者如云……

不是每个充满佛性的浪子回头励志故事都理所当然地以大团圆为结局：年少时用巫术咒杀无辜的这位佛教宗师，对自己耄耋之年被毒死的完结方式，应该不会感到太遗憾吧。

萨迦派

萨迦派的“品牌形象设计”无疑是很成功的：辨识度最高的就是寺院建筑外墙上刷着的红、白、黑三色花条。三种颜色分别代表文殊、观音和金刚手菩萨三位怙主，而萨迦法王一直以“三怙主的化身”传承至今。主寺为后藏萨迦寺。

凭借离印度较近的地缘优势，萨迦派天生适合做“学霸”，各种显宗流派都能掺和些。它在显宗上注重经论的翻译及辩经，**中观应成**学说（佛法为空）和其相对的**唯识见**（佛法为有）都有传承；但自身则很中庸地认为佛法非空非有。不同于宁玛和噶举强调顿悟，它主张按严格次第渐修，“道果法”是其特色修法。《十三金法》为该派的王牌密法（不共修法）。

相对于萨迦派的教义教法，世人似乎更津津乐道于它那曾经显赫又短暂的辉煌时期。被尊为“萨迦五祖”的八思巴声名鹊起于南宋宝祐六年（1258年）在元上都隆重举行的一场佛道辩论会，佛教方以年仅23岁的八思巴为辩论组组长，辩论以道教一方服输、十七名道士削发为僧而告终。不久他受封国师并被忽必烈重用，掌管全国佛教和藏区事务，由此首开西藏政教合一之先河，萨迦派进入了全盛时期。八思巴奔走于蒙藏之间，几度路过玉树，将萨迦派传入青海，称多尕藏寺见证了这段历史。元朝北遁后，失去依靠的萨迦派不时与噶举派争夺密法和政教权，导致藏地教风涣散，催化了格鲁派的迅速崛起。

世人更愿意“八卦”的，就是萨迦派法位的家族世袭现象。其实早在灭佛的百年间，后世被宁玛派奉为前辈的在家秘密修行人就有法脉家传的情况，至今宁玛、噶举个别派系领袖结婚生子也不鲜见。但萨迦派法嗣结婚生子已成定制（不继承法位的出家子女不能结婚），这点上确实比别的宗派要鲜明。如今萨迦派由度母宫和圆满宫两房的长子轮流掌教。

格鲁派崛起于明清时期，在青海660多座藏传佛教（含苯教）寺庙中占据半壁江山，主要大寺集中在东部河湟谷地。宁玛派最早进驻青海，目前有170多座寺庙，集中在果洛地区，果洛寺庙总数中的近八成属于宁玛派。噶举派和萨迦派寺院分别约有100座和30座，主要集中在玉树。觉囊派在青海的6座寺庙集中在果洛。苯教的11座寺庙主要在黄南和海东。

格鲁派

一顶显眼的黄帽子，藏着格鲁派的教义：后弘期以来，藏地的持律大德均戴黄僧帽。“格鲁”藏语意为“善规”。15世纪初，教风萎靡，宗喀巴创立格鲁派时没有像平常那样戴红僧帽，而选择戴黄僧帽，以示戒法重兴的决心，黄帽因而成为格鲁派标志。

佛教与其说是宗教，其实更像哲学：不以神为中心，却极为重视**见地**（看待事物的终极方式）的思辨。宗喀巴能被奉为大宗师，务虚思辨是一流的，他完善的**应成派中观见**学说，使格鲁派与多多少少偏**唯识见**的宁玛、噶举、萨迦、觉囊等派在思维出发点上区别开来。粗浅地讲，争辩焦点在于佛法真谛（“胜义”）到底是空还是有，格鲁派说“毕竟空”，其他派认为好歹“有”点（“**胜义有**”）；禅宗旁白：空和有都是圆觉自性在表达上的方便，不必执着。如果你看着犯晕，这很正常，这个历史遗留兼国际难题，早在天竺就辩论了数百年。想弄明白点，宗喀巴首本名作《菩提道次第广论》是极好的课外阅读作业。格鲁派在教法上糅合了几乎各派元素，所创的格西学位含金量甚高，各种藏传佛教显宗修学制度趋于完备。大威德法是它最重要的密法。

萨迦派守望藏传佛教文化不遗余力。元朝时以帝师之名号令藏、汉、印度、北庭名僧云集大都（今北京），用梵文原本对勘藏、汉文佛教大藏经典，一共历时3年，为《藏文大藏经》的编定和刻印打下基础。藏文化雕版印刷“活化石”德格印经院也是由萨迦派更庆寺所建。主寺萨迦寺至今仍是藏传佛教中藏书最为丰富的一座寺院。

凭借浊世清流的气质，格鲁派自创教伊始便人气急升。它创教比其他教派足足晚了几百年，却能迅速定鼎全藏，其后发优势远不止教义教法的先进性本身。大概是宗喀巴出色的外联能力为格鲁派注入了发展基因：宗喀巴以降第三、第五、第七世达赖喇嘛的长袖善舞让格鲁派在四邻纷飞的格鲁派六大寺：位于拉萨周边的甘丹寺（格鲁派祖寺，宗喀巴创建）、哲蚌寺（规模最大）、沙拉寺（大慈法王创建）、日喀则扎什伦布寺（班禅驻锡地）、青海塔尔寺（宗喀巴出生地）和甘南拉卜楞寺（嘉木样驻锡地）。青海格鲁派五大寺：塔尔寺、夏琼寺、隆务寺、佑宁寺、广惠寺。

战火中不仅毫发无伤还能左右逢源，最终实现政教合一。在这个过程中，河湟谷地和环青海湖一带作为卫藏联系清朝和蒙古政权的桥头堡，由稳定政权力撑的格鲁派得到突飞猛进的发展，青海五大格鲁派寺庙均位于此。这片地区还为藏传佛教界输送了大批高级别世系的名僧，当代的就有十世班禅和六世嘉木样等。

觉囊派

怎么竟然还存在一个觉囊派？你可能会很诧异，当年十世班禅对此也很诧异——普通人诧异是因为孤陋寡闻；班禅诧异是喜出望外，他当然听说过这个曾经与其他四大教派齐头并进的教派，但印象里，觉囊派难道不是300年前就已经不存在了吗？

觉囊派始于宋代，元代在卫藏盛极一时并传入安多，沉寂到明万历年间再度中兴，巅峰时期曾远赴漠北为蒙古汗王传法，成功开拓了大片新教区，传法领袖**多罗那他**（1575~1635年）被尊为“哲布尊丹巴”，从而开创了蒙古最重要的转世世系。然后，极盛的觉囊派彻底消失了，事关觉囊派的两个思想利器是：**“时轮金刚法”**和**“它空见”**。前者人见人爱，因为“在所有的续部中，时轮金刚是最高的大法，是一切本尊之王”（当代哲蚌寺大堪布评价），各宗派最高级的僧侣都渴望修习到正宗的时轮金刚法；后者却比较要命，其略带唯物色彩的见地不时遭到非议，在五世达赖的政治布局中，“它空见”成为异端，觉囊派被勒令改宗格鲁，寺产充公、封禁经籍印版。刚从漠北赶来卫藏继承法座、涉世未深的一世哲布尊丹巴（多罗那他的转世）被迫改宗格鲁派。

几百年来卫藏僧侣时常为正宗时轮金刚法失传而心有戚戚，没人知道，天无绝人之路：当年觉囊派的一些门人对苯教不抛弃不放弃，有生力量秘密转移到安多深处的子寺，把时轮金刚原原本本地延续下来。偏僻的四川壤塘由此成为觉囊派的再传法源，教区辐射到青海果洛等地。20世纪80年代，这支纯净法脉的重现让十世班禅眼前一亮，藏传佛教界再度喜迎“金刚”归来。有机会到青海可以去班玛看看造型独特的觉囊派寺院阿什羌寺，甚至沿着玛柯河谷一直南下，去往四川的再传法源壤塘。

苯教

苯教的名称听起来可能令人困惑，似乎不是一个“派”，而是一个“教”。因为苯教僧人头裹黑巾，也俗称“黑教”。确实，苯教是传自古象雄地区的藏区本土原始宗教，这个没有独立教义、典籍，重视巫术和祈祷的原始巫教，也曾与藏传佛教平起平坐，但那都是老皇历了。传说自从苯教首领阿穷杰博与莲花生大士斗法败阵后，苯教诸神就被藏传佛教收为各路护法。而史实中，在8世纪吐蕃赞普赤德松赞组织的一次佛、苯辩论会上，苯教落败，被藏王下令改信佛教或者放弃宗教教职成为平民。就这样，佛教将千年来一直在藏区呼风唤雨的苯教化作一个“有益补充”。须知藏传佛教其他教派均按顺时针转经，苯教却是逆时针转的；苯教雍仲符号也刚好与佛教万字符“卍”的转向相反：如此格格不入的两个宗教，终归不打不相识，最后彻底融合。

可不要因为苯教是创建于公元前5世纪的原始宗教就给它扣上“out”的帽子，实际上，苯教是藏传佛教独特魅力的一大源头，像万物有灵引出的神山圣湖崇拜、天葬、杂密咒术等经久不衰的传统，以及被宁玛派发扬光大的伏藏传承，都是苯教的原创。如今苯教最集中的教区在卫藏的那曲、昌都和安多甘南等地，黄南同仁的旺加寺是青海最大的苯教寺院。

伊斯兰教

可口的清真饮食、繁荣的物资流通——不辞劳苦的穆斯林带给世界的深远改变远不止这些。在一位美国历史学家所撰写的《影响人类历史进程100位名人榜》中，排第一位的，是伊斯兰教奠基人穆罕默德，汉语尊称“穆圣”。不过，对于奠定伊斯兰教在中国西北的地位，穆圣时代的文化商贸交流方式还是太斯文了点——是横冲直撞的蒙古铁骑，让伊斯兰教在中国西北格局大开，终成定势。

伊斯兰教于7世纪随商旅从中国南部沿海城市和西北丝绸之路传入。青海位于丝绸之路南线（青海道）和唐蕃古道两条大动脉的交会处，唐宋年间西域商贾往来不断。西北战乱频繁时，适逢唃厮啰政权招商轻税、武装护卫商队出入境，西域商人们逐渐在河湟流域聚集，成为该地区的回族先民。随着蒙古铁蹄踏平欧亚大陆，再次贯通的东西干道上，有呼啸而来、屯居于甘宁河湟的“西域亲军”（蒙古人从中西亚整编并带回的当地军兵，如保安族的先祖），也有迁居循化的部族（如撒拉族来自撒马尔罕的先祖）。这些信奉伊斯兰教的民族集体空降青海和中国西北的其他地区，使伊斯兰教在该地区得以广泛传播。然而，这些还只能算蒙古西征捎给真主的副产品；真正的献礼，是主政青海的元宗室诸王（安西王、西宁王等）以及汗国（察合台汗国）前赴后继地举国皈依，让伊斯兰教至今仍牢牢地扎根在中国西北。

要了解穆斯林的习俗，不得不提其秉持的五项基本功课。**念功**，念清真言。**礼功**是穆斯林与安拉心灵交流的礼拜时间，每天五次，每周一次主麻日聚礼拜，每年两次的会礼拜（古尔邦节和开斋节的礼拜）。**斋功**，成年穆斯林在斋月里清心寡欲，黎明到日落期间不可进食。**课功**，有一定财力的穆斯林每年需将自己至少2.5%的盈余现金用于教内公益，在中国可以直接交给那些穷困无依的穆斯林（但亲戚不算）。西宁一带的穆斯林较为富裕，所以常有贫困地区的穆斯林前来寻求施予。**朝功**，一生至少一次在教历12月8日至10日到麦加朝觐。

“伊斯兰”系阿拉伯语“顺从”之意，指顺从和信仰真主安拉，以求得两世（现世和末日后的后世）的和平安宁。穆斯林需念清真言作为信仰的表白：万物非主，唯有真主，穆罕默德是安拉的使者。当众表白一次，名义上就是一名穆斯林了。伊斯兰教主要分为逊尼和什叶两大派系，中国的穆斯林也大多属于逊尼派。

民间信仰

民间信仰大多是原始宗教或古代英雄崇拜的遗蜕，它们小众、非主流，还有点奇葩，是异彩纷呈的人文亮点。随着社会发展，它们在别处逐渐淡化，而青海广袤的天地还为它们保留了一片本色的空间。

格萨尔王崇拜

青南高原上有多少个县城，就几乎有多少个以“格萨尔”命名的中心广场；偶尔不叫格萨尔广场的，也会叫“珠姆广场”——珠姆是格萨尔王的爱妃；上点档次的酒店往往名为“岭国酒店”——岭国是格萨尔王的领地。无处不在的格萨尔到底是何方神圣？

格萨尔王的生平很戏剧化，戏剧到了基本只属于民间文学范畴（主要载于《格萨尔王传》），其人其事在正史中鲜见记述，但还是被热情的本地学者考据为11世纪果洛的一个部落首领。传说格萨尔王自幼家贫凄苦，少年时代通过赛马称王改变命运，成为岭国之王，一生戎马，统一了许多部落。大概是因为这种极具牧区特色的奋斗史契合了当地人心中对英雄的典型想象，后世继续给他附会上除暴安良、霍岭大战等事迹。后来宁玛派僧人将其认定为本门祖师莲花生的化身（竹巴噶举则认定他是莲师弟子的转世），杰出的军事成就进一步升级到了降妖伏魔的神勇功绩。终于，格萨尔王幻化为藏族人心目中的战神、护法神，果洛玉树等地区对这一偶像崇拜鼎力拥戴，自称是格萨尔后裔。

格萨尔王崇拜对文艺创作的影响不可估量，青海非物质文化遗产名录的项目里有半打都与之相关。果洛许多寺庙组织了格萨尔藏戏团，开创的"马背藏戏"很有群众基础。最令人瞩目的要属尚未搜集完整便已铁定是世界最长史诗的《格萨尔王传》，其幕后缔造者、传唱艺人和记述者们大多目不识丁，却会突然变身为才思喷涌的大诗人，成年累月激情澎湃地传颂格萨尔的功绩。人们相信，这就是格萨尔王神迹的自然流露。

巫文化

巫术和宗教都有信仰、教义、神话和仪式，但巫术更简陋些，也不在单纯的思辨上浪费时间。

同仁有很多独具特色的人文体验，可谓人无我有、人有我精。如果说精美绝伦的热贡艺术是"人有我精"，那么叫人瞠目结舌的巫文化习俗就是那个"人无我有"。

每年一度盛大的六月会上，那些昨天还屏住呼吸在唐卡上细细描画的民间画师，今天开始就争着拿五寸长的钢钎（类似自行车轮辐条）戳在自己脸上、背上，还要排队让巫师"拉哇"在额头上砍出血痕。"拉哇"自己更是在降神后开始终日癫狂地颤抖，口中念念有词，把自己的额头砍得血流如注，以鲜血这种珍贵的生命之源当作祭品献给阿米夏琼等热贡众神。这些重口味的血肉祭，正是人类早期巫文化的一个显著体现。据说隆务寺活佛曾几次禁止这种有违佛教不杀生教义的祭祀方式，但收效甚微。六月会上还有起源于原始生殖崇拜的唱"拉伊"（情歌）活动，这也是巫文化的一个缩影。

在同仁，与六月会同样诡异的，还有跳"於菟"（古汉语意为老虎），但并不血腥，只是顽皮。虽说是以驱邪为目的，但更像是童心未泯的集体恶作剧。几个精壮小伙儿大冬天光着膀子，全身用油彩画上虎豹斑纹，嘴里啃着生肉，然后在全村挨家挨户翻墙而入，搅得大家鸡犬不宁。各家需以事先准备好的圈饼打发"老虎"们，像送瘟神一样把它们请走，这样家里的晦气也被冲个一干二净。这种对老虎的崇拜，被认为脱胎自古代巫文化中的图腾崇拜。

建筑和艺术

粗犷淳朴的高原文化、中原与藏地交会的地理位置，为青海的建筑和艺术赋予了生命力、独特的个性、历史的厚重与新时代的勃勃生机。从传唱不衰的花儿民歌，到仪式繁复的宗教舞蹈；从远古时代保留至今的夯土建筑技术，到精雕细琢的佛教寺院；从穿针走线的精美刺绣，到描金绘彩的热贡唐卡……一场场精妙绝伦的视听盛宴，等待着你用心享用。

建筑

历史上，青海曾是中原、吐蕃、中亚和其他少数民族多种文明交会的地区。历史的长河翻滚，沉淀出青海各民族独具个性又饱含多文化交融之美的建筑特色。

宗教建筑

宗教建筑的文化多元性，无疑是青海的一大特点。由于青海所处的特殊地理位置，汉文化对青海的宗教建筑影响颇大。受“文革”的影响，各宗教建筑都遭到了不同程度的损毁，几经修复，风韵犹存，如今仍能让我们一领其独特的艺术魅力。

藏传佛教建筑

“平屋顶，红、白墙，黑窗框”，如果这是你对藏区建筑的粗浅认识，那么到了青海，你会发现，这里的寺院建筑总显得有点与众不同。

9世纪后期，藏传佛教在青海广泛流传。入元后，随着元朝势力对藏区的控制，中原文化逐渐渗透。到了明清时期，青海的佛教寺院进入大规模营造期，不少寺院的修筑直接由中央政府拨款，甚至由汉地工匠进行技术

青海的佛塔

佛塔起源自印度，是藏区寺院和村野随处可见的宗教建筑。佛塔由塔基、塔座、塔身和塔顶四部分组成。建筑样式融合了印度塔的神韵，在功用上，则以宣扬佛法、纪念高僧功绩，或存放其舍利、遗骨为主。**塔尔寺**的“如来八塔”，为赞颂释迦牟尼一生八大功德而建，也是青海地区极具代表性的佛塔建筑，充分体现了青海佛塔的建筑基调——八塔“一”字排列，塔座逐层起高，四周彩绘带有雪山狮子等藏传佛教图案，塔身通体雪白，圆柱形的塔身顶部微微隆起，一侧设有拱门，塔顶饰有鎏金日、月。与如来八塔相比，**龙恩寺**（见190页）的佛塔显然有点另类：一座是纯正的印度式佛塔，塔身为白色半球形，塔顶四方绘有精致的佛眼；另一座则是金黄色的梯形高塔，据说是效仿释迦牟尼修炼成佛之地的塔修建而成的。此外，方形塔身的佛塔在青海藏区也较为常见。

鞭麻是高原的一种特有植物，在藏传佛教传统寺院建筑中，多将鞭麻染成赭红色，切成段后码齐在墙体上部，俗称鞭麻墙。这种建筑构造既减轻了墙体负重，又利于室内通风换气。

援建，众多“历史遗留问题”使得青海的寺院建筑，杂糅了藏、汉的建筑艺术风格。

与平式屋顶、上饰法器和吉祥物等传统藏传佛教建筑不同，重檐歇山式、单檐歇山式的汉式屋顶设计，也被广泛应用于青海各寺院。以汉地常用的石条、青砖作为石块墙体的补充，同时融合了藏式的鞭麻墙，是青海寺院建筑的另一大特点。墙体外饰上，时轮金刚、梵文咒语、宗教壁画，又赋予其鲜明的藏式特征。这些建筑风格，在**塔尔寺**（见84页）上体现得最为明显。

塔尔寺的主体建筑大金瓦殿，是一座具有藏汉合璧建筑特色的重檐宫殿式金顶建筑，分上、中、下三层——基底由条石砌成，之上是琉璃瓦砖墙；第二层正面有小回廊，其余三面是藏式鞭麻墙，两侧的墙壁上各镶有梵文铜镜；顶层为重檐歇山式金顶，檐口装饰有镀金云头、滴水莲瓣，四角设有金刚套兽和铜铃。另一侧的小金瓦殿则为单檐歇山式屋顶。寺内主要殿堂、檐廊、回廊的墙壁上都绘有宗教壁画，殿内唐卡高悬。

伊斯兰教建筑

青海的伊斯兰教清真寺，与世界各地清真寺的设计元素趋同：主要建筑是尖顶球形屋顶的大殿，供信徒祷告，殿内的壁龛指向麦加的方向，大殿两侧的唤礼楼供宣礼者召唤教徒祷告，建筑装饰上以花卉纹样为主。另外，青海的主要清真寺建筑多兴建于明清之后。受中原文化和多民族杂居文化的影响，其结构与建筑细节上，又不乏中国传统建筑之美。

显著的中国古典建筑风格是青海清真寺的一大特色。西宁的**东关清真大寺**（见71页），整体布局为中国传统殿宇式建筑风格，大殿外形仿照明代“金銮殿”的形式，砖木结构，外壁用大青砖砌成，前廊两侧饰有精致的砖雕，大殿屋顶覆以琉璃瓦和小青瓦。南、北两侧各有一座两层高的厢楼，为汉地传统的歇山式建筑。此外，汉族的木雕艺术同样被大量用于清真寺的装饰上。循化的清水清真寺以木雕著称，大殿门框、梁柱、藻井等处都有精美木雕，内容繁复、雕工精美。除了喜鹊、鹿等汉族传统喜庆图案外，还不难找到法螺、宝盖等藏族传统图案。

民居建筑

青海东部农业区居住着汉、回、土、撒拉、藏、蒙古族，西、南部则以藏族和蒙古族为主。在漫长的历史发展中，各民族在文化上互相渗透、融合，另外，青海严酷的自然条件，也使得青海民居在不同的地理环境和生活方式影响下，产生了巨大差异。

卡约文化存在于公元前900年至前600年，是中国西北地区的青铜时期文化。其因1923年首先发现于青海湟中卡约村而得名，主要分布在青海境内的黄河上游及其支流湟水流域。

帐房

帐房是藏区游牧民的古老住宅，青海的游牧民依旧生活在这种便于搬迁的传统民居里。日月山以西，广袤的草原逐渐铺陈开来，放眼望去，一座座尖顶、低矮的黑褐色帐房分散在平坦开阔的草地上。帐房的主体部分是一块以牦牛毛纺织而成的毡毯，中心部位由直立在地面上的木棍撑起，形成居住空间，毡毯四周固定在地面上，结构类似户外野营帐篷。帐房面积一般都不大，十几到二十多平方米不等，普遍较矮，支点多在2米以内。麻雀虽小，五脏俱全，厨房、卧室、佛堂一应俱全。除了传统的牦牛毡毯帐房外，如今，白色棉布材质的帐房也随处可见，不少帐房上还缝制有吉祥节、祥云等藏传佛教的装饰图案。

篱笆木楼

循化撒拉族自治县的孟达地区，至今还保留了不同于庄窠的撒拉族传统建筑——篱笆木楼。

孟达地区林木资源丰富，坡陡而平地少。来自中亚的撒拉族先人在此定居后，充分考虑当地的自然条件，又结合周边少数民族的建筑样式，自主研发了这种综合其他民居所长、又取材方便不占地方、同时具有鲜明特色的建筑。与庄窠类似，篱笆木楼以木材作为建筑的框架支撑，但与前者完全不同的是，墙体是由杂木枝条编织而成的中空结构，两面再抹以草泥，既减轻了楼体自重，又起到了保温隔热作用。与碉房和庄窠类似，木质的门窗和柱子雕有精美花纹。由于撒拉族过去以农牧兼作的生活方式为主，篱笆木楼又借鉴了碉房的建筑功能：低层为牲畜圈棚和仓库，二楼则是卧室和客房。

所以，1989年中国发行的一套中国民居邮票中，撒拉族的“篱笆木楼”因其独特的建筑样式，被选作青海民居的代表。由于经济发展和新型建筑材料的出现，近几十年来，篱笆木楼已濒临绝迹，2008年被列入《国家级非物质文化遗产保护名录》。

碉房

青海南部玉树、果洛和黄南的部分地区，主要居住着信奉藏传佛教的藏族和土族，在这里，石头或石片搭建的碉房是主要民居形式。碉房主要为石、木结构：墙体采用大小均匀的石块，逐层堆砌，再以小石块和黏土填补缝隙，窗框、房梁则由木头搭建。碉房一般两三层高，底层为牲畜圈棚，二层为卧室、厨房和佛堂。屋顶为平式，用作打麦和晒谷场。在碉房建筑上，青海的绘画艺术被体现得淋漓尽致，窗框和房椽上通常绘有色彩浓郁的精美花纹，以藏传佛教宗教元素为主。

互助土族自治县五十乡土观村，形成于唐朝末期，这里尚保留了大规模的土族庄窠建筑群，虽然不少民居已经过“现代化”改造（如在墙体贴上瓷砖，加装铝合金窗框等），但仍有六七座庄窠建筑保持了“原汁原味”的传统特色。

庄窠

庄窠又被称为“庄廓”，是居住在青海东部农业区的回、藏、土、撒拉族居民普遍采用的建筑样式。庄窠以黄土和木材为主要建筑材料：黄土夯筑院墙和居室墙体，木材架梁承重。据考证，青海东部的先民早在卡约文化时期，就掌握了夯土技术。

在院落布局上，庄窠受汉文化影响较大：独门独院，院内布局有四合院、三合院等样式，主楼坐北朝南，一至两层高，院子东、西两侧为厢房。前檐和窗棂饰有精美木雕，受汉文化影响，其主题多为寿山福海、牡丹富贵等汉族传统吉祥图案。屋顶施以草泥，用小碌碾压平，用作晒谷场。庄窠的特别之处在于其室内多筑有土炕，并留有洞口，冬季在土炕下生火，起到为室内加温的作用。

不同民族间的庄窠建筑还有些细微差别：回族庄窠院门多饰有砖雕，进门是照壁，院内设有自用井；藏族和土族因信奉藏传佛教，院内立有经幡旗杆，角落里还设有煨桑炉。

循化撒拉族自治县大庄村，现存14座保存完好的篱笆木楼，其中4座建于明清时期。

绘画

14世纪至15世纪，藏传佛教传入同仁地区，由于藏传佛教的兴起及寺院建筑的不断扩充和装饰，热贡隆务河畔的吾屯上庄和下庄、年都乎、郭麻日、尕赛日等自然村，兴起了主要为宗教服务的绘画、雕塑等艺术。同时，混居青海的土族、撒拉族、蒙古族等少数民族的传统手工艺，如刺绣、剪纸等，虽发迹中原，但在藏文化的影响下，汇聚成了一支新的血脉。

唐卡

随着青藏铁路开通，藏传佛教文化生活的方方面面逐渐渗透至内地。长期以来，一直受当地政府保护与发扬的"热贡唐卡""藏娘唐卡""吾屯村"渐渐被越来越多的人所熟知。

热贡（藏语"金色谷地"）位于黄南同仁县的隆务河畔，早在15世纪或更早便以艺术闻名。数百年来，这一地区的吾屯、年都乎、郭麻日等藏族、土族聚居村，村中男子十有八九都传承着从宗教寺院走出来的民间佛教绘塑艺术。热贡绘画唐卡色彩艳丽，善用黄金、纯银等进行画面装饰，呈现出金碧辉煌的艺术效果，造型趋于写意，从根源上说属于西藏勉唐画派。如今，唐卡艺术已遍及青海、西藏、四川、北京、甘肃、内蒙古，以及印度、尼泊尔、泰国、蒙古等地。

从热贡文化艺术网（www.regongart.com）上，你能了解到关于热贡艺术的方方面面。

位于玉树地区的藏娘，又称"佐娘"，是热贡唐卡之外青海唐卡的另一重要流派。其色彩、质地、构图等与热贡唐卡有诸多相似之处，但在主题与画风上更具浓郁的生活气息，画面更加鲜活而富有情趣。此外，藏娘唐卡的技艺基本属于家族传承，靠老师的言传身教，有些艺人世家尚保有部分珍贵的唐卡草图。

壁画

壁画比唐卡更久远，是以建筑为载体的藏传佛教绘画形式。由于没有唐卡便携，壁画的传播范围有限，仅供前去庙宇朝拜的信徒或旅行者观瞻。虽然同属于"热贡艺术"，但名声远没有唐卡响亮。壁画对庙宇有极强的装饰作用，内容和题材与唐卡类似。广阔的作画空间十分便于讲述佛教故事。铺满整个墙壁的巨幅佛经"连环画"，为信徒们带来影院级别的效果，极具视觉传达力。

勉唐画派，开创于15世纪，是藏区近代影响最大的绘画流派，以拉萨为活动中心，主要流行于卫藏地区。该画派的创始人是勉拉·顿珠嘉措。他出生于洛扎勉唐（今山南地区），勉唐画派便由此而得名。

壁画按照表现形式分为两种：墙壁上的宗教画和柱头、梁枋上的装饰画。前者制作方法又分两种：一种是布幔画，即先在白布上绘制内容，再嵌以木框，装钉在墙壁上；另一种是直接画在经过特别处理的墙面上。在青海的诸多藏传佛教寺庙中，属**塔尔寺**（见84页）和**瞿昙寺**（见95页）的壁画特色最为突出。塔尔寺壁画兼具"布幔壁画"和"墙绘壁画"两种制作形式，讲经院内的壁画为前者，壁画以柱为界，一柱一幅，又被称为"间堂壁画"。

壁画与唐卡的作画材料相仿，皆以矿物质提取的颜料着色，色彩经久不褪。始建于明洪武二十五年（1392年）的瞿昙寺是明朝的皇家寺院，除了墙体剥落等原因造成的损毁外，寺内至今仍有约360平方米的壁画留存。画作出自明代宫廷画师之手，以汉地绘画风格讲述藏传佛教的宗教故事，创意超乎想象。

手工艺

酥油花

酥油花源于西藏苯教，被藏传佛教吸纳并传承至今，得益于宗喀巴大师的"跨界"精神。

唐贞观十五年（641年），文成公主入藏时带去释迦牟尼佛像一尊，供奉在大昭寺内。这尊佛像原来没有冠冕，宗喀巴学佛成功以后，在佛像头上献了莲花形的"护法牌子"，身上献了"披肩"，还供奉了一束"酥油花"，从此，酥油花便名正言顺地登上了藏传佛教的殿堂。不久，以酥油花

如何制作酥油花

酥油花的制作分为四道工序:

首先要“扎骨架”。用经过加工的柔软草束、麻绳、竹竿、棍子等物，根据想表达的内容，扎成大小不同形态的“骨架”，即所塑造的基本模型。

其次得“做胚胎”。用上一年拆下来的陈旧酥油花，掺和草木灰反复捶打，制成韧性好、弹性强的黑色塑造油泥。然后裹在骨架上完成粗糙但准确的一个个初步造型，其塑法近似面塑或泥塑。

再次是“敷塑”。塑造的第二道原料是在加工成膏状的乳白色酥油中揉进各色矿物质颜料，调和成五颜六色的油塑原料，仔细涂塑在做好的形体上，有的还要用金、银粉勾勒，完成各色形象的塑造。要是塑造红花绿叶，或是玲珑剔透的珠玉宝石，则直接用彩色油料一次塑成。

最后一道工序是“装盘”。把塑好的酥油花按设计总图的要求，用铁丝一一安装到位，固定在几块大木板上或特制的盆内，高低错落有致，件件立体悬空，可以从不同的角度观瞻玩味。

礼佛的方式传回了宗喀巴的诞生地——塔尔寺，在当地艺人的精心研制下达到了很高的艺术造诣。

酥油花虽名曰“花”，但题材多样、内容丰富，主要以佛祖神仙、菩萨金刚、飞禽走兽、花鸟鱼虫、山林树木、花卉盆景组成各种故事情节，形成完整的立体画面。形式继承了藏传佛教艺术精、繁、巧的特点，在有限的空间中容纳了极多的内容。大至一两米、小至十到二十毫米的人物走兽，个个精致、写实，而其姿态神韵力求传神达意。

酥油花的造型特点和手法类似国外盛行的蜡像艺术，但因为酥油具有低温凝固、遇热融化的特性，不宜长期保存。塔尔寺僧人一般只在冬天制作酥油花，他们不仅要忍受身体的严寒，手指还要时不时浸入冰水，以防止手温让酥油胚变形。恶劣的创作环境诞生了精美绝伦的艺术作品，还伴随着僧人手上的冻疮。但内心的虔诚和对艺术至美的追求，已使他们忘记了肉体的痛苦。

塔尔寺酥油花在每年农历正月十五灯节时展出。一到春天，精美的杰作慢慢融化，颇有沙画坛城的意味。

堆绣

堆绣是广泛流传于青海湟中地区的手工艺，以“剪”“堆”“绣”等技法塑造平面艺术形象，相传有600多年的历史。在塔尔寺建寺之初，堆绣技艺便与唐卡艺术相结合，被应用在寺院装饰上。

堆绣的制作程序分为图案设计、剪裁、堆贴及部分上色等。与传统刺绣手法不同，堆绣工艺品是用各色棉布、绸、缎，剪成佛像、人物、花卉、鸟兽等，构成完整的画面，以堆贴为主，绣制为辅。一幅好的堆绣作品人物栩栩如生，画面层次分明。

在表现手法上，堆绣分为 “平堆”和“棱堆”。“平堆”将图案直接堆贴在布幔上，画面均匀平展，色块突出，装饰性强；“棱堆”也叫“立体堆”，与平堆的不同之处在于，图案与布幔之间还要填充进羊毛或棉花，使画面微微隆起，具有强烈的立体感，如同一幅丝质的彩色浮雕。

青海的堆绣艺术因塔尔寺的堆绣唐卡而声名远播，“堆绣”同“壁画”“酥油花”并称“塔尔寺三绝”。但与壁画、酥油花不同的是，堆绣作品一般不表现大场面，着重于人物造型和神态，讲究各色绸缎的搭配。随着社会发展和当地政府对堆绣艺术的扶持，如今堆绣已不再拘泥于佛教题材，民间传统吉祥图案、花卉、山水风景等堆绣纪念品也纷纷涌入市场，以满足大众的审美需求。

刺绣

青海刺绣远没有苏绣、蜀绣闻名，很容易被忽略，但只要你足够细心，不难发现其身影。身着盛装的藏族姑娘的配饰、端午节热闹市集上的荷包、蒙古族姑娘脚上的布鞋、农贸市场的手工鞋垫、土族娃娃的肚兜……甚至青海的“花儿”也有唱词道：“没换个记首没搭话，两人的心里是照洋蜡……”这里的“记首”指的就是女孩子送给意中人的定情信物——手工绣品。

在青海，刺绣流传于汉、藏、蒙、土、回各民族之间，风格、内容互相影响、渗透，逐渐形成了自己的特色。除了花草、动物、字符、几何纹样这些刺绣界常见的经典元素外，藏族、蒙古族、土族由于信仰藏传佛教，宗教元素也被纳入其中，如吉祥八宝、狮象瑞云、光圈云气等，不仅用于日常装饰，相当一部分刺绣还直接为宗教服务，最突出的就是堆绣唐卡。藏族刺绣吸收了唐卡的构图方式，辅以汉族刺绣技艺，追求浅浮雕和富丽堂皇的艺术效果，风格粗犷豪放。与藏族刺绣大面积的色彩渲染不同，土族刺绣做工精细，以双线边盘边绣的方式构绘内容，绣面烦琐华丽。回族、撒拉族受伊斯兰教的影响，鲜见动物图案，以植物、花卉为主，纹样简洁。

剪纸

青海剪纸发端于中原，主要集中在东部农业区。湟中、大通、湟源、互助、循化等地不乏民间剪纸能手，有的已经成为剪纸专业户，作品进入市场销售。省内著名剪纸艺人王凤英、李桂兰等的作品不仅在艺术馆展出，有的还销往海外。

在青海，剪纸除了用以装饰居室、烘托节日气氛外，还与刺绣相辅相成：先在白纸上设计“花样儿”，剪下后固定在绣布上，再依“样”绣花。为刺绣服务的剪纸，在构图上更注意刺绣的功能效果，式样规整、紧凑，图案性强。

音乐

青海广袤的大地孕育了多层次的音乐表现形式，从东到西，从南到北，曲调悠扬繁杂。

民间音乐

花儿

花儿发源于古代河州（今甘肃临夏），又沿丝绸之路传播至青海、宁夏以及新疆部分地区。在青海，花儿主要流传在东部，这里的汉族、回族、撒拉族无论在田间耕作、山野放牧、外出打工或途中赶车的过程中，只要有闲暇时间，都要唱上几句悠扬的“花儿”。

宴席曲

宴席曲是回族人民在喜庆宴席上表演的一种民间歌唱艺术（在青海方言中“宴席”代指婚礼），广泛流传于青海东部农业区。受伊斯兰教的影响，回族婚礼上不兴吹打，于是，以歌舞助兴的方式便逐渐流行起来。

宴席曲在演唱上有独唱、齐唱和对问答、随唱的形式，在民和、化隆等地还采取简单化装并伴以舞蹈动作的演唱形式。宴席曲的题材广泛，有表现青年男女婚姻爱情的，有反映青海回族风俗礼仪、道德观念的，还有的取材自汉族民间故事。

如今，除了在婚礼上演唱外，不少经典曲目在加入新的思想内容和艺术形式后被搬上舞台。

对花儿的文献记载，初见于清乾隆年间临洮籍诗人吴镇（1721~1792年）的“花儿饶比兴，番女亦风流”，据推测约有300多年的历史，2009年被联合国列入《人类非物质文化遗产代表作名录》。

花儿分独唱、对唱和联唱三种形式，歌词多即兴而编，语言朴实，旋律高亢豪放，内容涉及天文地理、历史、民间生活等方方面面，但尤以情歌居多。也因此形成了一套严格的规定：花儿不能在室内或村内唱，故又称“野曲”；辈分不同者，有血缘关系者，也不能互相对歌。时至今日，当地群众对此仍恪守不渝。

若恰巧在农历四月至六月来到青海，便有机会经历一场花儿盛宴。每年，青海的诸多“花儿会”便在这一时间段举行，届时山花浪漫，人们身着节日盛装，在山野间敞开嘹亮歌喉，视觉、听觉双丰收。若错过档期也不要紧，大街小巷的音像店里，不难找到一张“花儿”专辑，其中，“花儿王子”马俊最受当地人推崇。

藏族民歌

对于藏族而言，唱歌就跟说话一样，而他们的歌曲又和日常生活息息相关：

“勒”，汉语解释为“酒曲”，在青海藏区流传广泛，这与藏民族好酒的性格分不开。可独唱、对唱、合唱，其中对唱较为常见。“勒”是一种问事型歌曲，由一方起问，另一方答歌，歌词多为即兴创作，除了比歌喉外，更是人生经验和智慧的比拼。比较常见于节日、婚宴的酒席。

“拉伊”流传于安多青年男女之间，为藏族情歌，多见于集会和高山草原，对歌时还要避开长辈。与“拉伊”类似又不同的是“若田”，虽也以爱情为主题，但通常为独唱，类似爱情类的流行歌曲。

“刚柔”则男女老少皆宜，风格为抒情，歌唱时还伴随着原地转圈屈膝的动作，借此表达喜悦之情。

此外，在日常劳作中，青海的藏族人也会哼上几嗓“勒伊”；放牧时、挤奶时甚至集体劳作时，都有相应的歌谣用来解闷儿。

戏曲

平弦、越弦和贤孝是青海主要的戏曲形式，流行于以西宁为中心的河湟地区，皆发源于外省，在吸纳本地小调和融入地方方言后，逐渐发展成独具当地特色的地方曲艺。

平弦又叫“西宁赋子”，因运用定调唱法且均为平调而得名，内容多取自汉族民间传说。平弦200多年前从中国北方地区传入，但曲牌溯源可追至元代小曲。它歌词文雅，许多唱段还带有古典诗词的遗风。如今，平弦唱腔以西宁话为主，但韵白又掺入京剧和秦腔的念法。

越弦与平弦相对，少了“阳春白雪”，以俗语白话讲述老百姓自己的故事。自清代从陕西传入，落地青海后又吸纳了民间小调和古代小曲，从唱腔、语言和风格上形成独到特色。

贤孝起源于甘肃临夏，曲目以弃恶扬善、表贤达孝为主，因而得名。与前两种有固定舞台和伴奏的戏曲不同，贤孝艺人大部分为盲人，走街串巷，自弹自唱，贤孝作为他们的主要谋生手段流传下来。随着社会的发展，贤孝逐渐走向没落。2008年，贤孝被列入《国家级非物质文化遗产保护名录》。

河湟地区泛指青海省东部日月山以东、同仁县以北，大坂山与积石山之间，黄河与湟水流域的狭长三角地带。

这些传统曲艺备受当地政府的鼓励与扶持，知名曲目被录制成影视剧在青海的地方电视台播出，此外，在一些音乐和视频网站也能观看到大量剧目。

流行音乐和摇滚乐

在青海，流行音乐圈主要以能歌善舞的藏族歌手为主。这些歌手在内地鲜有耳闻，在当地却有不少拥趸，其间不乏一些摇滚乐队，流行歌手频频现身综艺节目。历年来，在青海湖畔的金银滩举办音乐节已经成为惯例。2015年5月，“西部好声音”大型歌手选秀在西宁开幕，为音乐新人提供了展示的舞台。同年7月，青海湖畔举行的“风马音乐节”，更请来知名歌手郑钧、许巍、布衣乐队助阵，进一步推动了当地原创音乐势力的发展。在当地广受欢迎的歌手有谢旦、完玛三智、杨秀措等，摇滚圈中董事长乐队、LP乐队小有名气。

在青海湖音乐网（http://mp3.amdotibet.com）可欣赏到广为流传的藏族歌手音乐，以及部分藏族民间传统音乐。

舞蹈

舞蹈主要流行于青海中西部的藏区，且围绕宗教和生活两大主题展开，不过有时两者又相互混合，界限模糊。

民间舞蹈

“会说话就会唱歌，能走路就会跳舞”是对藏族人民能歌善舞的形象概括。青海的民间舞蹈，以藏区最富特色，发源于西藏，又融进了当地的风

打搅儿

打搅儿主要流行于青海东部的河湟流域，是在汉族、回族、撒拉族等群众中广为流传的曲艺曲种之一。它是由民间曲艺艺人即兴演唱的风趣幽默的小段，其形式介于绕口令和顺口溜之间，是一种通俗直白的说唱艺术。

打搅儿一般多在演唱平弦戏、贤孝、越弦、宴席曲前后或中间穿插进行，主要用来招徕观众，调节正曲故事中凄凉、悲哀的情绪，或演唱休息时活跃场内气氛，起垫场的作用，与正式演唱内容无关。后来，打搅儿的曲目逐渐增多，独自形成以讽喻见长、以幽默风趣为格调的一个曲种。

俗、文化特色，每年的六月会，是一次藏族民间舞蹈的集体大会演。

锅庄舞又称为“果卓”“歌庄”“卓”等，藏语意为“圆圈歌舞”，在青海藏区广泛流行。锅庄舞是随着藏民族生产、生活的发展变化而产生和演变的，既有表现打青稞、捻羊毛、喂牲口、酿酒等内容的劳动歌舞，也有表现藏族风俗习惯、男婚女嫁、新屋落成、迎宾待客等内容的生活歌舞，种类繁多。“天上有多少颗星，果卓就有多少调；山上有多少棵树，果卓就有多少词；牦牛身上有多少毛，果卓就有多少舞姿”是人们对锅庄舞的朴素赞美。

宗教舞蹈

由于宗教的影响，青海地区上千年来逐渐演化出专司祭祀的舞蹈。与普通民间舞蹈取材于日常劳作不同，宗教舞蹈以驱魔祈福甚至宣传佛法为宗旨，以前不在公开场合展演，但随着社会发展，宗教舞蹈逐渐走向群众，如今还会在六月会现身。

羌姆是起源于西藏的宗教祭祀舞蹈，在青海被称为“跳欠”，用以驱鬼求神、宣扬佛法、解说因果关系和推广佛教故事。羌姆的形成和8世纪时来西藏传教的莲花生大士不无关系。佛教推广前期极其不顺，受到原始宗教“苯教”的阻挠，老百姓也不接受。聪明的莲花生索性一股脑把苯教的诸神都招安了，封为护法神，既保住了苯教诸神的职位，又巩固了佛祖的地位，一举两得。随着佛教地位的日渐提升，莲花生为了进一步巩固两教的和谐关系，结合故土印度的“金刚舞”元素，又吸纳藏地舞步，创立了由苯教众神集体参演的宗教祭祀舞蹈，结果广受好评，逐渐被各派吸收采纳。如今，每逢释迦牟尼诞辰、藏历新年以及藏传佛教的重要节日，各大藏传佛教寺院都会举行羌姆活动。由于活动本身极强的宗教性，舞者都由寺院喇嘛担当。他们头戴造型各异的护法神、动物甚至是骷髅面具，浑身披红挂绿，在舞钹、牛角号、唢呐等乐器的伴奏下，完成一场神圣的宗教仪式。

蟒鼓藏语称“拉阿”，意为“神鼓”。鼓框铁制，鼓面桃形，单面蒙山羊皮，鼓柄缀有铁环。领舞者的鼓面绘有地方保护神图像，其他舞者的鼓面则是飞蟒马珍宝太极图。

蟒鼓舞是青海循化藏区特有的藏族宗教祭祀舞蹈，是每年农历六月举行的神灵祭祀活动中的重要一项，用以禳灾驱邪，保佑村民人寿年丰。蟒鼓舞以舞者左手握蟒鼓，右手掌神鞭，一步一击，三步一击，边击边舞而得名。由于这一地区历史上受到吐蕃、吐谷浑、西夏、蒙古和汉文化的影响，蟒鼓舞的内涵也相当多元，以集体舞的形式，表现请神、敬神、送神、降魔等宗教仪式。

锅哇又叫武士舞，流传于玉树地区，起源于古代战争时期，是勇士出征前所跳的民间祭祀舞。玉树的萨迦派寺院将锅哇列入宗教舞蹈系列，如今锅哇只在宗教仪式和盛大节庆场面中出现。

文学

青海文学与青海人的生活、性格和辽阔宽广的高原地域息息相关，虽受到中原文学的影响，但偏远的地理位置又让青海文学呈现出边缘化的特质。

20世纪30年代是青海文学的启蒙期，其间出现了文坛重要人物李作英，除抨击民国政府的战斗檄文外，他还以诗歌见长，被称为“青海小李白”。新中国成立后，青海的文学地域性鲜明，这一时期，反映河湟农村生活的小说曾一度风行，梁祝恨的《媳妇》、王浩的《杏花雪飘》极具时代性。新中国成立后的政治运动中，大批知识分子来到青海，他们脱离主流文学领域，以描写自身生存境遇和生命体验为主，并在小范围内形成了独特的文学流派“流寓文学”。20世纪80年代以后，青海文学进入繁荣发展期，小说、散文、诗歌、评论等文学形式齐头并进。其间回、藏民族作家的作品也逐渐受到青海文坛瞩目。回族作家马有福的《鸦儿鸦儿一溜儿》，带来了鲜明而清新的审美风格。藏族作家德本加的多部作品获得“章恰尔文学奖”“野牦牛藏语文学奖”，部分小说被翻译成英、法、德、日等文字。

影视

青海的影视业起步较晚，1985年在青海拍摄的电视剧《格萨尔》是青海影视剧的开篇之作。1993年，以王洛宾在青海采风的经历改编的电影《在那遥远的地方》上映，受到广泛关注与好评，全国再次掀起关于西部歌王王洛宾的热议。

青海的影视剧始终与当地人的生活及传统文化息息相关，其间不乏藏族杰出影视艺术家的佳作。多智合是国内为数不多的用藏语进行剧本创作的编剧兼导演。2009年，他编剧、执导的8集电视剧《昨天的故事》，在藏语地区热播并斩获多项大奖。2012年，他再次执导的电影《曲马河》，围绕马的命运讲述人性的故事，同时展示了传统草原文化与现代社会发展，紧跟时代脉搏。本地方言电影是青海影视业的另一大特色，《幻蝶》讲述了一个外出打工的青海青年在变性道路上的曲折故事，是展现当地小人物草根生活的经典作品。

唐卡

“唐卡”是藏语的音译，通俗点说，就是彩缎装裱后的卷轴画，内容以藏传佛教宗教元素和文化为主。从佛陀到高僧大德，从宗教故事到民间传说，从天象医学到文学戏曲，包罗万象，是一部活生生的绘画版百科全书。青海以热贡地区出品的唐卡最为出名，其技艺既传承了唐卡古老的绘画手法，在画风上又迎合了汉地的审美情趣，不但受到来自内地和海外收藏家的喜爱，而且越来越多的艺术和佛教爱好者也蜂拥而至，为的就是求得一幅名师佳作。

浅识唐卡

五世达赖的《大昭寺志》记载，第一幅唐卡是松赞干布（约617~650年）在一次神示后，用自己的鼻血绘成的白拉姆像。目前，学术界普遍公认，唐卡形成于7世纪的吐蕃时期。

唐卡的种类非常繁多，如果简单地看，根据制作工艺和材料的不同，手绘的唐卡叫“止唐”，丝绸剪裁粘贴或缝纫而成的唐卡叫“规唐”。我们现在常说起的“唐卡”，大多指的是手绘的“止唐”，“规唐”现在又被称为“堆绣”。除了常规画在布面上的那种，还有画在皮革、骨头和普通纸张上的唐卡。

最初，唐卡都是由寺院的僧人供奉给寺庙的零散作品。唐卡高悬在大殿内，为礼佛的信徒带来心灵上的慰藉，教徒对于唐卡也只是单纯的偶像崇拜，其绘画价值长时间被尘封。随着青藏铁路的开通，大批旅行者涌入藏区，藏传佛教辉煌的文化艺术也随着铁轨滚滚驶向世界。2009年，热贡艺术被联合国教科文组织列入《人类非物质文化遗产代表作名录》，其中，唐卡是其重要组成部分。唐卡的受关注度逐年升温，北京、上海乃至香港，唐卡展和拍卖会层出不穷，唐卡拍卖成交价一次次刷新了人们对这项古老绘画艺术的认知。

> 2014年香港佳士得秋季艺术品拍卖会上，上海藏家刘益谦以3.48亿港币（约合2.78亿元人民币），拍下一幅巨型明代永乐御制红阎摩敌刺绣唐卡，创下艺术品拍卖新纪录。

> 各种颜色都有的唐卡叫彩唐，也是最常见的唐卡。除此之外，还有金唐、黑唐、红唐等。

热贡与唐卡

关于热贡与唐卡的渊源有多种说法。较主流的观点认为，在隆务寺修建时期，由于缺乏佛像画师，因此他们从西藏请来画技高超的艾巴画师。艾巴是卫藏南部地区的一个地名，那里盛产画家（据说布达拉宫的佛像、佛塔也是他们的杰作）。

从15世纪至18世纪，不断有来自藏区各地的著名画师，为隆务寺及其属寺作画。热贡当地的画师们因此能学到各种风格的画派技法，综合百家，使当地唐卡绘画得到迅猛发展。这一时期，受勉唐画派的影响，热贡唐卡在构图上日趋严谨，线条更加流畅细腻，继承了卫藏地区唐卡描金的技法，并逐渐形成自己独特的风格。此后几百年的演变中，热贡唐卡风格愈加明显，描金被大面积用于装饰唐卡，构图繁复饱满，色彩对比强烈，艳而

> 同仁的热贡画院（☎879 9888；www.rghy.net）是当地创办最早的画院，你可以在此学习唐卡绘制，这里更倾向于接受藏区学生。另一家同样在热贡地区吾屯的龙树画院，收的汉地学生数量要稍多一些。

热贡唐卡之殇

1986年热贡艺术馆成立后，一批“大师”级画师受到社会的重视，此后，唐卡艺术不断受到当地政府的大力扶持，发展基地、文化公司层出不穷。热贡唐卡声名鹊起，唐卡制作进入“企业化”模式，知名画师们即使端坐家中，供不应求的唐卡订单也让他们有了发家致富的机会。和多年前那些专门为寺庙作画的画师相比，如今的他们，都希望自己能加快绘制唐卡的速度，但一幅优秀的唐卡又是在缓慢和虔诚的心态中完成的。另外，当地推出的唐卡制作培训项目虽培育出大量画师，但这些“速成”艺人因为缺少宗教的熏陶，只能照本宣科，难以表达佛像深刻的韵味。矛盾和挣扎已经成为整个热贡地区的焦虑。

在同仁，画师越来越多，但寻到一幅优秀的唐卡却并非易事。商业带来的艺术上的浮躁，和这个时代的任何地方并无二致。唐卡的现代转型之路，虽极为艰难和复杂，但相对于新中国成立前，唐卡技艺深锁于寺院，只掌握在极少数人手中的封闭格局，如今宽松的发展空间，仍然给唐卡提供了一种自我探寻的机会。

不俗。

一幅优秀的唐卡，不仅要工艺绝美，最好在内容上还能描绘出广阔深远的宗教故事。但唐卡也有其“死板”——或者称之为传统的地方。人们对于佛、菩萨的绘像的画面内容，很早便有了基本的规则。今天，同仁地区的许多艺人，为了迎合客户的需要，已经尝试打破诸多规则，唐卡上展现的内容越来越丰富，龙、凤等瑞兽被绘入唐卡。画师在唐卡上署名也成为常态（依据传统，画师不允许在唐卡上署名），据说有人拿着自己的照片，想把自己的面容和菩萨一起画在唐卡内，画师也愿遵嘱而行。但如何在保持传统与突破求变的过程中寻求一种平衡，是热贡乃至整个唐卡界面临的最大问题。

过去，唐卡主要以反映藏区宗教、文化生活为主。如今，反映当代题材的唐卡不断涌现，2009年，热贡知名画师娘本绘制的《文成公主进藏图》和《开国大典》两幅唐卡，作为新中国成立60周年的贺礼，献给了国务院。

唐卡的绘制

唐卡的绘制工序，分为制作画布、勾描、上色、装裱四步。由于线条和颜色是最容易看出画功优劣的地方，所以也最重要。撇开宗教赋予唐卡的神秘面纱不谈，它更像是我们在美术课上曾学过的工笔画。素描绘画最能考验一个画师的基本功。佛像的神韵、栩栩如生的人物，甚至是花鸟鱼虫、亭台楼阁都要精细到位。制作一幅唐卡是一个漫长的过程，会长达几个月或一年，有时甚至会长达几年。

一张完美的画布是唐卡创作的开始。根据唐卡作画尺寸，选取一张无瑕疵的纯棉白布固定在木质画框内。动物皮胶、石灰粉和水熬煮后为画布上浆，干燥后洇湿，用光滑的石片或贝壳反复打磨，直至画布光滑为止。

唐卡上色的传统颜料包括金、银、珍珠、玛瑙、珊瑚、绿松石、孔雀石、朱砂等矿物颜料，以及藏红花、大黄、蓝靛等植物颜料。

唐卡的绘制需要严格遵循造像度量规则。先确定主佛位置，依据《造像度量经》记载的度量标准，用铅笔绘制佛像、饰物和背景。定稿后，再用毛笔勾线、上色。最后，用调释过的金粉颜料勾饰佛身饰物，再经由石笔打磨后，上过金粉的部位便熠熠生辉。

绘制完成的唐卡经过装裱后，一般还要请喇嘛念经加持，并在背面盖上喇嘛的朱砂手印。

饮食

青海的饮食归根结底可以总结为两大主题：面和肉。任凭米饭炒菜乃至洋快餐招摇过市、花样百出，也敌不过这对老搭档的默契联手，从古至今仍盘踞着高原人的饭桌。虽说青海属于多民族聚居地，有不同的宗教信仰，不同的生活习惯，可到了吃饭这件事情上倒是颇有共识：大早上就着饼子来一碗热乎乎的羊杂汤，中午是漂着辣子的牛肉面或是汤、炒、拌各种形式的面片，晚上吃完手抓和焖肉还不过瘾的青海人，在各大营业至凌晨的清真馆子里吃着烤肉串和羊排，喝着小酒，吆喝声此起彼伏。米饭炒菜虽然也常出现，但在传统的青海人看来，始终只能算是走过场的配角。

或许是高寒地区的缘故，西北人做菜大多喜咸多盐，就连茶水里都能喝出盐味。菜肴口感必须浓烈，胡椒辣椒必须齐备，否则就不能算个菜。为满足高原人群对食物和热量的需求，所食用的牛羊肉要以肥硕丰美为上选，很有地方特色和民族风格。除此之外，驰骋神州大地乃至海外的川菜在西北也很流行，炒菜和火锅常是用来点缀饭桌的必需品。

青海的小吃绝不能忽略。从没有任何添加剂的原生态酸奶到口感筋道醇厚的酿皮，以及形味都酷似江南酒酿的甜醅……粗犷豪迈的西北人做出的小食虽然不够精致，但也足能挑动你的味蕾。

大碗喝酒，大口吃肉

对于素食者来说，在青海旅行可能是痛苦的。一来因为蔬果稀缺而畜牧业发达，一盘大白菜的价格会和牛羊肉不相上下，在一些偏远地区尤其如此；二来在这个连寺院僧人都允许吃肉的地方，想找家素食馆显然是很难的。素食者唯一的选择，可能就是在点菜时选择菜单上的素菜部分，或是吃面条时请店家给予光面。当然，牧民的糌粑加酥油是全素的——如果你能忍受餐餐如此的话。

但如果你是肉食动物，那么来青海就对了！那些传说中"喝着矿泉水吃着虫草"、从小在草原上撒欢长大的绵羊，肉质鲜嫩，做成手抓肉后更是香而不膻，口感一流。在青海，手抓羊肉一般有两种做法，白条和黄焖。白条手抓要选用上好的羊肋条，直接用清水煮熟，吃的时候蘸上椒盐和辣酱。得用新鲜羊肉现做，热腾腾的最好吃，但也不乏一些饭店为了赚钱，会事先做好放在冰箱里冷藏；黄焖手抓则是在已煮好的白条基础上，把羊肉和土豆一起焖烧，有点新疆风味。特别要推荐的是羊脖子肉，因为这个部位的肉几乎没有脂肪层，所以吃起来格外滑嫩弹牙，对一些不爱肥羊肉的食客们简直是福音。

除了手抓，羊肉的做法还有传统的烧烤。当一排排羊肉串、羊排、羊腰、羊筋和羊腱子在烧烤架上散发出诱人的香味时，相信你的口水也会像

青海特色小吃

➡ **狗浇尿** 青海特有的一种油饼，分半发酵的“半死面”和不发酵的“死面”两种，撒上香豆粉后，把饼放进热锅，沿锅边浇上一圈青海菜籽油，不停转动薄饼煎熟，口感酥脆绵软。20世纪50年代前青海居民多用陶制的小油壶放油，烙饼时用小油壶沿锅边浇油的动作，像狗在墙根撒尿，所以叫“狗浇尿”。

➡ **酿皮** 青海地方风味浓厚的传统小吃。是用做面筋剩下的碱面面糊，放进开水锅里熘熟或蒸熟做成的。吃时切成长条，配上面筋和香菜，浇拌上调料就行。蒸熟的酿皮较厚，色泽偏褐色，口感筋道；熘的颜色嫩黄，吃上去稍软。名声在外的莫家街上老字号“马忠酿皮”，近年来被游客包围；当地人还会选商业巷口的“兄弟酿皮”吃，两家口味其实都挺纯正，各有特色。

➡ **什锦酸奶人参果** 人参果学名“蕨麻”，以青海果洛、玉树地区产的为上品。它是一种甜食辅料，又能做藏药，营养价值很高；青海的酸奶又酸又厚，用提炼过酥油的牦牛奶制成，奶香浓郁。用煮熟的人参果搭配新鲜的牦牛酸奶，做成的什锦酸奶可谓酸甜美味、相得益彰。不过这道菜一般只有在藏区才可吃到。

➡ **甜醅** 青海有个顺口溜：“甜醅儿甜，娃娃阿爷含口水咽，一碗两碗开了个胃，三碗四碗顶一顿饭。”实际上无论是制作工艺还是味道，都很像中国内地的“酒酿”，只是原材料换成了青稞，所以口感更醇香甘甜些。

➡ **羊肠面** 在洗净的羊肠里装入剁碎的羊肉和拌有羊血、葱、姜、花椒、精盐等佐料的豆面粉，扎口煮熟，同时用煮羊肠的热汤煮面。吃的时候在面碗里切上一段羊肠配热羊汤，再加上萝卜和葱蒜丁，肠段细脆馅软，面条悠长爽口，实属美味。

➡ **麦仁粥** 用脱皮的小麦粒和切成小块的牛、羊肉佐以各种调料熬煮成的粥，香浓黏稠。像是青海地方上的一种“腊八粥”，因添加的材料以青稞和牛羊肉为主而显得不同。在一般夜市小摊上都有。

➡ **糌粑** 藏族人的日常主食之一。其实就是把炒好磨细的青稞面和茶水、酥油搅拌在一起，用手拌匀后捏成团拿着吃。友情提示：捏前可让主人提供热水洗个手。

滴落在炭火里的肉油一样无法抑制。羊排和烤肉串是常规选项，一般夜市或烧烤摊上都能见到，羊腰更受男士们青睐，最有青海特色的当属烤羊腱子。羊腱子指的是羊小腿部分的肉，不带一点肥腻，烤后吃起来又香又筋道，保管让人吮指回味。要是再配上点小酒，可真是神仙般的享受。

牧区的藏族人因为生活环境使然，会在冬天时用新鲜宰杀的牦牛做些冰冻生牛肉，想吃时只要略微解冻，用刀割一小片送进嘴里就行。同时还有一种风干肉，也是用纯天然无污染的新鲜生牛肉，直接风干后保存，每逢款待宾客才会端上。虽然这些肉都是生的，但是通过冰冻和风干，吃起来别有一番风味，不介意的人可以尝试一下。

至于多下来的牛羊杂碎，青海人不会浪费，通常它们会被做成杂碎汤登场。放上一撮胡椒，在大清早喝上一碗，清香可口，油而不腻，不仅解馋，还能提供抵御一天严寒的热量。

“面面”俱到花样多

青海人爱吃面食，并且能把这看似单一的食物做得让人眼花缭乱。光是面条的宽细就能分成：一细、二细、毛细、韭叶、一宽、二宽、大宽。做法则有炒面、炮仗、烩面、干拌、卤面等，味道各有千秋。喜欢汤汁味浓的可以选烩面和卤面来尝试，如果想来点更富西北特色的，那么炮仗和干拌可以一博你的欢心。

这里隆重介绍一下粉汤。不管是口味还是分量，它都更像是女性的专利。传统的粉汤是用淀粉块做的，而我们现在能在面食店里吃到的，已经是改良简化后，直接用粉条做成的了。制作过程也简化了许多，以往要取小块的新鲜羊肋条肉，用盐、花椒粉、酱油爆炒后，加肉汤、凉粉、白菜炖烂的过程，变成了以事先煮好的羊肉和汤直接下葱、菠菜、木耳、红辣椒和胡椒粉，烧开就能吃。即使这样，粉汤还是值得平常吃不惯面食的姑娘们一试，一碗热腾腾易入口的粉汤，既满足了口味，又暖和了肠胃，何乐而不为呢?

青海的青稞酒口感非常好，醇香清甜，喝起来不辣口，酒精度数也不高。但后劲很足，所以千万不能贪杯，要适可而止。互助产的青稞酒最好，“天佑德”“八大作坊”“坛头”“永庆和”和“互助”等都算是老字号，全省各地超市里都能买到。

西北水果甜

青海本地的蔬菜瓜果产量不高，在西宁市场上出现的时令水果，大多是从甘肃、宁夏、新疆等地运来的。如果是在夏天来青海，葡萄、生梨、西瓜、甜瓜等鲜美多汁的瓜果新鲜上市时，你会发现它们的身价比在内地的大城市里要便宜许多，所以请猛吃!

青海的方言把“爆竹”称为“炮仗”。炮仗面的做法，是把拉面在炒锅里截断，加上牛肉或羊肉、木耳、黄花菜等一起在锅中翻炒至入味。因为长度近似爆竹而得名。

少数民族的饮食风俗

在青海这样的多民族地区旅行，尊重他们的风俗习惯是必须的。比如回族人、撒拉族人大多信奉伊斯兰教，“猪肉”这两个字对他们是大忌，所以进清真饭馆不仅不能吃，最好提都不要提起。不少清真饭馆里还禁止饮酒。藏族人多信奉佛教，除牛羊肉外不吃其他偶蹄类动物，有些地区因为还保留着水葬的习俗，所以不吃任何水中生物并且严禁捕杀。

环境

从辽阔的雪域高原到荒漠无边的柴达木盆地，从“生命禁区”可可西里到丰饶的河湟谷地，江河、湖泊、高原、山地无所不有，组成了青海丰富多元的环境。然而，青海大部分地区的生态环境非常脆弱。土地沙化、水土流失都是良久未愈的沉疴，非法捕捞、滥挖虫草等现象也屡见不鲜，近年来，汹涌而来的游客也让众多景区措手不及。除了藏羚羊，这里还有许多环境问题亟待人们关注和改善。

青海长云暗雪山，是人们对这片广袤山川的第一印象。碧波万里的青海湖，皑皑雪顶的绝岭群峰，层层叠叠的云朵排阵压过，一幅苍茫辽阔的景象。然而，青藏高原的雪峰湖泊往往让人忽视了这个省份特有的立体和多元。其实青海还包含了西北部的“聚宝盆”柴达木盆地以及东部富庶丰饶、多元文化齐聚的河湟谷地，它们一起代表了青海省最基本的区域组成——青藏高原、西北干旱区和东部季风区，而这三大区域也完整呈现了中国三大主要自然区域。

然而，也正是由于青海的环境呈现出“三不像”的样貌，会被边疆人民视为内地，而被内地人民视为边疆。作为一个旅行者，你则会得益于这样奇妙的拼图——在一个省区内，你能领略到多幅自然画面的切换、多种人情风物的混合和多元文化的冲击。

地理与地貌环境

山地

青海是山地之省，山地面积约占全省总面积的一半之上，平均海拔超过3500米。基本呈东西向有序排列的山脉构成了青海地貌的骨架。而几条重要的山脉——祁连山、昆仑山、唐古拉山，也成为举足轻重的自然地理分界线。

祁连山是青海与甘肃的分界线，同时也分割了塔里木盆地与河西走廊。大胆设想一下，如果没有了祁连山横亘其间，内蒙古的腾格里沙漠、巴丹吉林沙漠以及新疆的罗布泊、塔克拉玛干沙漠就会和柴达木沙漠连成一片，那是怎样一番景象？如果没有了祁连山，也可以说就没了河西走廊——祁连山北坡的冰山雪水是其源源不断的生命之水，同时融水也浇灌了南坡柴达木盆地边缘的大地，造就了一个个如德令哈、乌兰、天峻、刚察这样的城镇。

布喀达坂峰位于东昆仑山的西部，海拔6860米，为青海省的最高峰。全省的最低点，位于湟水于民和下川口村出省处，海拔1650米。两地高差达5200多米，全省地势呈自西向东倾斜状。

与祁连山隔着柴达木盆地遥遥相望的是昆仑山脉。昆仑山脉西起帕米尔高原，横贯新疆、西藏、青海、四川四个省区，深入到青海境内的一段，被称为东昆仑山。它隔开了柴达木盆地和青南高原，如果你翻过昆仑山山口，会发现两侧截然不同的景象，一边是雪域高原，一边则是黄沙漫漫、荒漠无边的柴达木干旱区。这条被誉为“亚洲脊柱”的山脉向东分成了巴颜喀拉山、阿尼玛卿山等，纵贯平行，逶迤而去。其中巴颜喀拉山是长江、黄河在青海境内的分水岭，由于河流的袭夺，“强势”（水量大、流速快）的长江总是将河流引向自己这边，由此造成长江水多，黄河水少这样水量不均的现象。早年曾有人设想，在巴颜喀拉山山体中打通一条隧道，通过隧道将长江之水引向黄河，以丰补歉，不过这个“南水北调”的设想迟迟未能实现。

顺着长江溯源而上，一直经过通天河、沱沱河，到达各拉丹东雪山。从雪山脚下的姜根迪如冰川滴下一颗颗水珠，便是长江的源头。仰头而望，就能见到青海与西藏的界山——唐古拉山，主峰各拉丹东雪峰海拔6621米。唐古拉山口不仅是经青藏线进入西藏的必经之地，也是青藏线将翻越的最高点（海拔5231米）。如果不是令人头疼的高原反应以及路边的纪念碑、标志牌的提醒，你会在不经意间错过这个鼎鼎大名的地方。

日月山是火车沿青藏线离开西宁所要翻越的第一座山，海拔3500米，但并不显高。虽然貌不惊人，可从地理位置上看却是一座举足轻重的山。重要性在于，它界分了农业区和牧业区、季风区和非季风区、外流河湖区和内流河湖区三者。

盆地

如果从卫星地图上查找青海，会发现在西北部有一大片灰浆涂抹般的灰白色区域，那里就是中国四大盆地之一的柴达木盆地。此外，青海还有若干散布在高山绝岭之间的山间盆地——青海湖盆地、哈拉湖盆地、茶卡盆地、星宿海盆地，以及坐落在河谷峡川间的小型盆地——黄河谷底中的共和盆地、湟水谷底中的西宁盆地、大通河谷底中的门源盆地等。这些盆地大多都是构造性断陷盆地，都是远古地质构造运动时形成的。

茫茫戈壁，漫漫沙丘，一眼望不尽的荒原旷野，是柴达木盆地给人的最初印象，随之便会得出这样的结论——荒凉、贫瘠。然而柴达木盆地的确是名副其实的“聚宝盆”，这里的地表分布着大大小小30多个盐湖——察尔汗盐湖、大浪滩盐湖以及东、西台吉乃尔盐湖等。这些盐湖在出产大量食用盐的同时，还蕴藏着大量农业生产所需的化肥——氯化钾，也保留着一些稀有金属，除钾、硼、镁以外，还有用于制造电池的锂。盆地地下还蕴藏着大量石油和天然气，油气总资源量预计可达到450万吨油气当量。

早在5.6亿年前的早古生代初期，柴达木盆地是一片浅浅的海洋，到了1亿多年后的古生代末期，由于大地板块的俯冲和碰撞作用，柴达木开始逐渐隆升抬高。从3.2亿年的石炭纪到2.2亿年的三叠纪，柴达木盆地渐渐从海洋过渡到陆地，加之少量的火山喷发，陆地的雏形已经显露出来。在2亿年前，由于大陆板块运动的进一步作用，海水逐渐从盆地退去，从而上升为陆地。但部分高浓度的海水还残留在地势相对低洼的地方，经过长年累月的蒸发，形成现在的盐湖。相对于陆地的抬升，所对应的地块沉陷，随之形成了构造断陷盆地。地下的沉积物经过2亿年的时光，变成了现在的石油。据勘测，在柴达木盆地具有石油前景的中、新生界沉积面积达到了9.6万平方公里，最大沉积厚度可达17,200米以上。

这个数亿年前海陆之间的抬升沉陷运动，不仅造就了青海湖盆地，也让青海拥有了中国最大的咸水湖——青海湖。而喜马拉雅造山运动使得青海湖盆地在早年业已形成的断裂带发生了更加剧烈复杂的断块升降运动，中心盆地陷落，而周边的日月山、大通山、青海南山隆起为更高的山地。

2003年，中国在三江源地区建立了国家级自然保护区，面积为15.23万平方公里。从保护的面积来看，三江源保护区所辐射的区域包括三大流域的面积——长江流域180万平方公里，澜沧江流域16万平方公里，黄河流域75万平方公里。可以说，三江源辐射的三大流域有271万平方公里，占整个国土面积近1/3。

江河

青海也是著名的长江、黄河、澜沧江“三江源”地区，总流域面积为31.8万平方公里，这里的冰川、湖泊、溪流、沼泽共同提供了三条江河的生命之水，由此三江源也被称为“江湖之源”“中华水塔”。

一颗水珠，从格拉丹冬冰川滴落的那一瞬间起，就开始了它万里长江6300公里的第一段旅程。它的名称也随着行程不断变化，沱沱河、通天河、金沙江……这些河流经过沿途地区，最终在上海崇明岛旁奔流入海。从古至今，历代对江源的考证都颇费周折。据史料记载，明崇祯十二年（1639年），已近花甲的徐霞客溯金沙江而上，对金沙江的水文状况进行了详细考察，在其《溯江纪源考》中首次提出了“推江源者，必当以金沙为首”的论断。从此，金沙江成为长江干流的上源，而到了清代，当朝“屡遣使臣，往穷江源，测量地度，绘入舆图”，也只绘出了通天河、木鲁乌苏河等河流。对江源的真正确定要到1976年，长江水利委员会会同多家单位，在兰州军区的支持下组成了一支28人的考察队，首次确定了长江源头为唐古拉山脉主峰各拉丹东雪山西南侧的沱沱河。

“黄河之水天上来”，是古人对黄河源头的瑰丽想象。黄河作为中国的第二大河，早在公元3世纪就有重源伏流之说，至西汉张骞出使西域，捎回来黄河源头在帕米尔的信息，此信息便记载在以张骞第一个“探险报告”为依据的《史记·大宛列传》中。此段信息指出古塔里木河注入罗布泊后伏流地下，到青海后重源复出，此水源由此被判定为黄河源头。而后各朝代都有对河源地的考证，基本确定在巴颜喀拉山一带。1985年，黄河水利委员会根据历史传统和各家意见确定巴颜喀拉山北麓约古宗列曲为黄河正源。而到了2009年，国务院公布的最新结论是，水流更大的卡日曲才是黄河的源头。

澜沧江是一条国际性的河流，发源于唐古拉山北麓杂多县西北部查加日玛山西侧，流经西藏、云南，从云南勐腊出境成为老挝和缅甸的界河后，始称为湄公河。而后经泰国、柬埔寨、越南，最终在越南胡志明市流入南海。这条国际性河流上已经有多座建成和筹建的电站，各国在上下游的兴建动向势必将改变湄公河流域的生态环境和自然资源，由此也可能引发各国的争端。

湖泊

碧蓝的湖水旁是绿茵茵的草甸，成千上万只藏羚羊在每年6~8月聚集于此产下羊羔。你可能很难想象这样一幅和谐的画面是发生在有着“生命禁区”之称的可可西里。这面碧蓝的湖水就是可可西里北部的太阳湖，它位于海拔6860米的布喀达坂峰南面，水深40米，面积100平方公里。1994年1月18日，就是在太阳湖边，为了保护藏羚羊的顺利生产，西部工委首任书记索南达杰只身与18名盗猎分子搏斗，最后倒在了这片他挚爱的土地上。

2004年的影片《可可西里》讲述了同样的故事。影片中，可可西里的画面是黄沙漫天的荒漠戈壁、寸草不生的雪原和陷人的流沙，但也许无意间错过了可可西里的湖泊群。据资料统计，可可西里湖面大于0.5平方公里的湖泊就有121个，在湖泊的密度上可媲美世界上湖泊率最高的“千湖之国”——芬兰，而且比国内有“千湖之省”之称的湖北还要高出几成，是中国湖泊分布最密集的地区。

中国最大的咸水湖、内陆湖青海湖早已名声在外，此外青海还有世界著名的内陆盐湖——察尔汗盐湖。察尔汗盐湖的总面积达到5856平方公里，这里的食盐、镁、钾储量远超中东的死海和美国的大盐湖。但是，随着青藏高原的不断隆升，加上全球气候变暖的因素，使得分布在青海的湖泊普遍有水面下降、湖水不断盐化的趋势。根据生态专家的研究推算，百年后的青海湖也将变为盐湖，到时候湖中的鱼类可能会消失，百鸟翔集的景象或许再难得见。

扎陵湖和鄂陵湖是青海省内最大的两个淡水湖，为黄河源头的姊妹湖，两者相距不过10公里。相传古时候两湖被称为“柏海”，文成公主就是在这里被松赞干布迎娶并完婚的。由此这里成了藏区信徒的朝拜圣地，湖畔建起了寺庙，数百米的嘛呢石墙围合，经幡林立。

野生动植物

植物

青海是中国省区中森林覆盖率最低的一个省。从西宁出发，在湟水河谷和祁连山东部能见到青海仅有的森林地带，树种稀少，多为针叶林的云杉、松柏、桦树、杨树等。在森林的边缘，你常会看到绿绿的草原，这样草原与森林交错过渡的景象，是受降水量的多少影响而造成的。每逢夏季，草原上满是盛放的野花，背景是挺拔的林木，爽心悦目。

脚步不停，翻过日月山，就是青海湖。湖边是典型的温带草原，这里有蓝天白云、一望无垠的草地、风吹草低见的牛羊和策马扬鞭的牧人。内地的东南季风吹到此为止，降水也戛然而停。从此继续往西就是柴达木盆地的地界，丰美的草原渐变成贫瘠的荒漠。

进入柴达木盆地，满眼是砾石戈壁荒滩。地表平坦的沙砾地上多是一丛丛的低矮灌木，最常见的是驼绒藜、柽柳、白刺、沙拐枣等这样耐盐抗旱的灌木荒漠植被。这些植物为了生存，会尽量减少水分的流失蒸发，枝叶基本已转化为披针形、条形甚至硬刺。而且为了获得更多的水分，基本都有发达的根系系统。

动物

面对恶劣的生存环境，能生活在青海大地上的动物种类并不多，其中大型动物种类要相对多些。在玉树通天河一带能见到水獭、大鲵（娃娃鱼）等动物，在湟水河谷森林地带能碰见猕猴，在草原上常见的是处于食物链低端的一些小型动物——鼠兔、旱獭、雉鸡等。更多的时候，你能在高寒地带荒原中看到大型动物野牦牛，它们常群聚在一起，以数十头或数百头的集团规模，边进食边漫游在草原荒漠上。藏羚羊则是青海高原蹄类动物中最引人注目的一种，现存种群数量为7万~10万只。白唇鹿在省区范围分布广泛，让青海素有“白唇鹿故乡”的称号。此外，岩羊、藏原羚、藏野驴、盘羊等在全省都有广泛分布。这些物种都来自中亚山地和荒漠地区，并已经适应了高寒环境。2017年，可可西里成为中国第51处世界遗产，藏羚羊的数量也在稳步回升之中。

主要环境问题

青海的大部分区域地处高原地带和三江源地区，生态环境相对敏感脆弱。加之近几十年来，人类活动频繁和全球气候变化加剧，导致青海生态环境系统的生态功能和承载能力急剧下降。而游客的增多也让茶卡盐湖、年保玉则、青海湖鸟岛、八一冰川等热门景区的自然生态环境承受了前所未有的巨大压力，纷纷被关停休整。

水土流失

青海号称“中华水塔”，据有关资料统计，长江、黄河、澜沧江分别有25%、49.2%、15%的水量来自三江源地区。长江上游区域由于对森林乱砍滥伐、过度放牧、挖取虫草等破坏草原植被的现象屡禁不止，以及挖金、工程建设等因素的存在，导致大面积的水土流失，泥沙淤积在下游河床，使得长江中下游段河床逐年抬升，一到汛期便成悬河，洪水泛滥。黄河的情况也大致相同，每年输入黄河的泥沙量就达到了8814万吨。

土地沙化

据青海省林业勘察部门的普查，全省沙漠化面积在以年均递增2%的速度扩大，主要表现为掩埋农田、毁坏庄稼、草场退化、土质粗化、土地生产率降低，出现沙进人退的局面，这些沙漠化区域主要分布在柴达木盆地、共和盆地、环青海湖区以及黄河源头区。据统计，三江源区的1.5亿亩退化、沙化草地中，失去生态功能的“黑土滩”面积达7000多万亩。虽然目前局部地区已得到有效控制，如共和盆地的沙珠玉荒漠绿洲，柴达木盆地的香日德、诺木洪、格尔木绿洲等地区，但整体上土地沙化仍呈蔓延扩大趋势。

草原也在退化的进程中，由于过度放牧，盲目追求牲畜存栏率，导致牲畜数量远远超过草场所能承受的极限。放牧过度的严重地段，甚至出现寸草不生，地表完全裸露的“黑土滩”，从此完全失去草场的放牧功能。为此，政府也采取了相关措施以缓解此类现象的恶化，开始实施退耕还林还草、退牧还草等工程。

生态系统遭破坏

青海省内有众多的湖泊河流，有着大量的天然鱼类资源，不过过度的捕捞也使得种群数量大大降低，甚至有些物种已受到濒临灭绝的威胁。现青海湖中的裸鲤数量就只有50年前的10%，玛可河中的川陕哲罗鲑已经到了灭绝的边缘，分布于海西、果洛盐湖的卤虫，也由于非法捕捞，数量锐减，据说在各大盐湖中，曾出现过上万人捕捞卤虫的情况。

未来的方向

自2013年起，青海省发改委计划投资近160.6亿元，开展为期8年的三

一根虫草等于0.3平方米草地

冬虫夏草是一种真菌与蝠蛾幼虫的合体，多生长在海拔3000米至5000米雪线附近的草坡上，无法由人工养殖。每逢长成季节，果洛、玉树的众多本地人都会全家出动，持镐支帐，在虫草可能出现的地方进行地毯式搜寻。据现场勘测，挖取一根冬虫夏草至少要毁坏0.3平方米的草地，而初步估算全省每年因滥挖冬虫夏草毁坏的草地约有10万亩。2016年，虫草被国家食品药品监督管理总局从保健食品类除名，而同年原国家食药监督总局做的一次抽检发现，冬虫夏草及其制品中，重金属砷的含量超标4~10倍，长期服用可能导致砷中毒。

流离失所的野生动物

由于水土流失、土地沙化以及草场退化等多种因素的影响，野生动物同样也受到生存区域缩小、生存环境恶化的威胁。当然，人类的滥捕和盗猎是直接降低野生动物种群数量，直至灭绝的最恶劣方式之一。为了获得一条“沙图什”（shahtoosh）的戒指绒披肩，必须用3~4头藏羚羊的生命换取。这样一条披肩在欧美市场的售价高达上万美元。由于暴利驱使，盗猎分子便长期活跃在可可西里地区，藏羚羊的数量也从半个世纪前的百万只锐减到如今的7万至10万只。近年来，由于国家公园试点的建设和反盗猎行动的开展，藏羚羊的数量有所回升。但与此同时，保护区外动物生存环境的恶化也加剧了它们与人类产生冲突的风险。2020年5月，玉树治多县就发生了藏棕熊袭击牧民事件，牧户伤亡，棕熊被击毙是两败俱伤的结果，也在提醒着人们，在享受大美青海的同时，这里依然有着大片未被驯服也不应被驯服的旷野，无论是本地人还是旅行者，在野外都应在敬畏自然的同时做好自我保护。

江源生态保护和建设二期工程。据2019年4月发布的全国气象生态公报显示，三江源地区的降水增多、气温升高，湖泊面积较2006年增加了13%，植被生态质量也得到了改善，生态系统退化的趋势得到了初步遏制。2016年6月，中国首个国家公园体制试点在三江源启动，在可可西里地区被评为联合国教科文组织《世界自然遗产》之后，根据遥感监测数据显示，如今三江源的沙化土地植被覆盖度和乔木、灌木郁闭度及蓄积量均呈增长的态势。2019年6月，以国家公园为主体的自然保护地体系示范省在青海省正式启动，青海也成为中国首个需要承担三江源国家公园和祁连山国家公园双试点的省份。

在看似一片大好的形势之下，经济发展与生态环境的角力也仍在继续。2002年，青海省将“黄河羊曲水电站”的建设工程立项，选址位于同德县的然果村，然而这里分布着世界上树龄最长、胸径最粗、高度最大、野生分布区海拔最高的野生古柽柳林，多位专家对青海省提出的移植方案发表了异议，认为移植将对古柽柳林造成毁灭性的破坏。在争议声中，水电站在环评报告未通过的情况下开始了建设。2019年12月，这批古柽柳林被卡车、吊车和挖掘机连根拔起并移走。

生存指南

出行指南

住宿

在青海，大多数旅行者会以西宁为起点开始旅程。西宁的酒店业十分发达，高档商务酒店、快捷连锁酒店、青年旅舍和太空舱公寓遍地开花，不难找到舒适的住所。兰新高铁实际上已经将海东彻底纳入西宁的生活圈，你可以将酒店的选择范围扩张到海东地区，出行游玩也十分方便，海东各县城都有许多设施较新的商务酒店。

柴达木盆地的格尔木和德令哈是青海另外两个主要的旅游中转地，格尔木拥有从青年旅舍到国际品牌连锁酒店等各类选择，德令哈的住宿选择也非常丰富，近年来新建了不少品质较高的酒店。

玉树、黄南地区的住宿条件这些年都有十足的进步，设施新、环境好的酒店增加了许多，停电停水情况也较少发生，旅游淡季入住这些地区的四星级酒店性价比非常高，标间价格在300元左右。果洛的酒店发展稍显滞后，目前只有在班玛和久治两地比较容易找到设施优、服务好的住处。

7月至8月是青海的旅游旺季，西宁、格尔木、德令哈、青海湖周边、祁连山区等热门地区，房价飙涨至2~3倍也并不奇怪，房源也很紧张。如果你在这个时间段前往，最好提前1个月以上预订酒店。一旦进入9月，住宿价格会迅速回落，不妨考虑错峰出行。

寒冷漫长的冬季，在可可西里、曲麻莱，海西、果洛、黄南地区的偏远乡镇，大多数旅馆从12月至次年3月会“放寒假”。

青海大中型城市的酒店可以通过**携程网**（www.ctirp.com）轻松预订，中小县城的酒店信息在**美团网**（www.meituan.com）上反而更容易找到，也常有更好的折扣。

食宿价格范围

本书所列的食宿是按照作者推荐程度而不是价钱高低排列的，推荐度高的会排在前面。书中我们标注的房价，一般为标间价，即包含一张大床或两张小床，以及独立卫生间。普通间没有独立卫生间。青年旅舍会加标床位价格。除非特别注明，否则房价不含早餐。所有的价钱都是淡季价。

分类	住宿价格范围	就餐价格范围
¥（经济）	200元以下	人均40元以下
¥¥（中档）	200~400元	人均40~100元
¥¥¥（高档）	400元以上	人均100元以上

青年旅舍

青年旅舍主要集中在西宁、格尔木和德令哈。在青旅，你会很容易得到旅游信息，并迅速结交到志同道合的旅伴，同时青旅通常还会提供公用电脑、上网、厨房、自助洗衣、订票、包车等一系列服务。需要提醒的是，青海的部分青年旅舍冬季会暂停营业，最好提前电话咨询。

国际青年旅舍组织中国总部（YHA China；www.yhachina.com）目前在青海有一家加盟旅舍——西宁的青海桑珠国际青年旅舍，宿舍床位40元起，持有YHA会员卡（年费

50元）可以享受会员价，通常每个铺位优惠5元，或每个房间优惠10~30元。

此外，国外流行的胶囊式酒店（也称为“太空舱”）在西宁和德令哈都已出现，住宿环境与青旅类似，私密性更强，但不如青旅性价比高。

家庭旅馆和公寓

在西宁比较普遍，通常是在公寓楼中的一套房或套房中的一间，与其他客人或主人共用厨房、卫生间。价格与快捷酒店相当，但更温馨舒适，且大多配备冰箱、洗衣机等电器。但这类住宿并非没有缺点，缺乏标准化的设施和服务增加了“踩雷”的风险，并且你需要提前联系主人拿到钥匙或等候他们帮你开门，有时可能也难以在非住宿时间寄存行李。一些家庭旅馆可能会提供长租的服务。

农家院

青海大多国家森林公园和地质公园内的住宿都以农家乐为主，多是当地村民自家的房子，通常附设餐厅，提供当地特色饭菜。祁连山一带的旅游业兴旺，县城周边的拉洞台村、麻拉河村和东索台村兴建了不少农家乐。但在每年7月、8月和“十一”黄金周仍然一房难求，且价格可能翻倍（我们在书中列出的为平季价格），必须提前预订。

大部分农家乐只在每年6月至10月营业，若在其他时间前往，请提前致电确认。

宾馆和酒店

在西宁、格尔木、德令哈、玉树等比较大的城市，从商务宾馆到星级酒店选择丰富，找到心仪的住处并不难。小的县城通常没有大型酒店，以宾馆居多，在这种状况下，政府宾馆是相对舒适和安全的选择。在经济比较发达的县市，三星级的宾馆价位一般在200~300元，四星级酒店价位在300~400元；普通县城的宾馆，价位在200元左右。你可以事先了解一下宾馆的新旧程度，一家新装修的三星级宾馆和一家装修了10年的四星级酒店相比，前者很可能是更舒适的选择。

连锁快捷酒店

品牌连锁酒店是不少人出门的常规选择，这些酒店的交通一般都比较方便，没有惊喜也不会有太大失望，而且官网经常有优惠活动。常见的如家、7天、格林豪泰等连锁酒店在西宁都设有多家门店，并且大多分布在城中心和交通枢纽附近。在西宁之外，只有格尔木和德令哈有品牌连锁酒店，格尔木有如家、格林豪泰和7天酒店，德令哈目前只有7天酒店入驻。

目前青海只有黄南有本地的连锁酒店品牌宏丰得，设施和环境都不错，在同仁和泽库各有一家。

小旅馆和招待所

乡镇一带这类住宿最为常见，房间价格多为100~200元，住客鱼龙混杂，入住前最好用你的江湖经验判断一下，可以先和老板聊上几句，打听旅游或交通信息，如果对方能提供准确有效的信息，氛围让你感觉轻松舒适，通常不会有太大问题；看房时可检查一下紧急出口、门锁和窗户。另外，一般来说住在镇中心地段会相对安全。在果洛、玉树、黄南等藏传佛教氛围浓郁的地区，许多寺院都开设了宾馆，相对比较安全，只是舒适程度一般。也有一些寺院，比如丹斗寺、夏琼寺等会为朝圣者和旅行者提供免费的客房。

露营

青海适合露营的季节只有短短的夏季，草场、村间树林、林场空地都是不错的露营地，只是这些地方就像农田一样，理论上都有管辖划分和归属，无论你在哪里露营，都要先征得当地村民的同意，询问是否需要收取一定的费用。在青海湖边入住蒙古包或藏式帐篷也可以让你体验露营的感觉，并且温饱和安全都有保障。

其他季节对露营来说都不够温暖，并且对户外应变能力要求较高，如果你是资深的徒步爱好者，有心向往当地徒步线路，并提前为之做过充足的准备的话，可以尝试露营。露营地最好选择靠近牧区、村落、寺庙的地方，不要在人烟罕见的荒野露营，以免遭遇自然灾害或野狗、野狼的袭击。

证件

身份证必须随身携带，在一些敏感地区或特殊时期，它可以有效证明你的身份，护照和驾照也可以起到类似的作用。重大节庆期间去格尔木，检查证件的现象尤为多见。需要特别提醒的是，从格尔木市区通往昆仑山口的途中，会途经乃吉沟检查站，在这里无论什么时候，都很可能被检查身份证件，如果你遗失了身份证件，建议提前在格尔木准备好临时身份证明，并打印身份证的照片。乃吉沟检查站不提供补办临时身份证明的服务，在附近打印证件会被收取昂贵的费用。

学生、老年人、残障人士、军人等可以凭证件得到门票优惠，这些证件将为你省下一大笔费用。佛教的皈依证也能免去寺院门票。另外，青海各州有不同的对口援建省市，在本书调研期间，如果出示相应省市的身份证，也可在相应州的部分景区获得免票优惠，具体详见27页“省钱妙计”。

若打算从青海前往西藏，所有外国人、海外华人及中国港澳台旅行者（中国香港、中国澳门居民持中国特区护照或“港澳同胞回乡证”“港澳同胞往来内地通行证”者除外），都必须有西藏自治区旅游局签发的批准函，以参团的方式进入西藏，证件不齐者会在青藏边境检查站受阻并被遣返青海。

保险

为了尽可能地降低旅行风险造成的损失，购买保险非常重要。一份合理的旅行保险，可以对你在旅行中因人身意外、财物遗失、医疗急救乃至因交通延误等导致的损失进行一定比例的赔偿。因此在购买前，你需要仔细阅读投保险种的每一项条款。

如果是参团出游，团费中一般都已包含旅行社责任险，但这个险种只承担因旅行社的过错给旅游者带来的损失，旅游意外险需自行购买。至于自驾游的旅行者，建议为汽车购买全车盗抢险或车辆损失险，比较昂贵的相机之类的装备也可以考虑购买财产险。由于去往各景点多需要包车，而大多数车辆为私人运营，这意味着一旦出事没有任何保障可言，所以一份旅游意外险对自助游的旅行者十分必要。

喜欢户外运动的旅行者需要注意，传统的旅游意外险一般都不包括极限运动造成的损失，所以旅行者需要购买覆盖相应运动项目的险种，或另行购买人身伤害险。**美亚保险**（www.aig.com.cn）和**华泰保险**（www.ehuatai.com）专门推出了针对自助旅行和户外运动的险种，承保多种热门户外运动项目，如骑马、滑雪、登山、高山保险（海拔6000米以上）、自行车、野外生存、溯溪、攀岩等，但滑翔伞和跳伞活动除外。华泰的“安途”系列不仅承保团队成员各项户外运动的意外风险，而且针对领队责任设计了特别风险保障，很适合团队户外活动的旅行者。你可以在当地的旅行社购买保险，也可通过类似**慧择网**（https://www.huize.com）、**磨房**（www.doyouhike.net）这样的旅行网站购买保险，保险公司通常会推出贴心又优惠的综合套餐。

银行

青海的银行机构在西宁和海东一带比较完备，国有四大行均设有分理处。而各州政府所在地的主要街道上都能找到营业网点和带有银联标志的ATM。到了偏远地区，你通常只能找到中国农业银行和邮政储蓄银行，不过微信支付已经普及村镇一带，只是有些乡镇地区的汽车站仍然只接受现金支付。所以，去偏远县城随身携带些许现金还是有必要的。

购物

高原特产无疑是去青海最适合带回的手信，例如牛肉干、牦牛酸奶，旅行结束时可以集中在西宁购买，为避免买到“三无”产品，你可以尽量到正规超市或市场购买。

青海有许多带有民族特色的手工艺品，不仅好看，平时生活中也能用上，比如捶纹铜碗、牛皮针线包、羊毛帽子等。西宁水井巷市场、东关清真大寺附近的伊斯兰民族市场都是淘货的好地方。玉树龙王商场是本地人购买民族服装及民俗商品的集贸市场，能发现很多有趣又少见的民族物品，唐卡、堆绣、黑陶都是值得收藏的手工艺品。黑陶是囊谦特有的民间工艺，在囊谦当地购买要比在西宁便宜一半左右。同仁的周边村落有许多热贡艺术工作室，你不仅能近距离观察唐卡、堆绣的制作过程，还能买到价格更合理的艺术品。

玉树的虫草和柴达木的枸杞都曾是青海臻品，但滥挖虫草不仅会导致草场被破坏，虫草本身也因药效产生争议，并因可能引起砷中毒而被国家食品药品监督管理总局除名。如果你在五六月份的虫草季去玉树旅行（我们并不建议这样做），可以在玉树虫草交易市场感受一下氛围。如果你是七八月前往青海，旅行计划中包括了诺木洪或马海等枸杞原产地，那就无须在德令哈的路边小店锻炼自己的火眼金睛，原产地一般会更便宜、质量也更靠谱。

在青海，你偶尔会遇到兜售野生动物皮毛的商贩，我们强烈建议你拒绝购买任何野生动物制品。

邮政

只要是县城一级就有邮局，寄包裹不是问题。在**国家邮政局**（www.chinapost.gov.cn）的网站上可以查到可供参考的邮政资费。

在较大的城市和县城能找到顺丰、申通、圆通等民营快递的网点，具体请参照快递官网。

需要注意的是，在一些小乡镇邮政所寄信或明信片，最好亲手交给邮政局的工作人员，那里的邮筒很多时候仅是个已经遭到废弃的摆设。

电话

无论是中国移动、中国联通还是中国电信，手机信号基本都已覆盖至青海的各村、镇。在重要的公路铁路，如青藏铁路和环青海湖沿线也没有问题。但在高原牧区、山中或乡间公路上，信号就无法得到保证，此时中国电信和中国移动略有优势。

由于手机的普及，公用电话和IP话吧正在不断减少。如果拨打报警电话，用座机会更方便警方迅速定位。

上网

“提供无线网络”对于青海偏远地区的农家乐来说都已经成为标配。县一级城市的大多餐厅、咖啡馆也都有Wi-Fi。网吧在城镇都不难找，它们多为当地网友和游戏爱好者而设，进网吧时需要出示身份证。

工作时间

由于气候原因，青海旅游的季节性非常强。每年5月至10月以外的时间大多十分寒冷，甚至大雪封山，即使在最温暖的海东地区，也有部分景区暂停营业（有的是无人管理，但仍可进入，有些则是完全关闭），部分景区则摇身变为冰雪乐园。

在营业期间，大部分景区的开放时间为8:30~17:00，旅游旺季不少景区会24小时开放。博物馆通常会在周一闭馆。探访不那么热门的藏传佛教寺庙，最好避开午休（11:30~14:00）时段，并在17:00前赶到，否则常常无法参观。各地银行和邮局的营业时间一般是9:00~11:30、14:00~17:00，周末营业时间缩短或可能整日休息。

气候

青海夏凉冬冷，日夜温差大，大部分区域处于高海拔地区，缺氧、无雨多旱、风沙大、太阳辐射强。可参见18页“行前参考”了解青海的最佳旅行时间。**中国天气网**（www.weather.com.cn）上可查询青海所有市县的天气情况，也可预知一个月内的天气。

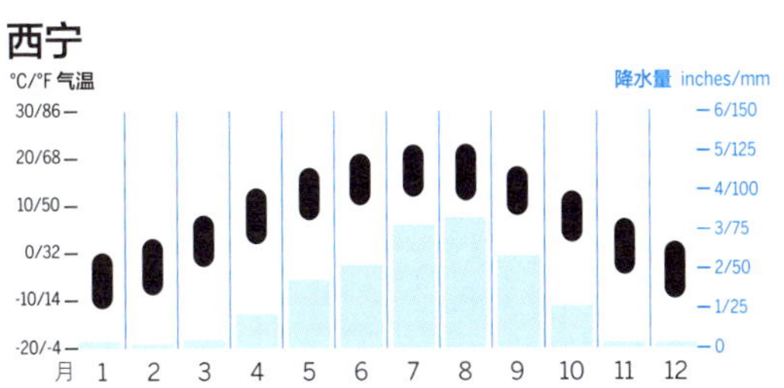

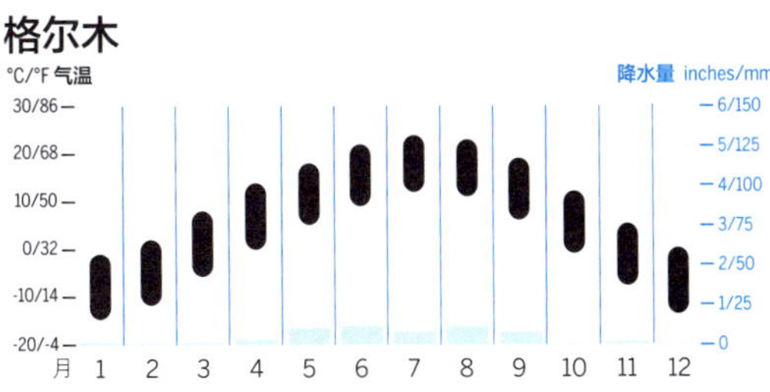

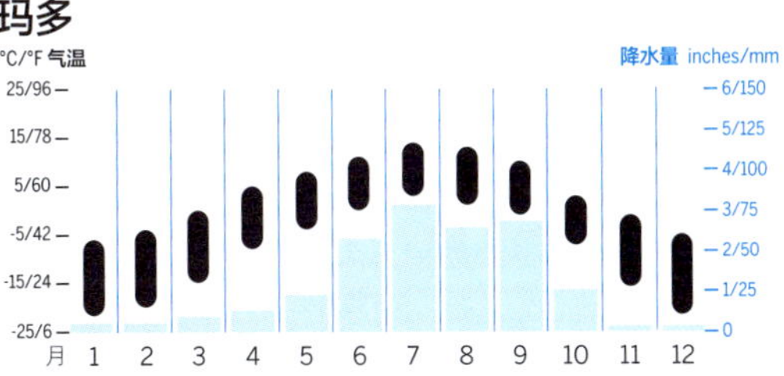

旅游信息

西宁是获取旅游资讯最便利的地方，西宁市旅游集散中心（☎633 3006；同名微信公众号可在线预约；西宁汽车客运中心内）提供旅游参团咨询、包车游服务。青海湖、茶卡盐湖等热门景点每天都有景区直通车往返。西宁的各大旅行社都提供西宁周边短线游、甘（肃）青（海）环线以及西北大环线等旅游咨询组团服务，旅行时长从1天到7天不等。

青海省文化和旅游厅官网青海文旅（whlyt.qinghai.gov.cn）也许是最权威的旅游信息来源。登录全国汽车站官网（www.keyunzhan.com/guanwang）和中国公路客票网官网（www.bus365.com），可按省份查询青海各州班车时刻信息。

青年旅舍是交换旅游信息的好地方，青旅老板大多十分熟悉当地的旅游资讯。玉树、柴达木盆地都有一些装备充足、探险经验丰富的旅行社，可以根据旅行者的需求协商定制露营、徒步等个性线路，例如玉树的雪豹旅行社（☎780 1222）和杂多的诺布宗旅行社☎157 2236 6662）。

获得旅游信息最直接有效的办法是同当地人交流，出租车司机、导游、户外向导、商贩，都是很好的消息来源，但也要注意一些不怀好意的掮客。在普通话不通用的地区，不妨询问当地的中学生，他们通常能在藏语和汉语之间自由切换。

团队游

在青海当地可以报名参加的团队以西宁为主，海东地区、格尔木、德令哈等城市也会有，其他地方则缺乏足够的客源支持。特别在每年7~8月的旅游旺季，西宁各家旅行社的宣传单铺天盖地，以去往青海湖、茶卡盐湖、门源、祁连和海东为主打路线，甚至还包括跨省区（主要是甘肃和西藏）线路。

团队游最大的好处是可以轻易解决交通问题，有时还有门票优惠。普遍的缺点是，绝大多数旅行社只充当中介角色，还可能会浪费你不少时间在无聊的购物上，所以报名前确认口碑很重要，务必签订正规的旅游合同。

一些户外俱乐部和户外旅行网站组织的活动更符合背包客的口味：路线灵活，节目有趣，还有摄影、登山、骑行等主题线路。但报名前务必也了解一下机构的经营资质。

课程

青海有一些针对本地人开设的培训课程也对旅行者开放。海西民族文化活动中心有唐卡体验中心，可参与免费的唐卡手绘课程，另外同仁吾屯村的一些画室，也有短期的学艺课可以参与。

摄影和摄像

很多宗教场所都禁止拍照，尤其是藏传佛教寺庙的佛殿和佛像。由于不文明的拍照行为屡禁不止，如今在塔尔寺的几个佛殿中都张贴有“单反流氓请自重”的告示，寺院的僧人会对仍然举起相机的旅行者直接训斥，丝毫不留情面。即便有些佛殿允许拍照，也不要使用闪光灯，以免对佛像和壁画造成破坏。

拍摄人物肖像之前，要事先征得对方同意。在日月山口和青海湖边，穿着民族服装的当地人和披红戴花的牦牛会和旅行者有偿合影，已然成为一个“产业”，不要纵容他们的漫天要价。

此外，不要因为个人的失礼破坏了属于大家的景观，如跨过栏杆进入花田拍照，把花田踩得一片狼藉等。在地形复杂的地方拍照，务必注意安全，不要攀爬到危险的悬崖取景。自驾车经过风景优美的路段时也不要随意停靠拍照，以免影响通行。青藏公路为双向两车道，路基不算宽阔，停车拍照时尤其需注意避让后方来车。骑行者也请紧靠路边停车，不要随意跑到路中央取景，以免发生危险。

危险和麻烦

青海的治安状况整体不错，重大节日期间更是会加派更多警力，不过出门在外的旅行者还是要额外注意安全，每年五六月的虫草季以及七八月的旅游旺季，各地醉汉、各类纠纷和案件呈几何式增长，需留意避让。另外请留意“文化差异”，如果有藏族朋友想请你“喝一杯”，他们的意思很有可能是“喝到天亮”。

交通安全

青海各地都存在或轻或重的“交通混乱”。在西宁，不能过于信任人行道上的交通灯，即使绿灯亮起，右转和对面左转的车辆依然畅通无

留心“不速之客”

牧区或草原上（特别是玉树和果洛地区）随处可见的流浪狗，对于旅行者最具威胁性。即便你是爱狗人士，也不要随便靠近它们，毫不留情的一口可能会给你的旅行增添无数麻烦。如果与它们正面遭遇，千万不要背转身拔腿逃窜，可以学当地人就近捡石头击退它们。若需要在户外露营，请随身携带棍棒等物品。

在青海行车，时常碰到牛羊群、野生动物占道或横穿马路。请时刻注意前方路况，并缓慢行驶，耐心等候它们让出马路。若是撞伤了它们，可能会导致大额的赔偿。而且这里不是市场，即使付了款也不能带走你的货物。

在青海湖和门源盆地的油菜花季，路边的蜂箱聚集了大量的蜜蜂，花田中也有不少蜜蜂飞舞，可以佩戴头巾墨镜稍作遮挡。不要去招惹它们，即使落到你的身上也别用手拍打，轻轻赶走就好。

阻，且毫无减速避让之意。格尔木的司机行车风格颇为“彪悍”，人行道在这里并不是“免死金牌”。在街上行走，请务必眼观六路，适时出动。如果你是自驾出行，也一定要调整心态，在不太遵守交通规则的混乱车流中，请注意行车安全。

每年旅游旺季，青海湖、祁连山、青藏线一带难免车多拥挤，堵车比较常见，制订旅行计划时预留一些机动时间，以免耽误了后面的行程。

高原地区的公路路面沉降较为严重，请注意沿路警示。青海的大部分乡道没有设置路灯，避免夜间在乡道上行驶。

另外，玉树有“抵押车王国”之称。近年，来自河南、四川、陕西等地的大量抵押车辗转来到玉树，这些抵押车对旅行者造成的最大麻烦在于：就算车辆手续齐全，但车辆所有人与驾驶员完全没有关系。在发生交通事故时，定责和索赔都十分困难。因此如果你在玉树和疑似抵押车发生事故，一定不要选择“私了”，而要及时报警，以留下可供追查的记录。

掮客

整个青海的拉客现象在中国不算严重，旅游旺季时，西宁汽车客运中心、西宁站、青海湖周边景点会有一些人拉客，但不会过分热情，如果感觉不适，简单谢绝即可。避免让初识的本地人（比如司机、导游、客栈主人等）带你去购买虫草等昂贵药材或玉器首饰，如果不识货，很有可能让钱包受累。常有一些出租车司机在公共交通不便的知名景区（如夏琼寺）拉客，他们会建议你入住当地某个家庭旅馆，如果你有住宿需求，不妨听听他们的介绍，并实地考察一下，不少村民的家庭旅馆环境干净，饭菜可口，只是没有找到更合适的“宣传方式”。

偷窃和欺诈

青海各地的偷盗情况较少，但钱财不外露仍是守则，在车站、景区、人流量大的商业区，还是要注意防盗。

近年来，青年旅舍的多人间已经成了小偷下手的新地点，所以现金和贵重物品如电脑、相机等一定不要随意留在房里，在背包上加锁或寄存前台都是相对保险的办法。

青海湖周边曾出现过两份菜单不同标价的情况，最保险的办法是要求店家在点菜时就把单价标出并算出总账。遇上没有明码标价的商品或菜色，一定要明确问清单价和计价单位再消费。

包车游览时，尽量选择当地正规的出租车或青海本地车，部分外地车辆（主要是甘肃的返程车）时有宰客现象。自驾时，也不要为了接近美景而驶入无人的小路，你有可能面临被强行收费的困境。

独自旅行者

青海日新月异的交通变化让独自旅行变得更加轻松，你可以很方便地利用公共交通到达县城甚至乡镇，不过各地风光绝佳的景点仍旧需要依靠包车或拼车的方式游览，独自出门的旅行者可以事先在旅游论坛、网站留言，也可以到青旅或班车上看看是否有人同行。独自旅行时，务必记得要及时把自己的行踪告知家人或朋友。

残障旅行者

在西宁和部分成熟的景区，只有一些并不完善的无障碍设施，残障者在这些地方旅行还算勉强可行，并且有一定的门票折扣。但青海大部分地区都没有相关配套设施，无人陪伴的残障人士想要独自旅行是非常困难的，省内交通就是一大障碍。如果一定要来青海自助游，请在到达后雇请旅行社协助，并尽量选择乘坐飞机和入住高级酒店。

女性旅行者

女性在宗教信仰氛围浓厚的青海旅游，相对来说是比较安全的。需要留意的是，每年7月底开始，青海各地寺庙会有持续45天的“结夏安居”，女性旅行者将不被允许进入大部分寺院参观，届时旅行将多有不便。大多数寺院不接受女性旅行者过夜，请注意安排返程交通。如果参观寺庙或宗教气氛较浓的地方（神山圣湖、宗教法会会场），请留意穿着不要过于暴露。

同性恋旅行者

和中国大陆其他省份一样，在青海，城市对同性恋者的接纳态度较乡村更为宽容。一般情况下，同性恋旅行者在这里不会遇到太多麻烦。

志愿服务

青海当地有一些地方政府、NGO组织、寺庙等发起建立的公益组织和活动，致力于改善当地生态环境、扶贫和助学，感兴趣的旅行者可以关注下列机构：

绿色江河（www.green-river.org）常年致力于三江源地区的宣传与保护，在青藏公路格尔木至拉萨段的1200公里路段上设计了18个绿色驿站，已有6个投入运营，你可以在官网上申请为期1个月的志愿服务，服务时段为每年4月至10月中旬。自驾旅行者经过这些驿站时，可以帮忙将封装好的垃圾运回位于格尔木市区的**格尔木驿**（盐桥南路，长江源村以南约1公里）。

野性中国（www.wildchina.cn）是长期致力于“用影像保护自然”的公益组织，多年以来都在为青海本地青年提供摄影器材和培训，帮助他们成为生活在最前线的野生动物摄影师。

阿尼玛卿藏文化中心（阿尼玛卿景区扎德滩）类似于小型的公益学校，周边的少年儿童可以免费在这里学习藏文化、现代科学知识。文化中心附近的寺院商店和朝圣旅馆是供孩子们生活的部分经济来源，若想购买有关阿尼玛卿的书籍及音像制品，不妨造访寺院商店。

甘德夏日乎寺致力于保护当地环境已有10余年，寺庙活佛长期组织当地人在黄河河道及两岸草原捡拾垃圾，寺院也在当地林业部门的协助下设立了一处野生动物救助中心。你可以在拜访夏日乎寺时询问，看看有没有什么方式可以出一份力。

活动

徒步

西宁周边有不少成熟的单日、多日徒步线路，如果想尝试当天往返的休闲路线，环青海湖徒步，穿行门源花海都是理想的选择，通过青年旅舍和户外俱乐部都很方便找到同行的队友。对于户外发烧友来说，西宁附近的**野牛山**和**阿尼年钦夏格日**神山都值得前往，两座山峰攀登难度不大，登顶后又能俯瞰青海湖和周边山色，不过这两处都没有明显的登山路径，需要在当地户外领队的带领下攀登。你可以留意**8264户外资料网**（www.8264.com）上“驴友论坛”内的最新信息，加入当地户外组织的活动。

自驾

对于大多美景都在路上的青海来说，自驾无疑是欣赏当地风光的最佳方式，不过高原公路冻土多，路况复杂，并不适合新手自驾，最好有老司机结伴同行。国内大型租车公司神州租车和一嗨租车都在西宁设有多个门店。

自行车

骑行可以说是青海发展得最为成熟的户外活动，环青海湖国际公路自行车赛会在每年夏季如期而至。对于旅行者来说，环青海湖骑行（见60页）是不容错过的当地体验。青藏线和唐蕃古道是另外两条经典骑行线路，每年都有许多骑行者由此去往西藏。

观野生动物

有“高原野生动物王国”称号的青海是最适合观察野生动物的省份之一，冬季在**天骏县**的草原上比较容易看到藏原羚、岩羊的身影。**都兰**

野生动物保护区也是观察大型野生动物的好去处。还有摄影发烧友专程前往**昂赛峡谷**，看是否有机会一睹雪豹的风采。

观看藏原羚、藏野驴等大型野生动物或多或少需要点运气，相比之下观鸟的难度就小多了。青海可以说有湖的地方就能看见鸟，其中最方便前往的观鸟地是青海湖和玉树的**隆宝滩自然保护区**。冬天，迁飞而来的大天鹅将青海湖打造成“天鹅湖”。每年3月至4月，黑颈鹤从云贵高原飞回隆宝滩，直到10月才离开。

骑马

旅游旺季不难找到提供骑马项目的草场，玉树的**巴塘草原**、门源城西的**皇城大草原**以及祁连山一带的**阿柔部落跑马场**，每年6月至8月都有当地人提供草原骑马服务。

交通指南

到达和离开

被西藏、新疆、甘肃包围的青海，一直以来都被旅行者当作中转站“顺路游玩”，大多旅行者去知名景点青海湖、塔尔寺、茶卡盐湖、门源花海等“打卡”之后，便迅速向北前往甘肃，或向西、向南去往新疆或西藏。如今，“中转站”日新月异的交通变化正在悄然改变着旅游格局，德马高速花久段的开通，让从四川前来的旅行者更方便深入玉树、果洛等藏区腹地，敦格铁路的通车则将甘肃的旅行者直接送至柴达木盆地，利用公共交通行走的旅行者已经可以在青海走得更加深远。

飞机

机场

西宁曹家堡国际机场是青海省最重要的门户航空港，目前已经开通了国内外航线113条，通航点覆盖了内地大多数的经济发达城市，已实现与全国省会城市（除兰州外）以及台北、香港的全部通航。从西宁出发可以直飞曼谷、首尔、东京、吉隆坡等城市。

除西宁外，青海还建有6个省内机场——玉树巴塘机场（YUS）、格尔木机场（GOQ）、德令哈机场（HXD）、花土沟机场（HTT）、海北祁连机场（HBQ）和果洛玛沁机场（GMQ）。

玉树巴塘机场目前有直飞西宁、成都和拉萨的航班，以及经停西宁飞往北京的航班。虫草季时，多数航班多会加大密度。非旅游旺季时，往返西宁、成都的机票会有较大的折扣。

格尔木机场有往返西宁、西安、杭州、郑州的航线，通常都能拿到好的折扣，而班次较少的飞往拉萨的航班票价居高不下。

花土沟机场有往返西宁、西安和敦煌的航线。德令哈机场和玛沁机场目前每天只有1~2个航班前往西宁。

机票

随着电子商务网站的迅速发展，传统的柜台购票方式已少人问津，网络购票成为首选。机票价格可以先查询有比价功能的天巡网（https://www.tianxun.com/）、飞猪（https://www.fliggy.com）、携程旅行网（☎400 621 5588; www.ctrip.com）或途牛旅游网（www.tuniu.com）预订，常能淘到低折扣机票。直接在航空公司官网订票，通常会得到比电话预订更低的折扣。

每年7月、8月和“十一”小长假的旅游旺季，机票价格恒居高位，甚至一票难求。不妨查询一下飞往兰州的机票，时常会有惊喜价格。从兰州中川机场乘城际快车40分钟就可到达兰州站，再换乘动车，只需要1小时出头即可到达西宁。

火车

在我们调研时即将开通的敦格铁路将使得经格尔木前往敦煌、新疆变得更加方便。兰新铁路、青藏铁路和敦格铁路的强强联合，让旅行者可以更好地将甘肃、青海、新疆、西藏的亮点结合起来游玩。

每年夏季抵离西宁的车票会变得十分紧俏，需要提前1个月购买。网络购票（www.12306.cn）、电话购票（95105105），或使用铁路客户服务中心的手机客户端（在苹果的“App Store”和安卓各电子市场输入“铁路12306”

搜索便可下载）都很方便。青海的许多城镇在邮政营业厅设有火车票代售点，方便旅行者购票和取票。

动车

兰新铁路第二双线穿越青海，从西宁乘动车到达乌鲁木齐仅需10小时，到兰州也缩短到1小时10分钟，不管是接驳普通列车前往各地，还是转乘机场城际快车去往兰州机场都很方便。

普通列车

从外省沿铁路进入青海目前有4条线路：兰新铁路第二双线通往新疆，青藏铁路通往西藏，兰青铁路经兰州转入其他线路通往全国各大城市，敦格铁路经甘肃北部通往新疆。

青藏铁路是青海的明星线路。沿途路过众多站点——昆仑山口、玉珠峰、不冻泉、纳赤台、五道梁、沱沱河、通天河、唐古拉山口、安多、那曲、当雄、羊八井等同时也是景点，最后到达拉萨。如果想要真正领略到沿途风光，一定要选择白天时段的列车，不然就会在昏昏沉睡中错过一切。每年夏季，西宁站会增开两趟至拉萨的列车，但票源仍然非常紧张，请尽早提前购票。

2019年年底开通的敦格铁路是另一条景观铁路，经大柴旦穿越祁连山脉，连肃北、阿克塞，最后抵达敦煌。格库铁路目前已投入运行，线路开通后从格尔木抵达新疆的库尔勒只需12小时，原来乘坐长途汽车需26小时。

长途汽车

青海与外界相连的公路，主要有“两横”（109国道、315国道）和“三纵”（214国道、215国道、227国道）。109国道即著名的青藏线，从北京到拉萨全长4590公里。沿途翻越日月山、昆仑山、风火山、唐古拉山等高原山地直奔拉萨，但原本活跃在此段公路上的长途班车在青藏铁路通车后已基本绝迹。214国道是青海进入西藏的第二条通道。因为有文成公主进藏的动人故事点缀，它又被称为“唐蕃古道”，沿途风景非常优美，往返于玉树与西藏昌都的班车在这条路上运行。

215国道是沟通甘肃、新疆、青海、西藏4省区和纵贯柴达木盆地的重要干线。其间会路过著名的“万丈盐桥”，桥就架设在号称“盐湖之王”的察尔汗盐湖上，路基、路面用料几乎都是纯结晶盐。敦煌与格尔木之间每天都有长途班车来往，此外，还有从敦煌直接开往拉萨的汽车也会途经格尔木。

227国道的青海段又叫“宁张公路”，始起西宁，翻越大坂山，横穿祁连山脉，进入甘肃河西走廊与312国道相连，走向与古时的西平张掖道大致相似，是古代“丝绸之路”南线的一段，在历代军事上发挥过重大作用。沿途可以看到老山、明长城、祁连森林、祁连山等景观。227国道是不少长途班车往来于甘肃张掖、武威地区和青海海北地区、西宁的必经之路。

此外，还有相当多的班车从甘肃临夏、甘南方向由青海东部进入海东和黄南地区。

G0615德马高速青海部分的全线贯通给旅行者带来一条新的景观道路，这条线路将德令哈至果洛沿线遍布的沙漠、雪山以及湖泊连接起来，一路风光壮美。另外，这条线路也大大缩短了从四川成都、久治等地前往玉树、果洛的行车时间。若想直接深入玉树和果洛地区，西宁并非所有人理想的始发地，从四川阿坝进入果洛，或直接从成都乘班车直达玛沁或玉树反而更加顺路。

省内交通

青海省内交通以长途汽车为主，飞机和火车线路作为辅助工具。青海省内目前已建成15条高速公路，从西宁前往5个州市以及州市下属的镇一级城市已经十分方便。2017年共玉高速的通车将西宁至玉树的行车时间缩短了2小时，让“去玉树”不再那么舟车劳顿。果洛也迎来交通“大跃进”，新开通的德马高速花久段使得成都、久治去往玛沁的班车可以一路直达，而不需要再绕行南面曲折蜿蜒的101省道。

飞机

青海省内航线有西宁往返玉树、格尔木、德令哈、花土沟、祁连、玛沁6条，多为商务人士和公务人员在高原地区出行的主要通勤工具，特别是去往格尔木和玉树两地，大部分人都选择从西宁转乘的航班方式到达，既节省时间又避免了长途颠簸。不过对于旅行者而言，旺季无折扣的高价机票会有很大压力，淡季倒可以碰碰运气。

2019年，德令哈、格尔木、花土沟3个机场之间开通了对飞航线，远比汽车快捷，甚至也比汽车更便宜，机票平日里只需要60~160元不等，且因为乘坐的是仅有12座的“国王350型”飞机，你也不必支付机建和燃油费。不过机票目前仅在携程网、去哪儿网及**青海海西在线**（☎821 0333；微信公众号 hx8210333）销售，不同渠道票额有所不同，注意多加查询。

火车

兰新第二双线在青海境内穿过海东市、西宁市和门源回族自治县3地共设6站，青藏线经停西宁、德令哈和格尔木3站，敦格铁路经停格尔木、大柴旦2站。

长途汽车

西宁是青海最大的交通枢纽，4个客运站基本涵盖了发往省内各州市和主要县、镇的班车。西宁站内的长途班车管理比较规范，车型多为大巴和中巴，发车准时。在旅游旺季，各站都会临时增开热门景点的旅游专线和增加普通班车班次。目前，西宁始发的班车车票均可在携程网上预订（具体订购方式请参见82页西宁“到达和离开”）。

想要前往更深入的乡、镇目的地，需要在州府或县城转车。这些车辆有车站管理的中巴，也有私人运营的小面包车，部分线路不在汽车站停靠，但都有固定的等车地点。发车时间也不固定，班次较少的线路通常坐满就走，所以最好提前到达。具体信息参见各景点或目的地的到达与离开部分。

随着共玉高速、德马高速花久段的贯通，去往玉树和大武的行车时间相较以前已经大大缩短。不过班玛似乎是唯一没有享受到高速福利的城市，随着绕道101省道的班车日益减少，想要依靠公共交通抵达这个果洛最“角落”里的县，反倒比以前更困难了。

特殊状况，请留意

➡ **前往西海镇的班车车票只对持有中华人民共和国居民身份证的人开放** 由于“原子城”的特殊历史，目前前往西海镇的班车车票不对外宾开放。中国港澳台地区和外国旅行者要前往西海镇，只能通过包车、拼车、自驾或骑行等方式。先乘长途汽车或火车前往海晏，再打车（约20元）前往西海也很方便。

➡ **孤悬在外的玛多** 玛多似乎被它所在的果洛“开除”了，你甚至找不到一辆开往州府玛沁的班车。如果你想从玛多去往玛沁和玉树，只能到214国道的三岔路口（打车约10元）寻找拼车，每人的价格大致分别为100元（玛沁）和200元（玉树）。

自驾车和包车

由于绝大多数景点都在城镇以外，且无班车到达，自驾和包车可以算是青海旅游最方便省时的方式了，可以按个人喜好规划行程和节奏，减少其他因素的限制。

由于青海地形和路况复杂多变，特别在旅游旺季道路拥挤不堪，如果不是对自己的驾驶技术十分自信，想提高行车安全系数，我们建议包车游览。当地的司机师傅不但熟悉车况路况、地形方位，还对景点、食宿情况有一定了解，可以给出建议或有办法节约一些费用。有关自驾车和包车的具体信息可参照56页“自驾游”和各目的地章节的“到达和离开”。

当地交通

在青海，公交车、出租车、自行车都是有效的代步工具。西宁的公交车系统近年来改善良多，乘坐公交车前往海东各县既省时又方便。州府以外的县城公交系统并没有特别明显的改善，在当地乘坐3元、5元满城跑的出租车反而更加便利。

另外，德令哈正在建设世界上海拔最高的有轨电车，预计2020年投入使用，当你前往柴达木盆地时，有必要注意这些不断更新中的交通信息，也许会给你带来意料之外的方便和惊喜。

公交车

西宁市区公交车线路四通八达，覆盖城区多数景点，

搭车一族

早年间在青藏、川藏、滇藏线一带旅行的背包客，可能都有过“扛大箱”的经历。所谓“扛大箱”，就是在路边拦车，或坐或躺，在大货车的后厢里人货混装。这种方式曾经流行一时。

搭车是迫不得已而为之的事情，特别是在青海比较偏僻的地区，没有班车或是错过了唯一的车次，搭车可能是离开当地的最佳办法。实在无车可搭的时候，拖拉机、摩托车、驴车都可利用，走一程算一程。

想在途中搭车的话，需要注意几点：

- 在司机经停和休息处（加油站、途中食宿点等）等候寻找，会有较多的机会和司机套上近乎，聊上几句，从而获得被捎带的机会。
- 在路边截车，最好不要在上坡、下坡或弯道这些不方便停车的地方等候，在这些路段挥手叫喊并没有用，司机也要顾及行车安全。
- 如果司机愿意捎带你，我们强烈建议你在上车前就问清费用，并在下车时如数支付。尽管在偏僻的牧区，半路搭车对当地人很平常，但搭车绝非旅行中节省预算的正当途径。

从个人安全考虑，我们并不推荐搭车。万不得已的话，最好在白天搭车，并要确保亲友知道自己的行程。

实行无人售票，上车投币1元。于西宁火车站广场西侧的**西宁公交汽车站**有发往互助、平安、大通的城际公交车和塔尔寺的专线公交车。对旅行者比较实用的有**旅游专线公交车**（通票8元，当日有效；10:00~17:00），途经东关清真大寺、青唐城遗址、南山公园、西山、南凉虎台遗址、高原野生动物园、新宁广场（青海省博物馆）、北禅寺等景点。

在格尔木、玉树和海东地区，公交线路相对较多，也比较规范，城区范围内的景点基本都能覆盖到。其他县城的公交车线路并不多，且发车时间和频率不定，乘出租车往往更加方便。

出租车

青海几乎所有的城镇都有出租车。在西宁、格尔木、德令哈乘坐出租车，市区内行驶打表计费，前往市区周边的景点则需要与司机议价。西宁和格尔木市区可以使用手机打车软件，但只能预约出租车，没有专车服务。

其他地方基本都不打表，城内为一口价，出城需议价。玉树市区内打车10元，同仁5元，玛沁3元。

自行车

骑自行车在青海本地逐渐成为一种潮流，这种低碳环保同时又能健身的出行方式，特别适合于城镇及周边的短途旅行。在衣着方面，短途骑行并不一定要穿骑行服，衣着宽松舒服即可，但不管路况好坏都请戴上头盔，保证安全。在夜间，公路上常有飞速行驶的大车，尽量不要选择夜间骑行。万不得已的话，照明设备非常重要。

西宁部分青年旅舍、骑行俱乐部都有出租自行车的服务，环青海湖骑行的大本营西海镇拥有更多自行车出租行，租金按车型30~50元/天，押金500~2000元不等。环青海湖（见60页专题）是青海最值得体验的骑行路线。

马和牦牛

这两项交通工具最为原始，一般只在转山或徒步探险时才会用到，但如今也在不少景区的娱乐项目中出现。骑马是一件看起来潇洒帅气、实际并不轻松的事，骑术再精湛的骑手也会有马失前蹄的时候，所以不管是骑马上山，还是纵马狂奔，千万不要得意忘形。牦牛通常只被用来驮货，不要心血来潮想去骑它们，你会被摔得很惨。

健康指南

总的来说，青海的复杂环境和高海拔会给部分旅行者带来一定的健康风险，你不应该掉以轻心。省会西宁是医疗条件最好的城市，其次是城镇密集的河湟地区和青海第二大城市格尔木，医疗设施相对完善。偏远环境如牧区和沙漠地区的医疗条件就没那么好了，如有意外发生，请及时赶回西宁或医疗条件完备的地方就医，以免耽误病情。

本章内容旨在为旅行者提供一些有关健康的必要建议，并不能取代专业医务人员的指示。

出发前

保险

由于事故和疾病发生的可能性随时存在，尤其是在特殊区域开展特殊活动时，如攀岩、攀冰、登山、江河漂流、山地徒步等，即使体格健壮、身手敏捷者，旅行前的一份相关保险仍必不可少。具体内容可参见“出行指南”章节中的保险部分（见330页）。

其他准备

在出发前一定要确认自身的健康情况。如果打算长期旅行，最好启程前去看一下牙医。如果你需要特殊药物，一定要多准备一些，因为在当地很可能买不到。同时，在你的行囊中也应该多备些常用药品。为避免不必要的麻烦，医生提供的处方或证明文件一定要字迹清晰，以证明用药的合法性、经常性，如果牵涉保险理赔，也会更具说服力。

旅途中

传染性疾病

流感

多见于冬季，症状包括高烧、肌肉疼痛无力、流鼻涕、咳嗽和咽喉肿痛。对于65岁以上老人及心脏病、糖尿病患者可能会有严重威胁，目前没有针对流感的有效治疗方法，只能静养，并靠服用感冒药减轻痛苦。高海拔会加重上呼吸道感染（包括流感）的危险性。所以去青海旅行须格外注意保暖。

狂犬病

深入青海乡间，不少当地人都有养狗来看家护院的习惯，尤其是在藏区。牧场、寺庙周围也常有野狗流窜。如果遇到狂吠的野狗，可以学当地人捡一块石头将它们吓退。万一被咬，可自行先用肥皂和水清洗伤口至少30分钟，并使用碘基抗化脓药物，伤口较小时不要包扎或遮盖，需将伤口裸露，除非伤及大的血管才要包扎止血。无论伤口大小，都要用最快的速度去医院治疗，并注射狂犬疫苗。

鼠疫

在青海草原行走，你会有很大的概率与土拨鼠（旱獭）相遇，请不要与它们亲密接触，呆萌的旱獭是重要的鼠疫传染源之一，鼠疫可以通过直接接触旱獭感染，近几年青海、甘肃、内蒙古等地都曾出现过感染个案。鼠疫杆菌一旦侵入身体，会出现寒战、高热，或伴随有恶心、呕吐，必须及时前往医院治疗。

口蹄疫

口蹄疫是猪、牛、羊等主要家畜和其他家养、野生偶蹄动物共患的一种急性高度接触性传染病。该病传播途径多、速度快，被世界动物卫生组织（OIE）列为A类传染病之首。青海曾有几次爆发口蹄疫的案例，牛尤其是牛犊对口蹄疫病毒最易感。病畜的水疱液、乳汁、尿液、口涎、泪液和粪便中均含有病毒。由于本病具有流行快、传播广、发病急、危害大等流行病学特点，并可经呼吸道传染及多种途径感染到人类，所以在牧区旅行时需提高防范。

2019冠状病毒病（COVID-19）

截止本书出版时，2019冠状病毒病（COVID-19）仍在全球流行。虽然青海省的疫情相对轻微，但我们仍建议旅行者结合实际情况谨慎出行，在做好自身防护的同时遵守当地的防疫要求，保持良好的卫生习惯。针对疫情期间的个人防护，可参考世界卫生组织（www.who.int/zh/emergencies/diseases/novel-coronavirus-2019/advice-for-public）的详细建议。

环境引发的疾病和不适

高原反应

在青海果洛、玉树等地区旅行，最大的健康风险可能来自高原反应。

高原反应的症状一般包括头痛、胸闷、气短、心悸、恶心呕吐、口唇紫绀、失眠和血压升高等，这些症状通常在第一天或第二天比较明显，以后就会逐渐减轻或消失。但也有少数人因劳累、受寒和上呼吸道感染等原因，症状可能逐渐加重，发展成为高原肺水肿或脑水肿。

建议在到达高海拔地区后，注意保暖并且多喝水，不要急速行走或奔跑，避免暴饮暴食，以免加重消化器官负担，尽量不要饮酒和吸烟，多吃蔬菜和水果等富含维生素的食品，注意保暖，少洗澡以避免受凉感冒和消耗体力。尽量不要一开始就吸氧，防止产生依赖性。

如果出现高原反应症状，建议就地休息一到两天，直至症状减轻。之后便可以继续提升高度，但我们建议，到达海拔3000米或以上时，每天上升的海拔不宜超过300米，另外，可可西里的平均海拔约4500米，旅行者应权衡自己的身体状况，尽量避免在可可西里过夜，白天轻微的高反可能会在夜间加重。如果高反症状一直不减弱反而加重，请咨询医生并慎重考虑是否继续后面的旅程。

皮肤晒伤

在青海的高海拔地区旅行要特别注意防晒。高原天气干燥，空气稀薄，日照和紫外线都非常强烈，即使在多云天气，皮肤也可能被暴烈的阳光迅速晒伤。因此，在户外活动时要做好一切防晒措施，包括长袖衣裤、头巾、帽子和墨镜，建议使用SPF30以上的防晒霜，并及时补涂。尽量避免在每天最热的时候（10:00~14:00）在太阳下暴晒，如果皮肤不幸晒伤，应用冷敷和使用相关药物以减少不适，并补涂防晒修复液，直至晒伤恢复。

当地人对付阳光还有自己的一项绝招——不洗脸。传说尘垢隔离层可能对皮肤有防护作用。另外，由于干燥，嘴唇很容易开裂，因此带一支保湿滋润的润唇膏也很必要。

中暑

行走在干燥闷热、太阳辐射强烈的地区，如柴达木盆地，人体很容易出现中暑现象。中暑是一种严重的急症，症状来得很突然，伴有虚弱、恶心、体热且燥、体温超过41℃、晕眩、迷糊、失去协调性、抽搐甚至昏迷失去知觉。人体感觉到有中暑症状时，要立即转移到通风、凉爽的地方休息。如有人中暑昏迷，应给他们脱衣服、扇风，用凉的湿毛巾敷在他们身上，特别是腹股沟和腋窝下。中暑后可服用藿香正气水、藿香正气丸、仁丹、十滴水等药物，并在太阳穴、人中处涂抹风油精。

体温过低

体温过低与中暑的危险性同样严重，体温降到32℃以下时可能会致命。症状包括：肢体皮肤（尤其手指、脚趾）麻木、颤抖、言语含混、神志不清、晕眩、虚脱等。救治轻度体温过低症的办法是：转移到能避风雨的地方，脱去湿冷衣物换上干的，喝热饮（无酒精），吃些易消化的食物。及时发现、判断并救护，是防止进一步恶化的唯一途径。在高海拔地区进行徒步、骑车、登山、攀冰活动或在户外露营时，需注意保暖防寒，否则可能发生体温过低的危险。

预防低体温很简单，你必须随时做好防寒、防风、防雨雪的准备，这些都可以通过合适的衣物装备来实现。请记住，进行户外运动要避免穿棉

旅途中的饮食均衡

即使舟车劳顿，在旅途中保持饮食均衡仍很重要。饮食不佳或种类有限导致的食欲不振，再加上时间有限无法按时吃饭，都会使你体重迅速减轻，并威胁到健康。鸡蛋、牛奶、豆腐、豆类和坚果都是获得蛋白质的良好途径。青海的饮食以牛羊肉和面食为主，最好自觉补充一些蔬果以补充维生素和帮助消化，青海当地盛产黄梨、苹果、海棠果（当地叫沙果），糖分都很高。瓜类果肉容易隐匿细菌，肠胃敏感人士慎食。鲜榨果汁、鲜牛奶和没有消毒包装的冰激凌也可能不卫生。试着多吃些谷物（包括米）和面包。如果你的饮食不均衡或食物摄取不足的话，通过服用维生素和含铁、钙的药片补充也是个不错的选择。

在极端干燥的气候条件下，一定要保证饮水，不要等到渴了才去喝。不想排尿或尿液呈暗黄色都是危险的标志。长途旅行时最好随身携带水瓶。不要喝生水，包括自来水。高海拔地区貌似纯净的水源也可能会被牛羊粪便污染。最简单的净化水的办法是煮沸。瓶装饮料一般来说比较可靠，购买时要检查瓶盖是否封好。

在青海，大口吃肉大碗喝酒的洒脱可能令人难以抗拒，但不要太过放纵口腹之欲，注意适度。对生肉、半生不熟的肉说“不”。

质的贴身衣物，它们容易吸汗造成湿冷，并带走体热，最好穿保暖隔水、并帮助排汗的速干衣。另外，帽子也很重要，因为身体热量会通过头部散失。外衣要厚实防水。随身带一些食物和水，含糖的食品可以快速补充热量。

风沙

风沙对于人体各个部位都会造成不同程度的损害。如飘进眼睛，可能引起眼球干涩、疲劳，甚至引起各种炎症。随身备瓶眼药水能有效缓解风沙的伤害。一副防风沙的护目镜同样能有效保护眼睛。

尘霾

在花土沟旅行或住宿，准备一副口罩还是很有必要的，虽然如今这里的环保要求已经显著提高，但这片曾经重要的石棉矿产地空气质量仍然令人堪忧。

食物

食用蔬菜和水果应用清水洗净，可能的话应该去皮。如果吃饭的地方看起来干净而且经营状况良好，经营人员看上去也显得干净、健康的话，食物通常会比较安全。一般来说，买卖兴隆的地方应该比较卫生，而生意萧条的餐馆必然有其原因，至少在客流量大的餐馆中，食物更新较快，被长时间置放的过期食品出现的概率较小。

在青海湖等热门目的地的餐厅，可能会出售野生动物为食材的野味，这不仅会对生态环境和物种多样性造成严重的破坏，而且野生动物携带的病菌和寄生虫也会造成极大的健康隐患。

带孩子旅行

虽然儿童适应高原的能力较强，有些甚至会胜过成人。但在发现孩子有头痛、发烧、呕吐、食欲不振等类似高原反应的情况时，应根据病症轻重，观察并及时下撤到低海拔地区，否则后果可能会比成人患病更严重。

青海单调的饮食对孩子的营养来说可能是一种考验，在旅途中注意果蔬和维生素的摄入很重要，尽量保持营养平衡对孩子的生长发育有好处。

幕后

说出你的想法

我们很重视旅行者的反馈——你的评价将鼓励我们前行，把书做得更好。我们同样热爱旅行的团队会认真阅读你的来信，无论表扬还是批评都非常欢迎。虽然很难一一回复，但我们保证将你的反馈信息及时交到相关作者手中，使下一版更完美。我们也会在下一版特别鸣谢来信读者。

请把你的想法发送到**china@lonelyplanet.com.au**，谢谢！

请注意：我们可能会将你的意见编辑、复制并整合到Lonely Planet的系列产品中，例如旅行指南、网站和数字产品。如果不希望书中出现自己的意见或不希望提及你的名字，请提前告知。请访问lonelyplanet.com/privacy了解我们的隐私政策。

作者致谢

胡敏

感谢沐昀喊我来写黄南，也谢谢你的坦诚和细致，感谢青海团队的各位伙伴，我们的合作很愉快，感谢旦增尼玛为黄南做当地人推荐，感谢达哇卓玛提供当地信息，感谢桑下、大脑门儿的牵线搭桥，感谢榕树大哥、依旧、白帆、猫姐分享青海的户外讯息，感谢家属李亦洋先生一如既往的理解与支持。

范佳奥

特别感谢我的朋友李峥和他的硬派越野车，令我一路无畏险途。称多的扎西巴丁、吉尼赛乡的才仁夫妇、昂赛乡的摄影师达杰、尕尔寺的堪布多旺、曲麻莱的才仁索南、拉司通村的才仁西以及麻多乡中心小学的多杰才旦校长，感谢你们一路上对我的关照与帮助。

楼学

感谢沐昀、胡敏的耐心和信任，感谢上一版作者尼佬、杨欣松提供的翔实信息。感谢范师傅分享的第一手俄博梁信息，感谢在龙什加寺、查朗寺、白玉寺相遇的各位僧侣以及玛沁、班玛的旅游局提供的支持，也感谢当地人肉保、扎保加、天歌、张清哲。感谢我的好友兼司机于广辉、程朔昕，你们的勇敢、鼓励和坚持带着我去到了很多计划以外的目的地。最后，仍要感谢父母和家人的支持。

袁亮

感谢CE沐昀给了我这次重返青海的机会，感谢我的“前任”苗苗同学提供了许多有效的意见，感谢各位青海作者给予我的帮助，感谢祁连县城的马师傅耐心回答我的问题，感谢每次旅途中遇到的热心人，最后感谢我的父母一如既往地支持我的旅行。

詹依洁

感谢耿叔、明静大姐、项哥提供当地讯息，谢谢但正索巴于雨日中递上的棉被、糌粑与酥油茶，谢谢南加老师无私分享的午后，更感谢一路上那些甚至不知姓名的好心人伸出的援手与善心接送。感谢CE沐昀与同书伙伴的包容和协助。最后仍是要谢谢亲爱的家人，你们无条件的陪伴与支持是我最大的后盾。

声明

本书地图由中国地图出版社提供，审图号GS（2020）1462号。
封面图片：玉树囊谦觉拉乡的经幡阵。杜春华 摄。

关于本书

这是Lonely Planet《青海》的第4版。本书的作者为胡敏、范佳奥、楼学、袁亮和詹依洁。在此一并致谢第3版作者何苗苗、尼佬、盛洋、沈明笃、丁桢祯、杨欣松和魏斌。

本书由以下人员制作完成：

项目负责 关媛媛
项目执行 丁立松
内容策划 沐 昀
视觉设计 李小棠 陈 斌
协调调度 沈竹颖

总　　编 朱 萌
执行出版 马 珊
责任编辑 叶思婧

执行编辑 周 琳
编　　辑 戴 舒 朱思旸
地图编辑 刘红艳
制　　图 张晓棠
终　　审 杨 帆
流　　程 孙经纬
排　　版 北京梧桐影电脑科技有限公司

感谢肖潇为本书提供的帮助。

索引

Q

R

S

T

W

X

Y

Z

000 地图页码
000 图片页码

记事本

地图图例

景点
- 佛寺
- 城堡
- 教堂
- 清真寺
- 纪念碑
- 孔庙
- 道观
- 世界遗产
- 博物馆
- 遗址
- 酒窖
- 动物园
- 温泉
- 剧院
- 一般景点

活动、课程和团队游
- 潜水/浮潜
- 划艇
- 滑雪
- 冲浪
- 游泳/游泳池
- 蹦极
- 徒步
- 帆板
- 其他活动、课程、团队游

住宿
- 酒店
- 露营

就餐
- 就餐

饮品
- 酒吧
- 咖啡

娱乐
- 娱乐

购物
- 购物

实用信息
- 银行
- 使馆
- 医院/药店
- 网吧
- 公安局
- 邮局/邮筒
- 公共电话
- 卫生间
- 旅游信息
- 无障碍通道
- 其他信息

地理
- 海滩
- 灯塔
- 瞭望台
- 山峰
- 栖身所、棚屋
- 森林公园

行政区划
- 首都
- 省级行政中心
- 地级市行政中心
- 自治州行政中心
- 县级行政中心
- 乡、镇、街道
- 村

交通
- 机场
- 过境处
- 公共汽车
- 渡船
- 地铁
- 停车场
- 加油站
- 自行车租赁
- 出租车
- 火车站
- 有轨电车
- 索道缆车
- 其他交通工具

道路
- 高速公路
- G213 国道
- S203 省道
- X013 县、乡道
- 铁路
- 地铁
- 收费公路
- 高速公路
- 一级公路
- 二级公路
- 三级公路
- 小路
- 未封闭道路
- 购物中心/商业街
- 台阶
- 隧道
- 步行天桥
- 步行游览路
- 小路

境界
- 国界
- 未定国界
- 地区界
- 军事分界线/停火线
- 省界
- 未定省界
- 特别行政区界
- 地级界
- 县级界
- 海洋公园界
- 城墙
- 悬崖

水系
- 河流、小溪
- 间歇性河流
- 沼泽
- 礁石
- 运河
- 湖泊
- 干/盐/间歇性湖
- 冰川

地区特征
- 海滩/沙漠
- 基督教墓地
- 其他墓地
- 公园/森林
- 运动场所
- 重要景点(建筑)
- 一般景点(建筑)

注：并非所有图例都在此显示。

我们的故事

一辆破旧的老汽车，一点点钱，一份冒险的感觉——1972年，当托尼（Tony Wheeler）和莫琳（Maureen Wheeler）夫妇踏上那趟决定他们人生的旅程时，这就是全部的行头。他们穿越欧亚大陆，历时数月到达澳大利亚。旅途结束时，风尘仆仆的两人灵机一闪，在厨房的餐桌上制作完成了他们的第一本旅行指南——《便宜走亚洲》(*Across Asia on the Cheap*)。仅仅一周时间，销量就达到了1500本。Lonely Planet 从此诞生。

现在，Lonely Planet在都柏林、富兰克林、伦敦、墨尔本、奥克兰、北京和德里都设有公司，有超过600名员工和作者。在中国，Lonely Planet被称为"孤独星球"。我们恪守托尼的信条："一本好的旅行指南应该做好三件事：有用、有意义和有趣。"

我们的作者

沐昀

内容策划 2013年开始成为Lonely Planet旅行指南作者，曾参与调研并撰写《甘肃和宁夏》《北京》《安徽》《东北》等指南及旅行读物，为60多本Lonely Planet图书的内容策划和Best in Travel年度全球旅行榜单的终选评委。

胡敏

统筹作者；黄南；计划你的行程；生存指南 2013年成为Lonely Planet中文旅行指南作者，曾经参与过Lonely Planet《香港和澳门》《山东》《山西》等指南的调研与写作。

范佳奥

玉树；果洛 2013年起担任Lonely Planet的作者和编辑。曾经参与Lonely Planet《广西》《中国西南自驾》等指南的调研和写作。

楼学

果洛；柴达木盆地；欢迎来青海；野生动物和自然保护区 从中科院地理所的"地图工人"到职业旅行者，他的工作似乎始终和丈量世界密切相关。无论是在他10余年的旅行版图上还是在真实的地理空间中，青海都是一片值得珍视的"荒野"。此行他翻越了巴颜喀拉和昆仑山脉，将过往仅限于地图的体验投射到了真实世界，那是这个地理迷最激动的时刻；而在都兰的河谷与荒漠里，他也终于抵达热水与诺木洪两大考古发现的"故乡"。他还曾参与Lonely Planet《内蒙古》《丝绸之路》《广西》等指南的调研和写作。

袁亮

西宁和海东；祁连山区；省钱妙计；负责任的旅行；今日青海 曾参与过多本Lonely Planet旅行指南的调研和写作。2013年，就曾为《青海》第二版指南的写作前往黄南，这一次重返青海，河湟地区的人文印迹与祁连山脉的大美风光同样令她欣喜。

詹依洁

环青海湖和海南；行摄青海；骑行青海湖 生于高雄，读过媒体、社工与中文，却发现旅行才是她的至爱。成为旅游写作者已3年有余，此次调研，她以从未想过的方式——骑行亲身丈量了青海湖的美，为季末的油菜花海所迷，却更眷恋于当地人的热情与质朴。而海南的山水、寺院则是她意外的惊喜收获。她还曾参与Lonely Planet《四川和重庆》《东北》《厦门》等指南的调研和写作。

青海

中文第四版

图书在版编目 (CIP) 数据

青海 / 澳大利亚 Lonely Planet 公司编 . -- 3 版 . -- 北京 : 中国地图出版社 , 2020.7（2021.7 重印）
（中国旅行指南系列）
ISBN 978-7-5204-1682-5

Ⅰ . ①青… Ⅱ . ①澳… Ⅲ . ①旅游指南－青海 Ⅳ . ① K928.944

中国版本图书馆 CIP 数据核字 (2020) 第 106775 号

出版发行 中国地图出版社
社　　址 北京市白纸坊西街 3 号
邮政编码 100054
网　　址 www.sinomaps.com
印　　刷 北京华联印刷有限公司
经　　销 新华书店
成品规格 197mm × 128mm
印　　张 11
字　　数 599 千字
版　　次 2020 年 7 月第 3 版
印　　次 2021 年 7 月北京第 2 次印刷
定　　价 79.00 元
书　　号 ISBN 978-7-5204-1682-5
审 图 号 GS（2020）1462 号
图　　字 01-2014-3600

如有印装质量问题，请与我社发行部（010-83543956）联系